当代中国的经济体制改革

CONTEMPORARY CHINA: THE ECONOMIC SYSTEM REFORMS

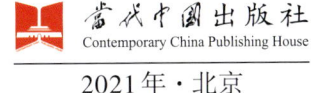

2021年·北京

图书在版编目(CIP)数据

当代中国的经济体制改革 /《当代中国》丛书编辑委员会编. -- 北京：当代中国出版社, 2021.9
(《当代中国》丛书)
ISBN 978-7-5154-0957-3

Ⅰ.①当… Ⅱ.①当… Ⅲ.①中国经济—经济体制改革—概况 Ⅳ.①F121

中国版本图书馆 CIP 数据核字（2019）第 165757 号

出 版 人	曹宏举
责任编辑	宗　边
特约编辑	陈立旭
责任校对	康　莹
印刷监制	刘艳平
装帧设计	创世禧图文
出版发行	当代中国出版社
地　　址	北京市地安门西大街旌勇里 8 号
网　　址	http://www.ddzg.net　邮箱：ddzgcbs@sina.com
邮政编码	100009
编 辑 部	（010）66572264　66572154　66572132　66572180
市 场 部	（010）66572281　66572161　66572157　83221785
印　　刷	北京润田金辉印刷有限公司
开　　本	787 毫米 ×1092 毫米　1/16
印　　张	42.25 印张　621 千字
版　　次	2021 年 9 月第 1 版
印　　次	2021 年 9 月第 1 次印刷
定　　价	300.00 元

版权所有，翻版必究；如有印装质量问题，请拨打（010）66572159 转出版部。

《当代中国》丛书
编辑委员会

主 编　邓力群　马　洪　武　衡
编 委　（按姓氏笔画排列）
　　　　于光远　王惠德　朱穆之　许涤新　华　楠　杜润生
　　　　谷　羽　张友渔　周　扬　林涧青　房维中　胡　绳
　　　　贺敬之　袁宝华　梅　益　薛暮桥

《当代中国》丛书
编辑部

杜　敬　丁伟志　王焕宇　边春光　陈伯林　吴家珣

《当代中国的经济体制改革》
编辑委员会

主　编　周太和

副主编　詹　武　傅丰祥　高尚全

编　委　（按姓氏笔画排列）

丁基龙　方恭温　孙学文　刘宗时　吕汝良　吴凯泰

陈贤经　周太和　郑洪庆　徐景安　倪　迪　高尚全

傅丰祥　詹　武　靳耀南

《当代中国的经济体制改革》
作　者

第一编　第一章　高尚全　靳耀南　陈贤经
　　　　第二章　孙学文　刘宗时
　　　　第三章　孙学文　丁基龙
　　　　第四章　吕汝良　郑洪庆
　　　　第五章　徐景安　倪　迪　吴凯泰
第二编　第一章　刘日新
　　　　第二章　魏道南　张思骞
　　　　第三章　孙效良　丁长青　施慧敏
　　　　第四章　张信传　薛传钊　段文生
　　　　第五章　王瑞庭　吴鹤松　陈义方
　　　　第六章　谢祥英　孙德君　刘绍济
　　　　第七章　左春台　朱福林　蔡翊民
　　　　第八章　韩太林　张惠兰　祁庭镛　李清法
　　　　第九章　章慎义　周云梅　吴报琅　石遐识
第三编　第一章　贺镐圣　徐家树　张广生
　　　　第二章　林　凌　顾宗枨
　　　　第三章　耿庆文　方秉铸　卜春和　温　伟

第四章　陈世璞

第五章　吴少卿　张东桂　王荫槐

第六章　刘祥贵　李行强　罗传永　黄良才

《当代中国》丛书再版说明

《当代中国》丛书作为新中国成立以来第一套大型当代中国国史和国情丛书,是新中国国史研究领域的标识性作品。该丛书以无可辩驳的史实客观呈现了新中国成立以后近40年我们党带领全国人民所取得的社会主义建设的伟大成就,是改革开放前后两个时期有机衔接的忠实记录。

《当代中国》丛书是20世纪80年代初胡乔木同志提议,经中共中央书记处批准,由中宣部向全国部署,交由中国社会科学院规划和编辑出版,是新中国成立后由中央组织的首次大规模编写中华人民共和国历史的工程。《当代中国》丛书共150卷,208册,约1亿字,3万幅珍贵历史图片。丛书内容广泛,几乎涵盖新中国成立以来各条战线、各个地区社会主义革命和社会主义建设事业的发展过程、辉煌成就。按内容区分,有部门(行业)卷、地方卷、专题卷,还有不限于某个部门或某个方面的综合卷。

1999年6月30日,《当代中国》丛书完成总结大会在北京人民大会堂召开,时任中共中央总书记、国家主席江泽民,国务院总理朱镕基,副总理李岚清等党和国家主要领导同志亲切会见了与会代表。江泽民总书记对丛书的完成表示热烈祝贺和高度评价,同时发表重要讲话。他指出:《当代中国》丛书为研究有中国特色社会主义的伟大事业的发展进程、经验和规律,为在广大干部和群众中开展爱国主义、集体主义、社会主义思想教育，提供了丰富的史料和生动的教材。大家应该充分运用这部丛书的科研成果，为资政育人服务，为推进改革开放和现代化建设服务。同年，《当代中国》丛书荣获第四届中国国家图书奖荣誉奖。

由于本丛书第一版时间久远，版本陈旧，且至今市面无存，为服务广大读者，我们推出了该丛书的新版本。目前再版这套丛书，既是向2019年新中国成立70周年奉献的一份厚礼，也是向2020年全面建成小康社会和2021年中国共产党成立100周年敬献的贺礼。

本次再版的总体原则是在尊重史实和时代语境的前提下，保持丛书既有框架和内容，个别调整体例、订正错讹。本次再版，我们邀请专业人员对各卷英文目录做了全面修订，使之更加准确、简洁。我们还提升了用材、装帧质量，务使该丛书以更好的面貌呈现给广大读者。

本次再版得到了中国社会科学院哲学社会科学创新工程和当代中国研究所的鼎力支持与帮助，在此谨表诚谢。

2019年，习近平总书记对在"不忘初心、牢记使命"主题教育中学习党史、新中国史作出重要指示。我们真诚希望，通过本丛书再版，能为全国广大读者增添一套新的、更为全面系统的学习教材，起到进一步传承红色基因、坚定理想信念的作用，做到知史爱党、知史爱国。

当代中国出版社

2019年12月

总　序

中华人民共和国，作为一个伟大的社会主义国家，屹立于世，已经整整 35 个春秋。

当此之际，我们决定把 30 多年来的历史经验，分门别类，加以总结，编纂成书，陆续付梓，以献给这一伟大事业的创业者和建设者，献给行将参加到这一事业中来的一代又一代新的建设者，献给全国各族同胞和世界上一切关心我们事业的朋友们。

在中华民族 5000 多年的文明史上，我们当代的历史——中华人民共和国的历史，是最辉煌的篇章。这个时期，中国大地上社会的发展，历史的进步，各项事业的兴旺，人民的团结，都是空前的。我们并不满足于既有的初步成就，并不想以此矜夸于人，但是我国人民通过 30 多年的实践，确实重新建立了充分的民族自信。实践本身向全世界宣告，有着古老文明的中华民族，在中国共产党领导下，恢复了和勃发着青春的活力，她完全有能力在比较短的时间内，扎扎实实，以比较高的速度，迎头赶上，跻身于世界先进民族之林。

中华人民共和国的历史，是一部艰苦卓绝的社会主义创业史。其所以艰苦卓绝，一则是由于我们的基础太差，起点太低；二则是由于我们没有经验。如何把一个贫困落后的半殖民地半封建的旧中国改造和建设成为一个富强先进的社会主义新中国，不仅在我国的历史发展中是前无古人的创新之举，而且在世界范围内也无成例可援。我们固然可以参考和借鉴别人的经验，但从根本上来说，却只有靠我们自己运用马克思列宁主义的普遍真理，独立地认识和分析中国的特殊国情，以无畏的革命创造精神和严格的科学态度，找出一条中国化的建设社会主义的道路。只有这样，振兴中华的大业才会事半功倍，卓有成效。在革命战争年代，我们把马克思列宁主义普遍真理和中国革命具体实践相结合，形成了适合中国情况的科学的指导思想，即毛泽东思想。是否坚持马克思列宁主义普遍真理和中国革命具体实践相结合，是决定新民主主义革命成败的关键。新中国成立以来的历史实践表明，这同样是决定我国社会主义事业成败的关键。30多年来，中国人民为此贡献了智慧，付出了劳动，备尝了失误的苦痛和成功的欢欣。党的十一届三中全会以后，我们总结过去正反两方面的丰富经验，坚持和发展马克思列宁主义、毛泽东思想，逐步制定和完善各方面的方针政策，在探索建设有中国特色的社会主义的道路上，有许多新的创造，取得了重大的成就。在1982年党的第十二次全国代表大会上，邓小平同志提出："把马克思主义的普遍真理同我国的具体实际结合起来，走自己的道路，建设有中国特色的社会主义，这就是我们总结长期历史经验得出的基本结论。"建设有中国特色的社会主义，这是一个实践的过程，又是我们的认识不断提高和深化的过程，这是我们的出发点，又是我们的奋斗目标。我们完全可以自豪地说，沿着这条道路前进，通过全体共产党人和各族人民脚踏实地的艰苦奋斗，把我们的祖国建设成为一个高度文明、高度民主的社会主义的现代化强国，是指日可待的。

　　社会主义中国的历史还在发展。我们有责任把我国走过的道路和取得的经验，介绍给全国各族人民，介绍给世界人民。我国人民必能从中吸取到爱国主义和社会主义的可贵教益，国外一切关心中国的人也能够由此增进对社会主义新中国的了解。这就是我们编撰出版这套《当代中国》丛书的主要目的。

《当代中国》丛书，将遵循实事求是的科学的态度，不虚美，不掩过，用可靠的事实资料，如实地写出新中国30多年的建设史，为世人为后代留下一部科学的信史。我们深信，只要把30多年建设的成功和挫折的经验，运用马克思列宁主义、毛泽东思想——加以科学的总结，那就会使之成为传诸后世的国宝。

当然，任何珍贵的历史经验，都不应变成妨碍人们继续前进的沉重负担。我们不仅不能重复过去的错误，也不能为成功的经验所束缚，而故步自封。历史经验的可贵，在于提供给人们继续前进的力量，在于给人们研究和解决新问题以智慧。现在，为了实现社会主义现代化，全面进行经济改革和技术革命的历史任务，已经提上了议事日程。这些在新的历史条件下面临的重大的新课题，显然是不可能从既往的历史经验中找到现成答案的。我们的任务在于，正确运用历史经验，从中得出规律性的认识，以便用科学性和革命性紧密结合的革新精神，去迎接我国社会主义现代化建设的新高潮。

《当代中国》丛书编辑委员会

1984年5月3日

创立有中国特色的社会主义经济体制

发展中的社会主义的当代中国,正在进行一场根本改变经济技术落后面貌,进一步巩固人民民主专政的伟大革命。邓小平同志在1978年就指出:"这场革命既要大幅度地改变目前落后的生产力,就必然要多方面地改变生产关系,改变上层建筑,改变工农业企业的管理方式和国家对工农业企业的管理方式,使之适应于现代化大经济的需要。"① 从中国的基本国情出发,创立有中国特色的社会主义经济体制,是这一伟大革命的重要内容,也是实现四个现代化的重要保证。

创立有中国特色的社会主义经济体制,必须在坚持社会主义基本经济制度的前提下,改革一切不适应生产力发展需要的生产关系、上层建筑以及有关的具体制度。新中国成立以来的实践证明,以生产资料公有制为基础,实行计划经济并辅之以市场调节,实行各尽所能、按劳分配的原则,是符合中国各族人民的根本利益的;同时也告诉我们,中国的社会主义制度还不完善,而由比较不完善到比较完善,还需要进行一系列的改革,也就是说还要经过一个不断探索和反复实践的过程。恩格斯早在100多年前就指出:"我认为,所谓'社会主义社会'不是一种一成不变的东西,而应当和任何其他社会制度一样,把它看成是经常变化和改革的社会。"②我们中国共产党人,必须坚持马克思主义的辩证唯物主义观点,并认真汲取国内国外的历史经验,自觉地运用计划规律、价值规律和其他经济规律,有步骤地进行经济体制和管理方式的改革,在工作中随时随地

---

① 邓小平:《无产阶级要为实现四个现代化做出优异贡献》,《邓小平文选》,人民出版社1983年7月第1版,第125—126页。
② 恩格斯:《致奥托·伯尼克》,《马克思恩格斯全集》第37卷,人民出版社1971年6月第1版,第443页。

掌握主动,推动社会主义制度的进一步完善、巩固和发展。

新中国成立并恢复了国民经济以后,我们在经济领域进行过一次规模巨大的改革,这就是对资本主义工商业和个体农业、手工业的社会主义改造。这次改革取得了历史性的成功。在这次改革基本完成之后,毛泽东同志在1956年4月中央政治局扩大会议上,曾就中国社会主义建设中如何处理中央和地方的关系,处理国家、生产单位和生产者个人的关系等问题作了论述。陈云同志当时曾提出实行"大计划、小自由"的初步设想。这些意见,曾为党的第八次代表大会所接受,写进了大会的决议。但是,主要由于指导思想上的"左"的错误,使中国经济发展经历了十分曲折的道路,经济体制和管理方式长期被禁锢在旧的框子里。党的十一届三中全会提出了解放思想,开动机器,实事求是,团结一致向前看的思想政治路线,并决定把党的工作重点转移到社会主义现代化建设上来。随后,通过"调整、改革、整顿、提高"和对外开放、对内搞活经济等一系列方针、政策的实施,使中国经济逐步走上了健康发展的轨道。特别是在广大农村,我们的改革首先取得了巨大成功。党的十二大总结了十一届三中全会以来的经验,进一步明确了继续前进的方向和道路,具体规定了到本世纪末的战略目标以及实现这一目标的工作重点和具体步骤。目前,中国经济体制改革正在进入一个新的阶段。农村的改革继续健康发展。城市工商业等方面的改革,在经济结构和经营方式上,在国家和企业、企业和职工的分配关系上,在生产领域和流通领域,都采取了一些适合中国情况的措施,开始收到了好的效果。我们在办好经济特区、积极扩展对外经济技术合作和交流方面,也初步取得成效和经验。5年多来,中国经济形势一年比一年好,这充分证明我们实行的一系列改革方针政策是正确有效的。

我们为创立有中国特色的社会主义经济体制已经进行了大量的成效显著的工作,但就总体来说,还处在探索前进的过程中。农村改革的进一步完备,还有不少的工作要做。城市的改革要从局部推向总体,趋于完善和配套,还有许多复杂的问题需要解决,还要继续克服原有经济体制的缺陷和弊端,诸如所有制结构不够合理,经营方式过于单一,在分配上吃"大锅饭",以及条块分割，城乡分割，政企不分等等。总之，对于国民经济在大的方面该管的一定要管住管好，在小的方面该放的一定要放开放活。否则，我们的社会主义现代化建设就无法前进。我们要尽力增强改革的责任感和紧迫感，同时要使改革的措施尽可能符合客观需要和整体的目标。

根据现实的需要和鉴于历史的经验，我们在继续推进经济体制改革的时候，应该在坚持四项基本原则的前提下，不断解放思想。现在并不是思想解放已过了头，而是不足。就是说，我们民族的伟大创造精神，我们党敢于创造和善于创造的优良传统，还应该十倍、百倍地发扬光大。自然，我们党提倡的解放思想，是同实事求是这一基本原则相密切联系的，这就是要从马克思主义普遍真理同中国具体实践的结合中，找到我们应当采取的战略、策略和方针、政策，以及有中国特色的具体形式。在这个问题上，照抄书本，照搬外国经验，都是无济于事的。

经济体制改革的不断向前发展，要求我们继续努力，不断探索，扎实工作。在我们这样一个情况千差万别，经济发展很不平衡的10亿人口的大国里进行改革并取得成功，必须集中广大干部和群众的智慧，集中各地区、各部门的创造力，并且实行因地制宜、因事制宜的原则。经济体制的改革，在具体措施中，涉及经济利益的分配、经济权限的划分和经济机构的调整，它不能不受到各方面条件的制约。因此，既要大胆放手，坚定不移地进行改革，又要经常注意总结经验，谨慎从事。

现在，党中央已经把经济体制的改革作为推进"四化"建设的一件十分重要的大事来抓。只要全党一致努力，加强领导，我们的改革必将取得更大的成功。

《当代中国的经济体制改革》一书的出版，将为创立有中国特色的社会主义经济体制，起一定的促进作用。这也是广大读者的企望。

薄一波
1984年6月17日

前　言

我们编写《当代中国的经济体制改革》这本书的目的，是想使读者了解30多年来中国社会主义经济体制形成和变革的历史进程。这不仅可以帮助人们从历史中吸取有益的经验教训，得出规律性的认识，指导我们现在的改革，而且可以直接帮助人们具体理解中国现在为什么要研究和进行经济体制改革，具体理解中国现在进行经济体制的改革，对于实现四个现代化宏伟目标具有何等重要的作用。

一个社会主义国家，必须建立与生产资料社会主义公有制相适应的经济体制，必须有适当的经营方式、组织形式和管理方法，才能使以生产资料公有制、实行按劳分配原则和计划经济为主要特征的社会主义经济制度发挥出优越性。

从本书对五个时期经济体制改革的叙述中可以看出，凡是某个时期经济体制的形成或变革符合当时中国的国情，坚持实事求是，就可以对完善生产关系、推动生产力的发展起促进作用。反之，就会起促退甚至破坏作用。

本书分为三编，第一编是历史编，在这一编里我们向读者系统介绍新中国成立以来五个时期社会主义经济体制历史发展的过程和各个时期的特点。由于中国是一个地域辽阔、经济发展很不平衡、具有多层次生产力水平和多种经济形式的大国，各部门、各地区的经济体制改革工作既有共性又有特性，所以我们在第二编部门编和第三编地区编中，选择了若干有代表性的部门和地区，对它们的经济体制改革工作加以论述。部门编包括了综合部门（计划、财政）和专业部门，专业部门又包括生产部门和流通部门（商业、物资），生产部门又包括农业、轻工业（轻工、纺织）和重工业（机械、冶金）。地区编包括党的十一届三中全会以来经济体制改革开展较早的四川省，重工业占很大比重的辽宁省，作为全国经济中心的上海市，以及目前进行着经济体制综合改革试点的重庆、常州、沙市3个大中小型城市。读了这两编，就可以充分了解这些部门、地区进行经济体制改革的具体过程和特色。本书最后还作了综合分析，写了结束语，以帮助读者概括地了解中国30多年来经济体制改革的一些共同性规律。

这本书可供从事经济工作的同志、从事经济理论研究和教学工作的同志以及一切有志于探索改革的同志研究参考。这本书也为国外关心和研究中国经济体制改革的机构和个人提供了比较全面的资料。

本书在拟订编写计划时，就得到邓力群同志的关怀，他就本书编写的指导思想、体例、方法、形式等，都作了十分中肯的提示。编写出初稿后，又蒙薛暮桥、马洪、宋劭文、吕东、袁宝华、梅行、王忍之、苏星、有林等同志审阅并提出了宝贵意见。特此致谢。

作　者

1984年5月3日

目录

总　序

创立有中国特色的社会主义经济体制　　　　　　　　　　　　薄一波

前　言

———— 第一编 ————

新中国成立以来各个时期的经济体制改革

第一章　中国社会主义经济体制的初步形成

　　　　（1949—1957年） ·· 3

第一节　没收官僚资本，完成土地改革，统一财政经济，为社会主义经济

　　　　体制的形成奠定了基础 ·· 3

　　一、中国社会主义国营经济的产生 ······································ 3

　　二、在全国范围内完成土地改革，变地主所有制为农民所有制 ·········· 6

　　三、统一全国财政经济体制，稳定市场物价，争取财政经济状况的

　　　　根本好转 ·· 7

第二节　三大改造的胜利完成，公有制占绝对优势的生产资料

　　　　所有制结构的确立 ·· 12

　　一、党在过渡时期总路线的提出 ······································ 12

　　二、有区别、有步骤地对生产资料私有制进行社会主义改造 ········· 14

　　三、三大改造高潮的出现和社会主义改造基本完成以后的新问题 ····· 18

第三节　有计划的经济建设开始，以计划体制为中心的社会主义经济

　　　　管理体制的建立 …………………………………………… 24
　　　一、对重点建设进行集中统一的管理 ………………………… 24
　　　二、对粮食实行计划收购和计划供应 ………………………… 29
　　　三、实行直接计划与间接计划相结合的计划管理制度 ……… 30
　　　四、建立多种经济成分、多条渠道的商业流通体制 ………… 34
　　　五、从分散走向集中的劳动工资体制 ………………………… 36
　第四节 "一五"末期经济体制的弊病，改革的初步方案 ………… 39
　　　一、"一五"末期经济体制的主要弊病 ………………………… 39
　　　二、党中央对经济体制弊病的觉察 …………………………… 41
　　　三、改革的初步方案 …………………………………………… 44
　第五节 评 价 ………………………………………………………… 46

第二章 "大跃进"时期的经济体制改革
　　　　（1958—1960年）………………………………………… 49
　第一节 "左"倾错误思想的发展，"大跃进"初期经济体制的急剧变革 … 49
　　　一、轻率地发动农村人民公社化运动 ………………………… 50
　　　二、过急过快地对残存的私有制进行改造 …………………… 52
　　　三、盲目地下放管理权 ………………………………………… 53
　　　四、在国民经济管理混乱的情况下扩大企业管理权限 ……… 59
　第二节 对"左"倾错误的初步觉察，经济体制的局部变动 ……… 61
　　　一、理论和政策上的检查和探讨 ……………………………… 61
　　　二、纠正经济体制上"左"倾错误的若干措施 ………………… 64
　　　三、庐山会议后期的"反右倾"运动和经济体制改革的反复 … 68
　第三节 评 价 ………………………………………………………… 70

第三章 调整时期的经济体制改革（1961—1965年）……………… 72
　第一节 "调整、巩固、充实、提高"八字方针的提出，为配合调整
　　　　任务采取的改革措施 ………………………………………… 72

一、加强中央的集中统一，搞好综合平衡 …………………………… 74
　　二、调整农村生产关系，改变农村管理体制和管理制度 …………… 79
　　三、注意运用经济杠杆的调节作用 …………………………………… 81
　　四、制定各种管理条例，加强经济监督 ……………………………… 83
第二节　国民经济的恢复和发展，经济体制探索性的改革 ……………… 85
　　一、试办托拉斯，用经济组织管理经济 ……………………………… 85
　　二、改革企业管理体制 ………………………………………………… 88
　　三、改革物资管理体制 ………………………………………………… 90
　　四、试行两种劳动制度、两种教育制度 ……………………………… 91
　　五、适当扩大地方管理权限 …………………………………………… 93
第三节　评　价 ……………………………………………………………… 95

第四章　十年动乱中经济体制的变动（1966—1976年）………………… 97
第一节　"文化大革命"初期"左"倾错误和政治动乱对经济体制的冲击 … 97
　　一、颠倒是非的"革命大批判"造成经济理论和经济管理
　　　　上的严重混乱 ……………………………………………………… 97
　　二、政治动乱对经济体制的严重破坏 ………………………………… 100
第二节　以盲目下放权力为中心的经济体制的大变动 …………………… 103
　　一、盲目下放企业，加剧了生产经营管理的混乱状况 ……………… 105
　　二、实行财政收支、物资分配和基本建设投资的"大包干"，
　　　　没有取得预期的效果 ……………………………………………… 106
　　三、简化税收、信贷和劳动工资制度，削弱了经济杠杆的作用 …… 111
第三节　1971年至1973年和1975年经济体制的
　　　　两次整顿及其挫折 ………………………………………………… 113
第四节　评　价 ……………………………………………………………… 121

第五章　经济体制改革的新阶段（1977—1983年）……………………… 123
第一节　开展经济体制的理论讨论和改革试验 …………………………… 123

一、经济体制上的一些局部调整 …………………………… 123

二、理论上的拨乱反正 …………………………………… 125

三、安徽、四川的改革试验 ……………………………… 128

第二节 建立适合中国国情的经济体制 ………………………… 129

一、党的十一届三中全会为经济体制改革确立了正确的指导思想 …… 129

二、确定"调整、改革、整顿、提高"的八字方针，提出改革的原则和任务 …………………………………………………… 131

三、农村的改革逐步展开，城市开始改革试点 ………………… 133

第三节 国民经济进一步调整，加强宏观管理，继续搞活经济 …… 140

一、按照调整国民经济的要求，党和政府采取一系列加强宏观管理的措施 ……………………………………………… 141

二、在加强宏观管理的同时，继续进行各项有利于调整的改革 …… 144

第四节 党的十二大和五届人大五次会议、六届人大一次会议对经济体制改革所作的新部署 ………………………………… 152

第五节 评 价 ……………………………………………………… 160

第二编
部门经济体制改革

第一章 计划管理体制的改革 ……………………………………… 165

第一节 新中国成立到第一个五年计划时期的计划管理体制 …… 165

一、适应多种经济成分的存在，实行直接计划和间接计划相结合的计划管理制度 ……………………………………………… 168

二、对国民经济的发展实行"统一计划，分级管理"的制度 …… 169

三、在第一个五年计划后期，适当扩大了地方和企业的计划权限 … 170

第二节 "大跃进"时期的计划管理体制 ……………………… 172

第三节 60年代调整时期的计划管理体制 ……………………… 175

第四节　十年动乱时期的计划管理体制 …………………………………… 181
第五节　三中全会以来的计划管理体制 …………………………………… 182
第六节　计划管理体制改革的基本经验 …………………………………… 187
　　一、坚决贯彻计划经济为主、市场调节为辅的原则 ………………… 188
　　二、要适应多种经济形式和多种经营方式的发展，实行三种计划
　　　　管理形式 ……………………………………………………………… 189
　　三、要坚持全国一盘棋，正确处理集中统一和适当分散的关系 …… 191
　　四、要自觉地运用经济杠杆，把行政手段和经济手段结合起来 …… 192

第二章　社会主义集体所有制农业体制的改革 ………………… 194
第一节　农业合作社时期社会主义集体所有制农业体制的形成和发展 … 194
　　一、社会主义集体所有制农业体制建立的前提——土地制度的改革 …… 194
　　二、多种经济成分、多种互助合作形式并存的农业体制 ………… 195
　　三、农业社会主义改造的基本完成 ………………………………… 198
第二节　人民公社时期社会主义集体所有制农业体制的变革 ………… 201
　　一、单一的人民公社体制的特征和弊病 …………………………… 201
　　二、基本社有制向"三级所有，队为基础"的制度转变 ………… 203
　　三、"文化大革命"对60年代初期和中期农业体制调整工作的冲击 …… 206
第三节　党的十一届三中全会以来农业体制的改革 …………………… 208
　　一、多种形式的农业生产责任制的恢复和发展 …………………… 208
　　二、普遍推行"双包"制，建立分散经营和统一经营相结合的
　　　　社会主义农业体制 ………………………………………………… 210
　　三、新的农业经济联合的形成和发展 ……………………………… 214
　　四、人民公社三级关系和"政社合一"制度的改革 …………… 217
第四节　评　价 …………………………………………………………… 219

第三章　机械工业管理体制的改革 ……………………………… 222
第一节　社会主义改造基本完成前多种经济成分并存下的机械工业

管理体制 …………………………………………………………… 222
  一、经济恢复时期的机械工业 ………………………………… 222
  二、第一个五年计划时期机械工业的管理体制 ……………… 223

第二节　党的十一届三中全会前机械工业管理体制的多次变动 ……… 226
  一、"大跃进"期间企业下放 …………………………………… 226
  二、国民经济调整时期骨干企业上收，加强集中统一管理 …… 228
  三、十年动乱期间企业又一次下放，再次扩大各级地方政府的
    决策权 ……………………………………………………… 229

第三节　党的十一届三中全会后，机械工业管理体制改革的新阶段 …… 233
  一、改革经营方式 ……………………………………………… 233
  二、扩大企业自主权 …………………………………………… 234
  三、在生产、流通领域开始运用多种调节手段 ……………… 238
  四、进行了管理机构改革，两部两总局合并为机械工业部 … 239

第四章　冶金工业管理体制的改革 …………………………… 249
第一节　冶金工业管理体制的创建时期 …………………………………… 250
  一、没收官僚资本的冶金企业和矿山，把它们改造成为社会主义的
    国营厂矿 …………………………………………………… 250
  二、逐步将民族资本的小型冶金企业改造为公私合营企业 …… 252
  三、建立冶金工业的计划管理体制 …………………………… 253
  四、建立计划分配与市场供应相结合的钢材分配体制 ……… 258
  五、根据冶金工业特点建立劳动工资体制 …………………… 259

第二节　冶金工业管理体制改革的"之"字形发展时期 ………………… 261
  一、"大跃进"时期 ……………………………………………… 262
  二、国民经济调整时期 ………………………………………… 265
  三、动乱的十年 ………………………………………………… 270

第三节　冶金工业管理体制改革的新时期 ………………………………… 273
  一、改革经营管理形式，在冶金工业系统普遍推行经济责任制 …… 274

二、在钢材流通体制方面进行新的尝试 …………………………… 277

三、试行了各种形式的改组和联合 ……………………………………… 279

第五章 纺织工业管理体制的改革 …………………………… 282

第一节 新中国成立以来中国纺织工业的基本情况和特点，及其对管理体制的影响 ……………………………………………… 283

一、纺织工业在国民经济中的重要地位决定了管理体制的特点 …… 283

二、纺织工业"大分散，小集中"的工业布局对管理体制的影响 …… 284

三、纺织工业积累资金的职能对管理体制的影响 …………………… 285

四、纺织工业与原料、资源的密切关系对管理体制的影响 ………… 286

五、纺织工业技术装备的特点对管理体制的影响 …………………… 286

六、纺织工业与流通领域的紧密依存关系对管理体制的影响 ……… 287

第二节 中国纺织工业管理体制的演变情况 ………………………………… 287

一、中央集权较多的管理体制 ………………………………………… 287

二、中央部负责规划、政策指导、技术指导、原料调度、技术装备，地方直接领导企业的管理体制 ……………………………………… 292

三、中央部门对装备和原料工业直接控制的管理体制 ……………… 294

第三节 省、市、自治区和中心城市纺织工业管理体制的变化 ………… 298

一、中心城市纺织工业管理体制的多种形式 ………………………… 299

二、省和自治区纺织工业管理的几种形式 …………………………… 301

第四节 对纺织工业现行管理体制的评价和进一步改革的探索 ………… 304

一、通过充分发挥中心城市的作用，提高工业的组织程度 ………… 305

二、打破地区、部门的界限，发展多种多样的横向经济联系 ……… 306

三、逐步改变单纯行政办法的管理体制，转向以计划经济为主、市场调节为辅、经济办法与行政办法相结合的体制 …………………… 308

第六章 轻工业管理体制的改革 ………………………………… 310

第一节 轻工业的基本情况 …………………………………………… 310

一、轻工业是国民经济中的一个重要部门 ………………………… 310

　　二、轻工业、手工业方面中央管理机构的变迁及行业归属的变化 …… 311

　　三、轻工业管理体制上的几个主要特点 …………………………… 312

第二节　1949 至 1957 年期间的轻工业管理体制 ……………………… 313

　　一、三年恢复时期按经济成分实行分类管理 ……………………… 313

　　二、第一个五年计划期间，对轻工业实行分级管理，对手工业
　　　　按集体所有制管理 ………………………………………………… 315

第三节　1958 至 1978 年期间轻工业管理体制的急剧变动 ………… 320

　　一、"大跃进"时期管理体制的变革 ……………………………… 320

　　二、调整时期管理体制的恢复和探索 ……………………………… 323

　　三、十年动乱中国营企业再度"下放"，集体所有制企业
　　　　再次"过渡" ……………………………………………………… 327

第四节　党的十一届三中全会以后轻工业管理体制的改革 ………… 328

　　一、轻工业企业积极而又稳妥地进行改革 ………………………… 329

　　二、坚持计划经济为主、市场调节为辅的原则 …………………… 331

　　三、搞好工贸结合，努力扩大轻工业品出口 ……………………… 334

　　四、几种不同的行业管理形式 ……………………………………… 336

第七章　财政体制的改革 ……………………………………………… 340

第一节　中国财力的状况 ………………………………………………… 340

　　一、财力增长较快，但经常不能满足国家建设的需要 …………… 340

　　二、新中国成立以来财力分布不平衡的情况虽然逐步改变，但地区
　　　　之间的差距仍很悬殊 ……………………………………………… 341

　　三、在社会主义改造基本完成以后，中国财政收入主要来自国营
　　　　经济和集体所有制经济 …………………………………………… 342

　　四、在收入上缴的形式中，税收和利润上缴两种形式所占比重
　　　　有较大变化 ………………………………………………………… 342

　　五、财政收支多数年份是平衡的，少数年份有赤字 ……………… 342

第二节　各个历史时期财政体制的演变 ……………………………… 343
　　一、新中国成立初期实行高度集中的财政体制 …………………… 343
　　二、第一个五年计划时期实行划分收支、分级管理、侧重集中的
　　　　财政体制 ……………………………………………………… 345
　　三、"大跃进"时期下放财权，进行了一次全面改革财政体制的
　　　　尝试 …………………………………………………………… 347
　　四、60年代调整时期又实行了比较集中统一的财政体制 ………… 351
　　五、十年动乱期间，财政体制变动频繁 …………………………… 354
　　六、党的十一届三中全会以后，财政体制的改革进入新的历史时期 …… 355
第三节　财政体制改革的基本经验 ……………………………………… 359
　　一、体制的确定和改革，应当从中国的实际情况出发 …………… 360
　　二、在财力划分上，要适当集中财力，进行重点建设 …………… 360
　　三、正确处理国家、企业和个人三者的关系 ……………………… 361
　　四、财政体制的改革要在有利于坚持财政收支平衡的条件下进行，
　　　　并有利于国民经济的综合平衡 ……………………………… 362
　　五、财政体制要相对稳定 …………………………………………… 362
　　六、体制改革要配套 ………………………………………………… 363

第八章　商业体制的改革 …………………………………………… 365
第一节　国民经济恢复时期以国营商业为领导的商业体制开始建立 …… 366
　　一、国营商业开始建立起高度集中统一的管理体制 ……………… 367
　　二、合作社商业开始建立起全国的组织领导系统 ………………… 368
　　三、以国营商业为领导，五种经济成分并存的社会商业结构的形成 …… 368
　　四、国家商业部门进一步划细分工 ………………………………… 369
第二节　第一个五年计划时期统一的社会主义市场开始形成 ………… 370
　　一、国营商业实行统一领导、分级管理的体制 …………………… 370
　　二、对私营商业的社会主义改造和全行业公私合营的实现 ……… 372
　　三、国营商业与供销合作社的分工 ………………………………… 373

四、国家商业部门的进一步分工调整 ……………………………………… 374

第三节　"大跃进"时期商业体制的大变动 ………………………………… 375
　　一、政企合一，企业下放 ………………………………………………… 375
　　二、小商小贩向国营商业过渡，自由市场关闭 ………………………… 376

第四节　国民经济调整时期商业体制的调整和改革 ………………………… 377
　　一、政企分开，恢复和建立各级专业公司 ……………………………… 377
　　二、改进财务管理体制，划分中央和地方的管理权限 ………………… 378
　　三、小商小贩退出国营和合作社商业，恢复合作商店 ………………… 378

第五节　十年动乱时期，商业体制受到严重破坏 …………………………… 380
　　一、再一次实行政企合一，企业下放 …………………………………… 380
　　二、大砍合作商店，取缔集市贸易，恢复单一流通渠道 ……………… 381

第六节　党的十一届三中全会后，商业体制开始了新的改革 ……………… 381
　　一、调整社会商业结构，多种经济形式、多种经营方式、多条流通
　　　　渠道和少环节的流通体制开始形成 ………………………………… 381
　　二、改革工业品和农产品购销形式，搞活商品流通 …………………… 382
　　三、城乡之间的商品流通实行按商品分工、城乡通开的新体制 ……… 382
　　四、开始取消基层单位进货限制 ………………………………………… 383
　　五、改革商业企业管理体制，推行经营责任制 ………………………… 383

第七节　商业体制改革的基本经验教训 ……………………………………… 384
　　一、必须坚持以国营商业为领导、多种经济形式并存的商品
　　　　流通体制 ……………………………………………………………… 384
　　二、必须坚持政企分开，实行分权分责的经营管理体制 ……………… 386
　　三、必须坚持统一领导、分级管理的领导管理体制 …………………… 388
　　四、必须坚持按经济区域组织商品流通 ………………………………… 389
　　五、必须坚持在商业企业内部推行经营责任制 ………………………… 389

第九章　物资流通体制的改革 ……………………………………………… 391

第一节　新中国成立初期和第一个五年计划时期物资流通体制的建立 …… 391

第二节 "大跃进"时期和调整时期物资流通体制以下放物权为中心的
变动和以集中统一管理为中心的探索性改革 ············ 395
第三节 "文化大革命"时期物资流通体制受到严重破坏 ············ 400
第四节 党的十一届三中全会以后物资流通体制改革的新发展 ············ 402
第五节 物资流通体制改革的基本经验 ············ 406

第三编
地区经济体制改革

第一章 上海市的经济体制改革 ············ 413
第一节 社会主义改造时期的经济体制 ············ 414
一、建立国营经济，稳定市场，恢复生产 ············ 414
二、对国营经济实行集中的管理体制，对私营工商业运用灵活
办法加强管理 ············ 416
三、社会主义改造的基本完成，国营企业管理体制方式的扩展，
全市形成统一集中的管理体制 ············ 421
第二节 1958年至1976年期间的经济体制改革 ············ 423
一、上海经济管理权限的扩大和缩小 ············ 424
二、国家与企业关系的调整 ············ 427
三、企业内部分配形式的多次变更 ············ 428
四、所有制结构的单一化 ············ 429
第三节 党的十一届三中全会以来的经济体制改革 ············ 431
一、扩大企业自主权，建立企业经济责任制 ············ 432
二、加强计划管理，发挥市场调节的辅助作用 ············ 435
三、运用多种调节手段组织和管理经济 ············ 439
四、巩固国营经济的主导地位，发展多种经济形式 ············ 441
五、打破部门、地区界限，建立新的经济组织形式 ············ 442

第四节　上海经济中心作用的变化和发展 ················ 445
　　一、工业生产中心的发展 ···························· 445
　　二、内外贸易中心的变化 ···························· 449
　　三、科学技术中心的形成 ···························· 450
　　四、新形势下金融中心的再起 ························ 451
　　五、经济体制改革的重大探索，上海经济区的筹建 ······ 452

第二章　四川省的经济体制改革 ·················· 455
第一节　四川省经济体制的历史演变 ···················· 455
第二节　四川省"三线"建设的管理体制 ·················· 460
第三节　党的十一届三中全会以来四川省的经济体制改革 ·· 463
　　一、农业的改革 ···································· 463
　　二、工商企业的改革 ································ 466
　　三、其他方面的改革 ································ 470
第四节　从四川省的实践看经济体制改革的基本经验和教训 ·· 473
　　一、经济体制改革必须从中国社会的实际出发，抓住要害 ···· 473
　　二、经济体制改革必须立足于调动各方面的积极性，尤其要立足于
　　　　调动企业和劳动者的积极性 ······················ 474
　　三、经济体制改革必须处理好"条条"与"块块"的关系 ·········· 475
　　四、经济体制改革必须使管理方法从单纯运用行政手段，转为行政
　　　　手段与经济手段相结合 ·························· 476
　　五、经济体制改革必须同中国多种经济形式并存的经济结构相适应 ···· 477

第三章　辽宁省的经济体制改革 ·················· 478
第一节　经济体制的初步形成阶段 ······················ 478
　　一、国营经济一开始就在全省国民经济中占绝对优势，为社会主义
　　　　经济体制的建立奠定了基础 ······················ 478
　　二、为了充分发挥辽宁作为全国重工业基地的作用，较早地实行了

    计划管理制度 479

  三、随着社会主义改造基本完成，计划管理进一步加强，直接计划和

    指令性指标的范围进一步扩大 481

  四、在企业内部实行以党委领导下吸收广大职工参加民主管理为

    基础的厂长负责制 481

第二节　经济体制改革的几次反复 482

  一、"大跃进"时期经济体制的变革 483

  二、调整时期经济体制的改革 485

  三、十年动乱时期经济体制的变动 487

第三节　经济体制改革的新阶段 491

  一、辽宁省经济体制改革新阶段的具体内容 491

  二、经济体制改革带来的变化和效果 495

第四章　重庆市的经济体制改革 **499**

第一节　一个古老而又年轻的城市 499

第二节　重庆市社会主义经济制度的建立 500

  一、没收官僚资本，建立社会主义全民所有制的国营经济和

    公私合营经济 500

  二、对私人资本主义工商业逐步进行社会主义改造 501

  三、建立社会主义的集体经济 503

第三节　重庆市社会主义经济体制的形成和变化 505

  一、重庆市的企业管理体制 505

  二、重庆市计划管理体制的变革 507

第四节　党的十一届三中全会以后重庆市经济体制的改革 510

  一、扩大企业自主权 511

  二、进行企业的改组联合 514

  三、探索军民结合的新路子 515

  四、重庆市的经济体制综合改革试点 517

第五章　常州市的经济体制改革 ········· 525

第一节　常州市概况和经济体制的沿革 ········· 525
第二节　党的十一届三中全会以来常州市经济体制的初步改革 ········· 528
　　一、在坚持国营经济占主导地位的前提下，积极发展多种经济
　　　　形式和灵活多样的经营方式 ········· 528
　　二、在"一条龙"生产协作的基础上，进一步按专业化原则进行
　　　　企业的改组联合，试办企业性公司 ········· 530
　　三、改革科学技术管理体制，注意人才开发 ········· 533
　　四、改革基本建设管理体制，提高投资效益 ········· 535
　　五、以生产服务为中心，初步改革了物资供应体制 ········· 538
　　六、试行多渠道、少环节、开放式、合理流向的商品流通体制 ········· 541
　　七、在处理国家、地方、企业、职工的分配关系上作了改革 ········· 542
　　八、改革信贷、价格、工资制度，发挥经济杠杆的调节作用 ········· 544
　　九、实行市领导县的新体制，以中心城市为依托，逐步形成
　　　　经济网络 ········· 545

第六章　沙市市的经济体制改革 ········· 547

第一节　发展中的新兴工业城市 ········· 547
第二节　探索城市经济发展的路子 ········· 548
　　一、新中国成立初期结合对资本主义工商业的社会主义改造，促使一部分
　　　　民族资本主义的商业资本转办工业企业 ········· 548
　　二、充分利用地方的力量，采取灵活变通的政策措施大力发展工业 ········· 550
　　三、改变按所有制分别管理企业办法，实行按行业归口管理 ········· 552
第三节　从工业企业的改组联合入手进行改革 ········· 555
第四节　经济体制综合改革的新探索 ········· 560
　　一、改革行政管理机构 ········· 560
　　二、发挥经济调节手段的作用 ········· 561

三、改革科学技术管理体制 …………………………………………… 562
四、改革教育体制 ………………………………………………………… 564
五、其他方面的改革 ……………………………………………………… 564

结束语 ……………………………………………………………………… 566

附　录　中国经济体制改革大事年表
　　　　（1949年10月至1983年6月）………………………………… 591

Contents

General Preface

Establishing Socialist Economic System with Chinese

Characteristics   Bo Yibo

Foreword

Part One

Economic System Reforms in Different Periods Since the Founding of the People's Republic of China

Chapter I   Initial Formation of China's Socialist Economic System

           (1949–1957) ·· 3

  1. Confiscation of Bureaucrat Capital, Completion of Land Reform, Unification of Financial and Economic System, and Laid the Foundation for Formation of Socialist Economic System ················ 3

    (1) Emergence of Socialist State-owned Economy in China ·················· 3

    (2) Completion of Nationwide Land Reform and Transformation from Landlord Ownership to Peasant Ownership ·························· 6

    (3) Unification of the National Financial and Economic System, Stabilization of Market Prices and Quest for A Fundamental Improvement in the Financial and Economic Situation ··················· 7

  2. Successful Completion of the Three Major Transformations and Establishment of A Structure of Ownership of the Means of Production with Public Ownership in An

Absolutely Dominant Position ·· 12

(1) Proposal of the Party's General Line in the Transitional Period ············· 12

(2) Gradual Socialist Transformation of the Private Ownership of the Means of Production Based on the Merits of Each Case ································ 14

(3) Emergence of the High Tide of the Three Major Transformations and New Problems After the Basic Completion of the Socialist Transformation ······ 18

3. Beginning of Planned Economic Construction and Establishment of A Socialist System of Economic Management with the System of Planning as Its Core ·· 24

(1) Implementation of Centralized and Unified Management of Key Construction Projects ·· 24

(2) Institution of Planned Purchase and Supply of Grain ························· 29

(3) Institution of A System of Planned Management Combining Direct and Indirect Plans ·· 30

(4) Establishment of A Commercial Circulation System with Varied Economic Components and Multiple Channels ·· 34

(5) Transformation from A Decentralized to A Centralized Wage System ········· 36

4. Shortcomings of the Economic System in the Final Phase of the First Five-year Plan Period and the Preliminary Program of Reform ················ 39

(1) Major Shortcomings of the Economic System in the Final Phase of the First Five-year Plan Period ··· 39

(2) Detection of the Shortcomings in the Economic System by the Party Central Committee of the CPC ·· 41

(3) Preliminary Program of Reform ·· 44

5. Evaluation ··· 46

Chapter II Economic System Reforms During the Period of the "Great Leap Forward" (1958–1960) ···························· 49

1. Development of Erroneous "Left" Thought and Rapid Changes in the Economic System in the Early Phase of the "Great Leap Forward" Period 49
(1) Reckless Launching of the Movement to Organize Rural People's Communes 50
(2) Excessively Hasty and Speedy Transformation of the Remaining System of Private Ownership 52
(3) Blindly Transfer of Managerial Powers to the Lower Levels 53
(4) Expansion of the Authority of Enterprises Under A Situation of Chaotic National Economic Management 59
2. Initial Recognition of "Left" Errors and Partial Changes in the Economic System 61
(1) Examination and Inquiry of Theory and Policies 61
(2) Several Measures to Correct "Left" Errors in the Economic System 64
(3) Anti-right Movement in the Later Stage of the Lushan Conference and Its Impact on Economic System Reform 68
3. Evaluation 70

Chapter III Economic System Reforms During the Period of Economic Readjustment (1961–1965) 72

1. Formulation of the Policy of "Adjustment, Consolidation, Replenishment and Improvement" and Reform Measures Adopted in Coordination with the Policy of Economic Readjustment 72
(1) Strengthen Centralized Unity and Improve Overall Balance 74
(2) Adjust Rural Relations of Production and Change Rural Management System 79
(3) Pay Attention to the Use of Regulatory Function of Economic Levers 81
(4) Formulate Various Kinds of Administrative Regulations and Strengthen Economic Supervision 83

2. Recovery and Growth of National Economy and Exploratory Reforms in Economic System ………………………………………………………… 85

（1）Set up Trusts Experimentally and Manage the Economy with Economic Organizations ……………………………………………………………… 85

（2）Reform Enterprise Management System ……………………………… 88

（3）Reform Materials Management System ……………………………… 90

（4）Establishment of Two Types of Labor and Educational Systems Experimentally ……………………………………………………………… 91

（5）Expand Administrative Powers of Localities Appropriately ………… 93

3. Evaluation ……………………………………………………………………… 95

Chapter IV Changes in the Economic System During the Ten Years of Turbulence (1966–1976) ……………………………… 97

1. Assault on the Economic System by the "Left" Errors and Political Turbulence in the Early Period of the "Cultural Revolution" …………… 97

（1）Serious Confusion in Economic Theory and Economic Management Brought by the "Revolutionary Mass Criticism" Which Confounded Right and Wrong ………………………………………………………… 97

（2）Grave Disruption in the Economic System Due to the Political Turbulence ……………………………………………………………… 100

2. Major Changes in Economic System Centering on the Blind Transfer of Powers to the Lower Levels ……………………………………………… 103

（1）Blindly Putting Enterprises Under Lower Administrative Levels Aggravated the State of Confusion in Production and Economic Management ……… 105

（2）Implementation of the "All-round Contract System" with Respect to Budgetary Revenue and Expenditure, Distribution of Goods and Materials as well as Investment in Capital Construction Failed to Achieve Anticipated Results ……………………………………………………… 106

(3) Simplification of Systems for Taxation, Credits and Wages Weakened Role of Economic Levers ………………………………………………… 111
3. Reorganization of the Economic System in 1971 – 1973 and 1975 and Their Setbacks ………………………………………………………………… 113
4. Evaluation ……………………………………………………………………… 121

Chapter V New Stage of Economic System Reforms (1977 – 1983) …………………………………………………… 123

1. Unfolding of Theoretical Discussions and Experiments in Structural Economic System Reforms …………………………………………………… 123
(1) Some Partial Adjustments in the Economic System ………………………… 123
(2) Theoretically Setting to Rights What has been Thrown into Disorder …… 125
(3) Experimental Reforms in Anhui and Sichuan Provinces ………………… 128
2. Set up An Economic System Suited to China's Conditions ………………… 129
(1) The Third Plenary Session of the 11th Central Committee of CPC Laid Down the Correct Guiding Ideology for the Economic System Reforms ………… 129
(2) Determine the Policy of "Adjustment, Reformation, Consolidation and Improvement" National Economy and Put Forward the Principles and Tasks of Economic Reform ……………………………………………… 131
(3) Spread of Reforms in the Countryside and Initiation of Experimental Reforms in Cities ………………………………………………………… 133
3. Further Adjustment of National Economy, Strengthen Macroeconomic Management and Continue Try to Stimulate the Economy ………………… 140
(1) A Series of Measures Taken by the Party and Government to Strengthen Macroeconomic Management in Accordance with the Requirements of Readjusting the National Economy ……………………………………… 141
(2) Continuously Conducting Various Reforms Which are Beneficial to Economic Readjustment While Simultaneously Strengthening

　　　　Macroeconomic Management ………………………………………… 144
4. New Plan for System Reforms of the Economy Laid Down by the Party's Twelfth National Congress, the Fifth Session of the Fifth National People's Congress and the First Session of the Sixth National People's Congress …………… 152
5. Evaluation …………………………………………………………… 160

Part Two
System Reform in Economic Sectors

Chapter I　Reform of the System of Planned Management ……………… 165
　1. System of Planned Management from 1949 to the First Five-year Plan Period ……………………………………………………………… 165
　　(1) Implementation of A System of Planned Management that Combined Direct and Indirect Plans, Which was Suited to the Existence of Diverse Economic Components ……………………………………………… 168
　　(2) Institution of A System of "Unified Planning with Management at Different Levels" for the Development of the National Economy ………………… 169
　　(3) Appropriate Expansion of the Localities' and Enterprises' Planning Authority in the Later Phase of the First Five-year Plan Period ………… 170
　2. System of Planned Management During the Period of the "Great Leap Forward" …………………………………………………………… 172
　3. System of Planned Management During the Period of Economic Readjustment in the 1960s ………………………………………… 175
　4. System of Planned Management During the Ten Years of Turbulence …… 181
　5. System of Planned Management Since the Party's Third Plenary Session … 182
　6. Basic Experiences in Reforming the System of Planned Management ……… 187
　　(1) Firmly Implement the Principle of A Planned Economy Supplemened by Market Regulation …………………………………………… 188

(2) Three Forms of Planned Management Should be Implemented to Suit the Development of Diverse Economic Forms and Varied Modes of Management 189

(3) Idea of A Nationwide Overall Planning Should be Firmly Adhered to, and Relationship Between Centralization and An Appropriate Degree of Decentralization Should be Correctly Handled 191

(4) Economic Levers Should be Consciously Utilized, and Administrative and Economic Methods Should be Combined 192

Chapter II Reform of the Agricultural System Under Socialist Collective Ownership 194

1. Formation and Development of the Agricultural System Under Socialist Collective Ownership During the Period of Agricultural Cooperatives 194

   (1) Land System Reform: Prerequisite for Establishment of An Agricultural System Under Socialist Collective Ownership 194

   (2) An Agricultural System with Diverse Economic Components and Varied Forms of Mutual Aid and Cooperation 195

   (3) Basic Completion of the Socialist Transformation of Agriculture 198

2. Transformation of the Agricultural System Under Socialist Collective Ownership During the Period of the People's Communes 201

   (1) Characteristics and Shortcomings of Unitary System of People's Communes 201

   (2) Shift from Commune-level Ownership to Three-level Ownership by the Commune, Production Brigade and Production Team, with the Production Team as the Basic Accounting Unit 203

   (3) Negative Impact of the "Cultural Revolution" on the Readjustment of the Agricultural System During the Early and Mid-1960s 206

3. Restructuring of the Agricultural System Since the Third Plenary

Session of the 11th Central Committee of the CPC ·············· 208

(1) Revival and Development of Diverse Forms of Agricultural Production Responsibility System ··· 208

(2) Widespread Implementation of System of "Allocating Either Output Quotas or Specific Tasks to Each Household", and Establishment of A Socialist Agricultural System Integrating Decentralized and Centralized Management ··· 210

(3) Formation and Growth of New Economic Cooperation in Agriculture ······ 214

(4) Restructuring of the Relationship Between the Commune, Production Brigade and Production Team and of the System of "Integrating Government Administration and Economic Management Within the People's Communes" ··· 217

4. Evaluation ··· 219

Chapter III   Reform of the Management System in the Machine-building Industry ··· 222

1. Machinery Industry Management System Before the Basic Completion of Socialist Transformation When There Were Diverse Economic Components ············ 222

(1) Machinery Industry During the Period of Economic Rehabilitation ·········· 222

(2) Machinery Industry Management System During the First Five-year Plan Period ··· 223

2. Numerous Changes in the Machinery Industry Management System Before the Third Plenary Session of the 11th Central Committee of the CPC ············ 226

(1) Transfer of Enterprises to Lower Administrative Levels During the Period of the "Great Leap Forward" ··· 226

(2) Transfer of Key Enterprises Back to Their Original Administrative Levels and Strengthening of Centralized and Unified Management During the Period of Economic Readjustment ··· 228

(3) Transfer Once more of Enterprises to Lower Administrative Levels and Expansion of the Local Governments' Decision-making Powers During the Ten Years of Turbulence ………………………………………… 229

3. New Stage in the Reform of Machinery Industry Management System After the Third Plenary Session of the 11th Central Committee of the CPC …… 233

(1) Reform of the Mode of Management ………………………………… 233

(2) Expansion of the Autonomy of Enterprises ………………………… 234

(3) Initial Use of Various Kinds of Regulatory Means in the Spheres of Production and Circulation ……………………………………… 238

(4) Reform of Organizational Structure and Merger of Two Ministries and Two General Bureaus into the Ministry of Machinery Industry ……………… 239

Chapter IV Reform of the Management System in the Metallurgical Industry ………………………………………………………… 249

1. Period When the Metallurgical Industry Management System was Established ………………………………………………………… 250

(1) Confiscation of Bureaucrat Capitalist Metallurgical Enterprises and Iron Ore Mines and Their Transformation into Socialist State-owned Factories and Mines ……………………………………………… 250

(2) Gradual Transformation of Small Metallurgical Enterprises Owned by National Bourgeoisie into Joint State-private Enterprises ……………………… 252

(3) Establishment of A System of Planned Management in the Metallurgical Industry …………………………………………………………… 253

(4) Establishment of A Distribution System for Steel Products Combining Planned Allocation and Market Supply ………………………………… 258

(5) Setting up of A Wage System Based Upon the Characteristics of the Metallurgical Industry …………………………………………… 259

2. Period When the Restructuring of the Metallurgical Industry Management

　　　　System Proceeded in A Zigzag Pattern ⋯⋯⋯⋯⋯⋯⋯⋯⋯⋯⋯⋯⋯ 261

　（1）Period of the "Great Leap Forward" ⋯⋯⋯⋯⋯⋯⋯⋯⋯⋯⋯⋯ 262

　（2）Period of Readjustment of the National Economy ⋯⋯⋯⋯⋯⋯⋯⋯ 265

　（3）Ten Years of Turbulence ⋯⋯⋯⋯⋯⋯⋯⋯⋯⋯⋯⋯⋯⋯⋯⋯⋯ 270

3. New Period in the Restructuring of the Metallurgical Industry Management
　　System ⋯⋯⋯⋯⋯⋯⋯⋯⋯⋯⋯⋯⋯⋯⋯⋯⋯⋯⋯⋯⋯⋯⋯⋯⋯ 273

　（1）Reforming the Forms of Business Management and Universal Institution
　　　of the Economic Responsibility System in the Metallurgical Industry ⋯⋯ 274

　（2）New Approaches to the Distribution of Steel Products ⋯⋯⋯⋯⋯⋯⋯ 277

　（3）Experiment in Various Forms of Reorganization and Merger ⋯⋯⋯⋯ 279

Chapter V　Reform of the Management System in the Textile Industry ⋯⋯⋯⋯⋯⋯⋯⋯⋯⋯⋯⋯⋯⋯⋯⋯⋯⋯⋯⋯⋯⋯⋯⋯ 282

1. General Situation and Characteristics of the Textile Industry Since the
　　Founding of the People's Republic of China, and Their Impact on the
　　Management System ⋯⋯⋯⋯⋯⋯⋯⋯⋯⋯⋯⋯⋯⋯⋯⋯⋯⋯⋯⋯ 283

　（1）Important Position of the Textile Industry in the National Economy
　　　Determined the Characteristics of Its Management System ⋯⋯⋯⋯⋯ 283

　（2）Layout of Textile Factories with "the Majority Dispersed Throughout the
　　　Country and A Small Number Concentrated in Certain Places" and Its Impact
　　　on the Management System of the Textile Industry ⋯⋯⋯⋯⋯⋯⋯⋯ 284

　（3）Textile Industry's Role in Capital Accumulation and Its Implications
　　　for Its Management System ⋯⋯⋯⋯⋯⋯⋯⋯⋯⋯⋯⋯⋯⋯⋯⋯⋯ 285

　（4）Close Links Between the Textile Industry and Its Raw Materials and
　　　Their Impact on the Industry's Management System ⋯⋯⋯⋯⋯⋯⋯⋯ 286

　（5）Characteristics of the Textile Industry's Technology and Equipment and
　　　Their Impact on the Industry's Management System ⋯⋯⋯⋯⋯⋯⋯⋯ 286

　（6）Interdependence Between the Textile Industry and the Distribution

Network, and Its Impact on the Industry's Management System ············ 287

2. Evolution of the Management System in China's Textile Industry ············ 287

(1) Relatively Centralized Management System ···································· 287

(2) Management System in Which the Ministry was Responsible for Planning, Formulating Policies, Providing Technical Guidance, Supplying Raw Materials and Providing Technology and Equipment, While the Localities Led the Enterprises Directly ·· 292

(3) Management System in Which the Ministry Directly Controlled the Industries Manufacturing Equipment and Producing Raw Materials for the Textile Industry ·· 294

3. Changes in the Management System of the Textile Industry in the Provinces, Municipalities, Autonomous Regions and Key Cities ························ 298

(1) Diverse Forms of Management Systems in the Textile Industry in Key Cities ·· 299

(2) Several Forms of Management Systems in the Textile Industry in the Provinces and Autonomous Regions ···································· 301

4. Evaluation of the Current Management System in the Textile Industry and Experiment for Further Reforms ·· 304

(1) Raising the Industry's Degree of Organization by Giving Full Play to the Role of Key Cities ·· 305

(2) Promoting Diverse Horizontal Economic Links by Breaking Down Regional and Sectoral Barriers ·· 306

(3) Gradually Replacing the Management System Based Solely on Administrative Methods with A System Based on A Planned Economy Supplemented by Market Regulation and on Both Economic and Administrative Methods ············ 308

Chapter VI Reform of the Management System of Light Industry ······ 310

1. Basic Situation of Light Industry ·· 310

（1）Light Industry is An Important Sector in the National Economy 310

（2）Changes in the Central Government's Management Organs for Light Industry and Handicrafts, as well as Changes in Industrial Classification 311

（3）Several Major Characteristics in the Management System of Light Industry 312

2. Management System of Light Industry During 1949 to 1957 313

（1）Classified Management According to Economic Components During the Three-year Period of Economic Rehabilitation 313

（2）Management of Light Industry by Different Administrative Levels and the Management of the Handicraft Industry as Collectively-owned Enterprises During the First Five-year Plan Period 315

3. Abrupt Changes in Light Industry's Management System from 1958 to 1978 320

（1）Changes in the Management System During the Period of the "Great Leap Forward" 320

（2）Restoration of the Management System and Search for A Better System During the Period of Economic Readjustment 323

（3）Transfer Once more of State-owned Enterprises to Lower Administrative Levels as well as Transformation of Collectively-owned Enterprises into State-owned Enterprises During the Ten Years of Turbulence 327

4. Reform of the Management System in Light Industry After the Third Plenary Session of the 11th Central Committee of the CPC 328

（1）Active and Steady Reform of Light Industrial Enterprises 329

（2）Adherence to the Principle of A Planned Economy Supplemented by Market Regulation 331

（3）Promotion of Coordination Between Industry and Commerce, and Expansion of Light Industrial Exports 334

（4）Several Different Forms of Trade Management 336

Chapter VII Reform of the Financial System 340

    1. State of China's Financial Resources 340

    （1）Country's Financial Resources Grew Quite Rapidly but Often Failed to Meet the Needs of National Construction 340

    （2）Although the Uneven Distribution of the Country's Financial Resources has Gradually Changed for the Better, There is Still A very Great Disparity Among Regions 341

    （3）After the Basic Completion of the Socialist Transformation, the State Revenue Mainly Came from the State-owned Economy and the Collectively-owned Economy 342

    （4）A Major Change in the Ratio Between Taxes and Profits Turned over by Enterprises to the State 342

    （5）State Revenue and Expenditure were Balanced for Many Years, but for A Few Years There was A Budgetary Deficit 342

    2. Evolution of Financial System in Various Historical Periods 343

    （1）Highly Centralized Financial System in the Early Period After the Founding of the People's Republic of China 343

    （2）Financial System Instituted During the First Five-year Plan Period Which Differentiated Revenue and Expenditure into Different Categories, Assigned Management to Different Administrative Levels and Laid Particular Emphasis on Centralization 345

    （3）Delegation of Powers on Financial Matters to the Lower Levels and the Attempt at A Comprehensive Restructuring of the Financial System During the Period of the "Great Leap Forward" 347

    （4）Implementation Once more of A Fairly Centralized and Unified Financial System During the Period of Economic Readjustment in the 1960s 351

    （5）Frequent Changes in the Financial System During the Ten Years of Turbulence 354

(6) New Historical Period in the Restructuring of the Financial System After the Third Plenary Session of the 11th Central Committee of the CPC 355

3. Basic Experiences in Financial System Reforms 359

(1) Determination and Restructuring of the Financial System Should Proceed from China's Actual Situation 360

(2) There Should be An Appropriate Degree of Centralization in the Country's Financial Resources in Order to Build Key Projects 360

(3) Relationship Between the State, Enterprise and Individual Should be Correctly Handled 361

(4) Restructuring of the Financial System Should be Carried out Under Conditions That are Advantageous to Attaining A Balance Between State Revenue and Expenditure and An Overall Balance in the National Economy 362

(5) Financial System Should be Relatively Stable 362

(6) Reform of the Financial System Should be Part of A Comprehensive Reform of the National Economy 363

Chapter VIII Reform of the Commercial System 365

1. Establishment of the Commercial System with State-owned Commerce Playing the Leading Role During the Rehabilitation Period of the National Economy 366

(1) Setting up of A Highly Centralized and Unified Management System for State-owned Commerce 367

(2) Establishment of A National System of Cooperatives Under Centralized Leadership 368

(3) Formation of A Commercial Set-up with Five Economic Components Existing Side by Side and with State-owned Commerce in the Leading Position ... 368

(4) National Trade Industry Made Further Subdivision 369

2. Beginning of the Formation of A Unified Socialist Market During the First

  Five-year Plan Period ········ 370
(1) System of Unified Leadership and Management by Different Levels in State-owned Commerce ········ 370
(2) Socialist Transformation of Private Commerce into Joint State-private Commerce ········ 372
(3) Division of Work Between State-owned Commerce and Supply and Marketing Cooperatives ········ 373
(4) Further Readjustment in the Division of Work of the State Commercial Departments ········ 374
3. Drastic Changes During the Period of the "Great Leap Forward" ········ 375
(1) Integration of Government Administration with Economic Management and the Transfer of Enterprises to Lower Administrative Levels ········ 375
(2) Transformation of Small Merchants and Pedlars into State-owned Commercial Enterprises, and the Closure of Free Markets ········ 376
4. Reformation and Adjustment of the Commercial System During the Readjustment Period of the National Economy ········ 377
(1) Separation of Government Administration with Economic Management, and the Restoration and Establishment of Specialized Corporations at Different Levels ········ 377
(2) Improvement in the Accounting System and Division of Jurisdiction Between the Central and Local Governments ········ 378
(3) Withdrawal of Small Merchants and Pedlars from State-owned and Cooperative Commerce, and the Revival of Cooperative Stores ········ 378
5. Serious Disruption of the Commercial System During the Ten Years of Turbulence ········ 380
(1) Integration Once more of Government Administration with Economic Management and Transfer of Enterprises to Lower Administrative Levels ········ 380

(2) Closing Down of Cooperative Stores, Banning of Country Trade Fairs and Restoring of the Unitary Channel of Circulation ·············· 381

6. New Reforms in the Commercial System After the Third Plenary Session of the 11th Central Committee of the CPC ·············· 381

(1) Readjustment of the Commercial Structure in Society and the Initial Formation of A Circulation System with Many Channels of Circulation, Few Intermediate Links as well as Diverse Economic Forms and Modes of Management ··· 381

(2) Reform of the Modes of Purchase and Sale of Industrial and Agricultural Products and Invigoration of Commodity Circulation ·············· 382

(3) New System of Commodity Circulation Linking Urban and Rural Areas with Division of Work According to the Types of Commodities ·············· 382

(4) Lifting of Restrictions on the Stocking of Goods by Grassroots Units ······ 383

(5) Reform of the Management System of Commercial Enterprises and Institution of the Economic Responsibility System ·············· 383

7. Basic Experiences and Lessons in Commercial System Reform ·············· 384

(1) Must Adhere to A System of Commodity Circulation in Which State-owned Commerce Plays A Leading Role and Diverse Economic Forms Exist Side by Side ·············· 384

(2) Must Separate Government Administration and Economic Management and Institute A Management System in Which the Powers and Responsibilities are Distributed ·············· 386

(3) Must Adhere to A System of Unified Leadership and Management by Different Levels ·············· 388

(4) Must Organize Commodity Circulation According to Economic Regions ··· 389

(5) Must Implement A System of Management Responsibility Within Commercial Enterprises ·············· 389

Chapter IX Reform of the Circulation System for Goods and Materials 391

1. Establishment of the Circulation System for Goods and Materials During the Early Period After the Founding of the People's Republic of China and During the First Five-year Plan Period 391

2. Changes in the Circulation System for Goods and Materials Centered on the Transfer to Lower Levels of the Power to Allocate Goods and Materials and Exploratory Reforms Centered on Centralized and Unified Management During the "Great Leap Forward" Period and the Economic Readjustment Period 395

3. Serious Disruption in the Circulation System for Goods and Materials During the Period of the "Cultural Revolution" 400

4. New Developments in Restructuring the Circulation System for Goods and Materials After the Third Plenary Session of the 11th Central Committee of the CPC 402

5. Basic Experiences in the Reform of the Circulation System for Goods and Materials 406

Part Three
Local Economic System Reforms

Chapter I Economic System Reforms in Shanghai Municipality 413

1. Economic System During the Period of Socialist Transformation 414

(1) Establishment of State-owned Economy, Stabilization of the Market and Recovery of Production 414

(2) Institution of A Centralized Management System in State-owned Economy and Strengthening of the Management of Privately Owned Industrial and Commercial Enterprises Through the Use of Flexible Measures 416

(3) Basic Completion of Socialist Transformation, Expansion of the State-owned Enterprises' Mode of Management System and Formation of A Unified and Centralized Management System in the Entire Municipality ·················· 421

2. Economic System Reforms from 1958 to 1976 ················· 423

(1) Expansion and Reduction of the Limits of Shanghai's Authority with Respect to Economic Management ···················· 424

(2) Readjustment of the Relationship Between the State and Enterprise ······ 427

(3) Numerous Changes in the Form of Distribution Within Enterprises ········· 428

(4) Towards A Unitary Ownership Structure ···················· 429

3. Structural Economic Reform Since the Third Plenary Session of the 11th Central Committee of the CPC ···················· 431

(1) Expansion of the Enterprises' Decision-making Powers and Establishment of the Economic Responsibility System in Enterprises ························ 432

(2) Strengthen the Planned Management and Bring into play the Supplementary Role of Market Regulation ···················· 435

(3) Use of Various Types of Regulatory Methods to Organize and Manage the Economy ···················· 439

(4) Consolidation of the Leading Position of the State-owned Economy and Promotion of Diverse Economic Forms ···················· 441

(5) Breakdown of Sectoral and Regional Barriers and Establishment of New Forms of Economic Organizations ···················· 442

4. Changes and Development in Shanghai's Role as An Economic Center ······ 445

(1) Its Development as A Center of Industrial Production ······················ 445

(2) Changes in the Role as A Center of Domestic and Foreign Trade ········· 449

(3) Formation of A Scientific and Technological Center ···················· 450

(4) Its Reemergence as A Financial Center Under the New Situation ········· 451

(5) A Major Exploration in Economic System Reforms: Preparations Made for Setting up Shanghai Economic Zone ···················· 452

Chapter II Economic System Reforms in Sichuan Province 455

1. Historical Evolution of the Economic System in Sichuan Province 455

2. Management System in the Construction Projects in Sichuan Province, Transforming It into the "Third Line of National Defense" 460

3. Economic System Reform in Sichuan Province Since the Third Plenary Session of the 11th Central Committee of the CPC 463

   (1) Reforms in Agriculture 463

   (2) Reforms in Industrial and Commercial Enterprises 466

   (3) Reforms in Other Aspects 470

4. Basic Experiences and Lessons Drawn from the Practice of Economic System Reforms in Sichuan Province 473

   (1) Economic System Reforms Should Proceed from the Actual Conditions of Chinese Society and Should Concentrate on Crucial Matters 473

   (2) Economic System Reforms Should Based Upon the Mobilization of the Initiative of Various Aspects, Particularly the Initiative of Enterprises and Workers 474

   (3) Economic System Reforms must Correctly Handle the Vertical Relationship Between the Central Ministries and Their Subordinate Units as well as the Horizontal Relationship Between Different Units 475

   (4) Economic System Reforms must Bring A Shift in Management Methods from the Use of Purely Administrative Methods to the Combination of Administrative and Economic Methods 476

   (5) Economic System Reforms must be Suited to the Country's Economic Structure in Which Diverse Economic Forms Exist Side by Side 477

Chapter III Economic System Reforms in Liaoning Province 478

1. Initial Stage of the Formation of the Economic System 478

   (1) State-owned Economy Occupied A Position of Absolute Dominance in the

　　　　　Provincial Economy from the Very Outset, Laying the Foundation for the

　　　　　Establishment of A Socialist Economic System ·············· 478

　　（2）System of Planned Management was Instituted at A Relatively Early

　　　　　Period in Liaoning Province in Order to Fully Bring into Play Its Role as

　　　　　A National Industrial Base ·············· 479

　　（3）Further Strengthening of Planned Management and Further Expansion

　　　　　of the Scope of Direct Plans and Target Quotas in the Wake of the Basic

　　　　　Completion of Socialist Transformation ·············· 481

　　（4）Implementation Within Enterprises of the System of Responsibility by Factory

　　　　　Directors Under the Leadership of Party Committees and with the Participation

　　　　　of Workers and Staff Members in Democratic Management ··········· 481

　2. Several Lapses in Economic System Reforms ·············· 482

　　（1）Economic System Reforms During the Period of the "Great Leap

　　　　　Forward" ·············· 483

　　（2）Economic System Reforms During the Period of Economic

　　　　　Readjustment ·············· 485

　　（3）Changes in the Economic System During the Ten Years of Turbulence ··· 487

　3. New Stage in Economic System Reforms ·············· 491

　　（1）Concrete Measures in the New Stage of Economic System Reforms in

　　　　　Liaoning Province ·············· 491

　　（2）Changes and Results Brought by Economic System Reforms ·········· 495

Chapter IV　Economic System Reforms in Chongqing Municipality ······ 499

　1. An Ancient and Young City ·············· 499

　2. Establishment of the Socialist Economic System in Chongqing ·········· 500

　　（1）Confiscation of Bureaucratcapital and Establishment of the State-Owned

　　　　　Economy with the Socialist Ownership by the Whole People and of the Joint

　　　　　State-private Economy ·············· 500

(2) Gradual Socialist Transformation of Private Capitalist Industry and Commerce 501
(3) Establishment of the Socialist Collective Economy 503
3. Formation and Changes in the Socialist Economic System of Chongqing Municipality 505
(1) Management System of Enterprises in Chongqing Municipality 505
(2) Changes in the System of Planned Management in Chongqing Municipality 507
4. Economic System Reforms in Chongqing Municipality Since the Third Plenary Session of the 11th Central Committee of the CPC 510
(1) Expansion of the Enterprises' Decision-making Powers 511
(2) Reorganization and Merger of Enterprises 514
(3) Search for A New Path of Combining Production for Military and Civilian Use 515
(4) Experiments of Comprehensive Economic System Reforms in Chongqing Municipality 517

Chapter V Economic System Reforms in Changzhou Municipality 525

1. General Situation and Evolution of the Economic Structure in Changzhou Municipality 525
2. Initial Economic System Reforms in Changzhou Municipality Since the Third Plenary Session of the 11th Central Committee of the CPC 528
(1) Active Promotion of Varied Economic Forms as well as Flexible and Diverse Modes of Management Under the Prerequisite of Maintaining the Leading Position of the State-owned Economy 528
(2) Further Reorganization and Merger of Enterprises in Accordance with the Principle of Specialization and on the Basis of A Coordinated Production Process and Experimental Setting up of Corporations Managed Along

　　　　Business Principles ……………………………………………………… 530

（3）Structural Reforms in the Management of Science and Technology and Emphasis Given to the Development of Talented People ………………… 533

（4）Reform in the Management System of Capital Construction and Improvement of Returns on Investments …………………………………… 535

（5）Initial Reforms in the Supply System of Goods and Materials Centering on Production and Service ……………………………………………… 538

（6）Experimental Implementation of A System of Commodity Circulation that is Open and Rational and has Many Channels and Few Links ……………… 541

（7）Reforms in the Relationship Among the State, Localities, Enterprises and Workers as well as Staff Members in the Distribution of Income ………… 542

（8）Reforms in the Credit, Price and Wage Systems and the Fullest Utilization of the Regulatory Role of Economic Levers …………………………… 544

（9）Implementation of the New System in Which the Municipality Leads the Counties and the Gradual Formation of an Economic Network Based on A Key City …………………………………………………………………… 545

Chapter VI Economic System Reforms in Shashi Municipality ………… 547

　1. A New and Developing Industrial City ………………………………… 547

　2. Search for A Path to Urban Economic Development …………………… 548

　（1）At the Time of the Socialist Transformation of Capitalist Industry and Commerce in the Early Period After the Founding of the People's Republic of China, A Portion of the Commercial Capital of the National Bourgeoisie was Urged to Shift to the Setting up of Industrial Enterprises ………………… 548

　（2）Full Utilization of Local Capability and the Adoption of Flexible Measures and Policies in Order to Actively Support Industrial Development ……… 550

　（3）Change in the Method of the Management of Enterprises According to Ownership and the Implementation of Management According to the Type of Industry ·· 552

　3. Initiation of Reforms from the Reorganization and Merger of Industrial

　　　Enterprises ··· 555

　4. New Exploration for Comprehensive Economic System Reforms ············· 560

　（1）Reforms of the Administrative Set up ··· 560

　（2）Bring into Play the Role of Economic Adjustment Means ··················· 561

　（3）Reforms of the Management System for Science and Technology ·········· 562

　（4）Reforms of the Educational System ·· 564

　（5）Reforms in Other Aspects ··· 564

Conclusion ·· 566

Appendix: Chronology of China's Economic System Reforms

　　　　　（October 1949 – June 1983） ··· 591

第一编
新中国成立以来各个时期的经济体制改革

第一章
中国社会主义经济体制的初步形成

（1949—1957年）

第一节 没收官僚资本，完成土地改革，统一财政经济，为社会主义经济体制的形成奠定了基础

一、中国社会主义国营经济的产生

中国人民革命的胜利，推翻了国民党政府的反动统治，结束了帝国主义、殖民主义奴役中国各族人民的历史。1949年10月1日，中华人民共和国成立了。从新中国成立到1956年，中国共产党领导全国各族人民有步骤地实现了从新民主主义到社会主义的转变。

在中国人民革命取得全国胜利的前夜，即1949年3月，中国共产党举行了第七届中央委员会第二次全体会议。这是一次极其重要的会议。毛泽东同志在会上的报告，全面地分析了革命胜利后国内外的政治、经济形势，明确提出了党的工作重心应当由乡村转移到城市，阐明了国内各种社会经济成分以及它们的发展趋势，指出了社会主义性质的国营经济在国民经济中的领导地位，提出了党对各种社会经济成分所必须采取的方针和政策。毛泽东同志特别指出：中国的现代性工业中最大和最主要的资本是集中在帝国主义及其走狗中国官僚资产阶级手里，必须接管帝国主义在华的资产，没收官僚资本归无产阶级领导的人民共和国所有，使人民共和国掌握国家的经济命脉，使国营经济成为整个国民经济的领导成分；对私人资本主义，在革命胜利后一个相当长的时期内，既要尽可能地利用其积极性，以利于国民经济的发展，又要对其采取恰如其分的有伸缩性的限制政策；对占国民经济总产值90%的

分散的个体农业经济和手工业经济,必须谨慎地、逐步地而又积极地引导它们向着现代化和集体化的方向发展①。这个报告和毛泽东同志在同年6月所写的《论人民民主专政》一文,为中国人民政治协商会议第一届全体会议通过的、在新中国成立后曾经起了临时宪法作用的《中国人民政治协商会议共同纲领》奠定了政策基础。

对帝国主义在中国的侵略势力,毛泽东同志明确提出,要采取"有步骤地彻底地摧毁帝国主义在中国的控制权的方针"。他并且指出:"取消一切帝国主义在中国开办的宣传机关,立即统制对外贸易,改革海关制度,这些都是我们进入大城市的时候所必须首先采取的步骤。"②

随着各大城市的先后解放,人民政府根据党中央的方针,废除了帝国主义在中国的一切特权,收回了长期被帝国主义把持的海关,管制了对外贸易,实行了外汇统一管理。侵略中国的日本帝国主义的在华资产,在日本投降后已被当时的国民党政府所接管,在解放战争胜利进行过程中,人民政府将其作为官僚资本陆续加以没收。到全国解放时,帝国主义、资本主义国家在中国的企业还剩下1000多家,主要是属于英、美垄断资本集团的。新中国成立初期,中国政府对这些企业进行了监督和管理。针对帝国主义对中国实行封锁、禁运,特别是针对美国政府发动侵略朝鲜战争后悍然宣布冻结中国在美国管辖区内的公私财产的无理行动,中国政府宣布管制美国在华财产。其他外国在华的企业,由于人民政府取消了帝国主义的特权,特别是美帝国主义对中国实行封锁禁运以后,大都陷于瘫痪状态。有些企业经营不下去了,申请歇业;有些企业的外国资本家自行放弃经营;有些企业自动转让给中国企业,以抵偿它们在中国的债务;有些企业则由中国作价收购。这些被中国政府管制、征用和收购的企业,成为社会主义国营经济的组成部分。

没收官僚资本主义企业的工作,是随着解放战争的胜利进军而陆续完成的。没收官僚资本,主要是没收以蒋介石、宋子文、孔祥熙、陈立夫四大家

---

① 毛泽东:《在中国共产党第七届中央委员会第二次全体会议上的报告》,《毛泽东选集》第4卷,人民出版社1960年第1版,第1432—1433页。

② 同上,第1435—1436页。

族为首的代表大地主大银行家大买办利益的国民党反动政府的财产。新中国成立前夕，官僚资本约占全国工业资本的66％左右，占全国工矿、交通运输业固定资产的80％。国民党政府资源委员会拥有219个工矿企业，掌握全国钢铁产量的90％（解放前最高年份1943年为92.3万吨），煤炭产量的33％（解放前最高年份1942年为0.62亿吨），发电量的67％（解放前最高年份1941年为60亿度），水泥的45％（解放前最高年份1942年为229万吨），以及全部石油和有色金属的生产。官僚资本控制着全国的金融机构和铁路、公路、邮电、航空运输以及44％的轮船吨位，还有十几个垄断性的贸易公司。

官僚资本是旧中国的一种反动的生产关系，严重地阻碍着社会生产力的发展。1949年4月25日公布的《中国人民解放军布告》中明确规定："没收官僚资本。凡属国民党反动政府和大官僚分子所经营的工厂、商店、银行、仓库、船舶、码头、铁路、邮政、电报、电灯、电话、自来水和农场、牧场等，均由人民政府接管。"[①] 人民解放军每解放一个城市，就立即进行没收官僚资本的工作。新中国成立后不久，人民政府就没收了以前在国家经济生活中占统治地位的全部官僚资本企业，包括大银行、几乎全部铁路、绝大部分黑色冶金企业和其他重工业部门的大部分企业，以及轻工业的某些重要的企业。到1949年年底，人民政府没收的工业企业一共有2858个，拥有产业工人75万多人。1951年1月，中央人民政府政务院发布了《关于没收战犯、汉奸、官僚资本家与反革命分子的财产的指示》，没收了战犯、汉奸、官僚资本家及反革命分子的财产。同时，中央人民政府还发布了《关于企业中公股公产清理办法》，对隐匿在一般私营企业中的官僚资本的股份，进行了清理。

没收官僚资本，把官僚资本所有制的经济变为社会主义全民所有制的经济，这就构成了国营经济的最主要的部分。它是新中国在经济上向社会主义过渡的开始。由于没收了官僚资本，使社会主义国营经济的力量壮大了起来。据统计，1949年，国营工业在全国大型工业总产值中所占的比重为41.3％。

---

① 毛泽东：《中国人民解放军布告》，《毛泽东选集》第4卷，人民出版社1960年第1版，第1459—1460页。

国营经济已拥有全国发电量的58%，原煤产量的68%，生铁产量的92%，钢产量的97%，水泥产量的68%，棉纱产量的53%。国营经济还掌握了全国的铁路、邮政、电信和大部分的现代交通运输事业。

人民政府没收全部官僚资本以后，在企业内部又进行了民主改革和生产改革，建立了民主管理制度，使之从实质上转变为社会主义国营经济。这部分最为集中的、最大的和最主要的资本转到了人民政府手里，就使国家掌握了全国的经济命脉。

中国社会主义国营经济的产生和建立，除了主要靠没收官僚资本以外，还有另一个来源，就是在革命根据地时就已产生的公营经济，不过它的比重不大。最初在革命根据地中出现的公营经济，是为了革命战争的需要，由根据地中的军民用自己的双手建立起来的。早在1927年，当时的革命根据地就有了社会主义性质的公营经济。这主要是为战争服务的一些军用工业，如兵器、弹药、被服、炼铁等；也有一些民用工业，如煤炭、盐，以及纺织、造纸、皮革等。此外，还建立了强有力的公营商业和银行。这些公营经济，对支援革命战争、满足根据地人民需要、促进经济发展，都起了重大作用。在几次革命战争时期建立的边区政府和解放区人民政府，通过领导公营经济，取得了一些管理经济和建立经济体制方面的经验，培养了一批经济管理干部。

社会主义国营经济对民族资本主义经济、合作社经济以及小生产者个体农业和手工业经济来说，居于领导地位，在整个国民经济的发展中起着主导作用。

二、在全国范围内完成土地改革，变地主所有制为农民所有制

在旧中国，占农村人口总数不到10%的地主、富农，占有土地70%—80%。他们凭借着这种封建的土地占有制，残酷地剥削、压迫农民。而约占农村人口总数90%的贫农、雇农和中农，终年辛勤劳动，却不得温饱。这种封建土地制度是中华民族被侵略、被压迫、陷于贫困落后的根源之一，是中国民主化、工业化、独立、统一、富强的基本障碍。废除封建的土地制度，是民主革命阶段的一项基本任务，必须彻底完成。

早在抗日战争时期，中国共产党就实行了减租减息政策。解放战争时期，在老解放区进行了土地改革运动。全国解放以后，在新解放区继续开展了这一运动。《中国人民政治协商会议共同纲领》明确规定：要"有步骤地将封建半封建的土地所有制改变为农民的土地所有制"。1950年6月，中国共产党召开了第七届中央委员会第三次全体会议，通过了在全国范围内开展土地改革的决议，并将这项决议提交中国人民政治协商会议和中央人民政府讨论通过。接着，中央人民政府先后颁布了《中华人民共和国土地改革法》《关于划分农村阶级成分的决定》《农民协会组织条例》等文件。在土地改革过程中，采取了保护民族工商业的政策。这场消灭封建剥削土地所有制的土改运动，到1952年9月已基本完成。在中国大陆上除西藏、新疆等少数民族聚居的地区外，普遍实行了土地改革。全国大约有3亿人口的农民分得了约7亿亩土地和大批生产资料，免去了每年向地主交纳的约700亿斤粮食的地租和其他一些繁重的劳役。这就激发了农民空前未有的生产积极性，推动了农业生产力的发展。土地改革的彻底实现巩固了工农联盟和人民民主专政，并为以后的农业社会主义改造创造了有利条件。

三、统一全国财政经济体制，稳定市场物价，争取财政经济状况的根本好转

1949年，中国人民革命取得了巨大的胜利，但面临的财政经济形势是极为困难的。由于国民党政府的反动统治和长期的战争，使工农业生产受到很大破坏。1949年与1936年比较，工业产值下降了一半（重工业下降70%，轻工业下降30%）；农业产值大约下降了25%，粮食产量下降了20%左右，棉花产量下降了40%。为了肃清国民党反动派在中国大陆上的残余势力而进行的大规模的革命进军，使得战线延长，支出日益增大，军费开支占到全国财政总收入的一半以上。在新解放的地区，对国民党政府留下的大批人员采取了"包下来"的政策，需要人民政府保障他们的生活供应。到1950年年初，连同老解放区的公务人员一起，共达900万人。许多重点工业企业和交通运输企业的恢复和重建，也要有财力、物力的巨大支持。因而，1949年国

家财政收支出现了 2/3 的赤字。为了维持财政支出，国家不得不增发货币。加上私人投机资本囤积居奇，哄抬物价，全国除东北外，各地物价均处于剧烈上涨的局面。

1949 年 4 月、7 月、11 月和 1950 年 2 月，全国曾出现四次很大的物价涨风。以上海市为例，从 1949 年 6 月到 1950 年 2 月，批发物价上涨了约 20 倍。物价剧烈上涨，给国家和人民造成了严重损失，给社会经济带来了很大的混乱。所以，在国民经济恢复时期，必须首先稳定物价。

稳定市场、控制物价工作的重点在大城市，首先在上海。上海是全国的经济中心，也是中国资产阶级的主要基地。上海经济稳定下来了，就可能稳定全国的经济。当时，上海解放不久，全市面临着的形势是：敌人封锁，物资调运困难，资本主义势力乘机大肆进行投机活动，市场物价猛烈上涨，币值不断下跌。人民政府只存有可供半月用的大米，7 天用的煤炭和不足 1 个月用的棉花。主要行业的工厂只有 1/4 开工，任务普遍不足。很明显，克服上海的财政经济困难要依靠全国的支援；同时，上海也要支援全国，要依靠上海的经济实力来克服全国的财政经济困难。

陈云同志受中共中央的委托，于 1949 年 7 月到达上海，进行调查研究，探讨解决这一重大问题的途径。同年 8 月，在上海召开了有 5 个大行政区主要领导干部参加的财经工作会议。会上，确定了全力支持解放战争彻底胜利和维持新解放区、首先是大城市人民生活稳定的方针；并着重研究了统一财政经济体制、控制市场物价的问题，提出了实施的方案和步骤。会议决定：调动全国的财力、物力来稳定城乡市场，控制物价；掌握粮食以稳住城市，掌握纱布以稳住农村，制止投机资本家兴风作浪。

稳定物价的斗争，是人民政府与工商业资本家特别是不法资本家争夺对市场的领导权的斗争。国家首先在城市中积极恢复和发展国营工业，建立和发展国营商业，在农村积极建立和发展供销合作社，加强对工农业产品主要是粮食和棉花的收购、调运工作，掌握工农业产品以保障市场的物资供应，并着手建立市场管理制度，采用行政措施和经济力量相配合的方法，坚决打击投机势力。人民政府对稳定物价，主要采取了以下的措施：

第一，实行金融管理。人民政府在建立、健全社会主义金融体制的同时，发动群众反对银元、黄金和美钞的投机，公布了金、银、外币的兑换价格和管理办法。在上海，封闭了金融投机大本营"证券大楼"①，依法惩办了操纵市场、破坏金融的首恶分子200余人。在北京等地区也惩办了一批投机倒把分子。同时，加强了对私营金融机构的管理，将它们放在国家银行的控制之下，制止其金融投机活动。

第二，建立强有力的国营和供销合作社商业系统，控制主要商品。稳定市场、控制物价，主要是国家要掌握足够数量的粮食和纱布等主要商品。这样，国家就可以通过抛售商品来打击投机活动。为此，人民政府加强了对主要工农业产品的收购和调运工作，实行了对外贸易的统一管理，聚集了大量的物资。当时，国家掌握了大批粮食，并控制了煤炭供应量的70%，棉纱的30%，棉布的50%，食盐的60%。这是打击投机、稳定物价的物质基础。在几次物价上涨时，国家抓住时机，集中力量大量抛售物资，使物价下跌，给囤积居奇的投机分子以沉重的打击。在市场物资有余的情况下，国营商业企业又将物资收购进来，以壮大国家的经济力量，保障对市场的领导权。同时，又对私营工商业有利于国计民生的生产经营活动，执行了正确的扶持政策。对私营工业实行加工定货，对私营商业规定合理的批零差价；当私营工商业资金困难时，除了订货收购预付货款外，还由人民银行办理贷款，以维持其资金周转，继续生产。

第三，加强市场管理。国家公布了工商业登记办法，未经核准者不得开业。建立交易所，要求主要物资集中交易。实行市场价格管理，保护国营牌价不受破坏。管理物资采购，使大量物资采购置于国家监督之下。取缔投机活动，对投机分子按情节轻重予以惩处，对正当工商业者予以保护。

这几次稳定市场、控制物价的斗争，是在全国财力、物力实行了统一调

---

① 上海解放后，投机资本家以"证券大楼"为指挥部，利用几千部电话和专设的对讲电话，和分布在各处的据点进行联络。一些银元贩子到处造谣，在10天左右的时间内将银元价格哄抬了两倍。银元的暴涨带动了整个物价的上涨。上海5月28日解放，到6月9日，13天内物价就上涨了2.7倍，黄金价上涨了2.1倍。

配的情况下进行的。国家既运用经济力量,又加强行政管理,有力地打击了投机活动,稳定了物价,从而巩固和发展了国营经济,并为以后对私营工商业的社会主义改造创造了有利条件。

为了确保物价的稳定、争取财政经济情况的好转,还必须从根本上采取措施,实现财政收支、信贷进出、物资供需的三大平衡。而当时在财政经济工作上实行的"统一领导,分散经营"的体制,与实现这一任务有着很大的矛盾。"统一领导,分散经营"的体制,是在抗日战争和解放战争时期各个革命根据地或解放区被敌人封锁、分割的条件下实行的,是适合当时情况的。新中国成立初期,中国面临着巨大的财政经济困难,这种分散经营的体制,便不利于在全国范围内集中财力、物力,实现财政、信贷、物资的平衡;不利于战胜帝国主义的经济封锁和资本主义的投机活动,以尽快地恢复国民经济。因此,实行全国财政经济工作的统一管理,是当时克服困难、争取财政经济状况根本好转的需要,是关系到新生的人民政权能否巩固的大问题。陈云同志指出,实行统一管理虽然会使地方遇到一些困难,但困难小,为害亦少;如不统一则困难大,为害也大。

为此,中国共产党和中央人民政府采取了重大措施。1950年3月3日,中央人民政府政务院第二十二次政务会议通过并发布了《关于统一国家财政经济工作的决定》。同日,中共中央就统一国家财政经济工作问题向各级党委发出通知,要求全党必须用一切方法去保障这个决定的全部实施。决定对统一财政经济工作采取的主要措施是:

第一,统一全国财政收支,使国家财政收入的主要部分集中到中央。除批准征收的地方税收外,所有农业税(公粮)、关税、盐税、货物税、工商税的一切收入,均归中央人民政府财政部统一调度使用。

第二,统一全国物资调度。成立全国仓库物资清理调配委员会,所有仓库物资统由政务院财政经济委员会统一调度,合理使用,各地国营贸易机关的物资调动均由中央人民政府贸易部统一指挥。

第三,统一全国现金管理。指定中国人民银行为国家现金调度的总机构,一切军政机关和公营企业的现金,除留若干近期使用者外,一律存入国家银行；外汇牌价、外汇调度由人民银行统一管理。

为了争取财政收支的平衡，还必须节约支出。为此，成立了全国编制委员会，紧缩军政公教人员的编制和开支；人民解放军和人民政府工作人员，继续实行供给制或低薪制。此外，规定了国营工厂根据不同情况分别归中央人民政府各部直接管理，或由中央人民政府暂时委托地方人民政府管理；还整顿了税收，发行了一部分公债。

由于坚决打击了投机活动，特别是开始实行了统一财政经济工作的措施，到1950年3月，全国市场物价就稳住了。1950年6月，正当中国经济形势日益好转的时候，美帝国主义发动了侵略朝鲜的战争，全国人民掀起了抗美援朝、保家卫国运动。当时经济工作第一位的任务是服从抗美援朝战争的需要，第二位是稳定市场物价，第三位才是经济文化建设。这也就是当时中央提出的边抗、边稳、边建的"三边"方针。这一正确方针，保证了在志愿军出国作战增加军费及有关的大量财政开支的条件下，全国的物价没有发生大的波动而呈现继续稳定的形势。如以1950年3月的批发物价指数为100，当年12月下降为85，1951年12月为92.4，1952年12月为92.6。我们仅用了1年的时间，就把国民党反动派统治下的旧中国持续了12年的恶性通货膨胀毒瘤消除了。对此，就连一些中外资产阶级代表人物也不能不佩服。当时，上海一个大资本家说："六月份银元风潮，中共是用政治力量压下去的，这次中共仅用经济力量，就稳住了物价，是上海工商界所料想不到的。"以前，曾在上海资本家中间流传的那种"共产党是军事100分、政治80分、财经打0分"的论调，再也听不到了。这一胜利，成为中国财政经济状况根本好转的前奏。毛泽东同志曾经高度评价这一胜利的意义，说它不下于淮海战役。

在全国实行财政经济工作统一管理和领导后，国家的财政收支很快就接近了平衡，从1951年起还有了结余。据统计，1952年，中国财政收入达183.7亿元，为1950年的281.7%，财政支出176亿元，为1950年的258.4%，收支相抵结余7.7亿元，占当年财政收入的4.2%。

从此，全国财政经济由过去长期只是政策统一，而经营分散的体制，形成了统一集中管理的体制。这种管理体制，与过去体制的根本区别，就在于政务院决定中所规定的主要方面基本上由中央统一了。但在中央统一之外，对地方仍留有机动的余地。例如：农业生产，在中央人民政府农业部规定了总的方针之后，由地方政府负责具体组织和领导；国营工厂，有一部分仍划归地方管理；在财政收入上，地方附加粮和纯属地方税，仍归地方支配；依照税则、税目、税率，国家规定了征收数字后，地方政府在严格遵守法令之下努力工作，查出漏税所得款项，则以分成办法，大部留归地方等等。当然，地方政府还得对粮和税的征收、保管、运输负全部责任。

全国财政经济工作的统一，使国家集中掌握了主要的收入、资金和重要的物资，迅速改变了新中国成立初期资金和物资管理上的混乱状态。这对稳定市场物价，实现财政收支平衡、信贷进出平衡和物资供需平衡，都起了重大作用。由于全国财政经济工作的统一，加上在全国范围内进行了土地改革，对工商业进行了合理的调整，又大量节减了国家机构的经费，到1952年，中国的经济情况已经根本好转。

社会主义国营经济的产生和壮大，土地改革的胜利完成，全国财政经济的统一，为中国社会主义经济体制的形成奠定了基础。

第二节　三大改造①的胜利完成，公有制占绝对优势的生产资料所有制结构的确立

一、党在过渡时期总路线的提出

随着国民经济恢复时期的结束和民主革命任务的完成，中国在开展有计划的经济建设的同时，开始对生产资料私有制进行全面的社会主义改造。

中华人民共和国成立以后，依据党的七届二中全会提出的根本思想，对资本主义工商业实行了利用、限制、改造的政策。工人阶级与资产阶级之间限制与反限制的斗争始终十分尖锐。投机资本哄抬物价、妄图控制市场领导权的活动遭到严重打击之后，从1951年起，随着调整工商业政策的实施，广大农民购买力的提高和国家对私营工商业加工定货的增加，私人资本主义经

---

① 三大改造是指对农业、对手工业和对资本主义工商业的社会主义改造。

济有了较大的发展，资产阶级唯利是图的本性又一次明显暴露出来。他们采取各种不法手段，"打进来""拉出去"，放肆地进行行贿、偷税漏税、盗骗国家财产、偷工减料和盗窃国家经济情报的"五毒"活动，向工人阶级和共产党进行猖狂的进攻。尤其不能令人容忍的是，不法资本家在承办抗美援朝军用物品中偷工减料，毒害中国人民志愿军。武汉福华药棉厂资本家李寅廷承制志愿军军用急救包，领来好棉花1万斤，竟全部换成废棉，其中还有1000斤是拣来的烂棉花。这批急救包中有12万个根本没有消毒，带着化脓菌、破伤风菌、坏疽菌就交了货。据统计，北京、上海、天津、武汉、广州、重庆、西安、沈阳八大城市受过审查的工商业户中，犯有不同程度"五毒"行为的竟占总户数的76%。同时，资本主义工商业生产经营的无政府状态和盲目性也有了增加。资本家往往不择手段地同国营经济争夺原材料、争夺市场，或者把国家分配的原材料用来制造计划以外的高利产品，以至破坏国家的购销计划和价格政策等。因此，有必要进一步对资本主义工商业进行改造。

1952年，全国范围的土地改革基本完成以后，广大农民的生产积极性空前高涨，但当时在农村中也开始出现两极分化的现象。有些贫苦农民缺乏生产资料、劳动力，或者因为遇到疾病、灾害，他们的经济地位不仅没有上升，反而下降了。据江苏吴县等十个县的统计，在土改以后到过渡时期总路线提出以前一段时间内，出卖土地的有2728户，其中有雇农204户，贫农2117户，中农343户，其他64户。一部分贫农靠出卖土地、借高利贷和出卖劳动力维持生活。据对解放较早的黑龙江省富锦县的调查，1950年冬全县就有长工265人，其中贫雇农占88%。在这种情况下，各地农村出现了一批新富农。许多农民说："这样再过十几年，又要和土改前一样了。"此外，土地改革以后，中国广大农村仍然是小农经济的一片"汪洋大海"，全国除少数城市和经济比较发达的地区外，小商品生产占有绝对优势。在这样的经济基础上，是难以建设社会主义的。

工人阶级与资产阶级之间、社会主义因素与资本主义因素之间激烈斗争的大量事实，以及大规模经济建设开展以后资本主义生产的无政府状态同国家计划经济之间的矛盾、个体经济的分散落后同迅速发展生产力的要求之间的矛盾日益突出的形势,都说明社会主义经济同资本主义经济的矛盾需要进一步解决,国家对小生产的自发势力也必须加以引导。这就是当时提出党在过渡时期总路线的客观依据。1952年年底,毛泽东同志根据马克思列宁主义的理论,并依照中国的具体情况,提出了过渡时期的总路线,即:从中华人民共和国成立,到社会主义改造基本完成,这是一个过渡时期。党在这个过渡时期的总路线和总任务,是要在一个相当长的时期内,基本上实现国家工业化和对农业、手工业、资本主义工商业的社会主义改造。①

过渡时期的总路线的提出,为建立全民所有制和集体所有制这两种公有制占绝对优势的所有制结构指明了方向,这是中国社会主义革命全面展开的一个重要标志。

二、有区别、有步骤地对生产资料私有制进行社会主义改造

在中国,农业的合作化是遵循自愿互利、典型示范和国家帮助的原则,一般经过农业生产互助组、初级农业生产合作社,再到高级农业生产合作社这样几个阶段发展起来的。早在新中国成立前,各革命根据地和解放区就有了农业生产互助组。中华人民共和国成立之后,互助组有了更广泛的发展。1951年12月,中共中央发布了给各级党委试行的《关于农业生产互助合作的决议》。在这个决议所规定的方针和政策的指导下,互助合作运动的步伐加快了。到1952年,参加互助组的农户已经占全国农户总数的40%,到1954年又增加到58.3%。由于互助组实行集体劳动和对某些牲畜、农具的共同使用,在一定程度上克服了有些农民单干时生产资料或劳力不足的困难,也可以依靠集体力量战胜自然灾害,因而其劳动生产率一般要比单干户高。但是,互助组仍然是以个体经济的私有制为基础,因而使生产的发展仍然受到较大的限制,不能适应为中国社会主义工业化提供逐步增长的大量商品粮和工业原

---

① 《中国共产党中央委员会关于建国以来党的若干历史问题的决议》,人民出版社1981年单行本,第12页。

料的需要。比互助组高一级形式的初级农业生产合作社，从1953年开始大量发展起来，由1952年的3600个（参加农户59000户）增加到1953年的15000个（参加农户275000户）。1953年，中共中央发布了《关于发展农业生产合作社的决议》，向全党提出了"积极领导、稳步前进"的方针，决定以发展农业生产合作社作为中心环节，来推动互助合作运动继续前进。这个决议公布以后，农业生产合作社迅速发展起来，1955年上半年已达到67万个，参加的农户约1700万户，占全国总农户的14.2%。

初级农业生产合作社是以土地入股、统一经营为特点的。由于初级社考虑了农民对土地和一部分私有的大牲畜、农具的所有权，照顾到了当时农民的觉悟程度，同时又逐渐增加了集体所有的公共财产，因而显示出比较明显的优越性。在中国农业的社会主义改造过程中，初级社起的作用很大。

但是，由于这种初级社还保留了生产资料私有制的因素，在发展农业生产，特别是要在土地上进行某些农田基本建设如兴修水利、改良土壤时，就不能不受到一定限制。因此，到1955年夏季前后，中国又开始试办少量的高级农业生产合作社。它的特点，是在生产发展和社员的社会主义觉悟提高的基础上，取消土地的报酬，农民私有的大牲畜、大农具也通过折价归合作社集体所有。这样，农业生产合作社就由半社会主义的经济过渡到完全社会主义的集体所有制经济。后来的事实表明，把大牲畜、大农具一律归公的做法，对农业生产的发展是不利的。到1956年，高级农业生产合作社就大量发展起来了。应当说，中国初级农业生产合作社的优越性在当时还没有充分发挥出来，这样迅速向高级社过渡，现在看来是一个重大的失误。

如果那时能坚持典型示范的方法，多倾听广大农民的意见，对高级社先搞少量试点，不一下子铺开，同时继续保持、发扬初级社的长处和优点，生产规模不搞得太大，在劳动组织上也不搞大呼隆，可以想象，中国农业合作化就会发展得更加健康，就更能适应当时农村生产力的发展水平和农民群众的觉悟程度，情况就会好得多。

在中国，对于官僚资本采取没收的办法，对民族资本究竟采取什么政策呢？是没收还是赎买？中共中央根据马克思主义的基本原理，认真研究了民族资本主义经济和民族资产阶级的历史特点，指出中国民族资产阶级在政治上具有两面性，民族资本主义经济也具有两重性，因此，可以采用国家资本主义的形式进行和平改造。对于个体手工业者和小商贩，同对个体农民一样，既不能剥夺也不能赎买，只有在自愿互利的原则下组织起来，引导他们走合作化的道路。无论是国家资本主义或是合作化，在中国都经历了一个从低级形式发展到高级形式，最后完成社会主义改造的过程。

中国对资本主义工商业的社会主义改造，采取了金融业比一般工商业先走一步的方针，首先抓了对私营金融业的改造工作。到 1952 年年底，对全部私营银行、钱庄实行了公私合营，基本上完成了对私营金融业的改造。在商业流通领域，则先抓对私营批发商的改造。到 1953 年年底，国营和供销合作社批发商业的比重已经达到 70% 左右。由于迅速消灭了资本主义经济的神经中枢——金融资本，同时又割断和削弱了城乡之间、工商之间的资本主义联系，这样，把资本主义工商业纳入国家资本主义轨道的条件就成熟了。

初级的国家资本主义形式，在工业中主要有加工定货、统购包销等。这种形式在国民经济恢复时期就有了发展。1953 年以后，随着大规模经济建设的开展，国家扩大了加工定货的范围，加工定货产值占全国私营工业产值的比重，从 1952 年的 56% 提高到 1955 年的 81.69%。在商业中主要是批购、经销、代销等形式。据 1955 年 8 月的普查材料，全国私营零售商业和公私合营商业共有 295.4 万户，其中实行批购、经销、代销的有 70.1 万户，占总户数的 23.7%，占职工总数的 44.9%，占资本总数的 35.9%。这种初级的国家资本主义形式，把社会主义经济与资本主义经济在流通领域中联系了起来，从而限制了资本主义的盲目性和投机性，并在一定程度上限制了它的剥削。在 1952 年"三反"、"五反"① 以后，还在私营企业中建立了工人监督的制度。但是这种国家资本主义的初级形式没有改变资本主义私有制的性质，资本主

---

① "三反"即反贪污、反浪费、反官僚主义，是从 1951 年年底开始在党内和国家机关、公营企业、事业、解放军和各人民团体中展开的一场运动，其目的是清除资产阶级对革命队伍的腐蚀和影响。"五反"即反对行贿、反对偷税漏税、反对盗骗国家财产、反对偷工减料和反对盗窃经济情报，是从 1952 年 2 月起，在各级党组织的领导下，以工人、店员为主力向不法资本家进行的一场斗争。

义的基本矛盾即生产的社会性与生产资料私有的矛盾没有解决，资本家与工人的剥削与被剥削的矛盾仍然存在，影响着工人的积极性。要解决这个问题，在当时的条件下，就要采取国家资本主义的高级形式，实行公私合营。

国家资本主义形式从初级向高级的发展过程中，存在着相当复杂的限制与反限制的斗争。由于国家采取了正确的政策，使斗争有紧有松，有进有退，没有发生资产阶级的公开对抗。在对私营工业进行社会主义改造的过程中，以保证社会主义成分不断稳步增长为前提，对国营、合作社营、公私合营、私营工业实行统筹兼顾、各得其所的方针，进行合理安排，在原料、生产任务的分配上，妥善处理公私之间、先进与落后之间、地区之间的矛盾。同时，对私营工业的改造与经济结构的改组结合进行，区别社会需要的不同情况，分别采取发展、控制或淘汰的办法。私营商业的情况更为复杂，既有批发商，也有零售商和批发、零售的兼营商；既有商业资本家，也有小店主，还有数量极大、遍布城乡的家庭座商和流动摊贩。对他们的改造，分别不同的对象采用不同的政策、步骤和方式；并且把改造和安排结合起来，采取一面前进、一面安排，前进一个行业、安排一个行业的办法。

对资本主义工商业的公私合营，经历了两个阶段。1955年以前，主要进行单个企业的公私合营，1955年年底开始了全行业公私合营。单个企业公私合营后，社会主义经济成分与资本主义经济成分之间由在企业外部建立联系发展到在企业内部建立联系。企业的生产资料由资本家私人占有变为国家和资本家共有，而且社会主义经济成分在企业内部处于主导地位，使企业的生产关系发生了深刻的变化。资本家在企业中的地位，已由过去的主管者，变为在国家委派的公方代表领导下参与经营管理工作的私方代表和职员。企业盈利的分配，仍然遵照从1953年起实行的"四马分肥"的原则，即一部分以所得税形式交给国家，一部分为企业公积金，一部分为工人福利奖金，剩下的1/4左右的盈利，再按公股、私股所占的比重进行分配。全行业公私合营是国家资本主义的最高形式，企业的生产关系发生了根本的变化。资本家把生产资料交给工人阶级领导的国家，国家核定股金，据此付给资本家定息，并对私营工商业者进行合理安排。这样，企业的全部生产资料由原来的公私共有变成由国家统一管理和使用,企业实际上是社会主义性质的了。据当时估算,全部民族资产阶级的资产核定为34亿人民币,其中工业25亿元,商业8亿元,交通运输及其他1亿元,这是中国民族资本的全部家当。按照有关方面共同商定的意见,定息年息为5%,国家全年为定息付出的资金为1.65亿元,从1956年1月1日起计算。这是中国在对资产阶级实行赎买政策上的一个创举。

对个体手工业者和小商小贩的改造,主要是引导他们走合作化的道路,并在某些方面采用了类似对资本主义工商业进行社会主义改造的办法。手工业在中国工业生产中占有相当重要的地位。据1954年的统计,全国个体手工业的从业人数约2000万人(产值93亿元,约占全部工业总产值的20%),其中独立的个体手工业者约800万人(产值约68亿元),农民兼营商品性的手工业生产的约1200万人(产值约25亿元)。这些手工业在增加产品的花色品种、发扬经营特色、弥补大工业的不足、满足人民需要等方面起了很好的作用。但个体手工业的生产也有分散、落后、盲目、保守的一面。对个体手工业的改造,一般经过了手工业供销小组、手工业供销合作社、半社会主义性质的手工业生产合作社和完全社会主义性质的手工业生产合作社等形式。但是,在改造的后期出现了集中、合并过多的弊病。小商小贩遍布城乡各地,他们在方便群众、满足人民对生活日用品方面的需要,以及担负农村中收购、销售和短途运输方面发挥了积极作用,但也具有盲目性。据1955年统计,全国小商小贩约280余万户,从业人员330余万人,在全国私营商业总户数中占96%,经营的商品流转额占私营商业商品流转总额的65%。对小商小贩的改造,主要采取组织他们参加合作小组(基本上保持个体经营的方式,为社会主义商业担负经销、代销任务)和合作商店(集体经营,统一计算盈亏)两种形式。在改造的步骤上,尽量采取慎重的方针,国家根据当时的情况,采取有进有退,或在一定时间内不进不退的办法,使个体商户为加快商品流通服务。

三、三大改造高潮的出现和社会主义改造基本完成以后的新问题

1954年秋冬,中国的农业合作化运动出现了某些急躁的倾向。不少地方陆续发生新建社垮台、散伙和社员退社的情况，有些地方还出现了大批出卖耕畜、杀羊、砍树等现象。针对这些情况，中共中央在1955年1月13日发出了关于整顿和巩固农业生产合作社的通知。通知提出，合作化运动应基本转入控制发展、着重巩固的阶段，要强调自愿原则，一些有名无实的挂名合作社，可允许改为互助组，要正确处理社内的重要经济问题，土地产量和报酬评定必须认真掌握，大牲畜入社合理作价，羊群和林木暂不提倡入社。同年4月21日，中共中央农村工作部召开了第三次全国农村工作会议。会议提出，今后农业合作化总的方针是停止发展，全力巩固，发展过大的要收缩。会后，各地进行了整顿和巩固工作，这对于纠正前一段合作社发展过快而引起的某些混乱是完全必要的。

1955年7月31日，中共中央召开省、市、自治区党委书记会议。毛泽东同志在会上作了《关于农业合作化问题》的报告。他在报告中指出："在全国农村中，新的社会主义群众运动的高潮就要到来。"① 同年10月4日，中共中央召开中国共产党第七届中央委员会扩大的第六次全体会议，毛泽东同志在会议结束时作了总结。他指出：这次会议是一场很大的辩论，是有关党的过渡时期总路线是不是完全正确这样一个问题的大辩论。这个辩论既要在农村，也要在城市展开，使各方面工作的速度和质量都能够和总路线规定的任务相适应②。

毛泽东同志的几次讲话，在全国引起了强烈的反响，大大加快了农业合作化的步伐，同时也带来要求过急的弊病。许多地方已经不再是一个一个地建立合作社，而是整村、整乡甚至整县一片一片地建立合作社了。1955年6月底到12月底，农业生产合作社从63万个发展到190万个，增加了2倍。从1956年年初起，经过扩社、并社和初级社转高级社的运动，到当年年底，参加农业合作社的农户已达11700多万户，占全国农户总数的96.3%，其中参加高级社的农户占全国总户数的87.8%。（见表1）

---

① 毛泽东：《关于农业合作化问题》，人民出版社1955年单行本，第1页。
② 毛泽东：《农业合作化的一场辩论和当前的阶级斗争》(1955年10月11日)。

农业合作化的发展

表1

	1950年	1951年	1952年	1953年	1954年	1955年	1956年	1957年
参加互助合作组织的农户占总农户的比重	10.7	19.2	40.0	39.5	60.3	64.9	96.3	97.5
其中：								
农业生产合作社	—	—	0.1	0.2	2.0	14.2	96.3	97.5
高 级 社	—	—	—	—	—	—	87.8	96.2
初 级 社	—	—	0.1	0.2	2.0	14.2	8.5	1.3
农业生产互助组	10.7	19.2	39.9	39.3	58.3	50.7	—	—

与此同时，资本主义工商业的社会主义改造和手工业合作化的步伐，也都大大加快了。1955年10月29日，毛泽东同志邀集中华全国工商业联合会执行委员会的委员座谈私营工商业的社会主义改造问题。毛泽东同志要求工商业者认清社会发展的规律，掌握自己的命运，并且指出，资本家只要接受社会主义改造就有前途。周恩来同志也在会上对工商界代表详尽分析了当前的形势，指明了前途。同年11月1日，中共中央统战部又邀请全国工商业联合会执行委员会的委员座谈，陈云同志作了关于资本主义工商业社会主义改造问题的报告，对实行全行业公私合营，实行定股定息，继续贯彻赎买等政策作了说明。会后，全国工商联发出了《告全国工商界书》，号召工商界认清自己的前途和命运，接受社会主义改造。从1955年年底到1956年第一季度，随着农业合作化高潮的出现，城市私营工商业的社会主义改造也出现了高潮。

1956年1月1日，北京的私营工商业者首先提出实行全行业公私合营的申请，他们连日张灯结彩，敲锣打鼓，结队游行，到10日就宣布实现了全市所有资本主义工商业的全行业公私合营。首都的行动带动了国内其他城市的改造高潮。到1月底，资本主义工商业集中的上海、天津、广州、武汉、西安、重庆、沈阳等大城市以及50多个中等城市都相继实现了私营工商业的全行业公私合营。到1956年年底，私营工业共有11.2万户（职工120万人）转变为公私合营企业；私营商业有40万户实行了公私合营，另外有144万户个体商户组成合作小组，还有48000多户个体手工业并入公私合营企业。据统计，1956年工业总产值中（不包括手工业），国营工业占67.5%，公私合营工业占32.5%，私营工厂已经寥若晨星，所剩无几了。（见表2）

工业总产值中各经济类型比重的变化

（不包括手工业）

表2

	1949年	1950年	1951年	1952年	1953年	1954年	1955年	1956年	1957年
社会主义工业	34.7	45.3	45.9	56.0	57.5	62.8	67.7	67.5	68.2
国家资本主义工业	9.5	17.8	25.4	26.9	28.5	31.9	29.3	32.5	31.7
其中：公私合营	2.0	2.9	4.0	5.0	5.7	12.3	16.1	32.5	31.7
加工定货	7.5	14.9	21.4	21.9	22.8	19.6	13.2	—	—
资本主义工业（自产自销部分）	55.8	36.9	28.7	17.1	14.0	5.3	3.0	—	—

在批发商业中，国营、供销社经营和公私合营的比重达到99.9%，私营只占0.1%。在社会商品零售额中，国营、供销社经营和公私合营的占95.8%，私营的只余下4.2%。（见表3）个体手工业也基本上实现了合作化，到1956年年底，参加手工业合作社的从业人员达到509万人，占全国个体手工业从业人员总人数的91.7%；合作社手工业的产值占手工业总产值的92.9%，个体的只占7.1%。（见表4）

批发商业与零售商业中各经济类型比重的变化

表3

	1950年	1951年	1952年	1953年	1954年	1955年	1956年	1957年
一、商业企业商品批发额：								
国营商业	23.2	33.4	60.5	66.3	83.8	82.2	82.0	71.5
供销合作社	0.6	1.0	2.7	2.9	5.5	12.6	15.2	23.8
国家资本主义及合作化商业	0.1	0.2	0.5	0.5	0.5	0.8	2.7	4.6
私营商业	76.1	65.4	36.3	30.3	10.2	4.4	0.1	0.1
二、商业企业商品零售额：								
国营商业及供销合作社	14.9	24.4	42.6	49.7	69.0	67.6	68.3	65.7
国家资本主义及合作化商业	0.1	0.1	0.2	0.4	5.4	14.6	27.5	31.6
私营商业	85.0	75.5	57.2	49.9	25.6	17.8	4.2	2.7

手工业合作化的发展

表4

	1949年	1950年	1951年	1952年	1953年	1954年	1955年	1956年	1957年
一、手工业者人数	100	100	100	100	100	100	100	100	100
合作化手工业	—	—	—	3.1	3.9	13.6	26.9	91.7	90.2
个体手工业	—	—	—	96.9	96.1	86.4	73.1	8.8	9.8
二、总产值	100	100	100	100	100	100	100	100	100
合作化手工业	0.5	0.8	2.2	3.5	5.6	11.2	19.9	92.9	95.2
个体手工业	99.5	99.2	97.8	96.5	94.4	88.8	80.1	7.1	4.8

从以上四个表的统计数字可以看出，中国生产资料私有制的社会主义改造，到1956年已经基本完成，社会主义公有制占绝对优势的生产资料所有制结构业已确立。这不仅为建立中国社会主义经济体制奠定了基础，而且它本身也是这种体制的一个重要组成部分。中国这次生产资料所有制的大变革，虽然也伴随着阶级斗争，但没有引起社会动荡，生产不但没有破坏，反而有了较大增长。1956年，在私营工商业和个体手工业改造的高潮中，工业总产值比1955年增加了28.1%，其中公私合营工业的总产值比1955年增加了约32%，公私合营商店、合作商店和合作小组的零售额增加了15%以上，生产经营出现了一片新气象。农业合作化也促进了农业生产的发展。1955年是中国农业空前丰收的一年，农业总产值比上年度增加了7.6%，粮食生产比上年度增加了8.5%。1956年天灾相当严重，全国受灾面积2.3亿亩，受灾人口7000多万人，但是，由于农业合作化带来的农业生产高潮，这一年的粮食产量，却较1955年增加176亿斤，农业总产值比上年度增加了5%，有75%以上的农户在不同程度上增加了收入。

在中国这样一个几亿人口的大国中，比较顺利地完成了生产资料私有制的社会主义改造，实现了如此复杂、困难和深刻的社会变革，其成绩是巨大的。但是，在改造过程中也有一些缺点和偏差。这主要是在1955年夏季以后，对农业合作化要求过急。原来准备用三个五年计划左右的时间逐步地分期分批地由初级的农业生产合作社发展到高级的农业生产合作社,实际上只用了一年多时间，到1956年年底就基本完成了这个转变过程。由于步子急，形式过于简单划一，工作上就出现了强迫命令、违反自愿互利原则以及经营管理混乱等缺点。不少地方片面地追求合作社的数量，盲目地把小社并成大社，分配上的平均主义和吃"大锅饭"，挫伤了农民的积极性。有的地方的农民说，我们村庄稼种得好，粮食收得多，邻村种得不好，收成也不好，因为办高级社要统一分配，眼看粮食一车车往别的村拉，真是叫人心疼难受啊！

这类缺点，在对个体手工业和个体商业的改造中也程度不同地存在着。对于一部分手工业者、小商贩，应当在国营经济的领导下，长期让他们单独经营。但是，在改造的高潮中，几乎把他们统统组织起来了，还把一部分手工业者和小商小贩不适当地并入了公私合营企业，使生产资料所有制的结构趋向单一化，生产经营也过分集中。对资本主义工商业改造的缺点，则主要是公私合营的面过宽，改组过多，使原来私营企业的产品特色、经营特点丢失了，而且把许多不该划为资本家的私方人员、小业主也划成了资本家；对许多原工商业者的使用处理也不很适当，特别是对私方的技术人员和经营管理人员的知识和经验不够重视，没有充分发挥他们的作用。

陈云同志在中国共产党第八次全国代表大会上，曾专门就社会主义改造基本完成以后的新问题发了言。他指出：在资本主义工商业的社会主义改造取得决定性的胜利以后，国家经济部门在过去几年中为限制资本主义工商业而采取的一些措施，已经成为不必要了；无区别地采取这种办法，就会使一部分工厂不像原来自销的时候那样关心产品质量，商业部门向工厂定货的品种规格也减少了。他还指出，在改造高潮中曾经出现了一些暂时的、局部的错误，如盲目合并，对社员家庭经营的副业注意得不够等。为了解决这些问题，陈云同志主张：改变工商企业之间的购销关系；工业、手工业、农业副产品和商业的很大部分必须分散生产、分散经营；取消市场管理中那些原来为了限制资本主义工商业投机活动而规定的办法；改进价格政策和计划管理的方法等等。

陈云同志还提出，我们的社会主义经济的情况将是这样：在工商业经营方面，国家经营和集体经营是工商业的主体，一定数量的个体经营是国家经营和集体经营的补充；在生产计划方面，计划生产是工农业生产的主体，按照市场变化在国家计划许可范围内的自由生产是计划生产的补充；在社会主义的统一市场里，国家市场是它的主体，一定范围内国家领导的自由市场是国家市场的补充①。陈云同志的"三个主体、三个补充"的思想，可以说是总结了三大改造的经验，并且依据中国的国情，第一次提出了关于中国社会主义经济体制的基本格局。它有着长远的指导意义。

社会主义改造基本完成以后出现的经济体制方面的新问题，当时已经提出了，由于很快就开始了"大跃进"，这些问题没有来得及得到认真的解决，有些缺点反而扩大了。

第三节 有计划的经济建设开始，以计划体制为中心的社会主义经济管理体制的建立

一、对重点建设进行集中统一的管理

经过三年国民经济恢复时期，中国的财政经济工作已经统一，全国物价已告稳定，工农业生产已经全部恢复。1952 年，中国工农业总产值达 810 亿元，比 1949 年增长 77.6%，其中农业总产值为 461 亿元，比 1949 年增长 48.4%，工农业主要产品的产量，除个别的以外，都超过了历史上的最高水平。在工业和批发商业方面，国营经济已处于优势地位。对私营工商业正在逐步加强改造，农业互助合作运动有了很大发展。全国各族人民的政治觉悟大大提高，团结有了加强。1953 年 7 月，朝鲜停战协定签字，中国人民同朝鲜人民一道，经过浴血奋战，争得了和平的国际环境。这一切，都为中国进行大规模的有计划的经济建设创造了条件。

但是，当时中国的国民经济仍然十分落后，现代工业产值在工农业总产值中还只占 26.7%，在工业总产值中，生产资料的产值只占 39.7%，机械工业基本上只能从事修配，有一些工业门类，如飞机制造业、汽车制造业等，还是缺门。因此，第一个五年计划基本任务的一个重要方面，就是集中主要力量进行以苏联帮助中国设计的 156 个建设单位为中心的、由限额以上的 694

---

① 陈云：《社会主义改造基本完成以后的新问题》，《陈云同志文稿选编》（1956—1962 年），人民出版社 1980 年第 1 版，第 4、15 页。

个建设单位①组成的工业建设,建立中国的社会主义工业化的初步基础。

第一个五年计划的建设规模是宏伟的,任务是非常艰巨的。考虑到各方面的因素,当时确定,为了胜利地完成这项任务,必须对大中型基本建设项目实行集中统一的管理。具体说来:

一是国家的建设资金不足。第一个五年计划中安排用于基本建设的投资是427.4亿元,其中工业投资248.5亿元。当时考虑,在执行第一个五年计划过程中,财政收入大量增加的可能性不大,国家的各项开支如军政费用,以及预备费等,又不能再减少。在基本建设中,既要重点抓好工业建设,也要对国家其他方面的建设事业做出统筹安排。因此,工业建设的投资不可能有多大的增加。资金有限,就不能撒"胡椒面",只有集中使用,才能更好地发挥它的效益。

二是技术力量和经验缺乏。据初步计算,五年内工业和交通运输两项需要增加技术人员39.5万人,但高等学校及中等技术学校的毕业生仅为28.6万人,相差11万人。想多培养一些,一下子也来不及。在这种情况下,只能把有限的技术力量集中起来,首先保证重点建设的需要。

三是限额以上建设项目,特别是苏联帮助设计的156项重点工程,都是技术比较复杂、投资较大、关系到国家经济命脉的项目。建设这些项目不是一省一地的需要,而是全国的需要,所以必须由中央及有关部门集中统一管理。

当时,对大中型建设项目实行集中统一管理的体制,其主要内容和特点是:

第一,制定一个比较好的、经过综合平衡的中期计划。新中国成立后不久,中国从中央到地方建立了各级计划机构,又先后对全国的国营企业、公私合营企业、人口,以及私营工商业、手工业、物资库存等情况进行了普查,为编制第一个五年计划提供了有科学依据的统计资料。中国从1952年开始编制的第一个五年计划,是在中共中央直接领导下,由周恩来、陈云、李富春等同志主持制定的。到1954年,第一个五年计划的草案基本定案,经过各部

---

① 限额以上建设单位(或建设项目),即大中型建设项目。

门反复研究和广泛听取各方面的意见,又经过中国共产党全国代表会议和国务院全体会议讨论通过,最后于 1955 年 7 月提交第一届全国人民代表大会第二次会议讨论通过,并正式公布施行。在计划编制过程中,由于对工农业之间、轻重工业之间、重工业内部各部门之间,以及工业与交通运输业之间几项主要比例关系作了细致的研究,特别是注意了财政、物资、信贷的平衡,又采取了几上几下、集中专家和群众智慧的办法,因而第一个五年计划的安排比较符合中国当时的实际情况,各项宏观经济决策,特别是对固定资产投资的决策,基本上是正确的。当时对于以苏联帮助设计的 156 个建设单位为中心的、由限额以上的 694 个建设单位组成的工业建设项目,几乎每个项目都从内部条件、外部条件等各方面进行了反复的经济技术论证和研究。因此,基本建设投资总规模比较适度,工农业生产发展速度的安排也比较适当。以后的实施结果也表明,第一个五年计划总的说是正确的、成功的。

第二,国家集中必要的财力进行重点建设。进入第一个五年计划时期后,为了适应大规模的有计划经济建设的新形势,实行了划分收支、分级管理、侧重集中的财政体制。在国家财政收入中,举凡关税、盐税、烟酒专卖收入,以及中央和大行政区管理的企业收入、事业收入等,都属于中央的固定收入。此外,还有按税种划分的地方固定收入、中央同地方的固定比例分成收入和中央的调剂收入。对国家的财政支出也划分了中央与地方的范围,其中中央经管的基本建设投资属于中央财政支出,由财政部拨款。这种财政体制,侧重于集中统一,同时又有一定的分散性和灵活性,在调动地方和企业积极性的同时,能够保证中央的财政收入。这样,国家就能够集中足够的财力来满足重点建设的需要。从第一个五年计划时期实际执行结果看,中央支配的财力约占 75%,地方支配的财力约占 25%;国家对工业部门的投资共达 250.26 亿元,占投资总额的 42.5%。

第三,国家掌握人力、物力的调配。为了支援重点建设,当时从全国调集了 1 万名优秀的干部走上基本建设第一线,又从文教、科研部门和原有企业中抽调一大批工程技术人员充实新建单位。与此同时,国家有计划地抓紧人才培训,采用出国留学、实习,由大学、中等专业学校、技工学校培训等多种形式，较快地造就出一批建设骨干。在物资分配方面，从1953年起，在全国范围实行计划分配制度，对关系国计民生的通用物资由国家计划委员会平衡分配（即统配物资），专用物资由各主管部门平衡分配（即部管物资）。到1957年，统配、部管物资达到532种。由于中国底子薄，当时钢、木材、水泥三大建筑材料不能满足需要，为此采取了增产短缺材料的紧急措施。在这五年中，钢、木材、水泥的年平均增长率分别达到31.7%、17.7%和19.1%，都超过了同期工业总产值的年平均增长速度。这个时期的物资流通体制，也基本适应集中物力保证重点建设的需要。

第四，基本建设项目以中央各部门为主进行管理。当时地方政府在经济方面的主要任务，除积极支援国家在当地建设的少数重点项目外，主要是管农业，以及抓农业合作化、对私有制的改造，保证完成农副产品采购和调运，稳定市场物价，安排好人民生活等。地方的基本建设，主要是搞一些农林水利、城市公用事业、文教卫生等方面的建设，但项目仍须由中央各部指定，设计施工任务由国家下达。因此，对重点建设项目，中央各主管部门从人、财、物的调度到设计施工（有不少部有自己的施工队伍）、生产准备的安排，可以一抓到底。但是，实践经验表明，即使实行这样的体制，地方政府的支持仍是十分重要的和必不可少的。因为，重点工程在整个建设过程中，必须同当地的城市建设、交通运输、地方材料生产、动力供应、设备加工，以及生活、文教、卫生等部门密切联系配合，并在劳动力配备和农副产品供应上取得当地党政机关和人民的大力支援。重点建设凡是搞得好的，都有这方面的经验。例如，在第一重型机器制造厂建设过程中，齐齐哈尔市政府为了搞好建厂任务的配合协作工作，专门成立了协作办公室，并在城市建设方面大力配合支援，仅建厂所在地区1956年、1957年两年城市建设的投资额就占全市投资总额的67%，还扩建了原有的百货公司，新建了9座大型服务商店，增建了医院、防疫站、中学和小学，在职工住宅区增设了39处服务网点。

此外，当时的苏联政府，对156个重点工程项目，从勘测、设计、设备的供应与安装，直到技术力量的培训，都给予了巨大的技术援助。苏联的援助有助于中国对重点建设实行集中统一的管理。

总之，对大中型基本建设项目实行集中统一管理的体制，能够集中全国的财力、物力和主要技术、管理干部来保证重点建设的需要。而且，所有工程项目，一般都有充分的前期准备工作，经过严格的审批，有一套科学的基本建设程序。每个工程项目都要有计划任务书、初步设计、技术设计、施工设计，然后才能开始施工；建设开始后就抓生产准备；项目建成后，要经过调整试车、生产出合格的产品，才能正式投产。实践经验证明：对重点建设进行这样集中统一的管理，效果是很显著的。

第一个五年计划时期，施工的工业建设项目有1万多个，其中大中型项目921个，比计划规定的项目数增加227个，有595个大中型项目全部建成并投入生产。苏联帮助设计的156个重点建设项目，到1957年年底，有135个已经施工建设，有68个已经全部建成或部分建成投入生产。中国过去所没有的一些工业部门，包括飞机、汽车制造业，重型和精密机器制造业，发电设备制造业，冶金和矿山设备制造业，以及高级合金钢和有色金属冶炼业等，从无到有地建立起来，初步改变了中国工业落后的面貌。从建设周期看，第一个五年计划时期，大中型项目的平均建设工期为5年（纺织工业项目的工期不到2年）。像鞍钢大型轧钢厂、无缝钢管厂、七号炼铁炉三大工程，从开始大规模施工到竣工，只用了不到两年时间。投资达6.5亿元的长春第一汽车制造厂，只用了3年时间就建成了。第一重型机器制造厂的工程规模和建筑结构的复杂程度都大大超过了第一汽车制造厂，由于加强了施工准备，从开工兴建到基本建成，只用了27个月的时间，加上设备安装、调整生产和室内外工程结尾，也只用了3年时间就全部建成并投入生产。第一个五年计划时期，新增固定资产占基本建设投资总额的百分比，平均为83.6%，投资的效益很高。

这种集中统一的基本建设体制，也有一些缺点。由于主要是以中央各部门"条条"为主进行管理，各部的投资基本上用于工业建设，对城市建设很少考虑。但总的看，集中统一管理大中型项目的基本建设，是第一个五年计划时期一条成功的经验，也是计划经济优越性的重要体现。它对当前和今后进一步加强重点建设，也是值得借鉴的。

二、对粮食实行计划收购和计划供应

在中国这样人口众多、经济落后的国家，要进行大规模的计划经济建设，粮食问题是至关重要的问题。这个问题如果得不到妥善解决，人民吃饭得不到保障，市场物价就难以平稳，社会秩序就难以安定，有计划的经济建设也就无从谈起。粮食的计划收购和计划供应，就是在中国农业比较落后的条件下，比较有效地解决粮食供应问题和实行计划经济的一个必要措施。

粮食购销的矛盾在 1953 年开始突出起来。出现这种情况的主要原因，是当时中国的粮食生产还比较落后，同对商品粮的日益增长的需要不相适应。一方面，随着大规模的计划经济建设的开展，中国城镇人口不断增加，1950 年为 6196 万人，1953 年增加到 7826 万人，比 1950 年增加了 1630 万人，需要的粮食也随之大量增加。另一方面，农民在解放以后生活改善了，吃的粮食增加了，出卖的商品粮减少了；发展经济作物和支援灾区，需要向农村增加返销粮。加之，粮食市场处于无计划状态，农民出售的粮食有相当大的一部分被私商买去，他们乘机捣乱，牟取暴利，更加剧了粮食市场的紧张局面。因此，国家的粮食收购计划就难以完成，而销售量却有增无减，大大超过计划。粮食购销之间的严重不平衡，反映了国家大规模计划经济建设与落后的小农经济之间的矛盾，反映了国营经济的领导作用与农民自发势力和资产阶级反限制斗争之间的矛盾，反映了社会主义因素与资本主义因素之间的矛盾。

为了从根本上解决这个问题，陈云同志广泛地征求了各方面的意见，反复地深入地作了周密系统的调查研究。他认为，要解决粮食供销问题，一定要处理好四种关系，即：国家与农民的关系，国家与消费者的关系，国家与私商的关系，中央与地方以及地方与地方的关系。而最难处理的是国家与农民的关系，主要是与农村余粮户的关系。其次，是国家与消费者的关系，主要是与全体城市居民和缺粮农户的关系。他还认为，如果解决好与农民的关系，天下事就好办了；只要收到粮食，分配就比较容易办了。陈云同志为解决这个问题，曾考虑多种方案，经过反复比较，最后下了很大的决心，向中央提出了粮食计划收购和计划供应即统购统销的建议。这个建议当即得到周恩来、邓小平等同志的大力支持，并得到毛泽东同志的赞许。随后，中共中央于1953年10月16日作出了关于实行粮食的计划收购和计划供应的决议；政务院在同年11月23日发布了关于实行粮食的计划收购和计划供应的命令，并下达执行。

粮食的统购统销具有高度的计划性，只有在全国财政经济统一的体制下，才能实行。对粮食征购的时间、数量和办法，经过认真研究之后，都作了明确规定，既保证国家的需要，又力求不购"过头粮"。特别是对粮食价格，采取了既对农民有利、也使政府不吃亏的公道价格，毛泽东同志还提出要使农民得到季节差价的好处。对城镇所需的粮食，也规定了计划供应的办法。粮食市场由国家控制，对私商实行严格管制，他们只能代销，严禁自由经营粮食，不允许粮食贩子投机倒把。在粮食的管理上，由中央统一筹划，中央与地方分工负责，同时，也考虑了分管以后可能出现的问题，以及解决的办法。

继粮食统购统销之后，对棉花、纱布、食油等几种人民生活必需的农产品和轻工业产品，也陆续采用了统购统销的办法。这一重大政策的实施，对整个市场物价的稳定，对第一个五年计划时期经济建设的顺利进行，都是最有力的保证。在中国人均占有粮食的水平还不高的条件下，无论从保障人民生活的逐步改善，或者从实行社会主义计划经济的角度来看，这一政策都是正确的和必要的。

粮食等主要农产品的统购统销，对于私营工商业和个体农业的社会主义改造，起了极为重要的促进作用。它切断了资本家同农民的经济联系，使资本家在经济上处于孤立的地位，这就使我们有更好的条件，加快对生产资料私有制的社会主义改造。

如果我们把统一财政经济工作、稳定物价称作是新中国成立以后经济领域的第一次大的"战役"，那么，完全有理由把粮食统购统销称作是经济领域的第二次大的"战役"，把"三大改造"称作是第三次大的"战役"。这都为全面开展社会主义的有计划的经济建设创造了必要的条件。

三、实行直接计划与间接计划相结合的计划管理制度

建立什么样的计划管理体制，这是由生产资料所有制结构的状况所决定

的。全国刚解放时，中国农村还是小农经济的一片汪洋大海，城市里国营经济刚刚建立，资本主义经济还占有很大比重，只有少量的国家资本主义经济；此外，城乡都还有大量的个体手工业和小商贩，以及正在兴起的合作社经济。到1952年，国营经济已经壮大并在现代工业中居优势，国家资本主义经济和合作社经济有了发展，但私人资本主义经济仍然占有相当大的比重。当时，在工业企业总产值中（不包括手工业），国营工业占56%，公私合营工业占5%，私营工业占39%（其中接受加工定货部分占21.9%，自产自销部分占17.1%）；在商业企业零售额中，国营及供销合作社商业占42.6%，国家资本主义及合作社商业占0.2%，私营商业占57.2%。这一年，还有60%的农户和97%的手工业者从事个体劳动。为了适应这种在国营经济领导下多种经济成分并存的局面，必须采用灵活多样的直接计划与间接计划相结合的计划管理制度。

在工业、商业和交通运输业等方面，对国营企业和少数生产国家安排的产品的公私合营工业企业实行直接计划，国家向它们下达指令性指标，其中工业企业所需的生产资料由各主管部按计划供应，享受国家调拨价，产品由商业、物资部门收购或调拨。在财务上，国家对国营企业实行统收统支，企业的利润和折旧基金全部上交，企业进行固定资产更新和技术改造所需要的技术措施费、新产品试制费和零星固定资产购置费，由国家财政拨款解决，生产需要的流动资金由财政部门按定额拨给，季节性、临时性的超定额部分由银行贷款解决。对一般公私合营和私营工商业、运输业，供销合作社商业，以及一部分手工业，都实行间接计划（公私合营企业在生产资料私有制的社会主义改造基本完成以后，也全部实行直接计划），国家主要通过各种经济政策、经济措施和经济合同，采用加工定货、统购包销、经销代销等方法，把它们的经济活动纳入国家计划；它们所需的生产资料由国营商业部门估算需要，按商业牌价组织供应。对花色品种繁多的小商品的生产经营一般不列入国家计划，国家主要通过控制原材料和销售两个环节，从市场的供销关系上加以调节。间接计划的产值在一段时间内曾经占了很大的比重。例如，上海市1955年实行间间接计划的产值，占全市工业总产值的70%左右。从全国范围看，在工业方面，如果按照公私合营、私营工业和手工业的比重加以匡算，1952年实行间接计划部分的工业产值大体占全国工业总产值的55%左右。随着国营经济的日益壮大和社会主义改造的基本完成，直接计划的范围不断扩大，对企业统得过多、管得过死的弊病也逐渐显露出来了。

在农业方面，1955年以前对小农经济实行估算性计划，1956年农业合作化以后，实行间接计划。国家主要靠价格政策、农贷政策、预购合同、税收政策等加以调节，促使农民按照国家计划要求的方向活动。当然，对粮食、棉花、油料等农产品实行统购统销以后，对这些产品的征购、派购任务是带有指令性的。毛泽东同志在1953年3月19日为中共中央起草的一份文件中指出："目前我国的农业，基本上还是使用旧式工具的分散的小农经济，这和苏联使用机器的集体化的农业，大不相同。因此，我国在目前过渡时期，在农业方面，除国营农场外，还不可能施行统一的有计划的生产，不能对农民施以过多的干涉；还只能用价格政策以及必要和可行的经济工作和政治工作去指导农业生产，并使之和工业相协调而纳入国家经济计划之中。超过这种限度的所谓农业'计划'，所谓农村中的'任务'，是必然行不通的，而且必然要引起农民的反对，使我党脱离占全国人口80%以上的农民群众，这是非常危险的。"① 毛泽东同志的这些话，深刻地阐述了国家计划与农民的关系，不仅对当时的小农经济，而且对已经实现农业合作化的农业集体经济，也是完全适用的。

在这一个时期，为了实现计划，政府既采用行政手段，也采用经济手段。特别是对间接计划部分，十分重视发挥价格、税收、信贷等的调节作用。当时，在运用经济手段方面具有如下一些特点：

第一，有一个统筹管理经济手段和进行经济协调的机构。从全国看，当时党中央和中央人民政府授权政务院财政经济委员会（以下简称中财委）这样一个很有权威的机构，经常调查研究这方面的情况，并对发挥价格、税收、信贷等调节作用进行统一的决策、协调和指挥。这是那个时期经济手段的作

---

① 《毛泽东选集》第5卷，人民出版社1977年版，第79页。

用发挥得比较好的一个重要原因。当时私营工商业占很大比重的上海，在市财政经济委员会的领导下，由各有关部门和市总工会参加组成的加工定货委员会，用经济手段对私营工商企业的生产经营活动进行指导和协调。日常工作则由工商行政管理局会同私营企业组成的同业公会按行业进行管理。加工定货委员会随时听取同业公会关于市场情况的汇报，及时召集工商行政管理局和商业、物资、银行、物价等部门开会，研究确定对产品适应市场需要的企业，在物资、信贷、价格、税收等方面给予优惠照顾，鼓励其发展；反之，就从上述各方面采取措施，限制其发展，直至停业、歇业。由于那时对经济手段用得比较活，使私营工商业既能按照国家计划的要求进行多种经济活动，又能充分保持其适应市场需要的多样性和灵活性。

第二，灵活机动，因时因地制宜。例如，从1950年到1952年，由于棉粮比价中棉花价格有了提高，加上在预购、商品供应、税收等方面对棉农的照顾，棉花生产恢复得很快。棉花产量从1949年的889万担增加到1952年的2607万担，播种面积也从4158万亩扩大到8364万亩，已经能够满足纺织工业和民用的需要。为了防止盲目扩大棉田，保证粮棉同时发展，中财委于1953年4月1日发布了新的棉粮比价，由上年的8∶1调整为7∶1，降低了棉花收购价格。执行新的棉粮比价后，1953年棉田面积较上年减少594多万亩，棉花减产257万担。为了扭转这种状况，中财委在1954年3月3日公布了《关于一九五四年棉粮比价的指示》，适当提高了棉花收购价格。

第三，区别对待，促进社会主义改造。例如，在税收方面采取"公私区别对待"的方针，对国营商业经营的批发业务和国营工业相互之间调拨原材料，对国营企业连续生产过程中的135种中间产品[①]不征税，对私营企业则征税。对资本主义工商业，也根据其对国计民生是否有利而规定不同的税率。银行对资本主义工商业的信贷业务，在贷款条件和贷款利率上，也针对不同行业、不同对象，区别对待。总的原则是：工业优于商业，接受国家加工订

---

① 中间产品是同最终产品相对应的一个名词，是指还没有用于生产消费或个人消费的所有材料、制成品（包括零部件和设备）。

货的企业优于自产自销的企业,优先扶助高级形式的国家资本主义。为了引导个体经济走合作化道路,在 1956 年农业合作化高潮中,农业贷款增加了 20.2 亿元,其中还专门拨出 7 亿元作为贫农合作基金,帮助贫农解决参加农业生产合作社时筹措入社资金的困难;对一些刚建立起来基础还比较薄弱的合作经济,还给予减免税优待,从 1955 年到 1957 年的 3 年内,仅手工合作社从税收上得到的减免税优待就有 2 亿多元,相当于它们 1955 年的全部股金的 4.4 倍。

从国民经济恢复到执行第一个五年计划,这一时期中国从无到有地建立了计划管理体制。根据多种经济成分并存的局面,区别不同情况,采取灵活多样的直接计划与间接计划相结合的形式,在坚持计划经济的前提下,注意发挥市场调节的作用,重视运用经济杠杆,从而较好地体现了管而不死、活而不乱的要求。这个时期建立的计划管理体制,不仅为中国实行计划经济奠定了基础,也为以后经济体制改革提供了不少有益的经验。

四、建立多种经济成分、多条渠道的商业流通体制

中国的商业流通体制,是在继承老解放区一套做法的基础上发展起来的。建国以后,首先从上到下建立了国营商业和供销合作社的商业体系。中央人民政府贸易部(以后改名为商业部),就是在原华北行政委员会工商部的基础上组建的,商业方面的某些专业公司也是在原华北行政委员会时就已成立了。所以,大城市一解放,商业接收工作搞得很快。从 1950 年 2 月开始,商业系统陆续建立了 15 个专业总公司,分别经营国内商业和对外贸易。各专业总公司根据业务需要,在省、专区、县设立分支机构。供销合作社在老解放区就有了一定发展。1950 年 7 月,成立了中华全国合作社联合总社,地方建立了各级联社,基层社一直深入到广大农村,形成了一个独立的组织系统。到 1952 年年底,全国已有 34000 多个供销合作社,拥有社员 14100 余万人,它收购农产品的数量占国家收购总数的 60% 左右。

新中国成立初期,为了适应打击投机活动和稳定市场的需要,对国营商业建立了高度集中的管理体制。各专业总公司对设在各地的分支机构统一管理、统一经营，实行物资大调拨和资金大回笼的制度。国家进入大规模经济建设时期以后，就暴露出这种高度集中的商业体制与新的形势不相适应，主要的问题是：逐级按行政区域调拨商品，环节多、周转缓慢，一些商品迂回倒流；资金大回笼，物资大调拨，助长了商业企业的"供给制"思想，大量资金被占压，经济效益很差；地方和企业的权限过小，不利于因地因事制宜，发挥地方和企业的积极性。

为了改善这种状况，从1953年起，实行统一领导、分级管理的体制。其主要内容是：对国营商业企业核定资金，实行经济核算制；按经济区域设置三级批发机构，实行分级管理，按合理流向组织商品流通；下放管理权，把过去的从总公司到各级分支机构以专业系统为主的管理体制，改为专业系统与当地商业行政部门双重领导的管理体制。

在这个时期，为了解决国营商业和供销合作社商业两套批发机构交叉经营所带来的矛盾，国家有关部门对它们之间的分工曾经多次作过决定，从按商品分工（工业品归国营商业经营，手工业品归供销社经营），到按城乡分工（城市商业归国营商业负责，乡村商业归供销社负责），又到城乡分工与商品分工相结合，以城乡分工为主。但是，问题一直没有得到妥善的解决。

除了大力发展国营商业和供销合作社商业以外，国家对私营商业也作了统筹安排。国家通过贯彻价格政策和规定经营范围，给私营商业以活动的余地，为沟通城乡交流服务，同时，逐步对它们进行社会主义改造。

建国以后的五六年，中国商品流通领域开始形成了以国营商业为领导，合作社商业为助手，包括国家资本主义商业、私人资本主义商业和个体商业几种经济成分并存的社会商业结构。到1956年年底，社会主义改造基本完成，这时国营商业和供销合作社商业在全部批发额中已占97.2%，在全部零售额中也占68.3%；但零售商业中仍有27.5%属于公私合营和合作社商业，另外有4.2%的私营商业。当时，还有将近50万人的小商小贩继续从事个体经营。这说明，在商品流通领域里，虽然各种经济成分的比重已经有了很大的变化，但仍然保持着多种经济成分并存的局面。

当时，根据不同商品在国民经济中所占的地位，分别采取了统购统销、派购、议购等不同的购销形式。为了扶植农业生产，对有些农副产品，国家采取向农民预约收购、先付定金或奖售和换购的办法。对一些品种十分复杂、花样经常变化的小商品，商业部门可以按产品质量好坏和市场需要情况实行选购。商业部门选购后剩下的商品，工厂可以委托商业部门代销或自销。对国营批发站经营的商品，除了对关系国计民生的和紧缺的商品实行计划分配以外，其他商品，各地国营商店、供销合作社、合作商店、合作小组和私商均可自由选购。为了进一步发展城乡物资交流，自1956年下半年起，国家开放了农村集市贸易和庙会，建立了贸易货栈，使城乡市场上的商品丰富起来，对工农业生产也产生了积极的影响。

这个时期的商业流通体制，由于保持了多种经济成分，开辟了多条流通渠道，又实行了统一领导和分级管理相结合的办法，所以总的说来，当时的流通比较活跃，市场物价比较稳定，对发扬经营特色、方便群众生活、促进工农业生产等，都起了积极作用。

五、从分散走向集中的劳动工资体制

新中国成立初期，由于当时多种经济成分并存，旧中国又遗留下400多万失业人员需要安置，因此国家实行多条渠道、多种形式和多种办法的劳动就业制度，采取了组织生产自救、以工代赈、回乡生产、自行就业等办法，以适应公私经济发展的需要，逐步解决就业问题。对原国民党的旧公教人员和接管企业的职工，则采取"包下来"的政策。当时，企业的劳动管理权比较大，不论公私企业都可以在国家政策规定的范围内自行增加或减少职工。各企业、事业单位和机关在招工时，对应招人员的文化、技术、体质、政治条件都要进行考查，择优录用。同时，企业在一定条件下还有辞退职工的权力。

进入第一个五年计划时期后，由于大规模经济建设的需要，国家逐步扩大对干部、工人统一分配的范围，从大专毕业生逐步扩大到中专、技工学校的毕业生，又进一步扩大到复员退伍军人。1956年年初，资本主义工商业实行全行业公私合营时，对原私营企业职工采取包下来安排工作的方针，从此以后，自行就业和自谋职业就基本上被统一安排、统一分配所取代。1957年有关部门又规定：各单位对于多余的正式职工和学员、学徒，应积极设法安置，如果没有做好安置工作，不得裁减。这实际上是禁止企业辞退多余的职工，形成了"能进不能出"的制度。在用工制度上，一直强调多用固定工、少用临时工，使用工形式逐步向单一化发展。再加上其他政治、经济方面的许多因素的影响，逐步形成了"铁饭碗"的劳动制度。

由上可见，在国民经济恢复时期，中国劳动体制比较灵活多样。随着大规模建设的开始，计划的加强，逐步扩大统一分配的范围，这是必要的；但是，没有注意适当保留灵活多样的形式，则是一个缺陷。1956年以后，随着生产资料所有制形式趋向单一化，劳动制度也趋于单一化，而且采取了统统包下来的政策，从多种就业形式、"能进能出"，向统包统配、"能进不能出"发展。只是由于当时生产建设发展较快，城市新生长的劳动力基本上可以全部吸收，加上当时职工队伍的素质和精神面貌比较好，企业管理也在不断加强，这种体制的弊病还没有完全显露出来。

在工资制度方面，全国解放以后，从老解放区进城的干部继续实行供给制；对接管企业的职工和留用公教人员的工资，采取了基本上维持原状的方针。随着大城市相继解放，党中央对工资问题陆续规定了一系列的方针政策。由于当时物价不稳，货币不统一，为了保证职工的实际收入，工资计算单位分别采取折实单位①、工资分②等，按逐月公布的物价、分值等来计算货币工资。

当时，全国各地的工资制度比较混乱。例如，工资计算单位不统一，部门之间和企业内部各类人员之间的工资关系不合理，轻工业高于重工业、辅助工人高于主要工人，同一产业部门没有统一的标准，没有统一的等级制度

---

① 折实单位：中国解放初期，为减轻通货膨胀对国家经济建设和人民生活的影响，保障广大职工的实际工资水平，并能更多地吸收社会游资以加速恢复和发展国民经济，实行货币折实的办法。每个折实单位所包括的实物项目和数量标准，一般是在米、面、油、盐、煤、布等基本必需品中选择几种，数量主要参照当地群众对这些必需品的消费比例确定。

② 工资分：中国解放初期曾经采用的，以一定种类和数量的实物为计算基础，用货币支付的工资计算单位。工资分所含的实物种类和数量为：粮0.8市斤，布0.2市尺，油0.05市斤，盐0.02市斤，煤2.0市斤。实物牌号和粮食种类，各地区的规定不同。

等。随着国民经济的恢复，在中央统一方针政策的指导下，从1951年起至1953年，各大行政区分别对工资制度进行了一些改革。对生产工人大都采取了八级工资制，但产业分类、级差大小、工资标准，仍是各地互异。在管理人员和技术人员中所实行的等级工资制，各地也不尽相同。

这一时期，职工的升级由地方安排，实报实销；或在国家下达的工资总额和平均工资计划之内，由地方或部门自行安排部分职工升级。在不突破国家计划的原则下，企业可根据需要实行计件工资和建立奖励制度。由于国家下达的工资总额和平均工资指标一般是逐年增加的，因此企业就有可能主动解决工资中的一些问题，使工资成为调动职工积极性的一个重要的经济杠杆。因为地方、部门和企业在工资问题上有一定的机动权，到1953年7月，绝大多数国营企业职工的工资已经调整过一次或数次，工人实际所得，较解放初期已提高60%—120%。

1954年，中共中央批准的劳动部党组关于劳动局长座谈会的报告中指出，在劳动工资方面存在着混乱现象，必须加速由地区到全国集中统一管理的过程，反对分散主义，实行严格的请示报告制度。经过近2年的准备，1956年国务院作出了关于工资改革的决定，颁发了在全国范围同时实行的改革方案。这次改革的主要内容有：把原来的工资分、折实单位统一改为货币单位；全国党政机关工作人员实行统一职务等级工资制，事业单位实行统一的职务、职称等级工资制；国营企业按行业和企业规模分别制定各类职工的工资等级表，工人实行五级或八级的等级工资制；修订和统一了技术等级标准；企业可根据条件自行决定计件工资和建立奖励制度等等。与此同时，各省、市、自治区参照中央的规定，统一了地方国营企业的工资制度。这样，既实现了全国工资制度的统一，又保留了企业在统一制度下一定的机动权。

1956年所建立的工资制度，比过去繁杂分散的工资制度进了一步，它有利于国家对消费基金的分配实行宏观控制，有利于妥善处理国家建设和人民生活的关系。但还存在着有待于进一步克服的缺陷和弊病：工资标准和等级仍然过多过繁；没有很好地解决职工的收入水平和个人的贡献大小挂钩，特别是和企业经营成果挂钩的问题；企业除了执行中央统一规定的升级面和增长幅度外，没有充分的回旋余地,因而不利于充分调动企业和职工的积极性。

第四节 "一五"① 末期经济体制的弊病，改革的初步方案

一、"一五"末期经济体制的主要弊病

在"一五"时期形成和建立的集中统一的经济体制，对当时集中财力、物力和人力，保证重点建设的顺利进行，对有效地实行计划控制，保证国民经济有计划按比例地发展，对增加财政收入，保证市场物价的稳定和人民生活的不断改善等方面，起了重要的作用。

在第一个五年计划期间，工业总产值平均每年递增18%，其中生产资料生产平均每年增长25.4%，消费品生产平均每年增长12.9%，1957年工业总产值达到704亿元，比1952年增长128.6%；农业总产值平均每年递增4.5%，1957年粮食产量达到3900亿斤，比1952年增长19%。在工农业生产发展的基础上，人民生活得到了较大的改善。5年内全民所有制部门的职工的平均实际工资增长了42.8%，农民收入增长近27.9%，全国居民消费水平平均提高22.9%，国家投资新建了9450多万平方米职工住宅，文化教育卫生事业也有很大发展。取得这些巨大成就的根本原因，是由于建立了优越的社会主义制度，全国各族人民在中国共产党的领导下，以主人翁的姿态和高度的政治热情投入了社会主义建设，而社会主义经济体制的初步形成，对促进整个国民经济的发展也起了重要的作用。

但是，这个时期形成的经济体制也有它的历史局限性。尤其是在"一五"末期，集中过多、统得过死的弊病较多地暴露出来了。在生产资料所有制方面，改造得过急过快，形式过于简单划一，对小工业、小商业、手工业合并得过多；在工业管理方面，中央工业部门直接管理的企业过多，中央直属企业由1953年的2800个增加到1957年的9300个；在财力支配方面,中央支配的比例偏高,地方的财权和企业的奖励基金、超收分成比较少；在物资分配方面，由

---

① "一五"是第一个五年计划的简称，以后几个五年计划的简称按此类推。

国家计划委员会平衡分配的统配物资由1952年的55种增加到1957年的231种；在计划管理方面，直接计划的比重大大增加；在劳动工资管理方面，用工形式逐步向单一化发展，并形成了"铁饭碗"的劳动制度，对职工工资，企业除了执行中央统一规定的升级面和增长幅度外，没有充分的回旋余地。这些弊病的存在，成为中国国民经济进一步发展的障碍。

由于上级国家机关对企业管理过死，在计划管理、财务管理、干部管理、物资管理以及福利设施等方面包揽过多，使得企业领导人对企业的管理权限太小，特别是产、供、销的权限太小，严重地影响了企业和职工积极性的发挥。一些基层企业的领导人对此反映十分强烈。1956年，一般国营企业的厂长在财务方面只有200—500元的机动权，公私合营企业的财权就更小。例如，1956年夏天，上海酷热，国务院指示南方工厂各高温车间应有降温设备。有许多公私合营企业没有降温设备，就向上级打报告。上海公私合营洁晶玻璃厂为了解决降温设备问题，同主管专业公司先后打了十一次交道，直到报纸对这件事提出了批评，才得到解决。可是这时候天气已转凉，不需要降温设备了。实践经验告诉我们：上级机关权力过分集中，事无巨细一概包揽，使企业缺乏必要的自主权，成了行政机构的附属物，就不能作为一个独立的经济单位充分发挥作用。

在中央与地方、"条条"与"块块"的关系上，过分强调"条条"行政管理，就割断了地区内不同部门、企业之间的经济联系，影响了地区内的专业化协作，造成了重复浪费。例如，在同一个洛阳市里，一方面建筑工程部洛阳工程局担负的洛阳拖拉机厂等工程的建设任务接近完成，已有不少工人在窝工，大部分施工力量将要外调；另一方面，冶金工业部正在准备调去施工力量，承担洛阳有色金属加工厂的建厂工程；电力工业部为了承建洛阳热电厂，也从东北调去施工力量；纺织工业部计划在洛阳建设纺织厂，也准备调去施工力量。而调动一支大型的建设队伍，往往涉及成千上万职工及其家属，而且每到一个新的施工地区，就得兴建一批附属企业和职工生活福利设施。这样，不仅延误工期，造成人力物力上的许多浪费，使职工在工作和生活上遇到很多困难，而且不利于职工技术业务水平的提高。

对地方、企业管得过多、统得过死的弊病,在"一五"末期之前也曾发生过。但在当时,由于中国的经济结构比较简单,建设规模比较小,而且对这些问题发现较早,及时采取了措施,因此矛盾不突出。到"一五"末期,随着"三大改造"的完成,所有制结构的趋向单一,直接计划的范围和建设规模的扩大,社会化大生产和专业化的发展,部门之间、地区之间、企业之间的联系和协作关系越来越密切,因此,经济体制中集中过多、统得过死和不适应生产力发展的矛盾就突出了。

二、党中央对经济体制弊病的觉察

当集中过多、统得过死的矛盾开始变得突出的时候,党中央就有所觉察。毛泽东同志从1956年2月开始,用一个半月的时间听取了中央工业、农业、交通运输业、商业、财政等34个部门的工作汇报。经过系统的调查研究,他作了《论十大关系》的报告,以苏联为鉴戒,总结了中国自己的经验,其目的是要找出一条适合中国国情的建设社会主义的道路。《论十大关系》从理论和实践相结合的高度,强调了要处理好国家、生产单位和生产者个人的关系,中央和地方的关系。报告指出:"把什么东西统统都集中在中央或省市,不给工厂一点权力,一点机动的余地,一点利益,恐怕不妥。"[①] 中央、省市和工厂的权力和利益究竟应当各有多大才合适,当时还缺乏实践经验。从原则上说,统一性和独立性是对立的统一,既要有统一性,又要有独立性。国家和企业,国家和工人,生产单位和生产者,都必须同时兼顾,不能只顾一头。不论只顾哪一头,都是不利于社会主义的,这是一个关系亿万人民的大问题,必须认真对待。

如何处理好中央和地方的关系,对于我们这样的大国,是一个十分重要的问题。新中国成立初期,中国实行大区管理的体制。全国设置了六个大行政区,一个大区管几个省。1954年撤销大区,进一步加强了集中统一,主要工业企业陆续收归中央各部直接管理,形成了以"条条"为主的经济管理体

---

① 毛泽东:《论十大关系》,人民出版社1976年单行本,第8页。

制。实践证明：取消地方必要的独立性，就限制了地方的积极性，结果并不好。为了解决中央和地方的矛盾，毛泽东同志指出："目前要注意的是，应当在巩固中央统一领导的前提下，扩大一点地方的权力，给地方更多的独立性，让地方办更多的事情。这对我们建设强大的社会主义国家比较有利。我们的国家这样大，人口这样多，情况这样复杂，有中央和地方两个积极性，比只有一个积极性好得多。我们不能像苏联那样，把什么都集中到中央，把地方卡得死死的，一点机动权也没有。"① 要建设一个强大的社会主义国家，必须有中央强有力的统一领导，保证计划的严肃性和统一性；同时，又必须使地方和企业可以根据自己的具体情况来合理地使用人力、物力、财力，使计划能够适应多种多样的需要，充分发挥地方和企业的积极性。为了做到这一点，毛泽东同志提出："中央的部门可以分成两类。有一类，它们的领导可以一直管到企业，它们设在地方的管理机构和企业由地方进行监督；有一类，它们的任务是提出指导方针，制定工作规划，事情要靠地方办，要由地方去处理。"②

1956年9月，中国共产党召开了第八次全国代表大会。会议指出：社会主义制度在中国已经基本上建立起来；全国人民的主要任务是集中力量发展社会生产力，实现国家工业化，逐步满足人民日益增长的物质和文化需要。刘少奇同志在代表中国共产党中央委员会向第八次全国代表大会所做的政治报告中说："企业领导工作的改进，不仅需要企业本身的努力，而且需要上级国家机关的努力。在这里，有必要指出这样一个事实，就是上级国家机关往往对于企业管得过多、过死，妨碍了企业应有的主动性和机动性，使工作受到不应有的损失。应当保证企业在国家的统一领导和统一计划下，在计划管理、财务管理、干部管理、职工调配、福利设施等方面，有适当的自治权利"，"我们的经济部门的领导机关必须认真把该管的事管好，而不要去管那些可以不管或者不该管的事。只有上级国家机关的强有力的领导同企业本身

---

① 同上，第11、12页。
② 毛泽东：《论十大关系》，人民出版社1976年单行本，第11、12页。

的积极性互相结合,才能把我们的事业迅速地推向前进。"① 这些意见,是针对当时中央各部对地方、企业管得过多、过死的情况提出来的。

在党的第八次代表大会上,周恩来同志对于改进经济体制作了重要讲话。他说:"现在,中国的社会主义改造已经取得了决定性的胜利,人民民主专政已经更加巩固,这就使我们有必要也有可能,按照统一领导、分级管理、因地制宜、因事制宜的方针,进一步划分中央和地方的行政管理职权,改进国家的行政体制,以利于地方积极性的充分发挥。"②

怎样划分中央和地方的管理职权呢? 周恩来同志提出了7条原则:"(1)明确地规定各省、自治区、直辖市有一定范围的计划、财政、企业、事业、物资、人事的管理权。(2)凡关系到整个国民经济而带全局性、关键性、集中性的企业和事业,由中央管理;其他的企业和事业,应该尽可能地多交给地方管理;企业和事业在下放的时候,同他们有关的计划、财务管理和人事管理一般地应该随着下放。(3)企业和事业的管理,应该认真地改进和推行以中央为主、地方为辅或者以地方为主、中央为辅的双重领导的管理方法,切实加强对企业和事业的领导。(4)中央管理的主要计划和财务指标,由国务院统一下达,改变过去许多主要指标由各部门条条下达的办法。(5)某些主要计划指标和人员编制名额等,应该给地方留一定的调整幅度和机动权。(6)对于民族自治地方各项自治权利,应该作出具体实施的规定,注意帮助少数民族地区政治、经济、文化事业的发展。(7)改进体制要逐步实现,某些重大的改变,应该采取今年准备、明年试办、到第二个五年计划期间全面实施的步骤,稳步进行。"③

周恩来同志提出的这些改革原则,体现了大权集中、小权分散的精神。既要统一领导,又要因地制宜;为了改变"条条分割",对中央管理的主要计

---

① 刘少奇:《在中国共产党第八次全国代表大会上的政治报告》,人民出版社1956年单行本,第32、33页。
② 周恩来:《关于发展国民经济的第二个五年计划的建议的报告》,人民出版社1956年单行本,第61页。
③ 周恩来:《关于发展国民经济的第二个五年计划的建议的报告》,人民出版社1956年单行本,第61—62页。

划和财物指标,由国务院统一下达;在方法步骤上采取经过试点、稳步前进的方针。这些原则对于中国经济体制的改革有着重要的意义。

三、改革的初步方案

为了改革经济体制,适应生产力发展的需要,国务院于1956年5月到8月召开了全国体制会议。会议对当时存在着的中央集权过多的现象作了检查,对如何改进体制问题进行了讨论,并提出了改进体制的决议草案。后来又广泛地征求了各方面对改革方案的意见。1957年10月,在扩大的党的八届三中全会上,基本上通过了由陈云同志主持起草的《关于改进工业管理体制的规定(草案)》、《关于改进商业管理体制的规定(草案)》和《关于改进财政管理体制的规定(草案)》。这三个规定于1957年11月经国务院第六十一次全体会议通过,又经过全国人民代表大会常务委员会第八十四次会议原则批准,用国务院名义正式公布下达。这些规定的正式通过并公布,标志着中国经济体制改革开始起步。

这三个经济体制改革的规定,总的精神是调整中央和地方、国家和企业的关系,把一部分工业管理、商业管理和财政管理的权力下放给地方和企业,以便进一步发挥它们的主动性和积极性,因地制宜地完成国家的统一计划。它们的主要内容是:

(一)调整现有企业的隶属关系,把由中央各部直接管理的一部分企业,下放给省、市、自治区管理。规定重工业各部门所属的企业,凡是属于大型矿山、大型冶金企业、大型化工企业、重要煤炭基地、大电力网、大电站、石油采炼企业、大型和精密的机械工厂、军事工业以及其他技术复杂的工业,归中央各部门管理,其他工厂凡属可以下放的,都应根据情况,逐步下放。轻工、食品工业和商业部的企业,除了若干大型企业地方认为管理有困难的以外,其余都由地方管理。建筑行业中的土建部分在许多地区应逐步下放给地方统一管理。

(二)扩大地方和企业的财权。地方预算在执行过程中,收入超过支出,地方可以自行安排使用,年终结余,全部留给地方在下年度使用。国家和企业实行利润全额分成。为了鼓励地方积极完成国家的出口计划,中央将所得外汇,给地方一定比例的提成。

(三)扩大地方在物资分配方面的权限。对当地的中央企业、地方企业和地方商业机构分配到的物资,在保证各企业完成国家计划的条件下,地方有权进行数量、品种和使用时间方面的调剂。

(四)扩大地方和企业计划管理方面的权限。关于商业计划指标,国务院每年只颁发收购计划、销售计划、职工总数、利润指标,同时允许地方在执行计划过程中,对收购计划和销售计划总额有5%上下的机动幅度;利润指标不再下达到各基层企业,以免基层商店为了勉强完成利润指标而搞违反商业政策的活动。为了扩大企业主管人员对计划管理的职权,国家给工业企业下达的指令性指标,由十二个(总产值、主要产品产量、新产品试制、重要的技术经济定额、成本降低率、成本降低额、职工总数、年底工人到达数、工资总额、平均工资、劳动生产率、利润)减为四个(主要产品产量、职工总数、工资总额、利润)。

(五)商业价格实行分级管理。三类农副产品的收购价格与销售价格、次要市场与次要工业品的销售价格,由省、市、自治区根据中央各商业部门规定的订价原则自行订价。

(六)扩大地方和企业的人事管理权限。凡是属于中央各部下放给地方管理的企业,在人事管理方面,都按照地方企业办理。各省、市、自治区对仍归中央各部管理的企业的所有干部,在不削弱主要企业的条件下,可以进行适当的调整。除企业主管人员(厂长、副厂长、经理、副经理等)和主要技术人员以外,其他一切职工均由企业负责管理。企业有权在不增加职工总数的条件下,自行调整机构和人员。

适当扩大地方的权限是完全必要的,但并不是说地方的权限越大越好。三个规定在扩大地方权限的同时,也对地方权限作了适当的限制。例如,在财政体制方面,规定"地方由于改进财政体制而多得的收入,应该有一个限度,它的原则是使地方可以有适当数量的机动财力,同时又能保证国家重点建设资金的需要"。并提出,由于改进财政体制地方多得的财政收入,三年累计一般不应超过20亿元。在物资管理和商业流通方面，规定"省、市、自治区管理的企业所生产的统配物资和部管物资，如果生产数量超过了国家计划规定的数量，超过计划的部分，当地政府可以按照一定比例提成，自行支配使用，但是原定的品种计划不能改变。为了避免盲目增产，各省、市、自治区要求中央各部所属机械制造企业超产时，其超产品种如属统配或部管范围内的，需要得到中央各有关机械工业部门的同意"。在人事管理方面，规定"国务院管理范围的干部，地方要求调动的时候，应该报请国务院批准。各主管工业部门管理范围的干部，地方调动的时候，应该同主管部门协商，在调动干部尤其是调动高级技术人员的时候，应该注意干部原来的专业，照顾到某些干部在他的工作岗位上要有一定期间的稳定性"。

国务院发布的《关于改进工业管理体制的规定》《关于改进商业管理体制的规定》《关于改进财政管理体制的规定》，是针对当时中央集权过多、管得过死的实际情况提出来的，改革的方案是合理的，方法步骤也是稳妥的。从这三个规定看，虽然也提出了要扩大企业的自主权的问题，但着眼点主要是放在调整中央与地方的关系上，对如何正确处理国家与企业的关系问题还没有提到应有的位置上来。

第五节 评 价

中国集中统一的社会主义经济体制，是在一定的政治经济和历史条件下逐步形成的。按照马克思主义的原理，社会主义必须消灭剥削制度，实行生产资料公有制和集中统一的计划经济制度。中国社会主义经济体制的形成，受到了苏联50年代经济体制的影响。第一个五年计划时期，中国在建立工业交通、基本建设、计划、物资分配以及劳动工资等管理体制时，都学习和借鉴了苏联的经验。这在当时中国缺乏经验的情况下是必要的，其中有些经验也是好的，如重视对国民经济的宏观管理，注意计划的科学性，对重点建设实行集中统一的管理，严格按照基本建设程序办事等等。但我们也把苏联搞单一的公有制，对地方和企业集中过多、管得过死和否定价值规律对生产的调节作用等一些弊病，带进中国的经济体制中来了。中国的农业、商业、财政、金融、物价（特别是农产品和轻工业产品价格）等管理体制，是在总结解放区和过去革命根据地管理经济工作经验的基础上，根据全国解放后的新情况自己创造的。例如，对个体农民，遵循了自愿互利、典型示范和国家帮助的原则，通过互助组到初级社再到高级农业生产合作社，逐步地把他们组织起来；对资本主义工商业的社会主义改造，采取加工定货、统购包销、经销代销、公私合营等一系列从低级到高级的国家资本主义的形式，并且创造了对资本家实行"赎买"的政策，规定定股、定息的办法；发挥税收、金融、价格在生产和流通领域中的调节作用等等。所有这些，都是从中国的实际情况出发的，有着中国自己的特色。因此，应恰当地估计苏联的影响，不能笼统地把中国的经济体制都说成是从苏联照抄照搬过来的。对老解放区和革命根据地的经验和影响，也要作具体分析。在长期的革命战争中，各革命根据地和解放区出现了农业互助组和合作社经济，建立了公营经济，逐步积累了组织和管理财政经济工作的经验，重视在统一领导下调动各个方面、各个单位的积极性，不仅对保证革命战争的胜利起了积极的作用，也对全国解放后社会主义经济体制的建立有着有益的影响。但是，革命根据地和解放区长期处于被分割、被包围的状态所形成的自给自足、各自为战和供给制的传统，对中国经济体制的形成也带来了一定的影响。中国经济体制初步形成的历史说明，我们要借鉴外国有益的经验，但必须走自己的道路，努力创造一套适合中国国情的经济体制。

在第一个五年计划时期，中国初步形成了以生产资料公有制为基础，以大统一小自由、大集中小分散为原则的社会主义经济体制。这在当时中国经济发展水平较低、经济结构比较简单的情况下，基本上适应了生产力发展的需要。这种经济体制，有两个明显的特点：

一是以国营经济为主导多种经济成分同时并存。经过土地改革和三大改造，在中国建立了以生产资料的全民所有制和集体所有制为主体的社会主义经济，同时也存在一些公私合营经济和个体经济，作为公有制的必要的有益的补充，这符合中国生产力水平较低、经济发展不平衡的状况，对繁荣城乡经济，方便人民生活，起了良好的作用。

二是直接计划和间接计划相结合,重视经济杠杆的作用。在生产资料私有制的社会主义改造基本完成以前,计划制度灵活多样。对关系国计民生的重要企业和主要产品实行直接计划;对农业、私营工商业、合作社商业和一部分手工业采取多种形式的间接计划;对零星、分散的生产经营活动,用政策法令指导,从价格和供销关系上加以调节,不直接下达计划指标;在扩大再生产方面,对于基本建设实行直接计划,采取高度集中的管理办法;在简单再生产方面,在生产和流通中注意发展商品生产和商品交换,有统有活、统中有活;国家允许一部分工业生产资料进入市场,企业有一定的自销权;发展农民家庭副业和集市贸易,以促进城乡物资交流。当时,国营经济在社会总产值中所占的比重并不很大,间接计划是计划体制的重要形式,但由于运用了价格、税收和信贷等经济杠杆,顺利地完成了国家计划所规定的任务,基本上能做到管而不死,活而不乱。这说明,有正确的决策,注意国民经济的综合平衡,管住关系全局的重要经济活动,对其他大量的经济活动和生产经营单位实行间接计划,是能够保证国家计划完成的,国民经济是能够协调、健康发展的。

"一五"末期,出现了所有制趋向单一和中央集权过多、企业自主权过小的问题,这些都影响了地方和企业的积极性、主动性。

第二章
"大跃进"时期的经济体制改革
（1958—1960年）

第一节 "左"倾错误思想的发展，"大跃进"初期经济体制的急剧变革

1958年至1960年是中国"大跃进"时期。这个时期，"左"倾错误在经济领域严重地泛滥开来，经济决策和指导思想上发生了许多重大失误，其中包括对经济体制进行盲目的、不适当的改变。

1958年5月，中国共产党第八届全国代表大会第二次会议通过了鼓足干劲、力争上游、多快好省地建设社会主义的总路线。总路线及其基本点的正确的方面，是反映了广大人民群众迫切要求改变中国经济文化落后状况的普遍愿望；其缺点是忽视或违背了客观的经济规律。在这次会议前后，全国各族人民在生产建设中发挥了高度的社会主义积极性和创造精神，取得了一定的成果。但是，由于社会主义建设的经验不足，对经济发展规律和中国经济基本情况认识不足，更由于毛泽东同志、中央和地方不少领导同志面对"一五"时期取得的成就和胜利，滋长了骄傲自满情绪，急于求成，夸大了主观意志和主观努力的作用，以致没有经过认真的调查研究和试点，就在总路线提出后轻率地发动了"大跃进"运动和农村人民公社化运动，使得以高指标、瞎指挥、浮夸风和"共产风"为主要标志的"左"倾错误泛滥于全国。

这个时期的经济体制改革是在"左"倾思想指导下进行的。改革被纳入为"大跃进"服务的轨道，盲目地追求生产资料所有制结构的"一大二公"，企图超越阶段尽快地过渡到共产主义。这样的改革，使得第一个五年计划后

期已经出现的生产资料所有制结构趋向单一化和中央集权过多、国家对企业统得过死等弊病,不能得到克服,有些弊病反而有所发展;使 1957 年中共中央和国务院关于经济体制改革的三项决定没有得到正确的贯彻执行,在许多方面离开了原来改革方案所规定的正确原则。

一、轻率地发动农村人民公社化运动

建立"公社"或"大社"的思想,在农业合作化运动中已经开始萌芽。1957 年冬到 1958 年春,全国农村大搞农田水利建设。毛泽东同志考虑到当时以大兴水利为特点的农业生产建设的需要,在 1958 年 3 月召开的成都会议上,提出了把小型的农业生产合作社有计划地适当地合并为大型的农业生产合作社的建议。1958 年 4 月,中共中央提出:在有条件的地方,把小型的农业合作社有计划地适当地合并为大型的合作社是必要的。

在党的八大二次会议上制定了社会主义建设总路线以后,各地搞起了并社活动。1958 年 8 月上旬,毛泽东同志在河北、河南、山东等地视察时,肯定了在并社中出现的"把工、农、兵、学、商合在一起""管理生产、管理生活、管理政权"的人民公社,同时指出公社的特点是"一曰大,二曰公"。这些消息在报刊上发表后,全国许多地方相继仿效。8 月下旬,中共中央政治局在北戴河举行扩大会议,通过了《中共中央关于在农村建立人民公社问题的决议》。决议认为:"人民公社是形势发展的必然趋势","在目前形势下,建立农林牧副渔全面发展、工农商学兵互相结合的人民公社,是指导农民加速社会主义建设,提前建成社会主义并逐步过渡到共产主义所必须采取的基本方针。"决议的下达,把人民公社化运动推向了高潮。

会后,全国农村掀起了建立人民公社的声势浩大的运动。到 11 月初,经过短短两三个月的时间,全国农村就实现了人民公社化。全国 74 万多个农业生产合作社,改组成了 26000 多个人民公社。参加公社的有 12000 多万户,已经占全国农户总数的 99% 以上。与此同时,为了实现"工农商学兵"五位一体,12 月 20 日中共中央、国务院决定在农村实行"两放、三统、一包"的财政贸易新体制。"两放",即把国家在农村的商业、粮食、财政、银行等机构、人员下放给公社领导和管理，这些单位的财产下放公社使用；"三统"，即政策的执行、计划的制定和流动资金的管理服从国家的统一规定；"一包"，即包上缴财政任务。

农村实行人民公社化，改变所有制结构，改变农村管理体制，虽然反映了部分地区农民为兴修水利、发展生产而进行联合的要求。但是，轻率地、仓促地在全国实行人民公社化，却远远地超过了农民群众的要求和觉悟水平，这是"左"倾思想的产物。当时"左"倾错误主要表现在：一是追求"一大二公"。所谓"大"，就是规模大，主张人民公社的规模，一般以一乡一社、两千户左右，也可以由数乡组成一社，六七千户左右，甚至可以达到万户或两万户以上，并提倡以县为单位组成联社。还提出小社并大、转为人民公社，一气呵成当然更好，不能够一气呵成的，就分两步走，先把人民公社的架子搭起来。所谓"公"，就是公有化程度高，在公社范围内实行贫富队拉平，平均分配。以公共积累的名义，过多地搞义务劳动，把生产队以至社员的一些财产无偿地收归公社所有，破坏了等价交换原则。在公社内部，推行"组织军事化、行动战斗化、生活集体化"，实行生产大兵团作战，经营、核算、分配全公社统一，并提倡在农村实行供给制与工资制相结合的分配制度，大办"公共食堂"，"吃饭不要钱"，破坏了社会主义按劳分配原则。二是急于消灭私有制的残余。当时规定：自留地要在并社中变为集体经营，社员的零星果树过些时候再处理；社员入社的股份基金等先不作处理，可以经过一两年之后，自然地变为公有。随着社员家庭副业的被取消，集市贸易市场也相继关闭。三是混淆了集体所有制与全民所有制、社会主义与共产主义的区别和界限。由于实行了基层政权机构（乡人民政府）与人民公社合一的体制，当时错误地认为，人民公社的集体所有制中，就已经包含有若干全民所有制的成分。这种全民所有制成分，将在不断发展中继续增长，逐步地代替集体所有制。由集体所有制向全民所有制过渡，有些地方三四年内就可完成，有些地方需要五六年或者更长一些时间。这种过渡完成以后，还是实行按劳分配，还是社会主义性质。然后再经过多少年，中国社会就将进入"各尽所能，各取所需"的共产主义时代。把人民公社说成是建成社会主义和逐步向共产主义过渡的最好的组织形式，它将发展成为未来共产主义社会的基层单位。这种政社合一的制度，在组织上为侵犯集体所有制、助长瞎指挥、强迫命令等不正之风创造了条件。

二、过急过快地对残存的私有制进行改造

早在1956年合作化高潮时，中国就发生过对小生产者，主要是对个体农户、个体手工业和个体商业合并过多、过渡过快、限制过死等毛病。中国农业合作化基本实现以后，除了部分还没有进行土地改革的少数民族地区以外，还有3%左右的个体农户。这些个体农户多数是富裕农民，或者是兼营商业或手工业的农户，或者是在深山老林里居住的零散农户；还有一部分是缺乏劳力的贫苦农民；另外，还有少数不允许加入农业社的地主、富农、被管制的反革命分子，以及没有正业的游民分子。对小私有者加强管理和监督是完全必要的。1957年12月，国务院发出《关于正确对待个体户的指示》，委托农业合作社对个体农户的生产活动、播种计划、纳税和农产品交售进行监督。但"大跃进"一开始，就急于消灭个体所有制，强令个体农户加入人民公社。

1958年4月2日，中共中央发出《关于继续加强对残存的私营工业、个体手工业和对小商小贩进行社会主义改造的指示》，决定对城镇个体工商业者采取更加严厉的限制和改造措施。一是组织入社。对于个体手工业户，除少数不适合组织集体生产的某些特种手工业品允许继续进行个体生产外，都组织他们加入手工业合作社。二是把集体工商业并入或转为国营企业。1958年和1959年2年，有109万人由商业合作店、组并入国营商业。全国10万多个手工业合作社（组）的500多万社员中，转产过渡的占总人数的86.7%，其中过渡为地方国营工厂的占37.8%，转为合作工厂的占13.6%，还有一部分转到人民公社。1960年年底，留在合作店、组的人员，大约还有90万人。他们虽然保留了合作商店的形式，但大部分由归口国营企业统一核算，或者按国营办法统负盈亏，吃"大锅饭"。三是限制个体劳动者的收入水平，规定不得超过同行业合作社或国营职工的平均收入水平。超过的要采取经济措施加以控制。根据国务院当年颁发的《关于改进税收管理体制的规定》，对于残存的资本主义工商业者和行商，按照他们应纳的所得税或者临时商业税税额加征一成到十成。个别获利特别多的，还要超过这个限度。

通过对残存的私有制的改造，使中国生产资料所有制结构以及经营方式、购销形式、分配办法更趋于单一化。这种变革，严重地挫伤了个体劳动者的积极性，影响了生产的发展，使得市场商品供应不足，商业和服务网点减少，给人民生活带来不方便，使就业门路越走越窄。拿手工业的转产过渡来说，就使得许多小商品减产、停产，市场供应紧张。当时各大中城市和广大农村所需的木盆、菜篮、竹床、铁锅、剪刀等日用品供应严重不足，中小农具也十分缺乏。拿小商小贩合并过渡来说，也使商业人员从1952年的800多万人减少到1958年的640万人左右；在全民所有制职工中，商业、服务业职工所占的比重，由1957年的19.9%下降到1958年的10%。天津市1958年大撤大并网点，饮食业网点7846个被砍掉5020个；1960年将网点下放街道，又减少了1297个，比1957年减少了83%。中国商业，由"一五"时期的多种经济成分、多条流通渠道、多家经营，变成了基本上一种经济成分（国营经济）、一条流通渠道的国营商业一家经营的局面。

三、盲目地下放管理权

为了实现"大跃进"，使各地尽快地实现工业总产值超过农业总产值，尽快地建立各省、市、自治区独立完整的工业体系，以便"超英赶美"，当时在经济管理体制上采取了过多、过急下放管理权的政策和措施。其主要内容有：

第一，把中央各部所属企业下放地方管理。1958年4月和6月分别做出企业下放的规定，要求各个工业部门以及部分非工业部门所管理的企业，除一些重要的、特殊的和试验性质的企业仍归中央继续管理外，其余原则上一律下放给地方管理。对各部门的具体要求是：轻工业部门所属单位，除4个特殊纸厂和一个铜网厂外，全部下放；重工业部门所属企业大部分下放；铁道部所属工程局、管理局，实行中央和地方双重领导；邮电部除保留北京通讯枢纽以及北京通各省的长途通讯干线和邮政干线的管理权以外，其他单位全部下放；交通部除保留必要的援外单位外，全部下放；农垦部除3个直属国营农场外，其余都交给地方管理；粮食部、商业部所属的加工企业全部下放。这样，中央各部所属企业事业单位，就从1957年的9300多个减少到1958年的1200个，下放了88%；中央直属企业的工业产值占整个工业总产值的比重，由39.7%降为13.8%。

把适宜地方管理的企业，例如零售商业、手工业、纺织工业、轻工业、建筑业及重工业中部分中小型企业和地产地销、地区协作配套的部分企业等，下放给地方管理，这无疑是正确的。一些企业下放到管理水平较高的大中城市后，也取得了较好的效果。例如上海市，1958年中央部属企业大批下放，有利于该市对企业实行改组联合。上海市把部属下放企业和市属企业一共14000多个工厂，按照专业化协作的原则，进行了调整改组，较好地克服了过去工业生产、交通运输、城市建设之间的不平衡和脱节现象，对地方工业的发展起了积极作用。但是，从全国来看，从总体上来看，这次下放是不成功的。一是下放过了头。1957年中共中央和国务院在关于把工业企业下放地方管理的有关文件中规定"下放一部分企业事业单位"，而实际上却有88%的企业事业单位下放给了地方。二是把一些不适宜地方管理的企业事业单位，包括多数大型骨干企业和全国重点企业在内，也都下放了。特别是把铁路、交通、邮电、航空、港口、电网、商业大批发站等关系国家经济命脉的重要企业下放后，很快造成了地区分割，线路不通，流转不灵，阻碍了经济建设的发展，影响了人民的生活。三是层层下放。中央部属企业下放后，地方又层层下放，有的下放到专区、县或城市的区局，有的还下放到街道和公社，使原有的跨省经济交流被打乱，企业之间的协作关系中断，使企业的生产、销售发生困难；加之地方各级管理跟不上，造成下放企业消耗高、质量差、劳动生产率下降，亏损浪费严重，经济效益大大降低。四是下放要求过急、过快。如1958年6月2日发出通知，要求到6月15日前，即在不到半个月时间内，就把9个部门880多个企业事业单位的下放手续全部办理完毕，造成人员思想混乱，财产受损失，正常秩序被破坏。

第二，下放计划管理权。为了让地方能自成体系，不适当地扩大了地方的计划权限。1958年9月，中共中央在《关于改进计划管理体制的规定》中提出，实行"以地区综合平衡为基础的、专业部门和地区相结合的计划管理制度"，即地区为主的条块结合的制度，并且具体规定地方可以对本地区的工农业生产指标进行调整和安排；可以对本地区内的建设规模、建设项目、投资使用等方面进行统筹安排；对本地区内的物资可以调剂使用；对重要产品的超产部分，一般的都可以按照一定的分成比例自行支配使用。计划程序改为自下而上地逐级编制和进行综合平衡。

根据这个规定，计划权限发生了一系列的变化。1959年，国家计委管理的工业产品，从1957年的300多种减少到215种，按产值计算，仅占全国工业总产值的58%，另外42%由地方管理；国家财政收入由中央直接征收的比重从40%降至20%，即80%的中央财政支出靠地方上交；中央统配、部管物资，减少到132种，减少了75%，供销工作也改由地方为主组织。

适当地扩大地方的计划管理权限，方向是正确的，提出专业部门和地区相结合的计划"双轨制"也有合理的因素。问题是，这种以"块块"为主的计划体制和急剧地、不适当地下放计划权的做法，无法保证中央的统一计划和综合平衡。特别是允许地方对中央制定的工农业生产指标进行调整，建设规模、建设项目可以突破，允许地方层层加码，自行增额，而不需要中央批准，劳动力可以随意招收，这实际上是把关系国民经济全局的重要比例关系、发展速度、发展方向包括固定资产投资总规模、社会劳动力分配等决策大权下放给地方，必然造成地方各自为政、自成体系，使得重点建设和重点企业的需要得不到保证。计划外的重复建设、盲目生产却严重膨胀，财力、物力、人力更加不足，损失浪费极其严重。

第三，下放基本建设项目审批权。与上述计划管理权的下放相适应，为了使地方尽快地发展工业，变成工业省，中央决定放松基本建设项目的审批程序，放手让地方扩大基本建设规模。在有关文件中规定：地方兴办限额以上的建设项目，只需将简要的计划任务书报送中央批准，其他设计和预算文件一律由地方审查批准；某些与中央企业没有协作关系、产品不需全国平衡的限额以上建设项目，由地方批准，只需报中央备案；限额以下的项目，完全由地方自行决定。1958年7月，中央又提出对地方基本建设投资实行包干制度。即在包干范围内由地方自行决定、自我增殖；由中央下拨一部分资金，地方只要有钱，可以任意兴办工厂，包括大型和限额以上的项目。

放松对基本建设的管理，带来了一系列的恶果。一是计划外项目大量增加，基本建设战线拉长。全国施工的大中型项目，1958年有1589个，1959年有1361个，1960年有1815个，这三年中每一年的施工项目都相当于或超过"一五"时期五年的施工项目。计划内项目已经过多，而计划外项目更是遍地开花。例如，1960年计划外施工的大中型项目有380多个，占全国施工项目的20%以上；同年施工的计划外小型项目更多，约占全部小型项目的1/3。二是投资总额急剧增长。基本建设投资，由1957年的143.32亿元增加到1960年的388.69亿元，增长1.71倍；三年投资总额达1007.41亿元，比"一五"时期五年合计588.47亿元还多71%。三是投资效果大幅度下降。这三年基本建设平均周期拉长到9年，比"一五"时期平均拉长了4年；1960年年末，基本建设占用流动资金达84亿元，比1957年增加50亿元；固定资产交付使用率降到68.8%，比1957年降低24.6%。由于财力、物力、人力过分分散，仅1960年以前即已停建下马，后来也难以利用的投资损失就达150亿元以上。钢铁工业报废和不能利用的固定资产就有50亿元，占投资总额的39%左右，加上小钢铁的补贴，损失和浪费就更大了。

第四，下放财权和税收权。1958年4月，国务院在有关文件中规定，增加地方的财力，扩大地方的财权：在收入划分方面，过去中央企业的收入地方不分成，现在有些省有20%的企业利润由所在省（市）参与分成；在支出划分方面，过去地方支出中包括基本建设拨款，现在改为全部由中央专案拨款解决；地方国营和合营企业需要增加的流动资金，30%由地方财政拨款，70%由中央财政拨款或由银行贷款；过去是"以支定收，一年一变"，现在改为"以收定支，五年不变"。与扩大地方财权的同时，也扩大了地方对税收的减免权。1958年3月，中央决定减少税收的种类，把商品流通税、货物税、营业税、印花税等四种税合并为一种税，叫"统一工商税"；同时简化征税办法，把原来多次征税改为工业品在工厂一般只纳一道税。同年6月9日，在《关于改进税收管理体制的规定》中，把印花税、利息所得税、屠宰税、牲畜交易税、城市房地产税、文化娱乐税、车船使用牌照税等七种税收，划为地方固定收入。有关这些税收的管理，包括税目、税率的调整以及减税、免税或者加税，完全由地方掌握。对于商品流通税、货物税、营业税、所得税等四种中央管理的税收，实行中央与地方分成收入，同时允许地方有减税、免税或加税的权限。对于工商统一税的征收环节和起征点，地方也有机动处理的权力。

财政和税收权下放后，由于在"大跃进"中片面追求发展速度，不讲经济效益，加上强调各地方自成体系，又没有一套管理办法和检查监督制度，导致一些地方和企业只顾局部利益，损害国家整体利益，乱拉乱挤国家资金，化大公为小公，乱摊成本，任意挤占国家财政收入，擅自抽调中央直属企业的资金、物资去搞基本建设，中央财力受到削弱，从"一五"时期平均占75%，降低为只占50%左右，地方和企业预算外资金从1957年相当于预算内收入的8.5%提高到1960年的20.6%。税收管理权下放后，许多税务机构被撤销，征收力量大为削弱，欠税、漏税、应交不交等现象普遍存在。给予地方减免税的权力，实际上是为许多地方重复建设、盲目生产开了绿灯。

第五，下放劳动管理权。1958年6月，中央决定各地招工计划经省（市）确定之后即可执行，不必经过中央批准。由于劳动管理权下放，致使职工队伍、城市人口迅速膨胀。1958年1年，职工总数就增加了2093万人，比1957年增长67.5%。其中全民所有制职工增加2081万人，增长84.9%。1960年职工总数达到5969万人。城镇人口由1957年的9949万人增加到1960年的1.3亿人，增加了3千多万人。连续3年大幅度增加职工和城镇人口，使吃商品粮的人口占总人口的比例，由1957年的15%左右，提高到20%。在城市人口增加的情况下，国家不得不提高粮食征购率，增加城市粮食供应。在1959年、1960年两年粮食产量连续减产的情况下，粮食净征购量仍然提高到占粮食总产量的28%和21.5%，高于1957年17.4%的水平，从而大大挫伤了农民的生产积极性。大量增加职工和城镇人口，使市场供求矛盾十分尖锐。1960年比1957年国营职工工资总额增长68.5%，社会商品购买力增长49.2%，而零售商品货源只增加23%。1960年出现了74.8亿元的差额，粮食和副食品供应更加紧张。由于大量劳动力流入城市,加上大炼钢铁、大修水利,留在农业第一线的劳动力很多是妇女和其他半劳力,致使不少农产品烂在田里。

第六,下放商业、银行等管理权。1958年,在商业管理体制改革和管理权下放中,一方面撤销专业公司,按地方行政区划成立专业局(处),实行政企合一,对各种不同经济成分的商业网点进行大合大并,由国营商业大包大揽;另一方面为支持"大跃进",实行"生产什么收购什么,有多少收多少",甚至预付货款,变相给生产单位发放基本建设贷款。由于商业机构的盲目合并和下放,使商业网点、经营品种大为减少,服务质量降低。在"以钢为纲"和"以粮为纲"方针的指导下,商业人员被任意抽走,资金被任意调用,商品被大量无偿侵占。由于商业收购制度的改变,工业企业生产的粗制滥造的产品,统统由商业包了下来,结果积压报废损失上百亿元。

在1958年对银行体制的改变中,银行机构多数被精简、合并或撤销,信贷制度改为"存贷下放,计划包干,差额管理,统一调度"。根据各地生产大上的需要,提出"需要多少,就贷多少,什么时候需要,就什么时候贷给"。必要的信贷制度被废除,造成乱贷乱放。到1960年,银行信贷资金运用高达954.4亿元,比1957年增长2.35倍,其中工业贷款增长10.9倍,商业贷款增长1.3倍,国营农业贷款增长2.1倍,农村社队贷款增长近0.8倍。这样,不仅助长了盲目扩大基本建设规模,而且使信贷失去平衡,造成多发钞票,市场商品供求不平衡,物价上涨。结果贷款无法收回,国家不得不冲销银行贷款100多亿元。

第七,下放教育管理权。1958年7月和9月,中共中央、国务院批转教育部的报告和发布指示,决定把原由部领导的60所高等院校和143所中等专业学校下放地方管理。同时,把建立高等学校的审批权下放给省、市、自治区,并要求各地大办教育事业。这样,就使学校盲目发展,在校学生大量增加,教育质量大为降低。1958年,全国高等学校增加到791所,为1957年的3.45倍,1959年达到841所,1960年达到1289所,比1957年增长4.63倍;高等学校在校学生人数,1958年达到66万人,比1957年增加22万人,增长近50%。全国各级学校在校学生数,1958年达到9906.1万人,比1957年增加2725.6万人,增长38%;1960年达到10962.6万人,比1957年增加3782.1万人,增长53%。其中大学增加52.1万人,中学增加779.2万人,小学增加2950.8万人。不少大学名不副实,大学招牌,中学水平。

四、在国民经济管理混乱的情况下扩大企业管理权限

在扩大企业管理权限方面,除了1957年有关文件外,1958年5月22日,国务院又作出了《关于实行企业利润留成制度的几项规定》。国营企业管理体制出现了以下几个方面的改变:一是减少指令性指标,扩大企业计划管理权限。国家向国营工业企业下达的指令性指标由原来的十二项减少为主要产品产量、职工总数、工资总额和利润四项,其他八项作为非指令性指标,企业可以依据实际情况进行修改。对国营商业企业也只下达收购计划、销售计划、职工总数、利润等四项指标。并规定利润指标只下达到地方,不再下达到各企业。国家只下达年度计划,季度、月度计划,有些可以由企业自行制定。计划由下而上制定,把以前的两次下达、两次上报改为两次下达、一次上报。对生产指标,特别是产值指标鼓励超额,超得越多越好。二是国家和企业实行全额利润分成制度,扩大了企业的财权。分成基数按"一五"时期预拨的四项费用(技术组织措施费、新产品试制费、劳动安全措施费、零星固定资产购置费)加上企业奖励基金,再加上40%的超计划利润(商业部门还包括简易仓棚修建费)计算。同时,国家不再拨付四项费用和奖励基金。规定企业留成,要把大部分用于生产方面,小部分用于福利和奖励方面。企业留成所得由部门和企业自行安排使用,但要列入国家预算;用不完的可以结转下年使用;可以按月预留,年终决算。因价格、税收或灾害等客观因素影响企业利润者,要相应调整留成比例,但影响利润不超过5%的,不予调整。国家在原则上保证各部门留成不低于上年实际所得。三是规定除厂长、副厂长、主要技术人员外,其他人员由企业负责管理,扩大了企业人事安排权和机构设置权。企业在不增加职工总数的条件下,可以自行调整机构和调配人员。四是企业的事业费可以由企业调剂使用，企业的固定资产也可以由企业增减或者报废。

适当地扩大国营企业的自主权，方向是正确的。上述几个方面的改变和企业权限的扩大，虽然包含有合理的因素，但是，由于"大跃进"时期大搞高指标、瞎指挥、"共产风"，在企业中盲目破除规章制度，使得企业不仅不能有效地运用它获得的经营管理自主权，而且很容易使企业的积极性、灵活性变成盲目性和无政府主义。拿扩大企业计划权限来说，把产值等指标不作为指令，企业可以根据实际情况自行修改，但在高指标、上级机关层层加码的压力下，企业无法实事求是地予以调整，只能被迫将产值指标一再提高。从扩大企业财权来看，原计划国营企业利润留成三年总额不超过30—36亿元，结果第一年留成29亿元，第二年留成49亿元，第三年留成75亿元，三年共留成153亿元，超过近3倍。留成的钱也没有用于技术改造，绝大多数都用于搞基本建设，搞"大而全"和"小而全"。从扩大企业人事权来看，企业可以随意招收新工人，其结果是职工大量增加，造成工矿企业人浮于事，劳动生产率下降。扩大企业管理权限后，由于对企业没有一套管理、监督、检查制度，也没有运用调节手段，于是出现了企业任意挤占国家资金、挪用流动资金、乱摊成本、偷漏拖欠税款、截留利润、铺张浪费等不良现象。

由于上述原因，"大跃进"时期的企业，管理相当混乱，经济效益大大降低。以1960年与1957年相比，生铁合格率从99.4%下降到74.9%；全国工业企业每百元产值的生产费用从51.1元增加到56.4元；每亿元工业总产值平均耗用的煤炭由10万吨增加到21万吨；每亿元工业总产值平均耗用的电力由2501万度增加到3443万度；全国国营工业企业全员劳动生产率下降了7.8%，其中1958年下降8.5%，1959年比1957年下降15%。国营企业在"一五"时期很少有亏损，而"大跃进"时期大批企业出现亏损，1961年国营企业亏损额高达103.2亿元，其中工业亏损46.5亿元，相当于工业整个税利的1/3。

第二节 对"左"倾错误的初步觉察，经济体制的局部变动

一、理论和政策上的检查和探讨

从 1958 年 11 月 2 日第一次郑州会议①到 1959 年 7 月庐山会议②前期，党中央和毛泽东同志为了纠正"大跃进"和人民公社化运动中的错误，多次召开政治局扩大会议和中央全会，制定了一系列方针政策，并采取了许多具体措施。在纠正错误的过程中，毛泽东同志提出的一些理论观点和方针政策，起了重要的作用。

（一）肯定了社会主义阶段还存在商品生产、商品交换，价值规律和货币仍应起作用。毛泽东同志在第一次郑州会议上，针对以陈伯达为代表的主张废除商品生产、商品交换和货币等的错误观点，指出，在社会主义时期废除商品是违背经济规律的，我们不能避开一切还有积极意义的诸如商品、价值法则等经济范畴，而必须使用它们来为社会主义服务。中国是商品生产很不发达的一个国家，商品生产不是要消灭，而是要大大发展。他说，必须区别资本主义的和社会主义的两种不同性质的商品，不应当害怕商品生产。他特别强调指出，为了团结几亿农民，必须发展商品交换。废除商业和对农产品实行调拨，就是剥夺农民。在第二次郑州会议③上，毛泽东同志进一步指出：价值法则是客观存在的经济法则，我们对于社会产品，只能实行等价交换，不能实行无偿占有。他认为，在社与队、队与队、社与国家之间，在经济上只能是商品交换关系。

在 1958 年 11 月底和 12 月初召开的中国共产党第八届中央委员会第六次全体会议上通过的《关于人民公社若干问题的决议》中，对商品生产和交换

---

① 第一次郑州会议，指 1958 年 11 月 2 日至 10 日毛泽东同志在郑州召集有部分中央领导人和部分地方领导人参加的会议，会议讨论了社会主义和共产主义有关理论问题和人民公社问题。
② 庐山会议，是中共中央自 1959 年 7 月 2 日至 8 月 16 日，在江西省庐山连续召开的政治局扩大会议和八届八中全会的简称。庐山会议前期，是指 7 月 2 日至 23 日这一段时间，当时主要是纠"左"。庐山会议后期，指的是从 7 月 23 日毛泽东同志在政治局扩大会议上错误地发动对彭德怀等同志的批判，到全会结束这一段时间。
③ 第二次郑州会议，指 1959 年 2 月 27 日至 3 月 5 日在郑州召开的政治局扩大会议。会议主要是解决人民公社所有制和纠正"共产风"的问题。

作了说明。决议指出,"在今后一个必要的历史时期内,人民公社的商品生产,以及国家和公社、公社和公社之间的商品交换,必须有一个很大的发展。这种商品生产和商品交换不同于资本主义的商品生产和商品交换,因为它们是在社会主义公有制的基础上有计划地进行的,而不是在资本主义私有制的基础上无政府状态地进行的。""有些人在企图过早地'进入共产主义'的同时,企图过早地取消商品生产和商品交换,过早地否定商品、价值、货币、价格的积极作用,这种想法是对于发展社会主义建设不利的,因而是不正确的。"①

为了使全党特别是党的高级干部,对于商品、价值法则等经济理论问题有一个清楚的了解,毛泽东同志在会议期间建议各级领导同志读政治经济学。在党中央和毛泽东同志的倡议下,全国各地的广大干部开展了读书活动。经济理论界也对商品生产、价值规律、国民经济有计划按比例发展规律等问题进行了比较广泛、深入的研究和讨论,这对澄清当时理论上和政策思想上的问题起了积极作用。

(二)批评了企图过早地否定集体所有制、混淆集体所有制和全民所有制界限的错误思想。《关于人民公社若干问题的决议》指出:"农村人民公社的生产资料和产品,现在基本上仍然属于公社集体所有,同国营企业的生产资料和产品属于全民所有不同。集体所有制和全民所有制都是社会主义的所有制,但是全民所有制比集体所有制更进步,因为全民所有制企业的生产资料和产品,可以直接由代表全体人民的国家按照整个国民经济的需要作统一的合理的分配,而集体所有制的企业,包括目前的农村人民公社,却不能作到这一点。认为目前的农村人民公社的所有制已经是全民所有制,是不符合实际情况的。"《决议》还指出:"集体所有制向全民所有制过渡的迟早,取决于生产发展的水平和人民觉悟的水平这些客观存在的形势,而不能听凭人们的主观愿望,想迟就迟,想早就早。因此,这个过渡只有经过一个相当长的时间,才能在全国范围内分期分批地实现。如果看不到这

---

① 《中国共产党第八届中央委员会第六次全体会议文件》,人民出版社1958年单行本,第19页。

些，把成立公社和实现全民所有制混为一谈，过于性急，企图在农村中过早地否定集体所有制，匆忙地改变为全民所有制，那也是不适当的，因而是不可能成功的。"① 从此以后，中央有关文件都基本上肯定了人民公社是集体经济性质，承认人民公社内部存在大小集团之间的矛盾和差别，反对无偿平调。这就为后来逐步把人民公社内部所有制调整为"三级所有，队为基础"作了思想准备。

（三）批评了企图超越社会主义阶段而跃入共产主义社会的空想，批评了混淆社会主义和共产主义区别的错误。《关于人民公社若干问题的决议》指出："由社会主义的集体所有制变为社会主义的全民所有制，并不等于由社会主义变为共产主义。农业生产合作社变为人民公社，更不等于由社会主义变为共产主义。由社会主义变为共产主义，比由社会主义的集体所有制变为社会主义的全民所有制，需要经过更长得多的时间。"决议明确指出："由社会主义过渡到共产主义是一个相当长相当复杂的发展过程，而在这整个过程中，社会的性质仍然是社会主义的。社会主义社会和共产主义社会是经济上发展程度不同的两个阶段。"《决议》深刻地阐明："无论由社会主义的集体所有制向社会主义的全民所有制过渡，还是由社会主义向共产主义过渡，都必须以一定程度的生产力发展为基础。生产关系一定要适合生产力的性质，只有生产力发展到某种状况才会引起生产关系的某种变革"。"我们既然热心于共产主义事业，就必须首先热心于发展我们的生产力，首先用大力实现我们的社会主义工业化计划，而不应当无根据地宣布农村的人民公社'立即实行全民所有制'，甚至'立即进入共产主义'，等等。那样作，不仅是一种轻率的表现，而且将大大降低共产主义在人民心目中的标准，使共产主义伟大的理想受到歪曲和庸俗化，助长小资产阶级的平均主义倾向，不利于社会主义建设的发展。"《决议》还指出："社会主义的原则是'各尽所能，按劳分配'"，"企图过早地否定按劳分配的原则而

---

① 《中国共产党第八届中央委员会第六次全体会议文件》，人民出版社 1958 年单行本，第 12—13 页。

代之以按需分配的原则,也就是说,企图在条件不成熟的时候勉强进入共产主义,无疑是一个不可能成功的空想。"①

(四)认识到"大跃进"的主要教训是没有安排好国民经济的比例关系和综合平衡等问题。

1959年6月15日,毛泽东同志召集少数中央领导同志讨论工业问题、农业问题和市场问题。毛泽东、周恩来、李富春等同志在发言中都指出,"大跃进"中的主要问题是综合平衡、有计划按比例地发展经济抓得很不够。同年7月至8月,中共中央在庐山举行了政治局扩大会议和八届八中全会。会议开始时,毛泽东同志在讲话中重申,"大跃进"的主要教训之一,就是没有搞综合平衡。他还进一步提出,过去安排国民经济的次序是重、轻、农,现在应当反过来,以农、轻、重的次序安排国民经济,重工业要为轻工业和农业服务。会议还肯定了陈云同志关于先安排好市场,再安排基本建设的方针,并且指出,要把衣、食、住、用、行5个方面安排好,这是关系到六亿五千万人民安定不安定的问题。会议提出,要使生产小队成为半核算单位,要恢复农村初级市场。

综上所述,从1958年冬到1959年7月庐山会议前期的9个月中间,党中央和毛泽东同志针对"大跃进"和人民公社化运动中的某些"左"倾错误,采取了许多措施,努力提高全党同志对客观经济规律和中国国情的认识。

二、纠正经济体制上"左"倾错误的若干措施

纠正经济体制上的"左"倾错误,是为了端正改革的指导思想,使国民经济健康地向前发展。主要从以下几个方面着手:

第一,调整人民公社内部的所有制结构。《关于人民公社若干问题的决议》中规定:"人民公社应当实行统一领导、分级管理的制度。公社的管理机构,一般可以分为公社管理委员会、管理区(或生产大队)、生产队三级。管

---

① 《中国共产党第八届中央委员会第六次全体会议文件》,人民出版社1958年单行本,第13—15页。

理区（或生产大队）一般是分片管理工农商学兵、进行经济核算的单位，盈亏由公社统一负责。生产队是组织劳动的基本单位。"并规定："应当使管理区（或生产大队）和生产队在组织生产和基本建设、管理财务、管理生活福利等方面，有必要的权力"①。这些规定，对纠正人民公社建立初期的生产大呼隆，管理责任不明，权力过分集中等偏差，起了一定的作用。在第二次郑州会议上起草的《关于人民公社管理体制的若干规定（草案）》中，明确提出了人民公社是以生产大队（相当于原来的高级社）为基本核算单位的公社、生产大队、生产队三级所有制，并较为详细地划分了三级的职权范围。当时概括为十四句话，即："统一领导，队为基础；分级管理，权力下放；三级核算，各计盈亏；分配计划，由社决定；适当积累，合理调剂；物资劳动，等价交换；按劳分配，承认差别"。这样，经营管理的基本单位由公社变成了生产大队。虽然这些规定是一个进步，但还没有解决生产队的所有制问题，更不可能解决生产队之间的平均主义问题。

第二，着手纠正社员之间的平调和承认小私有等问题。中共中央从1958年12月到1959年9月先后在有关文件中规定："社员个人所有的生活资料（包括房屋、衣被、家具等）和在银行、信用社的存款，在公社化以后，仍然归社员所有，而且永远归社员所有。""社员可以保留宅旁的零星树木、小农具、小工具、小家畜和家禽等；也可以在不妨碍参加集体劳动的条件下，继续经营一些家庭小副业。"②并允许社员经营少量的自留地，自留地可以占耕地的5%；鼓励社员利用零星闲散地进行耕种，谁种谁收，不征公粮和派购任务；对家禽实行集体与个人喂养并重的方针。规定在实行工资制和供给制相结合的分配制度时，供给范围目前不宜过宽，要逐步扩大工资部分。对于社员之间、公社和社员之间的借贷和社员欠的贷款，"一律不要宣布废除"，这些债务凡有条件偿还的应当照旧偿还。规定一类、二类和某些国家规定有交售任务的三类物资，在完成交售任务以后，剩余部分可以拿到集市进行交易，

---

① 《中国共产党第八届中央委员会第六次全体会议文件》，人民出版社1958年单行本，第24—25页。

② 同上，第21页。

社队和个人生产的副业产品、手工业品,都可以在集市出售;出售一、二类物资执行国家牌价,其他物资,分别实行牌价、限价或议价。这些规定,对调动广大农民的积极性,充分利用家庭辅助劳力和剩余劳力,充分利用零星资源,扩大农副产品交流,都起了积极作用。在社员收入分配问题上,虽然一再强调贯彻按劳分配的原则,但由于实行供给制、工资制相结合的分配制度,社员之间的平均主义问题并没有解决。

第三,调整城镇手工业所有制结构和经营规模。针对手工业在盲目过渡和合并以后,生产大幅度下降,品种规格显著减少,质量低劣,市场供应异常紧张的情况,中共中央在1959年8月5日发出《关于迅速恢复和进一步发展手工业生产的指示》,提出了十八条措施。强调凡转为全民所有制后,对生产不利、对居民不便的手工业合作社,要采取适当步骤退回来;凡由小并大以后不能按照社会需要保持和恢复原有品种和数量的,要适当划小。还强调了家庭手工业的积极作用。要求原来从事手工业的干部和人员要迅速归队,实行按行业、按产品分工分级管理。这些措施对手工业生产的恢复起了一些作用。但由于"左"倾思想的影响,这些指示各地并没有很好地贯彻,其作用是很有限的。

第四,上收一部分下放得不适当的企业和调整经济管理权。针对1958年盲目下放造成的混乱,毛泽东同志在庐山同一些领导同志谈经济工作时指出,现在有些半无政府主义,四权(人权、财权、商权、工权)过去下放多了一些,快了一些,造成了混乱。下放的权力,要适当收回。陈云同志撰写文章,着重指出,建立完整的工业体系,只能从全国范围开始,而且不是短时间所能解决的。在一个省、区内建立完整无缺、万事不求人的独立的工业体系是不切实际的①。在这些思想的指导下,采取了下列措施:一是上收招收职工的审批权。要求各部门、各地区立即停止招收新职工和固定临时工;地方的劳动计划必须报中央批准。二是调整部分基本建设管理权限。规定地方不再具有不受限制的审批项目的权力,各地基本建设投资包干后省下来的资金用于

---

① 陈云:《当前基本建设工作中的几个重大问题》,《新华半月刊》1959年第5期,第95页。

扩大建设规模，必须服从全国的统一计划。多余的资金必须上交。三是变动财政体制。将"以收定支，五年不变"的财政体制，改为"总额分成，一年一变"的办法，把地方负责组织的全部收入和支出挂起钩来，把基本建设支出由中央专案拨款改为列入地方预算支出，以便中央调剂各地区的收入和适当集中财力。并且针对各地方、各部门把银行贷款和流动资金用于基本建设的混乱现象，要求严格划清基本建设投资和流动资金的界限。四是增加统配部管物资。1959年下半年，将统配部管物资由上年的132种增加到285种。五是上收部分企业。1959年4月到1959年年底，中央决定对民航的各项事务实行集中统一的管理，将下放地方管理的地方航线改为以中央为主的双重领导。决定将9个省区的31个矿务局和筹备处，以及两个煤矿机械厂，实行以煤炭工业部为主的双重领导。还决定除个别地区外，将下放的石油普查队收回，建立区域性综合性的石油普查大队，由地质部领导。上述这些措施，起了一些积极作用，但由于当时仍在搞"大跃进"，所以实际效果并不显著。至于上收的企业仅仅是极少数，不足以扭转体制上过于分散的弊病。

第五，强调建立各种责任制，整顿和加强企业管理。邓小平同志在中央和地方召开的一些会议上，多次强调要整顿工业企业，要治乱，要把企业管理上的混乱局面扭转过来。他说，"大跃进"以前，我们的企业管理制度，有许多好的东西。这些不应该否定的东西给否定了，应当恢复起来。对于1958年以后新创造的企业管理成功的经验也要肯定下来。《人民日报》曾就企业整顿问题发表社论，认为只破不立，只有始没有终，是违反事物发展的客观规律的。要把破了以后没有立的规章制度立起来，主要是把党委领导下的厂长负责制，以及各种专责制、各种工艺规程和操作规程、各种检验制度和安全制度等建立起来，而且立了要行，行要彻底。人民公社也要在整顿的同时建立和健全农业生产责任制，大兵团作战是一种临时的突击的劳动组织形式，不能长期采用。正常的农业生产要建立"任务到队、管理到组、措施到田、责任到人、检查验收"等集体责任制和个人责任制，主要是"四定一奖"制，即定生产指标、定投资、定上交任务、定增产措施和超产奖励。

与整顿企业的同时，提出了整顿高等教育的问题。1959年3月，中央在有关文件中规定，1958年新建的高等学校，凡是招收的学生是初中或高小毕业程度，教学计划以及所开课程是中等学校水平的，应分别改为高级中学、中等专业学校，或初级中学、初级技术学校。同时，中央还指定一批重点院校，由教育部直接领导。

综上所述，从1958年冬到1959年7月庐山会议前期，党中央和毛泽东同志领导全党开始纠正"大跃进"和公社化运动的"左"倾错误，纠正1958年改革的偏差，收到了一定的成效。但由于当时"左"的指导思想没有根本转变，因而这种纠正是不彻底的，成效也是极其有限的。

三、庐山会议后期的"反右倾"运动和经济体制改革的反复

庐山会议前期是反"左"倾错误，但是到庐山会议后期，毛泽东同志错误地发动了对彭德怀等同志的批判，进而在全党错误地开展了"反右倾"斗争，在经济上中断了纠正"左"倾错误的进程，使经济体制改革也出现了反复，纠正"左"倾错误的许多思想和政策措施，不但难以推行，甚至被当成"右倾"而受到批判。这样，就使许多方面的"左"倾错误进一步发展起来。

在许多部门和地区，否定了郑州会议以来在经济体制方面进行的纠偏工作。例如，1959年10月农业部党组在给中央的报告中，把五、六、七几个月里，有些农村按照第二次郑州会议精神，从实际情况出发，对人民公社内部的所有制结构的调整和经营方式的改进，说成是"恢复单干"、"开倒车"，"是一股反社会主义道路的逆流"。并要求各地区在"反右倾"斗争中，把这些问题彻底加以揭露和批判。在全国农村和城镇进一步普遍推广公共食堂。到1959年年底，农民在公共食堂吃饭的人数已占农村总人口的72%，当时还要求提高到80%—90%以上。在"反右倾"斗争的压力下，原来还一直在坚持实行计件工资制的铁道、交通、煤炭等行业，也被迫取消了计件工资制度。

庐山会议后期开展的"反右倾"斗争，发展了"大跃进"的"左"倾错误。全国再次扩大基本建设规模。本来1958年6月和8月两次提出缩减建设项目，并提出压缩基本建设规模的计划，到9月份，又确定在今后几个月里要新开工230个限额以上的项目，使全年施工的大项目又达到1000个以上。

1959年的积累率达到43.8%的空前高度。1960年的国民经济计划指标本来就是偏高的,在"反右倾"的气氛下,各项指标又大大加码。工业总产值的增长速度从原定的25.2%提高到47.6%,钢产量从1840万吨提高到2040万吨。经济建设中曾经有所纠正的以高指标、瞎指挥、浮夸风等为主要标志的"左"倾错误又泛滥起来,使国民经济比例失调的情况越来越严重。在积累与消费的比例关系方面,1960年同1957年相比,在全部国民经济收入中,积累所占的比例由24.9%提高到39.6%。由于积累率过高,积累的效益又很低,不但直接减少了当年的消费基金,而且大大限制了以后几年消费基金增长的可能。在工农业比例关系方面,1960年同1957年相比,工业总产值增长了1.3倍,而农业总产值却下降了22.7%;工业和农业产值的比例,由5.7:4.3变为7.8:2.2。粮食产量减少了1031亿斤,降到1951年的水平。在工业交通内部,由于实行"以钢为纲",片面发展重工业,各行业之间的比例关系也严重失调。1958年到1960年,工业总产值增长1.3倍,其中占用运输量最大的生铁产量增加3.5倍,铁矿石产量增加4.8倍,煤产量增加2倍,而全国货运量仅增加1.1倍。在工业总产值中,这三年轻工业产值所占比重由55%下降到33.4%。在财政收支之间,以及社会购买力和商品可供量之间,也出现了严重的不平衡。1958年到1960年,3年财政赤字实际达到169.4亿元,货币流通量增加了82%。由于农业、轻工业大幅度减产,市场商品可供应量急剧下降,特别是人民必需的消费品已不能保证基本需要。从1957年到1960年,全国每人平均消费的粮食由406斤降到327斤,猪肉由10.2斤降到3.1斤。三年"大跃进"给国民经济造成了重大损失。3年的工业大上,特别是重工业的大上,带来了农业生产的下降和以后两年工业生产的大幅度下降。1958年到1962年,社会总产值平均每年下降0.4%,农业净产值平均每年下降5.9%,轻工业每年下降2%,重工业每年只增长3%,国民收入每年下降3.1%,社会劳动生产率每年下降4.7%,居民消费水平每年下降3.3%。

正是鉴于当时这种严峻的形势,党中央决定重新纠正"左"倾错误。1960年11月3日中共中央发出《关于农村人民公社当前政策问题的紧急指示信》,规定在以生产大队为基本核算单位的前提下,应当坚持生产队的小部分所有制，要把劳力、土地、耕畜、农具固定给生产队使用，发挥生产队组织生产经营的积极性。同时规定，公社和生产大队两级占用的劳动力不能超过农村劳动力总数的5％，其余95％左右都归生产队支配。要求纠正"一平二调"的错误，凡平调的全部退赔等等。11月15日，中共中央发出《关于彻底纠正"五风"问题的指示》，要求各地煞住"共产风"、浮夸风、命令风、干部特殊风和对生产瞎指挥风。2月下旬，中共中央在北京召开工作会议，总结农村整社的经验和恢复发展农业生产的问题，决定提高部分农副产品收购价格和退赔平调债务；决定发展家庭副业和手工业，提倡大集体、小自由，并把社员自留地由原占5％提高到7％，确定家禽饲养以私养为主；适当开放集市贸易，搞活农村经济。在年底还批准了财政部的报告，强调财权要适当集中。上述措施，虽然由于时间短，不可能在当年就有效益，但是，它标志着党中央重新沿着第一次郑州会议以来所确定的方针、政策前进，使经济工作和经济体制改革逐渐回到比较正确的轨道上来。

"大跃进"运动，使国民经济遭受严重的挫折，使人民生活受到很大的影响；但这毕竟是中国在探索社会主义建设新道路中的失误。在这3年中，全国各族人民发挥了高度的社会主义积极性，生产建设还是取得了一定的成果。在农业方面，以兴修水利、平整土地为主要内容的农田基本建设取得了很大的成绩。这对以后中国农业生产的发展起了积极的作用。在工业方面，这一时期中国的工业生产能力有了很大增长，技术水平也有一定提高，这些新增的生产能力经过调整后发挥了重要的作用。

第三节　评　价

"大跃进"时期的经济体制改革，无论在理论上还是实践上都存在很多问题。尽管中间有所反复，末期又再次纠偏，但总的看来，在一系列问题上犯有"左"倾错误，使社会主义经济建设遭受了严重损失。

在所有制问题上，盲目追求"一大二公"，搞"升级"、"过渡"，取消个体经济和个体经营，限制集体经济和集体经营，总想尽快地过渡到单一的全民所有制的国营经济和国家经营。事实证明，这是不正确的。改革所有制形式和结构，不是越大越公越好，而必须适应生产力水平和发展的需要。

在中央与地方关系上，主要是管理权下放过了头，一些不该下放的权力，特别是关系国民经济全局的基本建设投资权，以及对大型骨干企业的管理权，不适当地下放给地方了。实践告诉我们：并不是"下放越多越好，越分散越好"，而是要正确地处理集中与分散的关系，分权一定要适度、恰当。

在国家与企业的关系上，由过去国家统得过死、管得过多，改为给企业有一定的自主权是必要的。但国家没有同时给企业正确的计划指导，又盛行计划层层加码、高指标，加上破坏或废弛了必要的规章制度，致使企业扩大权限以后没有收到积极效果，经济效益反而下降了。

在分配制度上，刮"共产风"，搞"一平二调"，破坏了按劳分配的原则，"铁饭碗"、"大锅饭"和平均主义等现象有所发展，从而极大地挫伤了企业和劳动者生产经营的积极性，引起劳动生产率下降。

在经济体制改革工作中，不尊重客观经济规律，不是有计划、有步骤地进行，而是靠行政命令，瞎指挥，特别是下放企业、扩大地方管理权限时，采取了一哄而起的"群众运动"方式，使原有的经济协作关系和正常的经济秩序受到破坏，出现了严重的无政府主义状态和混乱现象。

"大跃进"时期的经济体制改革，在中央与地方、国家与企业以及计划、基本建设、财政、税收、劳动、银行、商业、物资、物价、教育等管理体制上，都进行了新的尝试，有些办法本身也包含有合理的因素，但是，由于指导思想上"左"的错误和宏观决策上的失误，因而是一次不成功的尝试。

第三章
调整时期的经济体制改革
（1961—1965 年）

第一节 "调整、巩固、充实、提高"八字方针的提出，为配合调整任务采取的改革措施

从 1958 年到 1960 年的 3 年"大跃进"运动，造成了国民经济主要比例关系的严重失调，农业、轻工业大幅度减产，市场商品可供量急剧下降，人民生活受到很大影响。针对国民经济这一严重的困难局面，1960 年秋冬，党中央和毛泽东同志决定对国民经济实行"调整、巩固、充实、提高"的方针。这年 9 月 30 日，中共中央在批转国家计委《关于一九六一年国民经济计划控制数字的报告》中提出：1961 年，我们要把农业放在首要地位，使各项生产、建设事业在发展中得到调整、巩固、充实和提高。1961 年 1 月中旬召开的党的八届九中全会，正式批准了调整国民经济的八字方针，并向全国人民宣布：1961 年应当适当地缩小基本建设的规模，调整发展的速度，在已有的胜利的基础上，采取巩固、充实和提高的方针。从此，中国国民经济进入了调整时期，这是一个重要转变。

在实行调整方针的初期，各个地区、各个部门虽然做了不少工作，但总的来讲，由于当时对经济困难的严重性认识不足，又缺乏经验，以致在一段时间里，没有能够全力地进行调整工作，特别是没有果断地把基本建设规模和工业生产规模压缩到确实可靠的程度。

1962 年 1 月 11 日，中共中央在北京召开了扩大的中央工作会议（又称"七千人大会"）。毛泽东同志在会上作了重要讲话，着重指出要健全民主集中

制；要在总结正反两方面的经验的基础上，加深对社会主义建设规律的认识。刘少奇同志代表中共中央作了报告，初步总结了1958年"大跃进"以来工作中的经验和教训，分析了几年来工作中的主要缺点和错误，指出当前全党的主要任务是做好调整工作。周恩来、朱德、邓小平等同志在大会上也都作了重要讲话。这次会议，对于统一全党思想，纠正"大跃进"以来经济工作中"左"的错误，进一步动员和组织全党和全国人民，全面地贯彻八字方针，克服经济困难，起了积极作用。1962年2月，刘少奇同志主持召开中央政治局常委扩大会议，讨论了1962年国家预算和整个经济形势问题。陈云同志在会上作了重要讲话，分析了当时存在的粮食减产、基本建设规模过大、通货膨胀、人民生活下降等严重困难，提出了克服困难的六条意见：（1）把今后的十年分为两个阶段，前一阶段是恢复阶段，后一阶段是发展阶段。农业的恢复要3年至5年，在这一阶段工业也要放慢速度，只能是调整和恢复。恢复阶段大体要五年。（2）减少城市人口，"精兵简政"。（3）要采取一切办法制止通货膨胀。（4）尽力保证人民最低的生活。（5）把一切可能的力量用于农业增产。（6）计划机关的主要注意力，应该从工业、交通方面，转移到农业增产和制止通货膨胀方面来，并且要在国家计划里得到体现①。陈云同志的这些意见，指明了调整时期的主要任务、目标和方法、步骤。

4月下旬，周恩来、陈云、李先念等同志向中央提出了《中央财经小组关于讨论一九六二年调整计划的报告（草稿）》。《报告》具体分析了当时农业、工业、市场供应、财政金融等方面存在的困难，提出了增加农业所需要的生产资料的生产，安排较多的原材料和燃料以增加日用品生产，降低绝大部分重工业产品的指标，进一步压缩基本建设的规模，以及精简职工等措施。《报告》提出，必须对整个国民经济进行大幅度的调整，把建设规模调整到同经济的可能性相适应，同工农业生产水平相适应的程度；把工业生产战线调整到同农业提供的粮食和原料的可能性相适应，同工业本身提供的原材料、燃

---

① 陈云：《目前财政经济的情况和克服困难的若干办法》，《陈云同志文稿选编》（1956—1962年），人民出版社1980年第1版，第189—206页。

料和动力的可能性相适应的程度；把文教事业的规模和行政管理机构缩小精简到同经济水平相适应的程度；把城镇人口减少到同农村提供商品粮食副食品的可能性相适应的程度。只有把大的比例关系调整合理，才能求得社会生产和社会需求大致平衡，从而为经济体制改革创造前提条件。同年 5 月份，党中央召开了有各大区负责同志参加的工作会议，就上述报告进行了讨论，进一步统一了全党思想，并且制定了一系列正确的政策和措施，对于全面彻底地贯彻调整方针，起了重要作用。

为了完成调整任务，使国民经济大的比例协调，在实际工作中采取了一系列的改革措施。

一、加强中央的集中统一，搞好综合平衡

在整个调整时期，从指导思想上来讲，是纠正"左"的错误和"大跃进"中一套"左"的做法。在体制方面，主要是强调和实行高度的集中统一，克服无计划状态和分散主义。陈云同志指出：调整时期是非常时期，要有更多的集中统一，就是在给地方和企业以必需的机动的财力、物力以后，把力量集中统一起来，这种集中统一的程度，可能要超过新中国成立初期[①]。1961 年 1 月 20 日，中共中央发出《关于调整管理体制的若干暂行规定》，提出管理权集中到中央、中央局（党的八届九中全会决定，六个大区重新恢复并成立了中央局）和省（市、自治区）三级，在最近二、三年内更多地集中到中央和中央局一级。同年 9 月 15 日，中共中央发出《关于当前工业问题的指示》，再次指出，要切实"改变过去一段时间内权力下放过多、分得过散的现象"，在最近两、三年内，要把工业管理的权力更多地集中在中央一级，对全国的人力、物力、财力进行统一安排。具体的措施有下列几条：

（一）加强计划的集中统一管理。一是计划的范围扩大了。1961 年编制十二种计划，到 1963 年扩大为二十种计划。二是计划指标多了。基本

---

① 陈云：《目前财政经济的情况和克服困难的若干办法》，《陈云同志文稿选编》（1956—1962 年），人民出版社 1980 年第 1 版，第 200 页。

上恢复到"一五"时期的一套计划指标，有的比"一五"时期还要细。例如，工业计划包括工业总产值、商品产值、主要产品产量、主要技术经济指标、工业设备大修理等。对全民所有制单位还规定了一套考核指标。三是集中统一的程度高了。中央直接管的指标占了各项经济活动的大部分。例如，中央管理的工业主要产品有400种左右，这些产品的产值占工业总产值的60%左右；中央管理的农林牧渔主要产品有30种左右，这些产品的产值占农业总产值的70%左右；中央管理的主要零售商品指标有90种左右，这些商品的零售额占社会商品零售总额的70%左右；中央管理的进口商品有50种左右，这些商品的进口额占进口贸易总额的90%左右；中央管理的出口商品有80种左右，这些商品的出口额占出口贸易总额的85%左右；中央统一分配的主要生产资料200种左右，主要生活资料10种左右。中央管理全部限额以上的建设项目和投资。1965年，中央安排的投资占总投资的85.8%。这个时期，计划分三级管理：中央直接管理国民经济中关键性的指标；各部门管理本行业全国性的重要指标；省、市、自治区管理本地区的重要指标。在加强计划的集中统一管理的同时，要求各部门、各地区在中央统一计划下发挥各自的积极性，并且对不同的经济成分，实行了不同的计划管理方法。对全民所有制企业和事业单位，实行直接计划；对集体所有制企业（农业、手工业）实行间接计划。

（二）加强对基本建设的集中统一管理。规定基本建设资金不再由地方财政包干，改由中央财政专项拨款，严加控制并减少部门、地方、企业的预算外资金。同时，改变基本建设审批权限。1962年5月31日，中共中央颁发了《关于编制和审批基本建设设计任务书的规定》《关于加强基本建设计划管理的几项规定》《关于基本建设设计文件编制和审批办法的几项规定》等3个文件，规定大中型建设项目一律由国务院或国家计划委员会批准，一切基本建设都必须按审批权限报请批准，按基本建设程序办事；所有建设项目的设计任务要经过批准，才能列入年度计划，所有建设项目要在设计文件经过批准和各种建设条件落实以后，才能动工。

上述改革措施，有力地保证了压缩基本建设规模、缩短基本建设战线这一调整目标的实现,使基本建设规模与当时国家的财力、物力基本相适应。1962年,实际完成的基本建设投资额压缩到71.26亿元,比1960年减少317.43亿元;大中型建设项目,1962年减少到1003个,比1960年减少812个。对于重工业生产,除了采掘和采伐工业等薄弱环节得到进一步充实加强外,冶金、机械、建材等工业部门的生产都有计划地降低了发展速度。1962年与1960年比较,全国重工业产值下降了58.6%,它在工农业总产值中所占的比重由52.1%降为32.3%。缩短基本建设战线,压缩重工业生产,对于整个经济的调整,是极其关键的一着。它缓和了财政、物资供应的紧张状况,加快了扭转比例失调的步伐。

(三)上收一批下放得不适当的企业。一些产供销面向全国的大型骨干企业下放给地方管理后,由于地方不能保证这些企业的正常生产条件,企业之间原有的协作关系被破坏,不少物资、利润、资金被挪用,因此国家计划完不成,中央财政收入减少。1961年1月,中共中央在《关于调整管理体制的若干暂行规定》中提出:"1958年以来,各省、市、自治区和中央各部下放给区、县、公社和企业的人权、财权、商权和工权,放得不适当的,一律收回。"中央各部直属企业的行政管理、生产指挥、物资调度、干部安排的权力,统归中央主管部门。国防工业一律由国防工委直接领导,过去下放的国防工业企业一律收回。全国铁路由铁道部统一管理,铁路运输由铁道部集中指挥。根据这个规定的精神,首先将原下放地方管理的大连、秦皇岛、天津、烟台、青岛、连云港、上海、黄浦、湛江、八所10个沿海港口,收归交通部领导。然后又将重庆、九江等10个长江干线重点港口和天津航道局、上海建筑工程局等6个工程局以及两个工厂、两个交通学校、一个驳船公司,改为以交通部管理为主。冶金部、石油部、地质部也分别将一些企业和学校收回,改由部直接领导。各省、市、自治区的邮电局和地质局,分别改为以邮电部、地质部为主的中央和地方双重领导。各地的电网和电业局的领导关系,也进行了一些调整。1959年,中央企业事业单位只有2400个,1961年开始上收,到1965年中央直属企业事业(包括中央各部在"大跃进"时期和以后兴建的企业)单位增加到10533个。这些企业的工业产值占全国工业总产值的

42.2%，其中属于生产资料的部分占 55.1%。

上收企业，加强对重要企业的集中统一管理，克服了企业管理上的混乱现象，调度比较灵活了，能够保障对企业产供销活动的统一指挥，能够保证中央对财力、物力的需要，企业的经济效益也有了提高。但是，也带来了一些弊病。主要是企业上收得过多，中央各部管理那么多企业事业单位，把主要精力花在日常具体的产供销调度上，削弱了对制定本行业规划、技术标准等战略问题的研究；同时，由于将企业上收过多，使中央部门与地方的矛盾增多，还造成部门间的重复建设、重复生产；由于地方对工业产品的需要得不到满足，加上"自成体系"思想并未纠正，也促使地方重复建设、盲目生产。不过，这些问题在当时还不突出。

（四）加强财政、信贷的集中统一管理。1961 年 1 月 15 日，经中共中央批准的财政部《关于改进财政体制加强财政管理的报告》中指出："在财政管理和财政体制方面，相当突出地存在着财政纪律松弛，财政管理偏松、资金使用分散和财权分散等现象。"《报告》提出，国家财权基本上集中在中央、大区和省（市、自治区）三级，缩小专区、县、公社的财权；将 1958 年开始实行的"以收定支，五年不变"（实际上在 1959 年就改变了），改为"总额分成，一年一变"；国家预算从中央到地方实行一本账，保持收支平衡，不准打赤字预算；对各地区、各部门和各单位的预算外资金，采取"纳、减、管"的办法进行整顿，即有的纳入预算，有的减少数额，都要加强管理。

为了集中财力，调低了国营企业利润留成比例。从 1961 年起，全国企业利润留成比例从 13.2% 降为 6.9%。1962 年后又取消了利润留成办法，改为企业基金制度。规定企业基金作为"四项费用"（即新产品试制费、技术组织措施费、劳动安全措施费、零星固定资产购置费），用于技术革新和综合利用，适当安排奖金和职工福利，不得用于计划外基本建设。

为了进一步加强财政管理，促进国民经济的调整，中央于 1962 年 3 月和 4 月先后发布了《关于切实加强银行工作的集中统一，严格控制货币发行的决定》和《关于严格控制财政管理的决定》。这两个决定要求所有的经济部门和企业单位都要改进经营管理,加强经济核算,切实扭转企业大量亏损的状况;加强财务管理,制止各单位之间相互拖欠货款;维护应当上交国家的财政收入,严格控制各项财政支出,划清银行资金和财政资金的界限,不准用银行贷款作财政性支出;切实加强财政监督,并重申了加强财政管理的十项禁条①。上述措施,对集中财权、加强管理、平衡财政信贷收支,起了重要作用,使中央直接掌握的财政收入由原来的50%,提高到60%左右。

(五)收回一部分物资管理权,加强物资的集中统一管理。"大跃进"运动中,物资管理权下放过多,造成物资供应渠道紊乱,各地区、各部门自成系统,物资分配计划和供应合同不能兑现,物资调度不灵,采购人员满天飞,以物易物、自由交换现象相当严重。为了解决物资工作中的这些问题,中央十分强调物资的集中统一管理。1963年,把原来设在国家经委内的物资管理总局,改为国家物资总局,对地方物资管理系统实行垂直领导。1964年,又把物资管理总局改为物资管理部。为了加强物资的集中管理,还采取了以下措施:

首先,收回一部分物资管理权,实行集中统一管理。统配和部管物资种类就此逐年增加。(见下表)

(单位:种)

年 份	统 配	部 管	总 计
1961	87	416	503
1962	153	345	489
1963	256	260	516
1964	370	222	592
1965	370	222	592
1966	326	253	579

其次,扩大了物资部门统一销售范围。原由各工业部门分管的统配物资

---

① 十项禁条是:1. 不许挪用上缴利润和税款;2. 不许挪用银行贷款;3. 不许挪用应当归还其他单位的货款;4. 不许乱挤生产成本;5. 不许挪用企业的定额流动资金;6. 不许挪用固定资产的变价收入;7. 不许挪用折旧基金和大修理基金;8. 不许自行提高企业各项专用基金的提取比例;9. 不许挪用企业的"四项费用";10. 不许挪用基本建设单位储备材料和设备的资金。

销售机构，大多交由物资部门统一管理。物资部接管了冶金、林业、建材、化工、一机等五个部门的销售机构，建立了五个专业公司。在重点厂派了驻厂代表，监督合同的执行情况。

二、调整农村生产关系，改变农村管理体制和管理制度

为了发展农业生产，中央除了精简职工、下放城市人口、增加农业第一线劳动力、减少粮食征购量（1962年比1960年纯征购减少214亿斤）、加强工业对农业的支援外，还采取了以下一些改革措施：

（一）改变人民公社的基本核算单位。为了从根本上解决"共产风"的问题，使集体所有制的规模适应当时农业生产水平的要求，从1960年年末起，中央领导同志作了大量的调查研究和试点工作。1961年3月，在广州会议上①，在毛泽东同志主持下，拟出《农村人民公社工作条例（草案）》（即《六十条》）。在6月的北京会议上②，根据群众的意见，对这个文件作了重要的修改，并于6月15日下发各地试行。文件提出要坚持自愿互利和等价交换的原则，取消供给制，实行评工记分；社员口粮分到户，办不办公共食堂由社员自己决定；建立社员代表大会、监督委员会等民主管理制度，但仍坚持以生产大队为基本核算单位。10月7日，中共中央发出《关于农村基本核算单位问题给各中央局，各省、市、自治区党委的指示》，根据毛泽东同志在邯郸调查后的意见，主张"三级所有，队为基础"，进行基本核算单位下放到生产小队的试点。1962年2月23日，中共中央正式决定，以生产队（即原来的生产小队，规模大体相当于过去的初级社）为基本核算单位，平均每队约二三十户。经过这次基本核算单位的下放，较好地克服了生产队之间的平均主义，有利于保障生产队的自主权，有利于改善集体经济的经营管理。同时，由于生产队的范围小，社员对于集体经济同自己的利害关系，对于自己的劳动成果，比

---

① 广州会议，即毛泽东同志于1961年3月10日至13日，在广州召集的中南、西南、华东三个地区的中央局和省、市、自治区党委的负责人参加的会议。

② 北京会议，即1961年5月下旬到6月上旬在北京召开的中央工作会议。

过去看得清楚，比较适合于农民的觉悟程度，有利于调动社员的生产积极性。同年9月，在党的八届十中全会上通过的《农村人民公社工作条例（修正草案）》，对这个问题又进一步作了明文规定：生产队是人民公社中的基本核算单位，实行独立核算，自负盈亏，直接组织生产，组织收益的分配；生产队集体所有的大牲畜、农具，公社和大队都不能抽调；生产队对生产的经营管理和收益的分配，有自主权。并决定这种制度至少30年不变。

（二）发展灵活多样的经营管理方式。《六十条》规定，为了便于组织生产，可以划分固定的或者临时的作业小组，划分地段，实行小段的、季节的或者常年的包工，建立严格的生产责任制。畜牧业、林业、渔业和其他副业生产，牲畜、农具、水利和其他公共财物的管理，也都要实行责任制。有的责任到组，有的责任到人。1962年，在某些地区出现了包产到户的形式，个别地区出现了分田单干。如广西龙胜县当时就搞了五种经营形式：（1）生产资料集体所有，统一生产，统一分配，主要农活集体操作，一般农活责任到人；（2）生产资料集体所有，统一计划，统一分配，生产短期安排，"四定"小包工；（3）生产资料集体所有，统一计划，统一分配，按劳力或人头固定田块，少数农活统一派工，多数农活常年责任到人；（4）居住深山的独户或生产组包上交公粮；（5）包产到户，分田到户。① 安徽等省也有不少农民自发地搞包产到户、包干到户。邓子恢同志在调查研究的基础上，针对当时农村中存在的问题，强调要建立严格的生产责任制，实行包工到作业组，零星小活可以包到人，有些农活也可以包产到户。刘少奇同志也认为，农业上要退够，可以在一些地区实行包产到户。但是，这些意见，在党的八届十中全会上被说成是"刮单干风"，"走资本主义道路"，遭到了批判。这说明当时并未完全抛弃"左"的错误思想。

（三）破除供给制，实行按劳分配。在集体经济内部的分配关系上，《六十条》规定：按照社员劳动的质量和数量付给合理的报酬。生产队逐

---

① 见陶铸、王任重同志给毛泽东同志的报告。

步制定各种劳动定额，实行定额管理。凡是有定额的工作，按定额记分；无定额的工作，采用评工记分的办法。规定不论男女老少，不论干部和社员，一律同工同酬，每个社员的劳动工分按时记入工分手册，并定期公布工分账目。这些分配办法的改变，实际上废除了脱离实际的供给制和工资制相结合的办法，取消了"公共食堂"，平均主义的分配有所克服，按劳分配的原则有所体现。

（四）恢复自留地、家庭副业、集市贸易。社员的家庭副业，是社会主义经济的必要的补充部分。《六十条》规定：允许和鼓励社员发展家庭副业，包括种自留地，饲养猪、羊、兔、鸡、鸭、鹅等家禽家畜，也可以饲养大牲畜；可以进行编织、缝纫、刺绣等家庭手工业生产；可以从事采集、渔猎、养蚕、养蜂等副业生产。社员自留地，包括饲料地、开荒地合在一起，可以占生产队耕地的5%到10%，最多不超过15%。规定社员家庭副业的产品和收入归社员所有，由社员自行支配。在完成国家定购合同以后，可以拿到集市上出售。自留地和开荒地生产的农产品，不计口粮标准，不征农业税，不计统购。这些规定，对提高社员生产的积极性，发展农业生产，增加社会产品，增加社员收入，活跃农村市场，起了促进作用。

由于采取了上述调整和改革的措施，使整个农业生产在1962年停止了下降，从1963年起，得到了较快的恢复。1962年与1960年比较，粮食增产330亿斤，油料增产126万担，棉花产量下降幅度减低，由前两年下降37.8%和24.7%，到只下降6.2%。

三、注意运用经济杠杆的调节作用

1958年的"大跃进"，完全否定了价值规律的作用，不讲按劳分配和等价交换的原则，使整个经济活动无法正常运行。调整时期，开始注意恢复经济杠杆的作用。

（一）调整价格。从1961年1月起，粮食收购价格提高了25%（加价奖励5%不变），生猪收购价格提高26%，家禽和蛋类提价37%，油料提价13%，其他农产品的收购价格也大多有不同程度的提高。仅这一年，农民从提价中增加收入达 30 亿元。1963 年 3 月,又提高了粮食的销售价格和棉花的收购价格,即把农村的销售粮价提到和收购价格相平,棉花价格提高 10%,同时恢复产棉区的地区差价。

在调整时期,自觉地利用价格调节供求矛盾的一个突出事例是销售高价商品。1961 年 1 月开始,在全国 40 多个大中城市敞开供应高价糕点和高价糖果,到 3 月,敞开供应高价糕点扩大到一切大中小城镇,敞开供应高价糖果扩大到全国所有城乡,当年回笼货币 33 亿元,占全年消费品购买力的 5.9%。1962 年 2 月,陈云同志提议拿出四五千万元的高级副食品,用来供应一批高价饭馆。1962 年 3 月,增加针织品、自行车、手表、闹钟、茶、酒和高级副食品 7 种新的高价商品。这是在特殊情况下缩小购买力与商品可供量差距的有效措施,一共回笼了 50 多亿货币,制止了市场物价的上涨,同时也满足了部分人民的生活需要。

调整时期的价格政策,总的说来是在保持物价基本稳定的前提下,有计划地提高重要农副产品的收购价格,降低部分工业品主要是农用生产资料的销售价格。中共中央在有关文件中规定,凡由国家统一规定的工业产品的调拨价格和市场价格,任何部门、任何地方、任何单位不得擅自变动。对于生产资料和一、二类农副产品的价格,也由国家统一定价。三类农副产品,在允许农民自由销售的同时,价格由买卖双方自由议定,商业部门也可以协商议价。要求逐步地规定工农业产品的合理比价,并且认真地实行合理的地区差价、质量差价、品种差价、季节差价。对于手工业产品的价格,由工商双方合理议定。手工业部门自产自销的产品,有的可以按照国家商业牌价,有的可以同行议价,某些零星产品也可以由买卖双方自行议价。对于固定价格的变动,需经严格审批。集市贸易价格虽然由买卖双方议定,但不是放任自流,而是要求供销社通过参加集市贸易活动,吞吐商品,逐步压低小商、小贩的贩卖价格,使集市贸易的价格同计划市场的价格逐步地接近起来。对高价糕点、糖果、饮食等,当市场供应好转后,即逐步降价,直至恢复平价供应。同时加强物价管理,全国从上到下成立了物价管理机构,严格审批权限。国家工商行政管理部门要加强对集市贸易和市场物价的行政管理,打击投机倒把、哄抬物价、卖大号、偷税漏税、以次充好等违法乱纪行为，力求做到管而不死、活而不乱。

（二）调整税收。1961年6月，中共中央决定调整农业税负担。农业税的负担率从1957年的11.6%降为10%；地方附加税由过去的15%—30%，降为不超过10%。这样，1961年农业税的征收额计划为240亿斤粮，比1960年减少98亿斤，减少29%，比1957年减少153亿斤，减少38.9%。1962年农业税收又调减为215亿斤，大体上只相当于1949年的征收水平。同时，配合城乡集市贸易的恢复和发展，1962年征收了集市交易税。在调整税收负担的同时，银行发放农村社队的各项贷款，1962年累计近54亿元，约占当年农业生产资料供应总值的1/3。减轻农业税，发放农业贷款，对减轻农民负担，恢复和发展农业生产起了促进作用。

四、制定各种管理条例，加强经济监督

为了克服"大跃进"以来造成的管理混乱、制度废弛的现象，恢复正常的经济管理秩序，毛泽东同志多次号召全党要大兴调查研究之风。毛泽东、刘少奇、周恩来、朱德、邓小平等中央领导同志，都分头到农村和城镇进行调查研究，各部门也进行了系统的调查研究工作。各条战线在调查研究的基础上，制定了比较完整的管理条例和各项规章制度。除了前面讲到的《六十条》外，还有《国营工业企业工作条例（草案）》（即《工业七十条》），以及《关于改进商业工作的若干规定（试行草案）》（即《商业四十条》）、《关于城乡手工业若干政策问题的规定（试行草案）》（即《手工业三十五条》）、《教育部直属高等学校暂行工作条例（草案）》（即《高教六十条》）、《关于自然科学研究机构当前工作的十四条意见》（即《科研十四条》）等。计划、基本建设、财政、银行也都分别作出了一些规定和制定了管理办法。

《商业四十条》明确规定了商业工作的基本方针和具体政策，其中与经济体制有关系的主要是：（一）强调国营商业、供销合作社、农村集市贸易是中国现阶段商品流通的三条渠道。要把过去撤销或合并的农村供销社恢复起来，把"大跃进"中拆散的合作商店、合作小组恢复起来。同时，有领导地开放农村集市贸易。对于品种繁多、来路分散的农副产品和手工业品，要恢复过去行之有效的物资交流会、合作货栈、庙会、信托货栈、骡马大会等传统的商品流通形式，坚决纠正地区之间互相封锁、管理过严过死的做法。（二）把商业行政部门同商业企业分开，恢复必要的专业公司。（三）工商之间、国营商业同供销合作社之间，实行选购商品的制度；零售商店有权在一定范围内选择批发单位进货或直接从工厂进货。（四）农业同工业、全民所有制经济同集体所有制经济之间，必须实行等价交换的原则。（五）根据各种农产品对国计民生的重要性，分别采取统购、订购和议购的方法，并通过合同确定双方的责任。实行上述规定后，合作社商业开始恢复。原来并入国营商业、服务业和供销社的个体商贩，有75万人调出来，重新组成合作商店，实行自负盈亏。1965年，合作商业的从业人员达到225万人，占社会零售商业人员的42%，接近1957年的水平。实践证明，商业工作的这一系列方针和政策，是切合实际的，是正确的。它对扩大商品流通，活跃和繁荣城乡市场起了重要作用。

再拿《手工业三十五条》来说，文件规定原手工业生产合作社凡是过渡不合适的都要改过来，使手工业合作社的集体所有制长期地固定下来。集体手工业要独立核算，自负盈亏。个体手工业（包括城乡家庭手工业）应允许独立劳动，自产自销，收入归个人支配。手工业企业规模过大的，坚决分小，行业混杂的，坚决分开。经营方式多种多样，可以集中生产，可以分散生产，可以固定设点，可以流动服务，可以在当地走街串乡，也可以到外地走街串乡。对手工业生产的计划安排、原材料供应和产品销售，都规定了灵活的政策。提倡前店后厂经营方式，提倡厂店直接挂钩。上述规定，对发展手工业，搞活手工业产品的购销，起了积极作用。城镇个体劳动者，由1958年的106万人增加到1965年的171万人，占社会劳动者的比重，由0.33%上升到0.6%。

以上这些管理条例，包含着许多有关改革体制的要求，它对于保证国家经济决策的实现和社会主义经济的正常运行，起了十分重要的作用。

第二节 国民经济的恢复和发展,经济体制探索性的改革

经过不到两年时间的努力,整个国民经济开始扭转了下降的局面。农业生产开始回升,1962 年与 1961 年相比,农业总产值增长 6.2%。粮食增产 250 亿斤,总产量达到 3200 亿斤;油料增产 10.4%,总产量达到 40 亿斤。从地区来看,全国 1/4 的县农业生产总量已经恢复或超过 1957 年的水平。工业生产也开始出现了转机,特别是轻工业的比重明显上升,由 1960 年占工业总产值的 33.4% 提高到 1962 年的 47.2%。连续 4 年国家财政上存在的大量赤字和货币发行过多的现象,随着工农业生产的恢复,也有所改变。1962 年财政收支相抵,结余 8.3 亿元;货币流通量在社会商品零售总额同上年水平相近的情况下,减少了 15%。城乡人民生活也开始有所改善,粮食、猪肉、棉布的消费量都有增加。到 1962 年年底,中国国民经济暂时困难时期已经结束,许多方面都出现了迅速恢复的好形势。

1963 年 2 月,中共中央召开了中央工作会议,会上提出:从当年起,再用 3 年时间,继续实行调整、巩固、充实、提高的方针,把这三年作为第二个五年计划(1958—1962 年)到第三个五年计划(1966—1970 年)的过渡阶段。后三年与前两年在工作要求上有所不同,前两年主要是缩短战线,实行精简,一般是退;后三年除了继续调整国民经济的比例关系外,要适当组织企业开展专业化协作;改善企业的经营管理,提高经济效益;搞好一批老企业的设备更新,加强对原有生产能力的填平补齐,等等。在这段时间内,针对经济体制上存在的问题,除了继续实施配合调整而采取改革措施外,还进行了一些探索性的改革。比较重要的有以下几个方面:

一、试办托拉斯,用经济组织管理经济

在新中国成立以后相当长的一段时间里,中国的工业管理体制存在不少问题。主要表现在:偏重于用行政办法管理经济,企业常常是行政单位的附属物;管理多头多级,政出多门;管理机构重叠庞大,效能不高。为了改进对工业、交通企业的管理,根据党中央和刘少奇同志关于试办托拉斯的指示,

在1964年年初召开的全国工业交通工作会议上,对试办托拉斯的问题进行了酝酿。嗣后,国家经济委员会与国务院工业、交通各部进行了多次研究,提出了试办行业性托拉斯的方案,对托拉斯的性质和经营范围,托拉斯的管理办法,全国性托拉斯和地方的关系,托拉斯的政治工作、组织机构及总公司设置地点等问题,提出了具体的意见。同年8月17日,中共中央和国务院原则同意并批转了国家经济委员会党组《关于试办工业、交通托拉斯的意见的报告》。中共中央和国务院在批示中指出:"在中国社会主义制度下,试办托拉斯、用托拉斯的组织形式来管理工业,这是工业管理体制上的一项重大改革,是一件新事情,中央主管部门和各级党委要充分地重视这件事情,应当结合党的战略的要求,集中力量首先把这一批试办的托拉斯办好。凡是有试办托拉斯任务的主管部门,必须认真地做好调查研究工作,必须根据中国具体情况,研究如何办好托拉斯的办法,切实加强领导,选派得力干部担任托拉斯的领导工作,以便通过典型试验,取得经验。"①

从1964年第三季度起,中央各部试办了12个工业、交通托拉斯,其中全国性的有9个,即:烟草公司,盐业公司,汽车工业公司,拖拉机、内燃机配件公司,纺织机械公司,地质机械、仪器公司,制铝工业公司,橡胶工业公司,医药工业公司。地区性的有3个,即:华东煤炭工业公司,京津唐电力公司,长江航运公司。并以托拉斯为单位编制1965年的计划。1965年又试办了石油工业公司、仪器仪表工业公司和木材加工工业公司。除了上述全国性公司和跨省、市的地区性公司外,有的省、市也试办了地方性的公司,例如西北电力机械公司,陕西棉纺织工业公司,上海标准紧固件工业公司等。

托拉斯性质的工业、交通公司,是社会主义全民所有制的集中统一经营管理的经济组织,是在国家统一计划指导下的独立的经济核算单位。国家通过主管部向它下达计划,它对完成国家计划全面负责,并对所属分公司、厂(矿)以及科学研究、设计等单位实行统一的经营管理。公司所属范围内的基

---

① 《中国工业经济法规汇编》,中国社会科学院工业经济研究所编,第121页。

本建设统一纳入国家计划。国家将固定资产和流动资金（包括主要的和机动的物资储备资金）拨给托拉斯，由其掌握使用。国家对托拉斯实行利润分成办法，新产品试制费、技术组织措施费、劳动安全措施费、零星固定资产购置费等费用，从利润分成中解决。托拉斯内部实行产供销的统一管理；还统一管理国家批准的劳动计划和工资总额，并且有权根据国家规定，在所属单位之间调整使用。托拉斯有专门的科学研究机构和负责新产品、新技术发展工作的机构，并将科学研究成果及时地用于工业生产，迅速提高本行业的技术水平。

在当时的条件下，试办托拉斯，用社会主义的经济的和科学的办法来管理工业，取得了比较好的经济效果。以中国医药工业公司为例，在试办后的3年内，抗菌素、磺胺药、解热药等六大类医药原药的产量，由1963年的0.77万吨增长到1966年的1.45万吨，增长了1倍，工业总产值增长了1.8倍，全员劳动生产率增长了1.9倍，利润增长了1倍，仅1965年投产的新产品就超过了前四年的总和。再如中国烟草工业公司，1963年成立后，实行产供销统一管理的体制，具体管理生产、基本建设、财务、计划、劳动、供销、干部以及上缴税收和企业利润等业务，有力地促进了生产的发展。据1964年11月的统计，全国烟厂由104个减为61个，减少41%；职工人数由59000人减为41000人，减少30%；卷烟的综合生产能力提高了17%，劳动生产率提高了35%，卷烟的加工费用降低21%，卷烟的质量也有显著提高。1965年成立的中国橡胶工业公司，直接管理112个橡胶企业，仅1年时间，产值比1964年增长14%，上缴利润增长24.3%，成本降低14.7%。

这次工业管理体制上的改革，按照专业化协作原则实行工业改组，组织托拉斯的方向是正确的，许多实施办法在当时也是可行的。尽管是初步的尝试，在部门和地方关系的处理上还存在一些问题，但效果是好的。至今，重庆中南橡胶厂的许多职工还十分怀念那个时期橡胶工业管理体制，认为它有很多优点：产供销协调，企业只有一个"婆婆"，办事快，效率高，推诿扯皮现象少，产品质量也有保证。

二、改革企业管理体制

1958年到1960年的"大跃进",造成许多企业管理混乱。生产上瞎指挥,不讲核算,不计盈亏,经济效果很差。工资、奖励制度上存在平均主义。在管理上,以党代政,党委包揽企业的日常行政事务,等等。为了解决这些问题,在邓小平同志主持下,由李富春、薄一波等同志具体组织起草了《国营企业工作条例(草案)》(即《工业七十条》),经1961年8月在庐山召开的中央工作会议讨论通过,1961年9月16日,中共中央正式颁发。

《工业七十条》是整顿工业企业、改进和加强企业管理的一个重要文件。它系统地总结了新中国成立以来特别是"大跃进"以来中国共产党在领导工业企业方面的经验教训,并根据当时的实际情况,提出了中国工业企业管理工作的一些基本指导原则。条例明确规定了国营工业企业的性质和基本任务:国营工业企业是社会主义全民所有制的经济组织,又是独立的生产经营单位;它的根本任务是全面完成和超额完成国家计划,增加社会产品,扩大社会主义积累。国家对企业实行"五定"①,企业对国家实行"五保"②。条例重新肯定了党委领导下的厂长负责制,要求建立和健全必要的责任制和各项规章制度,强调加强计划管理、讲求经济效果、实行按劳分配和关心职工物质利益等项原则。

《工业七十条》的贯彻,得到了广大企业干部和职工的拥护。在贯彻条例的过程中,中央还配合进行了几项大的经济方面的整顿,如1962年年初开始的全国清产核资,1962年至1964年开展的扭亏增盈、清理拖欠等,既整顿了工业管理秩序,也督促企业按照《工业七十条》的要求健全了企业管理制度。随着《工业七十条》的贯彻,越来越多的企业建立并健全了各项经济管理制度,使企业的整个技术经济活动协调地有秩序地进行,克服了"大跃进"以来的混乱局面。大庆油田贯彻《工业七十条》,把思想政治工作、革命干劲和

---

① "五定"即:定产品方向和生产规模,定人员和机构,定主要原材料、燃料动力消耗和供应来源,定固定资产和流动资金,定协作关系。
② "五保"即:保证产品的品种、质量、数量,保证不超过工资总额,保证完成成本计划,保证完成上缴利润,保证主要设备的使用期限。

科学管理紧密结合起来，培养和树立了"三老四严"① 的作风，建立了以岗位责任制为中心的企业各项管理制度，在油田勘探和开发方面取得了丰富的经验，成为全国工业交通战线上的一面红旗。全国有相当多的企业在贯彻《工业七十条》后，出现了产品质量、产量、劳动生产率"三高"和原材料消耗、成本降低的新气象。1965 年，全民所有制工业企业全员劳动生产率达到 8979 元，比 1960 年提高 53%；全民所有制独立核算工业企业每百元产值占用的流动资金，比 1962 年减少 13.2 元，少占用 1/3 还多。工业部门的亏损，1961 年为 46.5 亿元，1963 年减为 12.8 亿元，1964 年减为 6.81 亿元，1965 年减为 6 亿元。中国工业技术经济指标的历史最好水平，绝大多数都是在 1965 年前后创造出来的。这同贯彻《工业七十条》，大力整顿企业是分不开的。

改革企业管理体制的另一条措施是改革企业的财务管理制度。为了实行"集中领导，分级管理"的原则，1965 年 12 月，国务院发出了《关于国营工业、交通企业财务管理的几项规定（草案）》。文件规定将技术组织措施费、零星固定资产购置费、劳动安全保护措施费中的一部分划给企业，由企业自己掌握使用，这 3 项费用和固定资产更新资金，可以合并使用。企业进行小型技术措施需要的费用，在完成国家财政任务、成本计划和不要求国家增拨材料的条件下，每项措施的费用，大中型企业在 1000 元以下，小型企业在 500 元以下的，可以摊入成本。除了主要生产设备的购置费作为固定资产处理外，企业购置辅助性生产工具和其他低值易耗品，每件的购置费，小型企业在 200 元以内，中型企业在 500 元以内，大型企业在 800 元以内的，可以摊入生产成本；超过以上规定数额，经有关部门批准，可以作为低值易耗品处理。企业修建生产上零星、小型、简易的建筑物，在不影响完成当年企业成本和财务计划的前提下，建筑面积不超过 20 平方米的，所需费用可以摊入成本。企业的大修理基金和中小修理费用，（合称修理费），企业可以临时用作流动

---

① "三老四严"是大庆油田职工六十年代初提出的口号。"三老"是指要当老实人，办老实事，说老实话；"四严"是指严格的要求，严密的组织，严肃的态度，严明的纪律。

资金参加周转，可以用于大修理工程进行必要的技术改造。同时规定，取消企业从超过国家计划的收入中提取奖金的办法，提高企业在完成国家计划后提取奖金的比例，按企业的工资总额计算，由原来的3.5%提高到5%。以上这些措施，都相应地扩大了企业的财权。

三、改革物资管理体制

长期以来，我们由于受"生产资料不是商品"这种理论的影响，对物资主要是实行计划调拨。为了合理地组织物资流通，党中央多次研究了物资工作。刘少奇同志从1961年到1965年期间，亲自过问物资工作，并先后八次对改进物资管理体制提出了意见。他明确指出：物资部是管理生产资料的商业部，要求物资部门按照商业部门的做法去做好生产资料的流通和分配工作，合理地安排流转环节，按经济区域设置供应网点。周恩来、邓小平同志在1963年1月和1965年9月也先后两次听取物资部门汇报，并提出了意见。根据中央领导同志的意见，当时对物资管理体制进行了一些探索性的改革。主要是：

（一）打破行政部门、行政区划的界限，实行按经济区组织物资供应。中国的物资流通，长期以来按行政部门、行政区划分条分级组织，形成了封闭式的供应体系，经营机构重叠，行行层层设库，迂回、相向运输严重。从1964年开始，在西南、西北地区和江苏、河北、湖南、吉林等省，按经济区域就近就地组织物资供应，在西南"三线"① 和部分省、市、自治区进行由主管部门管物资分配指标，物资部门就地就近统一组织实物供应的试点。过去，在同一城市中有中央部门、省、市、专、县几套机构。按经济区供应物资后，合并了机构，精简了人员。如河北省平均减少人员40%，同时还纠正了不合理的物资流向。陕西省定边县改由宁夏青铜峡跨区供应物资后，比原来按行政区供应，缩短了运输距离700多公里。江苏省调整了木材运输流向，

---

① "三线"建设是中国为了改善工业布局和面对当时紧张的国际局势，自1964年开始在内地进行的工业基本建设。

一年节约运杂费170万元。

（二）建立生产资料服务公司。1963年12月31日，国务院批转了国家物资总局制定的《生产资料服务公司业务组织暂行办法》。服务公司是综合服务性的企业机构，在大城市和工矿企业集中的中等城市建立。它是当地物资部门的组成部分，并接受上级物资部门在业务方针和政策方面的统一领导。它是现有物资流通渠道的必要补充，主要业务是办理代购、代销、代加工以及上述范围内物资的代托运事项，组织经常性的物资调剂，协助采购人员进行采购和加工协作事项。到1965年年底，全国建立了152个生产资料服务公司，并已组成服务网，帮助解决当地难以解决的物资问题，有效地克服了物资供应散、乱和采购人员"满天飞"的现象。

物资流通体制的这次改革，较好地促进了调整任务的实现和生产的发展，并为流通体制的合理化作了初步的探索。但是，当时对发挥市场调节的作用还注意不够，物资分配集中过多，管得比较死。不久，为解决条块分割、流通堵塞而进行的试点，由于"文化大革命"的动乱又终止了。

四、试行两种劳动制度、两种教育制度

两种劳动制度和两种教育制度，是刘少奇同志根据中国国情提出和倡导的新型制度。

1958年5月和1964年8月刘少奇同志先后就两种劳动制度和两种教育制度问题作了两次重要的讲话。他说，我们国家应该有两种主要的学校教育制度和工厂、农村的劳动制度。一种是现在的全日制的学校教育制度和现在工厂里面、机关里面的8小时工作的劳动制度。这是主要的。此外，是不是还可以采取另一种制度与这种制度相辅而行，也成为主要制度之一，就是一种半工半读的教育制度和一种半工半读的劳动制度。关于两种劳动制度，还有另一个含义，即指固定工制度同临时工、合同工制度并存的劳动制度。刘少奇同志说，两种劳动制度，除了半工半读，还有亦工亦农问题，少用固定工，多用亦工亦农的临时工。刘少奇同志提出的两种劳动制度和两种教育制度的观点，在1964年四五月间的中央工作会议上，曾经受到毛泽东同志和与会人

员的称赞和肯定。

自从党中央提出逐步推行两种劳动制度、两种教育制度以后,各地试办了一批半耕半读或半工半读学校。办学形式多种多样,有半天学习、半天劳动的半日制,也有一天学习、一天劳动的隔日制;有厂校合一、工厂企业办学校、厂校挂钩、校办工厂或农场、几个厂联合办校等形式。江苏省全省办了2000多所农业中学,在校学生达23万多人。还有50所农业中学办了高中班。学生的学习和劳动时间,大体各占一半。农业中学的学生一面读书,一面劳动,在学习中劳动,在劳动中学习。既学到了文化科学知识,又受到了劳动锻炼,学到了生产本领。1964年11月17日,中共中央批转了中共江苏省委《关于发展半工(耕)半读教育制度的规划(草案)》,并在批示中指出:在教育工作中,以后国家的教育经费除了维持全日制学校外,新增加的主要用来办理或者津贴半工半读、半农半读的中等和高等学校。

1965年年底,教育部召开全国城市半工半读教育会议。刘少奇、周恩来同志以及党和国家其他领导人在会上作了重要讲话。会议根据"五年试验,十年推广"的方针,提出对半工半读学校要加强领导,统筹规划,积极试验,巩固提高。在城市试验半工半读的重点放在中等技术学校和高等学校。会议强调要在省市党委的领导下,全面安排,通力合作,调动各方面积极性,把半工半读学校办好[①]。

在两种劳动制度方面,实行固定工同临时工、合同工两种用工制度。在一些生产具有很强的季节性的工厂里,除了保持相当多的常年固定工人以外,到生产季节,再录用一部分作辅助性劳动的临时工人。广西邕宁伶俐糖厂,除了在传统的固定工人和临时工人以外,又增加了第三种工人,即长期固定的合同工[②]。这种合同工,既具有固定工人的特点,又具有临时工人的特点。从掌握一定的生产技术来看,相当于固定工;从开榨时进厂,停榨时离厂来看,又类似临时工人。这种合同工,还同时兼有工人和农民的特点。他们对

[①] 《新华月报》1966年第1期,第85页。
[②] 《人民日报》1964年7月17日社论:《一项办法,多项好处》,《新华月报》1964年第8期,第60页。

工厂的固定工人来说是农民,因为他们大半时间参加农业劳动;但是,对常年参加农业劳动的农民来说,又有了工人身份,因为他们每年都有一定时间参加工厂的生产。从这个意义上讲,这种合同工制度有利于进一步密切城乡关系和工农关系,也有利于解决农村剩余劳动力的出路问题。

五、适当扩大地方管理权限

为了克服"大跃进"造成的严重困难,改变散和乱的局面,在国民经济调整时期,中央果断地采取了高度集中的措施,取得了显著成效。随着国民经济的恢复,为了发挥中央和地方两个积极性,中央在对关系国民经济全局的大权继续实行集中统一的同时,逐步地将一些该由地方管理的事情下放给地方管理,相应地采取了一些措施,以探索处理中央与地方分级管理的适度点。

1964年9月,中央把19个非工业部门,如农业、林业、水利、交通、商业、教育、卫生、文化、体育、科技、供销、城市建设等的基本建设投资划交地方安排,即国家每年切出一块交地方统筹安排。1964年和1965年这2年,每年留给地方安排的一块占财政预算内投资的20%以上。在计划管理方面,规定国家在拟定计划控制数字时,给地方留有一定的机动,由地方提出安排意见,经过逐级平衡,再纳入国家计划。超计划生产的产品,各个大区可以按照规定的比例提取一部分,用以解决本地区的需要。国家计划委员会管理的产品和平衡表也大大减少,比如,年度计划表格减少一半以上;国家计划委员会管理的工业产品由原来的340种减少为63种。另外,适当地扩大了地方的机动财力,提高了大区和省市的预备费的比例。还扩大了地方和部门调剂物资的权限,"五小"企业①的产品基本上划归地方掌握分配。实践证明:"一五"时期把所有的基本建设投资都统在中央的办法,不利于地方因地制宜;"大跃进"时期把一些关系到国民经济全局的重点建设投资也下放给地方,造成投资规模失控;调整时期采取在国家控制投资总规模的前提下,把非工业建设的投资划给地方,由地方根据需要统筹安排,这样,既不突破国

---

① "五小"企业,当时指生产小农机、小钢铁、小煤炭、小化肥、小水泥的企业。

家总的基本建设投资规模,又照顾到地方的迫切需要,有利于解决"骨头"与"肉"的关系。(见表5)

调整时期的经济增长速度、经济效益与历史上各时期对比表

表5

项　目	单位	"一五"时期	"二五"时期	1963—1965年	调整时期与各时期对比
社会总产值年平均增长率[1]	%	11.3	-0.4	15.5	为最高年平均增长率
工农业总产值年平均增长率	%	10.9	0.6	15.7	为最高年平均增长率
农业总产值年平均增长率	%	4.5	-4.3	11.1	为最高年平均增长率
工业总产值年平均增长率	%	18.0	3.8	17.9	略低于"一五"时期
国民收入年平均增长率	%	8.9	-3.1	14.7	为最高年平均增长率
社会劳动生产率年平均增长速度[2]	%	4.2	-3.3	8.4	仅比1978年的11.4%低,而高于其他时期
国营工业企业全员劳动生产率增长[3]	%	8.7	-5.4	23.1	为历史最高增长率
每百元积累增加的国民收入[4]	元	32	1	57	为历史最好水平
每吨能源生产的国民收入[5]	元	1089	504	695	低于"一五"和"三五"时期,高于其他时期
固定资产交付使用率	%	83.6	71.5	87.2	为历史最好水平
每一农业劳动力提供农业净产值年增长速度[6]	%	1.9	-7.5	7.2	为历史最高速度
平均每人占有的国民收入年增长速度[7]	%	6.4	-0.4	11.8	为历史最快速度
居民消费水平年平均增长速度	%	4.2	-3.3	8.4	仅比1980年的9.7%低,而高于其他时期和年份

注:1. 本表增长速度,均按可比价格计算;2. 社会劳动生产率,是指每一物质生产部门的劳动者创造的国民收入;3. 按1980年不变价格计算;4. 按当年价格计算;5. 按当年价格计算;6. 按1970年价格计算;7. 平均每人占有国民收入是用年平均人口计算的。

经过1963年到1965年3年的继续调整和一些相应的改革,中国国民经济的发展取得了重大成就。从1963年到1965年,工农业总产值平均每年增长15.7%,其中工业总产值平均每年增长17.9%,农业总产值平均每年增长11.1%,国民收入平均每年增长14.7%。1965年,钢产量超过1200万吨,粮食产量达到3890亿斤。到1965年年底,国民经济中农、轻、重的比例关系在新的基础上实现了协调发展,工农业生产接近并在某些方面超过了历史最高水平，经济效益大大提高，积累和消费的比例关系基本恢复正常，物价稳定，财政收支平衡，商品供应情况大有好转，人民生活有了显著改善。同 1957 年比较，1964 年供应的猪肉、羊肉、蔬菜等副食品都增加 30% 以上，主要轻工业产品也都有大幅度增长。中国国民经济重新出现了欣欣向荣的景象。在 1964 年年底到 1965 年年初召开的第三届全国人民代表大会上，周恩来同志在政府工作报告中宣布：调整国民经济的任务已经基本完成，工农业生产已经全面好转，并且将要进入一个新的发展时期，我们要争取在不太长的历史时期内，努力把中国逐步建成为一个具有现代农业、现代工业、现代国防和现代科学技术的社会主义强国。这一宏伟目标的提出，大大鼓舞了全党和全国人民的信心和斗志。

第三节 评 价

调整时期的经济体制改革，是围绕着纠正"大跃进"时期"左"的错误，实现国民经济调整任务进行的。

60 年代初期，主要任务是调整。当时进行的一些改革，也是为了配合调整。例如，从体制上加强集中统一，搞好综合平衡；改变农村所有制结构，调整核算单位和分配关系；上收企业，适当集中财力、物力；发挥价格、税收等经济杠杆的作用；制定各种管理条例，加强对企业的监督、检查等。所有这些措施，都促进了调整任务的完成，使国民经济得到迅速恢复和发展，企业的和社会的经济效果不断提高。

在处理集中与分散的关系上，调整初期，把"大跃进"中下放过头的企业、劳动、物资、价格、财政、银行、计划、商业、交通、税收、港口、军工等管理权陆续收归中央，实行中央集中统一的领导，使中央直接掌握的生产、分配和调拨的工业产值约占整个工业总产值的一半左右。这在当时是非常必要的。经济形势好转后，就注意逐步扩大地方管理经济的权限，并在企业调整、改组、整顿的前提下，适当地扩大企业的经营自主权，从而在搞好宏观经济控制下较好地调动了各个方面的积极性。在调整时期，还采取了"先集中，后分散"的步骤，即先把关系国民经济全局的大权集中和掌握在中央手里，然后再把非工业部门的投资权、"五小"企业产品的分配权和小部分财权下放给地方和企业。由此可见，调整时期的集中不是简单地回到"一五"后期的状态，而是根据具体情况，比较注意了适当处理集中与分散的关系。

调整时期的改革，在试办托拉斯、用经济办法管理经济、注意发挥市场调节作用、按经济区组织物资供应、试行两种劳动制度和教育制度等方面，进行了有益的尝试。虽然还不够完善，但提供了不少有益的经验。还在调查研究的基础上，制定了一系列的管理条例，对整顿企业、提高企业的管理水平和经济效益，起了直接的促进作用。

调整时期的改革也存在一些问题。主要是：在上收企业方面，某些部门存在收得过多的现象；在国家与企业的关系上，行政管理多，经济办法少，企业自主权还很小；注意了农副产品的市场调节，但是对工业品，特别是生产资料，随着物资管理的集中，管得比较死；由于"左"的思想并没有从根本上纠正，在所有制结构和经营方式上比较单一。对于部分农村中出现包产到户的问题匆忙加以否定，并进行了错误的批判等等。

第四章
十年动乱中经济体制的变动
（1966—1976年）

第一节 "文化大革命"初期"左"倾错误和政治动乱对经济体制的冲击

1966年5月，"文化大革命"发生。林彪、江青等人组成两个阴谋篡夺最高权力的反革命集团，利用"文化大革命"的错误，进行了大量祸国殃民的罪恶活动，使全国陷入了全面动乱，中国的经济体制也遭到了严重的冲击和破坏。

一、颠倒是非的"革命大批判"造成经济理论和经济管理上的严重混乱

在"文化大革命"中开展的所谓"革命大批判"，把许多有关经济体制的正确的方针政策、规章制度、理论观点，都当作修正主义或资本主义的东西横加批判，无限上纲，搅乱了人们的思想。而这种批判又是以群众运动的方式进行的，因此对经济体制的冲击尤其猛烈，造成的恶劣影响更为深广。

（一）对有关经济体制的正确的方针政策的批判和否定。

建国17年来，党和政府在组织管理国民经济方面，制定和实行了许多正确的方针政策，积累了不少有益的经验。可是"文化大革命"一开始，这一切被诬为修正主义路线，遭到了错误的批判。其中对经济体制影响比较严重的有：

把按照生产力发展的实际水平调整生产关系，在坚持农村集体经济的前

提下，允许农民有少量自留地、家庭副业，开放集市贸易，以及在局部地区试行包产到户的生产责任制等，批判为"刮单干风""复辟资本主义"。同时，鼓吹搞所有制的"穷过渡"，即在生产力水平很低的情况下，强行使集体所有制加快向单一的全民所有制过渡。

把重视价值规律的作用，提倡用经济办法管理经济，努力改善经营、增加盈利，诬为"资产阶级自由化""利润挂帅"。鼓吹"只算政治账不算经济账""宁要社会主义的草，不要资本主义的苗"等荒谬论调，完全否定社会主义的经济核算和经营管理。

把坚持社会主义的物质利益原则和按劳分配原则，说成是"腐蚀工人阶级"，是"产生贫富悬殊和阶级分化的经济根源"。全盘否定计件工资和奖励制度，甚至连计时工资也企图否定，极力鼓吹在分配上搞平均主义，吃"大锅饭"。

把加强中央对经济工作的必要的集中统一领导，斥为"条条专政"、"扼杀地方积极性"。大搞自成体系、各自为政的分散主义。

把严格责任制、建立健全各项规章制度，说成是"修正主义的管、卡、压"。公然鼓吹要"建立没有规章制度的工厂"，煽动无政府主义。

把在坚持自力更生的基础上发展对外经济贸易关系，学习外国先进技术，诬为"洋奴哲学""爬行主义"，鼓吹闭关自守、盲目排外的蒙昧主义。

这种错误的批判，颠倒了是非，否定了党和政府建国17年来在经济建设方面制定的大量的正确的方针政策，否定了中国社会主义建设的宝贵经验，而用一套"左"的路线、方针和政策取而代之。它直接损害了中国现阶段社会主义的基本经济制度，并把这一时期经济体制的变动引入了歧途。

（二）对合理的经济管理的规章制度的批判和否定。

在中国社会主义建设过程中，特别是在国民经济调整时期，党和政府总结了正反两方面的经验，在农业、工业、商业、教育、科技等各方面制订了一系列比较合理的规章制度。在"文化大革命"中，这一切却被当成资本主义、修正主义的东西，遭到批判和否定。其中比较突出的，是对1961年中共中央颁发的《国营工业企业工作条例（草案）》（即《工业七十条》）的批判。

《工业七十条》中提出的各项规章制度和有关国营企业管理体制的指导原则，还没有来得及在实践中很好贯彻，就被全盘否定了。例如，《工业七十条》规定，国营企业是全民所有制的经济组织，又是国家计划指导下的、独立的生产经营单位，有权自主地使用国家交给的固定资产和流动资金，有权与别的企业订立经济合同，有权选择工人的工资、奖励形式等等。这本来是对原来经济体制的新的改进，却被扣上一顶"把社会主义企业蜕变为资本主义企业"的大帽子，进而荒谬地把企业定性为"阶级斗争的工具"、"无产阶级专政的阵地"，要求企业的一切活动都必须服从阶级斗争的需要。再如，《工业七十条》规定，企业实行党委领导下的厂长负责制，企业党委的主要任务是搞好调查研究、实行检查监督和加强思想政治工作，而不要去代替厂长，包办行政事务。这本来可能成为实现企业内部党政合理分工的一个良好开端，却被斥为"摆脱党的领导"、"让'走资派'篡夺企业领导权"。《工业七十条》在建立生产责任制、贯彻按劳分配、搞好企业民主管理等许多方面提出的基本原则，对于国营企业经营管理体制的改革，具有重要的指导意义。批判和否定《工业七十条》，对经济体制，尤其是对企业管理体制造成的消极影响，是十分严重的。

（三）对有关经济体制改革的正确的理论观点的批判和否定。

50年代后期，中国经济理论工作者和实际工作者，依据马克思主义的基本原理，总结并吸取国内外的经验教训，特别是中国"大跃进"时期的深刻教训，围绕着社会主义的商品生产、价值规律、按劳分配等问题，展开了理论探讨，提出过一些有关改革经济体制的正确建议。当时，具有代表性的是著名经济学家孙冶方同志。他在50年代末、60年代初，就对改革中国经济体制问题，从理论上提出了一些新的见解。比如，要在计划工作中重视价值规律的作用；要注意运用经济杠杆，提高利润指标在经济管理中的地位；要扩大并适当规定企业经营管理的权限，正确处理国家集中领导和企业独立经营的关系；要提高固定资产折旧率，并把折旧基金全部留给企业，等等。孙冶方同志的这些正确的理论观点，早在"文化大革命"开始以前就受到了不公正的批判，阴谋家康生曾给孙冶方同志扣上"经济战线最大的修正主义者"

的罪名。在"文化大革命"中,把孙冶方同志的理论观点当作"修正主义的黑标本"进行批判,这不仅在理论上混淆了是非,而且堵塞了研究、探索中国经济体制改革的方向和道路。

正确地认识社会主义的商品生产、商品交换和按劳分配原则,是建立合理的社会主义经济体制的重要理论前提。毛泽东同志过去曾多次明确指出,中国现阶段还要积极发展社会主义商品生产,还要坚持按劳分配。可是在"文化大革命"中,由于"左"倾错误的发展和对马克思主义经典著作中某些设想和论点的误解,又把这些社会主义原则作为必须限制的"资产阶级权利"而加以否定。江青反革命集团利用这种理论上的错误大做文章,掀起了所谓"批判资产阶级法权"的运动。张春桥、姚文元炮制反动文章,把社会主义的商品生产、商品交换和按劳分配原则诬蔑为"产生新的资产阶级分子的重要的经济基础",还说什么"如果不加限制,资本主义和资产阶级就会更快地发展起来"。这种错误的批判,是为他们在"文化大革命"中推行一系列"左"的经济政策制造理论依据。由于他们利用手中的权力,使这种错误的理论长期处于合法地位,给以后经济体制的改革带来了很坏的影响。

二、政治动乱对经济体制的严重破坏

在"文化大革命"中,林彪、江青一伙为了篡党夺权的需要,利用"中央文革小组"的名义,竭力煽动"打倒一切、全面内战",使国家的政治生活、经济生活和社会生活陷入全面动乱,经济体制也随之遭到了严重的破坏。

1966年5月至12月,"文化大革命"的主要表现形式是处处、层层揪斗"走资派",搞垮各级党政领导机构和管理机构。开始时,工业企业相对说来,乱得还比较轻。12月3日,林彪在党中央的一次会议上提出,工交战线有严重的阶级斗争,工矿企业的"文化大革命"必须大搞。由此,企业的正常生产很快被搅乱。1967年1月,王洪文纠集上海32个"造反派"组织,夺了上海市的党政大权,得到"中央文革"的肯定和支持,遂使"夺权"风暴席卷全国。这以后,所谓"斗、批、改"、"清理阶级队伍"、"批林批孔"、"评《水浒》"、"反击右倾翻案风"等大规模的各种运动一个接着一个,动乱的局

势整整延续了十年之久。

　　首先是组织上被搞乱了。各级党政领导机关和经济管理机构，上至中央各部委，下至企业的生产指挥系统，都受到冲击，有的甚至被撤销；各级领导干部绝大多数挨批斗，被当成"走资派"而排斥；大量宝贵的档案资料被抢劫或销毁；一批投机分子、打砸抢分子、阴谋分子乘机爬上各级领导岗位。国家已不能正常行使管理国民经济的职能。以最重要的综合性经济管理部门——国家计划委员会为例，由于政治动乱的冲击，"文化大革命"开始后，机构被打乱，工作基本陷于停顿。1967年和1968年2年，甚至没有编制年度计划。1968年12月，成立了一个仅十几个人组成的业务班子，并规定原计委人员的主要任务是搞所谓"斗、批、改"。1970年6月，又决定将原国家计划委员会、国家经济委员会、工业交通办公室、国家统计局、国家物价委员会、劳动部、物资部、地质部、中央安置办公室等九个单位合并，成立"国家计划革命委员会"，全部编制为610人，仅占原有编制的11.6%。这样薄弱的力量，显然不能胜任繁重艰巨的工作任务。这一阶段国民经济的发展，实际上处于半计划或无计划状态。

　　社会生产秩序也被搞乱了。宪法、党章等成了一纸空文。无政府主义、极端个人主义、派性大肆泛滥。许多矿山、工厂停产或半停产，不少地方铁路运输遭到严重破坏。在这种情况下，不得不采取非常措施。从1967年5月开始，党中央先后发布命令，对铁道部、交通部、邮电部及一批煤矿和重要工厂实行军事管制。

　　经济管理体制方面的一些重要规章制度遭到废弃或被随意更改，造成了很大的混乱。例如，1966年11月26日，江青接见所谓"红色劳动者造反总团"的头头，胡说现行的合同工、临时工制度"就像资本主义对待工人一样"，"非造这个反不可"。在她的煽动、支持下，"红色劳动者造反总团"强迫当时中华全国总工会和劳动部的负责人签发了一个《联合通告》，完全否定了合同工、临时工制度的合理性和必要性，规定合同工、临时工一律不准辞退，已经辞退的，要召回来，并补发全部工资。从而引起了全国各地大批工人外出闹转正、闹晋级、闹福利待遇的风潮，严重地冲击了国家的劳动工资管理制度。针对这种情况，党中央、国务院于1967年1月和1968年1月两次发出通知，宣布"红色劳动者造反总团"、全国总工会、劳动部的《联合通告》无效，规定劳动、工资、福利、奖金等制度的改革，放到运动后期统一处理；合同工、临时工、轮换工等，在中央未作出新的决定以前，一律不得转为固定工；企业利润分配办法也不允许擅作变更。

"左"倾错误和政治动乱对经济体制的冲击、破坏，还表现在一个很重要的方面，那就是大搞生产资料所有制的"升级"、"过渡"和割所谓"资本主义尾巴"。"文化大革命"前，经过经济调整，中国所有制结构有所改善，集体商业、手工业得到一定程度的恢复，个体经济也慢慢有所发展。"文化大革命"开始后，这一进程发生了急剧逆转。1967年，在林彪、江青反革命集团煽动下，大刮集体所有制转全民所有制的歪风，搞所有制的"升级"、"过渡"（指农村由生产小队核算升为大队核算，大队核算升为公社核算；"小集体"向"大集体"过渡，"大集体"向国营过渡）。一些地区将农民从事编织、采集、渔猎、饲养等家庭副业，说成是"资本主义尾巴"，统统砍掉；把自留地说成是"资本主义的复辟地"，强迫社员搞"三献一并"（献自留地、宅边地、自有果树，并队"升级"）。据统计，江西省2/3的自留地被没收，1/4的大队由小队核算升为大队核算。有些地方将城镇的手工业、运输业、建筑业合作社以及合作商店作为资本主义性质的东西，大砍大伐，保留下来的，也推行国营经济的一套管理制度。集市贸易几起几落，到1976年几乎已完全关闭。供销合作社也于1975年正式改为全民所有制的国营商业。

人为地使经济结构单一化，其后果是严重的。在农村强制扩社并队、轻率改变核算单位的过程中，集体经济又一次受到破坏，许多社队储备粮、公积金被"分光吃净"。对农村多种经营和社员家庭副业的限制，减少了农副土特产品的供应，引起市场紧张，影响人民生活。随着集体商业、服务业、手工业的缩减，集市贸易的关闭，以及个体商贩的取消，商业服务业网点大大减少，基本上形成了国营商业独家经营的局面，流通渠道日趋单一。这样，一方面限制了生产的发展，另一方面又造成买难卖难、吃饭难、做衣难、修理难等等。给人民生活带来极大不便。

第二节 以盲目下放权力为中心的经济体制的大变动

"文化大革命"的前期，即1969年以前，经济体制已经受到了冲击和破坏。到1970年，又开始了一场以向地方盲目下放权力为中心内容的经济体制的大变动。

扩大地方权力，调动中央和地方两个积极性，在中央的统一计划下，让地方办更多的事，这是毛泽东同志的一贯思想，无疑是正确的。但要依据每个时期的情况，对扩大地方权力掌握一定的适度点。1961年后，适应调整任务的需要，在经济体制上强化了中央的集中统一领导，这在当时是十分必要的。随着调整任务的完成和经济形势的逐步好转，中央在某些方面集中过多，影响地方建设事业的发展。为此，1964年后，权力的下放已经在某些方面开始进行。1966年3月，毛泽东同志在给刘少奇同志的一封信中指出："一切统一于中央，卡得死死的，不是好办法。"① 这已经预示着，适应经济形势发展的需要，一场以下放权力为中心的经济体制的大变动即将开始，只是因为随之而来的"文化大革命"使全国陷入严重动乱，经济体制的变动才不得不暂时搁置了下来。

到了1970年，改革经济体制的问题被提上了日程。当时，有两个方面的因素，对于促成这次经济体制的变动，以及对于变动的方向，都起了不容忽视的作用。

一是所谓"以战备为纲"，强调各地方都要建立独立完整的国防工业体系。在战争危险依然存在的条件下，全国军民保持高度的警觉，加强现代化国防建设，是完全必要的。但国防建设要同国家经济建设相适应，并要按照统一计划，有重点、有步骤地进行。当时，由于对国际形势的分析估计不够切合实际，认为新的世界大战随时可能爆发，便把对付国外敌人的突然袭击和大规模入侵当作压倒一切的中心任务。因此，要求各地方尽快建立起独立完整的国防工业体系，以便打起仗来能够各自为战。林彪一伙也妄图借战备

---

① 毛泽东：《关于农业机械化问题的一封信》，1977年12月26日《人民日报》。

之机，攫取更多的权力，极力鼓吹"以战备为纲"，提出要"用打仗的观点观察一切，检查一切，落实一切"。1970年2月召开的全国计划会议提出，根据战备需要，把全国划为十个协作区，各自建立适应独立作战的工业体系，做到"自己武装自己"。既然要求各地方各自为战、自成体系，势必同国民经济调整后形成的"条块结合、条条为主"的经济管理体制发生尖锐矛盾，从而客观上要求改变这种体制，把管理经济、管理企业的权力以及财权、物权、投资权等，更多地下放给地方。

二是经济建设中急于求成，盲目追求高指标、高速度的"左"倾思想再度抬头。1969年，在国民经济连续两年大幅度下降后，开始回升。当年工农业总产值比上年增长23.8%（其中工业增长34.3%，农业只增长1.1%），基本建设投资完成200.8亿元，比上年猛增78%。这使得一些人的头脑又开始发热起来。1970年2月至3月召开的全国计划会议，讨论制定了《第四个五年计划纲要（草案）》。这个纲要不切实际地确定1975年钢铁产量要达到3500万吨至4000万吨（比1970年增长106%—135%），生产能力要达到4000万吨以上。电力、轻工等部门先后提出1975年产量翻一番的高指标。燃料工业部也提出"大干三年，扭转北煤南运"的口号，要求到1972年江南九省实现煤炭基本自给。其他各行各业也都在酝酿着要大上、要翻一番。当时认为，要实现这些目标，必须向地方下放权力，充分调动地方的积极性。所以《第四个五年计划纲要（草案）》重申了毛泽东同志的指示："地方应该想办法建立独立的工业体系。首先是协作区，然后是许多省，只要有条件，都应建立比较独立的但是情况不同的工业体系。"① 并要求各省力争做到煤炭、钢铁、电力、农机、轻工产品等自给自足。与此相适应，要求将原来直属中央各部的企业都下放给地方统一管理，并扩大地方的投资权、招工权、生产计划权、物资分配权等。正是在这种背景下，1970年，一场以向地方下放权力为中心的经济体制大变动，根据当年二三月间召开的全国计划会议的设想，随即在全国急速推行。

---

① 毛泽东同志视察天津市的谈话，1958年8月16日《人民日报》。

一、盲目下放企业，加剧了生产经营管理的混乱状况

这次经济体制的变动是从下放企业、调整企业隶属关系开始的。早在1969年，毛泽东同志就亲自批示把鞍山钢铁公司下放给辽宁省，以此告诉人们：像鞍钢这样大的企业都能下放，还有什么企业不能下放呢？1970年3月5日，根据《第四个五年计划纲要（草案）》的精神，拟定了《关于国务院工业交通各部直属企业下放地方管理的通知（草案）》。《通知》要求国务院工交各部的直属企业、事业单位绝大部分下放给地方管理；少数由中央部和地方双重领导，以地方为主；极少数的大型或骨干企业，由中央部和地方双重领导，以中央部为主。正在施工的各直属基本建设项目也按上述精神分别下放地方管理。《通知》要求部直属企业下放工作在1970年内进行完毕。

随之，全面展开了一场企业大下放的运动。在很短时间内，将包括大庆油田、长春汽车厂、开滦煤矿、吉林化学工业公司等关系国计民生的大型骨干企业在内的2600多个中央直属企业、事业和建设单位，不加区别地下放给各省、市、自治区管理，有的又层层下放到专区、市、县。冶金工业部原有直属钢铁企业70个，除两个独立矿山外，包括鞍山、本溪、包头、太原、武汉、马鞍山等大型钢铁厂在内，全部下放给地方，或实行以地方为主的双重领导。煤炭工业部原有72个直属矿务局，1968年下放22个，其余的50个，在1970年年内也全部下放给地方。部直属的设计院、科研机构，除保留个别单位外，一律下放。第一机械工业部当时有直属企业310个，也全部下放给地方。

随着工业企业的下放，商业部也将所属一级批发站全部下放给省，省属二级批发站下放给专区。外贸部在各地的企业也全部下放地方，实行双重领导，以地方为主。各部直属的高等院校全部下放给地方管理。

总之，当时在"左"倾错误思想指导下，形成了一种巨大的压力，似乎下放就是革命，下放越多越革命。

"文化大革命"前的1965年，中央直属企业曾经增加到10533个，其工业产值占全民所有制工业总产值的46.9%，占全国工业总产值的42.2%。经

过1970年的大下放，中央各民用工业部门的直属企业、事业单位只剩下500多个，其中工厂142个，中央直属企业的工业产值在全民所有制工业总产值中的比重下降到8%左右。

针对调整时期某些方面集中过多的状况，适当下放一部分企业归地方管理，是应该的。但是问题在于：

第一，不加区别地下放，下放过多，将一些显然不应该下放的、关系国计民生的大型骨干企业也下放了。结果，地方管不了，不得不仍由中央部门代管，继续按"条条"下达生产计划、供应物资，地方实际上主要管劳动和资金，造成中央、地方多头多层管理，人权、财权、物权、计划权相互脱节，使企业形成"多头领导"，"婆婆多"、办事难的状况更加发展，企业的管理效率进一步降低。

第二，下放过急、过猛，组织工作没有跟上，打乱了原有协作关系，新的协作关系又未能及时建立起来，使企业的正常生产秩序难以维持，生产经营的经济效果大大降低。1970年工业劳动生产率比1969年提高了10%，而1971年、1972年则分别比前一年下降了0.2%和1.5%。1976年全国工业企业的资金利润率只及1965年的一半，亏损企业达到1/3，亏损金额达到73亿元。盲目下放企业，是造成经济效益下降的原因之一。

二、实行财政收支、物资分配和基本建设投资的"大包干"，没有取得预期的效果

中国的经济管理体制，在很大程度上是以企业的隶属关系为转移的。企业隶属关系变了，相应地，计划的上报下达，资金的上解下拨，物资的集中分配，以及劳动力的安排等都要随之发生变化。因此，在《第四个五年计划纲要（草案）》确定下放企业的同时，就提出了实行财政、物资和基本建设投资的"大包干"，以扩大地方的财权、物权和投资权。

（一）财政收支"大包干"。1970年拟订的《第四个五年计划纲要（草案）》，要求大力发展地方工业，为实现这个要求，没有相应的财力保证是不行的。因此，随着企业的下放，又提出了下放财权的问题。在《第四个五年

计划纲要（草案）》中规定：实行财政收支大包干。在国家统一预算下，对省、市、自治区试行定收定支，收支包干，保证上缴（或差额贴补），结余留用或者全额分成、收入留成的办法。1971年，全国开始实行"财政收支包干"的体制。国家财政收入除中央部直接管理的企业收入和海关关税收入归中央外，其余全部划归地方；国家财政支出除中央部门直接管理的基本建设、国防战备、对外援助、国家物资储备等支出归中央外，其余也全部划归地方，由地方统筹安排。各地方的预算收支经中央综合平衡，核定下达，收入大于支出的，按包干数额上缴中央财政；支出大于收入的，由中央财政按差额数量包干给予贴补。在执行中，超收或结余都归地方支配使用，短收或超支由地方自求平衡。这种"大包干"的财政体制，在大批中央企业、事业单位下放地方管理的条件下，大大地扩大了地方的财政权限。

上述办法执行后，取得了一定的效果。但是，也很快暴露出新的矛盾：一是收入打不准。1971年年初分配给地方的财政收入指标难以做到完全符合实际，执行中出现了一些事前意料不到的因素，形成有的地区超收很多，有的地区没有超收，甚至短收，地区间机动财力过于悬殊，苦乐不均。二是就一个地区看，有的年份超收较多，有的年份超收很少，甚至短收，机动财力不稳定，也不便于地方统筹安排。三是超收的全部归地方支配，短收的不能保证上交，还要中央补贴，实际是包而不干。四是有些地区把财政包干指标又层层包到地区和县，造成地方机动财力过于分散，等等。鉴于以上弊端，实行一年后就不得不对包干办法做出部分修订，规定年终支出结余仍留归地方。超收不满一亿元的，全部归地方，超过一亿元的，超收部分上交中央财政50%。即使作了这些修订，弊端仍然没有克服。1972年预算执行的结果，全国14个地区超收，地方分得9.3亿元，而15个地区短收21.8亿元，不仅不能上缴，反要中央补贴8亿元，结果中央财政负担了29.8亿元，增加了中央财政平衡的困难。

1973年又再次改变财政体制，在华北、东北地区和江苏省试行"财政收入固定比例留成"的办法。即财政收入按固定比例留成，超收另定分成比例，支出按指标包干。这种办法保持了财政收支包干的基本精神，使地方能有一笔比较稳定的机动财力，超收还可再拿一点分成，有利于促进地方积极组织收入。但它的弊病在于收支不挂钩，收入短少了，支出仍按原定指标，结果造成花钱在地方，平衡在中央。因此，这种办法也没有能按原计划推广。

从1976年起又改为实行"定收定支、收支挂钩、总额分成、一年一定"的办法。地方多收可以多支，少收则要少支，既保证地方有较稳定的机动财力，也可以使收支挂钩。这一形式与1959年实行过的"收支挂钩、总额分成"的体制基本一样，只是地方财政收支的范围扩大了，机动财力增加了。过去一个省的机动财力，一般大省一年5000万元，小省只有2000万元。1976年按固定数额分给地方的机动财力就达21亿元，加上地方预备费10.7亿元，共计31.7亿元，平均每省1亿元以上。

中国是一个大国，财政分级管理势在必行，因此，中央与地方之间的财权关系如何处理，是经济体制改革所无法回避的重要问题。1970年后，财政体制几经变动，基本的一点就是试图以"大包干"为原则，寻求解决中央和地方财权关系的适当方式。实践证明：这种包干的财政体制虽然扩大了地方的财权，在一定程度上调动了地方增收节支的积极性，方便了地方的统筹安排。但是，它并没有能够从根本上解决财政分配上吃"大锅饭"的问题，因而对积极性的调动是有限的。相反，它在某些方面又造成了财力分散，增加了国家财政预算平衡的困难。1971年财政结余为12.5亿元，而1972年、1973年财政只结余2000万元和4000万元，1974年、1975年分别出现赤字7.7亿元和5.3亿元，1976年财政赤字高达29.6亿元。

（二）物资分配"大包干"。新中国成立以来，中国对重要物资一直实行由中央统一分配，以部门管理为主的体制，这对保证重点生产建设任务的需要起了重要的作用。但由于中央管得过多、过细、过死，不问事情大小都要层层申请，层层批准，影响效率，同时也不便于地区内和单位间的物资调剂，做到因地制宜、统筹安排、合理使用。1970年，随着企业的大下放，提出了试行物资分配"大包干"，即在国家统一计划下，实行地区平衡，差额调拨，品种调剂，保证上缴的办法。这次物资管理体制的变动，目的在于扩大地方的物资管理权，并与企业隶属关系的变动相适应。

首先,调整和减少了国家统一分配和中央各部管理的物资种类。1966年统配、部管物资为579种,1972年减为217种,减少了60%以上。由于大量物资分配权层层下放,组织工作没有跟上,致使原有协作关系被打乱,削弱了物资的统筹安排和综合平衡,给生产建设造成了困难,以致1973年又将统配、部管物资增加到617种,基本上恢复到"文化大革命"前的状况。

其次,将下放企业的物资分配和供应工作移交地方管理。1972年在华北地区和江苏省进行试点,将400多个下放单位的物资分配和供应工作交地方管理。但是,由于许多下放企业的产品面向全国,生产计划不得不仍由中央部安排,而中央部制订计划时不知道地方能给企业多少物资,地方分配物资时,又不知道中央给企业安排多少生产任务,生产任务与物资供应的衔接发生困难。并且,这些企业所需的物资数量大、品种多、质量高,且协作面广,地方也管不了,不得不仍由中央部代管,称之为"直供企业"(即由物资部门根据企业归口部下达的生产计划安排物资供应),这种"直供企业"全国就有2000个。从1976年起,下放企业的物资分配供应工作就不再移交地方管理了。

再次,在国家统一计划下,实行地区平衡、差额调拨、品种调剂、保证上缴的办法。1970年开始,先后对水泥、煤炭、木材、钢材、生铁、废钢铁、硫酸、烧碱、汽车、轮胎,以及火工产品等共12种重要物资,在全国范围或部分地区试行"地区平衡、差额调拨"的办法。1972年起,又在华北协作区和江苏省进行以地区为单位的"地区平衡、差额调拨",也就是"物资包干"的试点。实行这种办法,就是根据各地区的生产和需求平衡的情况,按不同产品分别确定一定的调出量和调入量,然后由各地区统筹安排,组织对本地区企业的物资分配和供应。

实行物资"大包干",一定程度上扩大了地方在物资平衡、分配、供应方面的权力,有利于地区内物资的统筹安排和合理使用。但是,由于物资管理上的分散,造成地区间物资调度困难,甚至发生火车经过一个省加一次煤的怪事。在物资紧缺的情况下,往往不能保证必要的调出,影响重点生产建设任务的需要,特别是计划体制、物资体制和企业管理体制相互脱节，造成难以克服的矛盾。因此，物资包干的办法实际上也没有全面贯彻执行。

（三）基本建设投资"大包干"。1970年，国家在拟订《第四个五年计划纲要（草案）》的同时，为了支持地方发展"五小"企业，实现自给自足、自成体系，提出了要"试行基本建设投资大包干"，即按照国家规定的建设任务，由地方负责包干建设。投资、设备、材料由地方统筹安排，调剂使用，结余归地方。地方暂时办不了的少数重点项目，实行双重领导。

为了扩大地方的投资权限，首先决定下放基本折旧基金。1966年以前，基本折旧基金全部上缴中央。1967年决定将地方企业基本折旧基金留给企业和主管部门。随着企业的大批下放，1971年又决定除第二机械工业部、水电部的基本折旧基金仍上缴60%外，其余的基本折旧基金全部下放地方，用于设备更新、技术改造和综合利用。这部分资金的数量越来越大，1975年达到100亿元。下放一部分基本折旧基金是必要的，也是合理的，如能真正用于设备更新和技术改造，对于挖掘企业潜力，改变生产面貌，都将有重要作用。但是，问题在于：下放的折旧基金实际上大量被挪用于基本建设。据估计，1975年有1/3的折旧基金被挪用，数额达30亿元。这就拉长了基本建设战线，挤占了生产、维修用的材料和设备，冲击了国家计划。

为了支持地方"五小"企业的发展，国家在1970年还提出，在今后五年内，安排80亿元专项资金，由省、市、自治区统一掌握，重点使用。

1974年进一步采取按"四、三、三"的比例分配投资，即投资的40%由中央主管部门直接安排，30%由中央部商同地方安排，30%由地方统筹安排。这就使地方投资权又有所扩大。

据统计，由地方安排的投资，1969年只占预算内投资的14%，1974年和1975年提高到27%左右。地方投资权的扩大，促进了中国地方小型工业继1958年以来的又一次大发展。由于缺乏正确的行业规划和强有力的计划指导，全国有近300个县、市办起了小钢铁厂，有90%以上的县建立了自己的农机修造厂。这些地方工业的发展，有的是合理的，有积极意义的，但不少带有很大的盲目性，造成了严重的损失和浪费。

此外，与企业的管理权、财权、物权、投资权的下放相适应，在拟定《第四个五年计划纲要（草案）》时，还提出了计划的制订，在中央的统一领导下，实行由下而上，上下结合，块块为主，条块结合的办法，在地区和部门计划的基础上，制订全国统一计划的设想。但是，由于下放的大批大中型企业产供销面向全国，经济联系面广，生产技术复杂，地方无法安排，生产计划不得不仍由中央各部负责安排。因此，计划管理上"条条为主"的状况基本上没有改变，以"块块为主"的局面并未形成。这项改革实际上是不了了之。

三、简化税收、信贷和劳动工资制度，削弱了经济杠杆的作用

由于对所谓"物质刺激"、"利润挂帅"的批判，否定了用经济办法管理经济，提倡吃"大锅饭"、搞平均主义，经济杠杆的调节作用遭到限制和排斥。1970年以后，在整个经济体制的变动中，对税收制度、银行信贷管理制度及劳动工资制度也进行了某些变动。变动的方向，除下放权力，扩大地方的管理权限外，一个重要的特点就是尽力简化制度，包括简化税收制度、银行信贷制度和劳动工资制度等。

（一）简化税收制度。1957年以前，与多种经济成分并存的所有制结构相适应，中国实行的是多种税、多次征的复税制，比较有效地发挥了税收杠杆对经济的调节作用。1958年的税制改革，使税收制度简化。1970年召开的全国财政银行工作座谈会又提出要改变国营企业的工商税收制度，一个行业一般按一个税率征收，并在一些地区进行了试点。

1972年为扩大试点，国务院颁发了《中华人民共和国工商税条例（草案）》，规定这次税制改动的主要内容为：（1）合并税种，把工商统一税及其附加、城市房地产税、车船使用牌照税、盐税、屠宰税合并为工商税。税种合并后，对国营企业只征收工商税，对集体所有制企业只征收工商税和所得税，改变了对一个企业征多种税的做法。（2）简化税目、税率。税目由过去的108个，减为44个；税率由过去的141个减为82个。在82个新税率中，不相同的税率只有16个，多数企业可以简化到只用一个税率征税。（3）一部

分税收管理权下放给地方,地方有权对当地新兴工业、"五小"企业、社队企业以及综合利用、协作生产等确定征税或减免税。

税收是重要的经济杠杆,是用经济办法管理经济的一个强有力的工具,而税收又主要是通过对不同的对象确定不同的税种、税目和税率发挥其调节作用的。这次税收制度的变动,将过去行之有效的复税制进一步简化,基本上成了单一税制,大大削弱了税收这一重要经济杠杆对经济的调节作用。税收管理权的一再下放,也导致政出多门,管理混乱,并减少了中央财政的收入。

(二)简化信贷制度。在简化税收制度的同时,也对信贷管理制度采取了简化措施,包括合并机构,下放权力,改变信贷方式,简化利率种类,调整利率水平等。

1970年,根据财政部军管会和中国人民银行军代表的报告,国务院决定将中国建设银行并入中国人民银行。实践证明:这一合并严重削弱了对基本建设财务和拨款的监督工作,有时甚至连一些基本情况和拨款数字也反映不上来。为了加强对基本建设财务的管理和监督,不得不在1972年又恢复中国人民建设银行及其在各地的分行。

在1970年召开的全国财政银行座谈会上,还提出了下放信贷管理权,实行农村信贷包干,一定一年的信贷管理办法。

1971年年底,又决定全面调整银行利率。调整的原则是简化利率种类,降低利率水平。调整后,城镇集体经济和国营企业实行统一利率。贷款利率一般降低30%左右,存款利率一般降低20%左右。并规定国营企业由此少支付的利息,应作为利润上缴国家。与此同时,取消某些优待利率。

简化利率种类,降低利率水平的直接后果是使利息这一重要经济杠杆的调节作用被进一步削弱。

(三)简化劳动工资制度。建国以来,中国已基本上形成了以固定工为主,用工形式比较单一的劳动制度。"文化大革命"中,又对"两种劳动制度"进行了批判,大批临时工、合同工、外包工,要求转为正式工。1971年,在整个经济体制变动的同时,国务院做出决定,改革全民所有制企业、事业单位的临时工、轮换工制度。当时，全国共有临时工、轮换工900多万人，其中从事常年性生产的约650万人，从事临时性、季节性生产的约250万人。国务院的决定规定，在常年性的生产和工作岗位上的临时工，凡是企业、事业单位生产和工作确实需要，本人政治历史清楚，表现好，年龄和健康状况又适合于继续工作的，可以转为固定工（临时性、季节性的生产、工作岗位，仍使用临时工）。这一改变，使临时工在职工总数中的比重，由1971年前的12%—14%，下降到6%，进一步强化了单一固定工制度，这既不利于劳动生产效率的提高，也增加了国家安排就业方面的压力。

在此期间，为扩大地方的人权，还一度将增加临时工的权力下放给省、市，有的省又下放给专区、市，以致有一个时期职工人数的增加失去了控制。1970年至1972年，全国全民所有制企业职工增加1200多万人，是建国以来第二次职工人数的大突破。后来，中央不得不再次收回权力。

中国的工资制度不仅形式单一，而且存在着吃"大锅饭"、平均主义的弊病，但就是这样的工资制度也受到了"左"倾错误思想的冲击。随着对"物质刺激"、"奖金挂帅"的大肆批判，1969年将企业综合奖改为附加工资，相应地取消了原规定按计划完成情况提取奖励基金的制度，改为按职工标准工资总额的一定比例提取职工福利基金。与此同时，也在实际上取消了计件工资制度。这就使中国的工资制度进一步单一化，分配上的平均主义有了新的发展，严重影响了生产效率的提高。

此外，在否定价值规律作用的影响下，还一再缩小商品差价，扩大了全国一种价格、地区之间一种价格、城乡之间一种价格的范围。1972年和1973年虽曾调整了一些工农业产品的价格，但大部分商品价格基本上处于冻结状态，因而，价格杠杆对经济的调节作用也被大大地削弱了。

第三节　1971年至1973年和1975年经济体制的两次整顿及其挫折

十年动乱，从总的方面看，是一次全局性的、长时间的"左"倾严重错误，经济工作，包括经济体制的变动，受到了运动的冲击和破坏。但在其中两段时间里（1971年至1973年，1975年），周恩来同志和邓小平同志先后主持党中央、国务院的日常工作，同"左"倾错误和江青反革命集团作了艰苦斗争，着手整顿国民经济，并对经济体制进行若干调整。只是由于"左"倾错误，特别是江青反革命集团在中央占据着重要地位，整顿不可能达到预期的目的，更不可能发展成为对原有经济体制的根本改革。

1971年9月，林彪反革命集团被粉碎后，在毛泽东同志的支持下，中央日常工作由周恩来同志主持。他在极端困难的情况下，毅然着手纠正经济工作中的"左"倾错误。他首先从工业战线的整顿抓起。1971年12月5日，周恩来同志在听取国家计划委员会汇报全国计划会议情况时，明确指出：现在我们的企业乱得很，要整顿。批判林彪必须联系经济战线的实际，清除林彪一伙干扰破坏造成的恶果。会议根据这一指示精神，在国务院领导同志主持下，起草了《一九七二年全国计划会议纪要》，提出了整顿工业的若干措施，其中包括加强国家统一计划，整顿企业管理，落实党对干部、工人和技术人员的政策，反对无政府主义等内容。在企业管理方面，明确规定要恢复和健全岗位责任制、经济核算制、考勤制度、技术操作规程、质量检验制度、设备管理和维修制度、安全生产制度等7项重要的规章制度；要狠抓产量、品种、质量、燃料动力原材料消耗、劳动生产率、利润等7项重要指标。这个文件主要是针对工业企业的混乱状况而写的，但也涉及企业管理体制方面的一些问题。《纪要》由周恩来同志主持讨论定稿后上报中央，但竟被江青、张春桥一伙借口"文件长了，不好发"而否定了。

1972年5月21日，周恩来同志在中央批林整风汇报会上明确指出，林彪思想路线的核心是极"左"，要深入批判林彪煽动的极"左"思潮，肃清其流毒影响。1972年8月8日，周恩来同志在一次接见驻外大使时，又提出要批判林彪鼓吹的"空头政治"，强调政治挂帅一定要挂到业务上，鼓励各级领导干部打消顾虑，理直气壮地抓业务、抓生产、抓管理。这一系列的正确意见，对于纠正"左"倾错误、扭转混乱的政治经济形势具有重要指导作用，却遭到江青反革命集团的阻挠和反对，始终没有得到认真贯彻。

根据周恩来同志的多次指示精神，1972年10月，国家计划委员会和财政部、农林部在北京召开了加强经济核算、扭转企业亏损会议,批判了林彪、江青一伙散布的"政治可以冲击一切"、"只要算政治账,不要算经济账"等谬论,提出了要切实地抓好企业整顿,严格实行经济核算,建立健全企业的各项规章制度和经营管理的基础工作。这次会议还提出了允许国营企业在完成七项计划指标后,从利润中提取一定比例的奖励基金,用于职工的集体福利和给先进生产者以物质奖励。紧接着,国家计划委员会又起草了《关于坚持统一计划,加强经济管理的规定》,经周恩来同志批准,提到1973年1月的全国计划会议上进行讨论。这个文件针对在处理中央与地方关系方面过于分散,以及企业缺少责任制、分配上吃"大锅饭"等现象,提出了有关改进经济管理体制的十条规定。主要内容有:加强国家统一计划的领导,搞好综合平衡,反对地方各行其是;严格控制基本建设规模,不许乱上建设项目;职工总数、工资总额、物价等控制权集中在中央,各地区各部门无权擅自决定;中央下放的大中型企业,由省、市、自治区或少数省辖市管理,不能再层层下放;企业实行党委领导下的厂长负责制,建立强有力的生产指挥系统;坚持社会主义的按劳分配原则,广泛推行计时工资加奖励,少数重体力劳动可实行计件工资。文件草稿在计划会议上讨论时,28个省、市、自治区的代表都很赞成,唯有上海市代表受张春桥操纵,表示反对。张春桥还气势汹汹地说:这是"拿多数压我们,我坚决反对!"并迫使将文件草稿收回。

在周恩来同志的主持下,还对国防工业管理体制作了较大调整。1972年11月,国务院决定将分散在军队各部门领导的一些电子工业企业,划归第四机械工业部统一管理。1973年9月,国务院、中央军委决定成立国务院国防工业办公室,统一领导几个军工部门及军工厂的工作。

这一时期,周恩来同志还顶着江青一伙大批所谓"崇洋媚外"、"爬行主义"的压力,排除"左"倾思想的干扰,为打破闭关锁国状态、发展对外经济技术交流,作了坚持不懈的努力。1972年、1973年,毛泽东同志和周恩来同志亲自批准从联邦德国、日本等国引进了一米七轧钢机、几套大型化肥成套装置和多套综合采煤机组等一批具有国际先进水平的技术设备,对于提高中国工业的技术水平、增强中国自力更生的能力,起了良好的作用。

在工业进行整顿的同时，在农村也开始纠正一些"左"的政策。1971年12月26日，党中央发出关于农村人民公社分配问题的指示，要求各地不要生搬硬套大寨①的劳动管理办法和分配办法，而要坚持按劳分配原则，从实际出发，着重总结本地的经验，采用群众乐意接受的、简便易行的办法。强调注意农业的全面发展，不能把党的政策所允许的多种经营和家庭副业当成资本主义的东西批判。1973年在全国计划会议上，又系统地揭露和批判了林彪、陈伯达一伙在农村强迫"扩社并队"，大搞"穷过渡"和"一平二调"、没收自留地、乱砍家庭副业的谬论和罪行，重申了现阶段党在农村的一些基本政策。

这一系列的整顿工作，收到了明显的效果。生产增长，经济效益也有所改善，1973年工业劳动生产率比上年提高了3.3%，不少工业产品质量严重下降的情况也有了转变。周恩来同志为纠正"左"倾错误而作的努力，使江青反革命集团极为仇视。1973年年底，他们阴谋发动了"反右倾回潮"运动，1974年年初，又开展了所谓"批林批孔"运动，其矛头都是指向周恩来同志的。各地的帮派势力也乘机起来闹事，使刚有转机的各项工作遇到新的挫折，稍稍安定的局势再度陷于动乱，国民经济形势迅速地恶化了。

1975年年初，周恩来同志强调指出，为扭转局势，必须坚持抓革命、促生产的方针，加快社会主义建设的步伐，并在1975年1月召开的第四届全国人民代表大会第一次会议上，重申了要在20世纪末在中国实现农业、工业、国防和科学技术现代化的宏伟设想，给全国人民带来了极大的鼓舞。但是，周恩来同志重申的宏伟设想却遭到了江青反革命集团的恶毒攻击。

周恩来同志病重后，邓小平同志在毛泽东同志支持下，主持中央的党政日常工作，同江青反革命集团展开了针锋相对的斗争，并从各方面的整顿入手，开始比较系统地纠正"文化大革命"的错误。

---

① 大寨大队是山西省昔阳县的一个生产大队。"文化大革命"以前，他们发扬了自力更生、艰苦创业的革命精神，成为全国农业战线上的先进典型。"文化大革命"中，大寨大队从农业战线的先进典型变成了执行"左"倾路线的典型。在农业学大寨运动中，曾把他们的一些错误经验硬性推广，在全国造成了一些不良的后果。

全面整顿是以解决铁路问题为开端的。由于"批林批孔"运动的冲击,造成徐州、郑州、南昌等地的铁路长期堵塞,京广、京津、陇海等几条铁路干线不能畅通,危及许多地区的工业生产和城市人民生活。1975年2月25日至3月8日,中央召开全国工业书记会议,专门部署铁路整顿工作。邓小平同志在会上作了重要讲话,他指出:"解决铁路问题的办法,还是要加强集中统一。对铁路工作,中央从来是强调集中统一的,但是近几年这方面实际上大大削弱了。……所以中央的决定是根据铁路的特性,重申集中统一。"① 会议期间,发出了《中共中央关于加强铁路工作的决定》,明确规定全国铁路由铁道部统一管理、集中指挥;建立健全岗位责任制、技术操作规程、质量检验制度及设备管理和维修制度;调整和充实各单位领导班子;大力加强对干部工人的组织纪律性教育,严肃惩治违法乱纪的坏人。由于贯彻了中央的决定,只用了1个多月的时间,严重堵塞的几个铁路局都疏通了,平均日装车量由2月份的4.3万车,增加到四月份的5.37万车,创造了历史最高水平。

接着是整顿钢铁工业。"批林批孔"以来,鞍山、武汉、包头、太原4大钢铁公司生产极不正常,1975年前4个月,全国钢铁欠产已达195万吨。5月,中央召开钢铁工业座谈会,邓小平同志在会上提出,从冶金工业部到各个厂,都要建立起坚强的、敢字当头的、有能力的领导班子,限期解决领导班子"软、懒、散"的问题;发动群众同资产阶级派性作寸步不让的坚决斗争;落实好对老工人、老干部、老劳模和技术骨干的政策,把他们的积极性调动起来;建立必要的规章制度和强有力的生产指挥系统。经过1个月的整顿,钢铁严重欠产的局面根本改观。6月初,中央又批发了中共江苏省委紧紧抓住领导班子整顿这个关键,狠斗资产阶级派性,从而解决了徐州"老大难"问题的经验,号召全国学习推广。9月,邓小平同志在农村工作座谈会上进一步明确指出:"当前,各方面都存在一个整顿的问题。农业要整顿,工业要整顿,文艺政策要调整,调整其实也是整顿。要通过整顿,解决农村的问题,

---

① 邓小平:《全党讲大局,把国民经济搞上去》,《邓小平文选》,人民出版社1983年第1版,第5页。

解决工厂的问题，解决科学技术方面的问题，解决各方面的问题。"① 这一系列雷厉风行的整顿工作，沉重地打击了江青反革命集团及其在各地的帮派势力，使正气上升，邪气下降，动乱的局势又逐渐安定下来了。

在"治乱"初见成效、国民经济中"卡脖子"的薄弱环节也得到加强的基础上，就有条件通盘考虑整个经济工作的整顿和解决经济管理体制方面的问题了。1975年6月16日，国务院召开会议，指出当前经济生活中的主要问题还是"乱"和"散"，必须进行领导班子、职工队伍、企业管理的全面整顿。在计划体制上，要实行自下而上、上下结合、"块块"为主的管理办法，国家计划不能层层加码，也不能随便降低指标。在企业管理体制上，凡跨省市的铁路、邮电、电网、航运、民航、输油管和专业施工队伍、重要科研设计单位、重点建设项目以及大油田等少数关键企业，要以中央各部委为主进行管理，其余由地方管理，但也不能层层下放。在物资管理体制上，物资部门管通用物资，专业部门管专用物资。在财政体制上，推行"收支挂钩，总额分成"的办法；大中型企业的折旧基金，由中央集中20%—30%。以上这些意见，虽然不是、也不可能是对原有经济体制的根本性改革，但在当时的条件下，无疑是一个很大的进步。

这一时期在整顿国民经济、改进经济体制方面所做的努力和达到的认识水平，集中地反映在1975年7月到9月国务院主持起草的《关于加快工业发展的若干问题》上。邓小平同志对这个文件十分重视，亲自主持讨论，并提出了一些关键性的修改意见。这些意见主要是强调树立以农业为基础的思想，把促进农业现代化作为工业的重大任务；工业区、工业城市要注意带动周围农村的发展；积极引进国外先进技术设备，进出口贸易形式可以搞得灵活一些，比如引进外国技术装备开采煤矿，可用煤炭偿付；加强企业的科学研究工作，提倡工厂办科研，密切科学技术与生产的结合；把质量第一作为一个重要政策；以责任制为中心建立健全的规章制度；反对平均主义，贯彻按劳分配原则。根据邓小平同志的意见和6月16日国务院召开的会议精神，将文

---

① 邓小平：《各方面都要整顿》，《邓小平文选》，人民出版社1983年第1版，第32页。

件修改、增补为二十条（即《关于加快工业发展的若干问题》，以下简称《工业二十条》）。《工业二十条》针对林彪、江青反革命集团破坏社会主义经济建设的种种罪行和谬论，提出了发展中国工业的一系列重大方针政策。它不仅是整顿工业企业，而且也是改革经济管理体制的一个重要文件。

《工业二十条》强调要抓好企业领导班子的整顿，要求限期改变"软、懒、散"状态，按照老、中、青三结合的原则，建立起精干的而不是臃肿的、坚强的而不是软弱的、能打硬仗而不是一拖就垮的领导班子。规定所有企业都必须建立健全岗位责任制、考勤制度、技术操作规程、质量检查制、设备管理和维修制、安全生产制、经济核算制等7项主要的生产管理制度；全面考核并切实抓好产量、品种、质量、消耗、劳动生产率、成本、利润、流动资金占用等八项主要的经济技术指标。每个企业都要在党委统一领导下，建立强有力的、独立工作的生产管理指挥系统，负责搞好企业的日常生产经营，不能事无大小，都由党委直接处理，妨碍党委抓大事。

《工业二十条》明确提出，必须加强国家对经济生活的集中统一领导，凡国民经济的方针政策、工农业主要生产指标、基本建设投资和重大建设项目、重要物资的分配、主要商品的收购调拨、国家财政预算和货币发行、新增职工人数和工资总额、主要工农业产品的价格，必须由中央集中决策，任何地区、任何部门不得自行其是。国家计划要着重搞好综合平衡，重点安排好农、轻、重的比例关系，积累和消费的比例关系，经济建设和国防建设的比例关系，生产维修和基本建设所需材料设备的比例关系，以及生产性建设和非生产性建设的比例关系等等。计划的制订，要广泛听取基层单位的意见，实行"自下而上，上下结合；块块为主，条块结合"的办法，经过逐级协调平衡，订出全国的统一计划。中央下放给地方的企业以及地方原有的大中型企业，原则上由省、市、自治区和省辖市领导，不能再往下放，中央各部对这些企业仍要进行必要的指导和管理。

此外，在坚持按劳分配原则方面，在密切科研工作同生产的结合方面，在工业支援农业、城市带动农村方面，以及在引进先进技术、积极利用国际市场等许多方面，《工业二十条》都提出了一系列正确的意见。可以说，它是继 1961 年的《工业七十条》之后，对我们党领导工业建设的经验教训的又一次全面的、系统的总结，对于工业的全面整顿和管理体制的改革，具有重要的指导意义。可惜的是，它还没有形成正式文件，就被江青反革命集团扼杀了，未能发挥它应有的作用。

在讨论制定《工业二十条》前后，国务院有关部门还根据邓小平同志的意见，起草了企业管理、基本建设管理、物资管理、财政管理、物价管理、劳动管理等条例，并在一定范围内征求了意见。农业、商业、文化教育、科学技术等各个领域，也都开展了整顿工作。特别是当时中国科学院的负责人胡耀邦同志，在做了大量调查研究的基础上，主持起草了《关于科技工作的几个问题》（即《科学院工作汇报提纲》），针对"左"倾错误造成的危害和影响，提出了加强发展科学技术的一系列指导原则和具体政策。邓小平同志指出，这个文件很重要，对整个科技界、教育界和其他部门，都是适用的。

1975 年的全面整顿，对于消除"左"倾错误所带来的严重后果，起了很大作用。国民经济由停滞、下降转为上升，当年工农业总产值比上年增长 11.9%（其中农业增长 4.6%，工业增长 15.1%），各个领域的工作出现了一派新气象，使备受动乱之苦的人民看到了国家由乱到治的希望。不幸的是，1975 年 11 月，发动了所谓"批邓、反击右倾翻案风运动"，整顿被说成是"复辟"，《工业二十条》、《关于科技工作的几个问题》和按照邓小平同志的意见撰写的《论全党全国各项工作的总纲》的文章被当作"三株大毒草"进行批判，后来又错误地撤销了邓小平同志的党内外一切职务。正在得到纠正的"左"倾错误重新恢复并发展起来，正在走向安定团结的政治局势又陷入混乱，正在趋向好转的经济形势也再度恶化。

十年动乱中进行的经济体制的大变动，进一步加剧了经济生活的无政府与半无政府状态，使中国经济既乱又死的状况更为严重。重复建设、盲目建设迅速发展，形成基本建设规模过大，积累率过高。1970 年国民收入中用于积累的部分比 1969 年猛增 73%，积累率由 23.2% 上升到 32.9%，1971 年又进一步提高到 34.1%，这是新中国成立以来除"大跃进"时期外的最高水平。基本建设规模的迅速膨胀，带来了职工人数剧增，工资支出和粮食销售量失去控制，以致造成"三个突破"，即全民所有制单位职工人数突破5000万人、工资支出突破300亿元、粮食销售量突破800亿斤。1972年"三个突破"还在继续发展，到年底，全民所有制职工达到5610万人，比上年增加292万人，职工工资总额达到340亿元，比上年增加38亿元，粮食销售量达到916.9亿斤，比上年多销了46.6亿斤。国民经济比例关系的严重失调，导致了工农业生产由暂时回升又迅速转为停滞、下降，市场商品匮乏，人民物质文化生活长期得不到改善，1965年至1975年全民所有制职工平均工资下降6%，整个国民经济陷入了更加严重的困境。

第四节　评　价

十年动乱中经济体制的变动，是在极不正常的政治、经济和社会环境下进行的。在周恩来、邓小平同志主持党中央、国务院的日常工作期间，对国民经济和经济体制进行的整顿和调整，起到了积极的作用。但是由于"左"倾错误在中央占着主导地位，这个时期经济体制的变动不可能沿着正确道路顺利进行，在江青反革命集团的干扰和破坏下，反而使原有的经济体制遭到严重的破坏。

经济体制的较大变革，不仅需要有一定的客观经济条件，而且需要有一定的政治条件。"文化大革命"期间，在"左"倾错误思想的严重干扰和政治动乱的破坏下，无政府主义到处泛滥，整个国民经济正常的秩序被打乱。在这种政治、经济背景下，注定经济体制的任何改革都必然要失败，而不可能取得实质性的成效。

十年动乱中经济体制变动的主要内容是盲目下放权力。指导思想是追求高指标，各个地区自成体系，自给自足；做法上是大哄大嗡，仓促从事。其结果是国家对宏观经济失去控制，正常的经济秩序遭到破坏。这次权力的下放，仍然是局限于中央和地方权限划分的变动，基本上没有涉及国家和企业之间的关系问题，对企业管得过细、过死，统得过多，企业缺乏经营管理自主权的状况并没有改变。相反，由于瞎指挥、强迫命令盛行，使企业更加处于无权的地位。

这次经济体制变动的另一个重要方面，是简化税收、信贷、劳动工资等制度。长期以来，中国经济体制的一个重要弊病，就是过多地依赖行政办法，很少使用经济办法管理经济。这次经济体制的变动，使各种经济杠杆对经济的调节作用更加被削弱，甚至被取消了。行政办法，甚至是简单的行政命令完全取代了经济手段。又由于各种规章制度一概被斥之为"管、卡、压"，或被废弃，或名存实亡，各级经济管理机构或被"砸烂"，或被"造反派"夺取权力，因而国家对经济的行政管理职能也就不能正常地行使。

总的说来，"文化大革命"动乱中的经济体制的变动，使"大跃进"时期的"左"倾错误和原有体制上的弊病，不仅没有克服，反而有所发展，进一步加剧了经济生活的无政府状态，使中国的经济建设不能有步骤地朝着合理的协调的方向发展。

第五章
经济体制改革的新阶段
（1977—1983年）

第一节 开展经济体制的理论讨论和改革试验

1976年10月粉碎江青反革命集团的胜利，使我们的国家进入了新的历史发展时期。之后，从理论上和实践上开始酝酿一场新的经济体制改革。

一、经济体制上的一些局部调整

经过"文化大革命"十年动乱，经济生活中问题成堆，不少地方工厂停工，运输堵塞，管理混乱，人民生活水平下降。思想上需要拨乱反正，遭到破坏的国民经济需要恢复。要解决这些问题，必须做出艰苦的努力。在这种情况下，还来不及也不可能对以往的经济体制进行改革。为了克服"文化大革命"中盲目下放企业和否定按劳分配的原则所造成的混乱，从1977年起在经济体制上进行了一些局部的调整。

首先，采取果断措施加强了铁路、邮电、民航等部门的集中统一领导。1977年2月召开的全国铁路工作会议，重申了铁路运输由铁道部集中统一指挥，迅速解决铁路运输严重堵塞问题。之后，经过广大铁路职工的努力，铁路系统很快出现了新局面。到4月份，全国铁路平均日装车量和煤炭运量就超过了历史最好水平。邮电、民航等部门，也加强了集中统一领导，摆脱了混乱状态。

其次，调整了一部分工业企业的隶属关系。1978年7月，中共中央在《关于加快工业发展若干问题的决定（草案）》中指出：关系国民经济全局的重点企业，应实行中央和地方双重领导，以中央部门为主进行管理，其余大中型企业则由地方管理，或者双重领导，以地方为主管理。根据这个精神，陆续上收了"文化大革命"中下放的一部分企业。1981年中央直属企业、事业单位由1978年的1260个增加到2681个，产值占全民所有制工业企业总产值的10.2%。

第三，上收了部分财政、税收、物资管理权。1978年1月，经国务院批准，改变了基本折旧基金全部留给企业和主管部门的办法，将基本折旧基金的50%留给企业；30%由国家计划委员会、财政部和各部门安排，用于重点地区和重点企业的设备更新、改造；20%由各省、市、自治区安排，解决本地区某些生产上的薄弱环节。为了克服一些地区违反国家税收法令，任意扩大减税、免税范围，任意简化税种税目的混乱现象，1977年11月，国务院批转了财政部《关于税收管理体制的规定》，指出：税收政策的改变、税法的颁布和实施、税种的开征和停征、税目的增减和税率的调整，都是属于中央的管理权限，一律由国务院统一规定；凡是在一个省、市、自治区范围内，对某一种应征税的产品、某一个行业减税、免税，以及对烟、酒、糖、手表4种产品减税、免税，都必须报财政部批准。但是，这个正确的决定，没有能够得到认真的贯彻。在物资管理体制方面，扩大了统配、部管物资的范围，1978年达到689种；同时，取消了"地区平衡、差额调拨"的办法，原则上仍按企业的隶属关系分配物资。

第四，企业恢复了奖励、计件工资和企业基金制度。1978年5月，国务院通知：在经过整顿、领导班子坚强、供产销正常、管理制度比较健全的企业，可以实行奖励和计件工资制。实行奖励制度的企业，在全面完成国家计划的前提下，奖金总额的提取，一般不超过职工标准工资总额的10%，少数先进企业，奖金总额的比例，可以适当提高，但最高不超过12%。国务院还批转财政部《关于国营企业试行企业基金的规定》，凡是全面完成国家下达的产量，品种，质量，原材料、燃料、动力消耗，劳动生产率，成本，利润，流动资金占用等8项指标及供货合同的企业，可按职工全年工资总额的5%提取企业基金；完成产量、品种、质量、利润等四项指标和供货合同的企业，可按工资总额的3%提取企业基金。企业基金主要用于举办职工集体福利设施以及发给职工劳动竞赛奖金。这些措施,对调动企业和职工积极性起了一定作用。

经济体制的这些局部调整,对于消除混乱、恢复经济秩序起了积极的作用。

二、理论上的拨乱反正

为了使我党的工作重点转移到四个现代化建设上来,全党、全国人民首先揭露了"四人帮"攻击进行社会主义经济建设是所谓搞"唯生产力论"的罪行,同时批判了他们在按劳分配和商品生产问题上散布的谬论。"四人帮"诬蔑按劳分配"是产生资本主义和资产阶级的经济基础和条件",攻击中国实行的商品制度"既保护老的资产阶级,又孕育着新的资产阶级"。理论工作者和实际工作者批判了这种谬论,指出:按劳分配正是作为资本主义的对立物出现的,它是社会主义公有制的产物。按劳分配不但不会产生资本主义,而且是最终消灭一切形式的资本主义和资产阶级的重要条件。因为,在社会主义公有制下,按劳分配能够促进社会生产力的发展,创造出新的劳动生产率。而新的比资本主义高得多的劳动生产率,归根到底是保证社会主义战胜资本主义的最重要和最主要的东西。社会主义和资本主义不同,劳动力不是商品,货币不再成为资本,国家可以通过国民经济计划和利用各种经济杠杆调节生产和流通。因此,社会主义的商品生产,不是产生资本主义的条件。当前,中国社会主义商品生产和商品交换,同国家建设和人民生活的需要相比,还发展得很不够,必须理直气壮地发展社会主义的商品生产和商品流通。

对"四人帮"的深入批判,随后对"两个凡是"(即所谓凡是毛主席作出的决策,我们都坚决维护,凡是毛主席的指示,我们都始终不渝地遵循)的批评,邓小平同志关于解放思想、实事求是的一系列重要论述,打开了思想禁区。全党开始按照实践是检验真理的唯一标准的观点,对有关经济体制的重大理论和实际问题进行了思考、回顾和总结。

在中国经济体制的理论问题上,胡乔木同志作了有意义的探索。1978年

10月6日,《人民日报》发表了他的文章《按照客观经济规律办事,加快实现四个现代化》。文章总结了中国经济发展中正反两个方面的经验,指出:"社会主义经济是在公有制基础上的高度社会化大生产,如果我们正确地运用社会主义制度的优越性,按照客观规律办事,就会以人类历史上前所未有的巨大力量来加速经济发展;相反,如果我们不研究不遵守客观规律,靠长官意志想当然、瞎指挥,那就会造成某些单位甚至整个国民经济停滞倒退,使千百万以至几亿人民遭受苦难。因此,社会主义制度不但给了我们按照客观经济规律办事的巨大可能性,而且给了我们按照客观经济规律办事的绝对必要性和严重的历史责任。"文章强调,按经济规律办事,首先是要遵守有计划按比例的规律,其次是要遵守价值规律,再次是保证国家、企业和个人利益的统一。过去,在考虑管理体制问题时,往往从国家内部的条块关系或中央和地方关系上考虑得多些,对于从经济关系上保证国家、企业、个人利益统一问题考虑得比较少。当前,应当考虑适当扩大企业的权限,以促进企业的领导和群众主动地关心企业经济活动的成果。文章还明确地指出:在国民经济管理中,行政方法永远是需要的,但是经济管理主要地究竟不能依靠纯粹行政的方法,而要扩大经济组织和经济手段的作用。要普遍推广合同制,发展专业公司,发展经济立法和经济司法。

中国经济学界打破了多年的沉闷气氛,开始了一个空前活跃的时期,广泛开展了讨论。著名经济学家薛暮桥同志与其他经济理论工作者研究、分析了中国30多年来社会主义经济建设的经验教训,对经济体制改革提出了不少有意义的见解。经过广泛讨论,在经济体制改革的一些理论问题上取得了重要进展。在生产资料所有制问题上,长期以来人们往往不作分析地认为,国营经济优越于集体经济、集体经济优越于个体经济,因而急于消灭个体经济,急于使集体所有制向全民所有制过渡。大家批判了这种离开生产力水平,盲目追求公有化程度的错误倾向,认为应从中国生产力水平比较低,经济发展不平衡的状况出发来建立相应的所有制结构,即应在完善和发展全民所有制经济的同时,大力发展集体经济,适当发展个体经济。在商品生产问题上,长期以来不承认生产资料的商品性质,不承认全民所有制企业之间的商品交换关系，不承认企业具有相对独立的利益，企业缺乏必要的经营管理的自主权。大家突破了这个框框，认为在社会主义社会实行按劳分配的条件下，由于各个企业的经营管理水平不同，对社会的贡献不同，企业职工的收入也应不同，全民所有制企业之间存在着在共同利益一致基础上的经济利益差别。因而，企业生产的产品具有商品性质，企业之间必须实行等价交换原则，企业是相对独立的商品生产者，在生产经营中应具有相应的权利和承担应有的责任。在计划管理问题上，长期以来往往夸大指令性计划的作用，不承认价值规律调节生产的作用，不注意依靠经济组织和采用经济办法来管理经济，计划统得过死。大家认为，在社会需要复杂多变和生产结构、生产条件不断变化的情况下，依靠单一的指令性计划，依靠扩大指标的范围，是无法保证生产与需要衔接的，应该在实行计划管理的同时，发挥价值规律的调节作用，采用经济、行政、法律等多种手段管理经济。理论上的这些新的突破，为经济体制改革提供了依据。但关于经济体制理论问题的探讨还只是一个开端。以后随着改革的发展，对许多重要问题又继续进行了讨论。

1978年9月，国务院召开会议，就加快四个现代化建设进行了讨论，并提出了改革生产关系和上层建筑的意见。李先念同志在会议总结讲话中，系统地谈到了经济体制改革的问题。他说：在过去20多年中，我们已经不止一次地改革经济体制，但是往往从行政权力的转移着眼多，往往在放了收、收了放的老套中循环，因而改革结果也往往不能符合经济发展的最大利益。在经济领导工作中，要坚决地摆脱墨守行政层次、行政区划、行政便利、行政方式而不讲经济核算、经济效果、经济效率、经济责任的老框框，打破小生产的狭隘眼界，改变手工业方式、小农经济式甚至封建衙门式的管理方法，掌握领导和管理现代化工农业大生产的本领，特别要坚决实现专业化，发展合同制和贯彻执行按劳分配原则。他强调，一定要给各企业以必要的独立地位，使他们能够根据经济本身的需要，自动地而不是被动地履行经济核算，降低经济消耗，提高劳动生产率和资金利润率，提高综合经济效果。我们现在要进行的这次改革，一定要同时兼顾中央、地方和企业的积极性，努力用现代化的管理方法来管理现代化的经济。

三、安徽、四川的改革试验

在理论讨论的推动下，一些地区按照国务院会议的精神，进行了改革的试验。安徽省就改革农业体制作了尝试。1978 年，安徽省旱情十分严重，秋种遇到了困难，在当时的省委第一书记万里同志主持下，省委决定把集体无法播种的土地借给社员种麦、种菜。这个办法调动了社员的积极性，大大加快了秋种的进度。在借地的基础上，有些地方实行包产到组，有的搞了包干到户、包产到户。群众创造的这些办法，把集体生产成果和劳动者个人物质利益联系了起来，有效地克服了生产上的"大呼隆"和分配上的平均主义，促进了生产的发展。省委经过广泛深入的调查研究后认为，包产到户虽然过去被批判，但不能把它当作不可触动的禁区，检验真理的唯一标准只能是社会实践。在省委的支持下，滁县、六安专区和凤阳等县进行了试点。不到 3 个月，全省实行联系产量责任制的生产队就发展到 41000 多个，约占生产队总数的 15.2%。

与此同时，四川省委也对改革进行了试验。在农业方面，实行了"放宽政策"、"休养生息"的方针，将农民的自留地扩大到总耕地面积的 15% 左右，并且支持农民采取包产到组的形式经营土地。在工业方面进行了扩大企业自主权的试点。1978 年 10 月选择了四川宁江机床厂等 6 个企业进行试点。经过 3 个月的试验和讨论，制订了 14 条试点办法，其中规定：允许企业在完成国家计划的前提下，增产市场需要的产品，承接来料加工；允许企业销售物资、销售商业部门不收购的产品和试销新产品；允许企业在全面完成国家计划的前提下，提取企业基金和实行利润留成；允许企业提拔中层干部，不再经上级批准等。从 1979 年起，试点的工业企业扩大到了 100 个。试点企业一般都取得了显著的效果，例如宁江机床厂，由于扩大了生产计划权，在广泛调查社会需要的基础上，及时调整了产品结构。1979 年至 1981 年，国家下达的指令性任务只有 360 台机床，仅占该厂全部计划产量的 11.45%，而根据市场需要报上级批准后纳入国家计划的机床有 2785 台，占全部计划产量的 80% 以上。这个厂经济效益也有了大幅度的提高，1981 年与 1979 年相比，资金利润率增长 77.83%，劳动生产率增长 32.7%。

安徽省和四川省的改革试验，在全国农村改革和工业企业改革中带了一个好头，对推动全国范围的经济体制改革起了重要的作用。

第二节 建立适合中国国情的经济体制

一、党的十一届三中全会为经济体制改革确立了正确的指导思想

1978年12月召开的党的十一届三中全会，是中国政治经济生活中具有深远意义的伟大转折。全会开始全面地纠正"文化大革命"中及其以前的"左"倾错误，重新确立了马克思主义的实事求是的思想路线，为党的各项工作，包括经济体制改革树立了正确的指导思想。全会做出了把工作重点转移到社会主义现代化建设上来的战略决策，要求克服由于林彪、江青反革命集团破坏造成的国民经济重大比例失调状况和生产、建设、流通、分配中的混乱现象，为迅速发展经济奠定稳固的基础。全会从实现四个现代化的高度，提出了改革经济体制的任务。会议指出：实现四个现代化，要求大幅度地提高生产力，也就必然要求多方面地改变同生产力发展不适应的生产关系和上层建筑，改变一切不适应的管理方式、活动方式和思想方式，因而是一场广泛、深刻的革命。

全会对中国经济体制存在的弊病及改革的方向作了论述，指出：现在中国经济管理体制的一个严重缺点是权力过于集中，应该有领导地大胆下放，让地方和工农业企业在国家统一计划的指导下有更多的经营管理自主权；应该着手大力精简各级经济行政机构，把它们的大部分职权转交给企业性的专业公司或联合公司；应该坚决实行按经济规律办事，重视价值规律的作用，注意把思想政治工作和经济手段结合起来，充分调动干部和劳动者的生产积极性；应该在党的一元化领导之下，认真解决党政企不分、以党代政、以政代企的现象，实行分级分工分人负责，加强管理机构和管理人员的权限和责任，减少会议公文，提高工作效率，认真实行考核、奖惩、升降等制度。采取这些措施，才能充分发挥中央部门、地方、企业和劳动者个人四个方面的主动性、积极性、创造性，使社会主义经济的各个部门各个环节普遍地蓬蓬

勃勃地发展起来。

会议深入地讨论了农业问题,认为必须把农业尽快搞上去,才能保证整个国民经济的迅速发展。为此,必须首先调动几亿农民的社会主义积极性,在经济上充分关心他们的物质利益,在政治上切实保障他们的民主权利。从这个指导思想出发,全会提出了当前发展农业生产的一系列政策措施和经济措施。其中最重要的是:切实保护社队和农民的所有权和生产经营自主权;认真执行按劳分配原则;对社员的自留地、家庭副业和集市贸易不得乱加干涉;提高粮食、棉花等农副产品的收购价格。

这次全会以后,中国经济体制改革进入了一个新的发展阶段。在全会制定的"解放思想、实事求是"的方针指导下,理论工作者和实际工作者,开始总结建国以来经济体制及其改革的正反两个方面的经验教训,同时借鉴一些社会主义国家经济体制改革和其他国家经济管理的有益经验,探索中国经济体制改革的道路。首先,要正确看待马克思主义关于社会主义经济的理论。既不照抄马克思、恩格斯的某些具体结论,束缚自己的头脑,也不能背离马克思主义的基本原则,偏离社会主义方向,应该把马克思主义的基本原则同中国的实际情况结合起来,勇于实践,大胆创新,探索出一条组织和管理社会主义经济的新道路。其次,要正确地看待中国的国情,认识到中国是在半殖民地、半封建的基地上建立起来的发展中的社会主义国家,国土广,人口多,底子薄,经济发展很不平衡,社会化程度不高。这些基本的国情和特点,是进行经济体制改革的依据和出发点。再次,要正确地看待外国的经验。盲目排外,把国外的东西一概说成是"资本主义"、"修正主义"而加以拒绝,是错误的。一切社会主义国家在改革经济体制中的成功经验和走过的弯路,都值得我们借鉴。资本主义国家在组织管理社会化大生产、推进技术进步等方面,也有许多可取的东西。但是,不对中国的国情作深入的调查和细致的研究,把外国的某种模式和做法照搬过来,也是不能建立适合中国国情的经济体制的。

二、确定"调整、改革、整顿、提高"的八字方针，提出改革的原则和任务

粉碎"四人帮"后的最初两年中，由于对国民经济存在的严重困难和问题认识不足，经济工作中"左"的思想没有得到纠正，继续追求高速度、高指标，犯了急于求成的错误。在这种情况下，长期存在的国民经济比例失调的情况又有发展。首先是没有花大力气抓农业，农业和工业的比例严重失调。从1976年到1978年的3年中，农业在净进口粮食265亿斤的情况下，还挖了粮食库存几十亿斤，但许多地方的农民口粮仍然不足，有的地方口粮严重不足。农业生产远远不能适应人口增长、工业发展和人民生活改善的需要。二是追求重工业的发展速度，不注意发展人民生活需要的轻工业，轻、重工业的比例严重失调。从1976年到1978年的3年中，重工业的投资占基本建设总投资的比重不断加大，1978年为55.7%，超过了第四个五年计划期间的比重；轻工业投资比重下降，1978年为5.7%，比第一个五年计划时期还低。主要轻工业产品市场供应紧张，不能满足人民的需要。三是能源、交通与加工工业的比例严重失调。1978年，全国发电能力约缺1000万千瓦，有20%左右的工业生产能力发挥不出来，大批工厂经常处于停工半停工状态。用煤多的工业的发展速度，大大超过了煤炭工业的发展速度。主要铁路干线在一些薄弱区段的运输能力只能满足需要的50%到70%。四是积累和消费的比例严重失调。10多年来，农民和职工收入几乎没有什么增加，职工住宅、公用事业和文化教育事业积累起来的问题日益突出，但为了片面追求发展速度，扩大基本建设规模，这两年积累占国民收入的比例反而提高了，1978年达到36.5%。在基本建设投资中，同人民生活直接相关的住宅、文教卫生、城市公用事业等建设所占的比重，1978年只有17.4%，大大低于第一个五年计划时期的28.3%。国民经济比例的严重失调，再加上被十年动乱搞乱的企业没有全面整顿，以及经济管理体制上存在的许多缺陷，造成经济效益低，浪费大，严重阻碍了国民经济的发展。

1979年4月，党中央召开了工作会议，坚决纠正前两年经济工作中的失误，认真清理长期存在的"左"倾错误影响，确定了国民经济实行"调整、

改革、整顿、提高"的方针，即坚决地、逐步地把各方面严重失调的比例关系基本上调整过来，使整个国民经济真正纳入有计划、按比例健康发展的轨道；积极而又稳妥地改革工业管理和经济管理的体制，充分发挥中央、地方、企业和职工的积极性；继续整顿好现有企业，建立健全良好的生产秩序和工作秩序；通过调整、改革和整顿，大大提高经济管理水平和技术水平，更好地按客观规律办事。会议对中国经济体制改革的原则、方向、步骤作了全面的分析和探讨，提出了以下原则：（1）在整个国民经济中，以计划经济为主，同时充分重视市场调节的辅助作用。对关系到国计民生的重要产品，由国家统一计划，统一规定价格，统一进行分配。其他产品，企业可根据市场的供求情况自行确定生产数量，允许自产自销，价格有的由国家规定，有的根据市场供求关系允许在一定幅度内浮动，企业之间可以竞争。（2）扩大企业自主权，并把企业经营好坏同职工的物质利益挂起钩来。所有企业，都要实行严格的经济核算，认真执行按劳分配原则。（3）按照统一领导、分级管理的原则，明确中央和地方的管理权限。关系国民经济全局的计划、政策法令等的制定和颁布，权力必须集中在中央。重大建设项目，供产销面向全国的关键性骨干企业，由中央部门为主进行管理。应该由地方办的事情，中央部门要帮助地方办好。（4）精简行政机构，更好地运用经济手段来管理经济。要组织各种专业和联合公司，认真搞好专业化协作，积极推广经济合同制。会议强调，在进行局部改革的同时，要认真调查研究，搞好试点，作好准备，提出比较全面的改革方案。

根据这次会议的精神，国务院财政经济委员会于1979年6月成立了经济体制改革研究小组，组织经济理论工作者和实际工作者进行广泛的调查研究。随着经济体制改革工作的逐步展开，国务院于1980年5月成立了经济体制改革办公室，起草了经济体制改革的初步方案，对以后的改革起了一定的推动作用。1982年5月，经全国人民代表大会常务委员会批准，成立了国家经济体制改革委员会，国务院总理兼任委员会主任。国家经济体制改革委员会的主要任务是负责制订改革的总体规划，加强对全国经济体制改革的指导和协调工作。

三、农村的改革逐步展开，城市开始改革试点

在党的十一届三中全会精神和"调整、改革、整顿、提高"方针的指引下，经济体制改革围绕着调动农民、职工、企业、地方的积极性这个要求，从以下四个方面逐步开展起来：

（一）在农业方面进行的改革。新中国成立初至 50 年代中期，中国农业生产有了很大发展。以后由于长期遭到"左"倾错误的干扰，加上人口增长过快，1977 年全国平均每人占有的粮食还少于 1957 年，农村还有 1 亿多人口的口粮不足，农业生产的发展长期处于徘徊的落后状态。中国 10 亿人口，有 8 亿农民，不把农民的积极性调动起来，不把农业先搞上去，整个国民经济难以迅速好转，政治局势也不可能稳定。这就决定了经济政策的调整和经济体制的改革，必然从农村起步。农业经济体制调整和改革的主要内容是：

1. 大幅度提高农副产品收购价格。新中国成立以来，曾多次提高农副产品价格，使工农业产品的价格差距有所缩小。但由于工业劳动生产率比农业提高得快，再加上农业成本增加，农产品价格仍然偏低，这影响了农民的积极性和农业的发展。1979 年 3 月，国务院决定提高粮食、棉花、油料、糖料、畜产品、水产品、林产品等 18 种主要农副产品的收购价格，同时降低农业机械、化肥、农药、农用塑料等农用工业品的价格。1979 年农副产品收购价格总指数提高了 20.1%。1980 年继续提高了羊皮、黄麻、红麻、木材、生漆、桐油等价格，农副产品收购价格总指数在 1979 年的基础上又提高了 7.1%。这两年农产品提价的幅度，是新中国成立以来最大的一次。由于生产的增长和价格的提高，农民出售农副产品增加的收入为 258 亿元。另外减免了部分社队的税收，共 45 亿元。这样，农民两年中增加了 300 亿元的收入。

2. 保障生产队的经营自主权。人民公社化以后，农业的计划管理采取如下办法，即由国家将主要农产品的收购任务及产量、播种面积等指标下达到县，由县组织完成。县为了保证完成国家计划，又将指标层层下达到公社、生产大队、生产队。由于"左"倾错误思想的影响日益严重，不按照经济规律和自然规律办事，滥用行政命令，瞎指挥之风盛行起来，指令性指标越来

越多。不少地方连生产队的哪块地种什么,什么时候种,施什么肥,什么时候收割等等,都作出规定,严重挫伤了农民的积极性。为了切实保障生产队的经营自主权,1979年9月中共中央在文件中规定,人民公社的基本核算单位,有权因地制宜地进行种植,有权决定增产措施,有权决定经营管理方法,有权分配自己的产品和现金,有权抵制任何领导机关和领导人的瞎指挥。① 各地对农业计划管理办法作了改进,除向生产队下达主要农产品的收购指标外,不再规定产量和播种面积。许多地方采取同生产队签订合同的办法,生产队承担农产品的交售任务,有关部门负责供应农用生产资料。生产队在保证完成国家收购任务的前提下,可以根据自己的实际情况种植和布局,农业生产逐步趋向合理。

3. 实行多种形式的生产责任制。在集体经济中,农民的收入如何按照劳动的好坏,同劳动成果挂钩进行合理分配的问题,长期没有解决。劳动组织上责任不明,分配上搞平均主义,致使干活"一窝蜂"、出工不出力的现象十分严重。生产队的自主权受到尊重后,各地群众和干部从实际出发,大胆探索,恢复和创造了多种形式的生产责任制。最初实行的一种是包工到组,生产队按照作业组完成作业的数量和质量计算报酬;另一种是包产到组,生产队按照作业组承包的产量计算报酬。这两种办法都有利于改变在生产队范围内吃"大锅饭"、搞平均主义的做法,受到农民的欢迎。中央很快肯定了这些做法,予以推广。1979年年底,全国一半以上的生产队实行包工到组,1/4的队包产到组。群众的创造在继续发展。专业承包联产计酬是又一种形式的责任制,即在生产队统一经营的条件下,按劳动力的特长,有的承包粮食生产,有的承包果树生产,有的承包养猪、养牛、养鱼等,包产部分统一分配,超产或减产分别奖罚。这种责任制,有利于分工协作、人尽其才,能向更高级的专业分工责任制发展,适宜于在管理水平比较高的生产队和地区推行。在各种责任制中,争论最大、阻力最大的是包产到户、包干到户。前一种由

---

① 《中共中央关于加快农业发展若干问题的决定》,《中国经济年鉴1981》,《经济管理》杂志社版,第102页。

农户对产量承包，承包部分参加集体的统一分配，超产的部分全部奖给农户，或由生产队和农户分成；后一种由农户包农业税和国家征购任务，包生产队的公积金、公益金等部分，其余全归承包户所有。这两种形式，计算方便，责任明确，农民的劳动成果与物质利益直接联系，特别是包干到户责任制，方法简单明白，同农民利益联系更直接，农民概括为"交足国家的，留够集体的，剩下全是自己的"，更能有效地克服分配上的平均主义，更能激发农民精心管理、提高效率的积极性。广大农民，尤其是那些管理水平差、集体经济搞得不好的贫困地区的农民，强烈地要求推行"双包"责任制。由于这种责任制曾被批判，自1957年以来，几起几落，一部分干部害怕再搞这种责任制被批判为"分田单干"、"复辟倒退"，也害怕丧失对农民的管理指挥权，因而反对这种办法。党中央采取了从实际出发、实事求是、尊重群众意愿的正确方针，在实践中总结经验，因势利导，逐步推广。

1979年9月，中共中央在《关于加快农业发展若干问题的决定》中曾规定："除某些副业生产的特殊需要和边远山区、交通不便的单家独户外，不要包产到户。"1980年2月，全国农村人民公社经营管理会议，根据实际情况作了一些调整，认为："极少数集体经济长期办得不好、群众生活很困难，自发包产到户的，应当热情帮助搞好生产，不要硬性扭转，与群众对立。"同年9月，各省、市、自治区党委第一书记座谈会，又进一步放宽政策，指出："在那些边远山区和贫困落后的地区，长期吃粮靠返销，生产靠贷款，生活靠救济的生产队，要求包产到户的，应当支持群众的要求，可以包产到户，也可以包干到户。一般地区，已经实行包产到户的，如果群众不要求改变，就应允许继续实行。"并且认为："在社会主义工业、社会主义商业和集体农业占绝对优势的情况下，在生产队领导下实行的包产到户是依存于社会主义经济，而不会脱离社会主义轨道的，没有什么复辟资本主义的危险，因而并不可怕。"

"双包"责任制被肯定以后，很快在广大农村推行开来，取得了明显的效果。安徽省凤阳县是"双包"责任制搞得最早、最快的县，成效显著。1980年，该县95%的生产队实行了"双包"，全县粮食总产量比达到历史最高水平的1979年又增长了14.2%，完成征购粮任务1.1亿斤，超过1953年以来26年粮食调出量的总和。这个历史上"十年倒有九年荒"的地方，还出现了"一年翻身"、"一季翻身"，摆脱穷困、走向富裕的生产队和农民。

在生产责任制的推行过程中，党中央明确指出：中国地区辽阔，经济落后，发展又很不平衡，加上农业生产不同于工业生产，一般是手工操作为主，劳动分散，生产周期较长，多方面受着自然条件的制约。这就要求生产关系必须适应不同地区的生产力水平，要求农业生产的管理有更大的适应性和更多的灵活性。在不同的地方、不同的社队，以至在同一个生产队，都应从实际需要和实际情况出发，允许有多种经营形式、多种劳动组织、多种计酬办法同时存在。随着生产力水平的提高，这些办法和形式，不同时期又会有相应的发展变化。因此，凡有利于鼓励生产者最大限度地关心集体生产，有利于增加生产、增加收入、增加商品的责任制形式，都是好的和可行的，都应加以支持，而不可拘泥于一种模式，搞一刀切。

这种坚持从实际出发的正确方针，是指导农业改革取得成功的重要原因。

（二）在国家与企业关系方面进行的改革。企业权力过小，缺乏活力，经营管理不善，不适应市场变化的需要，是中国经济体制中长期没有克服的一个弊病。为了取得企业管理体制改革的经验，1979年5月，国家经济委员会、财政部等6个部门在北京、天津、上海选择首都钢铁公司、天津自行车厂、上海柴油机厂等8个企业，进行扩大自主权的试点。改革的内容主要是：改企业基金制为利润留成制；企业在产品生产、销售、试制和资金使用、人事安排、职工奖惩等方面，拥有部分权力；企业实行党委领导下的厂长负责制，建立职工代表大会制度，扩大职工的民主管理权力。这项改革得到许多企业和广大职工的拥护，许多地方、部门仿照8个试点企业自定办法进行试点。为了加强和统一对改革试点的领导，1979年7月，国务院发布了扩大国营工业企业经营管理自主权、实行利润留成、开征固定资产税、提高折旧率和改进折旧费使用办法、实行流动资金全额信贷等5个文件，要求地方、部门按照统一规定的办法选择少数企业试点。同年年底，试点企业扩大到4200个，1980年又发展到6600个，约占全国预算内工业企业数的16%，产值的60%，利润的70%。通过扩权，试点企业拥有了部分计划权，在完成国家计划的前提下，多余的生产能力可根据市场需要自行安排生产；企业拥有部分销售权，在完成国家计划收购任务后，多余的产品可自行销售；企业拥有部分资金使用权，可按一定的比例实行利润留成，用于发展生产、改善集体福利、奖励职工；企业拥有部分干部任免权，中层干部不需上级批准，由企业任免等等。这就初步改变了企业只按国家计划生产，不了解市场需要、不关心产品销路、不关心盈利亏损的状况，开始建立和增强了经营观念、市场观念、服务观念，企业之间开展了社会主义竞争。1980年10月17日，国务院公布《关于开展和保护社会主义竞争的暂行规定》，指出：在社会主义公有制经济占优势的情况下，允许和提倡各种经济成分之间、各个企业之间，发挥所长，开展竞争。《规定》提出，要在计划、流通、价格、技术等方面，为企业开展竞争创造必要的条件。竞争有力地促进了企业关心市场、改进技术、提高质量。四川成都量具刃具厂，在1979年到1981年扩权试点的3年中，先后派出397人次，走访了近20个省市、5个工业部、1086个企业，了解市场需要，改变了过去新产品发展缓慢的局面，从1958年建厂到1978年的20年中，只增加了9个品种，而这3年来却试制成功新产品74个，规格由1248个增加到1951个。产品质量也有了显著提高，一等品率由过去的28%上升为83.3%，超过了国家规定的标准，3个主要品种分别荣获金质奖和银质奖。据对5777个试点企业统计，1980年比上年工业总产值增长6.8%，实现利润增长11.8%，上缴利润增长7.4%。在税收方面，对四百多个国营工业企业进行了征收所得税的试点，基本上做到了在国家多收的原则下，企业多留、职工多得。此外，商业、物资、交通、建筑、邮电、军工及农垦等部门，也实行利润留成或亏损包干，取得了一定成效。但是，改革中也存在一些问题，如对企业的指导、调节、监督等措施未能相应加强，致使给企业的自主权没有完全得到落实，或者企业不能正确地使用这些自主权。这样，既影响企业积极性的充分发挥，又使企业积极性的发挥往往不完全符合宏观经济的要求，妨碍改革取得应有的成效。

（三）在中央与地方关系方面进行的改革。中国幅员辽阔，正确处理中央与地方的关系始终是经济体制改革的重要问题。为了调动地方的积极性，同时让地方分担国家财政发生的困难，从1980年起实行了新的财政体制。主要做法是：北京、天津、上海仍实行统收统支；江苏省实行"比例包干"；广东省、福建省分别实行"定额上交"和"定额补贴"；云南、贵州、青海3个省和新疆、宁夏、内蒙古、西藏、广西5个民族自治区实行特殊照顾，（中央补助的数额每年递增10%）；其余15个省实行"划分收支、分级包干"的新办法，即划分中央与地方收入和支出的范围，再按照各省的情况确定地方上交比例或中央定额补助，一定5年不变。这样，地方的收入与支出挂钩，多收多支、少收少支，促使地方增收节支，克服困难，自求收支平衡；同时，财政支出由"条条"下达改为"块块"统筹使用，地方能主动规划和安排地区经济的发展，不必事事报批，极大地调动了地方的积极性。但是，在企业利润与地方收入挂钩的情况下，进行这项改革，也带来了一些问题。地方为了增加收入，千方百计扩大基本建设规模，盲目发展盈利高的企业，加剧了重复建设和某些产品的盲目生产；同时，加强了地方对企业的行政干预；特别是实行省、专区、县财政包干的地方，为了推销本地产品，增加收入，地区封锁较为严重，影响商品的流通和生产向社会化发展。

（四）在对外经济关系方面进行的改革。粉碎"四人帮"以来，中国实行了对外开放的政策，借以利用外国的资金和技术，加快中国经济的发展。1979年7月，第五届全国人民代表大会第二次会议通过并公布了《中华人民共和国中外合资经营企业法》，欢迎国外投资者到中国投资，与我方举办合资企业。同时，决定在广东省的深圳、珠海、汕头和福建省的厦门设立经济特区，鼓励外国企业、华侨、港澳同胞投资兴办企业，或与我方合资经营；并积极开展了补偿贸易、来料来样加工、来件装配等业务，1979年、1980年两年成交362项。对外贸易的体制也作了某些改革，将原来由原对外贸易部统一出口的部分商品，下放给地方或分散到各部门经营。到1980年年底，北京、天津、上海、辽宁、四川、山东等省、市和18个工交部门成立了进出口贸易公司，直接对外成交。对广东、福建两省，在对外经济活动方面实行特殊政策和灵活措施，除个别商品外，全部由省经营出口。还批准了11个企业和磨料磨具、电线电缆、轴承和电瓷四个出口联营公司,进行直接对外贸易和工贸结合试点。为了鼓励地方、部门、企业扩大出口,实行了出口商品外汇分成。改革调动了各方面办外贸的积极性,对外贸易额显著增长。1980年与1978年相比,进出口总额增长58.7%,其中,出口增长62.4%,进口增长55.4%。但是,由于外贸分散经营,也带来了不能统一对外等问题。

随着上述四个方面以及其他方面的改革,中国经济体制发生了新的变化:统得过多、管得过死的状况开始改变。在经济发展方面,地方有了较大的自主安排的权力,归地方支配的大约有50%的财政收入、65%的水泥、43%的煤炭、26%的钢材、21%的木材。在生产方面,企业有了按照市场需要安排生产的部分权力,特别是这几年机械工业计划任务不足,自行安排生产的部分比重增加,原第一机械工业部系统的企业这部分产品产值,1979年是13.9%,1980年增加到46%。在流通方面,渠道增加,购销形式多样,一部分长期短缺的物资、商品开始敞开供应;企业自销有了很大发展,1980年机械企业自销产品223.7亿元,占销售总额的33.3%,冶金企业自销钢材291万吨,占销售总量的11%,工业消费品自销165亿元,占社会商品零售总额的7.7%;恢复了城乡集市贸易,1980年年底城乡集市达4万多个,集市贸易的商品成交额238亿元,占社会商品零售额的8.4%;全国开办了600多个生产资料服务公司,实行代购、代销、代加工等业务。主要用行政办法管理经济的状况开始改变,运用经济手段管理经济取得了一些进展。在物价方面,大幅度提高了农副产品的收购价格,三类农副产品和完成收购任务以后的一、二类农副产品允许议购议销。电子、机械、化工、冶金、建材等行业的部分产品试行浮动价格,在一些行业中实行了内部协作价格。在税收方面,对400多个国营工业企业进行了征收所得税的试点,900多个企业实行征收增值税的试点,颁布了中外合资经营企业所得税法和个人所得税法,调整了税收政策。在信贷方面,部分基本建设投资由财政拨款改为建设银行贷款,中国人民银行开始办理中短期设备贷款,农业银行试行"存贷挂钩、差额包干"的农村信贷制度,并实行了差别利率、浮动利率。经济体制的新变化,使中国经济开始活跃起来,但也出现了新的问题。主要是在搞活经济中,如何加强宏观管理，保持经济平衡和协调的发展。

第三节　国民经济进一步调整，加强宏观管理，继续搞活经济

1979年贯彻"调整、改革、整顿、提高"的方针以来，经济形势发生了新的变化。一方面，经济比例严重失调的状况有所改变：积累与消费的比例开始变化，1979年至1980年两年国民收入中积累基金增加了近100亿元，消费基金增加了580多亿元，1980年与1978年相比，积累比重由36.5%下降到31.6%，消费比重由63.5%上升到68.4%；农轻重比例开始变化，农业、轻工业发展较快，1979年粮食产量创造了历史最高纪录，轻工业增长速度超过了重工业增长速度，轻重工业的比重，1980年与1978年相比，轻工业由43.1%上升为47.2%，重工业由56.9%下降为52.8%。另一方面，经济形势的好转中也潜伏着危险，主要是基本建设投资控制不住，国家直接安排的基本建设没有减下来，地方、部门、企业的基本建设增加过多；大幅度提高农副产品收购价格，安排就业、提高工资、发放奖金，使得消费基金增长过快。这样，对积累基金与消费基金的安排超过了国民收入，国家安排的基本建设开支和各种消费开支超过了财政收入，导致财政赤字、增发货币，1979年和1980年两年财政赤字近300亿元，增发货币72亿元；市场货币流通量增多，1979年零售物价比上年上升了1.9%，1980年又比上年上升了6%。这种状况发展下去，刚刚好转的经济形势就会逆转，农民和职工在经济上已经得到的好处也将丧失，从而造成严重后果，甚至会影响局势的稳定。

1980年12月，中共中央召开工作会议，全面分析了当时的经济形势，做出了进一步调整国民经济的重大决策。会议决定，一方面要大规模压缩基本建设投资，缩减国防费和行政管理费，减少财政开支；另一方面要继续加快农业、轻工业的发展，增加消费品生产，开辟财源。该退的坚决后退，该进的坚决前进，才能实现财政收支和信贷的平衡，把市场物价稳定下来。会议强调，为了搞好调整，克服困难，在宏观经济方面，对于为了扭转国民经济被动状况而采取的重大措施，要高度集中统一，服从中央统一指挥。但并不是什么都要集中，把什么都搞得死死的，而是要在加强经济计划指导和行政

干预的同时,继续发挥企业和基层单位的积极性、主动性,把该搞活的事情搞活。会议确定了处理调整和改革关系的原则,即改革必须服从调整,有利于调整的改革要继续抓紧进行,与调整有矛盾的改革则适当推迟,并对经济体制改革工作重新作了部署。

一、按照调整国民经济的要求,党和政府采取一系列加强宏观管理的措施

(一)控制固定资产投资。1981年3月,国务院下达《关于加强基本建设计划管理、控制基本建设规模的若干规定》,强调基本建设必须实行高度集中统一,全国基本建设总规模由国务院确定,基本建设计划的审批权集中在中央与省、市、自治区两级,新建、扩建的大中型项目由国家计划委员会审批,总投资在1亿元以上的项目需报国务院批准,小型项目分别由各部门和省、市、自治区计划委员会在国家核定的投资额内审定。1981年成功地压缩和控制了基本建设投资,由1980年的558亿元,缩减到1981年的442亿元,下降了20.7%,其中国家直接安排的投资由349亿元,缩减到251亿元,下降了28%。这不仅减少了财政支出,为实现财政收支基本平衡奠定了基础,而且随着基本建设投资的减少,生产性需求的压缩,促使重工业改变服务方向,为加快农业、轻工业的发展创造了条件。这是经济由被动转为主动的关键一着。但是经济形势开始好转后,投资又膨胀起来。1982年,基本建设投资再次猛增到555亿元,比1981年增加了113亿元。对此,赵紫阳同志深刻地指出:"建国以来,在经济建设上发生的几次重大挫折,除了政治上的原因以外,从经济上来说,都是同盲目扩大基本建设规模分不开的。""经过调整,一旦形势好了,往往旧病复发,又去盲目扩大基本建设规模。这方面的教训对我们来说实在太深刻了,今后再也不能重犯这种错误了。"[①] 为了有效地控制基本建设规模,加强重点建设,从1983年起,对预算外资金征收10%的能

---

① 赵紫阳:《关于第六个五年计划的报告》,《中华人民共和国第五届全国人民代表大会第五次会议文件》,人民出版社1983年1月第1版,第98页。

源交通建设基金,同年下半年又提高到15%。对于加工工业产品和耗能高的产品项目的建设,除大中型项目按国家规定权限审批外,小型项目的计划任务书,必须经省、市、自治区和产品归口部门共同审批联名下达。基本建设投资关系到国民经济发展的方向和比例,对基本建设投资能否实行正确有效的管理,是社会主义计划经济能否发挥其优越性的关键。这是中国经济体制改革中需要探索解决的一个重大问题。

(二)严格财政和信贷管理。1981年,国务院做出了关于平衡财政收支、严格财政管理的八项决定,即努力增加收入,坚决压缩支出,保证中央和地方两级财政的收支平衡;坚决维护国家税收制度,不许随意改变税种、税率和减免税收;努力提高企业的盈利水平,保证企业利润及时足额地上交国家;严格基本建设拨款的管理和监督,坚决缩短基本建设战线;认真压缩超储积压物资,节约流动资金;大力节减事业费和行政经费;严格执行国家预算管理制度;严肃财经纪律。同时,国务院还下达了《关于切实加强信贷管理、严格控制货币发行的决定》。1981年由于坚决贯彻调整措施,财政赤字从1980年的127亿元减少为25亿元,增发货币的数量也比上年减少,基本上实现了财政收支和信贷收支的平衡。

(三)制止滥发奖金。1981年1月和5月,国务院先后两次下达关于正确实行奖励制度、坚决制止滥发奖金的规定,要求各省、市、自治区和国务院各部门所属企业,以主管局为单位,全年发放的奖金总额,控制在实行奖励制度的职工1个月至2个月标准工资总额之内,个别企业各项经济技术指标完成得特别好,贡献特别大的,全年发放的奖金总额可以多一些,但最多不得超过3个月的标准工资总额。在没有找到对企业实行有效管理和合理考核办法以前,采取这些控制措施是必要的,对制止滥发奖金起了一定的作用,但这不能从根本上解决问题。盈利增长快的企业,要求突破规定,多发奖金;盈利下降甚至亏损的企业,也不少发奖金;有些明里不发,暗里发奖金,或滥发实物,致使奖金的增长继续超过生产的增长和劳动生产率的提高。据统计,1982年全国职工的奖金和计件超额工资共达109亿元,比上年增加19.8%,1983年上半年奖金又比上一年同期增加18%,远远超过生产增长和劳动生产率提高的幅度。

（四）稳定市场物价。国务院在1980年12月和1982年1月，两次采取断然措施控制市场物价，决定凡由国家规定牌价的工农业商品，在全国各地的零售价格，一律执行国家规定，不得提高。各种议价商品，在全国各大城市、中等城市、小城市、工矿区、县城和县以下城镇的零售价格，只能降低，不许提高。这对稳定某些生活必需品的价格起了一定作用，物价上升指数比上年有所降低。但是由于消费基金的增长超过生产的增长，对违反物价规定的企业缺乏严格的监督和制裁措施，控制物价仍是有待于解决的问题。为了使物价管理有所遵循，1982年国务院发布了《物价管理暂行条例》，规定按照商品对国计民生影响的大小不同，分别采取国家定价、国家规定范围内的企业定价和集市贸易价。重要的工农业品价格、重要的交通运输价格、重要的非商品收费和物资管理费，由国家物价局和国务院有关业务主管部门管理；比较重要的工农业品价格、交通运输价格和非商品收费，由地方各级人民政府物价部门和有关业务主管部门管理；其他工农业品价格和非商品收费，工商企业在国家政策规定的范围内有定价权。在稳定市场物价的同时，国务院决定从1982年9月起，先将160种三类小商品价格放开，实行市场调节，工商企业协商定价。到1983年年末，经国务院批准实行价格放开的小商品已达500多种。这些商品品种繁多、规格复杂、生产分散、供求变化快，由主管部门统一定价，层层报批，管得过死，不能适应市场变化的需要。实行工商企业协商定价后，有些价格偏低、长期断档脱销的商品，通过适当提价，很快恢复了生产；有些价格偏高、限制了消费的商品，降低价格后，打开了销路。从一些地区的试行情况看，小商品价格放开后，对于鼓励生产、满足消费都起了很好的作用，价格水平升降相抵，总的趋势是稳中有降。

以上这些稳定物价的措施，有一定的积极作用，但还没有改变中国长期形成的价格严重背离价值的状况。这个问题不解决，难以考核企业的经营效果，计划管理体制、劳动工资体制、商业流通体制、对外贸易体制等方面的改革，也难以展开；国家对物价的补贴越来越多，成为财政的沉重负担。因此，不调整物价，中国经济的运转不可能走上正轨。由于价格问题十分复杂，牵涉面很广，改革和调整价格体系需要全面规划，分步骤进行。

二、在加强宏观管理的同时，继续进行各项有利于调整的改革

（一）农村普遍推行生产责任制。党中央根据亿万农民的强烈愿望，进一步总结了农村推行责任制的经验，全面肯定和高度评价了群众的创造。1981年12月召开的全国农村工作会议指出：目前实行的各种责任制，包括小段包工定额计酬，专业承包联产计酬，联产到劳，包产到户、到组，包干到户、到组等等，都是社会主义集体经济的生产责任制，是群众根据当地不同生产条件灵活运用承包形式的结果。1982年12月中共中央通过的文件《当前农村经济政策的若干问题》，进一步肯定了以农户或小组为承包单位的联产计酬责任制，认为这种分散经营和统一经营相结合的经营方式具有广泛的适应性，既可适应当前以手工劳动为主的状况和农业生产的特点，又能适应农业现代化进程中生产力发展的需要。在这种经营方式下，分户承包的家庭经营是集体经济中的一个经营层次，它和过去小私有的个体经济有着本质的区别。因此，凡是群众要求实行这种办法的地方，都应当积极支持。此后，农业生产责任制在农村中得到迅速推广。到1983年上半年，全国98％的生产队实行了各种形式的联产计酬责任制，95％的生产队实行了包产或包干到户。中国农村基本上形成了土地等重要生产资料集体所有、经营管理以户为主的经营形式，纠正了农业合作化以来长期存在的管理过分集中、经营方式过于单一的缺点，克服了过去长期存在的吃"大锅饭"的弊病，有效地调动了农民的生产积极性。在分户承包经营的基础上，到1983年年底，全国从事粮食和多种经营的专业户、重点户已达2400万户，占全国农户数的13％。他们带头勤劳致富、带头发展商品生产、带头改进生产技术，在农村经济发展中起了示范作用，而且促进了生产的专业分工和经济联合。围绕生产的产前产后的需要，各种社会化服务开始发展起来。一部分农民按照自愿互利的原则，组织了各种形式的新的经济联合和协作。随着经济的发展，通过多种形式、多种层次的经济联合，就可以把众多的分散的生产者联结起来。这是农业生产向商品化、专业化、社会化发展的必然趋势。这种组织形式适合中国农村经济的情况，促进了农业生产的发展。1982年与1978年相比，在粮食播种面积减少近1亿亩的情况下，粮食产量提高了973亿斤，增长16%。按1952年的价格计算，从1958年到1978年的21年间，农业劳动生产率提高了20.6%，而1979年到1982年的4年间，农业劳动生产率提高了22.8%；按每个农业人口提供的农副产品商品量来看，1978年比1957年只增加了19.4%，而1982年比1978年增加了34.9%。这就是说，近4年的增长速度超过了过去21年的增长速度。

（二）工商企业推行经济责任制。按照1980年12月中央工作会议的部署，为了集中精力搞好调整，主要抓好当时6000多个扩权试点企业，总结经验，巩固提高，试点面不再扩大。1981年夏季，一些地方为了落实财政上缴任务，试行对工业企业实行利润包干。这种办法，任务明确，考核简单，企业在完成包干任务后可以获得剩余利润的大部分，因而迅速推行到36000个工业企业。首都钢铁公司等一批领导班子强、基础工作好的企业，实行这种办法取得较好的效果。但是，在不合理的价格体系和不合理的经济结构没有调整的情况下，利润指标并不能正确地反映企业的经营水平，企业的生产经营也缺乏正常的外部条件。推行利润包干，促使部分企业单纯追求利润，造成生产与需要的脱节。1981年10月和1982年10月，国家经济体制改革委员会（1982年5月份以前为国务院体制改革办公室）、国家经济委员会先后两次召开总结、完善经济责任制的会议，总结了首都钢铁公司等一批先进企业推行经济责任制的经验。会议指出：经济责任制是在国家计划指导下以提高经济效益为目的，责、权、利紧密结合的生产经营管理制度。实行责任制，首先要明确企业对国家的经济责任，不仅要完成国家下达的利润指标，而且要完成产量、质量、品种、消耗、成本等各项技术经济指标。企业要把这些指标层层落实到车间、科室、班组和职工，建立健全企业的生产、技术、经营管理的各项责任制和岗位责任制。同时，进一步扩大企业经营管理自主权，把企业、职工的经济责任和经济效果同经济利益联系起来，多劳多得，有奖有罚，调动企业、职工改善经营管理、挖掘潜力的积极性。经济责任制的推行，是工业企业管理体制改革的又一次探索。它比扩大企业自主权的试点前进了一步，在国家与企业的关系上，强调了责、权、利的结合，并且把企业对国家承担的责任放在首位；在企业内部的关系上，围绕企业的总目标，把各个环节用责任与利益联结起来，为正确处理国家、企业、职工的关系积累了经验。

商业系统从1979年起实行了全行业利润留成制度。1980年，3900个国营商业企业、500个粮食企业、4500个供销合作社，共8900个企业扩大了自主权，占商业系统独立核算单位的5%左右。1981年商业系统推行经营责任制的企业达47550个，占独立核算单位的35%，其中商业企业23800个，粮食企业11650个，供销企业1200个。实行扩权试点和经营责任制的企业采取利润包干、分成等多种形式。它们拥有部分的业务经营权，非计划商品可以自选批发机构，多渠道进货；拥有部分财权，可以支配经理基金，用于集体福利和发放奖金；拥有部分产品的削价、处理权等。在饮食、服务、修理、零售等小企业中，还试行了国家所有、职工集体或个人承包经营。这些措施，推动了商业企业扩大购销，搞活经营，加强核算，改善服务，增加营业收入。

（三）发展多种经济形式。党的十一届三中全会以来，中国集体经济和个体经济有所恢复和发展，但远远不能适应社会经济发展的需要。为了鼓励集体、个体经济的进一步发展，中共中央和国务院制定了一系列方针、政策。1981年10月，中共中央和国务院在《关于广开门路，搞活经济，解决城镇就业问题的若干决定》中指出：第六个五年计划期间，大量新成长的劳动力有待就业，同时下马和关停单位的职工以及推行经济责任制后的多余职工又需要安排，全国城镇劳动就业的任务是长期的、十分繁重的。为此，一方面要调整产业结构，发展与人民生活关系密切的商业、服务性行业和消费品生产；另一方面要调整所有制结构，着重开辟在集体经济和个体经济中的就业渠道。《决定》强调：在社会主义公有制经济占优势的前提下，实行多种经济形式和多种经营方式长期并存，是我党的一项战略决策，绝不是一种权宜之计。只有这样，才能搞活整个经济，较快较好地发展各项建设事业。《决定》要求努力办好城镇集体所有制经济，大力提倡和指导待业青年组织起来，在集体经济单位就业，在近几年内促使多种形式的集体经济有一个显著的发展。同时，按照国民经济的需要适当发展城镇劳动者个体经济，允许个体工商户请两个以内的帮手，有特殊技艺的可以带5个以内的学徒。国务院先后发布了关于城镇集体经济和个体经济的若干政策性决定，就资金筹集、经营场地、供销渠道、价格税收、收益分配等问题制定了具体政策。从1978年到1982年，城镇集体经济和个体经济有了较快的发展，5年内城镇集体企业一共安置就业人员达到1237.9万人，个体劳动者从15万人增加到147.1万人。这对繁荣经济，活跃市场，扩大就业门路，增加服务网点，方便群众生活，起了积极的作用。（见表6和表7）

城镇集体经济、个体劳动者每年新就业人数

表6　　　　　　　　　　　　　　　　　　　　　　　　　　　　　　　单位：万人

年　份	1978	1979	1980	1981	1982	合计
集体企业	152.4	318.1	278	267.1	222.3	1237.9
个体劳动者	15	17	49.8	31.9	33.4	147.1

城镇各种经济类型劳动者比重的变化

表7　　　　　　　　　　　　　　　　　　　　　　　　　　　　　　　　单位:%

	国营企业	集体企业	个体劳动者
1978年	78.3	21.3	0.6
1982年	75.5	23.2	1.3

（四）继续搞活流通。由于在国民经济的调整中，大规模压缩基本建设，生产资料供应紧张的局面得以缓和；同时压缩重工业，大力发展消费品生产，消费品供应开始好转，这就为搞活生产资料和消费资料的流通创造了条件。工业生产资料中256种统配物资，除三四十种最重要的燃料、原材料和机电产品外，基本上都敞开供应。对铜、铝、铅、锌四种有色金属原料实行凭票供应，用户可以随用随提，消除了紧张心理，这四种原料发放的票证可供应29.4万吨，实际只提取2.5万吨。1981年年末与1979年年末相比，这4种金属原料全国周转库存量减少了24.6万吨，周转期从7.4个月缩短到4.9个月。对建设项目需要的重要物资，试行承包配套供应的办法。陕西省物资局和建工局联合对112个建设项目实行承包配套供应，使建设周期缩短了1/5，基本建设单位的钢材、木材、水泥周转库存分别下降了21%、22%、34%，工程

材料成本降低5%，建设单位的材料供应人员减少70%。除了计划分配的物资采用灵活供应的办法以外，还扩大了工业生产资料自由购销的范围。生产企业在保证完成国家分配计划和物资部门优先订购之后的多余产品，计划分配和优先订购以外的其他产品，生产企业自己组织原材料、燃料生产的产品和试制的新产品以及物资经营单位在保证完成分配调拨计划的前提下敞开供应的产品，都可以进入市场自由交易。适应这种需要，许多地方开办了生产资料商场，成为物资商业化经营的一种新方式。1981年，全国综合性交易商场发展到64个，营业额达6亿多元。

对工业消费品采取了多种购销形式：棉纱、棉布、汽油、煤油、柴油等11种商品实行统购统销；肉、蛋、糖、烟、手表、自行车、火柴、肥皂等27种商品实行计划收购；其他商品实行订购、选购。1981年商业收购工业品总额达966亿元，其中统购统销商品占31%，计划收购商品占30%，订购商品占12%，选购商品占27%。除国营商业、供销合作社的主要流通渠道外，集体商业和个体商业有了相当的恢复和发展。1982年与1978年相比，集体所有制商业的零售总额增加2.68倍，占社会商品零售总额的比重由7.2%提高到16.1%；个体商业的零售总额增加了34.5倍，占社会商品零售总额的比重由0.1%提高到2.9%。其他工商、农商、工贸联营等经营形式大量涌现，许多工厂、农场开设了自销门市部或实行厂店挂钩，各地还建立了贸易货栈，开办了个体劳动者经营的小商品市场。1982年6月，进一步把工业消费品流通由城乡分工改为按商品分工、城乡通开、归口经营、城乡统管的新体制，统筹安排全国城乡市场。

外贸体制的改革，贯彻统一领导、联合对外、分头经营、发挥各方面积极性的方针，从1981年下半年起实行出口商品分类经营。28种大宗、重要的商品，由外贸专业进出口总公司统一经营或负责组织联合统一对外成交，由省、市、自治区交货、履约；173种由各地、各部门交叉经营，而国外市场竞争激烈，以及国外对我商品进口有配额、限额等限制的出口商品，在外贸专业总公司协调下分别由经营出口的省、市、自治区对外成交；其他商品由各省、市、自治区自行经营出口。对石油、煤炭、钢材、生铁、木材、水泥、橡胶、大米等87种紧缺物资的出口和21种进口商品,实行许可证制度;对若干种资源性的出口商品,以及限制进口的少数商品,调整了关税;在出口中实行了配额管理。在对外贸易中,统一对外的协调工作有所加强,但是许多问题仍有待于解决。特别是外贸经营权下放和分散到地方和部门以后,多头对外、肥水外流的现象未能克服。这些都需要在进一步改革中解决。

吸引国外投资有了进一步的发展。至1982年年底,全国已批准设立中外合资经营企业48家,投资总额2亿多美元,其中吸收外商投资1亿美元。到1983年年底为止,深圳经济特区与外商签订协议2378项,协议投资总额15亿美元,已投入使用的外资4亿美元。珠海、汕头、厦门特区正抓紧进行基础设施的修建工作,为进一步吸收外资作准备。

(五)推进企业改组和经济联合。改变不合理的经济结构,实现工业结构、产品结构和组织结构合理化是调整国民经济的重要任务。通过改组和联合,将分散的"大而全"、"小而全"的企业合理地组织起来,既符合调整的要求,又是经济体制改革的一项内容。这项工作自1979年以来逐步开展起来。

从城市范围内的改组来说,有三种形式:一是围绕优质名牌产品组织专业化协作。有的是在不改变企业隶属关系的情况下实行松散的联合,即组织"一条龙"。如常州市纺织行业灯芯绒"一条龙",使纺、织、印、染4个生产环节衔接起来,配套成龙,21年来生产有了很大发展。到1982年,产品已发展到8大类200多种品种规格、2000多种花色,获得了金质奖,运销66个国家和地区,出口量占全国灯芯绒出口数的40%左右。有的是紧密的联合,即组织专业公司和总厂。如天津色织公司下属12个织厂,原来产品分工很不合理,"一种产品,多家生产",影响生产效率和产品质量的提高。公司按照"工厂产品要专、公司品种要全"的方针,合理调整了产品分工,实现了专业化生产,使各厂很快提高了产品质量和生产效率。全国色织布19个名牌产品中,该公司就占了7个,还有12个产品被纺织部命名为优质产品。二是组织工艺协作中心。1981年天津市对313个电镀厂进行改组,撤销了122个,重点发展了14个专业厂,每年可节电150万度,节煤2000吨,减少污水排放

40多万吨，劳动生产率提高了55%，成本下降了10%。南京市先后建立2个热处理协作中心，将200多个全能厂的热处理车间的热处理件集中生产，每年可节电800万度。全国已有41个工业城市组织了铸造、锻造、电镀、热处理的专业化，对耗能高、污染严重、技术水平低的一批工艺生产点实行了关停并转。三是实现生产服务的社会化。如天津市机械工业系统建立了设备维修中心，下设6个不同类的机床修理厂、3个备件厂以及锅炉修理厂、电机变压器修造试验厂等单位，不仅统一担负了本系统机床和各种设备的大修任务，并承接社会上的修理任务，大修的效率、质量大大提高，成本也下降了。天津市还将各行业分散的货运汽车在局和公司的范围集中起来，组成200个专业车队，集中的汽车占社会分散车辆的1/4，运输效率有了较大的提高。

跨行业、跨部门的改组联合，这几年有了进一步的发展。一是围绕资源的综合利用组织起来的跨部门经济组织。如上海高桥石油化学工业总公司、南京金陵石油化学工业总公司等。南京金陵石油化学工业总公司有7个厂，生产的30多种石油化工产品相互衔接配套，是从原油加工到生产系列产品的石油化工生产体系，这些厂过去分别隶属于中央、省、市主管部门领导，业务上又归石油工业部、化学工业部、轻工业部指导，割裂了生产的有机联系。7个厂联合起来以后，1982年在原油加工量比上一年大大减少的情况下，工业总产值增长了7.5%，实现利润增长17.7%，上缴利润增长9.8%。二是跨地区、跨部门实行零部件专业化协作。如嘉陵机器厂是一个军工企业，按原有承担军品任务以后富余的生产能力，一年只能生产摩托车3万辆。他们贯彻了军工生产与民用生产相结合的方针，采取了专业化协作的办法，在地方政府和主管部门的支持下，联合了8家工厂，其中有中央部和军队直属的军工厂，也有地方所属的国营企业和集体所有制企业，组成了重庆"嘉陵牌"摩托车经济联合体，此外还有111个协作厂。参加联合体的工厂发挥了各自的优势，只用了3年多时间，投资600多万元，就形成了年产15万辆的生产能力。如果新建一座同样规模的摩托车工厂，至少需要投资6000万元，费时4年左右才能投产。目前，"嘉陵牌"摩托车无论在产量和质量上均在全国同类产品中居领先地位，产品供不应求。三是发展了工商结合、工贸结合、工农结合、农工商结合等多种形式的经济联合体。如青岛纺织品公司、上海制线织带公司、济南食品产销公司，实行工商结合，以销售促生产，出现了产销两旺的新局面；重庆长江农工商联合体、天津渤海农工商联合体，联合的范围不断扩大，很多生产队、专业户参加联合，工农两利，经济效益提高，生产销售不断发展。

这几年，还组建了一批全国性的公司，如中国船舶工业总公司、中国汽车工业公司、中国石油化学工业总公司、中国有色金属工业总公司等。这些公司成立后，在制定全行业的规划，统筹安排行业内主要工厂的科研、生产和技术改造，推动企业的改组联合等方面都起了积极的作用。如船舶工业总公司将原第六机械工业部和交通部所属的主要造船、修船企业和科研设计单位组织起来，成为一个修造结合、军民结合、工贸结合、科研生产结合的经济实体，他们在交通部的大力支持下，已将国内第六个五年计划期间所需的各类船舶作了安排。汽车工业公司成立以后，推动了全行业的调整和改组、联合，1981年全国的汽车厂共有73家，现在产品列入国家生产计划的已调整为37家，其中有30家参加了汽车工业公司下属的6个汽车联营公司，初步改变了重复建设、重复生产的局面。除了国务院批准成立的全国性公司外，国务院38个部门还成立全国性公司120个，其中有相当一部分是行政性公司或事业单位性质的公司。

改组联合中值得重视的一种形式是科研与生产的联合。大连市近几年组织了12个科研生产联合体，全市参加联合体的有37个研究所、10个设计院、11所院校、88个工厂及9个专业局。此外，还有外省市的1个设计院和9个工厂参加，使科研教学单位有了成果推广和技术转让的固定场所，工厂有了新产品开发和技术培训的依靠力量，经济效益显著提高。科研与生产的联合，有利于发挥城市的科技优势，有利于加快科研成果的推广运用，有利于引进技术的消化和新产品的开发。

但是，由于按条块管理的体制没有改变，条块分割，部门、地方自成体系，各自维护自己的利益，因而企业的改组、联合阻力重重。特别是跨行业、跨地区的经济联合，要真正办成经济实体，更是步履维艰。现在已经成立的许多公司，实际上只是原有的行政机构换了一块招牌，并不是企业性公司。因此，需要结合整个经济体制的改革，来进一步推进这项工作。

总起来说，从1980年12月的中央工作会议以来，国民经济在进一步调整中，宏观管理有所加强，搞活经济的改革措施继续进行，为正确处理调整与改革的关系、宏观管理与微观搞活的关系提供了新的经验。同时，也存在着一些有待于进一步解决的问题。这几年，国民经济在大幅度的调整中继续增长，1982年同1978年相比，农业总产值平均每年增长7.5%，工业总产值平均每年增长7.2%，国民收入平均每年增长6.3%。同时期，农民平均每人纯收入、职工家庭平均每人用于生活费收入，扣除物价上涨因素，分别增长67.4%和38.3%。城乡新建住宅25亿平方米，城镇安排了3800多万人就业。整个经济在面临困难的条件下取得这样的成绩，是贯彻执行"调整、改革、整顿、提高"方针的结果，与经济体制的改革是分不开的。

第四节 党的十二大和五届人大五次会议、六届人大一次会议对经济体制改革所作的新部署

1982年9月，中国共产党第十二次全国代表大会召开，胡耀邦同志所作的《全面开创社会主义现代化建设的新局面》的报告，正确地分析了中国的政治和经济形势，提出了经济建设的宏伟目标，在总结前4年改革经验的基础上确定了经济体制改革的基本原则。

前几年，地方、企业自有资金增加较多，并且往往用于不符合全国范围整体需要的建设，而国家急需的能源、交通建设却缺乏资金。因此，要实现今后20年的战略目标，必须由国家集中必要的资金，分清轻重缓急，进行重点建设。为此，必须调动各方面的积极性，努力发展生产，提高经济效益，使国民收入有较快的增长，同时要改变资金过于分散的现象。前几年，党和政府为改善人民生活做了很大的努力，这是完全必要的，但消费基金增长过快，这种情况是不能长期维持下去的。为了保证人民的根本利益和长远利益，城乡人民生活水平的提高只能靠努力发展生产，而不能靠减少国家必不可少的建设资金。

社会主义国营经济在整个国民经济中必须居于主导地位。但是建国以来正反两方面的历史经验告诉我们，由于中国生产力发展水平总的说来还比较低，又很不平衡，在很长时期内需要多种经济形式同时并存。在农村，劳动人民集体所有制的合作经济是主要经济形式。前几年在农村建立的多种形式的生产责任制，就是群众对集体经济形式的伟大创造。城镇手工业、工业、建筑业、运输业、商业和服务业，有相当部分应当由集体举办。城镇青年和其他居民集资经营的合作经济，应当给以支持和指导。在农村和城市，都要鼓励劳动者个体经济在国家规定的范围内和工商行政管理下适当发展，作为公有制经济的必要的、有益的补充。只有多种经济形式的合理配置和发展，才能繁荣城乡经济，方便人民生活。

前4年的改革经验还证明，正确贯彻计划经济为主、市场调节为辅的原则，对于搞活经济是十分重要的。中国在公有制基础上实行计划经济，有计划的生产和流通，是中国国民经济的主体。同时，允许对于部分产品的生产和流通不作计划，由市场来调节。这一部分是有计划生产和流通的补充，是从属的、次要的，但又是必需的、有益的。国家通过经济计划的综合平衡和市场调节的辅助作用，保证国民经济按比例地协调发展。

粉碎"四人帮"以来，中国实行对外开放的政策，按照平等互利原则扩大对外经济技术交流，这是中国坚定不移的战略方针。扩大对外经济技术交流，目的是增强自力更生的能力，促进民族经济的发展，而决不能损害民族经济。要在统一计划、统一政策和联合对外的前提下，发挥地方、部门和企业开展对外经济活动的积极性，同时反对任何损害国家民族利益的行为。

胡耀邦同志的报告，就经济建设和体制改革的一系列重大问题作了总结，为今后的改革指出了方向。

在1982年11月召开的第五届全国人民代表大会第五次会议关于《关于第六个五年计划的报告》，作出了积极稳妥地加快改革进程的具体部署。

1979年以来，随着国民经济的调整，积累和消费的比例关系，农业、轻工业和重工业的比例关系，已经基本上趋于协调。这就为进一步推进经济体制改革提供了有利条件。改革的进程有必要也有可能适当加快。为了更好地发挥税收在经济活动中的调节作用，进一步改进国家与企业的关系，增强企业的活力，要改革税制，加快以税代利的步伐。对国营大中型企业的以税代利改革，分两步走：第一步，实行税利并存，即在企业实现的利润中，先征收一定比例的所得税和地方税，对税后利润采取多种形式在国家和企业之间合理分配；第二步，在价格体系基本趋于合理的基础上，再根据盈利多少征收累进所得税。对国营小型企业，分期分批推行由集体或职工个人承包、租赁等多种经营方式，实行国家征税、资金付费、自负盈亏的制度。

中国经济生活中长期存在着城乡分割，条块分割，生产重复，流通堵塞，运输浪费，领导多头，互相牵制等现象。解决这个问题，一是要注意发挥行业的作用，一是要注意发挥城市的作用，特别要着重发挥大中城市在组织经济方面的作用。要以经济比较发达的城市为中心，带动周围的农村，逐步形成以城市为依托的各种规模和各种类型的经济区。党的十一届三中全会以来，进入交换的农副产品和工业消费品都比过去丰富得多了。相形之下，商品流通体制已越来越不适应形势的要求。因此，必须把改革流通体制提到重要议事日程上来。

赵紫阳总理在这个报告中，把上述改革任务归结起来后提出：今后3年内，除了制定全面的改革方案外，重点是做三件事：对国营企业逐步推行以税代利，改进国家和企业的关系；发挥中心城市的作用，解决"条条"和"块块"的矛盾；改革商业流通体制，促进商品生产和商品流通。通过这三项工作，把整个经济体制改革工作带动起来。

胡耀邦、邓小平、陈云等同志就经济体制改革工作，先后作了多次重要讲话。邓小平同志强调，经济体制改革是今后20年中，我们要抓紧的四项工作之一，是进行四个现代化建设的一项重要保证，改革必须贯穿于"四化"的全过程；并提出衡量改革的三条标准：有利于建设有中国特色的社会主义；有利于国家兴旺发达；有利于人民的富裕幸福。胡耀邦同志把改革作为我党领导"四化"建设的一个极为重要的指导思想和关系我们事业成败的大事，突出地提到全党面前。陈云同志对这次改革极为重视，认为其广度和深度都超过了1956年的"三大改造"。这些重要讲话，进一步提高了全党、全国人民对改革的重要性和迫切性的认识。

通过改革实践，全党对改革的艰巨性和复杂性也有了更加清醒的认识。中国农业的改革，经过近 5 年的探索，取得了成功的经验。城市工商业的改革，在许多方面要复杂得多。从生产力水平看，工业企业的生产规模、技术装备程度以及在国计民生中的地位，存在很大差别，需要采取多种不同的经营管理方式；就社会化程度说，工商企业的生产经营，在很大程度上要受到动力、原料、价格、供销、协作等外部条件的影响，如何正确地计算劳动成果，贯彻按劳分配的原则，是一项难度很大的工作；对财政收入的影响来讲，工商企业上缴的税利，占国家财政收入的 90% 左右，怎样恰当地处理国家、企业、职工的利益分配，直接关系到国民经济的全局；城市工商业的改革与消费者的关系十分密切，处理不当容易损害群众的利益。至于整个经济体制的改革，涉及的面更广，受各方面条件的制约更多。因此，改革既要坚定不移，勇于创新，又要循序渐进，避免出现大的反复。应该按照陈云同志讲的"体制必须改革，改革必须经过试点"的精神，坚持有领导、有步骤地进行。

按照党中央和国务院的部署，从 1983 年起，在经济体制的几个重要方面，加快了改革的进程：

（一）实行以税代利。自 1979 年扩大企业自主权试点和推行经济责任制以来，在国家与国营企业的分配关系上，采取了三种类型和六种具体形式。三种类型是：利润留成，盈亏包干，以纳税代替上缴利润。六种具体形式是：全额利润留成，基数利润留成加增长利润分成，超计划利润留成，利润包干或利润递增包干，亏损包干，以税代利。总结几年来企业改革的经验，以缴纳税金代替上缴利润的办法，是解决国家与企业分配关系上一条正确的路子。它的好处：一是国家与企业的分配关系采取税收形式固定下来，可以避免实行利润留成、盈利包干办法时存在的争基数、吵比例的现象，使企业把功夫真正用在改善经营管理、挖掘内部潜力上；二是企业实现利润后以税收形式作为第一笔扣除上缴国家，可以保证国家财政收入的稳定增长；三是减少部门、地区对企业不必要的行政干预，企业在照章纳税后能够更加自主地安排生产经营活动，为把企业从"条条""块块"的束缚中解脱出来创造条件；

四是国家根据宏观经济的需要，可以采取调整税率、减免税收负担等措施，调节生产和分配，促进国民经济的协调发展。国务院坚定不移地推进这项改革，于1983年4月，批准了财政部提出的《关于国营企业利改税推行办法》，决定从1983年1月1日起实行，征收工作从1983年6月1日开始办理。办法规定：凡有盈利的国营大中型企业，按实现利润55%的税率缴纳所得税。剩余利润，一部分按照国家核定的留利水平留给企业，一部分根据企业的不同情况，分别采取递增包干、固定比例、定额包干、调节税等办法上缴国家。凡有盈利的国营小型企业，按八级超额累进税率缴纳所得税，缴税以后由企业自负盈亏。对一些企业已实行的包干办法、留成办法和承包制的，应分别不同情况改过来，或作其他处理。据1983年7月统计，国营工商业已征收所得税的户数，占应征税总户数的98%以上。这个办法的推行，开始显示出它的优越性。首先保证国家财政收入的稳定增长和及时入库。1983年1至5月份全国财政收入414亿元，每月平均收入82.8亿元。推行利改税后的6至10月份财政收入547.7亿元，每月平均收109.5亿元。财政收入显著增加，与1982年同期比较，财政收入增加了13%。由于利改税办法规定逾期缴纳税款加收滞纳金，促使企业按时足额缴纳税金，企业拖欠上缴利润大幅度下降。其次给了企业一定的压力和动力，企业按时缴纳税金，不能象过去那样占用上缴利润作流动资金，促使企业改善经营管理，加快资金周转。实行利改税，企业在较大幅度地增加盈利并完成上缴税利任务后，就能增加自己所得，可以推动企业努力提高经济效益。

（二）发挥中心城市的作用。为了取得城市改革的经验，早在1981年10月和1982年3月，经国务院批准，确定在湖北省沙市市和江苏省常州市进行经济体制综合改革的试点。1982年10月，国家经济体制改革委员会召开了有江苏省、湖北省、常州市、沙市市以及国务院有关部委参加的常州、沙市经济体制综合改革试点工作座谈会，会上议定了机构改革、企业改组联合、计划管理、财政税收、银行信贷、商业、外贸、物资、劳动工资、科技、教育等11个单项改革方案，并安排了1983年综合改革的几项重点工作。为了取得大城市改革的经验，1983年2月，中共中央、国务院批准在重庆市进行经济体制综合改革试点。当时的国务委员、国家经济体制改革委员会第一副主任薄一波，在部署各有关部委参加重庆改革试点时指出：重庆综合改革试点的目的是，通过改革，合理组织重庆及其周围地区的经济，发展与外地、外省的经济联合，打通与海外的经济联系，使重庆真正成为一个综合性的开放型的经济中心，为四川、为西南、为全国的经济发展和改革做出更大的贡献。国务院28个部委，会同四川省和重庆市政府共同制定了具体改革方案，已批准利改税、劳动工资、物资、外贸、银行等14个单项方案并开始试行。重庆市经济体制的综合改革试点虽然刚开始起步，但已取得初步成效。1983年与上年相比，全市工农业总产值增长11％，其中农业总产值增长7.69％，工业总产值增长12.1％，实现利润增长22.7％，上缴税利增长18.1％，市财政收入增长6.4％。为了更好地发挥中心城市的作用，一些省结合行政机构改革，实行了撤销专区行署、由市领导县的新体制。到1983年11月为止，包括原来已经实行这种体制的和经国务院新批准的，全国共有121个省辖市领导511个县，分别占全国省辖市总数144个的84％和全国县总数2057个的25％。辽宁省从1958年以来试行市管县体制的经验证明，这样做有利于条块结合、城乡结合，发挥中心城市的经济、科技、文化优势，充分利用农村资源，以城市支援农村，促进城乡经济的协调发展。国务院还批准成立了上海经济区规划办公室、山西能源基地规划办公室和东北能源交通规划办公室，探索在更大的范围内解决条块分割、合理组织经济活动的问题。上海经济区，包括上海市和江苏、浙江两省部分地区共10个市57个县所辖地区，地处长江三角洲，是中国经济的精华所在。国务院初步确定上海经济区从制定区域规划入手，以上海为中心，打破地区、部门界限，实行10个市的专业化协作和经济联合，逐步实现一体化，以摸索出一套条块合理分工、城乡密切结合、政企职权分明的社会主义经济管理体制。上海经济区规划办公室成立后，进行了能源、交通、外贸、技术改造和长江口、黄浦江、太湖流域治理的规划工作，还采取经济区内省间和10个市的同行业联席会议的形式，定期研究，组织协作互助、交流经验和物资调剂。现已建立联席会议的行业有化工、纺织、机械、外贸、港口、银行、统计、邮电等，为实行各种经济联合开辟了道路。

（三）改革流通体制。适应农村商品生产迅速发展和商品交换规模日益扩大的新形势，必须加快改革农村商品流通体制，以进一步发展农业生产，繁荣农村经济。1983年2月，国家经济体制改革委员会、商业部制定了《关于改革农村商品流通体制若干问题的试行规定》，指出：凡属国家统购派购的农副产品和国家统购统销、计划收购的工业品，一切国营商业企业和供销合作社都必须保证按质、按量、按时完成国家计划任务。纳入国家计划的品种，应当随着经济形势的发展和商品供求关系的变化而逐步减少，扩大议购议销商品的范围。完成国家计划任务后的农副产品（不包括棉花）和工业消费品（不包括烟酒专卖），以及国家计划没有规定任务的一切商品，允许国营、集体、个体商业通过各种流通渠道，采取各种方式经营。各条渠道不受行政区划的限制，根据经济合理的原则，国营商业可以下乡设点经营批发，兼营必要的零售业务；供销合作社可以进城设点经营批发，兼营必要的零售业务；集体和个体等其他商业，也可以出县、出省搞长途贩运，但限于经营完成向国家交售任务后允许上市的农副产品。供销合作社一身二任，一方面承担国家计划产品的购销任务，一方面为农民推销产品，供应生产资料和生活资料，提供生产前和生产后的服务，恢复基层供销社的合作商业性质。县供销社改成县联社，作为基层社的经济联合实体。县联社和基层社要通过多种形式、多层次的联营，把各种集体企业、专业户、重点户和个体户，团结在自己周围，逐步办成供销、加工、仓储、运输、技术等综合服务中心，指导和促进农民发展多种经营，把农村经济活动，逐步引导到有计划发展的轨道上来。这个改革方案，经国务院批准后，在全国范围内试行，并逐步加以改进。

农村供销社的改革进展较快，据1983年年底的统计，在全国35000个基层社中，已有95%进行了初步改革，恢复了合作商业性质，入股社员户已占全国农户总数的80%；全国2100个县供销社中，80%以上的县建立了县联社。山东省农村供销社的改革取得了一定成效。基层社对农民在供销社创办初期投入的股金，逐户清理核实，兑现分红，并吸收新股金。1983年10月末，农民新入股的股金4700多万元，比老股金增加1.4倍多。社员股金总额占基层供销社自有流动资金的比重，由原来的4.13%上升到9.6%。供销社积极扩大经营范围和服务领域，与生产队、专业组、专业户、重点户广泛开展种植、养殖、加工、贮藏、购销等多种形式的农商联营；及时向农民提供市场信息，指导和调节商品生产项目；做好物资供应，进行技术指导，开展技术咨询服务，并努力为农民推销多余产品。全省供销社系统的商品购销，在1982年创历史最高水平的基础上，1983年1月至11月底又大幅度上升，商品购进和销售总值比上年同期分别增长16.3%和8.6%，实现利润增长2%。为促进城乡商品交流，在一些大中城市开始建立农副产品和工业品批发市场。全国新设立的农副产品批发市场有100多个。广州市开设的6个农副产品批发市场非常活跃。重庆由6个批发公司联营，举办了工业品贸易中心。它不分地区，不限对象，愿者都能来，大中小买卖都做，成为西南地区的一个工业品大交易市场。

1983年6月，第六届全国人民代表大会第一次会议的《政府工作报告》中，对中国经济体制改革作了进一步论述。他指出：我们正在和将要进行的各项改革，目的是要克服妨碍社会生产力发展的原有体制中的弊端和缺陷，逐步形成适合中国国情的新的经济体制，建设具有中国特色的社会主义。这种改革也是一场革命，但不是要动摇、背离社会主义制度，而是在社会主义自身基础上的自我改进、自我完善。通过改革，要使社会主义的基本制度日益巩固和发展，使它的各项具体制度日益健全和成熟起来，推动社会生产力顺利向前发展。

他要求各级领导认清改革的根本宗旨，牢牢把握改革的正确方向和原则。改革的每一个步骤和措施，必须有利于完成国家计划规定的各项任务；有利于国民经济协调发展；有利于兼顾国家、企业、个人三者利益，确保国家财政收入逐年有合理的增长。因此，任何一项改革，不仅要考虑到自身的合理性，而且要考虑到同其他改革的关联和配合；不仅要考虑到近期的效果，而且要考虑到长远的影响。

为了在第七个五年计划期间有步骤地全面展开经济体制改革，赵紫阳总理提出要着重解决以下问题。第一，改革计划体制，加强国家对国民经济的有效管理和指导。第二，按照社会化大生产的要求组织生产和流通，发展统一的社会主义市场。第三，改革财政体制、工资制度和劳动制度，正确处理中央、地方、企业、职工的关系。之后，国务院组织了若干小组，分别就计划体制、提高企业素质、利改税、价格、劳动工资、外贸体制等重大问题，进行深入调查研究，制订方案，为进一步制订经济体制改革总体规划打好基础，为"七五"期间全面改革的逐步展开作好准备。

第五节 评 价

党的十一届三中全会以来，中国经济体制改革进入到新的阶段。

第一，改革的自觉性、广泛性和深刻性超过了过去历次改革。近5年来的改革，是在党中央解放思想、实事求是的精神和对外开放、对内搞活经济的方针指导下进行的。全党认真总结了中国经济发展和体制改革的历史经验，与国外作了有益的交流和比较，从而正确地分析了中国原有经济体制存在的弊端，认识到：不改革，就不可能实现四个现代化，经济的振兴就没有希望，中国就要在世界的发展中落伍。因而，党中央和国务院下了很大的决心、花了很多的精力来抓改革，在党的全国代表大会上和全国人民代表大会上讨论改革、部署改革，并成立了改革的领导机构。在广大干部和群众的努力下，这次改革突破了过去主要在中央与地方的权限划分上兜圈子的做法，把改革从农村扩展到城市，从扩大基层单位自主权发展到改革上层管理机构，从生产领域扩大到流通、分配领域，在许多方面突破了长期束缚我们的旧的传统观念和不合理的经济体制。在生产资料所有制和经营方式问题上，从中国的实际情况出发，对所有制结构和经营方式进行了改革，劳动者集体经济和个体经济有了较大发展，农村集体经济和国营企业采取了多种灵活的经营方式，农村开始从自给、半自给经济向商品化、专业化、社会化的方向发展。在生产和流通领域，扩大了企业自主权，企业在完成国家计划和订货任务的前提下，有了根据市场需要安排生产和销售产品的一定权力，工业生产资料作为商品开始进入流通，企业之间围绕产品的质量、品种、服务以及部分价格开展了竞争，企业对市场的关心和适应能力大大加强了。在分配制度上，重视了物质利益原则，开始把生产经营成果与企业、职工的利益结合起来，使企业和职工关心生产经营，重视经济效果。特别是农村实行的生产责任制，较好地解决了这个问题，农民生产经营的积极性空前高涨。经济组织结构方面，在一定的范围内打破部门、地区界限，开展了经济的联合、专业化协作和资源的综合利用，在按社会化大生产的要求组织管理经济上作了有益的尝试。总之，这个时期的改革，对于解放思想、打破框框、开阔眼界做出了宝贵的贡献，为今后的改革积累了经验、开辟了道路。

第二，已进行的改革从总体上看还是初步的、探索性的。近5年来的改革取得了很大成绩，但是从改革所要达到的目标来说，还仅仅是开始。中国原有的经济体制存在的经济形式构成不合理、经营方式单一、政企不分、条块分割、企业自主权小、吃"大锅饭"等主要弊端，在这几年的改革中都不同程度地触及了，但还没有从根本上克服。农村的改革取得了很大成功，开始摸索到适合中国国情的新路子。城市的改革，还需要根据工商企业的特点，作进一步探索。具体来说，关于多种经济形式，正确地确定了在国营经济占主导地位的前提下，发展集体经济和个体经济的方针，但对个体经济的发展方向、规模、性质及管理，还需要制定具体的政策。关于国家与企业的关系，确定了利改税的正确方向，但还要解决政企合理分工，使企业真正成为相对独立的责、权、利相结合的生产经营单位，实行一定条件下的自负盈亏，使企业既有动力，又有压力，努力挖掘潜力。关于国家、集体与职工的关系，确定了贯彻按劳分配，将企业、职工的利益与经营成果、劳动贡献挂钩的原则，并试行了一些办法，但打破"大锅饭"、"铁饭碗"和加强思想政治工作的问题还没有真正解决。关于中央与地方、部门与地区的关系，开始探索以城市为中心、按经济区域合理组织经济的新路子，但还需要经过实践积累经验。关于国民经济管理，确定了计划经济为主、市场调节为辅的原则，并在运用经济手段管理经济上作了一些尝试，但是在控制积累与消费上，在指令性计划、指导性计划、市场调节范围的划分和相互衔接上，在灵活地运用经济杠杆调节经济上，都有待于创造新的经验。特别是与上述问题相关的重大理论问题，还需要进一步探讨、研究。同时，也需要尽快地制定经济体制改革的总体规划。总之，改革的任务还是十分艰巨的。

第三，改革促进了经济的发展，还要进一步解决提高经济效益的问题。近五年来的改革，初步调动了地方、部门、企业和职工的积极性，对活跃城乡经济、增加社会财富和改善人民生活起了很好的作用。这几年，国民经济在进行大幅度调整的情况下，仍然得到继续增长。整个经济在面临困难的条件下取得这样的成绩，是贯彻执行"调整、改革、整顿、提高"方针的结果，其中显然与改革也是分不开的。但是，中国经济不仅要有量的发展，更要有质的提高，即以尽可能少的投入获得更多、更好的产出。这个问题还有待于解决。从改革来说，要进一步调动各方面的积极性，并且把调动起来的积极性合理地组织起来。这就需要正确地处理微观活动与宏观管理的关系。这几年，已开始注意了搞活微观经济，但对加强宏观管理注意不够；后来采取了一些宏观控制措施，但办法还有待于改进。要把调动积极性和促进经济平衡很好地结合起来，既使微观经济充满活力，又保持国民经济按比例地协调发展，促进社会经济效益的提高。为此，必须进一步有计划地改革财政税收制度、工资制度，特别是调整、改革价格体系和管理体制，充分发挥经济杠杆的作用。

第二编
部门经济体制改革

第一章
计划管理体制的改革

中国国民经济的发展是在计划指导下进行的。毛泽东同志曾经指出:"人类的发展有了几十万年,在中国这个地方,直到现在方才取得了按照计划发展自己的经济和文化的条件。自从取得了这个条件,中国的面目就将一年一年地起变化。每一个五年将有一个较大的变化,积几个五年将有一个更大的变化。"[①] 中华人民共和国成立以来,中国社会已发生了举世瞩目的深刻变化。这是全国人民在中国共产党和人民政府的领导下,经过社会主义改造,在生产资料公有制的基础上,实行有计划的社会主义建设的结果。

社会主义的建设实践告诉我们,实行计划经济,需要建立一套以计划管理体制为主体的经济管理体制。计划管理体制涉及生产、建设、流通、分配等各个方面,制约着其他各种经济管理体制。新中国成立30多年来,中国的计划管理体制经历了多次的变革。当前,我们正在遵循党的十二大指出的方向,认真总结历史经验,以便进一步建立起更加符合中国国情的计划管理体制,以促进国民经济的健康发展,充分发挥社会主义经济的优越性。

第一节 新中国成立到第一个五年计划时期的计划管理体制

社会主义国家不仅有必要而且也有可能在全国范围内实行计划经济。

1949年新中国成立时,占全国人口1/3的老解放区,已着手进行初步的经济建设工作;特别是在东北,已经开始了有计划的经济建设。但是,占全

---

① 毛泽东:《红星集体农庄的远景规划》一文按语,《中国农村的社会主义高潮》(选本),人民出版社1956年版,第341页。

国人口2/3的新解放区，还没有获得有计划地进行经济建设的条件。为此，毛泽东同志提出了"三年准备，十年建设"的步骤。从1950年到1952年，是国民经济恢复时期，主要任务是，恢复被长期战争严重破坏的国民经济，争取财政经济状况的根本好转，为在全国范围内大规模地进行有计划的经济建设创造条件。当时全国的财政经济工作是由中央人民政府政务院财政经济委员会（以下简称中财委）统一领导的。中财委内设有计划局，具体负责计划工作。适应当时政治经济发展的要求，恢复时期的经济计划管理体制，由过去的"统一领导，分散经营"，改变为"统一领导，统一管理"。按照1950年3月中央人民政府政务院做出的《关于统一国家财政经济工作的决定》，统一了全国的财政收支、主要物资调度和现金管理；同时，还统一了铁路、邮电等方面的管理。当时这种统一管理，是通过各大行政区贯彻下去的。全国分为华北、东北、华东、中南、西南、西北6个大行政区，一个大区管几个省。实行这种集中统一的管理体制，避免了财力物力的分散和浪费，达到了有计划地集中使用的目的，迅速制止了旧中国留下的通货膨胀，稳定了市场物价。经过3年时间，工业平均每年增长34.8%，农业平均每年增长14.1%，工农业主要产品产量超过了抗日战争前最高年水平。工业在工农业总产值中的比重由1949年的30%，上升到1952年的41.5%；重工业在工业产值中的比重，由26.4%上升到35.6%。交通线路得到大力修复并进行了新建，1952年铁路营业里程达到2.29万公里，公路里程达到12.67万公里。在生产发展的基础上，人民的物质文化生活也有很大改善，1952年同1949年相比，全国职工平均工资提高70%左右，各地农民收入一般增长30%以上。这样，就为中国进入大规模的有计划的经济建设阶段奠定了基础。

从1953年到1957年，是中国发展国民经济的第一个五年计划时期。1952年11月成立了中华人民共和国国家计划委员会，1954年建立和充实了各中央部门、各大行政区、各省、市、自治区及省属市、县人民政府直至基层企业单位的计划机构，为全面开展计划工作和加强计划管理作了组织上的准备。第一个五年计划的基本任务是：集中主要力量进行以苏联帮助中国设计的156个建设单位为中心的、由限额以上的694个建设单位组成的工业建设，建立中国的社会主义工业化的初步基础；发展部分集体所有制的农业生产合作社，并发展手工业生产合作社，建立对于农业和手工业的社会主义改造的初步基础；基本上把资本主义工商业分别纳入各种形式的国家资本主义的轨道，建立对于私营工商业的社会主义改造的基础。

为了实现第一个五年计划的基本任务，按照马克思列宁主义关于计划经济的理论，实行了集中统一的计划管理体制。马克思、恩格斯指出，无产阶级夺取政权后，国家要利用所掌握的生产资料，尽可能地发展生产力，有计划地组织全国生产。列宁也指出："……建成社会主义就是建成集中的经济，由中央统一领导的经济"；他还指出，要搞好平衡协调，制定统一的经济计划①。当时，要在中国这样一个经济文化落后、发展又很不平衡的大国里，组织全国范围的大规模的有计划的经济建设，我们还没有经验，计划方法和管理体制主要是学习苏联的办法。中财委1952年1月公布的《国民经济计划编制暂行办法》，就是根据中国的具体情况，参考苏联计划工作的经验拟定的。这个办法规定，国民经济计划编制的程序是：首先自上而下地颁发控制数字，再自下而上地编报计划草案，最后再自上而下地逐级批准计划。国营工业的基层计划单位是企业，农业的基层计划单位是专署或县农林科（后来实际上是县）。物资供应与计划管理相适应，根据控制数字以及首先满足国防和国营企业需要的原则，按大行政区的范围加以汇总平衡，并提出平衡差额及解决办法，上报中财委。企业财务实行统收统支，企业财务计划是国家预算的一个组成部分。这个办法还规定，政务院审查批准中财委提出的控制数字，逐级向下颁发时，不得层层加码，生产指标和财务指标不得低于中央的控制数字，基本建设投资指标不得超过中央的控制数字。这种计划管理体制是符合当时的实际情况的。

从各种具体的计划管理体制来说，农业、财政、金融、物价等方面的计划管理体制，主要是在总结解放区管理财政经济工作的经验的基础上，由我

---

① 列宁：《在全俄中央执行委员会联席会议上的演说》，《列宁全集》第28卷，人民出版社1956年版，第378页。

们自己创造的。工业、基本建设、物资、劳动工资等方面的计划管理体制，则基本上是学习苏联 50 年代的办法，受苏联的影响较大，但也没有完全照抄照搬。陈云同志曾经指出："苏联专家搞的表太复杂，不能完全照办，必须和我们的现状结合起来。中国是农业国，不可能把每家有几个鸡、几头猪都统计起来。中国开始建设时，计划的线条是粗的，将来由粗到细。"① 中国的计划工作正是根据这一精神不断改进的。如 1953 年年度计划表格的指标过多，全国计划表格共计 257 张，指标 3381 个，这是机械地学习苏联的结果。1954 年年度就大大简化了，全国计划表格只有 161 张，指标 2454 个。又如，在工业管理方面，苏联专家曾建议把全国所有工厂都集中收归中央管理。我们没有这样办，而是实行全国统一计划下的中央和地方分级管理。

第一个五年计划时期的计划管理体制，总的来说，是符合当时实际情况的，成功的。

一、适应多种经济成分的存在，实行直接计划和间接计划相结合的计划管理制度

中共中央 1953 年批准的国家计划委员会关于《编制国民经济年度计划暂行办法》中规定：对于不同的经济成分应有不同的计划。国营经济，实行直接计划；其他经济成分，实行间接计划。对于不同规模的企业和事业，不同工作水平的单位，在计划上也有不同的要求。具体来说，对中央各部直属的国营企业，实行比较全面的计划；对地方国营企业，计划比较简单些，只规定几项主要指标；对公私合营和合作社营企业，计划更简单些；对资本主义工业，只要求省、市估算其总产值和主要产品产量；对个体手工业，只要求省、市估算其总产值；对个体农业，只规定方向性的控制指标。

这种计划制度区别于苏联当时实行的单一的指令性计划制度，是具有中国特色的。我们对国营经济实行直接计划，对私人资本主义和个体经济实行

---

① 陈云：《一九五一年财经工作要点》，《陈云文稿选编》（1949—1956 年），人民出版社 1982 年版，第 124 页。

间接计划，主要通过政策措施和经济办法进行管理，使之按照国家计划指引的方向发展。实践证明，这是一种完全可行的计划管理制度，对今天的计划管理体制改革仍然具有参考价值。例如对农业计划，根据解放区多年领导农业的经验，主要由地方管理。1955年以前，对小农经济实行估算性计划。1956年农业合作化以后，仍然实行间接计划，国家通过一系列政治工作和经济措施，如对粮食实行定产、定购、定销的"三定"政策，增产不增购；对经济作物和其他农副产品，主要依靠价格政策、农贷政策、预购合同制度、税收政策等，从各方面调动农民的积极性，来保证计划的实现。如规定合理的粮棉比价，对棉花增产计划的实现，起了很大作用。鉴于1952年规定的粮棉比价偏低，1953年棉田种植面积缩小，棉花产量下降。1954年把粮棉比价由1斤棉花相当于7斤粮食的价格，调整为相当于8斤粮食的价格，这样，棉田种植面积迅速扩大，除1954年和1956年因灾减产外，棉花产量陆续上升，1957年达到3280万担，超额完成了第一个五年计划规定的3270万担的指标。

二、对国民经济的发展实行"统一计划，分级管理"的制度

中国是一个大国，人口众多，地域辽阔，各地经济发展不平衡，在经济上实行中央和地方分级管理的制度。新中国成立初期在中央人民政府统一领导下，划分了华北、东北、华东、中南、西南、西北六个大区。1954年为了适应在计划经济下加强统一管理的需要，取消了大区建制。对工业、农业、商业、基本建设、交通运输、文教卫生等事业，都实行中央（各主管部）和地方（各省、市、自治区）分级管理。

按照分级管理的制度，国民经济计划的编制，按中央（各主管部）和地方（各省、市、自治区）两个系统进行，而以中央主管部门为主，由国家计划委员会汇总综合，编制全国的国民经济计划。以1954年年度计划为例，中央各部的计划表格112张，指标1804个，主要是重工业、基本建设等方面的任务；地方计划表格49张，指标650个，主要是农业、地方工业、地方交通、文教卫生等方面的任务，大体反映了以中央集中管理为主的计划管理体

制。当时，国营工业大多数骨干企业，由中央各部实行直接计划管理。对中央各部直属的国营工业企业，由国务院批准下达的指令性指标共有12个，即：总产值、主要产品产量、新产品试制、重要的技术经济定额、成本降低率、成本降低额、职工总数、年底职工到达数、工资总额、平均工资、劳动生产率、利润。国营工业企业的产品，生产资料采取计划调拨，日用消费品采取统购包销的办法。1956年，生产资料私有制的社会主义改造基本完成后，对公私合营企业一般也采用了对国营企业的管理办法。从1953年到1957年，中央各部的直属企业由2800多个增加到9300个，产值占国营工业总产值的50%。国家计委管理的工业产品，由110多种增加到300多种，占工业总产值的60%左右。计划分配的物资，由227种增加到532种。财政收入由223亿元增加到310亿元，中央财政直接组织的收入占40%，加上地方财政上解的收入，由中央支配的财力占国家预算收入的75%，由地方支配的财力占25%。基本建设投资和大中型建设项目，绝大多数由中央直接安排，少数由地方安排。这样，中央集中了相当多的财力物力，为有计划地进行以重工业为中心的基本建设，实现较高的经济增长速度创造了条件。

三、在第一个五年计划后期，适当扩大了地方和企业的计划权限

经过几年的实践，党中央已经发觉当时在工业、基本建设、物资等计划管理方面存在集中管理过多的问题，束缚了地方和企业的积极性，不利于生产的发展。毛泽东同志1956年在《论十大关系》中指出，应当在巩固中央统一领导的前提下，扩大一点地方的权力，给地方更多的独立性，让地方办更多的事情①。

为了适当扩大地方的计划权限，改变中央集权过多的现象，国务院在1956年、1957年两年多次研究了体制问题。周恩来同志提出了划分中央和地方管理权限的一些原则：明确规定各省、自治区、直辖市有一定范围的计划、财政、企业、事业、物资、人事的管理权；凡关系整个国民经济而带全局性、

---

① 毛泽东：《论十大关系》，人民出版社1976年单行本，第11页。

关键性、集中性的企业和事业，由中央管理，其他的企业和事业，应该尽可能地多交给地方管理；中央管理的主要计划和财务指标，由国务院统一下达；某些主要计划指标和人员编制名额等，给地方留一定的调整幅度和机动权；保证民族自治地方各项自治权利，注意帮助少数民族地区政治、经济、文化事业的发展等等[①]。

1957年11月国务院作出了《关于改进工业管理体制的规定》，决定将大部分轻纺工业企业、一部分重工业企业（大型冶金、大型化工、重大能源基地、大型精密机器制造、军工企业等仍归中央各部管理）、一部分交通港口和企业等下放给地方管理，相应增加地方物资分配的权限。一切仍归中央各部管理的企业，都实行中央和地方双重领导。下放企业的利润实行中央和地方二八分成，3年不变。下放企业的人事管理权限，归地方管理。

同时，还规定适当扩大企业的管理权限。首先，扩大计划权，在生产计划方面，国家下达的指令性指标由原来的12个减为主要产品产量、职工总数、工资总额和利润四个；在基本建设计划方面，原来国家下达的四个指令性指标（总投资额、限额以上项目、动用生产能力、建筑安装工作量）维持不变。国家计划只规定年度计划，季度计划、月度计划由企业自己制定。简化计划编制程序，由两上两下改为两下一上。其次，扩大财权，企业实行利润留成。第三，扩大人事管理权，除企业主要领导干部外，其他职工由企业负责管理。

同年，国务院还作出了关于改进商业管理体制和改进财政管理体制的规定，适当扩大了地方在这两方面的计划管理权限。这些规定，在当年曾经部分实施。

第一个五年计划时期，实行集中统一的计划管理体制，促进了中国国民经济的发展。由于集中了全国的人力、物力、财力，进行以重工业为主的工业基本建设，一批为国家工业化所必需而过去又非常薄弱的基础工业的建立，

---

① 周恩来：《关于发展国民经济的第二个五年计划的建议的报告》，《新华半月刊》1956年第20期，第45页。

奠定了中国工业化的初步基础。由于实行直接计划和间接计划相结合的经济管理体制，经济的发展既具有计划性，又具有灵活性，从而发展速度比较快，经济效果比较好，重要经济部门之间的比例比较协调，市场繁荣，物价稳定，人民生活显著改善。第一个五年计划期间，工业平均每年增长18%（计划为14.7%），农业平均每年增长4.5%（计划为4.3%）。全国全民所有制职工平均工资5年增加42.8%（计划为33%），农民收入5年增加27.9%。应该说，第一个五年计划时期的计划管理体制是成功的，基本符合中国的国情，促进了生产力的发展。当然，也存在缺点，这就是第一个五年计划后期在某些方面集中过多，对市场调节也重视不够。所以陈云同志在生产资料所有制的社会主义改造基本完成以后提出，对某些产品的国家计划管理的方法，应该有适当的变更，他指出："全国工农业产品的主要部分是按照计划生产的，但是同时有一部分产品是按照市场变化而在国家计划许可范围内自由生产的。计划生产是工农业生产的主体，按照市场变化而在国家计划许可范围内的自由生产是计划生产的补充。"① 陈云同志改革计划管理体制的这种设想，对现在的计划管理体制改革仍具有指导意义。

第二节 "大跃进"时期的计划管理体制

第一个五年计划的胜利完成，为中国国民经济的进一步发展创造了条件。1956年9月，周恩来同志在中国共产党第八次全国代表大会上作了《关于发展国民经济的第二个五年计划的建议的报告》。在第一个五年计划完成的基础上，为了保证中国大约经过三个五年计划的时间，基本上建成一个完整的工业体系，使中国由落后的农业国变为先进的工业国，第二个五年计划的基本任务之一是，继续进行以重工业为中心的工业建设，推进国民经济的技术改造，建立中国社会主义工业化的巩固基础。建议规定，第二个五年的基本建设投资比第一个五年增加1倍左右。钢产量由1957年计划的412万吨，增加

---

① 陈云：《社会主义改造基本完成以后的新问题》，《陈云同志文稿选编》（1956—1962年），人民出版社1981年版，第12页。

到1962年的1050万—1200万吨，原煤由1.13亿吨，增加到1.9亿—2.1亿吨，粮食由3856亿斤，增加到5250亿斤左右，棉花由3270万担，增加到4800万担左右，等等。这个计划的实现，将大大加强中国的经济力量，为实现过渡时期的总任务奠定基础。① 1957年12月，根据第二个五年计划的任务，编制了比较积极的、基本平衡的1958年年度计划。

但是，1958年，党的八大二次会议通过了社会主义建设总路线后，出现了"大跃进"，这些计划就被抛在一边。在高指标、瞎指挥、共产风、浮夸风严重地泛滥开来的情况下，计划管理体制的改革，脱离了原定的适当扩大地方和企业计划权限的轨道，转而为"大跃进"服务。计划部门起初因讲综合平衡，被认为四平八稳，成了批判的对象。中共中央1958年4月在有关文件中指出，为了保证工农业生产"大跃进"的实现，必须迅速改变旧的计划方法和一些不适用的规章制度，采取一些新的措施来调整生产节奏。规定全国平衡由国家经济委员会同中央主管部门进行；改革的中心是扩大地方的权限，以便充分发挥各方面的积极性。1958年9月中共中央、国务院《关于改进计划管理体制的规定》，进一步要求建立在中央集中领导下的以地区综合平衡为基础的、专业部门和地区相结合的计划管理制度。这个时期计划管理体制的主要特点：

一是中央计划权大部分下放给地方。1958年4月，中央在有关文件中规定，工业企业除了一些重要的、特殊的试验性质的企业仍归中央继续管理以外，其余企业原则上一律下放给地方管理。基本建设审批权下放，地方兴办的大中型建设项目，除了提出简要的设计任务书报中央批准外，其他设计和预算文件一律由地方审查批准。某些与中央企业没有协作关系、产品不需要全国平衡的大中型项目，设计任务书也可先由地方批准，再报中央有关部门备案。小型项目，完全由地方自行决定。物资分配权下放，计划分配的物资减少了3/4，使综合平衡发生困难。招工计划权也下放，为职工队伍急剧膨胀

---

① 周恩来：《关于发展国民经济的第二个五年计划的建议的报告》，人民出版社1956年版，第6、9、12、40页。

开了口子。

二是计划程序改为自下而上地逐级编制。当时计划的层次是：区、乡、社—专、县—省、市、自治区—协作区—全国。在"大跃进"的高潮中，各地编制出来的计划，盲目性很大。加上实行生产计划"两本账"制度，即各级计划都有两本账：一本是必成计划，这一本公布；第二本是期成计划，这一本不公布。实际上，当时各级都往期成计划使劲。结果造成层层加码，指标越来越高，全国无法进行综合平衡，使国家计划失去控制。

三是建立协作区，实行三级计划管理体制。1958年6月，中共中央发出关于加强协作区工作的决定，将全国划分为东北、华北、华东、华南、华中、西南、西北7个协作区，要求各协作区根据资源等条件，按照全国统一的规划，尽快地分别建立大型的工业骨干和经济中心，形成若干个具有比较完整的工业体系的经济区域。这样，在中央和省、市、自治区之间，增加了协作区一级。各协作区在计划工作方面的主要任务，是组织区内各省、市、自治区采取积极措施，保证完成和超额完成国家计划，并在第二个五年计划期内根据具体情况建立本协作区比较完整的工业体系。

陈云同志1959年3月指出："建立工业体系只能首先从全国范围开始，然后才是各个协作区，再后才是一些有条件的省、自治区。……如果不是这样，而是首先从协作区或省、自治区开始建立工业体系，全面铺开，齐头并进，就势必分散建设力量，推迟建设速度，妨碍整体部署。其结果不但对全国工业建设不利，而且对各省、自治区的工业建设也同样不利"。"在一个省、自治区以内，企图建立完整无缺、样样都有、万事不求人的独立的工业体系，是不切实际的。"① 但是，当时各地大办工业势不可挡，计划管理体制要为此服务，这就打乱了原来的部署，加剧了国民经济的半无政府状态。

四是实行"双轨制"的计划体制，把它纳入为"大跃进"服务的轨道。所谓"双轨制"，就是一方面，中央部门必须对自己所管的企业和地方所管的

---

① 陈云：《当前基本建设工作中的几个重大问题》，《陈云同志文稿选编》（1956—1962年），人民出版社1981年版，第72—74页。

同类企业进行全面规划；另一方面，各省、市、自治区也必须对本地区内所有中央部门管理的企业和地方管理的企业进行全面规划。国家计划委员会和经济委员会根据这两方面的计划，加以综合平衡，制定全国的计划。1958年4月决定实行这种"双轨制"的计划体制，主要是想依靠各省、市、自治区的积极性，解决"条条"与"块块"的矛盾，实现工农业生产的"大跃进"。

"大跃进"时期的计划管理体制改革，扩大了地方的计划权限，固然调动了地方的积极性，促进了地方工业的发展；但是，由于对原有的计划管理体制不加分析，一概视为条条框框，对改革的复杂性认识不足，一哄而起，计划管理权限下放过多过急；计划方法强调群众路线，否定综合平衡；计划程序打破常规，从自上而下改为自下而上，编制计划以依靠部门为主改为以依靠地方为主。这一切妨碍了国民经济的综合平衡，助长了急于求成的指导思想，造成经济上很大的混乱。总之，这次改革是一次不成功的试验。

第三节　60年代调整时期的计划管理体制

从1961年到1965年，是中国国民经济的调整时期。由于3年"大跃进"，加上1959年起连续3年农业遭受严重的自然灾害，和苏联政府背信弃义地撕毁合同，撤走专家，使国民经济发生严重困难，主要表现在：

一是农业、轻工业大幅度减产，重工业片面上升。1961年农业总产值比1957年下降24.6%，粮、棉、猪产量倒退到50年代初期水平。由此引起轻工业从1960年起减产，1962年纱、布、糖等的产量也倒退到50年代初期的水平。与此同时，重工业却持续上升，1960年比1957年增长2.3倍，比1950年增长21倍，钢产量达到1866万吨。

二是基本建设规模越来越大，财政连续3年出现赤字。1960年基本建设投资达到389亿元，比1957年的143亿元增长1.7倍。施工的大中型项目由1957年的992个，猛增至1815个，建成投产率则由26.4%下降到9.8%。基本建设拨款占财政支出的比重，由1957年的40.7%提高到54.2%，使其他经济和文化建设受挤。国家财政由1957年的收支相抵，略有结余，到"大跃进"3年转而年年出现赤字，1960年赤字多达82亿元。

三是积累率持续保持高水平，人民生活水平下降。积累率由1957年的24.9%，提高到1959年的43.8%，1960年的39.6%。职工人数和工资总额大幅度增加，货币发行猛增，市场供应十分紧张，物价上涨，居民消费水平倒退到50年代初期水平。

为了扭转这种比例失调和经济困难的局面，1960年冬中共中央决定对国民经济实行"调整、巩固、充实、提高"的八字方针。调整时期要求加强对国民经济的集中统一领导。为了贯彻这一方针，党和国家对经济计划管理体制作出了一系列规定。1961年1月中共中央作出《关于调整管理体制的若干暂行规定》。8月，中共中央又发出《关于改进经济管理体制的若干规定》。10月，中共中央批转了国家计划委员会据此拟定的《关于改进计划工作的几项决定》。调整时期的计划管理，改为按照"统一计划，分级管理"的原则，实行中央集中领导下的"条条"、"块块"互相结合的计划体制。这种体制具有以下一些特点：

一是强调全国一盘棋，加强综合平衡。各部门、各地方必须在中央的集中领导下，发挥各自的积极性。所有生产、基建、收购、财务、文教、劳动等各项工作任务，都必须执行全国一盘棋、上下一本帐的方针，不得层层加码，克服各自为政的分散现象。为了克服"大跃进"时期"以钢为纲"、一马当先、不顾其他的倾向，特别强调要搞好综合平衡，规定全面的综合平衡由国家计划委员会负责。综合平衡工作主要是要正确处理工业和农业、生产资料和消费资料、积累和消费、交通运输和生产建设、社会购买力和商品供应、文化建设和经济建设、国防建设和经济建设等的关系，合理分配人力、物力、财力，保证重点，照顾一般，瞻前顾后，留有余地，使国民经济按比例地协调发展。

计划的编制程序，由"大跃进"时期的自下而上改为"两下一上"。首先自上而下地由国务院颁发控制数字，然后自下而上地编制计划草案，最后再自上而下地由国务院批准下达计划。这样，有利于中央的方针政策的贯彻执行，使计划统一起来，不致失控。计划的范围扩大了，指标也增加了。

1963年国家计划包括农业、工业、运输和邮电、商业、外贸、文教卫生、科学研究、技术改革、城市住宅和公用事业、地质勘探、勘测设计、建筑安装、基本建设、劳动工资、成本和流通费、物资分配、国家储备、价格、综合财政、国民收入等20种,比第一个五年计划时期多4种,计划指标也比第一个五年计划时期多。

二是计划权上收,集中管理的程度加强了。鉴于"大跃进"时期权力分散,各自为政,管理混乱,调度不灵,决定经济管理大权集中到中央、中央局[①]和省、市、自治区,近两三年内更多地集中到中央和中央局。一切方针、政策、计划的制定,都统一到中央。过去中央下放给省、市、自治区和省、市、自治区下放给专、县、市、区的人权、财权和工商计划管理权,要重新进行调整,下放得不适当的,一律收回。中央直接管理的计划指标,应占各项经济活动总额的大部分:如中央管理的农业主要产品占农业总产值的70%左右;中央管理的工业主要产品占工业总产值的60%左右;中央管理的主要零售商品占社会商品零售额的70%左右;中央管理的进口商品占进口贸易额的90%左右;中央管理的出口商品占出口贸易额的85%左右;中央管理基本建设全部大中型项目,这些项目的投资额占投资总额的大部分;中央管理高等学校和中等专业学校的全部招生数和毕业生分配数。

与此同时,经济计划管理方面也进行了一些改革。这些改革包括:

(一)企业管理权上收。过去下放给专、县、市或大城市区一级管理的全国性、全省性的企业,收回归中央、中央局或省、市、自治区管理。各部门、各地方根据下述原则重新调整企业隶属关系:中央各部管理重大的、技术复杂的或产品面向全国的企业,国防工业企业,为出口服务的重点企业,铁道和重要的交通企业,县以上的邮电事业单位,商业的一级批发站。中央局管理某些重要的或产品面向几个省、市、自治区的企业和商业的二级批发站。省、市、自治区管理地方性的工业企业,地方交通和县以下的邮电事业、商

---

① 1961年1月中共中央决定成立六个中央局,取代原来的七个协作区委员会(其中华南、华中合并为中南)。

业的三级批发站。专、县、市管理公社工业、手工业和某些为农业服务的或当地生产当地销售的小型工业企业，农业机械修配网和修理站，商业的零售网和零售店。大城市的区除了管理为地方服务的公社工业和手工业外，主要是负责企业的政治思想工作和党群工作，一般不直接管理国营企业。1965 年，中央直属企业增加到 10500 个，产值占全国工业总产值的 42.3%。

（二）基本建设审批权上收。一切基本建设都必须纳入计划，任何部门和地区都不准在计划外安排项目。中央各部管理的大中型项目，一律由国家计划委员会审核，报国务院批准，小型项目由各部批准。地方管理的重大项目由国务院批准，其余大中型项目由国家计划委员会批准，小型项目由各省、市、自治区批准。设计任务书或总体设计未经批准的项目，不准列入年度基本建设计划。

（三）物资分配权上收。国家计划分配的物资，改变管理办法：凡属中央直属企业生产的物资和国家进口的物资，由中央进行全国平衡，直接分配；凡属地方企业生产的物资，实行以大区为单位的地区平衡、差额调拨、品种调剂的办法。中央直属企业所需的原材料和燃料，分配给各主管部；地方企业所需的原材料和燃料，分配给地方，改变过去归口安排的办法。机械产品实行逐级配套的办法，凡省内能配套的由省配套；省内不能配套的，由大区配套，大区内不能配套的，由全国配套。改变物资供应的组织工作，根据国家规定的分配计划，以大区为单位组织订货，改变过去集中在北京开订货大会的办法。扩大定点供应范围，固定企业之间的协作关系。1963 年计划分配物资的种类基本恢复到 1957 年的水平，达到 516 种，其中统配物资 256 种，部管物资 260 种。

国家不仅要管一、二类物资，还要管三类物资。三类物资由商业部门统一管理，企业所需农副土特产品三类物资由商业部门就近定点供应；凡属三类物资的工矿产品，由商业部门的五金、交电等专业公司负责组织供应。

（四）财权上收。加强财政管理，严格财经纪律，财权集中到中央、大区和省、市、自治区，缩小专、县、市的财权。地方财政收入，按照中央规定的分成比例，收大于支的，多余部分上缴中央；支大于收的，不足部分由中央补贴。在预算执行过程中,地方超收的归地方,短收的由地方从压缩支出解决。企业利润留成比例,1961 年由 13.2% 调低为 6.9%,1962 年取消利润留成办法。企业所需技术组织措施费、新产品试制费、劳动安全保护费和零星固定资产购置费等四项费用,改由国家拨款。财政这样集中后,从 1963 年起财政收入逐年好转,1965 年收支相抵,略有结余。中央财政直接组织的收入,由原来的 50% 提高到 60% 左右。

(五)重申货币发行权归中央。人民银行根据国民经济计划,按照物资、财政、货币平衡三结合的原则,编制货币发行计划和现金出纳计划,经中央批准,严格执行。

(六)劳动工资计划权上收。国家规定的劳动计划,各部门、各地方必须严格执行,只许减少,不许增加。中央关于压缩城镇人口和精减职工的决定,必须坚决执行。年度工资总额计划经中央批准后一律不准增加。

(七)物价管理权上收。各地方、各部门不许任意提价。一、二类物资的收购和销售价格,由中央主管部门统一规定;各地方、各部门认为某些商品价格不合理时,可向中央主管部门提出意见,但不得随便变动。国营商业收购和销售的三类物资价格,由各省、市、自治区规定,但需报中央局和中央主管部门备案。

三、区别两种所有制,实行直接计划和间接计划两种计划管理方法。"大跃进"时期,在计划管理上混淆了两种所有制的差别,用对待全民所有制实行直接计划的方法,去对待集体所有制的农业和手工业。1961 年 10 月中共中央批转国家计划委员会《关于改进计划工作的几项规定》和 1963 年 3 月拟定的《计划工作条例》中都规定,国家对全民所有制的企业和事业实行直接计划,对集体所有制的农业和手工业实行间接计划。

全民所有制单位,必须严格按照国家计划办事,国家要从人力、物力、财力的安排上给予必要的保证。集体所有制单位,应当根据党的政策、国家计划的要求和实际情况组织经济活动。国家的主管机关可以对他们下达计划或提出计划建议,但主要应当通过有关政策、经济措施和合同制度,运用价值规律和等价交换的原则加以引导,并在人力、物力、财力方面给予适当安排，来促使计划实现。

四、明确规定市场调节的范围。1961年10月，中共中央批转了国家计划委员会制定的《关于改进计划工作的几项规定》。国家计委在《规定》中指出：对手工业生产单位生产的小商品和农村人民公社、农民个人生产的土副产品，应当在商业部门的统一领导下，运用价值规律，通过供销合同和集市贸易来促进生产，活跃交流，保证全国生产和消费的需要。这里虽然没有使用市场调节的用语，但实际上对市场调节的本质和范围作了清楚的规定。这对促进小商品和农副土特产品的发展，活跃当时的经济生活起了重要作用。

调整时期由于认真执行调整、巩固、充实、提高的方针，按照农轻重次序安排国民经济计划，以及其他一系列政策，并且改革了经济计划管理体制，从1962年起经济形势开始好转，1965年全面好转，国家的经济力量比过去增强了。这个阶段计划管理体制的改革，总的看是比较成功的，由于加强集中统一和综合平衡，促使国民经济较快地扭转了比例失调，走上协调发展的轨道。同时，实践再次证明，实行直接计划和间接计划相结合的方法，适当开展市场调节，对我们这样一个经济情况比较复杂的大国来说，是保证国民经济健康发展所完全必要的。缺点是总结历史经验不够，有的是采取简单恢复过去的做法。因此，在经济形势好转以后，集中过多的弊端又暴露出来，中央和地方的矛盾又突出起来。企业自主权过小的问题依然没有解决。因此，从1964年起又陆续扩大地方和企业在物资、投资、财务等方面的权限。如当年国务院决定将地方农牧业、农业机械站和修理网、农垦、林业、水利、气象、水产、交通、商业、银行、高等教育、文化、卫生、广播、体育、科学、城市建设等19个非工业部门的基本建设投资，划归地方统筹安排，当时这部分投资占预算内投资总额的20%以上。1965年又将五小（小钢铁、小水泥、小化肥、小煤炭、小机械等）企业的产品，划归地方分配使用。地方企业的基本折旧基金全部留给地方和企业支配。

第四节 十年动乱时期的计划管理体制

十年动乱时期，经济发展和经济计划管理体制的变动，大体可以分为第三个五年计划时期（1966年至1970年）和第四个五年计划时期（1971年至1975年）两个阶段。"文化大革命"是1966年5月开始的。这样，第三个五年计划开始的头一年生产即受到影响，1967年、1968年受冲击最大，计划工作遭到严重削弱，这两年没有编制年度计划，国民经济接连下降。1969年和1970年经济有所回升，第三个五年计划主要指标基本完成。但建设布局因考虑"备战"，从沿海转到内地，要求过急，变化太大，造成财力、物力的一些损失和浪费。

第四个五年计划时期，"文化大革命"继续进行，加上强调"备战"，给经济建设带来更大影响。在计划管理上有两个重大改变：一是计划上又搞高指标、追求高速度，二是体制上又搞权力下放，而且规模之大是空前的。第四个五年计划纲要规定改变经济计划管理体制，要求实行在中央的统一领导下，自下而上，上下结合，"块块"为主，"条"、"块"结合的办法。在地区和部门计划的基础上，制定全国统一计划。为了实行这种体制，具体进行了以下变动：

一是反对"条条专政"，扩大地方的计划管理权限。执行毛泽东同志关于"搞计划要依靠地方，以省、市、自治区为主"的指示，下放大批中央直属企业给地方，同时对地方试行基本建设投资、物资、财政收支大包干。1970年前后，一直到1976年止，全国共下放中央直属的2600多个重点企业和事业单位。极少数不宜下放的企业，也实行中央部和地方双重领导，以中央部为主管理。一些关系国民经济全局和产供销属全国平衡的大型骨干企业下放后，地方管理有困难，致使生产又不得不由部代管，物资由部"戴帽"直供，基本建设由部商同地方安排，而财务却归地方财政收入。到1976年，下放地方后又由中央部代管的企业，全国共有1300多个。

二是准备恢复协作区建制，重申建立协作区工业体系。还在"文化大革命"前夕，就设想扩大各中央局管理计划的权限，由大区负责安排本地区的生产、建设，以及省、市、自治区和大区的后方建设。1975年关于改进经济管理体制的设想，根据毛泽东同志"要把协作区搞起来，一旦有事好办"的指示，重申1958年提出的地方要想办法建立独立的工业体系。首先是协作区，然后是许多省，只要有条件，都应建立比较独立的但是情况不同的工业体系。

由于大区体制几起几落，加上政治上的动乱，到1976年，6个协作区始终没有建立起来，只是1972年成立了华北协作区筹备组，在江苏省搞了几年经济计划管理体制改革试点，终以没有取得什么成果而告终。但是，这种变动的设想，对经济建设的布局却有很大的影响。

十年动乱时期，上述变动设想类似"大跃进"时期的历史重演，除了企业下放外，其他如计划、基建、物资、财政等体制变动，由于政治动乱实际上没有全面推开。因此，总的看，原有的经济计划管理体制没有大改，加上中央对煤矿、铁道等采取军管等特殊措施，维持了经济生活的运转，许多方面也得到了一些发展，特别是地方"五小"工业和一些集体所有制企业发展很快。但是，计划管理体制上该集中的没有集中，如本应由中央集中管理的大型骨干企业，统统都下放下去，效果不好；由于多头决策，资金、物资管理分散的情况更为严重，如国家计划委员会管理的工业产品由1965年的340种减少为70年代的60多种，国家统配物资由1966年的326种减少为1972年的49种，部管物资由253种减少为168种。1971年出现"三个突破"，即职工人数突破5000万人、工资总额突破300亿元、粮食销售量突破800亿斤。所有这一切，造成了国民经济的无政府和半无政府状态。同时，该分散的没有分散，如企业的经营管理权限很小，吃大锅饭的状况比"文化大革命"前更为严重，不利于经济的发展。

第五节 三中全会以来的计划管理体制

1976年10月粉碎"四人帮"，结束了十年动乱，我们国家进入了新的历史发展时期。但是，1977年、1978年由于"左"的指导思想没有清除，经济工作要求大干快上，急于求成，又犯了冒进的错误，提出一些过高的不切实际的口号和目标，工业生产追求高指标，基本建设摊子铺得很大，引进成套设备的规模超过了实际的需要和可能。这样，加剧了国民经济的比例失调，使国家的财政经济状况更加困难。

1978年12月召开的中国共产党十一届三中全会，是一个伟大转折，开始全面纠正过去"左"的错误，做出了把党和国家的工作重点转移到社会主义现代化建设上来的战略决策，提出了要解决国民经济重大比例失调的要求，制订了关于加快农业发展的决定等。1979年4月，中央工作会议提出对整个国民经济实行"调整、改革、整顿、提高"的方针。经过4年的调整，使中国农业和工业、轻工业和重工业、消费和积累等比例关系趋于协调，国民经济逐步走上健康发展的轨道。

根据党的十一届三中全会的精神，全党认真贯彻执行了"调整、改革、整顿、提高"的方针，在大力调整经济的同时，开展了经济体制的改革。这几年对经济体制实行的一些改革，主要有：

农村普遍实行生产责任制，生产队和农民在完成国家征购任务的前提下，有权自主地因地制宜安排生产；国家同时减少了收购、派购农副产品的种类和比重，通过两次提高农产品收购价格，进一步实行奖售政策等经济手段进行调节。

扩大了工、商企业经营管理方面的权限，并推行经济责任制。通过扩权，使企业在计划安排、产品购销、利润分配、资金运用等方面比过去有了较多的权力。许多企业实行利改税、利润分成、利润包干等多种形式的经济责任制，明确企业对国家的责任和职工对企业的责任，初步做到责权利的统一。

注意发挥市场调节的辅助作用。城乡集市贸易空前活跃，成交额4年扩大1.6倍。1982年以来国家已规定对几百种小商品价格放开，由工商企业协商定价，实行市场调节。一部分计划分配的物资改由物资企业经营，作为商品进入市场。

财政试行"分灶吃饭"的体制和资金实行有偿使用制度。财政体制的这种改革，调动了地方增收节支的积极性；对基本建设投资试行银行贷款代替财政拨款的办法，定额流动资金改无偿使用为有偿使用。

企业按照专业化协作的原则进行了改组联合。这几年先后成立了中国船舶工业总公司、中国石油化学工业总公司、中国汽车工业公司、中国有色金属工业公司等全国性公司，一些大中城市还成立工艺协作中心和设备维修中心，以及其他省一级的各种专业公司和总厂，参加的企业数以万计。

改变了单一的计划价格制度。1979年以来，规定商品有国家定价（主要的）、国家规定范围内的企业定价和集市贸易价三种价格形式；现实经济生活中，工农业产品实际都存在多种价格。

以上这些改革，对调动部门、地方、企业和劳动者的积极性，搞活经济，促进生产发展，起了重要作用。这些改革没有哪一项不涉及计划管理，这几年计划工作和计划管理体制也相应地作了一些初步改革，主要是：

第一，端正计划的指导思想，克服急于求成的"左"的影响。这几年，我们在计划工作中注意坚持实事求是，量力而行，循序渐进，讲求实效的原则。几个年度计划和第六个五年计划都要求以提高经济效益为中心，力争实现速度与效益的统一。

第二，重视中长期计划，开始健全计划体系。1980年拟订出第六个五年计划的基本轮廓和主要指标，1982年已由五届人大五次会议批准并下达执行；1983年起，已开始编制第七个五年计划和到2000年的设想。

第三，在计划工作中注意发挥市场调节的作用，克服单一的计划调节的缺点。在计划管理的形式上，改变了单一的指令性计划，减少指令性实物指标；允许企业在国家计划指导下，根据社会需要编制生产经营计划，经上级平衡后，纳入国家计划。

第四，开始注意运用经济杠杆，改单纯靠分投资、分物资为靠计划指标管理的办法。1979年、1980年，计划部门在有关部门的配合下，提高了粮食、棉花、油料等农产品的收购价格，对促进这些农产品连续高产起了很大作用；1983年调整了油菜籽、烤烟等的收购价格，或实行浮动价格，并调整奖售办法，促使这些农产品基本上按计划生产。在工业方面，通过合理调整电价，促使电力紧张的东北、华北、华东地区把某些耗电高的产品向电力充裕的西南、西北地区转移，收到了良好效果。调整化纤布和棉布的比价，打开了化纤布的销路，减少了积压，增加了国家的财政收入。一部分小商品价格放宽管理后，这些产品的生产和供应都比过去有所改善，人民生活较为丰富多彩。

第五，开始注意经济、科技和社会发展计划的结合。党的十一届三中全会以来，计划部门逐步改变过去计划管理重经济发展、忽视社会发展，没有把科技进步摆在应有地位的倾向，先后增加或加强了人口、人民生活、住宅建设、文教卫生、环境保护等社会发展方面的计划。从1982年起，中国计划的名称由国民经济计划正式改为国民经济和社会发展计划。计划部门开始重视并会同有关部门共同编好科技发展规划、科技攻关计划、科技推广计划，逐步使国民经济和社会发展建立在科技进步的基础上，使科技工作面向经济建设，更好地为国民经济和社会发展服务。1983年，开始编制15年（1986至2000年）科技发展规划。同时，开始编制行业科技发展和技术改造规划。这些规划编制完成并逐步实施，对中国逐步赶上经济发达国家70年代和80年代先进生产技术水平将起重要作用。

第六，坚持"全国一盘棋"的方针，增加编制几类综合计划。计划部门在1981年开始编制综合基本建设计划（包括国家预算内投资、自筹投资、银行贷款安排的投资、利用外资的投资在内）的基础上，1982年起正式编制包括基本建设投资和更新改造投资在内的全国的固定资产投资计划；开始试编综合财政信贷计划，在不改变现行分配政策的条件下，把预算内资金和预算外资金、财政资金和信贷资金、国内资金和利用外资等纳入统一计划，综合平衡，充分发挥各种资金的效益；还准备编制综合物资计划、国际收支计划等。

第七，开始编制建设项目前期工作计划，加强重点项目建设的计划管理。从1982年起，把279个重大建设项目列入第六个五年计划建设前期工作计划，正式下达执行。每个项目要开展可行性研究，编制设计任务书和初步设计，按规定报有关部门审批。并对每个项目都指定专人负责，实行经济负责制。要求各部门、各地区对列入第六个五年计划建设的大中型项目实行"五定"，即定建设规模、定投资总额、定建设工期、定投资效果、定外部协作条件;并对一批大中型项目,按合理工期给足投资、材料,组织施工。1982年按合理工期组织施工的大中型项目为50个,1983年为70个,1984年计划为130个。1983年并对一些基本建设项目试行包建制度,实行"五包"、"五保",即包投资、包工期、包质量、包主要材料用量、包形成综合生产能力;同时保建设资金、保设备材料、保外部配套条件、保生产定员配备、保工业项目投料试车所需的原料、燃料供应等。所有这些都初步改变了过去基本建设敞开口子花钱、吃"大锅饭"的状况,对加快建设进度,保证工程质量,提高投资效果,具有重要意义。

第八,配合重庆市经济体制综合改革试点,在全国计划中对该市实行单列户头。在解决有关"单列"户头的范围、内容、方法以及划拨主要指标基数的基础上,在编制1984年计划时已将重庆市正式单列出来。在计划管理上,现在重庆市已被视同省一级计划单位。

尽管进行了以上若干初步改革,但是总的看,计划管理体制改革抓得还不够紧,原有体制的弊病没得到根本克服;同时,由于各方面的改革不完全配套,有些管理措施没有跟上去,经济生活中出现了某些忽视和削弱计划管理的现象,国家财力、物力过于分散,固定资产投资和消费基金的增长有些失去控制。当前,计划管理体制上还存在很多问题,主要有:

1. 国家计划包揽过多,主次不分,该管的没有管住,该放活的没有放活。国家计划要抓重大比例关系的综合平衡,抓重点建设,抓经济调节手段,不能包揽太多。由于中国生产力发展水平比较低,而且地区之间发展不平衡,存在多种经济形式和经营方式,社会需求复杂多样,而且不断变化,国家计划不可能也不必要把所有经济活动都管起来。大量次要的难以纳入计划的经济活动应当放开。否则,既束缚了各方面的积极性和主动性,又影响国民经济有效地实现集中统一管理,影响社会主义计划经济优越性的充分发挥。

2. 没有建立严格的计划工作责任制。现在中央、地方、部门计划管理的分工不尽合理,职权范围也没有划分得很清楚,权责脱节,赏罚不明。在我们实行计划经济制度的国家里,建立经济责任制,首先要强调计划管理的责任制。从计划的决策、编制、执行到考核的各个环节,都应建立一套严密的责任制度；特别要强调建立计划决策的责任制，建立指令性计划的责任制和基本建设计划管理的责任制。要坚决克服计划中吃"大锅饭"的现象，可以设想试行"包项目、包能力"，或部门财务自理等办法。明确划分部门、地方的计划管理权限，做到各司其职，责任分明，以提高计划的科学性和严肃性。

3. 综合平衡工作不能适应经济发展的新形势。计划管理一定要搞好综合平衡，切实做到统筹兼顾，全面安排，瞻前顾后，留有余地。但是，过去的综合平衡往往用静止的观点对待经济的发展，对运用经济杠杆、搞活经济注意不够。现在经济生活出现许多新情况、新问题，经济形式和经营方式多样化了，商品生产和商品交换发展了，国家集中掌握的财力、物力比重下降了，企业的经营管理权限扩大了，各方面都比较注重物质利益了，等等。这样，现在进行综合平衡工作，首先要从搞活经济着眼，努力调动各方面的积极性，把经济手段和行政手段结合起来，物质鼓励和精神鼓励结合起来，使国民经济的发展既是灵活多样的，又是协调统一的。

第六节 计划管理体制改革的基本经验

30多年来，中国计划管理体制几经变革，时而权力下放，扩大地方和企业的管理权限，时而权力上收，加强集中管理的程度，积累了比较丰富的经验。这里面，既有改革比较成功，促进了国民经济的发展的经验，也有不成功，引起了经济生活的混乱的经验；既有顺利发展时期促进经济建设取得重大成就的经验，也有经济困难时期使国民经济尽快走上健康发展轨道的经验。总结这些历史经验，找出规律性的认识，对今后计划管理体制的改革无疑具有重要意义。

邓小平同志在党的十二大开幕词中说："我们的现代化建设，必须从中国的实际出发。无论是革命还是建设，都要注意学习和借鉴外国经验。但是，照抄照搬别国经验、别国模式，从来不能得到成功。这方面我们有过不少教训。把马克思主义的普遍真理同中国的具体实际结合起来，走自己的道路，建设有中国特色的社会主义，这就是我们总结长期历史经验得出的基本结论。"① 党的十二大提出了正确贯彻计划经济为主、市场调节为辅的原则，提出了建立起符合中国情况的经济管理体制的任务。中华人民共和国宪法规定："国家在社会主义公有制基础上实行计划经济。国家通过经济计划的综合平衡和市场调节的辅助作用，保证国民经济按比例地协调发展。"②

遵照党和国家关于经济管理体制改革的指示精神，我们回顾了过去的历史，总结了计划管理体制改革的基本经验。

一、坚决贯彻计划经济为主、市场调节为辅的原则

党的十二大指出，中国在公有制基础上实行计划经济，对社会主义经济的管理要坚持计划经济为主、市场调节为辅的原则。这是对 30 多年来社会主义经济发展和经济管理体制改革的历史经验的总结，也是对党的十一届三中全会以来开展经济管理体制改革的理论讨论和实践的总结。我们的社会主义经济是计划经济，它从根本上区别于资本主义的市场经济，宪法用立法形式加以肯定下来，这对经济管理体制改革关系极大。体制改革既要有利于搞活经济，又要有利于加强计划经济，因为只有这样，才能巩固和发展社会主义公有制，使社会经济活动既生动活泼，又摆脱无政府状态，使资源得到合理利用，促进生产力发展，使人民生活不断改善。

我们过去的计划工作和计划管理体制是存在缺点的。正如陈云同志在 1979 年所说的，1949 年后中国实行计划经济，是按照马克思主义关于有计划按比例的理论办事的。中国这样作计划工作是完全对的，但是没有根据已经建立社会主义经济制度的经验，对马克思的原理（有计划按比例）加以发展，这就导致现在计划经济中出现的缺点，即只有有计划按比例这一条，没有在社会主义制度下还必须有市场调节这一条。党的十二大对实行计划经济为主、市场调节为辅的原则，作了准确的全面的阐述："中国在公有制基础上实行计

---

① 邓小平：《中国共产党第十二次全国代表大会开幕词》，《邓小平文选》，人民出版社 1983 年版，第 371—372 页。
② 《中华人民共和国宪法》第十五条，见《中华人民共和国全国人民代表大会第五次会议文件》，人民出版社 1983 年版，第 37 页。

划经济。有计划的生产和流通,是中国国民经济的主体。同时,允许对于部分产品的生产和流通不作计划,由市场来调节,也就是说,根据不同时期的具体情况,由国家统一计划划出一定的范围,由价值规律自发地起调节作用。这一部分是有计划生产和流通的补充,是从属的、次要的,但又是必需的、有益的。"① 对社会主义计划管理分为这样两个部分,这是对30多年计划工作的重要总结,对今后经济计划体制改革具有重要的指导意义。我们的任务就是要把这个原则贯彻到体制改革的各个方面去,确定这两个部分在各个部门的恰当比例,该严的严加管理,该宽的大胆放开,使计划性和灵活性相结合,保证国民经济生机勃勃地健康发展。

二、要适应多种经济形式和多种经营方式的发展,实行三种计划管理形式

党中央指出,为了正确地进行社会主义现代化建设,"必须实行适合于各种经济成分的具体管理制度"②。党的十二大提出,在计划管理上要根据不同情况采取指令性计划、指导性计划和市场调节三种计划管理形式。这是总结新中国成立初期第一个五年计划时期和60年代调整时期的成功经验,针对过去计划管理体制上存在的弊病而提出的一项重大改革。指令性计划,过去叫直接计划;指导性计划,过去叫间接计划;市场调节,过去除了第一个五年计划时期和60年代调整时期在体制上明文规定并且实行过以外,其他时期是忽视的,因而导致计划太死,日用品生产比较单调,人民生活不够丰富多彩。把过去统得过多的计划管理体制改革为三种管理形式,指令性计划和指导性计划属于计划调节的范畴,市场调节是计划调节的补充,这样就可避免重犯过去的错误,使计划工作沿着正确的方向前进。

指令性计划是计划管理的基本形式,是中国社会主义全民所有制在生产的组织和管理上的重要体现。它适用于国营经济中关系国计民生的生产资料

---

① 胡耀邦:《全面开创社会主义现代化建设的新局面》,人民出版社1982年第1版,第18页。
② 《中国共产党中央委员会关于建国以来党的若干历史问题的决议》,人民出版社1981年单行本,第55页。

和消费资料的生产和分配，尤其适用于关系国民经济全局的骨干企业。对于集体所有制经济也应当根据需要，对粮食及其他重要农副产品的征购派购下达一些具有指令性的指标。30多年经验证明指令性计划这种形式是行之有效的，是不能取消的。但对指令性计划的管理要改进，对于大多数全民所有制企业和集体所有制企业，要将指令性计划改为指导性计划，以减少现行计划管理体制中指令性计划过宽的缺点。国家在确定指令性计划时，对所需重要物资和产品销售要安排落实，搞好产供销的衔接，并且也要自觉地利用价值规律，规定产品的合理价格。要努力提高指令性计划的科学性，促进计划的实现。国家下达的指令性计划，不得层层加码，计划执行单位必须坚决执行，保证完成。

指导性计划，适用于全民所有制的大量中小型企业和集体所有制以及其他经济形式的企业。国家对这些企业下达指导性计划，并不强制执行，主要运用经济杠杆，必要时辅之以行政手段来促进计划的实现。计划执行单位对指导性计划有权结合社会需要和本单位的具体情况进行适当调整，使计划更加切合实际。

市场调节，主要适用于各种各样的小商品和农副土特产品。这些产品国家不作计划，由价值规律自发地进行调节，国家通过政策法令和工商行政工作进行管理。

实行三种计划管理形式，一个重要前提是加强价格、税收、信贷、工资、奖金、财政补贴等经济杠杆的运用，改变过去偏重行政办法，把经济办法和行政办法结合起来使用，为实现计划目标服务。特别是价格，过去由于多年冻结物价，许多产品比价不合理，现行价格政策在有些方面同计划任务背道而驰。没有价格体系的合理调整，在一定意义上可以说就没有指导性计划和市场调节。不仅如此，不尊重价值规律、不规定合理的价格，指令性计划也难以执行。当前突出的是要逐步提高部分燃料和原材料的价格，以促进工业内部采掘工业和加工工业的按比例发展；同时，调整农产品收购中不合理的议价、超购价格、奖售等政策措施，以促进农业内部的按比例发展，并进一步解决农副产品价格倒挂的问题，以便促进商品流通。

三、要坚持全国一盘棋，正确处理集中统一和适当分散的关系

30多年来计划管理正反两方面的经验都证明，坚持全国一盘棋，实行统一计划，经济就能按比例地顺利发展；否则，就会遇到困难。鉴于近几年不少改革试验都是一些分权措施，导致财力、物力分散，而能源、交通等重点建设却得不到保证，制约着中国经济的进一步发展。因此，计划管理体制改革应当解决这个集中和分散的矛盾。

（一）首先在财力、物力分配方面，要正确处理重点和一般的关系。我们要实现党的十二大提出的宏伟战略目标，必须由国家集中必要的资金，分别轻重缓急，进行能源交通、农业、教育科学等重点建设，加强薄弱环节，为90年代经济振兴打好基础。当然，重点不能过重，不但要考虑需要，还要考虑国力的实际可能。经过综合平衡，把重点建设和一般建设统筹安排好。

为了集中财力，就要考虑改进财政体制，适当压缩预算外资金，增加预算内资金，适当提高财政收入在国民收入中的比重，适当调整中央、地方财政收入的分配比例和企业利润留成的比例。根据资金集中的程度，要适当提高国家预算内投资占固定资产总投资的比重，这样就能够比较有效地控制建设规模和投资使用方向，制止盲目建设和重复建设。在物资管理方面，按照保证重点企业生产和重点建设的需要，相应地调整国家计划分配的物资在国内资源中的比重，有的品种、数量可以减少。

与此同时，在财政支出方面，一要加强对工资总额的计划管理，工资的增长应当低于劳动生产率的增长，使国家有可能增加积累进行扩大再生产；二要加强对农产品收购价格的计划管理，今后农民生活的改善，不能再靠提价，主要靠发展生产来增加收入。这样，就可以防止消费基金的盲目膨胀。

（二）坚持"统一计划，分级管理"的原则，正确处理中央和地方的关系。"统一计划，分级管理"，是计划管理体制长期以来行之有效的原则，今后应当继续贯彻执行。当前的问题是要根据实际情况，在中央和地方之间进行合理分工。对经济和社会发展的战略目标，经济增长速度，主要比例关系，重要工农业产品的生产水平，固定资产投资规模、重大建设项目和生产力布

局，主要产品的价格，以及税收、信贷、工资、财政补贴等经济杠杆的运用，人民生活水平提高的幅度等，必须由中央统一计划，全面安排。地方工业、农业、地方交通、商业、城市公用事业、文教卫生及其他事业，在中央统一计划下，由地方根据当地的实际情况进行安排。与此同时，要充分发挥大中城市在组织经济方面的作用。

十年动乱时期，体制改革遗留下来的一个问题是，少数企业存在多头计划管理的问题。解决这个问题的办法，除了少数面向全国、关系国计民生的大型骨干企业，由国家直接管理外，大多数企业都应由所在城市就地就近进行指导、协调和监督，组织改组、联合，并且搞好生活后勤方面的社会服务工作，取消现行计划管理上的"直供"、"戴帽"、"部商地方"等形式，改变目前一个企业几个"婆婆"的状况。

（三）适当扩大企业的计划管理权限，正确处理国家和企业的关系。多年来，在国家和企业的关系上，存在统得过多的现象，这不利于调动企业和劳动者的积极性，使他们有可能按照国家计划和市场需要，主动灵活地进行生产经营。因此，应当在企业整顿的基础上，适当扩大企业的计划管理权限，把责、权、利结合起来。

具体来说，为数众多的集体所有制企业，他们的计划管理权限应当大一些。大量的中小型国营企业，主要生产指导性计划产品，他们在生产计划、资金使用、工资调整、人员安排等方面的权限要适当扩大一些，以便在国家计划指导下，机动灵活地进行生产经营，更好地满足市场需要。少数大型和为数不多的中型国营企业，以生产指令性计划产品为主，他们在上述几个方面的计划管理权限，相对来说要小一些。国家在下达指令性计划时，要考虑企业的利益，尽可能地使企业和职工的收入同生产经营成果挂起钩来。这样，就可以充分调动所有企业的积极性，努力增加生产，改善经营管理，提高社会经济效益。

四、要自觉地运用经济杠杆，把行政手段和经济手段结合起来

30多年计划管理的经验证明，计划的实现，仅仅依靠行政手段是不够的。计划部门要自觉地运用经济杠杆，把行政手段和经济手段结合起来，为实现

计划目标服务。30多年来，有的时期这样做了，调动了各方面的积极性，促进了生产的发展；有的时期没有这样做，或者经济杠杆使用不当，互相掣肘，对计划反而起破坏作用。

为了加强经济手段的作用，同时在计划管理上运用行政的和经济的两种手段，使各方面的经济活动密切衔接、协调发展，这就要求把经济杠杆的运用作为国家计划的重要组成部分。在确定计划任务和拟定各项具体计划指标的同时，要自觉地利用价值规律，研究提出调整价格、税收、信贷、工资、奖金、财政补贴等的具体意见，使之为计划服务，决不能同计划的要求背道而驰。各种经济杠杆，各有各的作用，应当通过计划统筹安排，相互衔接，配合使用，不能从本部门和本地区的利益出发，为我所用。为此，计划部门要加强经济信息管理，设置管理和协调运用经济杠杆的机构。

在党中央和国务院的领导下，解放思想，实事求是，继续探索，扎实工作，通过总结历史经验，深入调查研究，借鉴外国经验，在马克思列宁主义、毛泽东思想指引下，遵照党的十二大指出的方向和原则，我们一定能够进一步妥善地改革现行计划管理体制，形成有中国特色的社会主义计划管理体制。

第二章
社会主义集体所有制农业体制的改革

第一节 农业合作社时期社会主义集体所有制农业体制的形成和发展

一、社会主义集体所有制农业体制建立的前提——土地制度的改革

中国的社会主义集体所有制农业体制是在土地改革之后,通过农业合作化建立起来的。

旧中国的农业是以封建土地所有制为基础、以小农经济为主体的体制。占农村人口不到10%的地主和富农,占有70%—80%的土地,而占农村人口90%以上的贫农、雇农、中农和其他阶层,只占有20%—30%的土地。地主、富农凭着占有大量土地和政治上的特权,对广大农民进行残酷的剥削和压迫。地主阶级剥削农民的主要形式,是把小块土地租给农民耕种,收取地租。地租率一般为农产品产量的一半,高的达60%—70%,甚至80%。除了地租之外,农民还要负担各种苛捐杂税。许多农民过着衣不蔽体和糠菜半年粮的生活,一遇灾害更是背井离乡、家破人亡。封建土地所有制严重束缚生产力,农民不但难以扩大再生产,有时连简单再生产也不能维持。因此,旧中国的农业长期停滞、衰落,有的时期甚至严重倒退。抗日战争前夕的1936年,是旧中国粮食总产量最高的年份,也仅3000亿斤,棉花仅1698万担,到1949年粮食产量降到2263.6亿斤,棉花降到888.8万担,分别降低24.5%和47.6%。

实行土地改革,消灭封建剥削制度,是解放农村生产力的具有决定意义的步骤,也是建立社会主义农业体制的一个前提条件。第二次国内革命战争

时期，在中国共产党领导下，在革命根据地实行土地改革，消灭封建剥削制度。抗日战争时期，为了建立和扩大抗日民族统一战线，中国共产党把没收地主土地分配给农民的政策，改变为减租减息的政策。抗日战争胜利以后，农民迫切要求土地，中国共产党又将减租减息的政策改变为没收地主土地分配给农民的政策。1947年9月，党中央召开全国土地会议，通过《中国土地法大纲》。之后，广大解放区普遍实行土地改革，全国大陆解放时已经在14500万人口的地区完成了土地改革的任务。

1949年10月1日，中华人民共和国成立。1950年6月，中国共产党召开第七届中央委员会第三次全体会议，通过在新解放区开展土地改革的决议。同月，中央人民政府颁布《中华人民共和国土地改革法》。从这1年冬季开始，一场规模空前的土地革命运动，在拥有3.1亿人口的新解放区开展起来了。到1952年底，除了少数民族地区以外，全国范围内的土地改革已基本完成。

经过土地改革，废除了封建土地所有制，大约占农村人口60%—70%的3亿无地、少地的农民无偿地得到了约7亿亩耕地，实现了农民的土地所有制，使农民免除了每年交给地主约700亿斤粮食的地租。在土地改革中，农民还分得了从地主那里没收来的耕畜、农具和房屋。土地改革的胜利，解放了长期以来被封建生产关系束缚的生产力，使农业生产得到迅速恢复和发展，并为社会主义集体所有制农业体制的建立创造了有利条件。

二、多种经济成分、多种互助合作形式并存的农业体制

土地改革以后，农民的经济地位有很大改善，国家在税收、价格、财政、信贷以及生产资料的供应等方面也给予了许多支持，使农业得到迅速恢复和发展。1952年和1949年相比，粮食总产量由2263.6亿斤提高到3278.3亿斤，增长48.2%，棉花总产量由888.8万担提高到2607.4万担，增长193.3%。

但是，长期封建剥削造成的农村贫穷落后的面貌不可能在短时期内根本改变，农民中的许多人在生产上和生活上仍有不少困难，特别是一遇天灾往往会陷入困境。根据对23个省15432户农民的调查，土改结束时，贫雇农平

均每户只有耕地 12.46 亩，耕畜 0.47 头，犁 0.41 部，水车 0.07 部；中农平均每户只有耕地 19.01 亩，耕畜 0.91 头，犁 0.74 部，水车 0.13 部。1952 年，河北省藁城县系井村 315 户农户中，土地改革后，生产发展的有 155 户，占总户数的 49.2%；维持原状的 123 户，占总户数的 39.0%；生产减少的 37 户，占总户数的 11.8%。这种情况在其他的地区也存在。为了解决生产上和生活上的困难，有的农民不得不借债，有的农民不得不出卖或出租土地。据对湖北、湖南、江西三省 10 个乡的调查，1953 年贫农中借债户占 1/3，出租土地的占农户总数的 12.52%。据山西忻县地委对 143 个村的调查，1949 年以后，有 8253 户农民出卖土地 39912 亩，出卖房屋 5162 间，出卖土地的农户占农户总数的 19.5%。为了改善生产条件和生活条件，广大贫农和雇农迫切要求组织起来，走共同富裕的道路。

从农业生产的状况来看，土地改革以后虽然发展很快，但是党中央已经预见到，依靠小农经济来进一步发展农业是不行的。要使农业的发展同工业和整个国民经济的发展相适应，就需要改变以小农经济为主的农业体制，引导农民走社会主义道路。

为了引导农民走社会主义道路，1951 年 12 月中共中央作出《关于农业生产互助合作的决议》①。决议指出："党中央从来认为要克服很多农民在分散经营中所发生的困难，要使广大贫困的农民能够迅速地增加生产而走上丰衣足食的道路，要使国家得到比现在多的商品粮食及其他工业原料，同时也就提高农民的购买力，使国家的工业品得到广大的销场，就必须提倡'组织起来'，按照自愿和互利的原则，发展农民互助合作的积极性。"1953 年 12 月 26 日，中共中央通过《关于发展农业生产合作社的决议》。决议再次强调指出："为着进一步地提高农业生产力，党在农村中工作的最根本的任务，就是要善于用明白易懂而为农民所能够接受的道理和办法去教育和促进农民群众逐步联合组织起来，逐步实行农业的社会主义改造，使农业能够由落后的小

---

① 这个决议，当时以草案形式发给各级党委试行，至 1953 年 2 月 15 日经中共中央做了部分修改后通过成为正式决议。

规模生产的个体经济变为先进的大规模生产的合作经济，以便逐步克服工业和农业这两个经济部门发展不相适应的矛盾，并使农民能够逐步完全摆脱贫困的状况而取得共同富裕和普遍繁荣的生活。"上述两个决议还对农业社会主义改造的方针、政策作了明确的规定。

农业生产互助合作运动前期，在上述方针指导下，中国各地农村积极而又稳步地发展了多种形式的互助合作组织。1953年全国参加各种农业生产互助合作组织的农户占总农户的比重是39.5%，其中参加互助组的达39.3%，参加合作社的只占0.2%。在参加农业生产互助组的农户中，70.8%参加临时互助组，29.2%参加常年互助组。在参加农业生产合作社的农户中，绝大多数参加初级农业生产合作社，也有少数农户参加高级农业生产合作社（当年全国有15000个初级社，15个高级社）。1954年，农业生产互助合作运动有较大发展，参加各种农业生产互助合作组织的农户占总农户的比重上升到60.3%。全国有互助组993.1万个，合作社11.4万个（其中高级社200个）。参加互助组的农户占农户总数的58.3%（其中参加临时互助组的农户占参加互助组总农户的55.1%）。参加合作社的农户占2%（其中参加初级社的农户为参加合作社农户数的99.5%，其余为参加高级社的农户）。这些互助合作组织，生产资料占有关系不同，经营方式不同，分配方式也不同。

临时互助组一般由几户组成，土地、耕畜、农具和产品归各户私有，各户独立经营，各负盈亏，仅在农忙季节实行简单的换工互助，所以也叫季节互助组。

常年互助组则是常年换工互助，有的还实行农业和副业的互助相结合，劳动互助和提高技术相结合；有的有某些简单的生产计划，有某些技术分工；有的还逐步设置了一些公有农具和牲畜，积累了小量的公有财产。

初级农业生产合作社仍然保留了社员生产资料私有制，但实行土地入股，统一经营，产品统一分配。社员除按劳动工分得到劳动报酬外，入股的土地和交社使用的耕畜、农具等均得到一定的报酬。

高级农业生产合作社取消了土地报酬，社员的土地全部转归合作社公有；

耕畜、大中型农具作价入社。实行统一经营，统一分配。

互助合作组织的这种多样性，对于吸引广大农民走社会主义道路具有重要的意义。同时由于互助合作组织的规模比较小，在同一自然村和行政村范围内，可以组织多种形式的互助合作组织；也可以打破自然村和行政村的界限建立不同形式的组织。这样就有利于贯彻自愿互利原则。

在发展互助合作组织的同时，党和政府还强调，根据中国当时的社会经济条件，农民个体经济在一个相当长的历史时期内，将还是大量存在的。不能忽视和粗暴地挫伤农民这种个体经济的积极性。要充分地、满腔热情地、没有隔阂地去照顾、帮助和耐心地教育单干农民，必须承认他们的单干是合法的，不要讥笑他们，不要骂他们落后，更不允许采取威胁和限制的方法打击他们。这种正确对待个体农民的方针，在那个时期保护和促进了生产力的发展，使农民个体经济得以和互助合作经济同时并存和发展。

这种多种互助合作形式并存，以及互助合作组织与个体农民经济并存的体制，是同中国当时不同地区、不同生产条件的差异性相适应的。互助合作运动的开展，帮助一部分农民解决了进一步发展农业生产的困难，发挥了组织起来的优越性；那些仍然单干的农民的生产积极性也得到发挥，从而保证了农业生产较快地恢复和发展。1955年农业总产值555亿元，分别比1949年和1952年增长70.2%和14.7%。农业生产的发展，为社会主义工业和整个国民经济的发展提供了必要的前提条件。

三、农业社会主义改造的基本完成

1954年秋收前后，中国农业生产合作社迅速发展，新建社30多万个，合作社总数达48万多个，比上年增长30多倍。农业生产合作社的迅速发展很快暴露出一系列问题。不少地方缺乏必要的管理干部，一些合作社由于干部文化水平低，办社经验不足，管理制度不健全，从安排生产、组织劳动到分配产品，都出现了不少问题。很多合作社每天由社长分派农活，往往顾此失彼。有的合作社天天评工记分，由于合理评定劳动有困难，往往难于做到公平合理，以致干部和社员，社员和社员之间的矛盾不断发生，影响团结，影响社员的积极性。在这种情况下，一些地方陆续有社员退社和新建社垮台散伙的现象发生。对此，中共中央十分重视，在有关文件中指出："对当前的合作化运动，应基本上转入控制发展、着重巩固的阶段。"

根据中央的指示，把整顿和巩固合作社，作为当时的一项紧迫的任务。1955年春，各地普遍开展了整顿合作社的工作。在那些准备不足、仓促铺开的地方，实事求是地作了适当收缩。

1955年7月31日，毛泽东同志在中共中央召集的省委、市委、自治区党委书记会议上作了题为《关于农业合作化问题》的报告，认为农村中合作化的高潮有些地方已经到来，全国也即将到来。根据这种估计，采取了一系列措施，迅速地把农业合作化运动推向高潮。农业生产合作社的发展更快了。到1956年5月，全国加入农业合作社的农户已占总农户数的91.2%，其中加入高级社的农户占总农户数的61.9%，加入初级社的农户占总农户数的29.3%，基本上实现了合作化。当年年底参加农业合作社的农户上升到占总农户数的96.3%，1957年又发展到占97.5%，绝大多数农户被组织在高级社里，在全国范围内形成了高级社单一形式的社会主义农业体制。中国农业合作化的胜利实现，是一场深刻的社会变革，但在后期出现了要求过急，工作过粗，改变过快，形式也过于简单划一等缺点，以致在以后较长时期内遗留了一些问题。

由于许多农民没有经过互助组和初级社阶段，在农业合作化高潮中勉强加入高级社，同时由于合作社的规模比前几年扩大，这样不仅使原来就存在的问题更加突出，还产生了新的问题。主要表现在以下几个方面：

（一）高级社内部队与队之间在分配上的平均主义。很多高级社是由若干个初级社合并组成，各初级社由于自然条件和经济条件不同，生产收入水平有高有低，共组一个高级社后，原初级社变成高级社内的生产队，由于统一经营、统一分配，使队与队之间的收入拉平了。

（二）生产队内部社员与社员之间在分配上的平均主义。高级社社员凭劳动工分领取劳动报酬，许多合作社评记社员的劳动工分采用死分死记、死分活评①的办法，很难真正体现按劳分配原则，平均主义倾向十分突出。

（三）一部分非农业户入社后收入减少了；一些原来经营鱼塘、苇田、果园、桑园等的农户，收入也受到影响。

（四）高级社的管理委员会在管理上集中过多、统得过死。直接组织生产的生产队、组没有必要的权限，或权限不清。

（五）劳动组织和生产责任制制度不健全。很多社队天天临时派工，片面强调集体干活，劳动"一窝蜂"现象普遍存在。

（六）社员的耕畜、大中型农具折价入社后，一些合作社不能如期支付折价款。

为了解决这些问题，党和政府在1956年和1957年两年内发出一系列指示，对高级社进行整顿。整顿的主要内容有：

在社、队规模方面，强调根据有利于生产、有利于团结、适合当时管理水平、便于联系社员的原则来调整。一般以一村一社为宜，生产队以20户左右比较恰当，不宜办大社。特别是土地占有和收入悬殊太大以及生产经营对象基本不同的村庄，不宜共组一社。已建立的规模过大的、不适当的社，或者划小，或者保持联社的形式，由分社（有的叫大队）自负盈亏，以克服队与队之间在分配上的穷富拉平和管理上的不便。

在生产管理方面，强调把合作社的统一经营、集中领导与发挥生产队在生产管理上的主动性、灵活性正确结合起来，以充分发挥全体社员的积极性。主要是推行"三包一奖"制度，即合作社对生产队实行包工、包产、包财务和超产提成奖励、减产扣分受罚的办法，作为明确划分社与队的责、权、利的一项根本有力措施。在生产队内，则推行"包工到组"，"田间零活包到户"的办法，做到每一块耕地、每一件农活都有生产小组和专人负责，克服

---

① "死分死记"又称底分死记，是合作社评记社员劳动工分的一种办法。即按照各个有劳动能力的社员的体力强弱、技术高低和通常的劳动效率，评定出劳动力等级，同时评定不同等级劳动力劳动一天应得的工分，以这个工分作为底分，社员每出勤一天，不论其实际劳动情况如何，均按底分记工分。

"死分活评"又称底分活评，也是合作社评记社员劳动工分的一种办法。底分评定的办法同上，以底分为基础，定基对各个成员的劳动进行评议，按实际劳动情况增减底分。

"干活一窝蜂",责任不明,无人负责的现象。

在社员分配方面,强调按劳取酬、多劳多得,提倡实行定额管理,按件计酬,以克服社员之间分配上的平均主义。在整顿合作社工作中,还把正确贯彻执行互利政策作为巩固合作社的一个重要方面。

据此,各地合作社针对本身的问题,相继进行整顿,有的已初见成效。然而,正当高级社的整顿工作逐渐地、全面地展开之际,集体所有制农业体制又发生了变动。

第二节 人民公社时期社会主义集体所有制农业体制的变革

一、单一的人民公社体制的特征和弊病

随着农业生产的"大跃进",1958年春夏,各地农村掀起了合并高级社办大社的高潮。同年夏秋,又进一步发展成办大型的综合性的人民公社运动,而且在两三个月内全国农村普遍实现了人民公社化。高级社这种形式又被人民公社代替了。

人民公社和高级社相比,其性质有很大不同。人民公社实行"政社合一",即把基层政权和集体经济组织合为一体。它既是中国社会结构的工农商学兵相结合的基层单位,同时又是社会主义政权组织的基层单位,还是劳动农民联合的集体经济组织。作为经济组织,它和高级社有很大的差别。概括起来说就是"一大二公",即人民公社的规模比高级社大得多,公有化程度比高级社高得多。结果,"一平二调"、"共产风"盛行起来。这种"政社合一"、"一大二公"的体制,当时认为是人民公社优越性的集中表现。实际上,人民公社这种体制存在很大的弊病。

人民公社初期的体制的特征和问题主要是:

(一)实行单一的公社所有制。人民公社由几十个高级社合并组成,1958年时平均每社多达5000多户,比高级社的户数扩大30多倍。这就在更大的范围内把土地占有和收入悬殊很大以及生产经营情况不同的单位合并在一起。这种合并,使原来属于各高级社的生产资料无偿地转归全公社所有,由公社统一支配;各高级社的劳动力、产品等也统归公社统一调配。把高级社的财

产无代价地转为公社所有的做法,也就是当时被人们称为"共产风"的主要内容之一。由于在全公社范围内实行统一领导,统一计划,统一经营,统一核算,统一分配,统负盈亏,这就使原各高级社之间在分配上的平均主义更加严重,实际上造成了一部分人无偿占有另一部分人的劳动成果。

(二)实行"组织军事化"、"大兵团作战"。人民公社的劳动力按照军队编制,组成班、排、连、营、团,由公社统一领导,统一调配,统一指挥,采用所谓"大兵团作战"的方式进行农业生产。高级社整顿过程中建立的劳动组织和生产责任制度,如"三包一奖"制,"包工到组"、"田间零活包到户"等办法都被废除了。在这种情况下,合作社建立初期出现过的"敲钟集合,等齐下地,班排进攻,干活一窝蜂"的现象,又普遍出现,而且更加严重了。由于实行这种由少数人指挥生产的"大兵团作战"的方式,不能做到不误农时、因时因地制宜,势必产生对生产的不切实际的指挥,违背农业生产规律。公社化过程中和公社建立初期,各地普遍存在这种情况。这就是人们所说的"瞎指挥"风。它对农业生产造成了极大的危害。

(三)实行工资制和供给制相结合的分配制度。公社建立初期,取消了高级社时采用的按社员的劳动工分分配的劳动报酬制度。收入中分配给社员的部分,一部分采用工资形式分配,一部分则按人平均供给。由于许多公社实行"吃饭不要钱"的伙食供给制,或者基本生活费用由公社包干的办法,供给部分所占的比例很大,一般在70%—80%左右,工资部分比例很小。如著名的河南省新乡县七里营公社,当时对社员实行全社统一标准的"十六包",即包括吃饭、穿衣、医疗、卫生、学习、文娱以及婚、丧、嫁、娶等在内的16项费用,均由公社包干支付,供给部分在社员分配总额中占3/4,工资部分仅占1/4。固定月工资,按劳动力情况分等定级。由于工资总额不多,工资标准很低,级差很小,一级劳动力月工资3元,劳动一天所得只有0.2元,五级劳动力月工资只有1元,劳动一天所得仅0.03元,每级月工资差距只有0.5元。这种分配制度带来的平均主义,比合作社整顿时竭力要克服,而实际上未能克服的平均主义更加严重。

(四)实行生活集体化,取消社员家庭副业。在实行组织军事化的同时,强调"行动战斗化"和"生活集体化"。生活集体化的主要内容是，人民公社普遍建立公共食堂，社员的口粮由其所在的食堂统一保管使用，副食也由食堂供应。社员家庭的炊具、桌椅等，在生活集体化过程中，被公共食堂无偿调用的不少。对社员生活资料的这种无偿占用，也是当时"共产风"的一个内容。在提高公有化程度、消灭私有制残余这种"左"的错误思想指导下，社员自留地、家庭副业几乎都被取消。特别是普遍建立公社食堂和供给制以后，社员户饲养家畜、家禽被看成是多余而禁止，社员户饲养的猪、鸡不少被无偿地归公社集中饲养，办起了"万猪场"、"万鸡山"等等。

此外，由于人民公社实行政社合一的管理体制，公社的领导人员可以凭借政权的力量，直接采用行政命令的手段指挥一切。这就大大助长了命令主义，使"强迫命令风"也泛滥开来。

人民公社建立初期这种以高度集中统一和平均主义分配为主要内容的经济体制，极大地挫伤了广大农民的积极性，严重地破坏了农村生产力。人民公社基本社有制的经济体制实行时间虽然不长，但其失误却影响到以后农业生产的发展。1957年和1960年相比，粮食总产量由3900.9亿斤减少到2870亿斤，降低了26.4%；棉花产量由3280万担减少到2125.8万担，降低了35.2%；油料由8391.9万担减少到3881万担，降低了53.8%；大牲畜年末存栏数由8382万头减少到7336万头，降低了12.5%；猪年末存栏数由14590万头减少到8227万头，降低了43.6%。农业的减产给国家建设和人民生活带来了极大的困难。

二、基本社有制向"三级所有，队为基础"的制度转变

1958年11月28日至12月10日，中国共产党召开了第八届中央委员会第六次全体会议。为了纠正人民公社化运动中的错误，改变农村生产上的混乱局面，会议作出《关于农村人民公社若干问题的决议》，规定对人民公社体制进行调整。当时的调整限于在公社内实行分级管理的制度，即建立公社、管理区（或生产大队）、生产队三级管理机构，以及调整社员收入中工资部分和供给部分的比例，试图用分权的办法来调动管理区（或生产大队）和生产

队的积极性，用提高工资部分比例、降低供给部分比例的办法来提高社员的积极性。但是这种调整并没有触动基本社有制，公社仍然是一个统一经营、统一核算和统一分配的单位，管理区（或生产大队）仅仅是公社的派出机构，生产队则是组织劳动的基层单位，安排生产和分配的权力仍然在公社一级。

1959年2月27日，中共中央政治局扩大会议在河南郑州举行。毛泽东同志在会上分析了公社化运动中和实行基本社有制的错误。决定把基本社有制改为以生产队①所有制为基础的体制，把基本核算单位放到生产队一级。实行公社统一领导，队为基础，分级管理，权力下放的办法，避免公社管理委员会集中统一过多过死的缺点，调整公社内部大集体和小集体的关系。根据郑州会议精神，1959年春夏，各地农村陆续着手纠正人民公社化运动中和公社建立初期一系列"左"倾错误。但是，当年8月，在庐山召开的党的八届八中全会后期，错误地发动了"反右倾"斗争，会后又在全国开展"反右倾"运动，以致中断了刚刚开始的纠正"左"倾错误的工作。直至1960年11月，党中央才又一次提出纠正"左"的错误，并明确提出人民公社应该建立"三级所有，队为基础"的制度，确定以生产队为基础，同时还规定生产队下属的生产小队②有小部分所有制，以调动生产队干部和社员的积极性。这次调整，对于改变原各高级社之间的平均主义起了一定的作用。但是生产队仍然是一个统一分配单位，原高级社内部各生产队之间，即组成高级社的各初级社之间，实际存在的差别没有得到承认，矛盾仍未得到解决。

由于"大跃进"时期大搞高指标、瞎指挥、"共产风"等，使国民经济陷入了困境，严重困难使人们头脑开始冷静下来，能比较认真地从实际出发去研究和解决人民公社化运动中存在的问题。1962年2月13日，中共中央发出《关于改变农村人民公社基本核算单位问题的指示》，决定实行以生产小队③为基本核算单位的"三级所有，队为基础"的体制。这次改革的核心，是进一步调整生产资料所有制关系，进一步解决分配上的平均主义和管理上

---

① 这里指的生产队相当于原来的高级社，1961年3月起改称生产大队。
② 这里指的生产小队相当于原来的初级社，1961年3月起改称生产队。
③ 这里指的生产小队实际上是生产队，为了避免概念混淆，仍沿用1961年3月前的名称。

的过分集中，纠正无偿平调农民财产的错误。这样，到1962年，人民公社的体制经过三四年的调整，已基本定型。

（一）调整生产资料所有制关系。在确定以生产队的所有制为基础的三级所有制之后，原来属于生产队的主要生产资料如土地、山林、草原、水面以及耕畜、农具等，由原来无偿归公社所有转为归生产队全体社员集体所有，由生产队经营，公社和生产大队不得无偿抽调。生产队作为基本核算单位，独立经营，自负盈亏，其产品和收入除按规定交纳国家的税收和上交大队一定比例的公积金、公益金和管理费外，其余都归生产队所有，由生产队分配。生产队的劳动力，公社和大队也不能无偿调用。至于公社、生产大队的土地、山林、草原、水面以及大中型农机具和其他财产，则分别属于全公社或生产大队范围内全体社员集体所有。与此同时，对社、队的规模也作了调整，从承认差别和便于管理出发，普遍划小了社、队。每个公社平均户数由1959年的5000多户，减到1962年的1800多户；每个生产大队的户数，也由1959年的平均250户左右，减到1962年的190户左右；作为基本核算单位的生产队，平均户数也从1959年的39户左右，减到1962年的24户左右。

所有制关系的调整和社、队规模的划小，对克服从高级社以来就存在的、束缚生产队积极性的平均主义起了积极作用，使人民公社在克服队与队之间分配上的平均主义方面，前进了一大步。

（二）调整管理权限和管理制度。由于确定了以生产队为基本核算单位，管理权限的划分也随着进行了调整。生产队在生产经营、财务管理、收益分配等方面有了自主权。在国家计划指导下，生产队有权因地制宜、因时制宜地安排生产计划，决定增产措施；在兼顾国家、集体和个人三者利益的原则下，生产队有权制定和实施分配方案等等。在管理制度方面，主要是建立和健全劳动组织和生产责任制。生产队有权根据生产的需要，组织固定的或临时的作业小组，划分地段，实行小段的、季节的以至常年的包工，建立比较严格的生产责任制。

上述这些改变，对克服管理过分集中而产生的生产中的瞎指挥和劳动中的"一窝蜂"，对建立正常的生产秩序，起了积极作用。和组织军事化、"大兵团作战"时相比,在生产管理上也有了很大改进。

(三)调整分配制度。主要是取消了工资制和供给制相结合的分配制度,重新实行合作社时期推行的按劳动工分分配的制度。而把制定各种劳动定额,实行记分,作为社员按劳取酬的依据。

此外,在改变基本社有制过程中,还恢复了社员的自留地和家庭副业,不再举办公共食堂,社员口粮又分配到户,由各户自行支配。

上述调整和公社初建时的管理体制比较,发生了很大变化。尽管以后的实践证明,这些调整还不彻底,还有不少缺陷,但是它毕竟比公社建立初期前进了一大步。因此,在当时它还是受到广大农民的欢迎,对调动社员的积极性、恢复和发展生产起了重要的作用。1965 年和 1962 年相比,粮食总产量由 3200 亿斤上升到 3890.5 亿斤,提高 21.6%;棉花由 1500 万担上升到 4195.5 万担,提高 179.7%;油料由 4006.6 万担上升到 7250.7 万担,提高 80%;大牲畜年末存栏头数由 7020 万头上升到 8421 万头,提高 20%;猪年末存栏头数由 9997 万头上升到 16693 万头,提高 67%。农业的恢复和发展,使城乡人民的生活有所改善,并促进了工业和整个国民经济的发展。

三、"文化大革命"对 60 年代初期和中期农业体制调整工作的冲击

1966 年 5 月"文化大革命"开始后,由于政治上的动乱和"左"的错误思想泛滥,不但未能进一步改正公社化以来的错误,反而把 60 年代初期农村政策的调整当作右倾的表现加以批判。初期曾经发扬了艰苦奋斗的革命精神、后来成为"左"的典型的大寨,被树为全国农村必须照学的榜样,人民公社"三级所有,队为基础"的体制受到冲击。主要表现在:

(一)急于向以生产大队为基础过渡。在所谓大批资本主义、修正主义的运动中,极力宣扬人民公社"一大二公"的优越性,尤其在庆祝人民公社成立十周年前后,一些地方否定了以生产队为基础的公社体制,向以生产大队为基本核算单位过渡。据 11 个省、市、自治区的统计,1962 年公社体制调整后保留下来的、以生产大队为基本核算单位的大队,仅占大队总数的 5%,到 1970 年增加至 14%。1962 年公社体制调整时曾强调,实行以生产队为基础的

三级所有制,是今后一个长时期内实行的根本制度,然而,仅仅过了几年时间,1968年到1969年期间又搞"过渡",引起不小波动。1970年年底召开的北方农业会议,批评了这种过渡之后,各地有所调整,以大队为核算单位的比重一度下降,到1975年9月以前,大队核算的比例减至9.2%。但是,1975年5月召开的第一次全国农业学大寨会议之后,又有一些地方在"农业学大寨"运动中,把生产队合并,改成以生产大队为基本核算单位。据1977年11月对11个省、市、自治区的统计,以大队为基本核算单位的比重又上升至11.2%。其中山西高达39.9%,北京也占33.1%。

(二)扩大社、队规模。在宣传人民公社"一大二公"的优越性的同时改变了公社的体制,社、队的规模也随着扩大了。1962年调整公社体制后,社、队规模普遍比建社初期缩小,平均每社1800多户,每个生产大队190多户,每个生产队20多户。到1970年,平均每个公社达到2900多户,生产大队超过了200户,生产队都在30户以上。

(三)大力推行大寨大队实行的"一心为公劳动,自报公议工分"的平均主义分配制度,否定公社调整过程中建立起来的生产管理制度和分配制度(如分作业组、联产计酬、定额记工等)。

(四)取消或限制社员家庭副业,把社员家庭副业当作"资本主义尾巴"来割掉。有的地方把社员自留地收归集体统一耕种;有的地方限制自留地种植的品种,不准种植经济作物;有的地方对社员饲养家畜、家禽的种类和数量也作了许多限制,如不许饲养大牲畜和母猪,养鸡不能超过多少只等;有的甚至规定社员户不得从事任何家庭副业。

"文化大革命"时期的做法,实际上是对60年代初期人民公社体制一系列合理调整的否定。结果,社员的积极性又一次受到严重挫伤,生产上"大呼隆"、"磨洋工"的现象十分普遍,致使农业生产长期徘徊,农产品供应紧张。有的农产品产量虽然增长了,但却是以自然资源的破坏为代价的。如粮食生产十年中平均增长速度3.9%,主要不是依靠农民的积极性提高单位面积产量,而是靠扩大种植面积,包括占用经济作物面积,在山坡地毁林开荒,在牧区毁草种粮,在湖泊地区围湖造田等错误做法,其结果是破坏生态平衡,使自然资源衰退,给农业生产的发展造成了严重的隐患。

第三节 党的十一届三中全会以来农业体制的改革

一、多种形式的农业生产责任制的恢复和发展

1978年12月召开了中国共产党第十一届中央委员会第三次全体会议,是一个历史性的伟大转折。为了保证四个现代化的顺利进行,在总结30年来经验教训的基础上,会议通过了《关于加快农业发展若干问题的决定(草案)》。在次年9月党的十一届四中全会上,经过讨论修改,正式通过了这个决定。决定指出:"摆在我们面前的首要任务,就是要集中精力使目前还很落后的农业尽快得到迅速发展,因为农业是国民经济的基础,农业的高速度发展是保证实现四个现代化的根本条件。"决定还指出:"为迅速改变目前中国农业的落后状况,我们必须着重在最近两三年内采取一系列的政策措施","确定农业政策和农村经济政策的首要出发点,是充分发挥社会主义制度的优越性,充分发挥中国八亿农民的积极性。我们一定要在思想上加强对农民的社会主义教育的同时,在经济上充分关心他们的物质利益,在政治上切实保障他们的民主权利。"[①]

根据新的历史时期的基本任务和解决农业问题的基本方针,党和政府陆续制订了一系列切实可行的经济政策,包括不允许匆忙地、随意地将人民公社基本核算单位从生产队向生产大队过渡;保护人民公社各级,特别是作为基本核算单位一级的所有权和自主权;人民公社各级经济组织必须认真执行各尽所能、按劳分配的原则;鼓励和扶持农民经营家庭副业,开展集市贸易;提高农产品收购价格;减轻农民负担,增加农民收入;允许一部分地区和一部分农民由于辛勤劳动收入先多一些,生活先好起来,等等。而最主要的,是建立和健全农业生产责任制,并以此为中心实行农业体制的改革。

在建立和健全农业生产责任制的过程中,多数社队首先实行的是包工制。

[①] 《中共中央关于加快农业发展若干问题的决定》(单行本),人民出版社1979年第1版,第1、7页。

有的包工到组，有的包工到人，按件记工。这种责任制度，对克服临时派工产生的混乱和劳动中出工不出力的现象起了积极作用。但是，由于这种责任制没有把生产的最终成果——产量和社员的劳动报酬联系起来，社员为多挣工分，重数量、轻质量的现象相当普遍。为了解决这一矛盾，一些社、队又陆续采用合作社时期曾经采用过的划分固定作业组，实行"三包一奖"、"四固定"（固定劳力、耕地、耕畜、农具）的办法，即包工到组、联产计酬或包产到组的责任制，把责任、权力和利益结合起来，对于发挥社员积极性，提高农活的质量和产量起了积极作用。

但是，由于"文化大革命"中把"包"当作资本主义、修正主义来批判，反对联产计酬等生产责任制；还由于"文化大革命"以后，有的人的思想未能从"左"的禁锢中解放出来，当时仍然否定"包"的办法，否定包产到组，有的地方甚至被迫改变包产到组的办法。但是群众拥护"包产"，为了避免因为采用"包"而受到批判，他们巧妙地将"包"字改为"定"字。如广东省一些社队实行的"五统五定一奖"制中的"五定一奖"，就是生产队对其下属的作业组实行定劳力、定地段、定成本、定产量、定工分报酬，超产奖励、减产受罚的办法；又如安徽省嘉山县实行的"四定一奖"制，是生产队对作业组定耕地、耕牛、农具等生产资料，定产量，定成本，定工分，超产奖励、减产受罚。这些办法实际上和"三包一奖"、"四固定"相同。

在党的十一届三中全会上制定1979年9月四中全会上通过的《关于加快农业发展若干问题的决定》指出：社队可以按定额记工分，可以按时记工分加评议，也可以包工到作业组，联系产量计算劳动报酬，实行超产奖励。同时，肯定了联产到组这种形式。中共中央在1979年4月批转的国家农委《关于农村工作问题座谈会纪要》中也指出，在坚持生产队几统一的前提下，实行生产责任制的具体办法，应当按照具体的条件，由社员民主讨论决定，不要强求划一。群众的拥护，党和政府的支持，使联产到组这种责任制形式迅速发展。广东省在1979年年初夏实行这种形式的队，已占生产队总数的41.7%。1979年冬，实行这种责任制的范围进一步扩展，安徽省达61.6%，四川省达57.6%，贵州省达52%，北京郊区约占1/4。这样，包产到组在当时成为生产责任制的主要形式之一,对解决作业组之间在分配上的平均主义起了重要作用。可是组内如何评记每个社员的劳动报酬,解决社员与社员之间在分配上的平均主义,还没有找到恰当的办法。因此,一些地方又进一步实行了包产到劳、包产到户等责任制形式,以后又再进一步发展到包干到户。

包产到户一般是指以社员户为单位向基本核算单位承包一定的生产任务的一种经营方式。种植业中实行包产到户时,基本核算单位需要将一定的土地、耕畜、农具等生产资料固定给社员户使用。劳动成果中包产部分由基本核算单位统一分配,超产部分全部或部分作为奖励,分给承包的社员户。基本核算单位仍然采用工分分配的形式。社员户所得的劳动报酬,包括完成包产任务应得的工分和超产部分应得的奖励(因管理不善而减产则扣减一定数量的工分)。

包干到户也是以社员户为承包单位。它同包产到户的区别在于,社员户承包的生产任务所得的劳动成果中,在完成国家征购任务、上交集体提留的公共积累和其他费用之后,全部归承包户所得,不再由基本核算单位统一按工分分配给社员户。这就是社员所说的:"交够国家的,留足集体的,剩下全是自己的"。和包产到户比较,包干到户这种办法利益更直接,责任更明确,方法更简便,更受广大农民欢迎。

二、普遍推行"双包"制,建立分散经营和统一经营相结合的社会主义农业体制

包产到户和包干到户在调动农民积极性、发展农业生产中所显示的巨大作用,使它逐渐被各地农民采用,并成为中国农村经济最基本的经营方式。这是中国农业体制改革的一项重大突破。包产到户和包干到户的普遍实行,并不是一帆风顺的,而是经历了长期的曲折的过程。

早在1956年中国实现农业合作化以后,包产到户就曾经被不同地区的一些社队所采用。其做法主要有两种:一种是承包的社员户对生产全过程和最终成果(产量或产值)负责;另一种是承包的社员户只对生产过程的一部分(如田间管理)和生产最终成果的一部分(如70%—80%)负责。当时实行

包产到户的有浙江省的永嘉、瑞安、平阳等县,以及四川省的江津县、山西省的榆次县、广东省的中山县、江苏省的江阴县、安徽省的阜阳县等的一些社队。到1957年秋,农村开展"关于社会主义和资本主义两条道路的辩论"时,包产到户被指责为反映富裕中农的主张,是为了达到单干目的而采取的步骤,是想摆脱社会主义轨道的资本主义的主张,并强令"坚决彻底地"纠正这种做法。在这种形势下,各地被迫停止了试行。

1959年,在人民公社所有制关系和管理制度调整过程中,一些地方又陆续实行包产到户或类似包产到户的办法。如江苏省有些地方的社队把全部农作物生产包到户,有的把一部分农作物包到户。河南省新乡地区提出"包工到户,定产到田,个人负责,超产奖励",当时这个地区有60%的生产队把土地包到户。但这些做法又一次受到批判。由于这次批判是在当时全国范围内掀起的反对"右倾机会主义"的政治运动中进行的,因此更加猛烈、更加严厉。包产到户不仅被说成是反映富裕中农的主张,而且被横加上是为资产阶级"反对社会主义的私货寻找销路",是"右倾机会主义分子在农村复辟资本主义的纲领"等等大帽子。在这种情况下,包产到户的试验又一次被迫中止了。

但是,这次的严厉批判并没有使包产到户在中国的大地上消灭。1960年中国经济困难时期,农业遭受严重破坏带来的后果越来越明显。为了恢复和发展农业生产,尽快改变亿万农民生活极端困难的处境,在整顿人民公社时,许多社队又采用了包产到户的办法,主要的省份有安徽、广西、湖南等。其中以安徽省实行的面最大,到1961年春,实行包产到户的队已占生产队总数的40%。和前两次一样,包产到户又被看做异端,再次受到批判,强令"纠正"。

1964年,西南地区云南、贵州的一些社队和西北地区一些省份的社队,又搞起了包产到户。随着农村"四清"运动的开展,它又成了被批判的对象,遭到禁止。

在"文化大革命"中,包产到户第五次受到批判。它和自由市场(指集市贸易)、自留地、自负盈亏一道,被概括为"三自一包",把实行"三自一包"说成是"复辟资本主义阴谋的一个组成部分",是"彻头彻尾的修正主义路线"。然而，就是在这种严峻的形势下，一些地方的农民为了发展生产，仍在暗中实行。1970年在福建、江西、广东等省都有一些社队采用这个办法。结果，又几乎被全部"纠正"。至此，包产到户已经五起五落。

党的十一届三中全会以后，在解放思想、实事求是的方针指引下，全党对包产到户的认识和政策逐渐发生了变化。1979年9月中共中央通过的《关于加快农业发展若干问题的决定》中提出："除某些副业生产的特殊需要和边远地区、交通不便的单家独户外"，"不要包产到户"。《决定》虽然对可以实行包产到户的范围还划得比较小，但这终究是多年来第一次正式允许包产到户这种形式存在。广大群众在实践中有了新的突破和创造。一些原来暗中实行包产到户的地方逐渐公开了。原来没有实行的地方，群众从邻队的实践所显示的效果中得到启发，也相继采用。有的还进一步发展到包干到户，并都达到明显增收的效果。尤其在那些长期贫困、实行包产到户和包干到户较早的地区，农村经济面貌的改变更为显著。如安徽、河南、山东等省一些长期"吃粮靠返销、生产靠贷款、生活靠救济"的"三靠"社队，实行"双包"一年，就改变了吃粮靠返销的局面，有的不仅不再靠救济，而且有了偿还贷款的能力。党中央十分重视和尊重群众的首创精神，及时总结群众的实践经验，在政策上也进一步有所松动。

1980年2月，全国农村人民公社经营管理会议认为，对极少数集体经济长期办得不好、群众生活很困难、自发包产到户的，应当热情帮助搞好生产，不要硬性扭转，与群众对立。这在政策上是一个明显的变化。同年9月，中共中央印发的有关会议纪要（《关于进一步加强和完善农业生产责任制的几个问题》）又进一步指出："在那些边远山区和贫困落后的地区"，"要求包产到户的，应当支持群众的要求，可以包产到户，也可以包干到户"。《纪要》还认为，在中国当前的具体条件下实行的"包产到户"，是依存于社会主义经济，而不会脱离社会主义轨道，没有什么复辟资本主义的危险，因而并不可怕。这一重要论断，打碎了20多年来强套在"包产到户"头上的枷锁，受到农民的热烈拥护。到1980年年底，全国实行包产到户和包干到户的生产队，从年初仅占生产队总数的1.1%上升到14.9%。

但是，当时对"双包"这种家庭经营的性质、适用范围和优越性的认识，毕竟还有很大的局限性。如不承认它是社会主义经济的一部分，认为它只适合于部分边远山区和贫困落后地区，只是"解决温饱问题的一种必要的措施"，等等。1981年下半年以后，实行"双包"的社队进一步增加，不仅穷困落后地区的社队实行，富裕的和比较富裕地区的社队也纷纷实行，而且大都取得了明显的效果，表明这种办法既适合于贫困落后地区，又适合于经济发达的富裕地区。到1982年6月，全国实行农户家庭承包的生产队已经占86.7%，在这个过程中，人们的认识也不断地深化。1982年下半年，中共中央制定了《当前农业经济政策若干问题》（1983年4月10日公布）。文件明确指出，这种联产承包制是社会主义集体所有制经济中"分散经营和统一经营相结合的经营方式"，"在这种经营方式下，分户承包的家庭经营只不过是合作经济中一个经营层次，是一种新型的家庭经济。它和过去小私有的个体经济有着本质的区别，不应混同"；文件还指出，联产承包制"既可适应当前手工劳动为主的状况和农业生产的特点，又能适应现代化进程中生产力发展的需要"，从而改变了过去对"双包"的认识。1983年年初，实行"双包"制的生产队进一步发展到占生产队总数的93%，其中绝大部分是包干到户。实行以"双包"为主要形式的家庭经营，克服了集体经济长期存在的生产上的"大呼隆"和分配上的吃"大锅饭"的弊病，解决了中国社会主义农业长期以来没有解决的根本问题。这是具有深远历史意义的改革。

  农业合作化以来，在生产上存在"大呼隆"的原因，从管理体制方面来说，主要是权力的过分集中，忽视了作为直接生产者的社员在生产上的经营管理权力。在没有较高的管理能力和必要的科学技术知识的条件下，强调实行集中统一的管理，否定分散的家庭经营，不可避免地会造成指挥失当。实行家庭经营，使经营者和生产者统一，扩大农民的生产管理的自主权，就有利于生产者因地制宜、因时制宜地合理安排劳动和生产资料，合理安排作物布局和技术措施，避免管理过分集中产生的弊病。

  农业合作化以来，在分配上存在吃"大锅饭"的原因，从管理体制方面来说，主要是评工记分制度难以体现多劳多得。按劳动工分分配，需要一个衡量劳动的尺度，这就是劳动定额。但是，由于农业生产的复杂性，定额的制订和对定额执行情况的检查都十分困难，就中国农村的实际来看，绝大多数社队难以实行。因此，一般社队采用评工的办法。由于无法准确地测定劳动，评工往往凭印象，很难做到公平合理，以致社员与社员之间，社员与集体之间的矛盾经常发生。实行"双包"制，特别是实行包干分配的办法，突破了按工分分配的框子，这就克服了社员之间在分配上的平均主义。

实行"双包"为主要内容的家庭经营以后，生产队的经济职能有所变化，但目前它仍然作为集体经济的一个层次发挥着自己的作用。主要有：（1）按照国家的计划指导，代表集体同承包户签订承包合同，安排某些生产项目，保证并监督其完满执行；（2）保证交售任务的完成，例如粮、棉、油等统购的农产品，生产队必须保证按照国家规定的任务及时交售；（3）管理集体的土地等基本生产资料和其他公共财产，如对承包土地的分配和调整，并按照法律规定对土地的使用进行监督，对水利设施的管理和水资源的分配，对一些机器设备的管理和使用等等；（4）组织社员从事某些农业基本建设，如兴修水利、道路等；（5）为社员户提供各种服务，如植物保护，畜禽防疫，推广农业技术，传递市场信息等等。

实行以农户家庭承包为主的这种统一经营和分散经营相结合的农业体制，继承了以往合作化的积极成果，使集体经济的优越性和家庭经营的积极性统一起来，为农业生产力的发展开辟了广阔的道路。同时它对进一步发展了的生产力也有广泛的适应性。这正是这种农业体制的优越性所在，也是它区别于以往农业体制的一个基本点。

三、新的农业经济联合的形成和发展

在家庭联产承包制发展过程中，农村出现了多种形式、多种层次的经济联合。这是中国农业体制改革的又一个重大突破。

农业合作化以来，中国农业中的集体经济都是按照行政区域和行政层次来建立的。在集体经济中，社员的主要生产资料一律实行公有化；产品中社员所得部分实行按劳分配；联合的范围亦限于农业生产过程，原来产前产后

联合的供销合作社后来成为全民所有制企业。对于跨地区的多层次的联合,对于保留主要生产资料的个人所有权,以及社员家庭经营作为一个相对独立的经济单位存在,过去都是不允许的。对于集体经济进一步发展的设想,也只限于按照行政区域和行政层次,逐级扩大生产资料公有制的范围。在人民公社中,就是从基本的生产队所有制过渡到基本的大队所有制,再过渡到基本的公社所有制。

这种农业体制存在着很大的弊病。由于把按照行政区域和行政层次的联合绝对化,不承认多种形式和多种层次的联合,不利于生产资料、劳动力等生产要素的合理组合,也不利于社会分工的发展;由于把按劳分配绝对化,过早地完全否定农民对某些生产资料的个人所有权和凭借这些生产资料取得报酬的权利,不利于充分发挥生产经营者的积极性,也不利于动员更多的资金来发展农村经济。同时,在这种体制下,自愿互利原则往往被忽视,对发挥社员的积极性也不利。这就不可避免地使生产力的发展受到限制。因此,党的十一届三中全会以后,随着生产责任制的推行和农村经济的发展,必然会突破原有的合作形式,出现新的经济联合。

事实上,近年来许多地方不仅出现新的经济联合,而且形式日益多样。既有社员之间的联合,又有社员、集体经济单位、国营企业之间的联合;既有按地域(如生产队、农业生产合作社)的联合,又有跨队、跨社、跨县、跨省等的联合;既有劳动的联合,又有资金的联合;既有生产的联合,又有供销、加工、储运等产前产后的联合。联合体社员的收入既实行按劳分配,又实行股金分红。

例如,1981年,安徽省嘉山县桥头公社有326户农民联合育稻秧。这些农户分别组成若干组,每组由一名育苗技术较高的人负责。育苗用的水、田、种、工由参加联合的各户分摊,原则上是以工换工,育秧占田由参加育秧的农户给予补偿。这是公社、生产队范围内农业生产过程中以技术合作为主的一个生产环节上的临时性联合。

又如,福建省蒲田县桥头公社,不少农民有人工孵化鸡鸭苗的专长,被称为禽苗之乡。近年来许多农民合股经营禽苗场。大场有劳动力百余人,小场有劳动力二三十人。实行统一经营,分段包干(即收购种蛋、孵化禽苗和推销禽苗,由联合体成员分工负责)。收入中联合体成员所得,一部分按劳分配(按劳动繁重程度和技术高低评定工资),一部分按股金分配。这是公社、生产队范围内产、供、销方面的联合,也是劳动和资金方面的联合。

再如,山西省应县臧寨公社石桥大队6户社员到毗邻的怀仁县清水河公社南小寨大队联合承包该队耕地620亩。合同规定,从1983年起承包5年,承包者缴纳承包费500元,粮食2万斤,其余收入在承包者之间分配。这是跨县的集体与社员之间在农业生产方面的联合,也是土地与劳动的联合。

再如,黑龙江省哈尔滨市国营南岗奶牛场,同道里区太平公社7个大队的120户社员、动力区黎明公社的6户社员,分别签订饲养肉鹅2万只和肉鸡万余只的生产合同。场方向社员户提供预购定金,供应雏鸡、饲料、防疫药品,并负责技术指导。社员分户饲养鸡鹅,产品由场方收购。这是同一地区国营企业与社员之间在畜牧业生产方面的联合,也是劳动同资金、技术等的联合。

再如,浙江省的国营农场1981年起与社队联合开垦黄土丘陵地区土地种植茶树,每亩投资800元,其中国营农场投资70%,社队投资30%(主要是劳动力、农家肥料),产品由农场收购,利润按比例分成。这是国营企业与集体经济之间的联合,也是劳动、资金、技术等的联合。

多种形式的新的经济联合能够形成并迅速发展起来,是因为它克服了过去那种形式过于单一的弊病,适应了农村经济发展的需要。主要表现在:(1)有利于生产要素的合理组合。各生产单位之间生产要素的占有是不平衡的,在生产资料、资金、技术、经营才能等方面都存在差异,各生产经营单位按照共同的需要联合起来,就可以取长补短。(2)有利于专业分工的发展。普遍实行"双包"以后,中国农村出现了大批专业户,发展了生产的专业分工。实行多种形式的经济联合,是专业化生产发展的需要,也是它进一步发展的必要条件。同时,这些新的经济联合一般都能较好地贯彻自愿互利原则,因此,农民乐于采用这种联合形式。

1983年公布的中共中央关于《当前农村经济政策的若干问题》的文件指出:"不论哪种联合,只要遵守劳动者之间自愿互利原则,接受国家的计划指导,有民主管理制度,有公共提留,积累归集体所有,实行按劳分配,或以按劳分配为主,同时有一定比例的股金分红,就都属于社会主义性质的合作经济。这样,根据经济发展的需要,自然而然地毫不勉强地通过多种形式、多种层次的经济联合,可以把众多的分散的生产者联结起来,使之成为整个社会主义经济的有机组成部分。"① 这些论述科学地揭示了各类经济联合的特点、性质、地位和作用,对中国农业的体制改革具有重要的指导意义。

目前,多种形式的新的经济联合与生产队集体经济、社队企业经济、社员家庭经济并存,担负着不同的经济职能。它的数量虽然还不多,正在探索、巩固和完善之中,但却有着广阔的发展前途。正如胡耀邦同志所指出的:"随着农业生产的发展和农民经营管理能力的提高,必然会提出新的各种联合经营的要求。我们要真正按照有利生产和自愿互利的原则,促进多种形式的经济联合。可以预料,中国农村在不太遥远的将来,一定会出现有利于因地制宜地发扬优势,有利于大规模采用先进生产措施,形式多样的更加完善的合作经济。"②

四、人民公社三级关系和"政社合一"制度的改革

随着家庭联产承包制的普遍推行和多种经济联合的发展,人民公社中公社、生产大队、生产队之间的关系和"政社合一"的制度也在实行改革。这是中国农业体制改革的第三个重大突破。

在人民公社中,公社经济、生产大队经济和生产队经济三者的关系,是在改变单一的公社所有制的过程中产生的。公社、生产大队和生产队实质上是三种不同范围内联合的经济组织,他们之间本来应当是不同所有者之间平等的经济关系。但是在"三级所有、队为基础"的体制下,他们之间却是上下级之间的行政隶属关系。多年来虽然反复强调尊重生产队的自主权,但是由于三级之间的行政隶属关系没有改变,生产队的自主权很难得到保障。同时由于人民公社实行政社合一的制度,作为国家基层政权的公社机构,实际

---

① 《当前农村经济政策的若干问题》(摘要),1983年4月10日《人民日报》。
② 胡耀邦:《全面开创社会主义现代化建设的新局面》,人民出版社1982年第1版,第17页。

上具有直接支配集体经济组织生产、交换和分配的权力，生产队的自主权更难得到保障。本来，国家对具有独立自主权的集体所有制经济单位的领导，需要充分利用经济手段。但是在政社合一体制下，由于作为国家基层政权的公社一级管理机构可以凭借政权的力量，往往容易忽视经济手段的作用。这样，也就使得瞎指挥、命令主义等不正之风难以根除。为了克服这些弊病，必须对人民公社三级关系和"政社合一"的制度进行改革。

1980年，四川省首先在广汉等县进行政社分开的改革试点，目前正在全国逐步展开。改革的基本内容是：人民公社成为单纯的经济组织，不再是中国政权在农村的基层单位。原来由人民公社行使的基层政权的职能，由新成立的乡政府来行使（也有的地方不设乡，而试行以镇管村）。撤销作为行政机构的生产大队，成立村民委员会（农村基层群众性自治组织），办理本居住地区的公共事务和公益事业等。公社一级改为经济组织以后，与生产大队和生产队不再是上下级的行政隶属关系。有的地方仍然保留人民公社的名称，也有的地方不再保留。江苏省的做法是：保留人民公社作为集体经济的联合组织，名称暂叫"人民公社管理委员会"或"人民公社经济联合委员会"。经济发达的地方，委员会下设立企业性的"一室三公司"，即经营管理办公室、农业服务公司、多种经营联合公司、工业联合公司。专业分工比较发达的地方，还设立专业公司，如养鸡公司、建筑公司等。四川省是把公社改为企业性质的公司。改革试点较早的温江地区广汉、新都、邛崃三县，均成立企业性的"农工商联合公司"，蓬溪县成立"农业经营服务公司"。新建立的企业实行入股联办；原来的社办企业，有的还通过清产核资，成立联合企业。各地改革后成立的公司与其他经济组织之间，是建立在平等互利、等价交换原则基础上的一种新的经济交往关系。生产大队，有些改为独立的经济组织，不再是原来那样三级中的一级。他们与生产队之间也不再是上下级之间的行政隶属关系。原来的大队企业，有的已改为投资入股联办。另一些未改为经济组织的大队，在村民委员会成立后即不复存在。生产队随着公社、大队地位的变化，它们的地位也发生了变化。它们不再是原来三级中的基本核算单位，而是独立的自负盈亏的集体经济组织。在改革中有的地方已将生产队的名称改为农业生产合作社,但绝大多数地方仍然保留了生产队的名称。

人民公社"政社合一"制度和三级关系的改革尚处于试点阶段,需要进行研究、总结。目前从试点单位的情况看,改革的效果是好的,主要表现在:(1)从组织结构上避免了基层政权的直接干预,集体经济组织作为独立的经济实体的自主权得到保障。(2)有利于新的经济联合,四川广汉、新都、邛崃等县以及其他一些地区的"农工商联合公司"等新的经济联合体,就是在政社分设和人民公社三级关系改变后发展起来的。(3)精简了机构和干部,减轻了农民负担,如江苏省江宁县禄口公社群力大队,1981年全队务农劳力每人平均负担公社、大队、生产队三级干部的报酬44.67元,改革以后减少到16元。(4)有利于干部学习和掌握专业知识,尽快实现专业化、知识化。

党的十一届三中全会以来实行的集体所有制的农业体制改革和其他一系列政策措施,极大地调动了农民社会主义生产的积极性,推动了中国农业的迅速发展。农业总产值1982年比1978年增长33.4%,年平均增长达7.5%。主要农产品产量中,粮食1982年比1978年增加16%,年平均增长3.8%,而1957年到1978年的21年间,年平均增长速度只有2.2%。棉花1982年比1978年增长66.1%,年平均增长13.6%,比过去21年间年平均增长1.4%快得多。油料增产幅度更是大大超过以往,1982年比1978年增长126.5%,年平均增长22.7%,而前21年间,年平均增长速度只有1.1%。农民收入增长也远远超过前21年间的速度。1982年农民家庭平均每人纯收入比1978年增长1倍。其中来自集体的收入平均年增加12.89元,比前21年间每年平均仅增加2.15元增长近5倍。

第四节　评　价

30多年来,中国社会主义集体所有制农业体制经历了一个曲折的发展过程,成绩很大,问题也不少。1955年以前,中国农业中多种形式的互助合作和个体农民经济并存的体制是成功的。党的十一届三中全会以后,实行社员分散经营与统一经营相结合的体制,以及多种形式的经济联合,成功地开辟了一条完善社会主义集体所有制农业体制的路子。1956年以后建立高级社体制，形式过于单一，管理过分集中，存在明显的弊病。1958年建立的单一公社所有制，是"左"的指导思想的产物，严重地破坏了生产力，因而失败了。1962年起实行的"三级所有、队为基础"的制度，是纠"左"的产物，也是纠"左"不彻底的产物，它虽然克服了基本社有制的弊病，却未能克服高级社体制的弊病，而且在有些方面（如基层政权对社队经济活动的直接干预、人民公社三级之间的行政隶属关系）比高级社更为严重。"文化大革命"时期人民公社体制的变动，"左"的影响达到了高峰，使农业生产遭到了严重的破坏。

中国社会主义集体所有制农业体制的变化过程，有许多经验教训值得吸取，主要是：

（一）充分认识社会主义集体所有制农业的优越性。社会主义集体所有制农业优越于小农经济和资本主义农业。这是社会主义集体所有制农业体制得以建立的前提。广大农民积极响应党的号召，走社会主义道路，就是因为他们相信社会主义集体所有制农业的优越性。

（二）建立社会主义集体所有制农业体制，充分发挥它的优越性，首先需要弄清什么是社会主义，什么不是社会主义。在人民公社化过程中，把对集体农民的剥夺当成社会主义的公有化，把小资产阶级的平均主义当成社会主义的分配原则，实际上是对社会主义的误解。在这种条件下建立的体制，不可能充分发挥社会主义农业的优越性。农业合作化以后，对"包产到户"进行过多次批判，错误地把社会主义的东西当成资本主义的东西。在这种情况下，也不可能充分发挥社会主义农业的优越性。

（三）社会主义集体所有制的农业体制应当是多种形式并存，而不应当是单一的形式。事物发展是不平衡的，不同地区之间、不同农民之间以及不同生产部门之间，都存在差异，因此集体所有制农业也不应当只能有一种形式。中国有960万平方公里的土地，有8亿农民，差异更大，发展多种形式的生产责任制和经济联合才能做到因地制宜，促进农业生产力的迅速发展。

（四）在中国社会主义集体所有制的农业体制中，要充分重视社员家庭经营的地位和作用。在社会化生产中，农民家庭经营作为大生产的一个组成部分,发挥着重要作用,是一个普遍现象。在中国社会主义集体所有制的农业体制中,农民的家庭经营作为合作经济的一个层次,将要存在一个长时期。认识到这一点对发挥社会主义农业的优越性是十分重要的。

(五)不能把社会主义集体所有制农业同社员保留某些重要生产资料的个人所有权对立起来,也不能因为坚持按劳分配而完全排斥股金分红。社会主义以生产资料公有制为基础,实行按劳分配,这是不可动摇的。但是公有化程度的提高需要一个过程,在经济不发达的条件下,过早地全盘否定社员保留某些重要生产资料的所有权,不允许股金分红,是不利于充分发挥广大社员的积极性的。

(六)社会主义集体所有制农业体制的建立和发展,要充分尊重群众的首创精神。在中国,建立社会主义集体所有制的农业体制是一个创举。什么样的体制最适当,需要经过亿万农民去实践,去探索。包产到户和包干到户是中国农民的创造。它来源于实践,体现了群众的首创精神,但是却多次受到批判,被强令禁止实行。党的十一届三中全会以后,由于坚持了实事求是的正确路线,尊重了群众的首创精神,才建立了以"双包"为重要内容的分散经营和统一经营相结合的体制,迅速改变着农村经济的落后面貌。多种形式的经济联合的出现和发展,也是同尊重群众的首创精神分不开的。

近年来,中国社会主义集体所有制农业体制的改革,成效是显著的。但是改革并没有完结。还有许多问题需要解决,如分散经营和统一经营结合的最优形式,多种形式的经济联合体的管理等,都需要进一步研究。为巩固农业体制改革的成果,在发展社会化服务、搞好农产品运销、普及和推广农业技术等方面都有许多工作要做。只要我们实事求是,努力探索,认真实践,不断总结,中国的农业体制改革必将结出更加丰硕的果实。

第三章
机械工业管理体制的改革

新中国成立前，中国机械工业极其薄弱，基本上只能修修配配，几乎没有制造能力。据解放初期统计，全国机械、电工、交通制造业共有工厂2000多个，职工6.4万余人，年产值仅2.9亿元。当时加工能力最强的上海电机厂、上海通用机器厂（以后改名为上海汽轮机厂），也只能生产10马力以下的电动机和小型水泵、小型鼓风机等产品。

新中国成立后，经过30多年的建设，中国机械工业已经发展成为门类比较齐全、布局比较合理、成套水平逐步提高、具有一定规模的工业部门。到1982年年末，全国机械工业企业已有10万多个，拥有金属切削机床270多万台，年产值达1000多亿元。其中，机械工业部归口管理的企业为10791个，包括全民所有制企业7942个，占机械工业部归口企业总数的74.1%；集体所有制企业2787个，占25.4%；全民所有制和集体所有制合营企业62个，占0.5%。生产的主要产品已有76大类，3.1万个品种，年产值达400亿元。

30多年来，机械工业管理体制的发展变化，从经济成分、经营形式、决策结构、调节机制等4个方面来考察，大体可划分为这样三个阶段：从新中国成立初期到生产资料私有制的社会主义改造基本完成的7年为第一阶段；从1957年到1978年党的十一届三中全会以前的22年为第二阶段；党的十一届三中全会以后的五年为第三阶段。

第一节 社会主义改造基本完成前多种经济成分并存下的机械工业管理体制

一、经济恢复时期的机械工业

全国解放后，机械工业经过3年的恢复、改造、调整与充实工作，在原来修配的基础上，有了一些发展和提高。3年中基本建设投资3.3亿元，新建工厂11个，扩建工厂76个。到1952年，中央所属的机械企业114个，职工约15万人；地方国营机器厂400余家；私营机器厂约5500家，职工10万人。机械工业总产值已由解放前的2.9亿元上升为14.2亿元，并开始有了一些加工制造能力。

1952年9月，第一机械工业部正式成立。当时部直接管理的企业119个，其中重型及矿山机械制造厂14个，动力机器制造厂13个，机床工具制造厂21个，通用机器制造厂19个，汽车拖拉机和轴承制造厂3个，电器制造厂38个，船舶制造厂6个，机车车辆制造厂5个。当时，根据苏联专家按专业分工管理的意见，设立了9个行业管理局、2个业务管理局、1个设计机构，即工具机器制造工业局、重型与矿山机器制造工业局、动力机器制造工业局、一般机器制造工业局、电器工业局、汽车与拖拉机制造工业局、船舶工业局、机车车辆制造工业局及基本建设工业局；还设立了供应局和销售局，并在各大行政区设分局或办事处，以保证生产和建设原材料供应及组织销售。工厂设计工作由设计总局统一领导。1953年，又建立健全了基本建设、生产、会计、计划、技术、教育各司。

二、第一个五年计划时期机械工业的管理体制

新中国成立初期至社会主义改造基本完成之前，机械工业存在多种经济成分：一是全民所有制的国营企业和地方国营企业；二是生产资料私人占有的私营企业；三是接受社会主义改造的公私合营企业。这个时期管理体制的特点是：多种经济成分并存，多层次的决策结构，对国营企业的生产和流通的主要部分实行直接计划，对其他经济成分的生产和流通则在国家计划的指导下发挥市场调节的作用。

（一）第一机械工业部主要管理中央直属的119个国营企业。这些企业由部里统一编制长远发展规划，安排年度生产计划，统一组织物资供应，统一分配和销售产品。财务收支、人员工资和企业干部配备也都由部里直接管理。企业有一定的产、供、销权限：可以自行承揽杂活列入计划上报，主管部门

承认并分配材料；产品超产部分企业有权自销；在不超过工资总额的情况下，可直接招收职工；当年可归还的小型技术措施费用，可直接向银行贷款。

（二）地方国营机械企业，由省、市工业部门管理。开始，生产计划、物资供应、产品销售，乃至企业的长远发展，均由地方自行决策。1953年国家要求第一机械工业部管理地方国营机械企业后，主要是把地方机械工业产品归口列入国家计划，材料供应一般仍由地区财政经济委员会系统申请，产品销售由地区负责。1954年到1955年，国家成立地方工业部（后改为第三机械工业部，1956年撤销），对地方机械企业曾进行规划安排，但产、供、销仍由地方自行管理。地方机械企业在完成国家和地方计划之后，可以自行承接任务，自行销售产品。

（三）对私营机械企业，有的通过加工订货、分配任务等形式进行管理；也有的是自行安排生产，自行采购原材料，自行销售产品，国家通过政策法令进行控制。据1953年统计，全国有私营机电工厂5500家左右，职工10万余人，生产总值6亿元。当时在解决国家需要，特别是供应杂项机电设备方面，私营机械工厂起了一定的作用。

1954年下半年，开始对私营机械工厂实行社会主义改造。8月份第一机械工业部召开全国机械工业工作会议，确定要扭转私营机械企业任意生产、自由销售的情况，实行统一计划、统一订货、统一销售的原则。但当时主要是限制私营厂重复生产长线产品，利用私营机械工厂生产日用五金产品，弥补国营机械工业生产之不足，还没有把私营企业的产供销全面纳入国家计划，实行集中统一管理，生产和流通仍然是市场机制发挥调节作用。当年部里搞了4个公私合营企业，凡公股比例多或国家派遣主要企业管理干部的公私合营企业，视同国营企业进行管理，即比照国营企业编报财务计划，上交公股利润，下拨流动资金。对公私合营企业，按"四马分肥"的原则，即按所得税、股息红利、企业奖励基金、公积金等四项不同比例进行盈利分配。

1956年执行中共中央《关于对公私合营企业私股推行定息办法的指示》以后，加速了对私营机械工业的社会主义改造，企业的产供销活动，也逐步实行了类似于国营企业的管理办法。

（四）在劳动报酬制度方面，1955年8月国务院决定国家机关人员全部实行工资制和改行货币工资制度，统一了国营企业的工资标准。1956年又发布《关于工资改革的决定》，确定当年企业、事业、国家机关职工的平均工资提高14.5%，但不论是定级和调资，均未与企业经营成果直接挂钩。

总的来看，新中国成立初期和第一个五年计划时期机械工业的管理体制比较适合于当时的生产力发展水平和管理水平。主要表现在：

第一，决定国家经济命脉的国营企业，由国家进行集中管理，实行直接计划。这对于机械工业完成从修配到制造的转变；对于集中财力、物力建设骨干企业，为尔后的发展打下基础；对于统一规划，合理地建立机械工业的各个门类，都起到了重要的作用。同时，由于国家直接管的企业不多，有可能搞好各个方面的综合平衡，保证协调发展。但是，也开始出现了对企业统得过多、管得过死的毛病，在一定程度上影响了企业发挥主动性，造成产品质量低、经济效益差以及产需脱节等问题。

第二，地方国营企业分别由各地管理，对于发挥地方的积极性，促进地方机械工业的发展，起了重要的作用。当时虽然已开始出现不必要的重复建设和过于分散的问题，但由于地方机械工业的数量还不大，生产和协作的社会化程度还不高，产品主要是为地方服务，因此，对全国机械工业的协调发展影响还不很明显。

第三，私营企业，由于经营好坏直接关系到资方和职工的经济利益，因此改进经营管理的劲头比较足。当时有个形象的说法："没有图纸自己描，没有材料满街跑"，反映了私营企业积极想办法维持和发展生产。同时，允许一部分原材料和机电产品，通过市场交换和流通，使私营企业能比较灵活机动地组织生产和经营，弥补了国营企业生产的某些不足。虽然私营企业生产带有自发的盲目性，但由于主要产品和原材料是掌握在国营企业手里，国家又通过方针政策对它们加以约束，因而这种盲目性当时对机械工业的危害还不大。

由于这一时期的管理体制同当时的多种经济成分和工业生产水平比较适应，因此，机械工业的发展比较健康。一是增长速度较快，生产总值五年上升524%。二是重大产品产量成倍增长，机床增长4倍，机车增长10倍，民用船舶增长 7 倍,发电设备增长 20 倍,变压器增长 6 倍。三是试制了大批新产品,五年共达 4000 种。四是新建机械工业骨干企业 42 个,改造限额以上企业 39 个。这些企业的建成,大大改变了中国机械工业的面貌,为机械工业从修配到制造的转变和以后的发展奠定了基础。

第二节　党的十一届三中全会前机械工业管理体制的多次变动

从 1957 年到 1978 年的 22 年间,机械工业管理体制几经变化,但主要是限于经济决策权在中央政府和地方政府之间的转移,至于经济成分、经营方式和调节机制,并没有大的变化。

一、"大跃进"期间企业下放

社会主义改造基本完成后,私营机械企业已成为全行业公私合营的企业,并按照国营企业的方法进行管理。多种经济成分已变为两种社会主义公有制——全民所有制和集体所有制,而集体所有制企业也逐步由自负盈亏的"小集体",变为地方主管部门统负盈亏的"大集体"。这时,统得过多、管得过死的弊端,越来越明显地暴露出来了。

1957 年 11 月,国务院《关于改进工业管理体制的规定》中指出:"现在工业管理体制存在着两个主要的缺点:一个是有些企业适于交给地方管理的,现在还由中央工业部门直接管理;同时地方行政机关对于工业管理中的物资分配、财务管理、人事管理等方面的职权太小。另一个是企业主管人员对本企业的管理权限太小,工业行政部门对于企业中的业务管得过多。这两个主要缺点限制了地方行政机关和企业主管人员在工作方面的主动性和积极性。"当时,第一机械工业部领导同志在有关会议上对管理体制中的问题也作过这样的表述:"1952 年以后,我们的计划制度逐步完整起来,但看来问题主要是:一、指标管得多了一些,死了一些;二、供销方面,按中央各工业部门'条条'下达,同时集中在北京开平衡会议,使企业供产销的主动性受到限制;三、财务制度,满收满支,既增加了财务手续,还带有供给制的痕迹,要设备只要打个报告,企业本身不关心经济效果;四、人员干部过去也控制得死了一些，企业无机动权。"同时还针对上述问题提出了改革的设想。

现在看来，中央下放对企业产供销活动的直接管理权，方向是正确的。但当时有两个问题没有很好解决：一是没有把各种经济决策权加以区别，明确哪些决策权应当下放，哪些决策权不能下放，二是没有明确应该下放的经济决策权中，哪些下放给地方政府合适，哪些下放给企业合适。在这种情况下，用大搞群众运动的方法，进行了以扩大地方权限为主要目的和以下放企业为主要内容的经济体制改革。

1958年4月，中共中央在有关文件中规定，国务院各主管工业部门，不论轻工业或者重工业部门，以及部分非工业部门所管理的企业，除开一些主要的、特殊的以及"试验田"性质的企业仍归中央继续管理以外，其余企业，原则上一律下放，归地方管理。当时第一机械工业部直属企业共有105个，下放88个，占83.8%。机床、通用机械和仪表工业的工厂全部下放给地方管理。

在企业下放给地方管理的同时，根据中央有关规定，还下放了基本建设审批权限，地方兴办限额以上的建设项目，除了需提出简要的计划任务书报送中央批准外，其他设计和预算文件一律由地方审查批准。下放了财权，实行"以收定支"的办法，即地方经费支出，首先由地方的固定收入中解决，不足部分由中央直属企业20%分成收入中弥补，年终结余全部归地方使用。下放了劳动管理权。1958年，部撤销劳动工资司，有关权限统统下放给地方。各地招工计划，经省、市、自治区确定之后即可执行，不必经过中央批准。

上述各项权限的下放，大大加强了地方政府的决策权，为各地大办机械工业创造了条件，小机械厂遍地开花。这样也就带来了第一次大量重复建设和重复生产的弊病。1957年，机械工业部系统的基本建设投资总额为8.87亿元，其中国家预算内计划投资为7.12亿元，地方投资和企业自筹为1.75亿元，计划外投资占基本建设投资总额19.7%。1958年权力下放后，地方投资和企业自筹部分猛增，当年机械工业系统基本建设投资总额为25.96亿元，其中国家计划投资为15.44亿元，地方投资和企业自筹达到10.52亿元，计划外基建投资占基本建设投资总额的40.5%。1958年至1960年国家计划投资为

52.82亿元，地方和企业计划外基建投资为23.27亿元，为计划投资的44%，为"一五"期间计划外投资的5.1倍。1957年，第一机械工业部归口的全民所有制机械企业为2178个，职工69.4万人；1959年全民所有制机械企业达到6110个，增长了1.8倍，职工达225万人，增长了2.2倍。由于基本建设投资和增加职工的权力过于分散，各地可以随意开办机械工厂，造成严重不合理的重复建设、重复生产，而且很多企业突击上马，不具备生产条件也制造机械设备，致使许多机电产品粗制滥造，质量问题很多。

与此同时，机械工业的部门管理体制也进行了一些调整。1958年年初，原第一机械工业部与原第二机械工业部及电机制造工业部合并。以后，原第一机械工业部归口的机车车辆划给铁道部；医疗器械划给卫生部；各工业部门都相应发展各自需要的机械。1959年9月，农机制造从第一机械工业部内分出，成立了农机部。1960年，第一机械工业部中分出第三机械工业部，不久又成立第四、第五、第六、第七机械工业部，农业机械部改称第八机械工业部，并成立了国家物资总局，原属第一机械工业部的产品销售局划归物资总局，改为第二机电产品管理局。

二、国民经济调整时期骨干企业上收，加强集中统一管理

为了解决"大跃进"中权力分散的问题，1961年9月15日，中共中央公布了《关于当前工业问题的指示》，要求在工业管理中实行高度集中的统一领导。规定了工业计划由国家统一制订；所有工业基本建设投资必须纳入国家计划，未经审批不得擅自动工；不经中央批准，不得增加职工人数和职工工资；不得擅自变动价格等。文件还指出：就全国来说，在最近两三年内，一定要把工业管理的权力更多地集中在中央（包括中央局）一级，要求从全局观点出发对全国的人力、物力、财力进行统一安排。

根据党中央的指示，机械工业在贯彻"调整、巩固、充实、提高"的方针中，对管理体制采取了以下一些改革的措施：

（一）陆续上收一批骨干企业。当时全国有120个骨干企业，到1963年共上收110个，由部内的8个专业局直接领导，直属企业占归口企业总数的

7%，直属企业产值占总产值1/3左右。

（二）裁并转缩了一批企业，加强了统一计划。在调整中，通过裁并转缩和其他一些措施，大量裁减企业，精简职工。到1963年止，第一机械工业部系统企业由1959年的6110个减为2776个，减少了56%；职工由225万人减为117万人，减少49%。对归口的2000多个地方企业的规划和生产任务，也由部统一归口管理。

（三）贯彻《国营工业企业工作条例（草案）》（简称《工业七十条》）。1961年9月16日，党中央公布了《国营工业企业工作条例（草案）》，第一机械工业部系统以沈阳第一机床厂、沈阳重型机器厂、哈尔滨电机厂、抚顺挖掘机厂、长春第一汽车厂等7个骨干企业作为贯彻《工业七十条》的试点单位，定方向、定能力、定人员，整顿管理，健全各项规章制度，贯彻党委领导下的厂长负责制。其余企业也按照《工业七十条》精神加强了管理。

（四）试办汽车工业托拉斯。1964年9月，成立了中国汽车工业公司。当时，全国共有汽车工业企业222个，轴承企业45个，分属5个部门管理，年产汽车仅3万多辆，品种也很少。成立汽车工业公司后，上收几十个中小企业，下设长春、北京、南京、武汉和重庆5个分公司，统管全国的汽车、汽车配件、改装车、摩托车等产品的生产和销售，并管理有关的专用机械厂、工具厂、科学研究和设计机构、专业学校等。到1966年，中国汽车工业公司成立两年多，汽车产量比公司成立前增长了1.7倍，产值增长1.4倍，主要企业利润增长60%。

通过以上改革，把基本建设投资、价格、劳动工资等一些不该分散的经济决策权收归中央，加强了集中统一管理，对于克服"大跃进"中的混乱局面起了重要作用。对如何解决条块结合的问题也进行了一些探索。但是，对于本应该分散给企业的经营管理权限又出现了统得过多、过死的问题。

三、十年动乱期间企业又一次下放，再次扩大各级地方政府的决策权

"文化大革命"中，在"打倒条条专政"的口号下，一部分本应集中的决策权又分散于各级地方政府；本来应该给企业的决策权不仅没有给企业，

反而越统越死。

（一）部属企业再次大批下放。1970年4月，第八机械工业部（即农业机械部）与第一机械工业部合并，两部合并后共有部属企业310个，到1970年年底共下放277个，占89%，其中部和地方双重领导、以地方为主的38个，完全下放给地方管理的233个，交有关部门的3个。像第一汽车厂、第二汽车厂、第一重机厂、第二重机厂、洛阳拖拉机厂、西安电力机械制造公司等这些关系国民经济全局的重点骨干企业，也统统下放了。有些骨干企业下放到省后，省又下放给省辖市或专区，哪级政府都有权向企业发号施令，却又很少能为企业解决问题，使企业面临"多头领导"。如西安电力机械制造公司，1970年下放给陕西省，1972年该省又下放给西安市，使这样一个生产大型成套设备的、拥有职工2万多人的骨干企业长期处于部、省、市各部门众多"婆婆"的管理之下，企业要办一些事情往往要跑十五、六个部门，哪一个部门卡住了就办不成，办事周期长，工作效率低。

（二）有些重大经济决策权再次分散。基本建设投资，由部直接安排40%，30%由部商同地方安排，30%由地方安排；计划管理实行"'块块'为主、条块结合"的办法。由于重大经济决策权的再次分散，机械工业企业又一次膨胀起来。第一机械工业部系统的机械企业由1966年的4100个发展到1976年的6100个，职工由160万人增加到365万人。重复建设和重复生产的情况更加严重。

（三）"条条"分割加剧。在"大跃进"时期形成的"条条"分割的状况，在"文化大革命"中又有进一步发展，中央各部都加强了本系统的机械制造能力，形成了各自的机械制造体系。1962年，中央约有25个部门分别管理全国的机械企业，到1977年，管理机械企业的部门共有41个。属于第一机械工业部系统的企业仅占1/10左右，产值约占1/3。

（四）物资供应管理多变。1972年，物资供应管理实行以"块块"为主的办法，即"地区平衡、差额调拨、品种调剂、保证上缴"。但由于下放的骨干企业，产品面向全国，所需的各种原材料数量大、品种规格多，配套件需要在全国协作，因此，物资供应工作实行以"块块"为主的办法行不通。到

1973年，不得不改变这种办法，对机械工业生产用的原材料改由机械工业归口分配指标，在物资部门统一组织下，由机械工业部门负责，按生产需要直接订货，将245个骨干企业确定为"直供企业"，即主要原材料由部直接供应。1974年，物资部门又提出实行"集中管理、统一供应"的办法。这样，机械制造部门对生产所需原材料订货情况、品种规格满足程度、哪个钢厂供货、何时交货、何时到货情况等，都不知道，也难以保证，给组织生产带来很大困难。

从"大跃进"、国民经济调整到十年动乱，这个时期经历的时间较长，出现过企业下放、上收、下放多次反复，但是从决策结构上看，只是在中央政府与地方政府之间集权与分权的变化，无论是中央部门管还是地方部门管，企业都没有必要的经营管理自主权。在管理体制上形成了这样一种格局：

第一，在劳动报酬的分配体制方面，由国家统一规定工资等级和标准，统一规定调整工资的时间和比例。全体职工的劳动报酬与企业经营管理好坏没有直接联系，形成了"大家捧着铁饭碗，同吃大锅饭"的状况。

第二，在财政管理体制方面，对全民所有制企业实行全国统收统支，企业盈利全部上交，亏损由国家包下来，需要的各种资金向上级申请，给多少用多少；对集体所有制企业实行地方主管部门的统负盈亏。企业对其经营好坏不承担经济后果，不负经济责任。

第三，在计划管理体制方面，生产和流通基本上靠单一的指令性计划来调节。生产什么、生产多少由上级下达计划，生产出来的产品由上级统配调拨，需要的原材料由上级供应。生产计划虽然一度分为国家计划、地方计划，物资管理虽然分为国家统配物资、部门管理物资和地方管理物资，但这不过是各级政府之间的分权，企业始终无权自行安排生产计划，也无权自行销售产品和购买所需的各种物资。

第四，在价格管理体制方面，虽然也按产品分别由国家定价和部门、地方定价，但总的来说是各级政府管定价，企业无权定价，只能提出建议。

第五，在劳动管理体制方面，对劳动力不仅统一计划，也统一分配。政府劳动部门分多少，企业就必须要多少，分配什么样的人，就必须要什么样的人。

这种经济管理体制，对于生产的发展，技术的进步，经济效益的提高，都是利少弊多。

利，主要表现在三个方面：

一是这个阶段的前期，主要是1964年以后及第三个五年计划时期，国家还能够利用集中统一管理的手段，组织沿海企业向"三线"搬迁。虽然有的"三线"企业选点不合理，经济效益也差，但这对于改变工业布局，起了一定的作用。

二是农机制造实行以地方为主的方针，促进了农业机械工业的迅速发展，农机产品产量大幅度增长，以手扶拖拉机为例，1965年仅3604台，到1975年达209000台。

三是企业下放在一定程度上调动了地方的积极性。1958年以后，地方机械企业发展较快，与此有一定关系。同时，地方就地就近加强对企业的领导，在地区范围内组织协调，解决了许多矛盾。

弊，主要表现在四个方面：

一是企业经营好坏与企业所得和职工劳动报酬不挂钩的结果，必然影响调动企业改进经营管理的内在动力。机械产品质量差，品种少，更新换代慢，技术服务不好，经济效益提高不快等弊病，固然有多方面的原因，但都与这个问题直接相关。

二是企业产、供、销等活动一切听命于上级主管部门的结果，必然导致企业之间的横向联系被切断，完全排斥市场调节的作用。再加上政策上的问题，就造成生产和需求信息不畅通，货不对路，产需脱节；企业不能及时调整自己的产品结构以适应客观需要的变化；价格严重背离价值的现象得不到及时纠正，价格也不能适应需求情况的变化；企业缺乏发展新产品、采用新技术的动力、压力和实力；同时，由于产品生产分级计划，分配分级管理，严重影响了设备成套。

三是多部门、多层次管理机械企业的结果，必然造成"自成体系"，重复建设和重复生产，影响合理组织分工协作。这个地区、这个部门已经有余的生产能力，另一地区、另一部门又搞重复建设、重复生产；本来应当在全国范围内组织协作的产品和成套设备，往往打不破地区、部门界限，形成地区或部门自给自足；从全国来说已经是长线的产品，有些地区、有些部门还要扩大生产能力。由于各部门、各地区手里有钱，又直接管工厂，这些不合理的状况很难改变，造成点多、批量小、专业化水平低的状况。例如，全国生产轴承的厂点达600多个，20马力以下的小柴油机厂达149个。

四是各级政府对企业的微观经济活动管得过多、统得过死的结果，必然是主要精力陷于日常事务，影响搞好宏观经济的管理，影响搞好大的方面的综合平衡，而对微观经济活动的情况，因不可能都有深入的了解，就难免造成决策上的失误。

概括起来说，这一阶段的管理体制是国家该集中的决策权没有集中，分散给了各级地方政府；同时，该分散的决策权又没有分散给企业，因此影响社会主义经济制度优越性的发挥。

第三节 党的十一届三中全会后，机械工业管理体制改革的新阶段

党的十一届三中全会后，党中央提出了"调整、改革、整顿、提高"的方针，有计划地进行了国民经济的调整和逐步进行管理体制的改革。机械工业是调整的重点，在调整中改革也迈出了新的一步，经营形式、决策结构、调节机制等方面，都有所突破。

一、改革经营方式

在经营方式的改革方面，做了许多有益尝试。集体所有制企业，有一部分由主管部门统负盈亏改为企业自负盈亏。全民所有制企业，普遍实行了各种形式的经济责任制，具体形式有六种：（1）计划内利润留成和超计划利润分成；（2）利润基数留成和利润增长分成；（3）全额利润分成；（4）上缴利润包干或上缴利润递增包干；（5）以税代利，独立核算，自负盈亏；（6）亏损企业定额补贴，超亏不补，减亏分成。这些办法的共同特点都是在不同程

度上把职工的劳动报酬与企业的经营成果联系起来,使企业对其经营好坏承担经济责任。据京、津、沪、辽、黑、鲁、豫、鄂、浙9个省、市的统计,在2387个全民所有制机械企业中,实行经济责任制的有2264个,占94.8%。其中以税代利、独立核算、自负盈亏,是变革比较大的一种经营方式,只在少数企业试点。这些企业是:上海彭浦机器厂、上海柴油机厂、上海轻工机械公司、四川宁江机床厂、西南电工厂、北京光学仪器厂等。

此外,许多企业在一部分车间、工种中实行了计件工资、超定额计件工资,有的企业还实行了浮动工资和定包奖。这些也都是分配制度局部改革的尝试。

二、扩大企业自主权

党的十一届三中全会以后的改革,突破了只是在中央政府和地方政府之间调整决策权的老框框,承认企业是相对独立的商品生产者,与实行各种形式的经济责任制相适应,着手扩大企业的经营自主权。

扩大企业自主权,实际上有两种情况:一种是经过有关部门批准,选择部分企业进行全面扩大自主权的试点。1978年10月,首先从四川省几个机械企业开始,后在全国各地陆续展开。1979年,机械工业部系统各种形式的扩权试点企业有309个;1980年,发展到671个,其中,原第一机械工业部系统企业547个,占该系统4240个国营企业的13%,产值约占33%,利润约占46%;原农业机械部系统企业124个,占该系统国营企业1829个的6.8%,产值约占39.6%,利润占92.4%。

再一种情况是,随着计划、流通、价格体制的局部改革和利润分成制度的实行,不仅扩权试点的企业,实际上是所有机械企业,经营自主权都扩大了。

(一)改革计划、流通体制,机电产品进入市场。党的十一届三中全会以来,中央提出了以计划经济为主、市场调节为辅的方针,理论研究上也突破了生产资料不是商品的概念,这时又正值许多机械企业生产任务不足。在这种情况下,机械工业在生产和销售方面进行了改革,允许机电产品作为商品进入市场,由产需双方企业自行购销。

第三章 机械工业管理体制的改革

这种改革,是从四川宁江机床厂开始的。1979年6月25日,宁江机床厂在《人民日报》上刊登了国内第一张生产资料自行销售的广告,将该厂生产的各种自动车床投入市场,在完成国家统一分配任务的同时,工厂直接承接国内外用户的订货。过去这个厂生产的仪表机床一直是计划由上级安排,产品由国家统配,企业无权在国家计划外安排生产和自行销售。1978年以前,这个厂计划任务安排得比较满,1976年至1978年平均年产机床535台。1979年年初,物资部门通知"没有需要",将年初订货的250台削减了50台,订货量不及企业生产能力的1/3。但实际上并不是真的没有需要,而是机电产品分配体制有问题,社会需要反映不上来。许多部门和企业,由于分配不到这种机床,直接到宁江机床厂要求支援,也有的要图纸自己干。鉴于这种情况,经有关省、市和原第一机械工业部的同意,并与国家物资部门商定,在首先保证物资部门订货的前提下,企业可以根据市场需要自行安排生产、自行销售产品。从此就改变了长期以来机电产品不能进入市场的状况。广告刊登后,三四个月内就承接国内外订货1400台,不仅当年任务饱满了(共生产699台全部销售完),而且还承接了后两年的生产任务。1979年至1981年平均年产1075台,80%以上是企业自揽任务。继宁江机床厂第一张广告后,其他许多机械企业也都通过广告,广开门路,承接市场所需的订货,为机电产品进入市场拉开了序幕。

1979年10月,四川省机械局与物资局在四川省温江县共同召开了1980年机电产品订货会。这种订货会与过去的订货会有着明显的不同,不是由主管部门分配产品,然后再由产需双方签订合同,而是组织生产企业与使用单位直接见面,通过产需衔接择优选购。13天的订货会,共签订合同8700多份,成交额达1.26亿元。随后,云南、上海、山东、湖南也都相继组织了各种类型的订货会、展销会,这样就从一个个企业的产品推销发展到一个个地区的产品展销,在更大的范围内开辟了机电产品市场。

随着机电产品进入市场的迅速发展,1980年8月,原第一机械工业部在长沙举办了全国机电产品交易会。来自全国各地的用户和生产企业集聚一起,调查行情,洽谈业务,货比三家,观摩学习,既是生产企业开展竞争、学习经营的大课堂，也是用户了解产品、择优选购的广阔市场。交易会历时20天，成交额达23亿元，满足了广大用户对机电产品的需要，补充了当年生产任务的不足，也为1981年生产准备创造了良好条件。全国交易会的召开，使机电产品进入市场从一个企业发展到一个地区，又从一个地区发展到全国。

机电产品进入市场，使计划和流通体制发生了重大变化。机械工业部总结了这几年的实践经验，于1983年2月10日拟定了贯彻计划经济为主、市场调节为辅原则的具体办法，上报下发，并开始试行。根据党中央、国务院有关文件的精神，规定机械产品的生产由单一指令性计划管理转变为三种计划管理形式：

一是把国家重点任务需要的机电产品列为指令性计划。具体包括：基本建设大中型项目、重大技术改造项目所需的各种机电产品；国家战略储备的机电产品；各部门重点工矿企业维持简单再生产需要的大宗或有特殊要求的关键机电产品；援外和部分出口需要的机电产品；国防军工专用设备及军工专项任务所需的机电产品；国外引进项目中留国内生产的机电产品；由国家统一安排的引进技术或与国外合作生产的重要机电产品。上述各项需要，由各部门提出，机械工业部汇总后作为指令性计划统一下达。指令性计划下达后，企业必须保证完成。

二是将企业根据市场需要承接的任务，自下而上地汇总，经过计划部门的综合平衡后，纳入指导性计划，这部分产品生产出来后，不再经过物资部门统一分配，由生产企业与用户直接沟通产需。

三是对少量生产技术较简单，原材料比较单一，对国民经济发展的影响甚微，生产点和需要单位分散，近似小商品的机电产品，不列入国家计划，实行完全的市场调节。这类机电产品初步选定的有4倍以下望远镜、坡度计、简易塑料照相机、电线压接钳、电刷牙器、手用锯条、锉刀、手摇泵、家用泵、乙炔发生器等22种。

上述计划管理体制的改革，实际上使企业普遍扩大了产、销自主权。

（二）改革价格管理体制，实行了浮动价格。为了适应经济体制改革的需要，1979年以后，机械工业在产品价格管理上，按照中央统一领导，地方各级分级管理，并适当给生产单位价格管理权的原则，除国家统一定价外，还对部分产品实行价格浮动，以便发挥价格杠杆的调节作用，促使企业之间开展竞争。

1979年11月，经国家物价局批准，原第一机械工业部颁发了部分产品试行浮动价格的办法，规定以部统一定价为最高限价，可以向下浮动，浮动幅度不超过20%。当时规定，价格可以向下浮动的产品有：机床、空压机、高中压阀门、量刃具、磨具、液压件、气动件、千斤顶、电动葫芦、仪器、仪表及元件、汽车配件、电焊机、绝缘材料、低压电器元件、机床电器、硅元件等20多种产品。在规定浮动幅度内，生产企业有权按产销情况，自行确定产品出厂价格。在实际执行中，大部分产品实行了浮动价格。除向下浮动外，也有个别供不应求的产品实行了向上浮动。这实际上是扩大了企业在国家规定范围内的产品定价权。

（三）企业之间加强横向联系，发展了各种经济联合体。几年来，机械工业组织了各种形式的经济联合体。据不完全统计，机械工业系统各种类型的公司、总厂已有498个，其中，工业生产公司410个，占82%；供应与销售性公司46个，占9%；进出口及出口联营公司15个，占3%；技术设计与成套公司22个，占4%；科研生产联合公司2个，占0.4%；技术与工程咨询公司3个，占0.6%。这些联合体，有的是主管部门组织的联合，也有的是企业之间的自动联合。企业之间的自动联合，有其独到之处：它不受部门、地区的限制，有些是既跨部门又跨地区的联合；一般是以工业城市为中心，又不受城市行政区划的限制；联合形式多种多样，但都以共同需要为基础，达到了共同发展的目的。这种联合的出现，是扩大企业自主权、发展企业之间横向联系的必然结果，为探索打破部门和地区界限，进行改组、联合积累了初步经验。

（四）实行工贸结合，进行扩大企业外贸权的试点。为了解决过去工业与外贸脱节的问题，机械工业部成立了机械设备进出口总公司。1982年，选择了28个企业和4个联营公司，进行扩大外贸自主权的试点；到1983年，扩大外贸自主权的企业又发展到 103 个，这些企业是上海机床厂、沈阳第一机床厂、宁江机床厂、南京机床厂、成都量刃具厂、杭州汽轮机厂、西安电力机械制造公司、第一重机厂、杭州制氧机厂、北京人民机器厂、第一拖拉机厂、宁波水表厂、第二汽车厂、杭州链条总厂等。

三、在生产、流通领域开始运用多种调节手段

过去企业生产什么、生产多少，全靠指令性计划加以规定，产品的销售也是由国家通过指令性计划统一分配、调拨。扩大企业自主权以后，单靠指令性计划调节生产和流通已经不能适应客观需要，开始尝试运用各种调节手段。主要的有：

（一）运用经济杠杆进行调节。如过去 15 毫米家用水表定价偏高，出厂价每只 33 元，而一般企业的产品成本在 26 元左右，利润比较大，因此各地竞相生产。浙江省原定水表生产厂只有一家（宁波水表厂），后来发展到 44 家，1980 年 1 月，由企业提出建议，经国家物价局和仪表总局的批准，水表出厂价由 33 元，降为 24 元，下降幅度为 27%。产品降价后，发挥了骨干企业的优势，对一般厂点冲击很大，经过 1 年多时间，浙江省内能站住脚的水表厂只有 4 家了。其他 40 个厂点因无利可图，先后转产。除了运用价格调节以外，也开始采用调节税率、改进信贷等办法，对调节需求，促进生产，起到了较好的作用。

（二）通过经济法规进行调节。1981 年以来，先后对低压电器、工业锅炉、电度表、小拖拉机、小柴油机等量大面广的部分产品，实行了发放生产许可证的办法，限制产品质量差、管理落后的厂点继续生产。1982 年还开始运用淘汰落后产品、推广节能产品等办法，限期淘汰性能落后的、耗能大的老产品，现在已公布了三批，淘汰落后产品 48 种。

（三）通过情报信息进行引导。开展市场调查和预测，对某些产品的产需情况进行通报，使企业能了解全局产需平衡情况及生产趋势，自觉地约束自己的行动。

（四）通过日常组织协调进行调节。机械工业系统在这几年的实践中，已

经创造了许多具体形式：一是围绕各种短线产品，以先进企业为核心组织紧密的或松散的联合，提高生产能力，满足社会需要；二是组织生产任务"吃不饱"与"吃不了"的工厂"结对子"，利用长线生产能力生产短线产品；三是进行临时性的调度和协作，攻短线，补缺门。这些组织协调办法机动灵活，适应各种经常变化着的情况，效果很好。

四、进行了管理机构改革，两部两总局合并为机械工业部

1979年3月和1980年1月，农业机械局和仪器仪表工业局先后从原第一机械工业部分出，成立农业机械部、国家仪器仪表工业总局。

1982年年初，根据中央关于国家机关改革的统一部署，将第一机械工业部、农业机械部、国家仪器仪表工业总局、国家机械设备成套总局四个单位合并，成立机械工业部。改革后，正副部长由19名减少到5名，另设总工程师1名。原两部有27个职能司局和6个专业局，原两个国家总局有34个处室和8个行政编制的专业公司，合并后共设14个职能司局，8个专业管理总局，另有5个企业性公司。（见表8）

1982年5月，中国汽车工业公司正式成立。公司的性质是在国家统一计划指导下，独立从事生产经营业务和核算的经济实体，是按工贸结合、产销结合、进出口结合、科研和生产结合的方针以及责任和权利、利益结合的原则组建和进行经营管理的企业性组织。公司统一领导所属各汽车工业联营公司、汽车附配件联营公司、直属工厂及科研情报、工厂设计、院校等单位，负责组织所属联营公司、工厂从事科研、生产、销售、技术服务和进出口的经营管理业务。公司成立1年多来，在改组联合方面已取得了新的进展。现已按产品系列为对象组成了解放汽车工业联营公司（包括以第一汽车制造厂为主的11个工厂）、东风汽车工业联营公司（包括以第二汽车制造厂为主的9个工厂）、南京汽车工业联营公司（包括以南京汽车制造厂为主的18个厂、所）、重型汽车工业联营公司（由济南汽车制造总厂、四川汽车制造厂等14个工厂组成）和汽车附配件公司。老产品更新换代和新产品开发也有进展，

当代中国的经济体制改革

表8 机械工业部组织系统表

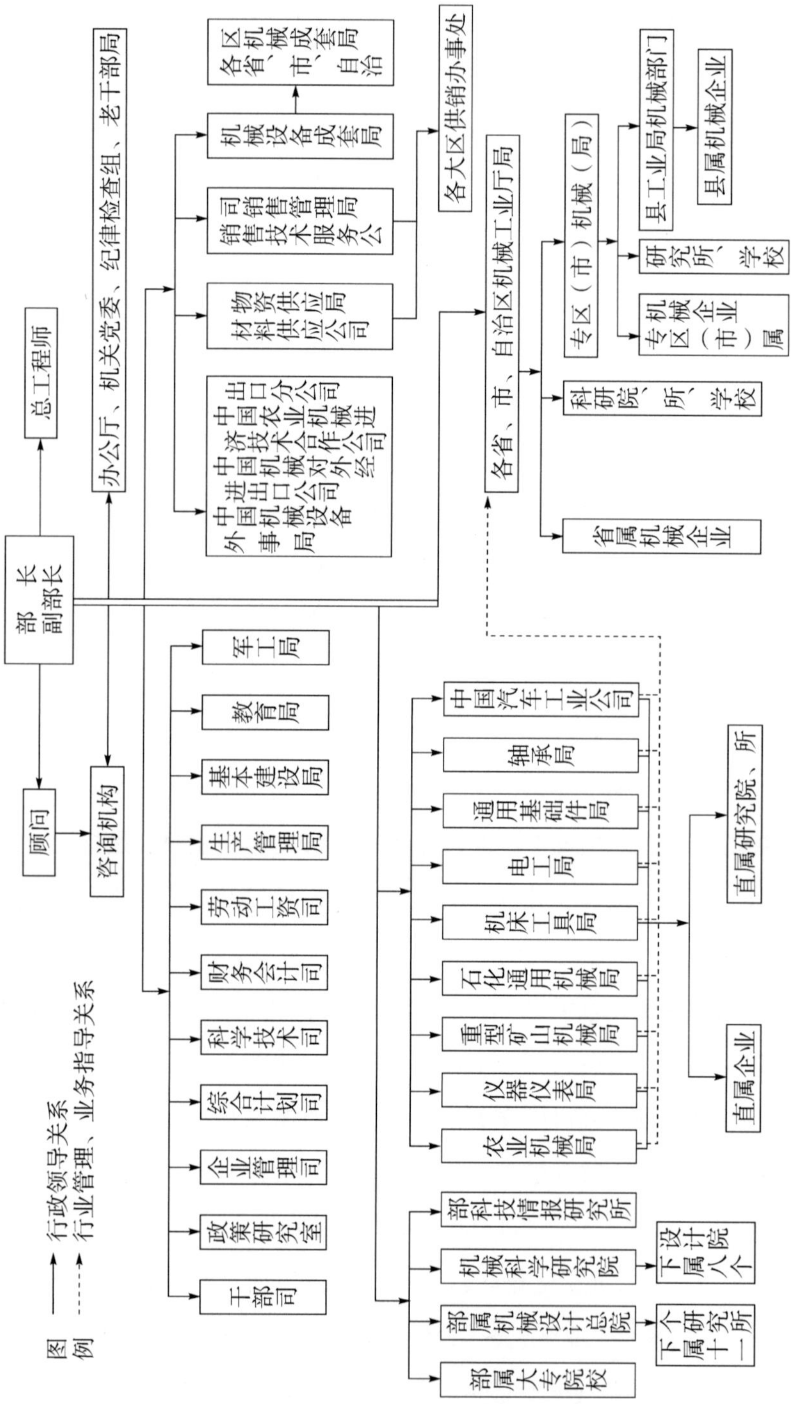

如"东风"改装车已由 3 种增加到 53 种，还试制新产品 30 多种；"解放"牌载重汽车老产品改造取得了新进展，新型 CA141 型 5 吨载重汽车已于 1983 年 9 月正式通过国家鉴定定型，从而打破了"解放"牌汽车 30 年"一贯制"的局面，为实现老产品更新换代创造了条件。（见表 9）

党的十一届三中全会以来的初步改革与前两个阶段的管理体制相比较，有了新的进展。企业正在逐步摆脱行政机关附属物的地位，有了部分微观经济决策权，在公有制的基础上开始形成多层次的决策机构。实行了多种形式的经济责任制，企业经营好坏与福利基金、奖励基金在不同程度上直接挂钩。在坚持计划经济为主的前提下，重视市场调节的作用，实行多种形式的计划管理，在生产和流通中开始运用经济杠杆。这些改革虽然是初步的，但其效果是明显的。企业有了一定的内在动力，企业之间有了一定程度的竞争，从而给机械工业带来了新的活力。具体表现在：

（一）促进了企业主动提高质量、发展品种、改进服务。过去，那种生产任务、材料供应、产品销售、财务收支都靠上面解决的体制，不能调动企业改进经营管理的积极性和主动性。调整和改革后，由于任务和利润多少开始与企业和职工的经济利益挂上了钩，企业又有了一定的产销自主权，这就会推动企业去调查和适应社会需要，提高产品质量，发展产品品种，改进技术服务，不断提高企业的适应能力。"以质量求生存，以品种求发展，以服务求信誉"的经营方针，正是在这种新形势下提出来，并被越来越多的企业所接受。实践证明，企业有了必要的权力和物质利益后所带来的活力，是过去任何行政办法所无法比拟的。

从技术服务来说，过去尽管用户对生产厂意见很大，部里再三提出要求，但收效甚微。调整和改革以来，企业的服务态度有很大转变。如第一汽车厂，过去用户反映它架子大，进门难，办事难。企业有了一定的动力和压力后，促使他们转变服务思想和经营作风。现在不仅在全国各省、市、自治区主要城市建立了 28 个维修服务中心，为用户提供各种服务，而且还根据不同用户的特殊需要，积极改进产品，满足用户要求。过去，"解放"牌汽车每年产量的 40%，是供给全国各个汽车改装厂改成各种不同用途的车辆。但第一汽车

当代中国的经济体制改革

表9

中国汽车工业公司机构设置示意表

		董事会												
		董事长 副董事长												
	技术委员会	财务委员会	顾问	秘书室										
		总经理												
总工程师 副总工程师	副总经理	副总经理	副总经理	副总经理	副总经理									
技术发展部	质量管理部	规划改造部	生产供应部	财务会计部	人事教育部	外事部（汽车进出口公司）	销售服务部（销售服务公司）	调整改组室	企业管理室	办公室				
汽车试验场	技经研究所	工厂设计院	大学、培训中心	解放汽车工业联营公司	东风汽车工业联营公司	重型汽车工业联营公司	南京汽车工业联营公司	京津冀汽车工业联营公司	上海汽车工业联营公司	附配件联营公司				

厂只提供一种式样的"标准"底盘，汽车改装厂拿去后，需要重新将底盘解体再装配，既费工时，又费资金。为了解决这个问题，他们派出专门调查组，对重点改装厂一个个调查访问，根据用户的不同要求，设计出不同轴距、不同轮距的 5 种长途公共汽车底盘，改装厂拿到后再也不用解体改造了，因此，每台改装车生产周期可缩短 1 个月，节约改装费 1000 元。

从发展品种来说，过去新产品试制计划主要是靠上级安排，企业接受任务时往往伸手要投资、要条件。这样不仅新产品发展慢，而且有的产品试制出来后没有用户，长期成为"样品"、"展品"。企业有了动力和压力后，情况就大不一样。西安电力机械制造公司所属的电力整流器厂，过去对列入新产品研制计划的矿用防爆整流装置，由于企业缺乏迫切感，拖了 8 年没有完成。后来他们认识到，不发展品种，企业就没有竞争力，就很快把这个新产品研制出来，并投放市场，使 1982 年的订货比 1981 年增长 3 倍。四川省机械局有个统计，改革前的 1976 年至 1978 年的 3 年间，共发展新产品 220 种，改革后的 3 年 1979 年至 1981 年，共发展新产品 1100 多种。同时，新产品商品化周期缩短，1981 年发展的新产品中，当年投产的达 80% 以上。企业主动发展的新产品比重增大，改革前企业自行发展的新产品不到 10%，1980 年上升到 63%，1981 年为 73.4%。

从设备成套来说，改革也起了很大的促进作用。湖北孝感地区建设一个 220 千伏变电站，所需设备过去要用户自己组织成套。他们按照产品分配计划，先后派出 95 人次到各地订购设备，结果不仅产品质量、数量不能满足，设备参数也不能合理匹配，搞了 2 年多才搞成个半成套。1980 年，西安电力机械制造公司主动上门服务，只用了 5 个月的时间便使这个变电站的设备全部成套了，并帮助安装、调试，直到正式投产运行，用户十分满意。

（二）密切了产需之间的联系，企业及时调整产品结构以适应需求结构的变化。过去，在产品统配调拨的情况下，产需双方好比是"隔山买老牛"，使用部门的需要得不到满足，生产单位对用户的需要也不太了解，对许多产品几十年来都按"标准型谱"生产，不能适应用户多方面的需要。调整和改革以后，沟通了产需之间的信息渠道，使生产厂能够根据需求结构的变化调整自己的产品结构。例如,北京制笔公司计划大力发展活动铅笔,很多零件需用自动车床加工。但应该选用什么车床,用什么附件,怎么组成生产线更经济合理?他们不清楚。产需直接见面后,制笔公司向宁江机床厂提供零件加工图纸,并提出三条要求:(1)两班生产,年产100万只;(2)设备利用率要达到80%以上;(3)零件合格率达到85%以上。宁江机床厂根据这些要求,选择了五种型号的纵切自动车床组成生产线;按照铅笔零件的图纸要求,设计了各种附件及凸轮,编制出加工工艺卡片;还为用户培训了操作人员。用户安装后,只要按照工艺卡生产,即可保证达到上述各种要求。这样,机床工厂才真正起到了"工艺师"的作用。如果不是改革调动了企业的积极性,这是很难办到的。

产需结合,不仅能更好地满足市场需要,提高社会经济效益,而且促进了产品结构向着合理的方向发展。如农业实行家庭承包责任制后,生产经营规模由大变小,小型农机具的需要量剧增。农业机械企业积极调整产品结构,适应农村经济发展的需要,使小型农机具的生产大幅度上升,1982年小型农机具占农机总产值的比重由1980年的1/3上升到41.5%。过去机械工业服务面窄,偏重于为重工业服务、为基本建设服务,而对其他方面,如轻工业、纺织工业、农业、食品工业、城市建设、环境保护、人民生活等服务得很不够。调整和改革以来,各个企业积极承揽任务,机械工业的服务领域不断扩大,产品构成发生了新的变化。许多机械企业,一方面改进老产品,发展变型产品,增补缺门产品;另一方面,根据结构相似、工艺相近、发挥技术特长、利用已有的技术装备优势的原则,大力开拓潜在市场,扩大服务领域。据粗略统计,近几年为过去服务不够的10多个部门试制生产的机电设备就有32大类、1860多项,还有39种家用电器。这些产品的产值在总产值中的比重逐年增加,1979年为1.9%,1982年上升到7%。1983年这些产品的产量比1982年又增长了8%。机械工业产品结构的这种新变化,更趋于符合社会各方面的实际需要。

(三)促进了企业加强核算,注意经济效益。过去,企业最关心的是上级下达的生产计划完成得好坏,对于产品的研究与开发、经济效益、销售与服务则不够重视,没有提到日程上来。管理体制初步改革后,企业首先关心的是产品有没有销路,以及如何才能生产适销对路的产品,获得好的经济效益。因此,各企业普遍加强销售工作,成立销售服务机构,组织销售服务队伍,开展走访用户、市场调查和预测等活动,把产品销售和生产计划密切联系起来,以订货合同和市场预测为基础,编制生产计划。很多企业还集中技术骨干,成立了产品研究开发机构,分析研究老产品生命周期,抓紧老产品的升级换代,积极研制第二代、第三代产品。哈尔滨制氧机厂就是许多企业中的一个。该厂为了使产品打开销路,满足用户需要,占领市场,在对本厂50立方米制氧机老产品进行改进的基础上,积极进行了产品的换代工作,在新产品中集中运用了无油润滑空气压缩机、气体轴承、透平膨胀机、高压液氧泵等先进技术和配套单机机组,1983年已试制出样机,经半年多试验证明,这种新型50立方米制氧机,氧的纯度高,耗能低,维修方便,运行稳定,并解决了长期未解决的氧气中含有水分的问题,有效地防止了钢瓶腐蚀和爆炸事故。此外,该厂还研制和发展23种新产品,由原来为冶金、机械行业服务,扩大到同时为石油、化工、制糖、纺织等行业和人民生活等方面服务。新产品的产值占全厂工业总产值的比重,由1979年的2%,1980年的15%,增加到1981年的44%,1982年达到70%以上。

许多机械企业为了适应市场需要的变化,提高竞争能力和适应能力,还结合本单位实际,学习运用现代管理方法。如成组加工、模块化设计、价值工程、目标成本、网络计划、混流生产等等,并把这些工作和企业整顿紧密结合起来,使企业经营管理得到一定改善。

这些情况都说明,调整和改革促使机械企业由过去只会生产制造一套本领,开始向掌握研究与开发、制造与工艺、销售与服务三套本领的目标前进。企业的领导者经受了新的锻炼,大批善于经营的干部不断涌现。这是调整和改革给机械工业带来的一个十分可喜的变化。

(四)在国家多收的前提下,企业也有了一定的发展生产、改善生活的资金。据机械系统431个扩权试点企业的统计,1979年和1980年两年实现利润总额为52.76亿元,其中上缴给国家的利润为45.99亿元,占实现利润的

87.1%，这两年企业分得的利润留成 5.9 亿元，占实现利润的 11%。从 1979 年开始扩权到 1983 年，由于推行了各种形式的经济责任制，一些企业在保证新增税利国家得大头的前提下，能自主支配的自有资金也有了增加。如第一汽车制造厂、第二汽车制造厂扩权以来，先后实行了利润分成和利润递增包干等办法，1979 年至 1983 年共实现利润 19.2 亿元，其中上缴给国家的利润 15.2 亿元，企业留用的利润 4 亿元。企业五年来用于技术改造和完善生产条件的资金为 2.6 亿元，占企业留用利润的 65%；用于集体福利和职工奖励的为 1.4 亿元，占企业留用利润的 35%。

由于企业有了一定的自有资金，虽然为数不多，但过去企业想办而办不成的某些事情，现在可以办了。四川省西南电工厂，1979 年年初预测到由于国内家用电器的发展，细漆包线需要量很大，市场供不应求。为了尽快扩大细漆包线生产能力，工厂打算新建一个年产 500 吨的车间，为此曾五次向主管部门打报告申请投资，花了近 1 年时间，从省到主管部，先后跑了 20 多次，结果分文未得。1980 年实行了全额利润分成，企业不仅有了压力、动力，也有了一定的实力。当年 3 月，厂职工代表大会做出决定，为了抢时间上短线，把原来的礼堂改为细线车间。4 月开始动工改建，8 月投入生产，一共花企业基金 38 万元，到年底就形成了年产 300 吨细漆包线的生产能力，当年新增利润 66 万元。

企业这几年所得的利润留成，一般的使用情况是，约 30% 的资金用于生产发展，40% 的资金用于改善集体福利设施，30% 用于职工奖励基金。企业用这部分留成资金补还了一部分长期遗留下来的生活欠帐，适当提高了职工的奖励基金，发展了许多福利事业，安置了大批待业青年，为国家分担了一部分困难。

从机械工业近五年改革的实践看，总的方向是正确的，改革带来的变化是显著的。据统计，由于国民经济调整，重工业建设项目压缩，1980 年至 1981 年基本建设投资中购买机械设备的费用，比 1976 年至 1978 年平均下降 30%，相当多的企业"吃不饱"。在这种困难情况下，由于改革管理体制，在坚持计划经济为主的前提下注意发挥市场调节的作用，使企业能够及时调整方向，广开门路，搞活生产。1976 至 1978 年机械工业产值年平均为 334 亿元，1980 年至 1981 年平均为 348 亿元。1982 年机械工业生产迅速回升，1983 年总产值为 483 亿元，超过历史最高水平。如果不是在调整中坚持改革，是不可能取得这样效果的。

改革中的问题，主要是各个互相关联的方面不配套。

第一，宏观经济管理方面的改革没有相应地跟上去。例如平衡各方面比例关系的长远发展规划，现在还刚刚在制订；机械工业究竟要按什么样的比例和速度发展尚缺乏明确的数量规定；经济责任制已经开始在企业和职工中实行，但在宏观决策方面的经济责任制还未建立，在调整和改革中由于主管部门决策不当而造成损失的现象还屡有发生；政府经济管理部门的职能，基本上还是指挥、调度企业的产供销活动，没有转变到主要是搞好宏观经济决策和制订经济立法的职能上来。国家管理部门的这种状况与已经改革的现状是很不适应的。

第二，调节手段不健全。前几年改革中，虽然在某些方面开始注意运用多种调节手段，但从总体上看，调节手段还很不健全。一是地方和企业掌握了一部分自有资金，但却没有制订一套办法控制这部分资金的使用方向，因此，不少用在搞不必要的重复建设上；二是由于没有相应地改革价格、税收等管理体制，因此不能系统地运用这些经济杠杆，有效地去调整各方面的利益关系，调节生产活动；三是没有完善必要的经济法规，用以约束脱离国家计划要求的经济活动；四是没有建立起完善的经济情报体系，因而不能给企业提供必要的情报信息，不能对企业的生产经营活动进行必要的引导。由于调节手段软弱无力，某些"热门货"一哄而上，盲目发展，某些地区重复建设、重复生产以及落后挤先进等等现象，就不能得到有效的控制；同时价高利大的产品，限产限不住，一时盲目乱上；有些社会需要的产品由于价低利薄，长期供不应求。

第三，微观经济管理本身，各方面的改革也存在不配套的问题。例如，机械工业生产实行了指导性计划，允许企业在国家计划范围内，根据市场需要安排生产；但是，生产所需的原材料却控制得很死，与机械工业实行的两种计划形式很不适应。又如，国家虽然提出要实行指令性计划、指导性计划和市场调节，但还没有明确划分各自的具体范围；有的产品虽然列入指令性计划，但是企业按照上级下达的指令性计划生产的产品，物资部门有时不按计划收购，收购不了的让企业自己去推销，销不出去，就积压在工厂。再如，虽然进行了企业扩权，实行多种形式的经济责任制，但基本还处于试点阶段，无论从广度和深度上看都很不够。规定在奖励方面、资金使用方面、人事方面有一定的自主权，实际上并未完全落实，奖金发放每月都要报批，招工无权择优录用，使用临时工、合同工也必须报请批准等。

第四，对机械企业多部门、多层次、多头领导的体制还没有触及。条块分割的状况仍旧存在，各种形式的经济封锁严重妨碍着在全社会范围内合理地组织专业化协作和生产，影响提高经济效益。

根据机械工业的特点，在今后的改革中，要健全经济责任制，进一步解决企业经营好坏与职工劳动报酬直接挂钩的问题，使企业真正成为具有内在动力的经济实体；建立适应机械工业服务面广、产品既有生产资料又有生活资料、品种规格繁多、基本上是零部件组装工业的计划管理体制，具体贯彻落实以计划经济为主、市场调节为辅的原则；改革机械工业多部门、多层次的管理体制，打破条块界限，通过企业的改组联合，搞好专业化协作，在统一规划下，充分发挥中心城市组织生产、流通的作用；改革科研开发体制，把各方面的科研力量更好地组织起来，建立行业技术开发中心，密切厂所联系，走科研生产联合之路，以适应加速机械工业技术进步的需要；建立工贸结合、技贸结合、进出口结合的对外经济贸易管理体制，提高机械产品在国际市场的竞争能力。这样就能使改革不断深入，不断完善，逐步建立起具有中国特色的机械工业管理体制。

第四章
冶金工业管理体制的改革

冶金工业，包括钢铁工业和有色金属工业，是基础的原材料工业。在中国社会主义工业化和现代化的过程中，有着不可忽视的重要地位和作用。

新中国成立以来，中国冶金工业从小到大，从落后到比较先进，已经形成了一个具有相当规模的，大、中、小相结合的，比较完整的体系。新中国成立前，钢的年产能力只有100多万吨，到1982年，已经发展到4000万吨左右。30多年来，冶金工业无论在产量、质量、品种、布局、技术、管理和经济效益等方面，都发生了巨大变化，取得了旧中国梦想不到的成绩。

1949年，全国钢产量只有15.8万吨，居世界第26位；1982年，钢产量已达到3716万吨，居世界第四位；33年累计产钢5亿多吨，钢材3.5亿多吨。而旧中国从1890年到1948年的59年间，累计产钢不过760万吨。若以1982与1952年（钢产量135万吨）比较，平均每年递增速度，钢产量为11.7%，10种有色金属产量为10%，发展速度都是相当快的。

与此同时，冶金产品的品种、质量也有了相当大的发展和提高。现在能冶炼的钢种，包括高温合金、精密合金在内共有1000多个；轧制钢材的型号规格已经达到2万多个；各种常用有色金属和稀有金属、稀土金属，都已发展起来。中国国民经济和国防尖端，包括氢弹、洲际导弹、人造卫星等新技术所需的新金属材料，基本上立足于国内。截至1982年止，冶金工业33年来累计为国家提供了1192.3亿元的利润和税金。冶金系统的职工队伍已从1949年的13万人发展到420万人（其中钢铁工业约300万人），并拥有一支从科研、教育、地质勘探、设计、建筑、安装到生产的科技力量，装备水平、技术操作水平和管理水平都有了很大的提高。

这些巨大成就的取得，是同公有制经济的建立与发展，同中国社会主义经济体制的建立，特别是计划经济体制的建立，以及党的十一届三中全会以来对经济体制改革的新探索，有着密切不可分的关系。这些成就是来之不易的，是经过顺利与挫折的"之"字形的曲折道路取得的。

回顾中国冶金工业管理体制的形成以及逐步演变的历程，大体上可以划分为三个大的时期，即：第一，从新中国成立开始到1957年年末，是创建的时期；第二，从1958年到1978年的20年间，是探索、失误、调整的时期，即"之"字形发展的时期；第三，党的十一届三中全会以来，是开始走向新路子的时期。

第一节　冶金工业管理体制的创建时期

从中华人民共和国成立到1957年第一个五年计划胜利完成的8年里，中国有领导、有步骤地创建了冶金工业的管理体制。

一、没收官僚资本的冶金企业和矿山，把它们改造成为社会主义的国营厂矿

旧中国的钢铁工业和有色金属工业极不发达，其中绝大部分冶金企业，如鞍山、本溪、抚顺等地的钢铁企业，是日本帝国主义侵华时期为掠夺中国资源和剥削中国劳动人民建立起来的，一小部分冶金企业，如重庆、昆明、太原等钢铁厂，多数是国民党官僚资本建的。抗日战争胜利后，国民党资源委员会接收了日伪企业，不但未加以发展，反而任其日益凋敝下去，致使多数厂矿濒于停工破产状态。当时全国官僚资本的冶金企业也不过几十家（其中钢铁厂矿约30家），职工十多万人，生产能力占全国的90%以上。全国解放那一年，勉强能开工的仅有高炉7座、平炉12座、小电炉22座。就是在国民党留下的这个破烂摊子上，我们派军代表进驻企业进行接管，迅速掌握厂矿的领导权，使这批企业归还到人民的手里。接管以后，我们党采取了一系列政策，将旧企业改造为全民所有制的企业。主要开展了以下工作：

（一）组织工人纠察队护厂，打击罪恶昭著的敌特和把头。新中国成立后成立的鞍山钢铁公司（以下简称鞍钢），发动工人组织了护厂队，同国民党留下的特务、把头、坏分子的破坏活动进行斗争，保护了残存设备和器材。接管石景山钢铁厂的初期，发动群众对潜伏下来的特务分子、国民党反动将校级军官、封建把头、黄色工会头子等六百余人进行清理、揭露和斗争。

（二）依靠广大职工，集中力量恢复生产。各厂根据具体情况，采取不同形式，对广大群众进行阶级教育，宣传党的政策，同时立即着手解决他们的生活困难，启发职工的政治觉悟和主人翁责任感，依靠工人阶级尽快地恢复生产。遭到战争的严重破坏的鞍钢，首先将流散四方的工人召集回来，拨出现金、粮食，救济贫苦职工，同时分批办训练班，各级干部到老工人家中走访，启发职工觉悟，鼓励他们积极参加全面恢复鞍钢的生产。工人们积极参加献交器材运动。在恢复生产中，涌现出以孟泰为代表的784名功臣。在国民党接收期间一直未流过一滴铁水的高炉，很快就修复2座出铁。4座平炉也同时恢复出钢，并陆续在各方面掀起了创造生产新纪录的运动。这个被某些日本人断言"只能种高粱"的鞍钢，很快就出现了生产高潮，1952年的钢产量达到75万吨，占全国钢产量的55.5%。

（三）正确对待和使用留用人员。对留用技术人员采取了全面包下来的政策，保持原职、原薪。鞍钢在解放初期，由于敌我"拉锯"，为确保当时留在鞍钢的高级技术人员的安全，将原鞍山钢铁有限公司的一些高级管理人员和专家，以及日籍技术人员护送到丹东解放区，直到东北全部解放后，才接回鞍钢。当时还保留他们的高工资，分别安排他们担任鞍钢的计划、设计和教育等部门的负责职务。技术人员献计献策，在恢复鞍钢的生产中起了应有的作用。对一些高级知识分子还安排了适当职务及荣誉职称，自愿留下的日本技术人员也都妥善安排，有的人参加了第一炼钢厂2号平炉解放后出第一炉钢的工作。

（四）建立责任制和新的民主管理机构。接管初期，大部分厂矿都保持了原有管理机构，经过一段工作以后，一方面逐步培训自己的干部和技术人员熟悉管理业务，同时又从各地抽调了一大批地方干部、军队干部，招聘了一批技术人员，充实了冶金企业。经过比较充分的组织准备工作以后，从1950

年到 1952 年，陆续在冶金企业内部开始建立新的管理制度和管理机构，实行厂长负责制与管理民主化相结合的方针，在各公司或各厂、矿，由国家委派和任命了经理和厂、矿长，负责企业的生产和行政领导工作；同时还设置了工厂管理委员会，厂、矿长担任主席，吸收工人、职员、工程技术人员的代表参加管理。天津钢厂在车间一级也成立了车间管理委员会，这样能做到领导与群众更好地结合，发扬民主，发展生产。1956 年，中国共产党第八次全国代表大会召开以后，冶金企业的厂长负责制又改为党委领导下的厂长负责制，加强了党对企业的领导和政治思想工作。同时也有不少企业逐步建立了职工代表大会制度。经验证明，建立以厂长为首的各级生产行政指挥的责任制，是保证企业按正常秩序组织生产和经营的主要环节，建立工厂管理委员会或职工代表大会，来发扬民主，吸收职工参加企业管理，也是必不可少的。

二、逐步将民族资本的小型冶金企业改造为公私合营企业

旧中国的民族资本并没有充分发展，而民族资本的冶金工业尤为薄弱。以钢铁工业为例，基本上集中在上海和天津两个城市。解放前夕，津、沪两市的私营钢铁企业共有近 100 家。一般是分散经营，规模很小，职工少则十来人，多则百余人。1949 年津、沪私营冶金企业的总产值 717 万元，在全国来说比重是很小的。

对民族资本的冶金企业，通过"利用、限制、改造"的政策，逐步把他们引向社会主义，大体上经历以下几个步骤：

（一）由于国家对钢材和有色金属的急需，在组织私营冶金企业复工生产的同时，也允许继续兴办一些小厂。如上海原有 38 家小厂，到 1956 年已发展到好几百家，这些新发展的厂主要是一些小轧钢厂、拉管厂、冷轧带钢厂等。如上海有个严孝铏，就集金 6 万元，雇了 13 名职工，办起了四达电缆电线厂股份有限公司。这个厂在 7 年之内，加工电线从每年 1.4 万元发展到 124 万元，人员增加到 50 人。

（二）有领导地利用并具体指导私营冶金企业，将其产销纳入国家指定的轨道。一般由自产自销转向带料加工订货和成品统购包销。这样，既解决了

私营工厂缺乏原料的困难,也间接地将他们的产品纳入了按国家计划的轨道。天津市还由市人民政府和市总工会共同组织了钢材加工科,负责对私营工厂安排加工订货及包销。

（三）对私方的利润进行必要的限制,对其不法行为和腐蚀手段,则进行必要的斗争。如天津对私营企业采取了"四马分肥"的政策。它是国家、私营企业、资本家和企业职工四个方面对利润的分成办法,即私营企业生产的产品全部交钢材加工科,钢材加工科按国家规定的钢材价格负责包销,所得销售利润全部上交国家;根据加工难度确定加工费,对私方加工费的利润率适当控制,私营企业所得的加工利润中有一小部分规定用于技术措施及职工福利,剩下大部分则由劳资双方按四、六或三、七分成。对于资方偷税、漏税、偷工减料、盗骗国家财产、盗窃经济情报以及行贿等不法行为,则依法进行斗争。

（四）通过公私合营,逐步将民族资本企业改造成全民所有制企业。对民族资本企业贯彻利用、限制、改造的政策以后,私营冶金企业有了相应的发展。如天津市的私营钢铁厂,1953年加工钢材18874吨,1954年达19747吨,1955年上升到52927吨,职工共发展到53100人左右。在1956年全国社会主义改造高潮中,天津、上海以及其他一些城市（如沈阳市）的私营冶金企业都改造成为公私合营企业。当时的政策主要有两条：一是实行赎买政策,将企业有偿地收归国有,资本家可以拿定息。二是对愿接受改造并有专长的资方领导人员、技术人员和管理人员,保留工资并适当地安排工作。前文提到的那个四达电缆电线厂股份有限公司的严孝铏,他的厂在合营时与几个小厂合并成立上海铅锡材料厂,由他担任副厂长。这些资方人员在党的统一战线政策的感召下,促进了他们自身的改造,并在实践中得到了锻炼和提高,有的还被评为先进工作者,至今仍是我们钢厂的工作骨干。

三、建立冶金工业的计划管理体制

接管官僚资本的冶金企业以后,摆在我们面前的最重要问题之一,是如何按照社会主义原则来管理好冶金企业。而建立计划管理体制,则是核心的一环。

由于当时缺乏计划管理的经验，因此，本着从中国实际情况出发的原则，了解和参考苏联制订计划的经验，制定了中国冶金工业的第一个五年计划。与此同时，冶金工业系统还派出大批干部去苏联学习和实习，又先后请了几位苏联冶金计划专家来中国进行具体指导和帮助。经过建立机构，编制长远和年度的生产、基建计划，以及执行计划的实践，我们建立了一套基本上合乎当时情况的统一计划、分级管理的计划管理体制，对保证生产计划的超额完成和重点建设工程的顺利投产，发挥了积极的作用。

（一）逐步建立一套由中央集中领导的冶金工业管理机构。在国民经济恢复初期，冶金工业的生产计划，主要是通过各大区的工业部分别管理的。这一时期，东北的冶金工业在全国占有很大的比重，因此计划体制的建立也较早。东北工业部当时开始确定了部—局（有色金属管理局）—企业，或部—企业（鞍钢、本溪煤铁公司）的管理体系，所有国营企业都由东北工业部或由部通过局直接管理。部、局负责编制和下达生产和建设计划。各企业则发动职工讨论国家计划，并根据需要，讨论和制订企业的增产节约计划。这种上头制订主要的指令性计划指标同下头发动职工讨论和贯彻执行计划的办法，既学习了苏联集中统一计划的管理经验，也发扬了我们依靠工人阶级和走群众路线的优良传统。1952年年末，撤销各大区工业部以后，在政务院和国家计划委员会的领导下，全国冶金系统也确定了部（重工业部，1956年以后是冶金工业部）—局（钢铁工业管理局、有色金属工业管理局）—企业的三级计划管理体制，以及部—企业（如鞍钢、武汉钢铁公司、包头钢铁公司）的两级计划管理体制。据统计，到1957年年底，全国共有冶金企业1277个，其中直属部局管理的大型企业有14个，这14个大型企业，是年产钢、生铁、钢材各在50万吨以上，年产铁矿石和有色金属矿在100万吨以上和冶炼有色金属在2.5万吨以上的企业。当时，全民所有制的大中型企业都是由国家直接领导，全民及集体所有制的小厂小矿和冶金工业部系统外的一些小冶金企业，则由地方和主管部门分别管理。在企业内部，也逐步改变了过去那种分散管理和各自核算的办法，实行了计划权力集中到企业统一领导的体制。如鞍钢开始时是将矿山、焦化、炼铁、炼钢、轧钢分散管理和各自独立核算的；

后来根据联合企业的生产特征，建立了由公司统一计划的体制，集中调度指挥，并把全公司作为统一的经济核算整体，将计划权、生产指挥权和人权、财权、物权集中到了公司一级。

（二）建立一套冶金系统计划管理的具体制度、程序和方法。1950年到1952年，重工业部建立了一套编制生产技术财务计划的制度、程序和方法；部里根据当时中财委的要求规定了少数下达生产计划的主要指标。鞍钢也同时建立了一套编制企业计划的制度、程序和方法。1953年以后，中国开始了第一个五年计划的建设，要求冶金工业有比较高的增长速度，在计划管理方面要求企业和部、局管理机关都要明确"国家计划就是法律"的观念，对冶金企业规定了较详细的一套产品产量、技术经济、劳动、成本和财务方面的考核指标，计划的主要指标不经国家和上级管理机关批准下达，不起法律作用。1954年到1956年期间，冶金工业计划和设计部门还第一次尝试制订中国第一个十五年（1953年到1967年）钢铁和有色金属的长远规划。

这个时期，冶金工业计划管理体制的主要特点是：

1. 计划高度集中，计算比较详细。当时对全民所有制冶金企业批准下达指令性计划指标，而对全民所有制以外经济成分则采用下达间接计划的方法。全民所有制企业的自用产品都要通过计划平衡扣除，因而产品的分配也是集中的，企业没有产品的自销权。

2. 对生产计划指标的考核，要求比较严格。经过部下达给钢铁、有色金属局和鞍钢等直属大型企业的有：主要产品产量、技术经济指标、技术措施、劳动工资、可比产品成本降低、流动资金周转天数和利润等财务指标。检查企业是否全面完成计划，要严格考核这些指标。

3. 基本建设计划方面，结合十五年规划进行安排，尤其是对苏联帮助设计的156个建设项目中有关冶金工业的新建和扩建项目，一般都研究得比较细致，这样就有利于集中力量打歼灭战。

（三）建立确保重点工程建设计划的基本建设体制。

第一个五年计划，冶金工业在全国基本建设中所占的比重很大，从项目看有24项,约占156项的16%,其中一些著名的重点工程项目有:鞍钢工程(包括七号高炉、大型轧钢厂、无缝钢管厂等三大工程和其他改、扩建工程),武汉钢铁公司第一期工程,包头钢铁公司新建工程,齐齐哈尔特殊钢厂新建工程,以及铝工业系统的建设工程等。这些工程都是工作量大,施工安装技术复杂,并对国民经济有重要作用的建设项目。为了确保这些重点工程的顺利进行和按期投产,需要集中大量人力、物力、财力,全力以赴地完成。为此,当时的重工业部根据党中央指示,提出"实现工作重点的转移,把基本建设放到首要地位",要求从生产企业中抽调最强的干部和技术力量转移到基本建设战线。为了适应这一转变,冶金工业系统建立和加强了基本建设的管理体制。这个体制的突出特点是发挥了社会主义制度的优越性,能够集中优势兵力,打好基本建设的重点战役。

1. 集中力量,建立地质勘探、设计和施工方面的专业化机构。在国民经济恢复时期,这方面的机构有的根本没有(如设计院),有的力量极为薄弱(如地质队)。但经过第一个五年计划,冶金工业基本建设队伍已由1952年的9万人发展到1957年的38.8万人,比1952年增加了3倍多。这38.8万人中,包括地质勘探公司17个,有6.5万人;勘察设计单位14个,有1.9万人;建筑安装公司12个,有职工26.6万人;其他则为筹建和生产准备人员。

2. 制定一整套基本建设的工作程序,规定了基本建设计划的编制、审定和下达的管理办法。即:(1)限额以上的基本建设项目,集中由国家审批,并列入国家基本建设计划,任务项目必须有批准的计划任务书;(2)必须提供必要的地质勘探资料才能设计;(3)没有设计就不能施工;(4)施工以前必须做好资金、材料、设备、设计和施工力量五个方面的平衡,做好施工前的准备;(5)施工过程和竣工时,必须有严格的质量检查和监督,确保工程质量;(6)投产前必须做好充分的生产准备和技术准备,保证工程投产后能很快地达到生产能力。

3. 根据苏联经验,在基本建设工作方面,建立了甲方(基本建设单位)、乙方(建筑安装单位)、丙方(设计单位)和地质勘探单位各自独立、既相互协作又相互制约的责任制度,规定了每一方的职责和权益,并通过合同形式保证工程项目按质、按量、按时地交付使用。在施工单位内部,又建立大包、二包的协作关系。在地质、设计、施工单位内部,又按各自的特点建立了计划管理(包括作业计划等)、财务管理等制度。

这一套基本建设管理体制和管理办法,在第一个五年计划期间,是严格贯彻执行了的,也是行之有效的,有力地保证了冶金工业大规模建设的进行,取得了较好的经济效益和较高的工作效率,并为以后的建设打下了基础,积累了经验。

正是由于集中力量确保重点工程,当时鞍钢"三大工程"、武钢第一期工程,以及许多其他重点冶金工程,都干得相当出色。比如,在"全国支援鞍钢"的口号下,很快从全国调集了近500个地委一级的领导干部,并集结了几千个生产、设计、施工的工程技术人员到鞍钢,组织了57个大中城市的199个企业给鞍钢提供物资、技术等的支援。由于全国支援,广大职工坚决执行基本建设程序,发扬了社会主义劳动热情,鞍钢"三大工程"的建设只用了一年半的时间,就全部顺利竣工投产。其工程规模及竣工时间如下表。

项　目	改建工程主要内容	年计划能力	开工日期	竣工日期
大型轧钢厂	厂房43650平方米及轧机安装	50万吨	1952年8月	1953年11月
无缝钢管厂	厂房31550平方米及无缝管轧机	6万吨	1952年7月	1953年10月
第七号高炉	容积为917立方米	36万吨	1953年2月	1953年12月

1953年12月21日,鞍钢职工为"三大工程"建成给毛泽东主席发电报喜。毛主席给鞍钢全体职工写信祝贺,周恩来总理为"三大工程"题词祝贺。1953年12月26日三大工程,举行了开工典礼,这标志着新中国社会主义的重工业建设打响了第一炮。

武钢第一期工程,包括两个铁矿山、两座大型高炉、五座大型平炉和三套大型轧钢机的工程,是中国第一个五年计划中兴建的第二个钢铁基地,任务艰巨而复杂。施工前,有关部门联合进行了资源勘察、厂址选择,搜集了水文、气象和经济等方面的大量资料,然后由19个综合性和专业性施工单位共同承担建设任务。在建设期间,从鞍钢、本溪钢铁公司、抚顺钢厂等抽调技术工人约 26770 人支援，还有 400 多个企业共提供钢材 16 万吨、水泥 25 万吨、木材 28 万立方米。在全国支援下，武钢终于实现了两年准备、三年建设，提前完成了第一期工程，建设取得成功。

上述这一套从生产到建设的冶金工业计划管理体制和制度，在中国是从无到有地建立起来的。当时强调集中统一领导和厂长负责制，建立严格的计划管理和基本建设程序是必要的，有利于集中力量搞好重点建设。但是，在这一时期的后期也有过于集中、统得过死的弊病，对于发挥地方、企业的积极性注意得不够。由于各种指标都由上级部门确定，各种费用都由上级部门拨款，企业缺乏一定的自主权，造成了企业的供给制思想，这也是中国冶金企业存在吃"大锅饭"弊病的由来之一。

四、建立计划分配与市场供应相结合的钢材分配体制

冶金企业生产的钢材是关系国计民生的重要物资，属于一类物资，由国家计划委员会直接掌握，统一分配，简称为国家统配物资。产品销售由冶金工业部负责，按照国家分配计划衔接产需，组织订货。这个时期由于社会上有多种经济成分并存，钢材流通形成两个供应体系。国营企业、公私合营企业，主要产品按国家计划生产，生产任务比较稳定，使用钢材的批量较大，交通条件较好，列为"申请单位"，按直接计划分配调拨，享受国家调拨价；农业、私营工业和手工业者，则属于"非申请单位"，对它们采取间接计划，通过市场按批零价格组织供应。根据国民经济物资平衡计划，划出一个"市场供应"总量，由商业部门编制商品流转计划，通过商业网点销售供应。"申请单位"日常需要的零星用料，也可以从商业部门得到补充。（见表 10）

据统计，1954 年全国消耗 270 万吨钢材，直接计划分配调拨 214.8 万吨，占 79.5%；间接计划市场供应 55.9 万吨，占 20.5%。在国家统一计划下，钢材流通实行这样两种供应体系，既集中使用了有限的物资，有效地保证国家重点建设和国营企业生产的需要，促进了国营经济的发展，又兼顾一

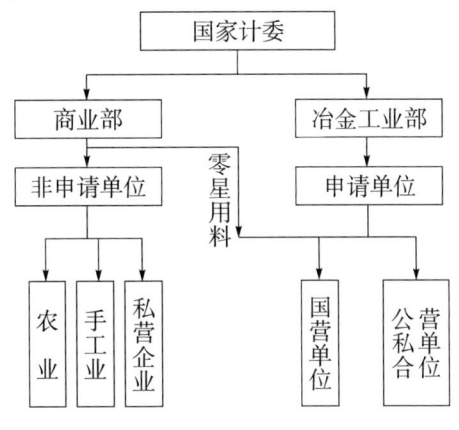

表10 第一个五年计划时期钢材计划分配与供应渠道示意表

般，适当地满足分布广、数量多的小型企业和小生产者的要求，促进了农业、手工业和私营工商业的社会主义改造。

随着对生产资料私有制的社会主义改造的逐步完成，由商业部门市场供应的钢材逐年减少，1955年减为7.8％，1956年减为3.3％，1957年以后全部为直接计划分配调拨所取代，形成了过于集中的单渠道、多环节、封闭式的钢材流通体系。它既不利于钢材的生产和流通，也不利于城乡经济的活跃与繁荣。

五、根据冶金工业特点建立劳动工资体制

冶金工业的劳动工资体制，从全国解放到1957年，逐步改变了那种多种多样分散管理的体制，形成了集中统一的管理体制。主要内容是：

（一）劳动就业和企业用工形式逐步由多样化发展到单一化。解放初期，由于多种经济成分并存，对旧中国遗留下来的大量失业人员，采取了多种渠道、多种形式和多种办法的劳动就业制度。企业的劳动管理权比较大，不论是国营还是私营企业都可以自行决定增减职工。可以在自行招工时择优录用，可以按实际需要扩大或缩减职工队伍，也可以辞退职工。但随着集中的计划管理制度的建立，劳动管理的权限也逐步过渡到以中央集中管理为主。随着劳动管理的单一化，1957年形成了统包、统配、能进不能出的制度。

（二）工资制度由分散到集中，由集中到全国统一。全国解放后，老区干部和进城干部继续实行供给制，对接管企业的职工和留用人员的工资基本上维持原状。由于当时物价不稳，货币不统一，采取了工资分和折实单位等形式发放工资。1951年至1953年间，对冶金生产工人实行了八级工资制，在管理人员和技术人员中实行了等级工资制，当时地方和部门都可以安排部分职

工升级，企业也可以根据需要实行计件工资和建立奖励制度。1954年，规定劳动工资问题只有经过中央批准后才能处理，实行了管理权限的高度集中。1956年作出工资改革的决定，实现了全国工资制度的统一。这一时期，从工资制度的变革来看，是在不断消除混乱现象，贯彻按劳分配的原则，从而调动了广大职工的积极性，缺点是上面管得过细、过死，等级过多，过于繁琐。

（三）在全国工资标准中，根据金属矿山和冶金企业劳动条件较差、劳动繁重、技术复杂等特点，在工资标准上给予了必要的照顾和调整。当时冶金生产工人，一级工工资标准高于其他行业的工人；八级工的工资标准为一级工的3.2倍，而其他行业只有2.5—3.15倍，八级工的工资标准也高于其他行业；炼铁、炼钢主要生产工人定级工资为三级工，比其他行业高一级到二级。如鞍钢炼钢工定级工资为48.13元，比辽宁省机械行业工人定级工资39.6元高21.5%。此外，当时冶金行业晋升快、奖金多，冶金职工的平均工资水平与全国职工平均水平相比，1952年高34.97%，1957年高24.8%。

从冶金行业看，1949年到1957年，随着工资制度的逐步改革，职工的平均工资和全行业的全员劳动生产率都有较大的提高，具体如下表：

年 份	职工年平均工资（元）	工业生产产值全员劳动生产率（元/人年）	工业生产实物全员劳动生产率	
			吨钢/人年	有色金属吨/人年
1949	471	—	2.38	0.41
1950	299	—	5.53	0.81
1951	425	—	6.52	0.94
1952	602	5495	7.19	0.73
1953	682	5817	7.78	0.79
1954	671	6380	9.45	0.80
1955	688	7367	11.60	0.98
1956	796	9431	16.39	1.24
1957	795	9339	16.80	1.05

这就是说，以1952年为基数，则1957年的职工平均工资增长了32%，工业生产总值全员劳动生产率增长了69.9%，钢的工业生产的全员实物劳动生产率增长了133.6%，有色金属工业生产的全员实物劳动生产率增长了

43.8％。这说明,那个时期,冶金工业系统在提高劳动生产率的基础上,逐步提高了职工的工资水平。也可以说,冶金工业工资的改革和调整,促进了劳动生产率的提高。

第二节 冶金工业管理体制改革的"之"字形发展时期

从1958年到1978年的20年间,中国经历了"大跃进"、国民经济调整、十年动乱、徘徊中前进的几个时期。这一期间在经济建设方面的主要错误是"左"的错误,冶金工业也经历了几次比较大的曲折和反复,付出了重大的代价,冶金工业管理体制的改革,也走过了一段"之"字形的发展路程,有不少经验教训。

第一个五年计划期间,中国国民经济已经基本完成了生产资料私有制的社会主义改造。当时采取的大集中统一下的小自由、小分散的经济管理体制形式,基本上符合客观的需要,但在后期也暴露出集中过多,统得过死的弊病。

早在1956年4月,毛泽东同志在《论十大关系》中就提出,要兼顾国家、生产单位和生产者个人的关系,不能只顾一头,要在统一领导下给工厂一定的独立性和权益;在巩固中央统一领导的前提下,扩大地方的权力,让地方办更多的事情,发挥中央与地方两个积极性。后来党中央、国务院分别在1956年、1957年连续作出了改革体制的有关决议和指示。冶金工业部根据中央指示精神,在1957年反复进行了调查研究,先后在4月和11月提出了改革冶金工业管理体制的详细方案。这些方案包括精简领导机构实行部局合并,将一部分企业下放给地方,适当扩大企业的权益等重大措施。这对调动各方面的积极因素来发展冶金工业,是一个有益的探索。如果经过试点,逐步改革,无疑将会促进生产力的发展。

但在"大跃进"和"全民大办钢铁"的群众运动中,管理体制的改革步伐过快、过猛,范围大为放宽,未经试点,操之过急,破得过头。这一时期的体制改革,虽在发挥地方积极性等方面取得了一些成果,但也给冶金工业的发展带来了许多问题。

在国民经济调整时期,巩固了"大跃进"时期的某些积极成果,又纠正了下放过快、过猛的毛病,使冶金工业得到恢复和新的发展。但在十年动乱中,由于林彪、"四人帮"的破坏,来了一个管理权限和企业的大下放,使冶金工业体制出现了十分混乱的局面。粉碎"四人帮"以后,虽然在企业内部开始恢复正常生产秩序,逐步整顿管理,使冶金工业生产有了发展。但在发展设想上,又出现了新的高指标。国民经济的积累和消费,农业、轻工业和重工业,又出现了新的比例失调。在这个期间冶金工业管理体制基本照旧,还没有来得及改革。这20年反复曲折的历史告诉我们,在"左"的指导思想下,要顺利地进行工业管理体制的改革是十分困难的。现将各个时期的变化概述如下。

一、"大跃进"时期

（一）全民大办钢铁运动的经过和影响。1958年,党的八届二中全会通过了社会主义建设总路线后,随之发动了"大跃进"运动。为了满足国民经济迅猛发展对钢铁产品的需要,广大干部、群众都有多搞些钢铁的迫切愿望,党中央、毛泽东同志提出了钢铁工业"十五年赶英国"的口号,并在工业部门提出"以钢为纲"。1958年8月在北戴河召开的党中央政治局扩大会议提出了"钢铁翻一番"的目标,要求1958年的钢产量达到1070万吨,比1957年翻一番。但1958年1至8月实际只完成442万吨,要在后4个月完成翻番的全部任务,这是极为困难的。但为了实现这个一年翻番的高指标,发动了全国几千万城乡人民一齐上阵,土洋并举,大中小并举,来了一个全民大办钢铁的运动。与此同时,基本建设战线的规模也迅速扩大了。同年8月8日《人民日报》号召一年之内要建成中小转炉200座以增加年产1000万吨钢的能力;建成13000座小高炉以增加年产2000万吨生铁的能力。各省、市、自治区,从专区到县、镇,从公社到大队,组织大量人力、物力、财力,用群众运动,抢建高炉、转炉。

1958年的9月、10月间,全国各地城市和乡村,男女老少齐动员,工农商学齐上阵,一下子调动了五六千万人,上山采矿,收集废钢铁,到处建起小土炉炼铁、炼钢。许多人搭起棚子,自带工具,自带粮食,吃、睡在炉旁,干劲冲天。例如河南省在"左"的思想影响下，一下子就动员了360多万人办钢铁。这个省1957年生产生铁总共只有4000吨，但仅1958年9月15日，就放了一个日产生铁18694吨的高产"卫星"，以后又陆续放出了日产2万吨、3万吨级的"大卫星"。继河南之后，在浮夸风的影响下连手无寸铁的广西鹿寨县也在1958年10月18日放了一个日产20万吨生铁的"卫星"。这样一来，各省、市、县、乡，都竞放"卫星"，把大办钢铁当成压倒一切的任务，出现了万人空巷，群炉成林，夜以继日，大放"卫星"的全国性浪潮。如无锡市一年里就抢建了洋高炉34座，土高炉10487座；小炼钢炉63座，小转炉及坩锅8823座，还有炼焦土窑498座。连鞍钢也在大洋炉外大建小洋炉和小土炉，动员了职工及家属11万多人，在3个月内抢建成小高炉141座，容积4426立方米，小转炉37座（53吨），还有1616座小土炉。这样土洋结合，鞍钢钢产量比1957年增加了100多万吨。

这种一哄而起的群众运动，不可能考虑到地下资源的情况，也不可能顾及到建设和生产的正常程序，违背了科学态度和客观经济发展规律，片面追求高速度、高指标，忽视质量，不讲经济效果，不但助长了浮夸风、瞎指挥，而且给国民经济和钢铁工业本身带来了相当大的损失。1958年名义上虽然完成了1070万吨钢，但真正可用的好钢也不过800万吨左右，河南、广西等地所放生铁高产卫星，不但数量有很大的水分，而且质量很差（大多是烧结铁，杂质多），大部分不能用之于炼钢。据不完全统计，全国除运动中投入"夺钢大战"的人数达到几千万人，到1958年年末全国冶金工业的职工人数由1957年的104万人增加到635万人，其中钢铁工业由63万人增加到561万人；从1958年到1960年的3年中，全国钢铁工业共花去国家基本建设投资114.7亿元（各地方投资不包括在内），占全国工业投资的18.7%；全行业由盈转亏，净亏损额达25.98亿元。全国重点钢铁工业的主要经济指标也显著变坏，如1960年比1957年，高炉焦比由768公斤/吨上升到783公斤/吨，平炉每吨钢的钢铁料消耗由1174公斤增加到1518公斤。1958年与1960年比，每吨生铁成本上涨了32.9%，资金利润率（按固定资产净值算）由29.9%下降到3.9%。上海冶金局全行业连续三年亏损，仅上海第一钢铁厂、第三钢铁厂、第五钢铁厂,亏损额达8.87亿元,相当于第二个五年计划期间,上海冶金行业的全部投资的1.8倍。

经过三年"大跃进"和大办钢铁的群众运动,造成了国民经济内部比例和冶金工业内部比例的失调,不得不被迫进入调整时期。

(二)部局合并和企业下放。为了适应冶金工业更高速度的发展和各地区、各省、市逐步自成工业体系的设想,调动地方和企业的积极性,克服领导机关的官僚主义,1957年冶金部根据中央指示精神提出了部局合并,精简机构以及适当下放企业、下放权力的方案。

1958年1月1日,首先实行了部局合一,取消管理局,将钢铁、有色金属、建筑、地质、设计等管理局改为部内职能司。这样就由部、局两级变成部一级管理,由部直接领导各直属企业和各省有色金属工业局,减少了层次。与此同时,精简了部机关的机构,下放了大批机关干部。

随着"大跃进"高潮的出现,冶金工业企业的下放也进入了高潮。一些规模较大的钢铁厂、特殊钢厂也下放给地方管理。

尽管"大跃进"时期存在指标过高、战线过长等失误,但当时提出的中央与地方并举、大中小并举的方针,对中国地方冶金工业的发展起了推动作用。一些企业下放给地方并适当地把权力下放给企业后,也不同程度地调动了地方办冶金工业和企业的积极性。从全国范围看,京、津、沪的地方钢铁工业就是在"大跃进"时期兴起的。例如上海市1957年只生产52万吨钢。钢铁企业下放给上海市领导后,1958到1960年间,上海组织全市力量进行大规模的建设,迅速新增了年产钢200万吨、钢材100万吨、生铁30万吨的能力。同时还使上海冶金工业的建设,更好地结合上海市发展造船、机电、化工、轻工等工业发展的需要。以后又经过了调整、整顿和技术改造。1966年与1957年相比,上海市冶金工业产值增长3.3倍,钢产量增长5.5倍,钢材量增长3.6倍,生铁从没有到年产32万吨,钢种品种从1600种发展到6525种,劳动生产率提高了42.4%,利税增加了11倍,百元资金利润率达到了70.7元。

在北京、天津、上海兴建钢铁工业的同时,山东、江苏、河北、河南、湖南、浙江等许多省、自治区，差不多都在"大跃进"时期建立起了中型钢铁工厂，其中青岛、济南、南京、邯郸、安阳、涟源、杭州等钢厂，现在都成为全国中型钢铁工业中的骨干，有的成为经济效益好的先进单位。

（三）"鞍钢宪法"的产生。在"大跃进"的1960年，中共鞍山市委就中国最大的冶金企业鞍山钢铁公司开展技术革新和技术革命运动的情况，向党中央写了一个报告。毛泽东同志于1960年3月22日批阅了这个报告，在批语中把鞍钢的经验称做"鞍钢宪法"。"鞍钢宪法"曾被概括为五项基本原则，即：坚持政治挂帅，加强党的领导，大搞群众运动，实行"两参一改三结合"，开展技术革新和技术革命。这些原则在较长的时间内被认为是工业企业管理体制改革的指导思想。实践经验告诉我们：由于"左"的思想的影响，有些原则并没有得到正确实施，以致某些单位发生忽视按经济规律管理企业的现象。

鞍山是中国规模最大的钢铁生产基地，根据首先利用原有工业基地加速中国经济建设的方针，1960年以后，这个钢铁联合企业的规模又有了新的扩展。

二、国民经济调整时期

由于"大跃进"，造成国民经济比例严重失调，给工农业生产、建设和人民生活带来了困难。为此，党中央、毛主席决定对国民经济实行"调整、巩固、充实、提高"的八字方针。

冶金工业在贯彻"八字方针"、改革管理体制方面，首先抓了冶金企业隶属关系的调整，集中了一部分下放得不适当的权力，"关、停、并、转"了一批企业，然后改革一系列管理制度。因而调整期间各方面得到较快的恢复和发展，企业的经济效益提高得较快。

（一）适应当时形势的需要，调整钢铁工业的管理体制。

1. 收回了少数大型骨干企业，如马鞍山钢铁公司、重庆钢铁公司等，由冶金工业部直接管理。这样钢铁方面的大型直属企业包括：鞍山钢铁公司、武汉钢铁公司、包头钢铁公司、本溪钢铁公司、石景山钢铁公司（1966 年以后改称首都钢铁公司）、太原钢铁公司、马鞍山钢铁公司、重庆钢铁公司等共 24 个单位。直属企业的钢产量在钢铁工业中占主导地位，如 1966 年全国钢产量 1532 万吨中，直属企业产量占 65.6%；全国生铁产量 1334 万吨中，直属企业占 86.8%。

2. 各省、市、自治区成立冶金工业局（重工业厅）。北京、天津、上海、贵州、湖南、广东、江西为冶金工业局；河北、江苏、四川为部属冶金工业局；新疆、甘肃、云南、福建、安徽、吉林、内蒙古为重工业厅；湖北、山东、辽宁、山西为冶金工业公司；还有浙江钢铁公司、河南冶金煤炭厅、黑龙江冶金机械厅。

3. 在中央集中管理一部分企业的同时，考虑到有些地区的工业基础较好，管理水平亦较高，因此，原已下放给上海、天津、昆明等市的钢铁企业不再收回；对于遍布各地的中小冶金企业交由省市冶金工业局（厅）管理，以充分调动地方的积极性，促进钢铁生产的发展。1966 年地方企业的钢产量已达 414 万吨，生铁产量为 173 万吨。一些大型骨干钢铁企业，直接由部管理以后，对保证其正常生产和进行重点建设起了一定的作用。而中小型钢铁企业划归地方经营，对发展地方工业，也是十分有利的。

（二）关、停、并、转一批企业，并收回一部分下放过多的权力。1961 年，各省、市、自治区对"大跃进"期间建立的冶金企业及矿山进行了一次清理，将相当一部分企业进行关、停、并、转，精减了大批职工。当时二十八个省、市、自治区冶金工业调整的情况如表 11。

当时，有的企业如酒泉钢铁公司，全部停建下马。开工条件不足的地方中小企业，也有许多停工停产。如无锡市在大跃进时办的无锡钢铁厂，由于原料紧张，运输困难，炼铁、炼钢、铸钢三个车间相继停产；轧钢车间等八个基本建设项目全部下马，剩下一部分力量改为生产圆钢、扁铁、圆钉、铁丝等，供应农业、轻工业、手工业的需要。

中央还把下放过多的部分职权又收了回来。如把基本建设项目的审批权收归中央，严格控制，以便有效地压缩基本建设项目。对计划管理制度也有

国民经济调整时期冶金工业调整情况表

表 11

企业调整情况	单位	数　量	占 1960 年冶金企业总数的比重（%）
1. 1960 年年末实有企业数	个	3610	
其中：钢铁企业	个	2556	
有色金属企业	个	882	
2. 到 1961 年年末关停并转企业数	个	1964	54
其中：停产保留企业	个	243	6.7
停产关闭企业	个	1381	38.2
合并企业	个	340	9.1

职工减少情况	单位	数　量	占 1960 年职工数（对应项目）的比重（%）
1. 1960 年年末冶金工业生产职工数	万人	438.7	
其中：直属冶金企业生产职工数	万人	80.3	
钢铁生产企业职工数	万人	373.2	
2. 1961 年年末冶金工业生产职工数	万人	225.3	51.4
其中：直属冶金企业生产职工数	万人	66.85	83.2
钢铁生产企业职工数	万人	174.6	46.8

所改革，要求加强计划的科学性，停止层层加码的办法，注意认真作好综合平衡。劳动工资的管理权力也集中在中央，地方和企业不得任意增人，并要求将超编部分精减。据冶金工业系统 19 个重点企业统计，1960 年年末实有职工为 90.6 万人，1961 年年末精减了 23 万人，即减去了 25.3%。

（三）按专业化协作的原则进行调整、改组。为了使冶金工业内部结构趋于合理，在调整时期，有的单位搞了按专业化进行改组的规划，有的则逐步进行调整。如上海冶金工业局在 1958 年时有 418 个企业，经过按产品分类，合并改组成为 116 个企业；后来又进一步合并改组为 52 个单位。这样使上海的冶炼、加工比较配套，大、中、小厂连接成龙，产品分工有比较明确的格局。即：上海第一钢铁厂、第三钢铁厂、第五钢铁厂是骨干钢铁企业，所产的钢除各自轧成管、板和别的优质材外，半数为其他中小轧钢厂提供钢锭、钢坯，以保证这些厂轧钢能力的充分发挥；中小型厂也有明确的产品分工，上海第二钢铁厂产线材和金属制品，第十钢铁厂产带钢，第八钢铁厂产角钢和扁钢,新沪钢铁厂产钢窗料、圆钢和螺纹钢,钢管则按不同品种分别由上海钢管厂、金属软管厂、延安钢管厂生产。还有几个工厂专门生产一些批量小、难度大的特殊品种。这样分工之后,使行业内部的结构合理了,为提高质量、扩大品种、提高生产效率和经济效益,创造了有利条件。

(四)加强企业内部的管理。国民经济调整时期,党中央总结了办企业的经验,在1961年9月制定和颁发了《国营工业企业工作条例(草案)》(简称《工业七十条》)。冶金工业部也据此精神,总结了冶金工业战线的正反两方面的经验,制订了《冶金工业六十六条(草案)》。这些条例把政治工作同按劳分配和物质利益原则结合起来,把党委集体领导和生产指挥上的个人负责结合起来,把发动群众和科学的管理制度结合起来,保持和发扬了"鞍钢宪法"的积极因素,并在实践中清理和消除了"鞍钢宪法"的消极因素,形成了一套比较完善的办企业的章程。冶金工业战线贯彻调整方针,按《工业七十条》整顿企业,较快地克服了当时的严重困难,使整个战线出现了新的气象。

当时,以贯彻《工业七十条》为中心,开展了整顿企业工作。各企业根据各自的情况开展工作,一般是以提高产品质量为中心,加强基础管理,制订工艺操作规程、岗位责任制,严格质量监督,逐步建立和健全生产技术责任制。如涟源钢铁厂在调整生产和精减机构的基础上,进行了"清产核资",发动职工开展班组经济核算,同时建立以总工程师为首的技术责任制,以总会计师为首的财务责任制,企业管理工作逐步加强,1964年开始扭亏为盈。

(五)改革基本建设的管理体制。在国民经济调整期间,冶金工业战线在基本建设上打了两个比较漂亮的战役。马鞍山钢铁公司车轮轮箍厂的建设是在这一期间竣工投产的;攀枝花钢铁基地的建设,也在这一期间拉开了序幕。这两个项目的建设成功,是同改革基本建设管理体制分不开的。马鞍山车轮轮箍工程是苏联片面撕毁的协议和合同中的一项,从1961年开始,经过1年的施工准备,用1年半的时间建成了轮箍工程,用9个月的时间建成了车轮工程,全部投资约2.5亿元。车轮轮箍厂的建成,为铁路部门解决了一大难题。国家经济委员会、国家建设委员会在马鞍山联合召开了基本建设现场会,对这项工程的胜利竣工,给予了高度的评价。建设这个厂的主要特点：一是以自力更生的革命精神自行设计。当时设计人员搜集了 8 个国家的有关资料，经过反复试验，设计出可以轧出各种不同规格的轮箍轧机。二是成立甲、乙双方联合指挥部，统一安排计划，统一指挥、组织和调度。到安装阶段，则以第一机械工业部为主包括甲、乙方及设计人员，共同参加领导小组，分工负责，处理工程中的问题。三是在施工中集中优势兵力，按生产工艺和施工规律，分期分批，突出重点，各个击破，还制订了综合进度表实行统一指挥。这样，就保证了工程按质、按量、按期地完成，取得了较好的社会经济效益。

1964 年后，"三线"地区的攀枝花钢铁基地的建设，取得了重大成就。攀枝花位于四川西昌地区，是中国开发内地的一个重要基地。基地以钢铁为主体，还包括煤炭、电力、林业、交通等部门。攀枝花钢铁基地的一期工程国家投资达 37.4 亿元，包括铁矿山、高炉、转炉和大型轨梁轧机，设计年产钢能力 150 万吨、钢材 100 万吨。一期工程从 1965 年动工到 1979 年基本建成。攀枝花钢铁基地的建设是在内地建设钢铁联合企业的一个比较成功的典型，它的主要经验是：

1. 组建强有力的指挥机构。成立了特区建设指挥部和特区党委，对基本建设进行统一领导、统一计划、统一管理。国家确定它是重大综合项目，并授权指挥部处理重大建设问题。这种领导体制保证了建设的顺利进行。

2. 切实做好建设前期准备。首先抓好钒钛铁矿的科学试验，集中 19 个勘察和设计单位共 1300 余人进现场工作。随之，将 15.6 万吨设备制作任务落实到全国 700 多个企业中。建立渡口物资局，统一管理供应物资。调集 5.6 万人的施工队伍。用 2 年时间，就作好一切开工的准备工作。

3. 统一指挥，团结协作，集中力量打歼灭战。因为这是多行业、多兵团的联合作战，指挥部按既定规划和基本建设程序，拟定施工方案，集中力量分 4 个战役打歼灭战。即 1965 至 1966 年的基本建设准备工作歼灭战；1969 至 1971 年的出铁、出钢歼灭战；1972 年的形成综合能力、配套收尾歼灭战和 1973 年的设备攻关歼灭战。当时，集中全国上百个设备制造单位的科技人员组成攻关组，进行设备安装攻关。

4. 采取老厂包新厂的办法,抓好生产准备。每个新厂的生产班子和骨干都是从鞍钢成套配备,效果很好。

5. 针对基地建设的实际,进行思想政治工作,提倡艰苦创业的精神,以保证建设任务的胜利完成。

建成以上两个重大项目的实践说明:必须建立强有力的、有实权的领导体制,集中优势兵力和有充分的物资保证,按照客观规律进行科学的统一指挥,各个击破,就能取得成效。

经过 5 年调整,冶金工业得到迅速的恢复和发展,钢产量从 1962 年的 600 多万吨增加到 1966 年的 1600 万吨。企业的经济效益也有了明显的提高。绝大部分冶金企业的主要技术经济指标都在 1966 年达到了最好历史水平。如鞍山钢铁公司,经过认真整顿,到 1966 年生铁、钢、钢材的产量分别达到 461 万吨、506 万吨和 267 万吨。而且产品质量、品种、能耗以及各项技术经济指标都超过了本厂历史最好水平,在同行业中名列前茅。如吨钢能耗降到 1.588 吨,入炉焦比降到 482 公斤/吨,高炉利用系数达到 1.869,上缴利税达 13.1 亿元,为 1961 年的 3 倍多。

这一时期的体制仍有集中过多,管得太死,行政管理多、经济办法少等缺点,对充分发挥企业能动性和地方积极性也注意得不够。

三、动乱的十年

长达 10 年的"文化大革命",使刚刚振兴的国民经济又陷入了混乱,造成了严重的恶果。冶金工业管理体制也遭到了破坏。

(一)部属重点企业几乎全部下放。在大批"修正主义""打倒条条专政"的口号下,把原部直属的大型联合企业、重点建设单位,以及各主要特殊钢厂,都下放到省、市、自治区管理,或双重领导以地方为主,有的还从省再下放到市;一些省属单位也纷纷下放到专区、县、镇。1969 年 5 月,全国最大的钢铁联合企业——鞍钢,下放给辽宁省鞍山市。当时企业隶属情况大体可分成三种类型:(1)下放后,由部和地方双重领导而以省、市为主。包括鞍山钢铁公司、武汉钢铁公司、包头钢铁公司、太原钢铁公司、首都钢铁公司等24个钢铁企业。按1975年产量计算，这部分企业占全国钢产量的55％。（2）少数企业仍归部直属或双重领导以部为主。在钢铁企业中只有攀枝花钢铁公司和长城钢厂等。（3）原属省、市领导的企业。大多数企业的隶属关系改变后，各种管理制度没有做相应的调整，造成管理混乱，企业"婆婆"多，政出多门，而企业的问题却难于解决。特别是少数大型企业和特殊钢厂，它们的产品面向全国，所需的原材料、燃料也是跨省、跨市由全国各地供应的，而隶属关系又局限于一省一市，致使问题久拖不决，效率和经济效益很低。

（二）企业内部管理体制和正常秩序遭到严重破坏。"文化大革命"期间，由于林彪、江青反革命集团大批所谓"唯生产力论"、"物质刺激、利润挂帅"，甚至提出要办"没有规章制度的工厂"，给冶金企业的生产、技术、管理带来了很大的破坏，而且在人们的思想上造成了极大的混乱。

那时，大部分企业虽然下放给地方了，但企业本身仍没有多少经营自主权。企业所需的资金、设备、物资，只能伸手向国家要；企业取消了计件工资、奖励制度，工资长期冻结，吃"大锅饭"现象更为严重。在十年动乱中，周恩来同志和邓小平同志曾在1972年和1975年两次抓了整顿。1975年，中共中央还专门召开了钢铁工业座谈会，邓小平同志提出了整顿领导班子，反对派性，落实政策，建立必要的规章制度等重大措施，使钢铁工业遭致破坏的体制初步得到整顿，全行业出现了可喜的转机。但1976年年初掀起所谓"反右倾翻案风"，使刚出现的生机，又被扼杀，企业再度陷入混乱。

在这一时期，有些企业的生产曾一度按军事组织来管理。不少懂行的干部、技术人员和老工人被打下去，派性泛滥，给生产带来了灾难性的后果。如鞍山钢铁公司于1968年被摘掉公司牌子，大搞"政企合一"，改为鞍山市革命委员会的第一工业交通组，并在内部实行军事化，将生产基层组织的车间、工段、班组改为营、连、排、班。十年动乱给鞍钢带来的损失是十分严重的（见表12）。

"文化大革命"前后鞍钢经济指标对比表

表12

项 目	单 位	1966年	1976年	增减（+、-）
1. 积累总额	万元	130729	108931	-21798
其中：利润	万元	115023	86781	-28242
2. 劳动生产率	元/人年	18886	15214	-3672
3. 可比成本降低率	%	16.2	超0.2	+16.4
4. 吨钢综合能耗	吨标准煤	1.588	1.75	+0.16

（三）钢材流通体制不能适应生产发展的要求。"大跃进"期间，随着企业下放，各地在"自成工业体系"的口号下，盲目扩大生产和基本建设，形成钢材供应紧张，集中统一供应体制已不能适应形势的发展。1959年年初改为"地区平衡、块块为主"的办法。由于改得仓促，一些重点企业下放后，物资供应得不到保证，只得又改为中央主管部直接供应的办法。试行结果，保了重点却兼顾不了一般。因而再改为"统一分配，归口安排，厅局订货，省里调剂"条块相结合的办法。但供应紧张、管理混乱的问题仍未解决。1960年实行集中管理的方针，由物资部门对钢材实行统一收购，统一供应。这种办法，对减少混乱情况起了一定的作用，但存在统得过死的弊病。（见表13）

调整时期钢材分配供应渠道示意表

表13

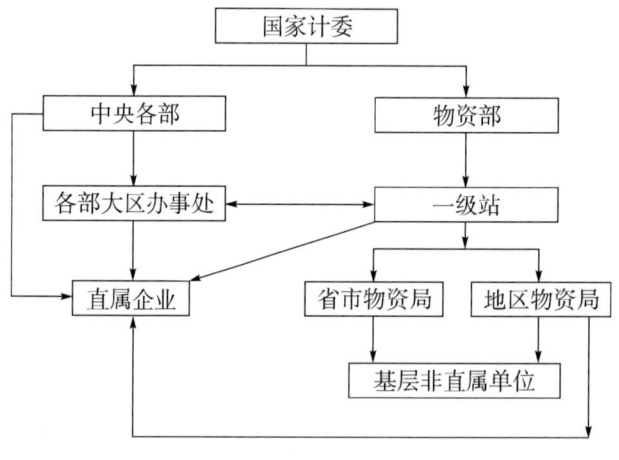

经过3年调整，国民经济形势逐步好转，生产建设步伐加快，供应又紧张起来了，因而提出"集中统一，全面管理，统一领导，分级负责，从生产出发，为生产服务"的方针。在做好组织供应的同时，抓了供应网点的建设。先后在交通枢纽、城镇和工矿企业集中地区，建立钢材小额中间转运供应站和前站后库的门市部，供应零星小额金属材料。这些措施在疏通流通渠道，解决供应方面起了一定作用。

但建立供应网络的做法还没有发展完善，就受到了"文化大革命"的冲击。1966年到1970年间，物资管理处于瘫痪状态，正常的产需关系和供应秩序遭到破坏。钢材供应形成"三八"式，即需要一百分配八十，分配一百订货八十，订货一百交货八十。

1970年，对钢铁产品仍然实行计划分配，同时加强了物资的管理，恢复了钢材的定点供应，固定产需协作关系。1977年起，在加强物资管理集中统一的同时，对钢材等冶金产品进一步强调统一调拨。但由于钢材的使用范围广，品种规格多，靠单一的分配调拨，不能适应各方的需要。表现在：

1. 产需不能直接见面。割断了部门之间、企业之间的内在联系，使钢铁厂不能及时了解用户需要，处于等待用户拿到上级分配指标后来订货，然后才能组织生产的被动地位。在这种体制下，企业不关心社会需要，也不重视技术进步，以致钢材的质量升级和品种更新换代都很缓慢。

2. 分配上有虚假因素，人为制造紧张。使用单位依靠上级分配钢材，习惯于向上伸手，而且往往打上保险系数，"头戴三尺帽，不怕砍一刀"，使钢材的供需平衡计划缺乏真实可靠基础。同时，在一年召开两次的钢材定货会议上，各部门、各单位唯恐拿不到需要的钢材，争先突击订购短线钢材，人为地制造紧张气氛。

3. 钢材一面超储积压，一面又有许多需要供应不上。由于钢材在流通环节滞留时间长，形成库存量大，超储积压严重。1953年到1981年的29年中，除1958年到1960年的统计数字不准外，其他26年的钢材库存均占当年生产量的50%以上，其中有10年的库存量超过了当年的生产量。特别是短线品种的钢材，库存量更大。事实说明，这种钢材分配调拨体制急需改革。

第三节 冶金工业管理体制改革的新时期

1978年12月，中国共产党召开了十一届三中全会，提出把工作着重点转移到社会主义现代化建设上来，接着提出了"调整、改革、整顿、提高"的方针。冶金工业进行了积极调整。首先是缩短基本建设战线。1979年，冶金工业基本建设投资从上年度实际完成的48.5亿元减少到26.7亿元，减少

45%，其中钢铁工业减少 50%。其次是关停小铁厂 158 个、小矿山 85 个。中小钢铁厂共停了 219 座高炉，容积为 5400 多立方米。第三是把工作重点放在提高质量、增加品种、降低消耗、改进管理、提高技术等方面。

冶金工业在调整中，开始逐步走上了以提高经济效益为中心的新路子，改革也开始展现了新面貌。在 1979 年到 1983 年的 5 年间，冶金工业先是在中央统一指导下进行了扩大企业自主权的试点，继而推行经济责任制。同时，有的企业进行了局部的改组和联合，并且着手在劳动工资、冶金外贸体制等方面进行初步改革。

这一时期，冶金工业管理体制的改革着重抓了在宏观管理下把企业搞活的问题。

一、改革经营管理形式，在冶金工业系统普遍推行经济责任制

冶金工业系统从 1979 年到 1980 年年底实行扩权试点的单位共有 277 个，其中包括首都钢铁公司（以下简称首钢）等一大批重点企业。扩权试点采用了不同的形式，经过几年的实践，取得了不同程度的效果。

（一）上缴利润递增包干的试点。冶金企业先后实行上缴利润递增包干的试点单位，既有属于大型联合企业的首钢、包钢，也有生产特殊钢的西宁钢厂和属于中型企业的杭州、涟源、安阳、邯郸、鄂城等钢铁厂。其中首钢和杭州钢铁厂的效果最为显著。

首钢自 1979 年实行扩权试点，1981 年经国务院批准实行上缴利润递增包干办法，国家不再拨给投资，原材料提价因素由企业承担，以 1978 年实现利润 18951 万元为基数，5 年累计新增利润 78915 万元，平均每年递增 20%，大大超过产值平均每年递增 9.2% 的增长速度。1983 年在全国冶金行业 55 项主要可比技术经济指标中，首钢有 31 项夺得全国冠军。高炉利用系数、入炉焦比、转炉利用系数、钢铁料消耗和精矿粉品位等指标，连续保持国际先进水平。

首钢实行递增包干办法以来，一切经济活动都以提高经济效益为中心，企业面貌发生了巨大的变化：

第一，保证了国家持续稳定地增收。递增包干的特点是上交国家利润这

一头包死，每年总要递增。而且国家不再向企业返回投资，减支等于增收。（见表14）

首钢改革前后五年上缴利润和投资对比表

表14

项　　目	1974—1978年	1979—1983年	增减%
上缴利润总额（万元）	73888	138578	+87.6%
国家投资额（万元）	45506	12503（结尾工程投资）	-72.5%
国家实际收益（万元）	28382	129201	+355%

改革后五年国家实际收益129210万元，比前5年（28382万元）多100828万元，增长3.6倍。

第二，加快了企业技术改造的步伐。首钢是老企业，设备陈旧，工艺落后，技术改造的任务十分繁重。实行上缴利润递增包干以后，就为技术改造开辟了可靠的资金来源。他们精心安排，先上见效快、收益大的项目，积累了资金再用于新的项目。5年来，首钢采用这种办法，花了3亿元的自筹资金，先后完成了42个重点技术改造项目，其中一半以上都是两年之内就收回了投资，五年收益达3.5亿元。如1982年首钢初轧厂对650轧机进行改造，增加二个连轧机增产小方坯，投资1107万元，不到一年就收回了全部投资。1983年，首钢还对三、四号高炉进行现代化的大修改造。

第三，强化和改进了企业管理。实行递增包干，要求不断提高经济效益，企业就有了改革经营管理的动力。这几年，首钢紧紧抓住发展和完善经济责任制，把它作为强化管理的核心，即在企业与国家的关系上实行上缴利润递增包干制；在企业内部建立责、权、利结合，包、保、核到人的逐级岗位经济责任制；在技术业务工作上建立专业经济责任制。全公司形成一个条块结合、纵横连锁的包、保、核管理体系，使管理工作的效率大为提高，向科学化、现代化管理发展。如计划的专业管理方面，次年的生产经营计划在群众充分讨论的基础上，于当年第四季度即已层层落实到人；财务的专业管理上，由过去的事后算帐变为事先预测和控制；技术系统把积极推广新技术、不断提高产品质量作为中心任务。随着经济责任制的不断完善、数据量的急剧增加，数据管理和电子计算机在管理上的应用也应运而生，目前首钢公司和 10 个主要厂矿已在编制生产经营日报、核算成本、预测利润、计算工资等 80 个管理项目上用上了计算机。信息反馈大为加快，工作效率显著提高。

应当指出，首钢等企业的上缴利润递增包干试点，是在特定的条件下实行的，还不能普遍推广。这些必须具备的特定条件是：（1）要有一个好的领导班子；（2）技术改造的任务很重，而且产品适销对路；（3）企业管理的基础比较好；（4）要经过国家有关部门的审核和批准。

（二）全行业利润包干的改革试点。一些省、市冶金工业厅（局）实行全行业利润包干的试点是从上海冶金局开始的。上海冶金工业局经国家经济委员会、财政部和上海市批准后，从 1979 年起实行上缴利润按"基数包干（以 1978 年实现利润 11.2 亿元为基数），增利分成"的试点，一定五年不变，规定增长部分冶金局留 40%，上交国家 60%。

1979 年至 1983 年的 5 年中，在基本上没有增加新的生产能力条件下，上海市冶金工业连年出现增产增收，减产也增收的好局面。累计实现利润 66.8 亿元（按同口径计算），共增利 11.3 亿元，平均年增长 20.5%，大大超过同期产值增长 10.67% 的速度，各项技术经济指标都超过历史最好水平。五年上交国家利润 60 亿元，同期冶金工业局增利分成约 8.2 亿元，两者的比例为 88：12；与前 26 年相比，国家实际收益提高了 11%。品种质量也有较大增长，五年累计为国家增产短线产品薄板、小型型钢、线材、带钢、焊管等共 180 万吨，为能源、交通、轻工等行业生产了大批石油管，达到劳氏船级社标准的造船钢板，纺织印染机械用的不锈钢板，化工用的耐腐蚀长钢管等；还试制成 17000 多项新产品，如照相机快门叶片钢带，黑白、彩色显像管所用的材料等。五年累计获得国家金质奖 1 个，银质奖 10 个，上海市和冶金工业部优质产品奖共 156 个，优质钢材产品率达到 50% 以上。

上海冶金工业局将留用基金的 50% 用作生产发展基金，局再集中其中的 50%，同折旧基金、大修理基金捆起来，有计划、有重点地进行全行业的技术改造。五年中安排百万元以上的项目共 107 个，投资总额 3.68 亿元。上海第一钢铁厂、第五钢铁厂利用这笔资金将侧吹转炉改为氧气顶吹转炉后，不但提高了钢的产量、质量,降低了消耗,而且使"烟尘"、"废水"、"废气"基本达到国家排放标准,从而解决了过去由于资金短缺而长期解决不了的难题。

继上海冶金工业局之后,河北、山东等省冶金厅(局)也实行了全行业包干试点,上缴利润比包干前成倍地增加,加快了全行业技术改造的步伐,也增添了集体福利设施。

(三)在冶金企业中实行了利改税的制度。利改税是改革国家和企业之间分配关系的方向。自1983年起,在大中型冶金企业中实行利改税,是在首先保证国家有更多收入的情况下,给企业一定的利润留成,企业可以自主地用于技术改造、职工福利和奖励。这对调动职工和企业的积极性有显著效果。例如:武钢从1981年1月起实行以税代利的办法,三年中实现利润从1980年的3.09亿元增加到1983年的5.96亿元;工业总产值每年递增9.4%,实现利润每年递增24.5%;上交国家税利每年递增15.2%,共上交15.3亿元,比实行利改税前三年(1978年到1980年)增长54.9%。

二、在钢材流通体制方面进行新的尝试

(一)钢铁企业可以自销部分钢材。从1979年起根据国家规定,钢铁企业在保证完成国家计划的前提下,有部分钢材的自销权。从而打破了多年来钢材只能由物资部门统购统销、独家经营的老框框,增加了钢材流通渠道,活跃了市场,出现了钢材产销两旺的新局面。

钢铁企业在国家统一计划指导下,自销部分钢材,是指导性计划的一种形式,又有市场调节的作用,是钢铁企业贯彻计划经济为主、市场调节为辅原则的新尝试。据统计,企业自销钢材占钢材产量的比例,1979年为3.6%,1980年为10.6%,1981年为19.9%,1982年为14.4%,1983年为3.5%。总的看,其比例不算大,五年平均仅10.4%,但在许多方面都起到了很好的作用:

1. 补充了国家指令性计划的不足。以1981年为例,国家指令性计划生产50.2万吨无缝钢管,钢铁企业又根据用户要求接受自销合同,实际生产了91.8万吨,为指令性计划的1.82倍,可是仍未满足需要,当年实际消费无缝钢管达146.3万吨。在硅钢片、优质材的产销等方面,也有类似情况。

2. 促进了企业由生产型向生产经营型转变。过去钢铁企业以产定销，只抓生产，不抓经营，品种质量几十年一贯制。改革后，生产要适应社会需要，逼着企业一手抓生产，一手抓经营，开始重视市场需求的变化，以质量求生存，以品种求发展，积极改进产品结构和服务态度。重庆钢铁公司与用户签订"六满意"（在品种质量、交货时间、包装标志、价格费用、运输与技术服务等方面使用户满意）合同后，顾客盈门，扭转了产品滞销被动局面。他们深有感受地说："自销钢材是救活企业的一剂良药。"

3. 提高了企业和社会的经济效益。自销钢材不仅活跃了流通，而且反过来促进了生产，为社会增加了新的经济效益。如上海硅钢片厂，年产能力14万吨，1980年国家下达指令性计划指标仅2万吨，1981年也只有7万吨，他们靠创名牌，扩大了自销量，不仅避免生产能力的闲置，实现了增产增收，每年可实现利润5000多万元，而且为机电产品的更新换代做出了贡献。经机械工业部鉴定认为，该厂的热轧D23硅钢片的内在性能已基本上达到了国外同类产品的水平。

钢铁企业自销部分钢材这个变化，仅仅为改革钢材流通体制打开了一个缺口，还不能从根本上解决流通中存在的一系列问题。从1982年下半年开始，钢材供需矛盾又开始紧张，用户又只能凭分配指标订购钢材，前几年开辟的钢材市场又骤然紧缩，重点企业的产品自销比重控制在2%，到1982年，钢材分配体制仍基本上保持着集中调拨的制度。（见表15）

（二）初步改革冶金产品的外贸体制，向工贸结合、技贸结合迈进了一步。1980年年初，经国务院批准，成立了中国冶金进出口公司。公司业务包括冶金产品贸易和援外业务，实行工贸结合、技贸结合。公司成立后，已经同一百多个国家（地区）有了联系，并向国际市场推销产品，取得较好的效果。一是有利于把买卖做活，扩大出口。例如1982年年初通过投标向印度出口10万余吨角钢，这个合同数量大，有23种规格，对配套、技术、包装的要求严格，交货期短。公司组织13家工厂协作，从签订合同到生产、装船交货，只用了6个月时间，用户十分满意。二是有利于促进国内的生产发展和技术进步。三是利用外资改造老企业。例如，中国冶金进出口公司在1981年

表15

1977年以来钢材计划分配与供应渠道示意表

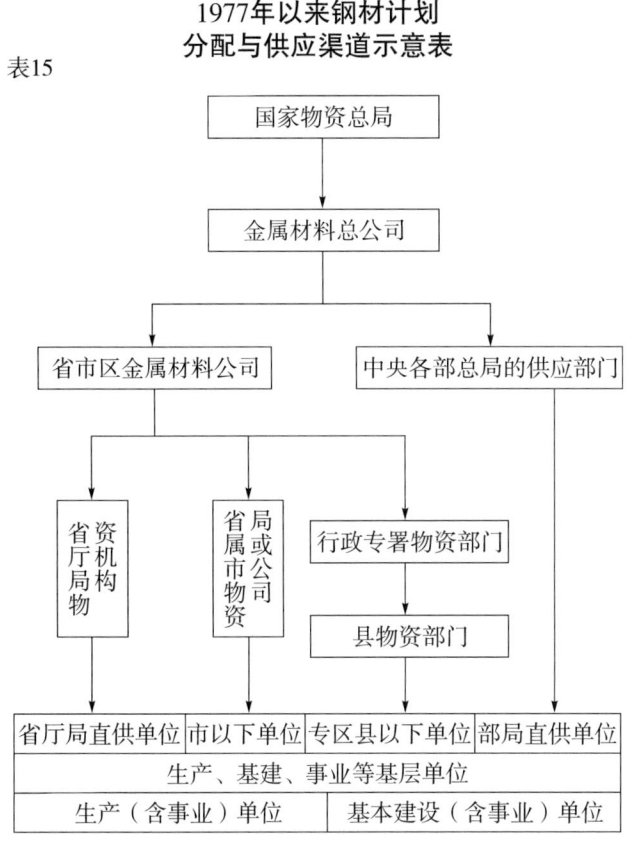

与澳大利亚考柏斯公司签订了补偿贸易合同,由澳方提供技术和164万美元投资,改造鞍钢焦化总厂的沥青车间,将过去生产沥青焦改为硬质沥青,年产12万吨。投产后,部分产品向澳方返销。这个项目不仅引进了新技术,而且弥补了企业技术改造资金的不足。

三、试行了各种形式的改组和联合

(一)打破行业、地区界限,进行专业化改组和组织协作。生产企业之间的合理改组和联合,有利于提高经济效益。例如马鞍山市原有大、中、小三个钢铁企业。一个是由冶金工业部、安徽省双重领导的马鞍山钢铁公司,一个是省属的慈湖铁厂,一个是市属钢铁厂。长期以来,在同一个市内三家并存,自成体系,重复建设,互争原料、能源供应的问题始终得不到妥善解决。贯彻调整、整顿方针后,经与有关部门、地方协商,先后将慈湖铁厂、市钢铁厂并入马鞍山钢铁公司,变"三足鼎立"为"三位一体",改变了长期存在的不合理状况。三家钢铁企业合并后,慈湖铁厂和市钢铁厂分别改为马鞍山钢铁公司的第三炼铁厂和小型轧钢厂。公司对这两个厂调整了领导班子,从加强领导、改进管理入手,进行企业整顿,还对它们的设备进行了适当的更新改造,使这两个厂都在短时间内转亏为盈。又如,北京地区的钢铁企业从1983年实行了行业改组,将原冶金工业局所属钢铁企业与首都钢铁公司合并,并进行专业调整和分工,改组后全面推行经济责任制,一年来经济效益显著，实现利润（包括两费）达1.47亿元，比1982年多增加3024万元。

（二）推动科研、教育和生产企业之间的联合。党的十一届三中全会以来，冶金科研院所、高等院校与生产企业联合，取得了可喜成果。例如，上海第三钢铁厂用20MnSi（锰硅）钢种生产的螺纹钢筋，质量一直不够理想。后来他们与上海钢铁研究所组成联合体，进行攻关，使产品质量有很大提高，钢材性能合格率从80%提高到100%，成材率从80%提高到94%，每吨钢比原来多增利百余元。该厂在1982年年内，生产这种钢筋28.3万吨，增利2975万元，大大提高了经济效益。这种钢筋在国内外市场上受到了用户的欢迎。

科研院所和高等院校同生产企业联合后，取得了一批成果。冶金工业系统荣获国家科研发明奖的项目逐年增多，1980年为6项，1981年为14项，1982年为27项。其中增加经济效益在1000万元以上的有25项。

这一时期，冶金工业管理体制的改革虽是初步的，但方向正确，步子稳妥，工作扎实，取得了较好成效。一是扭转了许多企业长期亏损的局面。比如河南省安阳钢铁厂，到1980年，建厂22年中，盈亏各11年，盈亏相抵净亏1.5亿元。人称"填不满的大坑，背不起的包袱"。1980年，该厂实行经济责任制，一年巨变。全年实现利润3576万元，比上年翻了两番还多。占全国钢产量约20%的地方中小钢铁企业连年亏损，1979年亏损2.9亿元，1980年第一次实现扭亏为盈，净盈利4.8亿元。这是中小钢铁企业发展史上的一个新起点。1982年与1978年相比，冶金行业亏损企业由609户减少到332户，亏损额由11.94亿元降为3.39亿元，扭亏率为71.6%。当然这些成绩的取得也是同调整企业分不开的。二是企业有了压力、动力和实力，积极进行自身整顿，促进了技术改造，逐步走上以提高经济效益为中心的轨道，企业素质和经济效益不断提高。以钢铁工业为例，1982年，在原料、燃料提价，部分钢铁产品税率提高，影响利润6.6亿元的情况下，实现利润超过56亿元，成为新中国成立以来实现利润最多的一年。1982年同1978年比较，钢铁工业的各项综合经济指标的比较如表16。

从党的十一届三中全会以来，冶金工业尽管在扩大企业自主权、改革劳动工资、流通体制等方面都作了有益的尝试，但毕竟还处于探索阶段，今后改革的任务是艰巨的，必须继续努力奋斗、勇于创新才能取得成功。

表16 钢铁工业1978年、1982年经济效益比较表

序号	项 目	单 位	1978年	1982年	1982年比1978年升降±	备 注
1	工业总产值	亿元	297.57	344.26	15.69%	1980年不变价
2	钢产量	万吨	3178.01	3715.85	16.92%	
3	钢材产量	万吨	2207.59	2902.04	31.46%	
4	实现利润	亿元	33.63	56.82	68.96%	含"两费"
5	工商税（销售税金）	亿元	16.39	22.94	39.96%	
6	利税合计	亿元	50.02	79.76	59.46%	
7	资金利税率	%	13.8	18.47	4.67%	固定资金按净值计算
8	产值利润率	%	11.30	16.50	5.20%	按1980年不变价算
9	工业企业全员劳动生产率	元/人·年	12458	14116	13.31%	产值按1980年不变价算
10	定额流动资金周转期	天	137	106	−22.63%	1978年、1979年无统计，1980年为165万吨
11	钢材优质产品产量	万吨	—	583	—	1978年无统计，1980年仅6.08%
12	钢材优质产品占钢材比重	%	—	20.09	—	
13	国家和部级优质产品	个	—	301	—	1979年仅9个
14	铁钢比	吨/吨	1.095	0.956	−12.69%	
15	连铸比	%	3.9	7.9	4.0%	
16	吨钢综合能耗	吨标煤	2.52	1.91	−24.21%	

第五章
纺织工业管理体制的改革

毛泽东同志在《论十大关系》一文中论述中央和地方的关系时指出：中央的部门可以分成两类。有一类，它们的领导可以一直管到企业，它们设在地方的管理机构和企业由地方进行监督；有一类，它们的任务是提出指导方针，制定工作规划，事情要靠地方办，要由地方去处理。纺织工业部长期以来所实行的工业管理体制，是比较典型的中央第二类部门。

纺织工业是中国比较有基础的工业部门。经过新中国成立以来30多年的稳步发展，现在无论是设备规模或综合生产能力，都已居世界前列；并已做到工业布局、行业结构的基本合理，生产、建设的经济效益也比较显著。因而在中国国民经济中，一直占有十分重要的地位：穿的商品在国内市场消费品零售总额中所占比重，多年来保持在20%左右，并呈现略为上升的趋势（1952年为19.3%，1982年为21.3%）；纺织品的出口换汇，1950—1982年累计为307亿美元，占同期全国出口贸易外汇总收入的19.2%，1982年的出口额（36亿美元）在全国出口总额中的比重仍占16.5%；纺织工业在全国工业总产值中所占比重在1952年时高达27%，其后随着国家工业化的进程逐步放慢，但在1982年仍占13.7%；纺织工业提供的税金和利润，1982年为148.7亿元，在全国财政收入中所占比重为13.2%。18世纪以来，纺织工业在一些经济发达国家的工业化过程中都占有重要一页，都是先行工业；在中国，纺织工业在工业化过程和国民经济发展中的重要作用，更是十分明显。

新中国成立以来，纺织工业保持稳步发展的局面，生产、建设的经济效益也比较好。这里，重要原因之一，是纺织工业的管理体制大体比较适当。

第一节　新中国成立以来中国纺织工业的基本情况和特点，及其对管理体制的影响

建国以来，纺织工业的管理体制，基本上适应于中国纺织工业的生产力发展水平以及它的一些历史特点。

一、纺织工业在国民经济中的重要地位决定了管理体制的特点

纺织工业在一些工业发达国家是传统工业部门，在中国也已是一个传统工业部门。19 世纪后期，中国在"洋务运动"中出现第一批机器缫丝厂、毛纺织工厂、棉纺织工厂；经过六七十年曲折、困难的历程，在 20 世纪 40 年代达到棉纺工业 500 万锭、毛纺工业 13 万锭、丝织工业 4.1 万台织机的总规模，职工总数达到 75 万人左右。上海、天津、青岛、武汉、无锡等地，纺织工厂连片，烟囱林立。在半殖民地半封建的旧中国，纺织工业是少数几个尚有一定基础的工业部门之一。

新中国成立后的 30 几年间，纺织工业得到了显著的新发展。1982 年纺织工业总产值达到 755.6 亿元，比 1952 年（94.3 亿元）增长了 7 倍，平均每年递增 7.5%。从 1949 年到 1982 年，棉纺织工业的设备规模从 500 万锭扩大到 2019 万锭，棉纱、棉布产量分别从 180 万件、18.9 亿米增长到 1867 万件和 153.5 亿米；毛纺织工业，设备规模从 13 万锭扩大到 89 万锭，毛线、呢绒产量分别从 0.18 万吨、544 万米增长到 9.25 万吨和 1.27 亿米；其他如丝织品、麻织品、化学纤维产品的增长数字也都相当可观。

纺织工业部系统现在有八个大行业：化学纤维、棉纺织印染、毛纺织、麻纺织、丝绢纺织、针织、纺织机械、纺织器材。到 1982 年年末，全国共有纺织企业 18116 个；其中纺织工业部系统的企业数为 6060 个，占 33.5%，工业总产值则占 87%。这一年，纺织工业系统外（军工、农垦、公安、民政、商业、外贸等部门和乡镇、街道办的纺织厂）的纺织企业数为 12056 个，总产值为 111.25 亿元，占全国纺织工业的 8%。在纺织工业部系统的各行各业中，占主体的是棉纺织印染工业（包括复制业），1982 年年末企业总数为

2846 个，职工总数为 257 万人；总产值 478 亿元，占整个纺织系统的 63.2%；无论是设备规模和生产规模，都居世界前列。

经过历年的经济改组，纺织工业部系统的企业的平均规模比较大。到 1982 年年末，大型企业（棉纺十万锭以上，一般都有七八千以至一万名职工）有 138 个，中型企业（棉纺五万锭至八九万锭，一般都有三四千以至四五千名职工）有 390 个，小型企业有 5532 个。所谓小型企业，一般也有三四百以至上千名职工。纺织工业部系统的职工总数，到 1982 年已扩大为 463 万人，比 1949 年增加了 5 倍以上。

纺织工业的庞大体系及其在国民经济中的重要性，决定了纺织工业的部门（行业）管理任务十分繁重。建国以来，国家在中央和多数省、市、自治区以至许多中心城市，都设立专门管理纺织工业的机构，统筹规划，加强领导，就是这个基本情况和历史特点在管理体制上的反映。

二、纺织工业"大分散，小集中"的工业布局对管理体制的影响

经过新中国成立以来 30 多年的建设，全国 29 个省、市、自治区，都已有纺织厂。到 80 年代初，拥有棉纺设备 200 万锭以上的省、市，有上海、江苏；拥有 100 多万纱锭的地区有湖北、山东、河南、河北、辽宁五省；拥有 50 万至 100 万纱锭的地区，有陕西、四川、天津、山西、安徽、浙江、湖南 7 省、市。边远及少数民族诸省、自治区中，已拥有相当规模纺织工业的地区，有新疆、内蒙古、广西、云南等。新中国成立初，全国棉纺锭的 87%、毛纺设备的 90% 以上，集中在沿海地区，特别是上海、天津、青岛、无锡等沿海大中城市。现在，内地省、自治区棉纺锭已占全国的 40% 左右，毛纺锭已占全国的 32% 左右。总的来看，纺织工业的布局已逐渐趋于合理。

从提高生产、建设的经济效益出发，建国以来纺织工业部门一直强调"大分散，小集中"的建设方针。即：从全国范围说布局适当分散，各省、市、自治区都建些工厂；就一个省、市、自治区来说，则是集中财力、物力、技术力量和领导精力，下功夫建好、管好若干个基地。到 80 年代初，从全国来看，工业已有一定规模、布局比较集中、协作配套比较齐全的纺织基地已

有四十多个。最大的纺织基地是京、津、沪，1982年产值分别为：上海，133亿元；天津，37亿元；北京，22亿元。按80年代初的水平匡算，其下依次为：年产值在10亿至20亿元的，有武汉、青岛、无锡、常州、西安、石家庄、郑州、苏州、广州9个城市；年产值在5亿元以上、10亿元以下的，有南通、重庆、沙市、成都、昆明、柳州、济南、南京、杭州、宁波、嘉兴、大连、沈阳、辽阳、营口、邯郸、咸阳17个城市；3亿元以上、5亿元以下的，有丹东、锦州、哈尔滨、潍坊、烟台、合肥、芜湖、蚌埠、南昌、九江、长沙11个城市。此外，正在发展中的中小基地（年产值在2亿元以上），还有安阳、新乡、南阳、济宁、襄樊、保定、呼和浩特、鞍山、本溪、安庆、佛山、南宁等10多个城市。

纺织工业布局在全国范围适当分散，而在各个省、市、自治区范围内又相对集中的这个基本情况和特点，反映在管理体制上，就是中央对纺织工业的管理不宜高度集权，宜于采取地方适当分权的方式；而在各个省、市、自治区的范围内，又要充分发挥中心城市、工业基地的作用。

三、纺织工业积累资金的职能对管理体制的影响

纺织工业在许多国家都曾是最能积累资金的工业部门，在中国现在这个历史阶段，更其如此。远的不说，在1960年的时候，纺织工业为国家提供的积累（利润加税金）为36亿元；经过10年，到1970年增长为69.6亿元；又经过10年，到1980年进一步增长为157.4亿元；在这20年间，增长幅度极为可观。直到80年代初国家两次全面调低化纤纺织品价格后，才出现利润总额合理回降的现象。正因为如此，国家有必要在社会主义建设时期，对纺织工业的主体部分采取全民所有制的形式，以保证国家的财政收入来源。纺织工业部系统的企业，现在有四种经济成分，而主体部分是全民所有制企业。1982年，按所有制的分类统计数是：全民所有制企业3439个，总产值占整个纺织工业系统的88.9%；集体所有制企业2520个，总产值占整个纺织工业系统的9.8%；全民与集体合营企业96个，总产值占整个纺织工业系统的1%左右；此外，还有少量全民与外商合营的企业。

纺织工业这个特点决定了：在考虑纺织工业管理体制时，应该着重考虑如何管理好全民所有制纺织企业，并要注意在经济利益上正确处理中央与地方，以及省、市、自治区与专区、市、县的关系。

四、纺织工业与原料、资源的密切关系对管理体制的影响

作为一个加工工业部门，纺织工业的发展速度和经济效益，与原料、资源的关系十分密切。正如马克思所说："没有棉花，就没有现代工业。"① 现代纺织工业的大发展，几乎是跟棉花、羊毛、黄麻、蚕茧等纺织原料生产的发展同步的。中国纺织工业的生产规模相当大，它所消费的原料、资源应该也只能主要靠在国内自力更生解决。同时，要使各地纺织企业有可能经济合理地配比使用棉花、羊毛等原料，以保证产品质量并降低生产成本。这个特点反映在纺织工业的管理体制上，就是要在各个方面调动纺织原料产地的积极性，并有可能做到纺织原料在全国范围的统筹调度。

五、纺织工业技术装备的特点对管理体制的影响

纺织工业作为一个多行业、多工序、多机台生产的工业部门，它的发展在很大程度上受着机器设备这个生产要素的制约。不论棉、毛、麻、丝、化纤的哪个行业，它们都包含有纺纱、织造（其中又分梭织和针织）、印染、织物后整理四个大工序；而纺、织、染、整这些大工序，又包含了少则五六个多则十几个工序。而且许多工序，是多机台生产的；例如一个5万锭的中型棉纺织厂，需要配备一百几十台细纱机、一百多台梳棉机，并往往配备上千台织布机。到1983年，列入中国纺织机械行业产品目录的设备品种，总数达到3515种，其中包括：棉纺织设备631种，毛麻丝纺织设备151种，印染设备548种，化纤设备883种，针织设备48种，等等。因此，纺织工业在进行新厂建设和老厂扩建改造时对这样多行业、这样多工序所需要的各种机器设

---

① 马克思：《马克思致巴·瓦·安年柯夫（1846年12月28日）》，《马克思恩格斯选集》第4卷，人民出版社1972年第1版，第327页。

备显然不是某个城市、某几个机械制造厂所能包下来的，而是需要在全国范围实行专业化与协作，才能适时而又经济合理地解决好这个问题。建国以来纺织工业部门对纺织机械工业的管理体制，正是适应于这个特点的。

六、纺织工业与流通领域的紧密依存关系对管理体制的影响

作为一个消费品生产部门，纺织工业与流通领域的商业、外贸部门，存在密切的依存关系。特别是在纺织品出口外销日益发展和国内纺织品供求关系转向买方市场的情况下，从管理体制上解决好纺织品生产、流通环节的结合问题，存在着客观必要性。

新中国成立以来纺织工业的这些基本情况和历史特点，决定了纺织工业管理体制的大体轮廓和改革趋向。

第二节　中国纺织工业管理体制的演变情况

建国以来，中国纺织工业管理体制的演变，大体上分两个阶段。从 1949 到 1957 的 8 年间，纺织工业的主体部分（纺织加工各行各业的国营工厂），是采取纺织工业部（通过华东、华北、东北、西北、西南、中南六个大行政区纺织工业管理局）直接管企业的体制，中央集权较多。1958 年后，纺织加工各行各业的国营企业全部下放到省、市、自治区；纺织工业部不直接管这些企业，而在计划规划、方针政策、业务技术等方面进行领导，在中央计划指导下实行较大的地方分权。

一、中央集权较多的管理体制

新中国成立初期和第一个五年计划时期，中国纺织工业的管理体制，同当时的各种经济成分（包括国营和地方国营企业，私营和公私合营企业，手工业厂、社）的历史渊源有密切的关系。

新中国成立后，纺织工业的国营经济成分，主要是通过接管官僚资本纺织企业并加以改造后形成的。抗日战争胜利后，国民党政府把十几家日本纺织垄断资本集团（丰田纺绩、内外绵、钟渊纺绩、东洋纺绩、东洋绵花、东

洋拓植、伊藤忠商事等）在中国开设的69个纺织厂接管过来，建立了庞大的官僚垄断资本中国纺织建设公司（简称中纺公司）。它所管的都是各行各业的大中型厂；总共有180万纱锭，占当时全国棉纺锭总数的36%。中纺总公司设在上海，下设青岛、天津、东北3个分公司。在此同时，还成立了中国蚕丝公司和中国纺织机械公司。此外，在一些内地省份，也有几个官僚资本经营的纺织企业，例如四川、陕西、河南的雍兴公司、豫丰公司等。全国解放后，通过没收官僚资本，这些纺织企业转为国营经济成分。

1949年10月，中央人民政府决定设立纺织工业部，统一领导全国纺织工业。在地区，则是经过短暂的军管时期，就由各大行政区直接管理这些企业。如华东地区，由于纺织工业高度集中，在1949年秋冬到1950年7月这一期间，曾设立华东纺织工业部。1950年下半年，在经济管理体制趋向中央集权的历史背景下，纺织工业系统的这些国营企业统一上收，改为纺织工业部直接管理，按地区设立了六个大行政区纺织管理局以及青岛纺织管理局，纺织企业由纺织工业部和地方双重领导，而以部为主。这一体制一直实行到1958年年初。

民族资本纺织业在旧中国有相当大的发展。1949年时，在全国500万棉纺锭中，民族资本占了60%左右。其中规模较大的是：上海的申新、永安、诚孚、丽新、安达、美亚等公司；江苏的大生、大成、庆丰等公司；武汉、重庆的裕华等公司；天津、唐山的华新、东亚、仁立等公司。这些纺织企业有的拥有四五个以至七八个工厂，有的仅两三个厂甚至就是一个厂。由无锡荣氏家族兴办并控制的申新系统，由广东人郭氏兴办并控制的永安系统，资本比较雄厚，经营管理比较上轨道，企业规模比较大，在民族资本纺织工业中最为著称。其他如安达、诚孚、大成系统的工厂，经营管理也甚为得法。解放初期，这些公司组织多数都保留着。原来实行分散经营的上海申新系统的6个纺织工厂，还在1950年4月成立了"申新纺织厂总管理处"，一切业务由总管理处统一管理。国家当时对私营纺织企业主要采用经济办法进行管理，包括：原料联购，加工订货等。早在1950年5月，政府为了帮助私营纺织企业维持生产并增产棉纱、棉布，开始在华东地区采取国家拨给原棉、私营纺织厂加工的方式；到同年7月份，代纺代织的私营厂已占私营纺织厂总数的80%左右。接着就逐步推进公私合营，到1954年年底，全国棉纺行业的公私合营厂的比重，已达到37.7%。1956年全行业公私合营前后，这些企业由省、市设专门机构加以归口管理。例如在上海，有几年是华东纺织管理局（管国营企业）和上海市纺织工业局（管地方国营和公私合营企业）并存的局面。在中央，50年代前期是由地方工业部归口管理这一部分企业，而由纺织工业部进行生产上的协调和业务技术上的指导。1958年地方工业部撤销后，纺织工业部才承担起全面领导公私合营纺织企业的责任。

至于手工纺织业，企业单位虽多，总的生产规模不大，在纺织生产中不占重要地位。无论社会主义改造之前或之后，都是由地方进行管理，而在中央由手工业管理局归口管理。60年代以后，许多地方的手工纺织业通过经济改组和技术改造，有一批企业逐渐升格为"大集体"以至全民所有制的中小型纺织厂，而由专区、市、县政府把它们划入了纺织工业部门管辖的序列。

总的说来，在建国后的8年间，纺织工业的主体部分（大行业、大中型国营企业），是实行中央集权的管理体制。它的重要特点是：用行政办法把整个行业的全民所有制企业组织起来，中央的计划指标一贯到底。那个时期，纺织工业部对纺织加工的各行各业，主要是管如下十几件事：

（一）制定年度生产计划和搞好产、供、销的综合平衡。早在1950年2月，纺织工业部召开的全国公营纺织业会议，就制定了当年生产计划。同年底，纺织工业部召开全国棉纺织会议，制订1951年的生产计划并决定全国各厂一律开工五昼夜，有条件的厂实行三班制。进入第一个五年计划时期以后，纺织工业部对各个年度的纺织生产，更是加强了计划管理。

（二）制订长远规划。这个时期主要是制订国民经济第一个五年计划。纺织工业部围绕五年计划规定的生产棉纱500万件等目标，作了一系列生产、建设的部署。

（三）统一调度棉、毛、麻、丝原料资源和棉纱、坯布等中间产品。

（四）统一安排基本建设，包括从建设项目的确定，到工厂布局、投资和物资的安排，以至主要建设项目的设计、施工、安装和技术力量的调配等。

早在国民经济3年恢复时期，就抓了西北国棉一厂、武汉国棉一厂、邯郸国棉一厂、哈尔滨亚麻厂等中型纺织厂的建设。进入第一个五年计划时期以后，在纺织工业部的统筹规划下，全国棉纺织工业的总建设规模达到300多万锭，把纺织工业的建设推向前所未有的规模。

（五）制定质量标准。包括：棉纱、棉布、印染布等主要产品的质量标准；棉花、羊毛的标准。纺织工业部在1953年六七月，就制定了统一的棉纺织产品质量标准和印染成品质量标准。早在1950年4月，就和贸易部、农业部共同制定出棉花标准。

（六）制定技术政策和推行全行业的技术改造。这个时期，抓了各地纺织厂普遍改善通风降温设施和机器防护装置，棉纺厂提高效率、缩短工序，棉纺细纱机加装真空断头吸棉器，清花、梳棉、浆纱三个关键工序的改造等。

（七）制定全国统一的管理制度。如：纺织机器设备维修制度；主要工种的操作规程；统一的会计制度、统计制度和成本计算规程；统一的劳动、工资制度等。

（八）总结和推广各项先进经验。1951年夏秋，纺织工业部和全国纺织工会共同总结出青岛国棉六厂女工郝建秀科学、合理的细纱运转操作法；同年11月，又共同在天津综合各地优秀织布工人的操作方法，总结出《一九五一年织布工作法》。1953年4月，纺织工业部又会同全国纺织工会总结并推广《一九五三年纺织机器保全工作法》。这三大类工作法，又带起纺织工业各行各业一系列科学的操作规程，对纺织工业提高生产管理水平和实现优质、高产、低消耗，产生了深远的影响。

（九）制定、考核各项技术经济指标和各种定额。1952年9月，纺织工业部召开棉纺织定额会议，对制定技术经济定额作了广泛的研究。这个时期突出抓了：细纱、布机单产水平；每件纱的用棉量，以20支纱为基准统一规定为395斤；棉纺厂细纱千锭时断头率降到100根以内；细纱、布机运转工的看锭、看台面；棉、毛、麻、丝、印染行业的材料消耗定额等。

（十）提出生产、建设和经营的方针、政策。这个时期比较重大的决策有：1949年9月，决定上海、天津、青岛等沿海纺织工业基地改变生产方针，产品面向内地，减少细支纱，增产粗支纱和大路货印染布，以适应当时的国内市场需要；1950年5月，决定毛纺织工业产品争取出口；1950年，决定在国内自己设计、制造纺织染全套设备，并在全国范围协作成套；1953年8月，决定在内地产棉区建设一批新厂。此外还有：在技术政策上提出"一个锭子生产一件纱"的目标，着重抓好设备生产率；对新厂建设布局采取"大分散，小集中"、建设一批纺织工业基地的方针等。

（十一）会同产业工会抓企业的群众工作。如组织全国纺织工业战线的劳动竞赛，在国营纺织厂普遍建立民主管理委员会等。

（十二）统一管理纺织工业部所属国营企业的利润上缴任务。

这个时期纺织工业所实行的管理体制，对纺织工业的生产、建设曾经起过重要的作用。解放后形成的国内一些重要的纺织工业基地，如北京、石家庄、邯郸、郑州、西安、咸阳、乌鲁木齐等地的纺织工业，就是在那个时期，集中了全国的财力、物力，在全国纺织工业系统内统一调配成套的技术干部、管理干部以及大批技术工人，并由纺织工业部安排专业的设计、施工、安装队伍的情况下，迅速而又经济合理地建设起来的。从1950到1957年这8年间，建成的棉纺织厂总规模达250万锭，相当于旧中国60年间建成数的50%。一个5万—10万锭的棉纺织厂，建设周期一般只要一年半。建设一个拥有10万枚纱锭、二千几百台布机的大型棉纺织厂所需投资，第一个五年计划初期为6000万元左右，到1957年仅需4000万元左右。各地一些由纺织工业部和大区纺织工业管理局集中管理的大中型纺织厂，企业管理普遍地走上了轨道。现在纺织工业所实行的一些重要的管理制度，如机器设备大小平车制度、一系列工作法、作业计划等，主要是在那个时期打下的基础。那时，纺织工业一些主要技术经济指标有了可观的进步。以棉纺织工业为例：从1949年到1956年的7年间，棉纺千锭时产量由18公斤上升到26.7公斤，织机台时产量由3.38米上升到4.39米，每件纱用棉量由205.9公斤降为194.8公斤，细纱工人看锭能力一般由每人看三四百锭增加到八百锭以上。由于棉花等原料资源能在全国范围统一调度，地区、企业有可能经济合理地进行配棉,这对于纺织工业部门提高经济效益,更是关系重大。

纺织工业系统在新中国成立后头八年所实行的集中程度较高的管理体制,是适合于当时历史条件的,对生产的发展起了重要作用。但现在看来,也存在中央集权过多、"条条"直接指挥以及单纯用行政办法管理企业所带来的一些缺点:不能充分调动地方办纺织工业的积极性;在地区范围内组织生产协作和经济协作比较困难;企业缺乏生产、经营的自主权等。

二、中央部负责规划、政策指导、技术指导、原料调度、技术装备,地方直接领导企业的管理体制

从1958年到80年代初的20多年间,纺织工业的管理体制是:棉、毛、麻、丝纺织等加工行业的工厂,全部改由地方领导;纺织工业部主要负责全面规划、协作平衡、技术指导和督促检查。(见表17)

1957年12月,经国务院批准,纺织工业部下放了在上海、山东、浙江、陕西、四川、湖北、湖南、黑龙江、辽宁、吉林、新疆11个省、市、自治区的59个大中型纺织企业,分别由所在的省、市、自治区领导。1958年3月,根据中央关于经济管理体制下放的精神,纺织工业部又向国务院作了《关于继续下放143个纺织企业、事业单位的报告》,提出把棉、毛、麻、丝纺织企业全部下放,改由地方管理;纺织加工行业企业的人、财、物三权,完全转交给省、市、自治区。国务院在批复中指出:为了有利于地方工业发展,同意纺织工业部将棉、毛、麻、丝等纺织企业和所属的工程公司、中等技术学校全部下放地方管理;并同意纺织工业部继续直接管理纺织机械的研究、设计单位和制造工厂,基本建设设计单位,以及在保定、丹东、北京的3个化学纤维厂;明确今后大型化学纤维厂仍由纺织工业部建设、管理,中小型化学纤维厂则由地方建设、管理。稍后,党中央在批转纺织工业部党组报告的批示中提出:在企业下放之后,纺织工业部对地方纺织工业,更应该加强全面规划、技术指导和组织协作工作。根据中央批示的精神,在这以后的二十几年间,纺织工业部主要管如下一些事:

纺织工业管理体制示意表

表17

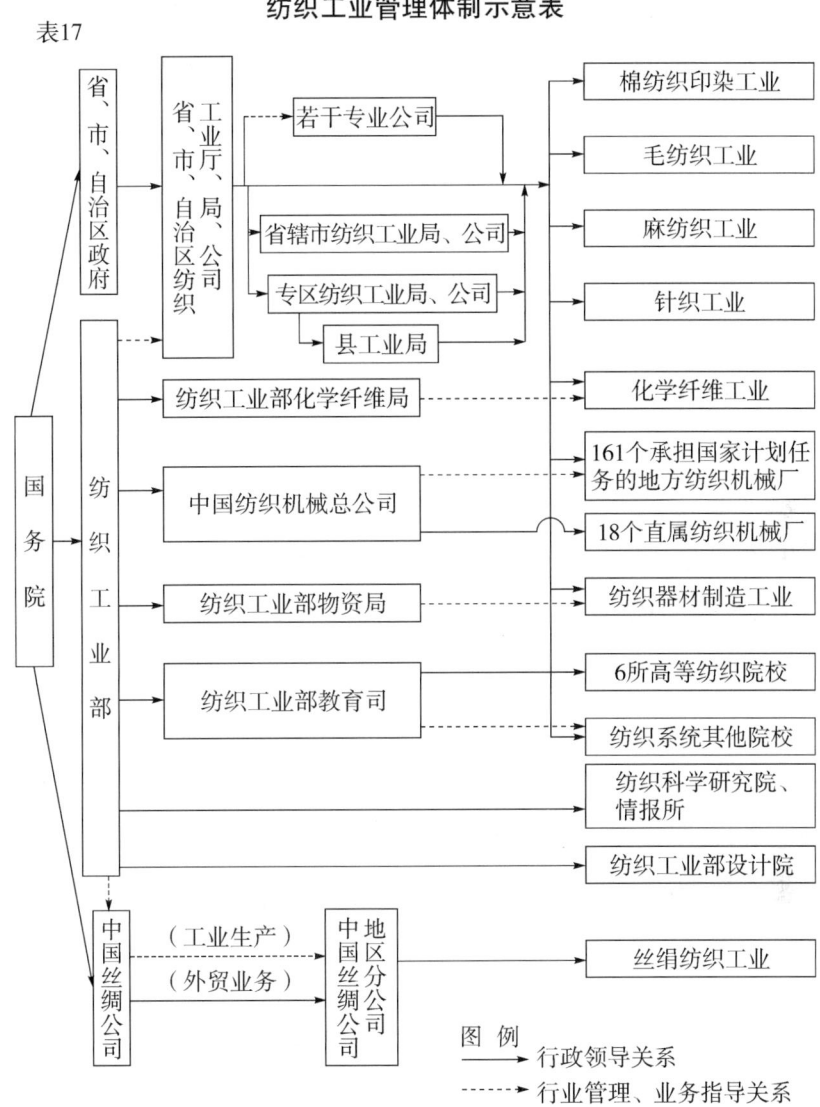

（一）坚持对纺织生产实行计划管理。包括：对11个国家计划产品（化纤、棉纱、棉布、呢绒、麻袋、蚕丝、丝织品等）、9个部管计划产品（印染布、针棉织品用纱、化纤长丝针织品、羊绒针织品、毛毯等）进行计划管理和供、产、销的综合平衡，把指令性的年度计划和长远计划下达省、市、自治区纺织工业厅、局。季度、月度的生产计划，则由地方负责安排。这些主要产品的品种、规格（例如棉纱的粗支纱、中支纱、细支纱的比例等），也由地方负责安排。

（二）对纺织原料实行归口管理、统一调配。包括：配合商业等部门，对棉花、羊毛、黄洋麻、苎麻、化纤等主要纺织原料，按照生产计划进行调度分配，其中羊毛、化纤主要由纺织工业部负责分配；会同外贸等部门，统一安排棉花、羊毛、黄麻、化纤和染化料的进口，并由纺织工业部把分配指标统一下达省、市、自治区纺织工业厅、局。

（三）统一组织纺织染、化纤设备的设计、制造和分配，并对纺织器材的产、供、销进行统一安排。

（四）对纺织工业各行各业的建设规模和主要建设项目进行计划管理，并直接管理某些重大建设项目，特别是新兴行业的重大建设项目的总体设计、引进设备技术、施工安装、竣工验收等工作。整个70年代直至80年代初，集中力量抓了上海石油化工总厂、辽阳石油化纤总公司、天津石油化纤厂、四川维尼纶厂、河南平顶山帘子布厂和江苏仪征化纤联合公司等大型化纤工业基地的建设。但棉、毛、麻、丝纺织厂的施工、安装等，纺织工业部不再直接管理，而全部交由省、市负责。

在棉、毛、麻、丝纺织企业隶属关系都在地方的情况下，纺织工业部对纺织加工各行各业的管理，还包括：生产、经营和建设的方针、政策；主要技术经济指标和需要在全行业范围进行评比考核的生产、技术、消耗、劳动等定额；主要产品的质量标准；技术政策和重大科研项目；重大的产品开发和产品结构调整；重大规章制度的统一制定；主要产品（棉纺织品、呢绒、毛针织品、毛毯、丝、绸缎、麻袋）的出口交货量；省、市、自治区之间的互帮互学活动；各行各业生产、技术、企业管理经验的交流；全国性的产品评比活动等。

三、中央部门对装备和原料工业直接控制的管理体制

自50年代以来，纺织工业部对于纺织机械、纺织器材和化纤工业，采取了不同于纺织加工各行各业的管理体制。

中国纺织机械行业，新中国成立后从小到大逐步发展，到1982年年末已拥有320个工厂；分别承担国家计划任务，或地区修配任务，职工人数达17

万人。拥有金属切削机床28800台，在工艺、产品等方面已形成自己的特色。纺织工业部从一开始，就对这个行业采取了"统筹规划，合理分工，专业生产，全国配套，统一分配"的方针。例如：上海第二纺织机械厂和山西经纬纺织机械厂专攻细纱机，郑州纺织机械厂专攻清花机、浆纱机，青岛纺织机械厂专攻梳棉机，上海中国纺织机械厂专攻织机等。同这样的生产组织方法相适应，多年来纺织工业部对这个行业大体上坚持了中央集中管理的体制：设纺织机械制造局（后来两度成立中国纺织机械工业总公司）直接管理骨干厂（从七、八个发展到二十多个，这些厂担负着90%的国家任务），实行"人、财、物、供、产、销、技术"的集中统一管理。并用一个骨干厂带一批协作厂的办法，把全行业一百几十个中小型地方厂组织了起来。由于组织程度较高，这个行业产、供、销和建设的计划性很强，发展一直比较顺当。从50年代到80年代初，仅棉纺全程设备一项，就已造出1900万锭左右；不仅解决了国内纺织工业发展的需要，而且已有185万锭用于援外建厂和出口外销。

旧中国纺织工业的机械设备，全部依赖国外。早在1950年，纺织工业部就把全系统的修配力量组织起来并筹建新厂，着手准备制造纺织机械。1951年年末，新中国第一套棉纺设备制造成功了，装备在西北国棉一厂，开创了用整套国产设备装备纺织工业的新局面。1952年7月，纺织工业部成立机械制造局；1953年3月，又决定将上海第二纺织机械厂、中国纺织机械厂、青岛纺织机械厂、郑州纺织机械厂、山西经纬纺织机械厂等7个骨干工厂划归纺织机械制造局。在这以后的30年间，纺织机械行业大体坚持适当集中的管理体制，但也曾有过两次折腾。第一次折腾是：1958年至1963年，在"大跃进"的形势下，一度认为纺织机械的全国大配套已不能适应纺织工业发展的需要，而主张各省、市自己制造成套纺织机械；相应地，把这个行业的骨干企业（当时是10个）下放到省、市。结果，国家对这个行业的计划指导被削弱，力量也被分散了，既影响整个纺织工业的发展，也影响纺织机械制造业自身的发展。1963年1月，纺织工业部向国务院提出报告，将1958年下放给地方的10个纺织机械厂和分公司，仍收归纺织机械制造局直接管理；接着，又在 1964 年成立了中国纺织机械工业总公司，成为当时国家试办的 12 个全国性公司之一。这个公司当时共有 24 个直属厂，职工 35600 人，金属切削机床 5600 台，担负全行业 90% 的国家计划任务。公司对直属企业实行产、供、销、人、财、物的集中统一管理，并对地方企业实行归口管理。试办托拉斯期间，这个行业的专业化协作有了很大发展，生产、经营的成绩相当显著。但这个公司只存在两三年的时间。在"文化大革命"初期，就被迫停办。于是，遇到第二次折腾：1970 年，又将这个行业的 24 个骨干厂全部下放给地方，结果把分散管理的严重教训又重复了一遍。直到 1979 年 2 月，经国务院批准，再度成立了中国纺织机械工业总公司。经过几次折腾，对于纺织机械行业宜于在全国范围集中统一管理并由纺织工业部门归口，人们认识比较一致了。

纺织机械行业重新组建起来的全国性总公司，已经显示出它的优越性。这个行业承担国家任务（全国配套）的工厂数为 179 个；其中，由纺织机械工业总公司直接管理的有 18 个大中型骨干厂。总公司对接受国家任务的地方企业也行使一定的管理权：包括安排生产任务，原材料供应和产销衔接、统一各种技术规范等等。现在，这个行业的生产和企业管理是比较上轨道的：各个企业的生产方向明确；设备制造与纺织工业的生产、建设紧密配合；产销数量衔接平衡；企业间生产分工比较合理；产品的标准化、通用化、系列化工作继续得到推进；出口外销能统一安排。在这样的管理体制下，这个行业正在迅速进步中。

纺织器材行业是为纺织生产服务的小行业，它的产品如纱管、梭子、梳棉针布、皮辊皮圈等，对于纺织工业稳定生产、提高效率、搞好质量品种、降低生产成本，都有重大影响。产品的大类品种有 200 多项，规格有 1 万多个。而且，加工技术相当复杂。解放前，纺织工业所需要的专用器材，80% 以上依靠进口。建国以来这个行业从几十个手工业作坊发展到 1982 年年末已有 254 个企业、7.5 万名职工，逐步做到纺织各行业所需的专用器材都立足于国内。70 年代以来，它的产品已进入国际市场。这个行业的工厂全部都是中小型企业，而且都是地方企业。在全行业 254 个企业中，纺织部系统的工厂为 141 个，系统外的工厂为 113 个。纺织工业部在物资局内设一个处级单位，对这个行业实行产、供、销和技术的集中统一管理。由于各个省、市、自治区不必也很难做到纺织器材的自给，同时考虑到专业化和协作的客观需要，纺织工业部对这个行业一直实行着三个统一：统一安排生产计划，统一供应原材料，统一平衡、分配产品。这种管理形式，不仅得到纺织器材行业各个工厂的拥护，而且得到省、市、自治区纺织工业厅（局）的普遍支持。

化纤行业，是 50 年代后期起步、60 年代以来逐步发展的新兴工业部门。1970 年前，大体采取中央投资的大中型厂由纺织工业部集中管理，地方兴办的中小型厂由地方管理的体制。1970 年以后，这个行业的企业隶属关系，绝大多数已划归地方。1982 年年末，这个行业有企业 108 个。其中骨干企业为 23 个，包括 6 个粘胶纤维厂、9 个煤化工的维尼纶厂、8 个石油化工的合成纤维厂。这 23 个骨干企业，都是集中全国财力、物力由中央拨款建起来的大中型企业；其主要原材料如石油、焦炭、木材是在全国范围调度的；其产品宜于中央统一分配。纺织工业部对化纤行业实行的管理体制是：对于生产厂，在企业隶属省、市、自治区的情况下，掌握了计划权和一定程度的"产、供、销"集中管理权。对于新建大中型企业（如上海石油化工总厂等四个大化纤厂），在建设阶段，从设计、引进设备技术、物资供应、施工安装到调试、竣工验收，都采取纺织工业部与有关省、市共同管理的体制。1983 年，国务院决定组建全国性的石油化工总公司，并已将上海石油化工总厂等 4 个大型石油化纤企业从纺织工业部划归该公司。在这以后，纺织工业部继续对本系统的骨干化纤企业实行集中程度较高的管理体制。实践证明，纺织工业部对化纤行业所实行的一定程度的集中统一管理，对于推进这个新兴行业的发展是很有必要的。

1979 年以后的几年间，纺织工业系统对于管理体制问题曾认真进行调查、研究。比较一致的意见是：建国后头 8 年所实行的集中程度较高的体制，基本上适合于当时的历史条件，对生产力的发展是起了重要作用的，有许多好的做法至今尚应采用。而 1958 年之后实行的企业全部划归省、市、自治区领导，纺织工业部负责全面规划、协作平衡、技术指导、督促检查，这样的管理体制，基本方向是对头的，应该坚持下去并进一步使之完善。当然，也有一些矛盾需要在今后的体制改革中研究解决。至于纺织机械、纺织器材和化纤行业，一直采取某种程度的集中统一管理，现在看来也比较恰当。

第三节　省、市、自治区和中心城市纺织工业管理体制的变化

在社会主义条件下，如何正确处理地方政府和工业企业的关系，也是纺织工业管理体制改革中面临的一个重大问题。

50年代前中期，在中央集权较多的情况下，许多地方党、政机关对纺织生产仍然是很关心的。那时，地方政府对国营纺织厂的领导与管理，主要是在政治工作和人事管理方面。特别是在组织劳动竞赛、评选劳动模范方面，不少地方搞得有声有色。上海、天津、青岛等老纺织工业基地在那个时期涌现的大批劳动模范，对推动纺织工业的生产、建设起了很大的作用。对于纺织工业生产、建设的计划指导和有关方针政策、技术标准等，各级地方政府主要是推动企业贯彻执行。当然，一些纺织工业比较发达的地区，地方政府对私营、公私合营纺织厂和手工纺织业的领导和管理，则是比较直接而又具体的。

1958年企业下放后，地方对纺织工业的管理体制有很大的变动。在几百个骨干企业隶属关系划归省、市、自治区，原来的华东、西北、西南、东北、中南等纺织管理局随之撤销的情况下，一些省、市、自治区或是专设纺织工业厅（局），或是由轻工业厅（局）归口管理全地区的纺织企业。开始几年一般都是由省、市、自治区厅（局）直接管理骨干厂，而对专区、市、县所属的纺织厂进行归口管理。后来，一部分省、市、自治区又把这些骨干企业层层下放到专区、市、县。省、市、自治区纺织厅（局）对专区、市、县所属企业的归口管理，大体如同纺织工业部对省、市、自治区纺织行业的办法。

从1958年到70年代中期，许多省、市、自治区对纺织工业的管理体制，仅仅在主管行政机关的分合和企业的上收下放方面作些调整。70年代后期才开始试验一些实质性的改革。因此，地方纺织工业系统现在还存在着多种类型的管理体制。

一、中心城市纺织工业管理体制的多种形式

上海、北京、天津等城市和一些纺织厂较多的省辖市，一般实行市纺织工业局（或市级公司）—专业公司（或总厂）—工厂的管理体制。市级主管单位，现在多数仍是属于行政管理机构性质的纺织工业局。一部分城市如天津、北京、常州等市的纺织工业系统，已成立向半企业性过渡的市级纺织工业公司。有些市级公司，与原来的市纺织工业局是一套机构、两块牌子。这个改革虽然跨的步子不大，但对加强全系统的经营管理和推进专业化协作，有一定作用。

改革步子跨得较大的，是建立企业性的市级纺织工业公司。如江苏省南京市，已在1979年建立了这样的市级公司，并作为国家经委的试点单位。工厂主要搞生产，公司主要抓经营。市公司对人、财、物和产、供、销进行部分的集中与统管，发挥统筹、协调、服务、监督的作用。其后的几年间，这个公司充分运用企业性公司的有利条件，安排好所属工厂的专业化和协作，解决了生产上织物后整理不配套的矛盾，建立了强有力的销售组织，不仅迅速推动了南京市纺织工业的发展，而且大大提高了对市场的应变能力。南京市的纺织产品，以前在省内没有什么地位。1980年后的几年间，先后有3个产品得到银质奖，15个产品被评为纺织工业部优质产品，23个产品被评为江苏省优质产品。湖北省沙市市，作为国务院批准的经济体制综合改革的试点城市之一，经过充分酝酿、准备，也已在1982年6月份将纺织工业局改为企业性的纺织工业公司。全公司拥有30个工厂，职工4.6万人，棉纺织设备29万锭，布机8200台，印染生产线17条，并拥有相当规模的针织、复制业。1982年，沙市纺织工业的总产值为8亿元，占全市工业总产值的60%以上。公司成立以后，以加强经销工作为突破口，迅速走上了生产经营型公司的路子。特别是对所属3家印染厂（连同与其配套的8家纺织厂）实行集中管理，统一经销，取得了较好的经济效益。

直到80年代初期，尚有一些中心城市（如上海市）的纺织工业基地，沿袭行政管理（设市纺织工业局）的体制。但为适应计划经济为主、市场调节

为辅的新形势，这些市级纺织工业局都采用了一些经济办法进行局部的改革。例如，以局为单位实行利润全额留成，在纺织工业局内设立经营部等。

至于中心城市的纺织工业局（或市级公司）如何管理市内几十个以至几百个工厂，也是纺织工业管理体制改革中一个需要认真探索的重要问题。上海、天津等市是通过设立一些专业公司来直接管理工厂，效果很好。上海市纺织工业系统，二十几年来几经演变，现在设棉纺、印染、一织、二织、毛麻、丝绸、针织、中被、线带、手帕、化纤、纺织机械等12个专业公司。每个专业公司所管的工厂，一般是四五十个。公司对工厂的业务领导、技术指导以至政治领导，都比较强有力。各个公司在本行业范围内推进专业化协作、技术改造、产品开发等，比较顺当。天津市设有棉纺、印染、织布、色织、针织、日用棉织品、毛纺、丝绸、化纤、器材等公司，其中办得较好的是作为国家经委试点单位的天津色织公司。这个公司在组建起来后，合理地调整了产品分工，做到了工厂产品专、公司产品全，全系统产品水平迅速上升，1979至1980两年，全国色织布行业评选出19个名牌产品，这个公司占了7个。全公司每年生产的5000多万米色织布中，出口的比重已达40%以上。有些纺织业较发达的省辖市，近年在体制改革中，也采取了市纺织工业局之下设若干专业公司的体制。现在看来，设专业公司管工厂，比单纯用行政办法管工厂是进了一大步。在一些工厂较多的中心城市，这样的管理体制看来将趋向定型。但一些工厂较少的市也按行业设一系列专业公司，公司的作用就不像上海那样明显。一个公司仅是管几个厂，就显得不是很必要。针对这个问题，纺织工业系统进行了这样的试验：中心城市的纺织工业局（或市级公司），如果所管的行业甚多而各个行业的工厂数目不多，就吸取工业发达国家一些办得很成功的大公司的经验，采取在市局或市公司内按行业设若干事业部的体制。采取这样的体制，既有利于加强各个行业的经营管理，又可以避免机构设置纷繁的现象，对于中小型纺织工业基地是比较合适的。

全国纺织工业系统现在除上海、天津、北京3大市外，有100来个省辖市纺织局；其中半数左右，是具有相当规模的纺织工业基地。这些中心城市纺织工业基地，工厂布局集中，协作条件较好，在开发新技术、新产品和发展高档纺织品、出口纺织品方面已经发挥着越来越显著的作用,生产、建设的经济效益也比较好。但在现行管理体制下,这些中心城市纺织工业基地的发展,受着部门界限、地区界限的很多束缚。80年代初,纺织工业系统在体制改革中,一些中心城市纺织工业基地在突破部门、地区界限方面作了很多探索,包括发展跨部门的"化纤生产—纺织染加工—服装加工"的一条龙协作,建立跨部门的科研、生产联合体,开展工商、工贸之间对某些重要产品的联合经营,发展跨地区的生产协作和联合经营,等等。例如,上海纺织工业系统在1982年用不到3个月的时间,相继组建成了3个松散的联合体:工贸联营的"腈纶针织品联合体"、纺织工业内部的"灯芯绒生产协调小组"和"衬衫联合体"。上海腈纶针织品联合体,是在上海腈纶产品销路不畅、濒临减产的形势下建立起来的。它是以工业为主体、外贸机构参与的松散联合组织。其成员为:针织公司及其所属工厂,专门生产腈纶纱的上海第十七棉纺织厂,上海丝绸进出口公司。由这些成员单位的经理、厂长组成委员会,统一安排国内外贸易计划,进行市场调研和预测,安排新产品开发和技术改造、工艺改革等,使生产与流通紧密结合。衬衫联合体,是以新光内衣染织厂(生产名牌货"上海牌"衬衫的老厂)为主体的6家纺织工业系统的服装工厂组成。这些松散的经济联合体,对于改善经营的作用十分明显;阻力小,组合快,见效也快。大连市在1981年组织的纺织染科研生产联合体,也是值得注意的新事物。其成员包括纺织、化工2个工业局,4个纺织、化纤、化工研究所,9个纺织、印染厂,6个化工厂,2个高等院校,共23个单位。由参加单位组成理事会,作为领导、决策机构。联合体围绕产品开发,发展品种花色,提高产品质量等目标,开展了染料、印染工艺、后整理助剂、化纤新品种等方面的研究。研究成果归联合体所有,经济收益在协作单位之间合理分配。这个联合体组建以来,已在科研与生产相结合方面,显示出优越性。

二、省和自治区纺织工业管理的几种形式

中国各省和自治区的纺织工业管理体制,多数是实行省级厅(局)—专区、市级局(或公司)—工厂的体制;少数是实行省级厅(局)、公司直接

管理大中型骨干厂,而由专区、市级工业部门管理中小企业的体制。细分起来,有四种管理形式:

(一)省、自治区级纺织工业厅(局)只管计划、规划、方针、政策和业务指导,而由专区、市、县把所属的企业管起来。江苏省就是采取这个做法。由于该省一些大中型纺织厂的前身都是私营厂,建国以来实际上一直实行这种体制。无锡、常州、南通、苏州四个市的纺织业,在这样的管理体制下发展得很好。但是,一些散处在各专区和县的企业由当地行政机关分散管理,组织程度低,经济效果差。

在省级纺织工业厅(局)不直接管厂的情况下,如何解决专区、县属纺织厂由于缺乏组织而引起的盲目发展、经济效益很差的问题?江苏等省在80年代初曾采取组建专区纺织工业公司的办法,来归口管理专区、县属纺织厂,工厂的隶属关系不变。公司统筹管理产、供、销和抓技术工作、企业管理工作。虽然跨的步子不大,但比原来的专区、县两级行政机关各自管理少量纺织厂,是进了一步。四川南充地区跨的步子较大,在1982年组建起打破专区、市、县界限的企业性的纺织工业公司。原归南充专区、南充地区各县和南充市管辖的纺织厂,在取得各自主管部门同意之后,可自愿参加这个联合程度较高的公司。这样的改革,看来更符合经济发展的需要。1983年,江苏等省实行了市领导县的行政体制改革;在这种情况下,对专区和市属纺织企业做到了统一领导,但如何把县办厂以至乡镇企业组织起来,仍然是一个尚待解决的问题。

(二)省、自治区一级纺织工业厅(局)或公司,直接管理大中型工厂;专区、市、县则主要管理中小型企业。陕西省纺织工业系统,从1979年10月起实行这种管理体制。这个省的大中型纺织厂,主要是50年代以来由中央投资兴办的,布局集中在西安、咸阳和西起宝鸡、东至渭南的陇海铁路沿线。由于这两个因素,多年来大体是实行以省纺织工业局为主的集中程度较高的管理体制。1964年,在纺织工业部的安排下,该省曾试办过托拉斯式的陕西省棉纺织公司。十年动乱期间,这个公司被撤销,西安"纺织城"和咸阳纺织工业基地的一些大中型厂分为省属、市属两块,结果经营管理很不合理,生产受到影响。1979年，经省批准正式组建了陕西省纺织工业公司（保留省纺织工业局这块牌子）。省公司直接管理24个大中型工厂和11个事业单位，"人、财、物、产、供、销、党、政、群"九统一。公司实行独立的经济核算，统负盈亏，统一对国家和协作单位承担经济责任。同时，对专区、市、县的纺织厂进行归口管理。实行这个新的管理体制以来，陕西省纺织工业系统在生产、建设、经营方面进行了一系列合理的调整、改革，效果是好的。继陕西省之后，河北省纺织工业的主体部分也改而采取这个管理体制。1982年年底，在省纺织工业总公司之下，设"河北省棉纺织印染公司"，对全省二十五个棉纺织印染骨干厂实行统一管理。

（三）省级成立纺织工业总公司，与省纺织工业局一套机构、两块牌子。总公司对各省辖市的纺织工业公司和企业实行双重领导，而以市领导为主；并以省纺织工业局的名义对县属纺织厂实行归口管理。总公司除保留必要的行政管理外，更多地采用经济手段管理省辖市纺织工业公司和归口企业。辽宁省就是采用这种管理体制。

（四）省和专区、市、县，实行哪一级投资建的厂归哪一级管的体制。如湖北省，由省纺织工业局直接管理由中央和省投资的在沙市、黄石、宜昌市和孝感、襄樊等地区的一些大中型厂，而由沙市、襄樊等市纺织工业局管理市属厂。采取这样的管理体制，既是从财政的角度考虑问题，也是为了使省纺织工业局有可能在全省范围统一调度一部分棉纱。但存在不少矛盾。如沙市市，在1982年组建起打破行政区划界线的公司之前，就是由于存在省属厂、市属厂分割的局面，生产、建设的安排有很多不够经济合理之处。

省和自治区以及专区、市、县各级对纺织工业如何管理，迄今尚无统一的意见。看来，一是不能也不必一刀切，无论省和自治区一级，或是专区、市、县各级，管理体制的设置都应该从各地实际情况出发，允许有几种做法并存。二是要从有利于生产、建设和提高经济效益出发，大力倡导和办好一些已经看准了的事情。包括提高工业组织程度，从单纯用行政办法过渡到主要用经济办法管理工业，发展以中心城市为依托的跨地区的经济联合体，等等。

第四节　对纺织工业现行管理体制的评价和进一步改革的探索

党的十一届三中全会以来，在纺织工业迅速发展，搞活经济，对外开放，扩大企业自主权的新形势下，纺织工业的管理体制正在经受新的检验。这几年的实践证明，它基本上适应生产力发展的要求，同时也暴露了一些矛盾，需要在今后经济体制改革中研究解决。

纺织工业部对纺织加工各行各业的现行管理体制，大体上是1958年下放企业时所明确的"纺织工业部负责全面规划、协作平衡、技术指导、督促检查"的体制。其基本特征是：在企业隶属关系全部归省、市、自治区的情况下，坚持国家计划的指导作用和方针政策的领导，负责主要原材料的调配和设备、器材的制造、分配。二十几年来，在这样的管理体制下，纺织工业的生产、建设是比较顺当的，多数企业的管理是比较上轨道的。

第一，像纺织工业这样生产规模很大、企业量多面广、宜于就近组织生产协作（纺、织、染、整的协作）和取得原料资源的工业部门，实行企业隶属关系归地区的管理体制，是比较适当的。二十几年来的实践已经证明，实行这样的管理体制，能使各个省、市、自治区在地区范围内统筹规划、组织协作，并能从本地区的实际出发安排纺织工业的生产、建设；更重要的是，各个省、市、自治区能从发展纺织工业中得到很多经济利益，因而大大调动了地方办纺织工业的积极性。近年一些省、市、自治区积极推进棉、毛、麻、丝、化纤原料的生产，积极筹措纺织厂的建设资金，都是跟这样的管理体制有关的。

第二，作为一个实行计划经济的社会主义国家，企业隶属关系的下放，企业自主权的扩大，都不应该导致计划指导作用的削弱。纺织工业部在1958年下放企业后，仍然掌握了主要行业生产的计划权和生产能力的控制权，在这方面充分发挥了行业（部门）管理的作用。这样把大的方面管住，不仅不妨碍地方从纺织工业得到经济利益，而且正是使地方的经济利益得到了可靠保证。

第三，纺织工业部在贯彻计划经济原则方面，并不仅是一纸命令，而是有主要原材料（棉、毛、麻、丝、化纤、染化料）的统一调配作指令性生产计划的后盾的。纺织工业部始终没有放过这个权；事实上如果没有国务院有关部、委对纺织原料的统筹调度，要安排好全国各省、市、自治区纺织业的生产将是很困难的。

第四，纺织工业部直接抓纺织机械的设计、制造并掌握其分配权，这更是在扩大再生产方面进行计划管理的强大后盾。正由于抓住了这一关键环节，在70年代中央计划指导作用一度受到严重削弱的情况下，纺织工业部对纺织系统的基本建设（至少是大中型企业的建设）大体尚能控制。

总之，纺织工业部对纺织加工各行各业的管理体制，基本方面是适当的，但也存在一些矛盾需要研究、解决。在进行社会主义现代化建设的新的历史时期，必然会不断有所发展、有所改革。现在已经可以看出的改革趋向，主要是：

一、通过充分发挥中心城市的作用，提高工业的组织程度

充分发挥全国各地现有的四五十个纺织工业基地的作用，使之形成各种类型、各具特色的纺织工业中心，并在国家统一计划下，由纺织工业中心进行统一规划与管理，按工艺专门化或产品一条龙的原则组建若干生产经营一体化的专业公司，将各地区的纺织工厂进一步组织起来。

纺织工业中心组织协作的地域范围，以经济合理为原则。从纺织工业系统组织产、供、销和纺、织、染之间协作的历史经验看，其距离半径以不超过150—200公里（火车、汽车3—4小时行程）为宜。原则上，要把这一地域范围内的所有纺织工厂都组织起来。市属、县属的厂宜由纺织工业中心直接管理。区、乡镇、街道办的小纺织厂，在统一规划的前提下，宜由纺织工业中心采取经济协作的方式，例如加工订货、发展承包生产任务等，实行间接管理。

这里，特别是要解决好县办纺织企业的行业管理的问题。现在全国县属纺织企业已有三千几百个，而且还有继续发展之势。在现行管理体制之下，绝大部分县属纺织厂是分散管理的。这些散处各个县的纺织厂，得不到上级

单位强有力的业务领导，技术水平、管理水平很难提高；而且，生产、建设往往脱离计划轨道。现在看来，在实行市领导县体制的地区，宜设立以中心城市为依托、用经济办法将市、县纺织工厂逐步都组织起来的公司。仍保留专署的地区，也宜在地区范围组建纺织工业公司。在一个专区或市的范围内，如果大大小小的县办纺织厂有几十个，就应考虑在中心城市建立纺织工业公司加以管理，将县办纺织厂收编进来；但要照顾县的经济利益。用这个办法，提高整个纺织工业的组织程度，做到在全系统把坚持计划管理和搞活经济更好地统一起来。

二、打破地区、部门的界限，发展多种多样的横向经济联系

发展地区之间的经济联系，就纺织工业系统的实际情况看，需要大力倡导的，是内地纺织原料产地与沿海老纺织工业基地的经济合作。例如，为了把西北地区的羊毛、山羊绒资源利用好，应该大力推进西北各个省、自治区与京、津、沪纺织工业的经济合作。

利用老基地在技术和经营方面的优势，利用内地新基地较为有利的建厂条件或扩大再生产的条件，开展新老纺织工业基地之间的经济联合，也要大力提倡。1982 年组建的沪皖联合纺织开发公司，在这方面开了个好头。在一个省的范围内，同样有这个必要。80 年代初，常州市纺织工业系统著名的"灯芯绒一条龙"，已从本市范围发展到苏北和苏南其他地区的一些棉织厂，生产、经营越来越兴旺。这种围绕名牌、重点产品的跨地区的联合，是当前最需要倡导的。

当然，还应该提倡，经济不够发达，但可以互为补充的各个地区间的平等互利的经济、技术协作。例如，西北地区陕西、甘肃、新疆、宁夏、青海的毛纺织行业，如果能组建跨地区的联合开发公司，那就是很理想的。

至于纺织工业部门与其他部门的经济联合，主要是要解决好纺织工业与商业、外贸等流通领域各部门的协调、结合问题。近几年来，各方面已在探索解决这个问题的路子。到 80 年代初，除了国务院直接推动组建的工、商、贸合一的中国丝绸公司外，纺织工业系统在这方面的试验有：上海线带公司

的工商合一，上海手帕公司的工贸合一，广州绢麻纺织厂由省政府授权的直接进行对外贸易，青岛市8家工厂联合起来组织的青岛纺织品联合进出口公司等。其中组建较早的上海线带公司，已取得显著成效，使这个一度陷于困境的小行业又得到了发展。上海手帕公司有15个工厂，5000余名职工。1982年年初成立工贸联合经营的手帕公司后，由公司统一组织管理全市手帕生产和有关进出口业务，并经营外省、市生产的手帕出口业务。公司隶属上海市纺织局，在对外贸易的方针政策、业务活动方面，接受中国纺织品进出口总公司和上海市外贸局的指导，工贸结合，产销见面，调度灵活，提高了产品在国际市场的竞争能力和应变能力。广州绢麻纺织厂于1981年冬开始直接经营出口业务，效果十分显著。出口换汇总额，从1981年的233万美元迅速上升为1982年的747万美元；1983年进一步上升为一千几百万美元，又比1982年增加了一倍。青岛纺织品联合进出口公司，在1982年4月正式成立，成员厂8个，其中有棉纺织厂、印染厂、针织厂、棉织厂、服装厂。实行工贸结合后，公司的各个成员厂及时了解国际市场动态，根据市场需要不断改进品种、花色、款式；仅经过一年半的时间，到1982年年末，全公司经营的出口纺织品，就已有50%是新品种。因而，在国际市场很不景气的情况下，做到出口规模有所扩大，并维持了较低的换汇成本。

1983年，根据国务院的指示，在国家经济体制改革委员会、国家经济委员会的支持下，纺织部与商业部协商一致，开始了更大的改革探索：在北京、天津、江苏3省、市，进行纺织品产、销结合的试验，将经营纺织品批发业务的机构划归纺织工业部门统一领导。武汉市和黑龙江省，经当地政府决定，也在这一年试行纺织品产销一体化。工商双方密切配合，共同分析市场，共同组织力量进行推销，共同研究产品品种、花色，共同安排生产，显示了产销结合的许多好处。

现在看来，发展工商、工贸的经济联合，既可以搞些工、商、贸一体化的公司，也可以搞些松散的联营组织。从经营一类产品（例如上海市工贸联营的"腈纶针织产品联合体"）、一项原料资源（例如兔毛、山羊绒、苎麻）的开发、利用搞起，取得成效后再逐步扩展。

发展横向联系,打破地区、部门界限开展多方面的经济联合,这项改革难度较大,阻力也较大,必须作许多同步的改革。

三、逐步改变单纯行政办法的管理体制,转向以计划经济为主、市场调节为辅、经济办法与行政办法相结合的体制

用经济办法管理经济,首先是要组建企业性的公司。这个问题实际上早在 60 年代前期就提出来了。当时纺织工业系统试办了 3 个托拉斯性质的工业公司:全国性的纺织机械工业总公司,地区性的陕西棉纺织公司和武汉市针棉织工业公司。可惜的是,这项改革在十年内乱期间夭折了。70 年代后期在经济体制改革中,重新开始了这一进程。

从 1979 年到 1982 年的 4 年间,先后由省市和国家经济委员会安排试办的企业性、半企业性公司,已经有相当数量。这些公司组建在经济体制改革的初期阶段,因而在许多问题上带有试验的性质。虽然如此,在实践中已显示出优越性:责权利的统一,促使企业和职工更加注意搞好生产、经营,为加强经营创造了条件;能在全行业范围合理地安排技术改造;有利于在全行业进行生产改组,推行专业化与协作。

在纺织工业的生产、建设、经营中发挥经济杠杆的作用,是用经济办法管理经济的另一重要问题。50 年代以来,纺织工业系统在这个问题上跨的步子不大。这是因为:在许多年里,纺织品的价格是固定不变的,不能体现优质优价和经营好坏(交货期、起订量、适销对路)等重要因素;而且,在许多年里(特别是 70 年代),各类纺织品的比价关系曾经严重背离价值。在这样的情况下,企业的利润水平、投资效果和出口产品换汇成本等,不能完全反映出企业生产、经营的实际成绩;税收、银行信贷等经济杠杆的作用范围也是有限的。历史经验说明:按照经济规律办事,做到纺织产品的比价合理化和优质优价,并发挥税收、信贷等经济杠杆的作用,是纺织工业管理体制改革中必须解决好的一个重要问题。

这样说,并不是贬低,更不是取消行政手段。命令、指示、规章、制度等行政手段,在任何类型的经济管理中都是不可缺少的。在建立各种经济组

织，运用经济手段来管好纺织工业的同时必须坚持一些必要的行政手段：对化纤、棉纱、棉布等重要产品实行指令性计划；对各行各业生产能力的计划控制和主要建设项目的审批；各种经济法规如专利法、商标法、经济合同法的监督执行；各种统一的技术规范如产品质量标准、操作规程、环保条例、劳保条例、安全制度的监督执行。历史经验说明，为保证纺织工业的健康发展，还需要补充一些行政法规，如：纺织工业各行各业的设厂标准、纺织工业各行各业的经营标准等。

第六章
轻工业管理体制的改革

第一节 轻工业的基本情况

一、轻工业是国民经济中的一个重要部门

中国是世界文明古国之一,手工业源远流长,现代化轻工业也有一定基础。有些轻工业(手工业)品的历史可追溯到几千年以前。中国的彩陶工艺、海水煮盐始于距今6000多年的新石器时代晚期。四五千年前,就发展了缝纫、陶瓷等手工业。在3000多年前的商代,青铜器等手工业已相当发达。1800多年前,中国发明了造纸法。但是,由于旧中国长期受封建主义统治,加以19世纪中叶以来,饱受帝国主义掠夺和摧残,所以近代轻工业起步较晚,而且发展缓慢。直到1949年新中国成立以后,在中国共产党和人民政府的领导下,轻工业才得到迅速的发展与提高。

目前,属于轻工业部归口管理的主要行业有:造纸、制盐、制糖、卷烟、自行车、缝纫机、钟表、日用搪瓷、日用陶瓷、日用玻璃制品、感光材料、灯泡与灯具、干电池、三胶(骨胶、皮胶、明胶)、洗涤用品、香料香精及化妆品、牙膏、火柴、油墨、打字机、制笔、酿酒、发酵(味精、柠檬酸)、罐头、乳制品及代乳品、饮料、糖果及其他食品、塑料制品、皮革毛皮及制品、服装鞋帽、工艺美术品、地毯、玩具、日用五金制品、日用精铝制品、工具和建筑五金制品、家用电器、文教用品、体育用品、家具、竹藤棕草制品、日用杂品、衡器、轻工业机械等40多个,企业共7.3万多家,职工1200多万人。

轻工业在国民经济中有重要的地位和作用。它主要生产消费资料,也生产部分生产资料;既要努力满足国内城乡人民生活日益增长的需要,又要为国家

发展对外贸易提供适销对路尽可能多的出口产品;既负有建设社会主义物质文明的重任,又负有建设社会主义精神文明的责任。1982年轻工业部系统轻工业产值占全国工业总产值的20.1%;为城乡人民提供的轻工业产品占全国消费品零售总额的31.5%;为工业农业服务的产品占轻工业产值的23.8%;出口产品换汇额占全国外贸出口换汇总额的20.8%;为国家提供税利占国家财政收入的22.1%。

二、轻工业、手工业方面中央管理机构的变迁及行业归属的变化

新中国成立30多年来,中央主管全国轻工业、手工业的机构,合了分,分了又合,从1949年到1978年,大的变动达10次之多。所辖行业归属也发生过多次变动。

1949年11月,根据中央人民政府决定,先后分别成立了轻工业部、食品工业部和中央合作事业管理局(和全国合作总社合署办公)。1950年12月,中央决定撤销食品工业部,其所辖制糖、卷烟、酿酒、油脂等行业划归轻工业部管理,水产加工划归农业部,粮食加工划归粮食部。1952年7月,中央人民政府决定将财政部盐务总局所辖制盐行业,划归轻工业部管理,1954年4月又决定将商业部的中国盐业公司并入轻工业部。1954年11月,成立中央手工业管理局和地方工业部,轻工业部所辖地方工业划归地方工业部管理。随着手工业生产的发展,合作组织的壮大,手工业合作社与供销合作社于1955年正式分开,单独建立了全国手工业合作总社,与中央手工业管理局合署办公,主管全国手工业合作事业。1956年5月,又撤销地方工业部,有关地方工业划归轻工业部管理,同时将轻工业部管理的食品行业划出,重新成立食品工业部,并将医药、橡胶行业从轻工业部划归化工部管理。1958年2月,轻工业部与食品工业部第二次合并,同时国家决定将手表、照相机行业由机械部门划归轻工业部管理。1960年,轻工业部又将食用油脂划归粮食部管理。

1958年5月,中央手工业管理局与轻工业部合并,而全国手工业合作社总社与轻工业部仍为两个机构。1959年,根据中央关于重新建立手工业管理

机构的指示,在轻工业部内重新设立手工业管理总局,在各省、市、自治区,以及专署和县,也相应地建立手工业专管机构。1961年10月,又决定恢复中央手工业管理局,并从轻工业部划出,作为国务院的直属机构。1965年2月,中央决定撤销中央手工业管理局,成立第二轻工业部,与全国手工业合作总社合署办公,并将原轻工业部改为第一轻工业部,两部按行业分工进行管理,1964年、1965年,国家计划委员会和国家经济委员会决定,将造纸、制糖、制盐、卷烟、制革等17个行业的专用设备制造由第一机械工业部划归第一轻工业部归口管理。1965年,照相机行业由轻工业部划归第一机械工业部管理。1969年3月,国务院业务组决定灯泡行业由第四机械工业部划归第一轻工业部管理。

1970年4月,中央决定将第一轻工业部、第二轻工业部、纺织工业部合并为新的轻工业部。到1978年1月,中央又决定分为轻工业、纺织工业两个部。同年10月,国家计划委员会同意将家用电器行业划归轻工业部管理。1979年10月,国家计划委员会同意将生产中小农具所需废次钢材、边角料的供应由轻工业部划归农业部管理,其生产任务由地方社队企业管理部门安排。

由于轻工业、手工业中央主管机构的变动过于频繁,使轻工业管理体制的完善受到一定影响。

三、轻工业管理体制上的几个主要特点

轻工业有许多特点,诸如投资少、见效快、提供积累多、出口换汇多、能源消耗少、吸收劳动力多等等。管理体制的特点,主要有:

(一)地方企业多、中小企业多。据1982年年底的统计,在7.3万多个轻工业企业中,直属轻工业部的企业只有30多个,产值仅占轻工业总产值的0.4%,地方企业占99.6%;大型企业也只有172个,产值也不到总产值的10%,中小企业产值占90%以上。这一特点就决定了轻工业管理体制适宜于小集中、大分散,以地方为主。对于烟、盐、酒等高税产品,应集中管理,或实行专卖。中央的轻工业管理部门,除了直接管理有关经济全局的少数骨干企业外,主要任务是提出指导方针,制订工作规划,协调组织全国的轻工

业生产，搞好行业归口管理，为地方和企业服务。

（二）多种经济形式并存，集体经济比重大。轻工业部系统的企业，存在着多种经济成分。按1982年轻工业产值计算，全民所有制企业占57.6%，集体所有制企业占41.4%，全民与集体合营的企业、中外合资经营的企业、集体与个人合营的企业及其他企业占1%。集体所有制企业的产值所占比重是不小的，而企业数目则更多，约占轻工业企业总数的83%，其中主要是在手工业合作化基础上演变而来的第二轻工业集体所有制企业。在考虑轻工业管理体制时，应当充分注意集体所有制企业的特点，不能都照搬国营工业企业的管理办法。

（三）轻工业与农业、重工业关系密切。轻工业的原材料主要来自农业和重工业（冶金、化工）。以这两类原料划分的产值构成比例，"一五"期间大体为7:3（农7工3），以后随着以工业品为原料的行业的发展，以及以农产品为主要原料的造纸工业和食品工业发展不快，两者之间比例发生了变化，现在大体是各占一半。实践证明，原材料来源及供应状况，对轻工业发展关系极大，这是考虑轻工业管理体制中一个十分重要的问题，一方面，轻工业原材料主要依靠农业、重工业部门按照生产需要提供，另一方面，轻工业部门和企业自己管一部分专用原料，也是至关重要的。轻工业不能搞"无米之炊"，特别是以农副产品为原料的行业，要把原料基地建设当作生产的"第一车间"来抓。

（四）轻工业专业设备门类多，适宜于专业定点制造。轻工业行业多，产品多，所需专业设备数以千万计，门类多而批量又小，搞不好就会影响轻工业的发展。因此，轻工业所需的各种专用设备，适宜于专业定点制造。

第二节　1949至1957年期间的轻工业管理体制

一、三年恢复时期按经济成分实行分类管理

在经济恢复时期，轻工业部门归口管理的行业主要存在三种经济成分，即国营经济、资本主义经济和个体手工业经济。1950年11月，中央轻工业部在对各地编制轻工业1951年生产计划的通知中认为，轻工业的特点是：种类

复杂，厂数众多，分布地区广，私营工业占绝对多数，生产能力及产销情况无正确统计，同业间缺乏紧密的联系，公营工业也因大都属于地方经营性质，在过渡时期的领导不易集中。针对上述特点，需要按照经济成分实行分类管理。

（一）对国营工业的管理。解放初，在陆续接管敌伪和官僚资产阶级企业的基础上，逐步建立起国营轻工业工厂。虽然比重不大，但各级轻工业部门十分重视对这些工厂的领导和管理。当时普遍进行了民主改革，成立工厂管理委员会，依靠职工群众实行民主管理。在一些国营盐场，通过民主改革，废除了压迫剥削工人群众的封建把头制。在生产组织上，学习苏联对国营企业实行计划管理的经验，开始编制生产财务计划，以后又增加了技术组织措施计划。在经营管理方法上，逐步建立和健全经济核算制度，根据当时东北地区的经验，在这一方面主要抓了七项工作：（1）认真而严格地登记企业的资财与清理仓库；（2）开展群众性的反浪费斗争；（3）开展创造生产新纪录运动；（4）制订合理的新定额；（5）实行成本管理；（6）改行新的工资制度；（7）建立生产责任制。

（二）对私营工业的管理。国民经济恢复时期，在当时的5个工业部中，轻工业部和食品工业部所管行业的私营经济比重是最大的。据调查，在当时轻工业部归口管理的行业中，私营工厂的比重大约占80%—90%。因此，人民政府把轻工业恢复与调整的重点放在私营企业方面，通过工商行政、税务、商业等部门会商确定计划和加工订货办法进行管理。加工订货既是调整工商业的一项重要内容，也是对资本主义工业利用、限制、改造的一种形式，自然会遇到某些不愿接受限制、改造的资本家的反限制活动。这在1950年，多数轻工业产品供过于求的情况下，已经有所表现，到1951年，当市场销售情况好转后，不少资本家更不愿意接受加工订货，总想摆脱人民政府对他们的限制，追逐自由市场的厚利，在上海市，甚至发生了由个别工厂拒绝接受加工订货发展到全行业联合起来抵制加工订货的事例。在这种情况下，政府有关部门采取措施，加强对加工订货的组织和管理。这些措施是：

1. 积极组织国营工厂参加同业公会。通过他们在执行生产计划、贯彻原材料消耗标准和实施产品规格、质量标准方面起带头作用。

2. 在各级人民政府的统一领导下，组织工业、贸易（商业）、劳动、工商行政管理等有关部门和同业公会、产业工会等单位的代表，成立加工订货审核小组，负责审核加工订货计划，合理分配加工订货任务，督促检查各项合同的执行情况。

3. 通过私营企业增产节约委员会中的劳方代表监督资本家如实核算工本，严格执行加工合同。

当时，限制和反限制的斗争是很激烈的。资本主义工业不利于国计民生的一面给国家和人民造成不少危害，其中最恶劣的是：在承制中国人民志愿军的食品、服装和其他军需品时，用臭肉代替好肉做罐头，用坏蛋代替好蛋制蛋粉，用污秽的烂棉花做急救包，等等。这些不法行为引起了全国人民的无比愤怒。1952年上半年开展了"三反"、"五反"运动，同不法资本家进行了斗争，打击了他们的"五毒"行为。

（三）对手工业的指导和扶植。以私有制为基础的个体手工业，经济条件很不稳定。解放初期，各地手工业劳动者大多数处在极其困难的地位，当时，各地人民政府做了许多工作，组织与扶植手工业发展生产。1950年6月，政务院发布了关于救济失业工人的指示和救济失业工人的暂行办法，使许多失业的手工业工人得到了就业。各地人民政府还在安排加工订货任务、银行贷款以及缓征或免征税收上照顾手工业劳动者。同时，从收购产品入手，采取发原料、收成品的办法，引导个体手工业者联合起来，试办少数合作社。到1952年年底，在全国700多万手工业的专业人员中，已有22.8万人参加了各种手工业合作组织，占手工业从业人数的3.1%，产值2.5亿元。

二、第一个五年计划期间，对轻工业实行分级管理，对手工业按集体所有制管理

在旧中国遭到严重破坏的轻工业，经过短短的三年恢复和发展，到1952年年底生产已经达到历史上的最高水平。从1953年开始执行第一个五年计划。全国轻工业系统广大职工在党中央和人民政府领导下，认真贯彻执行党

在过渡时期的总路线，基本上完成了对资本主义轻工业和个体手工业的社会主义改造。与此同时，进行了一批重点项目的基本建设。这5年，生产发展比较快，经济效果比较好，轻工业生产每年平均增长14.3%，利润税金平均每年增长30.8%，社会商品零售总额平均每年增长11.4%。轻工业的发展同社会购买力的增长基本上是适应的，市场繁荣，物价稳定。

第一个五年计划期间，国家对轻工业的管理，和经济恢复时期相比，有了一些变化。手工业仍归手工业系统领导和管理，对轻工业则实行分级管理的办法。

（一）轻工业部、食品工业部直接管理一批骨干企业。1952年以前，轻工业部直属企业很少，除了直接管理华北地区少数国营造纸厂外，绝大部分轻工业企业，分别由各大行政区工业部轻工业局和各省、市工业厅局管理。1952年11月，根据中央人民政府《关于改变大行政区人民政府（军政委员会）机构与任务的决定》，原由各大区管理的轻工业企业，交给轻工业部领导。到1956年，轻工业部和食品工业部共管直属企业130多个。其中，造纸厂47个，产量占全国的66%；制糖行业，轻工业部直接领导广东糖业公司和广西、云南、内蒙古等主要产糖区的糖业管理机构，还管理广东省东莞、顺德、市头、紫坭、南海、中山及内蒙包头等千吨以上的大型糖厂；制盐行业，1954年至1957年，由轻工业部实行生产、销售、征税、运输统一管理，当时轻工业部盐务总局直属盐场的产量，占全国总产量的70%以上，运销业务控制了90%左右，产销基本平衡，市场稳定；卷烟行业，1953年至1957年，在解放初期实行烟酒专卖的基础上，重点企业归由轻工业部直接管理。

在直接管理一批骨干企业的同时，轻工业部还统管主要行业的发展规划和大中型项目的基本建设工作。第一个五年计划的基本建设，轻工业是以造纸、制糖为重点。轻工业部系统国家预算内投资为12.56亿元，其中造纸占30.2%，制糖占32.6%，制盐占6%。这几个主要行业的大中型项目的基本建设，都是由轻工业部有关司局统一组织的。这样做的好处是统一规划，集中使用财力、物力，保证了重点工程的需要，避免了重复盲目建设。在第一个五年计划期间，轻工业部系统共建成大中型项目74个，包括国家的156项重点工程中的佳木斯纸厂。新增生产能力有：纸及纸板 25 万吨，机制糖 62 万吨，卷烟 7.9 万箱，自行车 50 万辆，缝纫机 7.4 万架，皮革 24 万张。还开始发展了手表、照相机、感光胶片等新兴行业和新产品。第一个五年计划期间建设的这批大中型项目，对改变旧中国的轻工业落后面貌起了重要作用，至今也仍然是轻工业生产的骨干企业。

当时，轻工业部直接管理一批骨干企业，也逐渐暴露出一些弊病，主要是企业税利全部上交中央，地方积极性不高；工厂远离主管部、局，管理有所不便，临时发生问题解决不及时，特别是那些以农副产品为原料的企业，离开地方政府的支持，困难就更大。

（二）各地轻工业部门管理众多的轻工业企业。轻工业行业多，联系面广，地方性强。根据这个特点，1954 年前，由轻工业部归口管理地方轻工业企业。1954 年至 1956 年，国务院设立地方工业部，归口管理地方工业，但不直接管理企业，地方轻工业企业由各级地方工业（轻工）部门管理。当时轻工业部和地方工业部对地方工业管理的主要任务是：

1. 领导私营工厂的社会主义改造。1954 年 1 月，中共中央批转《中财委一九五四年扩展公私合营工业计划会议的报告》和《中财委关于有步骤地将有十个工人以上的资本主义工业基本上改造为公私合营企业的意见》。根据中央指示的精神，在大部分私营轻工业企业实行加工订货的基础上，陆续扩展了公私合营工作。据 1954 年年底的统计，上海市的造纸、搪瓷、热水瓶等三个行业，实行公私合营的产值，占这三个行业总产值的 1/3 左右。天津市有 26 家私营轻工业企业实行了公私合营。当时，从生产发展和经济效益上看，合营与非合营的成了鲜明对比。上海江南造纸厂等几个私营企业，合营前生产亏损，合营后很快扭转了亏损；上海搪瓷行业，原来生产条件就比较好的 5 家工厂，实行公私合营后，生产面貌进一步改观，而未合营的 18 家工厂，则有 14 家生产发生困难，产品滞销。面对这种形势，许多资本家表示愿意走向公私合营。1955 年 4 月，中共中央批转国务院《关于扩展公私合营工业计划会议和关于召开私营工商业问题座谈会的报告》，根据报告提出的个别合营与按行业改造相结合的办法，轻工业私营企业，开始了全行业公私合营。1955

年，上海市实行全行业公私合营的有卷烟、造纸、搪瓷等8个行业；天津有造纸等4个行业；北京有面粉等4个行业。1955年12月，《中国农村的社会主义高潮》一书出版，毛泽东同志写了序言和按语，他指出，资本主义工商业的社会主义改造，也应当提早一些时候去完成。据此，各地都加快了全行业公私合营的进程。北京市采取群众运动的办法，在1956年年初，只用了10天时间就在全市推行了全行业公私合营，到同年3月底，全国基本上实行了全行业公私合营，实现了马克思和列宁曾经设想过的对资产阶级的和平赎买，这是一个伟大的历史胜利。但是，这项工作由于过急过快，致使有些事情当时该做而没有来得及做。在全面实行全行业的公私合营以后，地方工业部改组为轻工业部，根据中央的指示，依靠和协助地方和企业，做了许多工作，主要是组织开展清产核资工作，妥善安排人员，组织专业公司，进行行业改组和工厂改革等工作。

2. 对地方轻工业企业提出指导方针，进行计划管理，技术指导，组织产销，总结经验，交流和推广先进经验，培养技术干部，以及规划调整等工作。例如1953年根据政务院财政经济委员会的布置，组织地方轻工业企业编制年度生产计划，1954年起又组织轻工业企业推行作业计划；先后制定和颁发了纸张、陶瓷、皮革、火柴、铅笔、自来水笔、搪瓷、保温瓶、乐器、打字机、自行车等50多种产品的技术标准；帮助地方企业进行清产核资，建立经济核算制度，健全管理基础工作等等。

众多的轻工业企业，按照块块由地方管理，也出现了一些问题。主要是重复建设、盲目发展不易控制；地方计划冲击国家计划屡有发生，中央财政受到削弱。

（三）手工业集体经济的建立和它的管理办法。1953年，党提出的过渡时期的总路线和总任务，把手工业的社会主义改造作为重要组成部分。党和国家在第一个五年计划时期强调对手工业社会主义改造要采取"说服、示范和国家援助"的方针。1956年2月8日，在手工业已经基本实现合作化的基础上，国务院发布《关于目前私营工商业和手工业的社会主义改造中若干事项的决定》，规定手工业在社会主义改造的时候，一般应有半年左右的时间，照旧生产经营，不要轻易地改变它们原来的生产和运销规律、经营制度和服务制度等等。1956年3月，毛泽东同志听取中央手工业管理局和全国手工业合作总社的汇报，对个体手工业社会主义改造和手工业工作作了重要指示（这些指示收集在《毛泽东选集》第五卷中，题为《加快手工业的社会主义改造》）。同年7月，国务院发出了《关于对私营工商业、手工业、私营运输业的社会主义改造中若干问题的指示》，要求各地必须把手工业生产合作社的产、供、销计划纳入地方计划之内。手工业生产合作社的产品，当地产当地销的可以自销，所用原料，经过当地政府批准可以自购。在党和政府的上述方针、政策的指导下，经过典型试办、重点发展、合作化高潮三个发展阶段，分别采取生产小组、供销生产合作社、生产合作社三种形式，到1956年，全国手工业生产合作社（组）达到近10万个，社（组）员509万人，基本上实现了手工业的社会主义改造，实现了手工业由个体经济到集体经济的转变，建立了新型的手工业集体经济。

手工业集体经济建立之后，是按生产资料的集体所有制进行管理的。当时规定，凡是四人以下的个体手工业走合作化道路的，都归手工业系统领导和管理。手工业合作社（组）内部实行独立核算，自负盈亏，按劳分配和民主管理。这个时期，手工业的管理体制和管理办法，是适应生产力发展的要求的。手工业合作化高潮的第二年，即1957年，全国手工业总产值达到117.3亿元，比1952年增长75.9%，广大手工业工人的生活也有了很大改善。

但是，在手工业合作化的工作中也有缺点和偏差，主要是合作化高潮阶段，要求过急，工作过粗，改变过快，出现了盲目的集中生产、集中经营，有一些传统的手工业品被搞掉了。针对这类问题，毛泽东同志在1956年3月听取轻纺手工业汇报时提醒说："手工业中许多好东西，不要搞掉了。王麻子、张小泉的刀剪一万年也不要搞掉。"[①] 陈云同志在中国共产党第八次全国代表大会上指出："手工业的制造性行业中，有一部分是可以适当合并的，但是绝大部分服务行业和许多制造行业不应该合并。为了克服由于盲目合并、

[①] 毛泽东：《加快手工业的社会主义改造》（1956年3月5日）。

盲目实行统一计算盈亏而来的产品单纯化、服务质量下降的缺点,必须把许多大合作社改变为小合作社,由全社统一计算盈亏改变为各合作小组或各户自负盈亏。这种改变不但适合于绝大部分服务行业,而且适合于许多制造行业。"① 可惜,后来由于"左"的错误,不但未按照毛泽东、陈云同志这些正确主张去做,反而很快又搞升级过渡。

第三节 1958 至 1978 年期间轻工业管理体制的急剧变动

一、"大跃进"时期管理体制的变革

从 1958 年到 1960 年的三年"大跃进",在"左"的思想影响下,轻工业管理体制的急剧变革,造成了严重的损失。

1957 年,中共中央和国务院针对当时中央集中过多、统得过死,曾决定适当扩大地方和企业的管理权限。但是,到 1958 年由于一再批判 1956 年的"反冒进",并且规定今后不准再"反冒进",轻工业系统也出现了一系列过头的做法。

(一)国营企业层层下放。在轻工业系统中,大中型骨干企业原属中央的下放给省、市、自治区,省、市、自治区所属的企业下放到专区、市、县,急剧的下放使得大部分企业的供、销两头发生了困难。有些企业所需的原料本来要从全国各地调集的,或者产品是向全国分配的,所以由中央部管理,下放到省、市、自治区管理后,原料供应脱节了,产品分配有的先满足当地需要而不能合理分配,因而产生了不少矛盾,经济效益也随之下降了。原来的省属企业下放后,也同样产生了类似的矛盾。

轻工业部在第一个五年计划后期,共有直属企业 130 个,1957 年下放给省、市、自治区 42 个,尚留 88 个。1958 年 4 月 11 日,中共中央、国务院发出的《关于工业企业下放的几项规定》,提出了企业下放的总原则,规定各个

---

① 陈云:《社会主义改造基本完成以后的新问题》,《陈云同志文稿选编》(1956—1962 年),人民出版社 1980 年第 1 版,第 8 页。

工业部门以及部分非工业部门所管理的企业，除了一些重要的、特殊的和试验性质的企业仍留中央继续管理以外，其余企业原则上一律下放给地方管理。根据这个原则，6月2日中共中央又做出关于企业、事业单位和技术力量下放的规定。于是，轻工业部除留下4个特殊纸厂和1个铜网厂外，其余83个厂全部下放给了省、市、自治区。文件还要求各部门一律于6月15日以前，也就是只用十几天的时间，就要完成全部下放企业的交接手续。

各省、市、自治区也都仿照中央的做法，纷纷做出决定，下放所属企业。有些省属企业，一下子就放到所在县。如云南省最大的平浪盐矿，年产规模5万多吨，相当于全省产销量的一半，径直下放到所在的禄丰县。该县对如何组织面向全省的运销，茫然不知所措；盐矿所需要的各种生产物资，县里也无力筹措。这就对该矿的生产建设带来了不利的影响。

（二）集体企业盲目过渡。当时，轻工业战线上拥有一支数量庞大、刚由个体手工业经社会主义改造组织起来的劳动群众集体所有制企业队伍。它们大都采取手工业合作社或手工业合作小组的形式，独立核算、自负盈亏，承担着城乡人民生活日常需要的日用工业品、小商品和工艺美术品的生产。在手工业集体经济建立以后，本来应该稳定和完善这种新的生产关系，充分发挥它的优越性和积极作用。但是，1958年以后，在"左"的思想影响下，在"大跃进"的浪潮中，由于片面强调"一大二公"，许多地方出现了盲目过渡的现象。有的过渡为地方国营的全民所有制企业，有的转为合作工厂由联社经营统负盈亏，有的转为人民公社的社办企业由公社统一核算。据统计，当时全国10万多个手工业合作社、组（有500多万社员）中，过渡为地方国营工厂的约占37.8%，转为联社经营的合作工厂的约占13.6%，转为人民公社社办工厂的约占35.3%，保留原来合作社（组）的大约只有13.3%。这种强制性的过渡，违背了生产关系一定要适应生产力性质的客观规律，挫伤了广大职工的社会主义积极性，结果生产受到严重破坏。在"转厂过渡"的同时，产品方向发生了变化。如北京市著名的王麻子刀剪厂，300多人转产炼钢用具和翻砂工具，只留下20多人生产刀剪，刀剪产量由每月3.5万把降为0.3万把，剪子品种由200多种减为11种，刀由360种减为7种。又如浙江温州的雨伞，原有从业人员 3000 多人，大部分连同厂房一起转到当地陶瓷厂、砖瓦厂、焦化厂配合炼钢，只剩下 600 多人维持雨伞生产，雨伞产量由 1957 年的 170 万把，到 1959 年下降到 30 万把。

在"转厂过渡"的高潮中，当时还形成这样一种概念，认为集体所有制的手工业社（组）是一种过渡性质的经济形式，似乎不管在什么条件下，不论采用什么手段，只要过渡为全民所有制或联社统负盈亏和人民公社统负盈亏的大集体所有制，就是前进，就是革命，至于是否能促进生产力的发展却很少顾及。对幸存的手工业社（组），在经济上不予平等对待，在政治上不能一视同仁，迫使手工业社（组）尽力向全民所有制靠拢，变"民办"为"官办"，使多数企业和职工都捧上"铁饭碗"，吃"大锅饭"。这就大大挫伤了劳动群众自办集体经济的积极性。

（三）社队企业和街道企业一哄而起。"大跃进"中，钢铁"元帅升帐"，轻工业处于停车让路的局面，第二个五年计划中安排的轻工业基本建设项目大都因钢材供应不足、设备订货撤销而受到严重影响。生产上原材料供应也发生了困难，农村忙于深翻土地、放高产"卫星"，轻工业所需农副产品原料无力供应。金属原材料供应也减少了，连维修用的钢材也无着落。轻工业部为了改变这种状况，提出了"让路又跃进"和"人民公社大办工业"的口号，企图依靠刚建立的人民公社，利用农村的资源加工成城乡所需要的各种日用消费品，以缓和轻工业品的产需矛盾。此举得到了党中央批准，文件下发到省、市、自治区贯彻执行。文件中提到，各地人民公社应当"有啥办啥，要啥办啥，要多少办多少"。而且，由轻工业部派出成批干部，结合各省、市、自治区抽调的力量，分赴十几个县试点。先在山东高唐，而后扩展到江苏宿迁、浙江海宁、安徽临泉、福建莆田、河南逐平、湖北麻城、湖南平江、广西玉林、江西鄱阳、广东揭阳等县，要求每个试点县在 40 天内办起 200 个社办工厂来。大凡这样办起来的社办工厂，能够巩固下来的寥寥无几。

在农村大办公社工业的同时，城市也大办街道工业。城市职工家属纷纷走出家门，组成各种街道小工厂，一时街道工业犹如雨后春笋般地发展起来了。它们大都担任工厂、企业的厂外加工任务。而工厂企业却抽出大批劳动力,去从事"后院炼钢",承担一部分炼钢任务。结果企业的产品成本上升,产品的质量下降。

总之,"大跃进"把正常的生产秩序打乱了,使城乡市场上轻工业品的供应日趋紧张。1959年2月和7月,轻工业部党组两次向党中央反映市场供应状况。当时,纸张、缝纫机、保温瓶、食糖、乳制品、搪瓷面盆和口杯、胶鞋等日用工业品供应普遍紧张,肥皂、火柴在一些地区被迫采取限购办法。尤其是人民生活必需的小商品供应更为紧张。市场上买不到碗,做饭用的铁笊篱没有,柳条笊篱也没有;铁锅不好买,砂锅也买不到;没有铁勺子,木勺子也买不到;筷子、菜刀、火钳、锅铲、淘米箩、菜篮、簸箕长期缺货;洗衣板、扫帚、鸡毛掸、钮扣、发卡、领钩、裤钩、鞋眼、剪子、镜子也不能满足需要。这种状况,确实给人民生活带来了许多困难。

二、调整时期管理体制的恢复和探索

由于"大跃进"中的"左"倾错误,加上苏联片面撕毁协议和自然灾害,使中国国民经济面临严重困难。1960年年底,党中央提出了"调整、巩固、充实、提高"的方针,中国国民经济进入了调整时期。通过调整,在轻工业管理体制方面,适当恢复了"大跃进"以前一些正确的作法,并且在此基础上进行了一些探索性的改革。

(一)一些企业关、停、并、转。1961年1月,党的八届九中全会决定,缩短重工业和基本建设的战线,加强农业和轻工业战线。为了精减城市职工,对轻工业进行了必要的调整。1961年全国共有国营轻工业企业8645个,职工172万人,到1963年年底,企业减少到7342个,职工150万人。企业减少1303个,职工减少22万人(以上均按当时轻工业部归口行业统计)。在减厂减人的同时,生产却是增长了,劳动生产率也有提高,按部管计划产品产值统计,1963年达到59.2亿元,比1961年48亿元增长了23.33%。

当时,社办工业几乎都下马了,街道工业经过关、停、并、转保留了一部分,整顿后成了新的集体所有制企业。

(二)重新整顿集体所有制企业队伍。鉴于市场日用消费品供应过于紧张，1959年6月，中央在上海召开大中城市副食品和手工业品生产会议，提出要恢复过去被挤掉的、目前人民急需的商品生产；8月，在庐山会议上又通过了《关于迅速恢复和进一步发展手工业生产的指示》（简称《手工业十八条》），要求各地立即恢复手工业管理机构，对手工业管理有经验的干部都应当归队。这对恢复集体经济、发展手工业生产起了积极的作用。但是，后来由于开展"反右倾"运动，"左"的思想继续发展，《手工业十八条》也就贯彻不下去了。1961年6月，中共中央发布《关于城乡手工业若干政策问题的规定（试行草案）》（简称《手工业三十五条》），为重新整顿手工业队伍开通了道路。

《手工业三十五条》的主要内容可以归纳为四个方面：

1. 手工业所有制形式必须加以调整。文件指出："中国的手工业，在整个社会主义阶段应该有三种所有制：全民所有制，集体所有制，社会主义经济领导下的个体所有制，在这三种所有制当中，集体所有制是主要的，全民所有制只能是部分的。"前几年已经转为国营工业或公社工业，而不利于生产发展、不便利群众生活的，都必须坚决地采取适当步骤，改为手工业合作社或合作小组。个体手工业是社会主义经济的必要补充和助手，应当积极发展城乡家庭手工业，允许个体手工业者自产自销，自由支配个人的收入。

2. 手工业合作社（厂）的收益分配应该从有利于调动企业经营和工人生产的积极性出发，兼顾国家、集体、个人三方面的利益。它的工资制度，必须贯彻按劳分配原则。手工业工人的工资水平，在城市应当大体上相当于当地同工种、同等技术条件的国营工厂工人的工资水平，现在偏低的需要逐步提高；在农村，应当按照历史习惯，高于当地农民收入的水平。

3. 手工业的产供销，必须实行统筹安排，分级管理的原则。既要有中央和地方的统一计划，又要有企业安排生产的灵活性；既要使主要产品、名牌产品在中央和地方计划中能够排上队，又不要管得过多过细。手工业合作企业制定生产计划时，必须接受国家计划的指导；同时，国家在调整手工业合作企业的计划时，只能协商，不能强迫。

4. 手工业合作企业的经营管理，必须坚持民主办社、勤俭办社的方针，必须建立和健全生产责任制等管理制度。

根据文件的精神，经过几年调整、整顿，到 1965 年年末，集体所有制的手工业企业恢复、发展到 11.2 万个，相当于 1957 年的水平，职工队伍恢复到 351.7 万人，相当于 1957 年的 71.5%。当时，手工业品的生产供应又出现兴旺景象。

1965 年 2 月第二轻工业部成立后，对原有手工业主要行业实行按所有制管政策，按行业归口管生产。

（三）上收一批下放不当的国营企业。1961 年，中共中央发出关于调整管理体制的若干暂行规定，重点是强调集中统一，以利于克服经济困难。文件规定：1958 年以来，中央各部和省、市、自治区下放不当的人权、财权、物权一律收回。中央各部直属企业的行政管理、生产指挥、物资调度、干部安排的权力，统归中央主管部门。凡属需要在全国范围内组织平衡的重要物资，均由中央统一管理，统一分配。

轻工业部根据文件的精神，向各地收回了一批骨干企业。截至 1965 年，共收回企业 308 个，有职工 23.5 万人。其中，烟草行业收回了经过调整的全部 61 个企业；盐业收回辽宁、天津、河北、山东、江苏、四川等地生产企业 39 个，占全国产量 70% 以上，收回 24 个省、市、区的运销企业，占全国销量的 90% 以上。

与此同时，各省、市、自治区轻工业厅、局，也陆续收回了一批骨干企业。这在当时对加强行业管理，组织产供销平衡，改进企业管理，保证市场供应，提高经济效益，都起到了积极的作用。

（四）对肥皂工业实行集中（归口）管理。三年困难时期，油料严重减产，加上肥皂工业多头领导、分散管理，油料不能集中调度和合理分配，给肥皂生产和市场供应带来很大困难。针对这种情况，中央决定，肥皂工业和与肥皂有关的产品全部划归轻工业部门归口管理，生产和基本建设统一由轻工业部门规划和安排，原由粮食部、商业部、化工部等系统管理的肥皂厂、油脂化学厂，一律移交轻工业部门。在执行过程中，原有肥皂厂除保留 83 个外，其余一律关闭，自发的地下工厂一律取缔。这样就提高了宏观的经济效益，保证了甘油的提取与供应，使肥皂的分配供应趋于合理。

（五）试办烟草、盐业两个托拉斯。1964年7月，国家经济委员会提出试办工业、交通托拉斯的建议。8月，中共中央、国务院批转国家经济委员会党组《关于试办工业、交通托拉斯的意见的报告》，并且指出：在中国社会主义制度下，试办托拉斯，用托拉斯的组织形式来管理工业，这是工业管理体制上的一项重大改革。第一批试办的十二家中，属于轻工业部的有中国烟草工业公司和中国盐业公司两家。

文件规定：托拉斯性质的公司，是社会主义全民所有制的集中统一管理的经济组织，是在国家统一计划下的独立的经济核算单位。国家通过主管部向它下达计划，它对完成国家计划全面负责，并对所属分公司、厂（矿）以及科研、设计等单位实行统一的经营管理。国家将固定资产和流动资金（包括必要的和机动的物资储备资金）拨给托拉斯，并将基本折旧费的一部分留给托拉斯，由其掌握使用。国家对托拉斯实行利润留成办法。新产品试制费、技术组织措施费、劳动安全措施费、零星固定资产购置费等，在利润留成中解决。托拉斯统一掌握国家批准的劳动计划和工资总额，有权根据国家的规定，在所属单位之间调剂使用。

中国烟草工业公司，对卷烟工业企业实行了集中统一管理，对烟叶收购、复烤、分配、调拨进行统一经营，是一个产供结合的经济实体。在组建过程中，将104个卷烟企业调整为61个，职工由5.9万人减为4.1万人，卷烟的综合生产能力反而提高了17%，劳动生产率提高了35%；卷烟牌号由杂乱的900多种调整为274种；产品质量有了明显的提高，一类产品（指完全符合质量标准的）上升到70%以上，在57个企业中有50个企业消灭了三类产品（基本上不符合质量标准）；从1963年成立烟草公司，1964年试办托拉斯，到1965年年末，共上缴税利56亿元。

中国盐业公司，统一经营直属盐场（厂、矿）、盐化工厂和绝大多数省市运销企业（批发站），领导科学研究、设计、勘查、学校等事业单位，对地方盐场实行归口管理。由于实行产运销集中统一管理，1964年在海盐严重欠产，产量只及常年一半的情况下，却仍然保障了国内用盐的供应和出口；由于合理组织运输，1964年每吨盐铁路运程比上年下降24公里，全年节约9600万吨公里；因为加速周转，共节省麻袋300万条，17个直属盐场占用流动资金由1963年的2160万元减为1580万元，减少了26.85%。

经验证明：发挥各种经济组织的作用，包括采取托拉斯的组织形式，有利于用经济的办法管理经济，有利于改善经营管理，提高经济效益。

（六）对专业轻工机械实行归口管理。1964年，国家计划委员会和国家经济委员会提出将轻工机械的生产由轻工业部归口管理。当时，轻工业部归口管理了上海市的49家中小型轻工机械厂，以后又陆续归口管理其他地区的八九个工厂。

三、十年动乱中国营企业再度"下放"，集体所有制企业再次"过渡"

在"文化大革命"中，调整时期采取的一系列正确措施被否定，并把手工业集体经济当作"资本主义尾巴"来割，对国营企业也再度下放，使国民经济遭到严重损失。

（一）国营企业再度下放。在批"条条专政"的口号下，轻工业部直属企业自1969年起再度急剧下放，行业管理大大地削弱。以盐业为例，1969年取消了中国盐业公司和盐务局的建制，只在轻工业部军代表生产组内保留四五个人负责行业的归口管理，生产和运销企业全部下放给地方。省级盐业专管机构大都被裁并掉，不少省、区的运销企业与粮食、副食、糖烟酒、蔬菜、饮食服务、果品等商业机构合并在一起，以盐业的盈利弥补其他行业的亏损。由于分散管理，国家对盐业生产建设失去控制，各地盲目发展，经济效果越来越差。1966年到1975年，盐业基本建设投资达4.32亿元，新增能力仅245万吨，吨盐平均投资176元，比第二个五年计划期间吨盐平均投资高70%。运销企业经营粗放，费用上升，利润下降。据典型调查，14个省市运销单位，1966年销盐276万吨，利润8675万元，平均每吨盐利润32元；1978年销盐413万吨，利润仅为7489万元，平均每吨盐利润只有18元，比1966年下降了44%。

（二）集体所有制企业再次盲目"过渡"。"文化大革命"开始后，不少国营企业一度出现了"停产闹革命"，而集体所有制企业自负盈亏，仍然坚持搞生产，生产也比较正常。但是，在极左思想影响下，把集体所有制企业诬蔑为"复辟资本主义的温床"，在政治上加以歧视，经济上加以限制，迫使企业盲目"过渡"。不少地区的集体所有制企业，纷纷由自负盈亏的小集体过渡为县、市主管部门统负盈亏的"大集体"，企业管理失去了原有的传统特色，职工也不再像过去那样关心企业的经营成果，大家都端上了"铁饭碗"，吃"大锅饭"。这种大集体企业的职工一度占到全部集体企业总数的66%，产值占75%，利润占80%。

（三）"块块"分割，自成体系。强调"地方要建立独立的工业体系"，提出"一般日用工业品在三五年内实现省、区自给"，地区之间的横向经济联系在很大程度上被割断。原料产地急于自给，争着扩大生产能力，而技术先进的企业却缺乏原料，生产能力闲置起来。有的地方争项目、争原料，搞出的产品质次价高，于是在商业上加剧地区封锁，不准外地产品进入本地市场。地区之间正常的经济联系被打乱，保护了落后，妨碍了进步。

第四节　党的十一届三中全会以后轻工业管理体制的改革

党的十一届三中全会提出，全党工作的着重点要转移到社会主义现代化建设上来。1979年4月，中共中央召开工作会议，正式提出国民经济实行"调整、改革、整顿、提高"的方针。李先念同志在会上代表党中央和国务院作了重要讲话，指出要对国民经济的一些重大比例关系进行调整，要求加快轻工业的发展，使轻重工业的比例协调起来，使商品供应同国内购买力和对外出口的增长相适应。要适当提高轻纺工业的投资比重，适当增加轻工业生产和建设所需要的外汇，多发展一些投资少、收效快、赚钱多、国内市场需要的轻工业。在同年11月召开的全国计划会议上，确定对轻工业实行"六个优先"的原则，即"原材料、燃料、电力供应优先，挖潜、革新、改造措施优先，基本建设优先，银行贷款优先，外汇和引进新技术优先，交通运输优先"。

从1979年起,在轻工业部门进行了一系列调整、改革和整顿工作,收到了较大的效果,使轻工业生产有了相当快的发展。1980年轻工业总产值比1979年增长了14.3%。1981年比1980年上升了10.6%,1982年轻工业总产值达到1121亿元,比1981年增长8%,其中原第一轻工业部分为587亿元,比上年增长9.9%,原第二轻工业(集体所有制轻工业)部分为534亿元,比上年增长6%。由于轻工业生产的连续几年的大幅度增长,使轻工业品的市场供应状况发生了明显的变化,广大消费者有了较多的选择余地。轻重工业的比例关系也趋于合理,已由1979年的43.7∶56.3,调整为1982年的50.6∶49.4,开始出现了基本协调发展的局面。

党的十一届三中全会以后,轻工业部门的经济体制改革和全国其他行业一样,按照新的指导思想,开始了有效的试验和初步的改革,进入了一个新的发展阶段。

一、轻工业企业积极而又稳妥地进行改革

为了克服妨碍社会生产力发展的原有体制中的弊端和缺陷,逐步形成适合中国国情的新的经济体制,建设具有中国特色的社会主义,轻工业企业进行了一些探索性的改革,在国营企业里主要是搞扩大企业自主权的试点和推行多种形式的经济责任制。1979年下半年,按照国务院《关于扩大国营工业企业经营管理自主权的若干规定》的精神,各地轻工业部门选择了一部分企业参加扩权试点。到1981年年初,据上海、北京、天津、四川等15个省市的统计,共有试点的轻工业企业861个。试点证明:扩大企业自主权,方向是正确的,效果是显著的。过去企业的生产经营好坏同企业自身利益无关,扩权后,企业有了相对独立的经济利益,大大加重了经济责任,千方百计地增产增收。例如重庆市第一轻工业局32个扩权企业,1980年产值、利润增长水平都高于全系统的平均水平。全局系统工业总产值5.1亿元,比上年增长12.8%,而扩权企业则比上年增长18.9%;全局系统实现利润5700万元,比上年增长25%,而扩权企业比上年增长30.5%。企业扩权后,更加关心自己的产品质量和市场销售情况,促进了企业经营管理水平的提高。随着企业经

济力量的增强，对于企业的技术改造和职工集体福利的改善也有一定的推动。

集体所有制的轻工业企业在党的方针指引下，解放思想，放开手脚，从实际出发，大胆进行改革。其改革的主要内容，概括起来大体有如下几个方面：

（一）改革统收统支、统负盈亏的制度，恢复独立核算、自负盈亏的办法。这有几种情况：一是把由市、县第二轻工业部门实行统一核算、统负盈亏的集体所有制企业，改为企业独立核算，自负盈亏。二是有些规模较大，机械化水平较高的企业，划小核算单位，实行车间或班组分级核算，自负盈亏。三是多品种综合性的企业，适当分开，实行按产品分开单独核算，自负盈亏。四是一些修理服务性行业，把企业统一经营、统一核算改为统一管理、分散经营，由小组或个人承包，自负盈亏。

（二）试行承包等多种形式的经济责任制。集体所有制企业同国家的经济关系，除了工商税以外，主要是通过八级超额累进所得税来体现。实行经济责任制，一部分集体所有制企业搞承包，主要是解决企业内部以及企业同主管部门的经济关系。从各地情况看，大体有两类：一类是企业对主管部门承包，也叫外部承包。承包的内容有产值、产量、利润和其他经济指标，有的只承包上交合作事业基金和管理费；完成或超额完成承包指标有奖，完不成受罚。另一类是企业内部承包，形式多种多样：有个人、班组、车间向厂部逐级承包；有专业专项承包；有产供销一条龙承包；有投标招聘承包；等等。企业内部承包，一般都是联产联利。在收益分配上按比例分成和超额分成，也有包干上交的，因行业、企业的情况制宜。

（三）改革不合理的工资和奖励办法。主要是搞承包的企业把单一的固定工资改为计件、分成、计分制、大包干、死分活值等多种工资形式，实行按劳分配，多劳多得，少劳少得，不劳不得，奖勤罚懒，使职工劳动报酬同企业盈亏直接挂钩，随企业经营效果和个人劳动成果的大小而浮动，克服平均主义倾向。本着先积累、后分配的精神，不论哪种分配形式，都要贯彻"在国家多得、集体多留的前提下，个人可以适当多得"的原则。企业管理人员和非生产人员的报酬，也采取同企业的经营成果、个人的业务能力、管理水平以及工作的好坏挂起钩来，实行指标分解、计分计奖。

（四）恢复民主选举制度，实行民主管理。职工大会或职工代表大会是企业的最高权力机关，企业的发展规划、生产经营方向、人员增减、收益分配、职工奖惩等重大问题都要经职工大会或职工代表大会讨论决定。企业的领导干部由上级委派改为采取民主选举和上级考核相结合、组织批准的办法产生。

（五）发扬灵活经营的优良传统，把企业由生产型改为生产经营型。这几年随着消费品生产的发展，市场供应的好转，在改革中，许多地区和企业按照集体所有制企业自主经营的原则，从经营思想、管理方法、产品结构、销售形式等多方面向经营型转变，按市场需要组织生产。建立销售网点，开展工业自销，走"开放式"经营的新路子，把企业的生产经营搞活。

（六）改革企业结构，精简管理机构和非生产人员。按照有利生产，方便群众，便于经营的要求，有些地区对企业规模和企业内部的生产组织进行了改革和调整，使企业的规模、组织结构同核算形式、生产经营相适应。有的把一些规模过大、行业混杂、不利经营管理的企业适当划小，按专业化协作的原则和产品批量、工艺技术的合理性组织生产。有的改集中生产为分散设点、分散生产。在调整企业规模和改革生产结构的过程中，一般都精简了厂部管理机构，大幅度压缩非生产人员，充实生产第一线。

从各地改革的情况来看，集体所有制企业长期受"左"的影响所造成的弊端一旦革除，广大职工的积极性就大大提高，企业增添了动力、压力和活力，生产面貌迅速发生变化，取得的经济效果比较显著。许多亏损企业起死回生，转亏为盈，涌现出一批治厂能人，使企业素质得到很大改善。这方面工作做得比较好的河南、辽宁、吉林、湖北、湖南等省，1983年生产增长的幅度都比较大，经济效益也比较好，有的地方已经出现增产、增销、增利、减亏的好形势。湖北省从1981年起到1983年5月底止，据8个地区6个市2232个企业的统计，有1956个企业实行了各种承包责任制，承包面占87.6%，其中约有半数实行了全面承包责任制，生产发展很快。

二、坚持计划经济为主、市场调节为辅的原则

轻工业是生产消费品的部门，产品品种繁多，市场需要多变。因此，必

须坚持计划经济为主、市场调节为辅的原则。既要把生产建设和物资供应纳入计划，进行综合平衡，保证轻工业在整个国民经济中能够有计划按比例地协调发展；又要考虑轻工业中有很大部分是集体所有制企业，主要生产日用工业品和小商品，允许一部分企业在国家计划指导下，发挥市场调节的积极作用，做到计划性与灵活性相结合，根据市场变化灵活安排生产，满足群众的需要。

（一）根据产品在国计民生中的重要程度和品种规格多少的不同，以及原材料供应、产品销售情况的差别，按照"统一计划，分级管理"的原则，分别纳入各级计划；有少数产品则不作计划。列为国家计划委员会和轻工业部管理的，主要是关系国计民生的重要和比较重要的，而所需一、二类物资又需要国家统一平衡分配的产品。以1982年为例，轻工业部系统列为国家计划委员会和轻工业部的计划产品108种（其中列为国家计划委员会管的计划产品20种），其产值约占轻工业部系统工业总产值的53%。其中原第一轻工业计划产品60种，产值约占第一轻工业全部产值的77%；原第二轻工业计划产品48.5种，产值约占第二轻工业全部产值的30%。这些计划产品不是固定不变的，要根据情况的变化和国民经济发展的需要进行适当调整。

（二）除了国家计划委员会和轻工业部管的计划产品以外，国家还根据一些产品的特殊情况，在生产和原材料供应上实行专项安排。例如国家为了扶持工艺美术品的生产、扩大出口，为了适应少数民族对民族特需用品的需要，为了解决国家体育专业队对体育器材的要求，分别采取专项安排的办法纳入国家计划之内，作为整个轻工业生产计划的重要组成部分。实践证明：这样做，对于发展生产，适应需要，起了积极作用。

（三）日用小商品花色品种繁多，所需原材料极其复杂，市场供求情况变化很大，生产、供应的时间性和地域性一般很强，它的计划不能和大商品一样。一部分产品要运用经济杠杆，实现其指导性计划，大部分产品由企业根据市场供求情况，灵活安排生产，实行市场调节。所需要的原材料，一、二类物资，大部分由国家供应，少部分自己调剂协作解决；三类物资和辅助材料，除了商业部门供应一部分外，不足部分由生产主管部门和企业自行组织或到原料产地直接采购。

（四）改变轻工业产品的购销形式。过去，轻工业品中的绝大部分由商业包销，其中包括相当一部分小商品在内。1979年以来，随着轻工业生产的发展，在经济体制的改革中，商业部门对轻工业产品由包销改为计划收购或选购、代销，各地轻工业部门和企业积极地开展了工业自销，销售机构有了很大加强，经营的轻工业产品也越来越多，自销的比重不断扩大。以1983年为例，商业部门计划收购的轻工业品有食糖、火柴、肥皂、香皂、洗衣粉、保温瓶、缝纫机、手表、机制薄纸、铅笔、自行车、普通灯泡、元钉、镀锌铁丝、日用陶瓷器、铁锅共16种，其他产品，商业部门只选购或代销，不选或选剩下的全由工业自销。据不完全统计，现在按轻工业商品产值计算，工业自销额约占一半以上。实践证明：轻工业企业开展产品自销是产销结合的一种形式，有利于工业企业直接了解市场需要，及时反馈信息，按需要组织生产，提高产品质量，增加花色品种，对发展生产，繁荣市场等都起了积极作用，并已成为流通的一条重要渠道。

（五）根据国家的经济状况逐步放开小商品价格，不再由国家统一规定，实行市场调节。1982年9月，国家物价局、轻工业部、商业部联合向国务院写了报告，国务院批语中指出：有计划地逐步放开小商品价格，是促进小商品生产，搞活小商品流通，满足市场需要的一项重要措施。报告中规定：三类工业品中的小商品，品种繁多，规格复杂，经常翻新，生产比较分散，供求变化较快，需要有多种经济成分、多种经营形式和多种流通渠道，进行生产和组织流通。因此，小商品的价格，应在国家政策指导下，实行市场调节，企业定价。其中，商业选购的小商品，由工商企业协商定价；工业自销为主的小商品，由工业定价。这是必须长期坚持的方针。企业定价，既不同于由国家统一定价，也不同于集市贸易的自由价格，是在国家政策和计划指导下的比较灵活的价格。企业定价，要根据物价政策，按照成本和供求变化，有涨有落，灵活掌握，适时调整。文件规定：第一批放开价格的小商品有小百货、小文化用品、小针织品、民用小五金、民用小交电、小日用杂品、小农具、小食品和民族用品中的小商品等9类、160种。各省、市、自治区结合当地的实际情况,放开价格的品种一般在二三百种之间,少数省、市放开了400多种。从执行的情况看,效果是好的。企业有了按照市场供求变化及时灵活调整价格的权力,一些滞销品种及时降了价,打开了销路;一些长期亏本的品种适当提了价,恢复和发展了生产;新品种不必层层审批价格,可以很快定价,及时组织生产、投放市场;有些小商品合理调整了地区差价和批零差价,调动了商业企业经营积极性,流通也比较活了。许多地方的小商品产量增加,花色品种增多,市场供应改善。一些停产多年的小商品重新上市,"鞋子缺带、锅子缺盖、有灯无罩、有瓶缺塞"等情况有了改变。小商品价格放开以后,多数品种价格稳定,部分品种有升有降,总的还是降多于升。因此,国务院确定,从1983年九十月开始,又放开350种(类),合计510种(类)。

三、搞好工贸结合,努力扩大轻工业品出口

轻工业产品在出口中占有相当大的比重,是中国外贸出口的一大支柱。1981年轻工业出口换汇额近50亿美元。在中国外贸出口换汇总额中占23.8%。随着出口的不断扩大,逐步形成一批大宗出口的"拳头"产品,如服装、抽纱刺绣品、罐头、竹藤棕草制品、日用五金、地毯、皮革及制品、建筑五金、日用陶瓷、工具五金、毛皮及制品、羽绒制品、纸张等,1981年的出口额均在1亿美元以上。

近几年来,为了适应中国四化建设的需要,进一步扩大出口,在坚持统一对外的原则下,根据中央和国务院的规定,轻工业部门按照工贸结合的方向,经过有关领导机关批准,试办了一些参与外贸经营出口的业务,主要形式有:

(一)自营出口企业。国家规定,有条件的大企业经过批准可给予外贸权,自行经营出口业务。北京绢花厂是轻工业企业被批准为自营出口的第一家。这个企业从1982年6月实行工贸结合、自营出口之后,发生了显著变化:一是出口额增长很快,当年出口突破千万元大关,达到1362万元,超计划51.3%,比1981年增长45.5%,收汇365万美元,比1981年增长12%。二是上缴利润增加,1982年6至12月,按外贸部门核定的换汇成本计算,盈

余36.6万元。三是客户增加,由原来的25家发展到51家。市场由港澳、欧、美扩展到澳大利亚、拉丁美洲和非洲一些国家。四是产品更新换代快,绢花和纸花品种已由40多种发展到700多种。五是流通费用减少,1982年6至12月,流通费用比上半年下降56.7%。生产周期,由原来的60天缩短至40天,交货期由90天至120天缩短为60至70天,紧急的只需30天,履约率达到100%。

(二)工贸联合公司。工艺美术不搞工贸结合是没有出路的。最近几年来,许多地方都在探索工贸结合的新路子,搞得比较早的主要有上海玩具公司,是1979年经国务院批准由原上海玩具工业公司和中国轻工业品进出口总公司上海分公司玩具部合并而成。受上海市手工业管理局和上海市外贸局共同领导,以工为主。

江苏省陶瓷出口部,也是在1979年成立的,以工为主,工贸结合。出口部受江苏省轻工业厅和省外贸局、工艺品进出口公司的共同领导。出口部成立前,江苏陶瓷出口量长期徘徊在每年1500万件左右;成立出口部后,由于工贸结合得好,出口增长很快,1981年出口陶瓷达到2200万件。

浙江省工艺品进出口联合公司,工贸双方有统有分,不分以谁为主。1981年在口岸发生变化的情况下,浙江省第二轻工业厅工艺美术公司和外贸部门的中国工艺品进出口总公司浙江省分公司联合组成了这个联合公司。

上述几个工贸联合的出口组织,经过实践,都取得了一些经验,它们的共同体会是:工贸联合的实质是要处理好生产和流通的关系,不论采取什么形式,关键是要从思想上、工作上实行真正的联合,有效地协调工作,使其成为发展生产、扩大出口的共同体。

(三)出口供应公司。轻工业部机械出口供应公司就属于这种组织形式。这是国家为了改变出口产品的结构,鼓励成套设备出口而批准成立的。它负责向外贸部中国机械设备进出口总公司供货,由外贸部中国机械进出口公司负责对外。

(四)灵活贸易。主要方式有来料加工、来件装配、补偿贸易、以进养出等,利用外国资金、外国资源、外国的先进技术,来发展中国的出口商品的生产,很适用于轻工业,这几年各地搞了不少,收到了显著效果。例如,大连市第二轻工业局1979年到1981年，通过补偿贸易等方式，利用外资945万美元，进口3100多台关键设备，使出口商品的生产迅速增长。

（五）旅游产品供应公司和门市部。国务院规定，为了适应旅游事业发展的需要，方便外宾和外国游客选购某些工艺美术品、旅游纪念品，经当地经济委员会批准，轻工业部门可开设旅游产品供应公司和销售门市部。对外开放的轻工业企业，也可以设立自销门市部。现在，各地工艺美术服务部和对外开放的工艺美术工厂门市部共有300多个，1982年中国旅游工艺品销售收汇额达到8640万美元。

四、几种不同的行业管理形式

轻工业是个多行业的工业部门，少数是大中型企业，多数是小企业，地方性较强，而且集体所有制企业占有相当大的比重，这就决定了它的行业管理的多样性。从党的十一届三中全会以后的发展和变化来看，在行业管理上大体有如下几种形式：

（一）主要依靠地方管理的管理办法。轻工业的绝大多数企业由地方来管，产供销、人财物也由地方安排，轻工业部只管极少数直属企业和部分科研、教育、设计等事业单位，部的任务主要是贯彻执行党和国家的路线、方针、政策，进行政策性指导，认真调查研究，总结交流经验，提出发展轻工业的长远规划等。

（二）集中统一管理的管理办法。对卷烟行业是这样管的。1981年5月，国务院决定对烟草行业实行国家专营，成立中国烟草总公司和省、市、自治区烟草公司，对供产销、人财物、国内外贸易实行集中统一管理。卷烟销售业务，公司管到批发。1982年1月，中国烟草总公司正式成立。1983年8月2日，国务院颁布了烟草专卖条例。中国烟草总公司挂"国家烟草专卖局"的牌子，行使国家的烟草专卖管理权。从烟叶的良种推广、科学种植、田间管理、验级收购一直到加工和卷烟销售等各个环节，都由烟草公司统一管起来。中国烟草总公司是独立进行生产和经营活动的经济实体，生产、基建、财务、物资等项计划，在国家计划中单列户头。

新中国成立以来，中国烟草工业实行过多种管理体制，实践证明，现行的管理体制效果较好。这主要是有利于贯彻党的方针政策；有利于按照客观经济规律办事，用经济组织替代行政机构进行经营管理，克服了多头领导、政出多门的弊病，使卷烟生产同烟叶生产、分配供应和销售密切结合，改变供产销三者脱节状态；有利于确保完成国家指令性计划，避免重复建厂、盲目生产，造成浪费；也有利于逐步改变卷烟工业的落后面貌，对促进生产发展，扩大卷烟销售，增加国家财政收入等，都发挥了积极作用。1983年与成立中国烟草总公司前的1981年相比，列入国家计划的83个烟厂的卷烟产量由1704万箱上升为1925万箱，卷烟销售量由1590.5万箱上升为1822万箱；1983年共实现税利102.54亿元。

（三）分工管理的管理办法。主要是对盐业和轻工机械行业实行这样的管理。1980年2月，国家经济委员会批准成立中国盐业总公司，作为试办企业性公司的试点之一。中国盐业总公司是社会主义全民所有制的全国性的产销结合的企业性公司，是在国家计划指导下实行独立核算的经济组织和计划单位，又是对全国盐业生产、运销单位实行归口管理的行政机构，统一管理全国盐业生产、分配、调运、批发销售和存盐安排。总公司成立以后，将轻工业部直属的长芦盐务局和塘沽、汉沽、大清河、黄骅四个盐场和制盐工业科研所划归总公司领导。陆续上收了北京、天津、上海3市的盐业运销企业和盐源勘探队。各省、市、自治区也相应地建立和健全了盐业的专管机构，加强了专业管理。有产有销的省、自治区，建立产销合一的盐业公司；纯销区成立只管销售的专业公司。这种管理办法，发挥产销合管的优势，加强综合平衡，促进了生产，保证了供应。

轻工业机械行业的管理体制，基本上和盐业是一种类型。现在专用的轻工业机械产品由轻工业部归口管理，大部分产品按国家计划生产，小部分产品和备品配件由地方轻工业系统按照省、市、自治区的计划生产。1980年，经国务院批准，轻工业部成立了企业性的中国轻工业机械总公司，直接管理27个轻工业机械厂、衡器厂和5个轻工业机械设计研究所；归口管理上海轻工业机械分公司，辽宁、山东第一轻工业机械分公司，辽宁、浙江、山东第二轻工业机械分公司和全国的轻工业机械衡器行业。自轻工业部归口管理专用的轻工机械以来，1965年至1980年，国家计划轻工业机械产量，每年平均增长14%，品种增加一倍多，服务对象从17个行业增加到34个行业，还出口了部分设备。全国承担轻工业机械制造国家计划任务的企业从40多家发展到230多家。

（四）比较松散的管理办法。轻工业部的工艺美术公司是针对工艺美术行业的特点而建立的一个松散的、联合的、服务性的专业公司。它不收厂子，不直接管企业，把工作重点放在贯彻执行方针政策，调查研究，制定规划，总结交流经验，通过多种形式为地方发展生产服务。从1978年到1981年，工艺美术品总产值平均每年递增19.6%，出口递增23.9%，内销和旅游销售额递增21.2%。事实证明：这种管理方法对类似工艺美术这样的行业是适宜的。

（五）集体所有制的轻工业企业实行"按行业管生产，按所有制管政策"的管理办法。对第二轻工业集体所有制企业如何管理，取决于哪种管理办法比较符合客观经济规律，能够适应经济发展的要求，促进生产力水平的提高。现在，从各地的经验看，实行按行业管理，走专业化协作、提高经济效益的道路，是今后组织和发展生产的趋势。这样管，有利于按行业统筹规划，安排供产销；有利于同行业内部交流经验，加速技术改造；有利于在同行业内组织专业化协作；有利于全面安排，合理布局，协调发展，提高经济效益。但是，不同行业的集体企业，所有制性质是相同的，都必须执行有关集体经济的方针政策和规章制度。因此，在强调按行业管理生产的同时，又必须强调按所有制管政策。

目前，全国第二轻工业集体所有制企业基本上是用上述办法管理的。除此之外，还有几种情况：有的地方采取"按所有制管理，供产销归口安排，企业隶属关系不变"的办法管理。这主要是考虑到集体所有制企业大多是搞日用工业品生产，特别是那些生产小商品的企业，需要根据群众的要求和市场的变化，经常变换品种，做到一专多能，综合利用生产能力，在行业上不可能像大工业那样划得很齐；对不属于本系统归口管理的产品，实行这种办法，允许少数行业有交叉，有利于调动轻工部门的积极性，发挥集体所有制企业点多面广的优势、技艺上的特长和勤俭经营的优良传统，发展市场急需的缺门产品，对适应市场需要有好处，也有利于集体经济的稳定和发展。还有的地方，在城市实行按行业管理，在县镇按所有制管理，特别是近几年在工业管理体制的改革中，有些县撤销了各工业局，国营企业由县经济委员会直接管理，把集体所有制企业交给第二轻工业部门管理。在县镇工业门类不多的情况下，采取这种管理办法，也是可行的。

30多年来，中国轻工业管理体制经历多次变化，正反两方面的经验都比较丰富。按照国家的改革方针，从轻工业的实际出发，认真总结这些经验，对于今后轻工业的管理体制的改革是非常有益的。这几年，在党的十一届三中全会以来的路线、方针、政策指引下，轻工业的管理体制进行了一些改革，收到了一定的成效，但是，现行的轻工业的管理体制，与生产力的发展，既有适应的一面，又有不适应的一面，随着整个经济体制的改革及轻工业生产发展的需要，今后还要大胆探索，进一步完善和继续改革，以适应客观经济规律的要求，促进轻工业的稳步发展。

第七章
财政体制的改革

财政体制是经济体制的一个重要组成部分,也是财政管理的一项重要制度。它规定财政分级管理的根本原则,划定各级政权之间、国家同企事业单位之间在财政管理方面的职责、权力以及财政收支的范围。新中国成立30多年以来,中国财政体制进行过多次变动,大体经历了这样一个过程:由中国革命战争时期的分散经营到1950年的高度集中,再由高度集中逐步过渡到在中央统一领导和统一计划下的分级管理。尽管分级管理的形式有许多种,集中和分散的程度有所不同,有统得过分的时候,也有分得过散的时候,中间还有过起伏,但始终是沿着"统一领导、分级管理"的方针前进的,并且大多数年度是同当时的经济状况及其发展的要求基本相适应的。它保证了国家重点建设和兼顾了各地区、各部门以及其他各项建设事业的资金需要。回顾新中国成立以来财政体制改革的历史,总结经验,对今后改进财政体制具有重要的意义。

第一节 中国财力的状况

划定各级财政管理的职责、权力以及财政收支的范围,改革财政管理体制,除了同国家行政体制、经济体制有密切关系以外,也同国家财力及其分布的状况密切相关。因此,有必要先分析一下中国财力的变化情况。

一、财力增长较快,但经常不能满足国家建设的需要

随着中国经济的发展,中国的财力也逐步增长。1950年全国财政收入只

有65.2亿元，1982年增加到1083.9亿元，约为1950年的16.6倍，平均每年递增9.2%（扣除物价变化的因素，稍低于这个速度）。总的来说，增长是比较快的。但是，由于十年动乱和经济工作中的失误，中国的财力同经济发展一样，没有达到应有的水平。如果按人口平均计算，1982年中国每人平均财政收入只有100元左右。研究和确定财政体制离不开中国拥有10亿人口、8亿是农民、技术装备比较落后、生产力水平比较低、可分配财力有限这个基本状况。各地区、各部门生产、事业的发展，都必须从这个实际出发，必须和国家所能提供的财力相适应。（见表18）

财政收入同国民收入的比例关系表

表18　　　　　　　　　　　　　　　　　　　　　　　　　　　　　单位：亿元

年　份	国民收入	财政收入	财政收入占国民收入%
1950	426	65	15.3
1957	908	310	34.1
1962	924	314	34.0
1965	1387	413	34.1
1970	1926	663	34.4
1975	2503	816	32.6
1980	3688	1042	28.3
1981	3940	1016	25.8
1982	4247	1084	25.5

二、新中国成立以来财力分布不平衡的情况虽然逐步改变，但地区之间的差距仍很悬殊

目前，中国不仅财力有限，而且由于各地经济发展情况不同，财力的分布很不平衡，新中国成立以来虽有所改变，但差距仍很悬殊。1982年上海市一年的财政收入约170亿元，而有的地区却在弥补企业亏损以后，一年一点收入都没有，财政开支完全由国家补贴。按1981年财政体制，全国29个省、市、自治区当中，有15个省、市收大于支，向中央上缴不同数额的财政收入；有2个省收支大体平衡；有12个省、自治区收不抵支，由中央给予补贴。这样，中央财政不仅担负着全国性的重点建设投资和国防费用等开支，而且还担负着在地区之间进行调剂的任务。

三、在社会主义改造基本完成以后，中国财政收入主要来自国营经济和集体所有制经济

1950 年，在财政收入中来自国营经济的（包括利润和税收）比重为 33.4%，来自集体所有制经济和公私合营经济的为 0.7%，来自私营经济和个体经济的为 65.9%。1956 年，社会主义改造基本完成后，在财政收入中来自国营经济和集体所有制经济的比重达到 94.4%（其中国营经济的比重达到 73.5%），后来比重又有所提高，这是国家财政收入的主要来源。今后随着经济政策的放宽，在以国营经济为主导的前提下，多种经济形式和多种商品流通渠道将得到进一步的发展，城乡个体经济和中外合资企业交纳的税收将会增加一些，但是占财政收入的比重不会大。所以，要使财政收入有更快的增加，在广开财源的同时，必须把提高国营企业生产和经营的经济效益，当做主要的途径。

四、在收入上缴的形式中，税收和利润上缴两种形式所占比重有较大变化

1950 年，在国家财政收入中，企业收入（其中主要是利润上缴）的比重为 13.7%，各项税收为 75.2%（其中农业税占国家财政收入的比重较大，达 29.3%）。以后由于私营工商业社会主义改造的基本完成，也由于一个时期忽视发挥税收的作用，税收的比重曾一度下降，小于利润上缴。近几年有了变化，又转变为税收大于利润上缴。税收所占比重，1980 年为 55%，1982 年为 65%。随着利改税办法的逐步推行，税收的比重还将进一步增加，但其中农业税由于实行稳定负担的政策，上缴国家财政收入的比重逐年下降，1982 年只占国家财政收入的 2.7%。

五、财政收支多数年份是平衡的，少数年份有赤字

中国历来坚持当年财政收支平衡，略有结余的方针。从 1950 年到 1980 年，多数年份收支平衡，略有结余，有 12 年在执行中出现了赤字。其中，

1950年是由于新中国成立初期财政经济困难，收不抵支，出现赤字；1956年是由于经济工作的冒进，基本建设规模搞大了，职工人数增加偏多，农业贷款增加过猛，财政上出现了赤字；1958年至1961年是由于"大跃进"的失误，造成了国民经济的比例严重失调，以致财政上连续4年出现赤字；十年动乱给国民经济造成严重的困难，财政上1974年以后连续3年出现较大的赤字；近几年由于党和政府解决"四人帮"破坏期间造成的各种遗留问题，主动调整积累和消费的比例关系，1979年至1980年财政出现较大的赤字。1981年进一步贯彻调整经济的方针，财政赤字已经大大缩小，实现了收支基本平衡，1982年收支继续保持基本平衡。但要做到完全平衡、略有节余，还须付出巨大的努力。

除此之外，还有两点值得注意：一是在国家预算之外，还有一笔预算外资金。这笔资金在新中国成立初期范围很小、数额很少，1953年只相当于预算内资金的4%。以后逐渐扩大，现在已达到60%多，一年600多亿元。二是经过30多年来的投资建设，中国已积累了5000多亿元的固定资产和3000多亿元的流动资金，这是我们继续前进的物质基础。随着经济的发展、经济效益的提高，今后增加财政收入的潜力是很大的。但是，在财力的分配和使用上，人们的眼睛往往只盯着预算内的1000多亿元收入，而对为数不小的预算外资金和比较雄厚的固定资产和流动资金，往往不大注意，管理不严，发挥它们的作用不够，这是今后应当注意改进的。

第二节 各个历史时期财政体制的演变

为了适应政治经济形势发展的需要，中国财政体制在各个历史时期进行了一定的改革或变动。

一、新中国成立初期实行高度集中的财政体制

新中国刚刚成立，国家面临着国民党反动派造成的国民经济支离破碎、通货膨胀、物价飞涨的困难局面，百废待兴，百业待举，需要办的事情很多。而国家财政由于长期革命战争形成的财政经济工作分散管理、分散经营的状

况基本上还未改变,处于收支脱节(统一支出,未统一收入)、收支不平衡、财力薄弱分散的状态。税收制度也不统一,老解放区沿用各革命根据地时期制定的税收制度,新解放区暂时沿用国民党时期的部分税法。在全国范围内,税种、税目、税率和征收方法都很不一致。为了平衡财政收支,稳定市场物价,安定人民生活,恢复国民经济,保证解放战争的彻底胜利,国家针对当时财经管理工作分散的局面,采取了统一财政经济管理的重大决策。1950年,政务院发布了《关于统一国家财政经济工作的决定》《关于统一管理一九五〇年财政收支的决定》《全国税政实施要则》,以及其他有关决定,使财经工作从基本上分散管理,改为高度集中的统一管理。

这种高度集中的财政体制的主要内容是:

(一)制定财政政策和财政制度的权限集中在中央。一切财政收支项目、收支程序、税收制度、供给标准、行政人员编制等,均由中央统一制定。

(二)财力集中在中央。在财政收入方面,除地方税收和其他零星收入抵充地方财政支出外,其他各项收入,包括公粮(农业税)、关税、盐税、货物税、工商业税、国营企业收入、公债收入等,均属中央财政收入,一律解缴中央金库;在财政支出方面,各级政府的财政支出,均由中央统一审核,逐级拨付,地方组织的财政收入同地方的财政支出不发生直接联系。

(三)各项财政收支,除地方附加外,全部纳入统一的国家预算。

(四)适应当时多种经济成分并存,特别是资本主义工商业大量存在的情况,全国统一实行多种税、多次征的复税制。除了农业税以外,在工商税收方面,统一征收货物税、工商业税、盐税、关税、印花税、交易税、屠宰税等14种税,开始建立了统一的社会主义税收制度。

1951年全国财政经济情况开始好转,财政体制上也作了某些改进。但是,直到1952年财政管理权限仍然是高度集中统一的。

这个时期实行的高度集中、统收统支的财政管理体制,适应了当时政治经济形势的要求,集中收入,节约支出,统一管理,从而在短期内改变了过去长期分散管理的局面,平衡了财政收支,稳定了市场物价,保证了军事上消灭残敌、经济上重点恢复的资金需要,取得了财政经济战线上的第一次大

"战役"的伟大胜利。毛泽东同志曾经高度评价这一胜利，指出它的意义不下于淮海战役。刘少奇同志也指出："这是全国最大多数人民的利益。这是除开人民解放军在前线的胜利以外，从中央人民政府成立以来为人民所做的一件最大的工作。"① 这种高度集中、统收统支的体制，是适应当时的具体情况的。如果不采取这种办法，国家不集中掌握财力，不统一管理，那么要迅速扭转当时那种困难的局面，并取得巨大的胜利是不可能的。但是，当客观的政治经济形势发生变化时，这种体制就应有相应的改进了。

二、第一个五年计划时期实行划分收支、分级管理、侧重集中的财政体制

1953 年，中国进入有计划的大规模的经济建设和社会主义改造时期。在新的形势下，原来的财政体制和国家经济建设的客观要求不完全适应了，显得集中得过多一些。因为这种财政体制给地方财政和企业的机动性太小，不能因地制宜和灵活地运用资金。同时，集中过多又会使繁杂的财政事务都集中在中央，分散了精力，不利于集中力量考虑国家财政的重大问题和方针政策，而且使大量国家资金经常处于上缴下拨的过程中，不能及时地加以调度利用。财政管理工作，不仅要加强中央的统一领导和统一计划，集中资金，保证重点建设，而且要充分发挥地方和企业的积极性，因地制宜地满足它们的合理需要。因此随着大行政区机构的撤销，国家财政体制也作了相应的改进，降低了集中的程度，实行侧重集中统一，同时在许多方面又有一定的分散和灵活性的办法。其具体做法是：

（一）财政实行分级管理。国家财政分为中央级、省、直辖市级和县（市）级三级财政。中央级财政称中央财政，省级以下的财政，均称地方财政。

（二）国家财政支出，按照企业、事业和行政单位的隶属关系和业务范围，划分为中央财政支出和地方财政支出。属于中央财政支出的主要有：国

---

① 刘少奇：《在北京庆祝五一劳动节干部大会上的演说》，《新华月报》（1950 年 5 月号）第 7 页。

防费、中央经管的国营企业投资、经济建设事业费、社会文教事业费、中央级行政管理费以及内债外债还本付息和其他支出等。属于地方财政支出的主要有：地方各级经管的国营企业投资、经济建设事业费、社会文教事业费、地方各级行政管理费和其他支出等。

（三）国家财政收入，实行收入分类分成的办法，即：将国家的财政收入划分为固定收入、固定比例分成收入和调剂收入三类。固定收入是固定属某一级的收入，其他级不参与分成。固定收入分为中央固定收入和地方固定收入。属于中央的固定收入有：关税、盐税、烟酒专卖收入以及中央和大行政区管理的国营企业收入、事业收入和其他收入等；属于地方的固定收入有：印花税、利息所得税、屠宰税、牲畜交易税、城市房地产税、文化娱乐税、车船使用牌照税以及地方国营企业收入、事业收入和其他收入等。固定比例分成收入是中央和地方各按一定的比例分成的收入。属于中央同地方的固定比例分成收入有：农业税和工商业税。调剂收入是中央用以弥补地方不足的收入。属于中央的调剂收入有：商品流通税和货物税。

（四）地方预算每年由中央核定。按照收支划分，地方的财政支出，首先用地方的固定收入和固定比例分成收入抵补，不足的差额，由中央划给调剂收入弥补。调剂收入的分成比例一年一定。

（五）根据党在过渡时期的总路线和发展社会主义经济的要求，税收制度按照公私营经济区别对待和繁简不同的原则，采取了许多措施，保护社会主义经济，有步骤地利用、限制、改造资本主义工商业，促进个体经济走合作化道路，保证国营经济在国民经济中占领导地位。在这个期间，还按照"保证税收，简化税制"的精神，试行了商品流通税，简化了货物税，修订了工商营业税。

（六）为了正确处理国家同企业的关系，发挥企业生产的积极性，从1952年开始，建立了企业奖励基金和超计划利润分成的制度。最早的办法是：凡是完成国家下达的生产、销售、财务等计划的企业，按不同行业从计划利润中提取2.5%—5%、从超计划利润中提取12%—20%的奖励基金。奖励基金总额不能超过企业全年基本工资总额的15%。奖励基金主要用于职工奖励和集体福利。第一个五年计划期间对提奖的条件和提取比例作了一些修改，超计划利润分成的使用范围也扩大了，可以用于补充计划内基本建设和因超产而引起的流动资金的不足，以及经国家专案批准的基本建设项目。

（七）成立管理基本建设资金的专业银行。为适应在大规模经济建设中基本建设拨款逐渐增多的情况，1954年成立了中国人民建设银行，专门负责对基本建设的拨款、结算、贷款和监督。对于执行国家计划，加强重点项目的管理，保证资金供应，监督资金合理使用，都起了积极作用。

从1953年至1957年，财政体制的具体内容虽然每年都有一些变化，但总的来说，是在保证国家集中主要财力进行重点建设的前提下，实行划分收支、分级管理的体制。尽管这个时期的财政体制集中统一仍然多一些，中央支配的财力约占75%，地方支配的财力约占25%，但地方有固定的收入来源和一定的机动财力，而且执行的结果，地方都有相当的结余。在国家同企业的关系上，尽管企业留用资金比较少，但企业在这个期间共计提取企业奖励基金和超计划利润分成21.4亿元，也有一定的机动，总体是适应当时的情况的。税收制度尽管比较繁复一些，但在保证国家收入、促进社会主义改造的顺利实现上，起了重要的作用。第一个五年计划时期，国家财政收入的情况是，由1952年的173.9亿元上升到1957年的310.0亿元，平均每年约递增12.3%，五年共积累资金1318.6亿元（以上均不包括向国外借款），增长速度快，积累资金较多，保证了以苏联帮助设计的156项建设单位为重点的建设资金的需要。而且由于贯彻执行了在综合平衡中稳定前进的方针，党和政府比较注意按客观经济规律办事，计划安排也大体符合客观的比例关系，所以经济的发展和人民生活的提高比较快，而体制上虽然有某些集权过多、统得过死的弊病，但是并不很突出。

三、"大跃进"时期下放财权，进行了一次全面改革财政体制的尝试

1958年，中国进入第二个五年计划时期。当时，生产资料私有制的社会主义改造已经基本完成，经济建设有了很大发展，新建的大中型企业也陆续投入生产，中央各主管部门所管的企业事业单位大大增加了，并且分布在全

国各个地区。为了加强对国营企业的生产领导和经营管理，有必要把一部分适合于地方经营的企业，下放给地方管理。同时，地方也要求掌握更多的财权，以便因地制宜地安排本地方的经济文教建设事业的发展。根据当时的客观情况和毛泽东同志指示的精神，中央决定把一部分中央企业下放地方管理，同时财政体制也相应地进行了改革。

在这之前，于第一个五年计划末期的1957年11月，国务院在颁发《关于改进工业管理体制的规定》和《关于改进商业管理体制的规定》的同时，颁发了《关于改进财政管理体制的规定》，并于1958年开始实施。这次财政管理体制改革的一个重要特点是同工商管理体制的改革相互配套，同步进行。总的精神是扩大地方财政和企业的管理权限，既要保证国家重点建设所需要的资金，又要适当增加地方的机动财力。改革的主要内容是：

（一）在中央和地方的关系上，同过去体制的一个重要区别，是把"以支定收，一年一变"改为"以收定支，五年不变"。过去是先确定地方的支出，然后按支出划给一定的收入，这种划分每年一次。从1958年开始是在划给地方的收支项目和分成比例确定以后五年不变，在五年内地方可以根据收入情况安排支出。具体作法是：

1. 在财政收入方面，实行分类分成的办法。属于地方财政的收入有三种：第一种是固定收入，包括原有地方企业收入、事业收入、其他收入以及七种地方税收；第二种是企业分成收入，包括中央划归地方管理的企业和虽然仍属于中央管理但地方参与分成的企业利润，20%分给企业所在省（市）作为地方收入；第三种是调剂分成收入，包括商品流通税、货物税、营业税①、所得税、农业税和公债收入。这些收入划给地方的比例，根据各个地区财政平衡的不同情况，分别计算确定。

2. 在财政支出方面，属于地方财政的支出有两种：第一种是地方的正常支出，即地方财政支出中比较经常的开支，如地方的经济建设事业费、社会文教事业费、行政管理费和其他地方经常性的支出。这些正常支出，由地方

---

① 商品流通税、货物税、营业税和印花税后来合并为工商统一税。

根据中央划给的收入自行安排;第二种是由中央专案拨款解决的支出,包括基本建设拨款和重大灾荒救济、大规模移民垦荒等特殊性开支。这些专案拨款,每年确定一次,由中央拨付,列入地方预算。此外,对地方国营企业和地方公私合营企业需要增加的流动资金,30%由地方财政拨款,70%由中央财政拨款或者由银行贷款。

3. 为了满足地方正常支出的需要,以省、市、自治区为单位,按以下四种情况,分别划定地方的收入项目和分成比例:第一种情况,地方用固定收入能够满足正常支出需要的,不再划给别的收入,多余部分按照一定的比例上缴中央;第二种情况,地方用固定收入不能满足正常支出需要的,划给企业分成收入,多余部分按一定比例上缴中央;第三种情况,地方用固定收入、企业分成收入仍然不能满足正常支出需要的,划给一定的调剂收入;第四种情况,以上三种收入全部划给地方,还是不能满足正常支出需要的,中央给予拨款补助。

确定地方正常支出和划分收入的数字,都以1957年的预算数作为基数。收入项目和分成比例确定后,原则上五年不变,地方多收了可以多支。

(二)为了照顾少数民族地区经济文化发展的特点和需要,国务院于1958年6月颁布了《关于民族自治地方财政管理暂行办法》,决定把在自治区内征收的税收,除关税以外全部划给自治区。这样,民族自治区的收入包括:地方固定收入的全部,企业分成收入20%的全部以及调剂收入的全部。自治区的支出,除了把正常支出划给自治区以外,还把基本建设支出也划给自治区,计入基数,由他们自行安排。

(三)在企业财务体制方面,1958年5月国务院颁发了《关于实行企业利润留成的几项规定》,决定将企业实现的利润按照一定的留成比例留给企业,由企业在国家规定的范围内自行安排使用。留成比例是以部为单位,按第一个五年计划期间实际拨付的"四项费用"和商业简易仓棚建筑费、提取的企业奖励基金、社会主义竞赛奖金、超计划利润分成等占同一时期实现的利润的比例来确定的。主管部在部留成总额内核定所属企业的留成比例,主管部可集中一部分调剂使用。留成比例确定以后,基本上5年不变。企业利润留成制度从1958年到1961年实行了4年,共提取留成资金146.7亿元。

此外，从1959年开始试行了流动资金统一归银行一家管理的制度，习惯上称之为"全额信贷"。这个办法试行到1961年为止。

（四）在基本建设财务体制方面，1958年试行了投资包干制度。即：年度确定的基本建设投资，在不降低生产能力、不推迟交工日期、不突破投资总额、不增加非生产性建设比重的条件下，交由建设部门和单位，统筹安排，包干使用。工程竣工，资金如有节余，仍留给建设部门和单位另行安排使用。同时，为了加强基本建设财务管理，还实行了"两闸并一闸"的管理体制，即：建设银行既管拨款，又管预算，具有财政和银行的双重职能，把基本建设资金从确定预算、拨款直到工程决算，从头至尾由建设银行管起来。

（五）在税收制度上，进一步简化了税制。把原来的商品流通税、货物税、营业税、印花税合并为工商统一税。同时停止征收利息所得税和文化娱乐税。此外，还在几个城市的国营企业试行"税利合一"，即把税合于利，取消税收，只保留利润上交一种形式。试点结果表明，"税利合一"是不成功的，后来停止了试点，没有推广。

（六）在文教科学卫生事业单位和行政机关财务管理体制方面，1958年实行了预算包干办法，主要有以下三种形式：（1）总额包干，调剂使用，结余全部留用或比例分成；（2）总额控制，调剂使用，结余上交；（3）总额控制同包干使用相结合。这是加强财务管理工作的一个较好的措施，也是调动一切积极因素，管好用好文教、行政经费和促进事业发展的有效办法。后来由于种种原因，只实行了两年就停止了。

综上所述，1958年财政体制是一次范围较广的改革，是试图在总结中国第一个五年计划建设经验的基础上，探索适合中国国情的责、权、利相结合的体制的一次尝试。这次改革方案中的一些办法，是经过深入调查研究，在1957年第四季度就作了准备的。原定改革方案本身基本上是正确的，注意了地方、企业分成的限度，规定了地方机动财力主要用于同发展农业生产有关的方面，基本建设仍由中央专案拨款。在开始执行时，对调动地方的积极性，增加地方的财政收入，因地制宜地发展一些地方事业，曾起过良好的作用。利润留成制度和基本建设投资包干，对调动各部门的积极性，推动群众性的经济核算，也起了一定的作用。试行"全额信贷"，流动资金由银行一家管，也不失为一个有益的尝试。但是，这次体制改革和整个经济工作是在"左"的错误思想指导下、在"大跃进"运动中进行的。由于发生了高指标、瞎指挥、共产风和浮夸风等严重错误，由于片面追求"大跃进"的高速度，忽视经济效益，从而带来了财政收入的虚假。表面有结余，实际连续四年有赤字。当时还片面地强调地方经济建设自成体系，忽视了国民经济的综合平衡，盲目扩大基本建设规模，同国家经济建设的统一布局发生了矛盾。同时，下放不讲适度，中央各部管理的企业、事业单位，包括关系国家经济命脉的大型骨干企业大批下放给地方管理。再加上农村财贸方面在人民公社化高潮中实行"两放、三统、一包"① 等措施，过多地扩大了地方和单位的财权，过分地分散了财力。当时，在刮"共产风"，搞"一平二调"的情况下，有一种片面的认识，认为"不管甲乙丙丁，反正都是姓公"。因此，1958 年的财政管理体制的改革方案实际执行的结果，已经同原来拟定的改革精神不相符合了，使这次改革没有达到预期的目的。

三年"大跃进"造成了国民经济比例失调，加上其他原因，中国经济生活出现了严重困难。尽管在中央同地方的关系上，1958 年 9 月，国务院通过了《关于进一步改进财政管理体制和相应改进银行信贷管理体制的几项规定》，决定从 1959 年起实行"总额分成，一年一变"② 的财政体制，试图通过一年一变的作法，解决财力分散、财政计划同国民经济计划不相衔接的问题，但由于宏观决策的失误，难以奏效。三年"大跃进"，"左"倾错误的泛滥，更刹不住车，国家和人民都受到很大损失。

四、20 世纪 60 年代调整时期又实行了比较集中统一的财政体制

由于三年"大跃进"中经济工作指导上的失误，再加上连续几年发生了

---

① "两放"是下放人员，下放资产给人民公社管理使用。"三统"是由国家统一政策、统一计划、统一流动资金管理，"一包"是人民公社对国家包上缴财政任务。

② "总额分成"是把地方负责组织的总收入同地方财政总支出挂钩，以地方财政总支出占地方总收入的比例，作为地方总额分成比例，地方按此比例分得财政收入。

严重的自然灾害和苏联政府撕毁援建合同，致使中国国民经济发生了严重困难。1961年党中央提出了对国民经济实行"调整、巩固、充实、提高"的方针。为了更好地贯彻这个方针，需要强调集中统一领导，在统一政策、统一计划和统一制度下，统一调配人力、物力和财力。而1958年到1960年实行的财政体制，主要方面都是较多地强调了扩大地方和企业的财力和财权，执行中又放过了头。由于财权下放较多，财力过于分散，财政管理偏松，不利于国民经济计划的综合平衡。因此，在调整时期，为了解决国民经济比例严重失调和克服困难，财政体制需要随着当时的形势作必要的改进，即在一段时间内实行比较集中的办法。

1961年1月，中共中央批转了财政部党组《关于改进财政体制、加强财政管理的报告》。报告明确指出：在财政管理和财政体制方面，相当突出地存在着财政纪律松弛、财政管理偏松、资金使用分散和财权分散等现象。报告针对存在的这些问题，提出了改进措施：（1）坚决纠正财权过于分散的现象，强调财政管理的集中统一，把国家财政权基本上集中在中央、大区和省（市、自治区）三级，缩小了专区、县、公社的财权；（2）继续实行"总额分成，一年一定"的办法，但在收入方面，收回一部分重点企业、事业单位的收入，作为中央的固定收入，在支出方面，将基本建设拨款改由中央专案拨款，以利于加强对基本建设投资规模的严格控制；（3）坚持"全国一盘棋"，各级预算都要坚持收支平衡、略有结余，不能打赤字预算；（4）对预算外资金采取"纳、减、管"的办法进行整顿，即：有的纳入预算，有的减少数额，都要加强管理。

根据当时货币发行过多，部分物价上涨，商品严重不足的状况，需要进一步加强财政管理，以促进国民经济的调整。中共中央、国务院于1962年3月和4月又先后发布了《关于切实加强银行工作的集中统一，严格控制货币发行的决定》和《关于严格控制财政管理的决定》。在这两个《决定》中，规定要采取一系列果断措施：实行银行工作的高度集中统一，把货币发行权真正集中于中央，同时把财政的漏洞堵住，要求所有的经济部门和企业单位都要改进经营管理，加强经济核算，切实扭转企业大量赔钱的状况；加强财务管理，制止各单位之间相互拖欠货款，维护应当上缴国家的财政收入；严格控制各项财政支出，划清银行资金和财政资金的界限，不准用银行贷款作财政性支出；切实加强财政监督，并重申了加强财政管理的十项禁条。这个决定，对集中财权、加强管理、平衡财政信贷收支，起了重要作用。

这一时期，为了进一步解决少数民族的特殊需要，对民族自治地方的财政管理体制作了比较全面的改进。1963年12月，国务院颁发了《关于改进民族自治地方财政管理的规定（草案）》，决定自1964年起，实行"核定收支、总额计算、多余上交、不足补助、一年一定"的办法。这次改进的体制有以下几点特殊规定：

一是民族自治地方的预备费高于一般地区。自治区的预备费按照支出总额的5%计算，比一般省、市高2%；自治州的预备费，按照支出总额的4%计算，自治县的预备费按照支出总额的3%计算，比一般地区也高。

二是每年按上年的正常支出决算数，另加5%的机动金。

三是增加一笔民族自治地方补助费，作为解决民族自治地方一些特殊性开支的专款。

四是收入超收全部归民族自治地方使用，中央不参与分成，而一般地区的超收，中央要参与分成。

为了恢复和发展生产，还大幅度地减少了农业税收，并对"一平二调"实行了退赔。同时，为了总结经验教训，解决财政上的虚假，对国营企业进行了清产核资，国家拿出了相当大的资金处理"大跃进"造成的各种财政遗留问题，如国营企业物资盘亏报废损失等。

在企业财务方面，恢复实行企业奖金制度。1962年1月财政部、国家计划委员会在《国营企业四项费用管理办法》中确定，从1962年起，除了商业部门仍实行利润留成外，其余各部门的企业不再实行利润留成办法，恢复企业奖金制度，其内容比1957年以前的办法，在提奖条件、提取比例上有一些改进，在使用范围上则基本相同，主要用于职工奖励和集体福利事业。

这个时期，财政上实行的是比较集中的体制，但不是新中国成立初期和第一个五年计划时期的集中体制的简单恢复。开始主要是纠正"大跃进"时期一些"左"的错误,把下放过头的权力收回,以保证调整经济的任务的完成。以后随着经济的好转,注意了集中当中有分散,注意了在国家计划指导下实行市场调节,发挥价格、税收、信贷等经济杠杆的作用。如在保证每户定量平价供应糖的同时,出售了高价糖果等;在开放农村集市贸易的条件下,实行了高来高去、低来低去的价格措施。这不仅对于增加收入、回笼货币、稳定市场物价,起了很好的作用,而且也是运用经济方法调节经济的有益尝试。此外,在工业生产和商品流通改革方面,也进行了一些探索。由于当时认识统一,措施得力,宏观决策正确,国民经济得到了迅速恢复和发展。1963年至1965年,工农业总产值平均每年增长15.7%,财政收入平均每年增长14.7%(增长速度较快,有恢复经济的因素),各项经济指标,已经恢复到第一个五年计划时期的最好水平。这个时期,集中和分散处理得比较恰当,该严的严、该松的松,因此,取得了很大成效,但是,限于当时的历史条件,整个"左"的思想并没有认真清算和根本纠正,仍然潜伏着危险和隐患。

五、十年动乱期间,财政体制变动频繁

1966年,国民经济刚刚好起来,"文化大革命"的十年动乱开始了。调整时期改正过来的下放过头的问题,在"打倒'条条专政'"的口号下,又再次重演。建立和健全起来的合理的规章制度,在批判所谓"管、卡、压"的口号下,又被否定了;企业奖金制度,被当作"资本主义尾巴"割掉了;甚至在发展生产的基础上增加企业的盈利和增加财政收入,也以"利润挂帅"的罪名被批判了。这个时期,由于林彪、"四人帮"的干扰破坏,在经济遭到严重破坏、财政收入不稳定的情况下,财政体制几经变动。1968年,生产停滞,收入下降,有的省、自治区连正常经费也不能解决。为了保证地方必要的支出,在中央和地方之间暂时实行过收支两条线的办法,即:收入全部上缴,支出全由中央分配。1971年至1973年,在经济体制"大下放"、"大包干"的情况下,财政上实行收支包干的体制,即地方收支指标核定以后,收入大于支出的,包干上缴中央财政;支出大于收入的,由中央按差额包干补助。1974年、1975年,实行过"收入按固定比例留成(即地方从所负责组织

的收入中按一定比例提取地方机动财力），超收另定分成比例，支出按指标包干"的体制。1976年又实行过"收支挂钩，总额分成"的体制，这种体制同1959年实行的"总额分成"基本一致。

在这期间，取消了企业奖金制度，改按工资总额11％的比例从成本中提取职工福利基金。

在工商税制上过分地强调了合并税种，简化税制，削弱了税收的经济杠杆作用。

这个时期，由于政治上的动乱和生产上的不正常，财政体制上实行的多种办法，基本上是一种解决当时存在的突出问题的临时过渡办法，其目的都是为了在困难中勉强维持过日子，而且是在"左"的思想指导之下进行的，因此弊病较多。由于当时不适当地、过多地下放了企业，下放了财权，使中央直接掌握的财力只占到全国财政收入的百分之十几，出现了资金分散、盲目建设的现象。

六、党的十一届三中全会以后，财政体制的改革进入新的历史时期

粉碎"四人帮"以后，国家面临着恢复国民经济和克服财政困难的紧迫任务，当时在财政上对加强管理和增收节支方面采取了若干措施，财政体制没有作大的改动。到了1978年，为了调动地方增产增收的积极性，在部分省（市）试行过"收支挂钩，增收分成"的体制，主要特点是，地方机动财力的提取，按当年实际的收入比上年增长的部分和确定的增收分成比例进行分成。1979年又在大部分省市实行过"收支挂钩，超收分成"的体制，即地方机动财力的提取，按实际收入超过计划收入的部分和确定的超收分成比例进行分成。

党的十一届三中全会以后，为了在国民经济方面更好地贯彻执行"调整、改革、整顿、提高"的方针，适应实现四个现代化建设的要求，在彻底清算"左"倾错误指导思想的基础上，党中央提出要认真总结历史经验，对经济体制逐步进行全面改革，并要求以财政体制为突破口，改革先行一步。根据这个精神，财政体制相继进行了一系列的改革，主要有以下几个方面：

（一）从 1978 年年底开始，对国营企业先后试行企业基金办法、各种形式的利润留成办法和盈亏包干办法。

（二）从 1979 年起对农垦企业实行财务包干的办法。同时提高粮食、肉、禽、蛋等农副产品的收购价格，调低征购基数，减免一部分农村税收。

（三）从 1979 年起对基本建设单位进行由财政拨款改为贷款的试点。

（四）从 1980 年起国家对省、市、自治区实行"划分收支、分级包干"的财政体制。

（五）从 1980 年起对文教科学卫生事业单位、农业事业单位和行政机关试行预算包干办法。

（六）从 1980 年开始，在少数城市和少数企业进行利改税的试点和税收制度上的其他一些改革的试点。

这次财政体制的改革比较全面，涉及了财政的各个方面，不但改进了中央同地方的关系，而且把改革的重点放在改进国家同企业的关系上，以上六条中就有四条是涉及国家同农工商企业和建设单位的关系的。

改进国营企业财务管理的基本精神是：扩大企业的自主权，改变国家对企业统得过多、管得过死的状况，使企业成为在国家统一计划下，具有一定自主权和活力的经济单位，并根据企业的不同情况，采取多种形式的利润留成或包干制度，不搞一刀切。从 1978 年至 1982 年的 5 年间留给工交企业的财力约有 420 亿元，数量相当可观。在实行计划经济为主、市场调节为辅的原则下，企业有了一定的经济自主权和财权，这对调动企业的积极性，增强职工的主人翁责任感，搞活经济，起到了积极的作用。

从 1980 年开始，在一些国营企业还进行了将上缴利润改为征税的试点。试点形式大体上可分为三类。一类是选择若干市、县对所属的工交企业全面进行试点。如广西自治区的柳州市，湖北省的光化、黄陂、南漳、均县、汉川等县，上海市的十个郊区，广东省的顺德、高州两个县，甘肃的武威县等。一类是选择若干行业或公司进行试点。如上海市轻工业机械公司，四川省重庆市第一轻工业、电子仪表两个行业。一类是选择若干企业进行试点。征收所得税后的利润分配大致有三种情况：（1）对个别有特定发展任务的企业，实行利润基本上都留给企业，由企业自行安排；（2）国家用调节税和资金占用费或资金分红再提取一部分利润，其余部分留给企业使用；（3）保持利润留成形式，从国家征收所得税和占用费后的利润中扣除应留给企业的三项基金，其余用调节税的办法全部上交国家财政。对国营企业实行利改税，收到了一定的效果。在处理国家同企业之间的分配关系上，实行利改税是改革的方向，较之其他办法具有更多的优越性。实行利改税，对于促进企业完善经济责任制，对于更好地运用税收这一经济杠杆，促进国民经济的发展，对于保证国家财政收入的稳定增长，进一步加强财务管理和财政监督等方面，都具有重要的意义。此外，在少数企业，还进行了增值税的试点。

1979年，国家对农垦企业实行独立核算、自负盈亏、财务包干的办法，对农场的包干形式主要有三种：（1）对国营农场和国营农工商联合企业，一般实行"盈利留用，亏损不补"的办法；（2）对橡胶农场，各级农垦部门直属的工业、供销企业和少数利润较大的国营农场，实行"包干上交，一年一定，结余留用，短收不补"的办法；（3）对少数自然条件太差，暂时还有亏损的国营农场，在一两年内，酌情给予照顾，实行"定额补贴，一年一定，结余留用，超亏不补"的办法。农垦财务包干体制扩大了企业经营管理的自主权，对扭亏增盈，增产增收起到了积极的促进作用。以后，对水产等企业也实行了财务包干办法。

1979年国家较大幅度地提高了农副产品的收购价格，减免了一部分税收，使农村得以休养生息，有利于加速农业的发展。从1979年夏收开始，国家提高了粮、棉、油、麻、甘蔗、甜菜、猪、牛、羊、禽、蛋、蚕茧等18种主要农副产品的收购价格，并对粮、棉、油实行了超购加价。国家财政用于这方面的补贴，1979年当年即达到78亿元。以后几年，随着收购数量的增加，这方面的补贴逐年都有所增加。

基本建设投资的一部分由财政拨款改为由建设银行贷款，这是基本建设管理的一项重大改革。由拨款改为贷款以后，建设部门和单位要还本付息，承担经济责任，因此在一定程度上限制了过去那种盲目争投资、争项目，不注意经济效果的情况，有利于促进建设单位精打细算，合理安排，加快建设进度，发挥投资效果。

此外，从1980年开始，对文教科学卫生事业单位、农业事业单位和行政机关全面试行预算包干的办法。包干的形式，大体上有三种：（1）对全额预算管理单位的正常经费实行预算包干、结余留用；（2）对有经常性业务收入的事业单位，实行核定收支、定经费补助、超支不补、结余留用；（3）对某些特殊性、临时性的以及集中使用更为有利的经费，实行专项拨款、结余留用。行政事业单位试行预算包干办法，调动了单位领导当家理财的积极性，改变了长期以来对行政事业单位财务管理权力过分集中、单位领导当家不理财的弊病，促进了单位合理使用资金，有利于防止年终突击花钱，既节约了支出，又促进了事业的发展。

在中央同地方财政的关系上也进行了比较大的改革，主要是由"一灶吃饭"（大锅饭）改为"分灶吃饭"，由"一年一定"改为"一定五年不变"，由"总额分成"改为"分类分成"。改革的基本原则是：在巩固中央统一领导和统一计划，确保中央必不可少的开支的前提下，明确各级财政的权利和责任，作到权责结合，各行其职，各负其责，充分发挥中央和地方两个积极性。具体作法是把收入分为固定收入、固定比例分成收入和调剂收入三类，支出按隶属关系划分。凡是地方固定收入和固定比例分成收入大于地方财政支出的，按一定比例上交中央财政。在这类地区，作为调剂收入的工商税全部归中央财政。凡是地方固定收入和固定比例分成收入小于地方财政支出的，不足部分，从调剂收入（工商税）中划给一定比例进行调剂。凡地方固定收入、固定比例分成收入和调剂收入（工商税）全部留给地方，收入仍然小于支出的，其不足部分，再由中央财政给予定额补助。分成比例和补助定额确定以后，分级包干，五年不变。地方在这个范围内，自己安排收支，自求平衡。这种体制打破了过去那种统收统支、收支脱节的局面，扩大了地方的财权，调动了地方当家理财的积极性，加强了地方的责任心，体现了责、权、利相结合的原则。此外，根据广东、福建两省在对外经济活动方面实行特殊政策和灵活措施的情况，对这两个省实行了"划分收支，定额上交（广东）

和定额补助（福建）"的体制。

党的十一届三中全会以来的改革，是在纠正"左"倾错误，拨乱反正的基础上进行的，是根据中国的情况建立有中国特色的经济体制的一次成功的尝试。由于改革调动了地方、企业和广大劳动者的积极性，使国民经济出现了持续增长的大好形势。从 1979 年至 1982 年，农业总产值平均每年增长 7.5%，工业总产值平均每年增长 7.2%。在财政上，既保证了必要的建设规模，又使人民生活得到了迅速的改善。1979 年至 1981 年，仅国家财政用于改善城乡人民生活的资金即达 1400 多亿元。

当然在这次改革当中，也出现了一些问题：一是财政收入未能与工农业生产、国民收入同步增长，1979 年至 1981 年，在后者较快增长的同时，财政收入却连年下降。这种情况虽然与解决十年动乱的遗留问题有关，但从预算外资金的急剧增加来看，如体制处理适当，也不是不能避免的。二是中央财政困难，重点建设资金严重短缺。这几年，中央财政直接组织的收入，只占 20% 左右，靠地方上解过日子，没有回旋的余地。三是财政上统收办法被打破了，统支办法还在继续，责权利结合不够紧密，全民所有制的企业无论亏多亏少还要财政包下来。四是财政实行"分灶吃饭"以后，加剧了经济生活中的地区分割封锁状态，影响商品正常流通，使盲目建设、重复生产的现象有所增加。五是由于财政体制改革先行一步，同其他经济体制不配套，产生事权与财权不衔接。但是仍然应当肯定，这几年来财政改革的方向是正确的，效果总的来说是好的。

综上所述，在改革的五个时期中，财政体制搞得好的是第一个五年计划时期、20 世纪 60 年代初的调整时期和党的十一届三中全会以来的时期；搞得不好的是"大跃进"时期和十年动乱时期。但搞得好的时期也存在着某些弊病，搞得不好的时期从个别地区或某些措施看，也有一些合理的因素。

第三节 财政体制改革的基本经验

从 30 多年来中国财政体制改革的过程中，我们可以总结出以下几点基本经验：

一、体制的确定和改革，应当从中国的实际情况出发

中国是一个大国，又是一个穷国，民族众多，经济发展不平衡。所以，财政体制的确定和改革，要慎重从事，稳步前进，要照顾到各种复杂的情况。外国的经验可以借鉴，但不能照搬。何况，古今中外，在集权和分权的问题上，还没有一个解决得很好的模式。根据中国的基本国情，在财政体制上至少要考虑这样几点：一是中国每年新增加的国民收入不多，可供分配的财力有限，财力不足是四化建设中重要的制约因素；二是地区之间财力很不平衡，财政收入多寡悬殊，在财力分配上，既要鼓励先进，又要支援后进；三是中国地区辽阔，各地的经济发展各有其特点和优势，为了在国家统一计划下扬长避短，财政体制不能采取一个办法，不能一刀切。以1980年的体制改革为例，在中央同地方的关系上，从全国范围来说，是实行"划分收支、分级包干，分成比例一定五年不变"的体制。而实际上，是以一种体制为主、几种体制并存：广东、福建两省由于对外经济活动实行特殊政策和灵活措施，财政上实行"大包干"的办法；京津沪三大市仍然实行"总额分成、一年一定"的办法；民族自治区实行民族自治地方的财政体制（也是一定五年不变，但有若干照顾）。在国家同企业的关系上，利润留成和利润包干也是多种形式，而不是一个模式。在我们这样一个大国里，既要有大同，也允许有小异。

二、在财力划分上，要适当集中财力，进行重点建设

中国是个大国，又是穷国，财力的分配不能面面俱到，应当在保证中央的主导地位的条件下，正确处理集中和分散的关系，发挥各方面的积极性。过分集中，统得过多过死不好；过分分散，把国家有限的财力分得过散也不行。陈云同志说过："在落后贫困的经济的基础上前进，必须尽可能地集中物力、财力，加以统一使用。我们是有困难的，但是我们是有希望的。只要我们把力量集中起来，用于必要的地方，就完全可以办成几件大事。决不应该

把眼光放得很小,凌凌乱乱地去办若干无计划的事。"① 当然,不同时期情况不同,要求不同,集中和分散的程度可以有所不同,集中和分散不是一成不变的。在不同时期,既要有所侧重,又要防止"过犹不及"。在侧重集中的时候,要注意照顾各地方和各部门的某些特殊情况,保证必不可少的需要,防止统得过多过死。在侧重分散的时候,要注意加强综合平衡和计划管理,加强全局观点和严格财经纪律,防止出现不顾全局利益的本位主义现象。

三、正确处理国家、企业和个人三者的关系

财政体制的改革,既要正确处理中央同地方的关系,又要正确处理国家同企业和个人的关系。后者对经济的影响比前者更大,更重要。长期以来,我们注意了处理中央同地方的关系,而对处理国家同企业的关系注意不够。国家对企业统得过多,企业的财权偏小。历史上所作的多次改革,虽然注意调整了这方面的关系,但没有彻底解决。党的十一届三中全会以后,这方面的改革才提到了比较重要的位置上,扩大了企业的自主权,发展了多种形式的经济责任制,把责任、权力、利益紧密地结合起来。从历次改革来看,企业财权大小,留成多少,要同企业承担的任务、责任和对国家的贡献相适应,不能搞平均主义,也不是越多越好。正确处理国家同企业财力分配的原则应该是:简单再生产的权限要适当下放,扩大再生产的权限要适当集中;企业利润收入增长的部分,要坚持"国家得大头,企业得中头,个人得小头"的原则;企业利润留成的增长幅度不能超过生产和利润增长的幅度。个人所得的增长不能超过劳动生产率的增长。在制定改革方案中,试图不经过努力,轻轻松松从国家财政挖一块,以增加企业收入的做法,是不足取的。改革方案既定以后,不管经营好坏,都要从改革中得到好处,保护所谓既得利益的做法,也是不足取的。

---

① 陈云:《财经工作人员要提高自觉性》,《陈云文稿选编》(1949—1956年),人民出版社1982年第1版,第61页。

四、财政体制的改革要在有利于坚持财政收支平衡的条件下进行，并有利于国民经济的综合平衡

一项改革措施，即使能够收到某些良好效果，但如果它不利于财政收支的平衡和国民经济的综合平衡，就要慎重从事。因为，离开综合平衡来谈改革、讲效益、争速度，都会事与愿违。所以，在进行财政体制改革时，既要给地方、部门和企业必要的机动财力，使他们能够因地制宜地解决一些出现的问题，以利于把经济搞活，又要适当地确定地方、企业分成的限度，合理规定机动财力的使用方向，要建立综合财政计划，把预算内资金、预算外资金和信贷资金，加以统一安排。根据近年来的经验，要适当控制预算外资金增加过快，还要对其使用方向加强指导和监督，以利于全国计划管理和全面的综合平衡。

在充分发挥地方、部门和企业积极性的同时，要注意分清各方面对收支平衡的责任。从地方来说，不能在地方出现赤字的时候，总是由中央给予补助。为了保证全国财政收支的平衡，应该加重各级平衡财政收支的责任，不能"包而不干"。当地方确实无力自求平衡的时候，可以采取其他方式，例如借款的方式，限期归还，这总比完全由中央补助好。从企业来说，为了更新改造的需要，向银行借一些中、短期贷款是必要的，但应当先用自己的钱，不足时再向银行贷款；还款时，也应当先用自己的折旧基金和生产发展基金归还，不能自己有钱留作机动，全部由利润来归还。这样才有利于把企业自有资金的使用引导到正确的方向上去。

五、财政体制要相对稳定

要正确处理相对稳定和局部调整的关系，财政分成是一年一变好，还是一定几年不变好？这是财政体制中有争议的一个问题。如前所说，在新中国成立以来 30 多年中，企业的利润留成一般是一定几年不变的，而中央和地方的体制实行一定几年不变的，只有两次。一次是 1958 年，但实际上只执行了一年就变了；一次是 1980 年，已经坚持了 4 年。

一种体制的好坏，一年看不出来，所以体制改革以后要相对稳定。稳定了，才能心中有底，作长期打算，才能逐步建立起各级的后备。"一定几年不变"，固然有"一定"同"百动"的矛盾，即财政体制虽然一定几年，而经济工作的各种因素却随时都在发生变化；但"一年一变"，每年年初吵指标，工作量大，地方心中无数，缺点也不少。为什么 1958 年和 1980 年改进财政体制，原定三年不变，地方要求五年不变，原因就在这里。

但是，变和不变是辩证的统一，既要基本不变，相对稳定，又要允许在情况有较大变化时作必要的、局部的调整。邓小平同志在 1954 年兼任财政部长时曾提出自留预备费，结余不上缴，同时又提出，经过两三年，如果地方结余多了，中央可以少给开支，请他们上交一部分，地方是顾大局的，乐于作贡献的。陈云同志在 1958 年改进财政体制的时候也曾提出，要注意分成的限度，如果执行一年，出入很大时，应当允许作必要的局部调整。

所以，对变和不变不能作绝对的理解，而应当理解为，大局相对稳定和局部的必要调整相结合。

六、体制改革要配套

财政体制的改革要同计划、基本建设、物资、价格等方面的体制改革相互衔接，相互配合，一个方面孤军突出，往往会引起新的矛盾，收不到预期的效果。不仅财政体制要同相关体制的改革配套，而且管理权的集中与分散、改革措施的严与宽也要配套。要把集中和分散统一起来，有必要的分散才能有真正的集中。要把严与宽、管死与搞活统一起来，宏观经济该严的严了，该管的管住了，微观经济才能真正放宽搞活，才能统而不死，活而不乱。因此，体制改革应当有总的蓝图，即总体设想。在执行中，各项改革措施要做到相互协调、相互配套。否则，这方面的措施，可能为另一方面的措施所抵消，而达不到预期的效果。

最后，还要说明：发挥体制改革的积极作用，要以政治上安定团结、宏观决策正确、经济上稳定增长为前提；进行大的体制方面的改革，要经过试点，取得经验以后再由点到面逐步推广；并且还要有相当的财政后备力量。30 多年来，各个时期的体制改革，有成功，也有失误。成功时，不仅是体制本身合乎客观的需要，而且还由于当时政治上安定、宏观决策比较正确、市场物价基本稳定。失误时，不仅是体制本身有不恰当的地方，更重要的是指导思想和宏观决策不合乎客观规律。当宏观决策正确时，财政体制的改革就容易收到好的效果；反之，宏观决策失误时，财政体制必然受其影响，变得弊端增多。我们不能把1958年"大跃进"的失误完全归咎于当时的体制下放，正如我们不能把恢复时期和第一个五年计划时期的成功完全归功于体制的成功一样。一个错误的思潮，一个高指标或不适当的口号，有时发挥的作用比体制还要大。至于像"文化大革命"那样的十年动乱就更不用说了。另外，我们的思想要尽量符合客观实际，这是我们党的思想路线所要求的。但是，"智者千虑，必有一失"，很难设想一个体制改革方案，一下子想得那么完备，达到"万无一失"的地步。实际执行中，出现某些意想不到的问题，在某些方面出现失误，也难以完全避免。这就需要有相当的财政和物资的后备力量，以弥补改革中出现的漏洞，正如做一个大手术，需要有输血输氧等方面的准备一样。这一点也是需要特别注意的。

第八章
商业体制的改革

商业体制是整个经济体制的一个组成部分，它必然要受到整个经济体制的制约。但是，商业是组织商品流通的经济部门，所以商业体制又有其特殊的运动规律。在中国社会主义条件下，国家负有组织全社会经济生活的任务，它不仅直接领导国营商业，而且要统筹协调整个社会商业，组织全社会的商品流通。因此，中国的商业体制大体上包括三方面的内容：一是商品流通体制，即国家对社会商业的组织和管理；二是经营管理体制，即国家对国营商业部门的组织和管理；三是企业管理体制，即国家对国营商业企业和企业内部的组织和管理。其中关键是组织和安排好国营商业的经营管理体制。

从1949年中华人民共和国成立到现在的30多年来，国营商业进行过多次改组和调整。这期间，中央一级的国内商业部门，最多的时候（1956年）有5个，即商业部、粮食部、城市服务部、水产部和全国供销合作总社（一段时间还专设过农产品采购部）；最少的时候（1970年至1974年）只有1个商业部。但在大部分时间里，国内商业是由商业部、粮食部、全国供销合作总社3个部门分工承担的。1982年在机构改革过程中，三个部门再次合并为一个商业部。新的商业部系统，截至1982年底，共有各类商业机构（包括归口管理的集体商业）123万个，职工1400万人，其中零售、饮食、服务网点89万个，699万人，分别占社会商业网点和人员的26%和55.2%；批发企业的工业品收购总额1026亿元，占工业部门提供市场商品资源总额的71.3%；农副产品收购总额808亿元，占社会收购总额的74.6%；零售企业的零售总额1574亿元（不含饮食业和归口集体企业），占社会零售总额的64%；商办工业、加工生产企业生产总值493亿元，占社会工业生产总值的8.9%以上，这些商业机构是国内商业的主体和领导力量，因此，改革商业体制，首先是改革商业部系统的管理体制。

中国现行的商业体制，是从 50 年代沿袭下来的，中间经过了多次大的调整和改革，从国民经济恢复时期建立高度集中统一的领导体制开始，到第一个五年计划时期改为统一领导、分级管理的体制，"大跃进"时期的政企合一、企业下放，国民经济调整时期恢复和建立专业公司，"文化大革命"时期的再一次政企合一、企业下放，到党的十一届三中全会以来开始进行的一系列新的改革。其中，有成功的经验，也有失败的教训。这期间，尽管商业体制经过多次变革，但在组织形式、领导体制以及基本的组织制度方面，总的格局基本上仍然是一种政企合一、政企不分或者以政代企的体制，与当前商品生产大发展的新形势很不适应。为了给新时期商业体制的改革进行必要的理论和经验准备，需要对中国社会主义商业体制的历史实践，认真地加以总结，吸取有益的经验教训。

第一节 国民经济恢复时期以国营商业为领导的商业体制开始建立

新中国成立初期，国民党反动政府遗留下来的是一个商业萎缩、投机猖獗、物价狂涨的市场。摆在我们面前的任务是，迅速壮大社会主义商业，打击投机活动，稳定市场，繁荣经济，保障城市供应，为恢复和发展国民经济创造有利的市场条件。我们一进入城市，主要集中抓三个方面的工作：一是没收官僚资本，在这基础上建立和发展国营商业；二是管制对外贸易，摆脱国际资本主义市场对国内市场的影响，使对外贸易为恢复国民经济服务；三是打击投机活动，稳定市场，使私营工商业逐渐转入正常经营。三条战线同时展开，协同作战。经过一段时间，国营商业迅速发展，并很快控制了对外贸易，掌握了一定的物资力量，成为国内市场中一支举足轻重的重要力量。与此同时，合作社商业在农村也得到迅速发展，成为农村市场中的一支重要力量。国营商业与合作社商业相互配合，很快就在批发市场掌握了主动权，以后也在零售市场上掌握了一定的主动权，为恢复国民经济、保障人民生活和建立新的市场秩序，创造了有利条件。随着国营商业的发展和国内市场的改组调整，一种新型的具有社会主义特点的商业体制逐步建立了起来。

一、国营商业开始建立起高度集中统一的管理体制

中华人民共和国成立前的一段时间，由于各地解放的时间先后不同，加上国营商业一进入城市立即投入了打击投机活动、稳定市场的斗争，还没有来得及从组织、制度上建立全国的统一领导，财经工作仍由各地分散管理、分散经营。因而，虽然在打击投机活动、稳定市场方面取得了很大胜利，但由于力量分散，市场物价波动并未从根本上制止。为了加强市场领导，调剂物资供求，集中力量在主要方面给投机商以致命打击，争取财政经济状况的根本好转，亟须建立对贸易工作的统一领导。1949年11月1日，在原中央商业处的基础上，正式设立了中央人民政府贸易部，统一管理国内商业和对外贸易，并着手进行统一全国贸易的准备工作。1950年3月，中央人民政府政务院先后发布了《统一国家财政经济工作的决定》和《统一全国国营贸易实施办法的决定》，提出财政、物资、资金三统一的要求，建立起集中统一的管理体制。在统一其他财经工作的同时，也统一了全国的内外贸易。当时的主要措施是：

（一）建立全国性的专业公司。从1950年2月开始，在原各大行政区和省、市、自治区贸易公司和没收的官僚资本商业的基础上，先后建立了盐业、粮食、油脂、百货、花纱布、煤建、土产、石油、工业器材、皮毛、猪鬃、蛋品（后面三个公司合并为畜产公司）、矿产、进口、进出口15个专业总公司，在中央贸易部统一领导下，分别经营国内商业和对外贸易。各专业总公司根据业务需要，在省、专区、市、县设立分支机构，由总公司统一管理、统一经营，在全国范围内统一核算。

（二）建立贸易金库制度，实行资金大回笼。各级专业公司的固定资产和流动资金，都由中央贸易部（通过各专业总公司）统一分配和调度、使用；各级专业总公司的现金收支，一律实行"贸易金库"制；企业实现利润和其他一切现金收入，均须按专业系统逐级上缴，由中央贸易部汇总交库；企业

财产损失和一切费用开支均须列报计划，报中央贸易部批准，由专业总公司以支付通知书通知金库支付。这种全国范围内的统收统支制度，把全部资金置于中央贸易部（通过专业总公司）的统一管理之下。

（三）建立商品调拨制度，实行物资大调拨。地区之间、各级专业公司之间的商品调拨，均须按中央贸易部批准的各专业总公司的调拨计划执行；为应付市场急需，临时性商品调拨，必须由专业总公司根据中央贸易部指示开出调拨单始能进行。从而，把国家掌握的物资，全部置于中央贸易部（通过专业总公司）的控制之下。

二、合作社商业开始建立起全国的组织领导系统

早在20世纪30年代，各个革命根据地就开始建立合作社商业。它是农村劳动人民在中国共产党领导下，自愿集股、联合组织起来的集体所有制商业，主要形式是供销合作社。中华人民共和国成立后，合作社商业也建立起全国的领导系统，开始是在中央人民政府政务院设立合作事业管理局，指导和推动合作事业的发展。1950年7月，召开了全国合作社工作者第一届代表会议，成立了中华全国合作社联合总社，地方建立各级联社，自上而下形成了一个独立的组织系统，成为国营商业的一个有力助手。

三、以国营商业为领导，五种经济成分并存的社会商业结构的形成

全国财经统一后，随着投机活动受到严厉打击，市场物价开始稳定下来。从1950年5月开始，通过两次调整工商业，使私营工商业得以在新的市场条件下，从事正常的生产和经营活动；同时发展了加工、订货、统购、包销、经销、代销等国家资本主义的初级形式，把私营商业纳入国家计划轨道。在此期间，国营商业和合作社商业也有了较大的发展。截至1952年底，国营商业和合作社商业共有各种商业机构14万个，人员140万人，其中零售（饮食、服务）网点13万个，占社会商业网点420万个的3.1%；人员120万人，约占社会商业人员953万人的12.6%；经营比重，批发为67.3%；零售为42.8%。整个商品流通领域开始形成了以国营商业为领导、合作社商业为助

手，包括国家资本主义商业、私人资本主义商业和个体商业五种经济成分并存的社会商业结构。

四、国家商业部门进一步划细分工

1952年，国家胜利地完成了恢复国民经济、争取国家财政经济状况根本好转的任务，开始准备实行第一个五年经济建设计划。为了加强商业工作，迎接即将开始的经济建设，使国内外贸易更好地为经济建设服务，同年8月，中央人民政府决定撤销中央贸易部，分设对外贸易部和商业部，并将原贸易部的粮食公司和财政部的粮食总局合并，设立粮食部。至此，国内商业分别由商业部、粮食部、中华全国合作社联合总社（1954年改为中华全国供销合作总社）分工承担。此后，商业部和全国供销合作总社的组织体系都有变化，粮食部则从成立的时候起，就采取政企合一的组织形式，几十年来，基本上没有大的变化。（见表19）

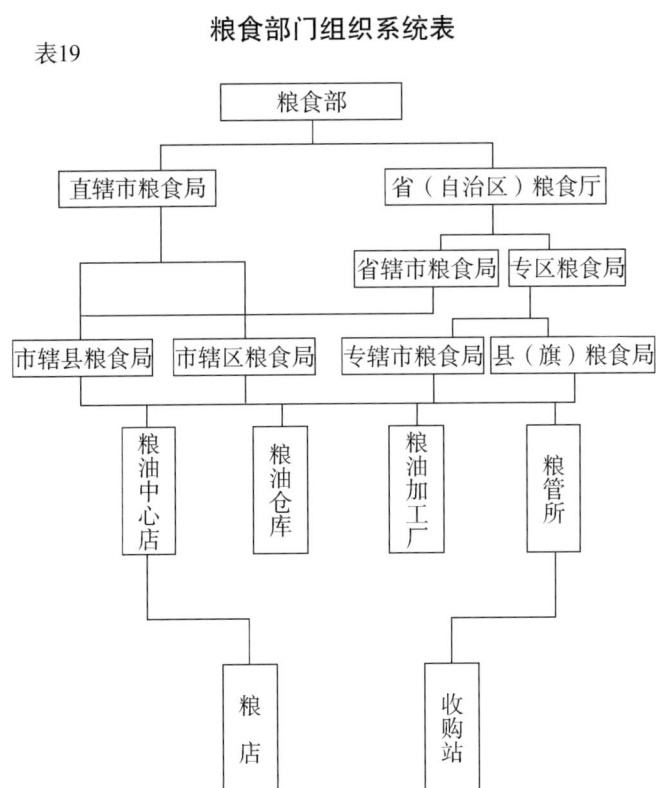

表19　粮食部门组织系统表

国民经济恢复时期，商业体制的基本特点是高度集中。事实证明，在当时的历史条件下，实行这种组织制度，是完全必要的。由于管理权高度集中，使中央贸易部得以通过各专业总公司在全国范围内实行统一指挥，统一调度，与供销合作社和其他财经部门密切配合，从1950年3月中旬财经统一开始到

5月下旬,仅用了两个多月的时间,就在全国范围内打垮了商业投机活动,从根本上制止了旧中国延续下来的恶性通货膨胀,确立了国营商业在市场的领导地位。此后,在公私兼顾、劳资两利和发展生产、繁荣经济、城乡互助、内外交流方针的指导下,国营商业与合作社商业通力协作,组织私营商业,广泛开展城乡物资交流,改造旧的市场秩序,逐步建立起新的产销关系,流通活跃、市场繁荣、物价稳定,在恢复国民经济,争取国家财政经济状况根本好转的斗争中,发挥了重要作用。

第二节　第一个五年计划时期统一的社会主义市场开始形成

1953年,中国在完成了恢复国民经济的任务之后,开始进入有计划的经济建设时期。为适应这一新的形势,在国营商业的领导、管理和社会商业的组织结构等方面都进行了新的调整和改革。

一、国营商业实行统一领导、分级管理的体制

原来为适应打击投机活动、稳定市场需要而建立起来的一套高度集中的商业体制,在有计划的经济建设时期,与新的形势和任务已不相适应。主要问题是:按行政区划设置商业机构,按行政层次逐级调拨商品,环节多,周转慢,一些商品迂回倒流;资金大回笼,物资大调拨,助长"供给制"思想,不计成本,不讲核算,大量资金被占压,经济效益很差;地方和企业权限过小,不利于因地制宜,不利于发挥地方和企业的积极性。为了改善这种状况,从1953年开始,通过建站核资,推行经济核算制,下放了若干管理权限,把原来高度集中的商业体制,改为统一领导、分级管理的体制,主要内容是:

(一)按经济区域建立批发站,实行统一领导、分级管理。原来按行政层次和行政区划设立的各级专业公司,由管理兼经营机构改变为基本上是企业管理机构,主要执行管理职能,原有的商品经营职能由各级批发站承担。专业总公司在全国集中生产的城市和进口口岸设采购供应站(简称"一级站"),负责收购当地产品,接收进口物资,在全国范围内对二级站组织调拨供应;省公司按经济区域在省内主要生产城市和交通枢纽城市设批发站(简

称"二级站"),负责收购当地产品,向一级站进货,按合理流向划定供应范围,对本供应区内的三级批发商店组织供应;市、县公司设批发商店(简称"三级站")和零售商店经营市场批发、零售业务。各级专业公司和批发、零售企业受上级公司和当地商业行政部门双重领导,业务上以上级公司领导为主;各级公司、企业实行分级核算,最后由专业总公司统一核算。这种组织形式沿袭至今,变化不大。(见表20)

商业部门组织系统表

表20

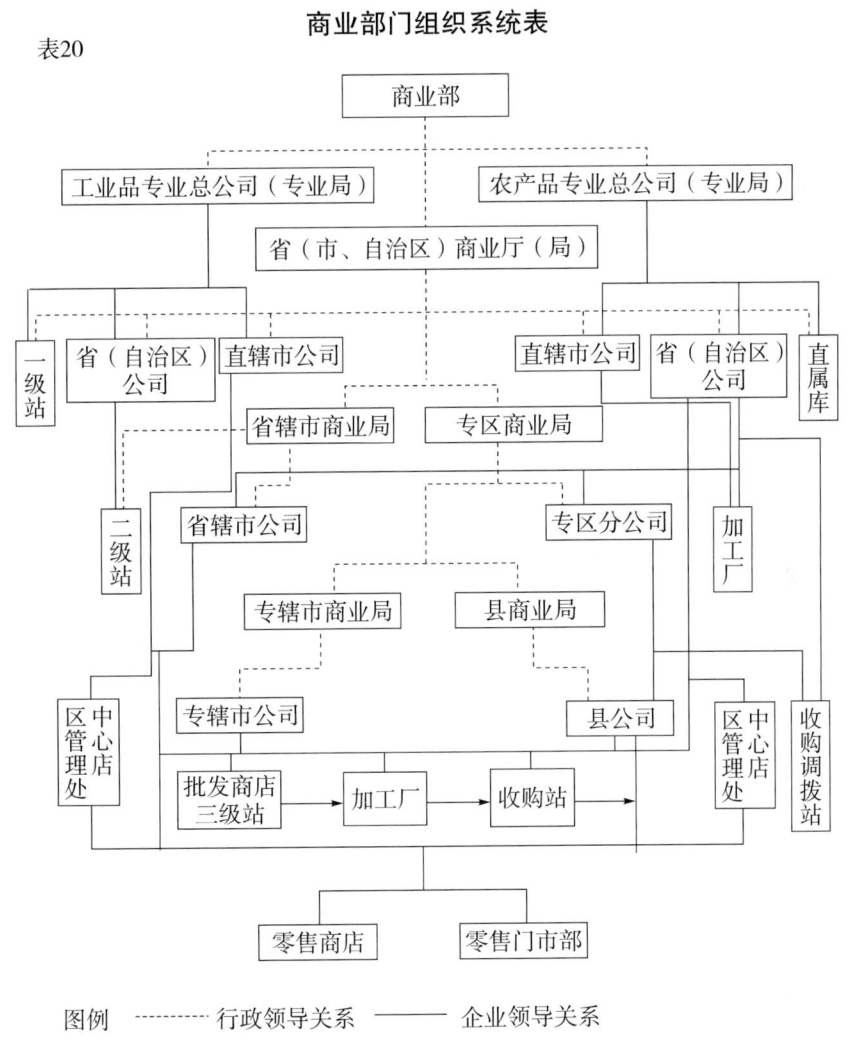

图例　--------行政领导关系　————企业领导关系

(二)核定资金,废止贸易金库制度和资金大回笼制度,实行经济核算制。商业部通过各专业总公司逐级核定各级公司和批发、零售企业的资金;

合资企业一律实行独立核算,在银行立户,按计划办理贷款和结算,在国家计划指导下,独立进行业务活动;企业间的商品购销货款和资金往来,一律通过银行划拨清算,废止商业内部转帐的办法;各项财务按专业公司实行"条条"管理,财务计划按公司系统逐级汇总上报,由总公司审批下达;企业利润列入中央财政,实行利润就地缴库,按专业公司汇总,最后由专业总公司与财政结算,各级企业按利润或工资总额提取一定比例的留成,用作企业基金和职工奖励。

（三）商品实行分级管理,废止物资大调拨制度,业务往来实行合同制。全部商品分为甲、乙、丙、丁四类,商业部、总公司、省（市）商业厅（局）和省（市）公司都有一定的商品分配权;各级企业经营机构,从一、二级站到独立核算的批发、零售企业,都是买卖关系,通过集中的供应会议,自上而下的分配数量和自下而上的选购品种相结合,签订供货合同,按合同规定组织购销活动,从而改变了物资大调拨的现象。

二、对私营商业的社会主义改造和全行业公私合营的实现

第一个五年计划期间,对私营商业进行了全面改造。首先是改造批发商,主要是采取限制代替的政策。从1953年开始,国家扩大了对工业品的加工订货和对农产品的收购范围,下半年并实行了粮食的统购统销,1954年,又实行了棉花统购和布、油脂油料的统购统销,从而控制了主要商品货源,切断了城乡资本主义的经济联系,私营批发商阵地迅速缩小。1954年,社会主义商业的批发比重已经达到83.8%,到1955年,基本上完成了对私营批发商的改造。与此同时,对私营零售商也加强了改造,先是扩大批购、经销、代销范围,以后出现了公私合营形式,1956年上半年,在全国范围内实现了全行业公私合营。公私合营企业除了资本家领取定息以外,实质上已经成为社会主义企业。小商小贩大部分组成统一领导、共负盈亏的合作商店或者统一领导各负盈亏的合作小组,只有少数仍然保持个体经营。截至1957年,全国零售、饮食服务网点有212万个,人员616万人,其中：全民所有制（包括公私合营）网点74万个,270万人;合作商店、小组网点73万个,251万人;

个体网点 65 万个，95 万人。适应这种形势，国营商业划细、增设了一些专业公司，以便把公私合营商业、合作店、组等按行业归口，全部组织和领导起来。此后，对合作店、组和个体商贩，一直采取归口管理的办法。

三、国营商业与供销合作社的分工

1950 年，合作社商业已经初步建立起全国的领导系统。1954 年 7 月，召开了第一次全国代表大会，正式成立了中华全国供销合作总社，并建立了相应的业务经营系统。第一个五年计划期间，国营商业同供销社先后进行过三次大的分工。第一次是 1953 年，为解决国营商业和合作社商业两套平行批发机构交叉经营所带来的矛盾，政务院财政经济委员会批准了《关于划分国营商业与合作社对工业品、手工业品经营范围的共同决定》，工业品由国营商业收购批发，手工业品由供销社收购批发。这种分工，对加强计划性，增辟货源，有一定的效果，但是，手工业品与工业品很难划分，经营重复的问题仍未能解决。于是，第二次是 1954 年 7 月，政务院财政经济委员会又做出了《关于国营商业与合作社商业城乡初步分工的决定》，实行了城乡分工。供销社在城市的消费社移交给国营商业，国营商业在农村的收购机构，除粮食机构和农产品接运机构外，全部移交给供销社经营，供销社全力转向农村。这种分工，对当时统一安排市场，加强对城乡私商的改造等，起了较好的作用，但也伏下了城乡分割的根子，此后多年，这个问题始终没有很好解决。第三次是 1955 年，根据国务院批转的《商业部关于第一届全国商业组织工作会议的报告》和《全国供销合作总社关于全国供销合作社供应、采购业务会议的报告》中提出的"商品分工与地区分工相结合"的原则，实行了批发按商品分工，零售按地区分工。实际上，按商品分工也只分到县，并未通到底，县以下仍由供销社统一经营，因而城乡分割的问题仍未解决。1956 年，国务院又做出了《关于国营商业经营工业品机构下伸的决定》，一些国营公司开始在县以下重点集镇下伸批发机构。由于在是否兼管零售问题上认识不一，有些专业、有些地区并未普遍下伸，已下伸的批发机构，在以后的变动中也基本上撤销了。

四、国家商业部门的进一步分工调整

随着经济建设的发展和商品流通规模的进一步扩大，国家商业部门在第一个五年计划期间又进行过多次调整：（1）为了加强对农产品的采购，1955年7月国务院设立了农产品采购部，将商业部主管的棉花、烟叶、麻，外贸部主管的茶叶、畜产等主要农产品划归农产品采购部经营。但是，由于农产品产区分散，季节性强，实行单独经营，在机构设置和人员配备上不好安排，经济上也不合算，所以成立不到一年即撤销，其业务交由供销合作社经营。此后，供销社系统一直担负着国家委托的主要农产品的采购任务。（2）为了加强城市和新兴工矿区的副食品供应，1956年下半年，在农产品采购部的机构、人员的基础上，专设了城市服务部。商业部主管的食品、糖、烟、酒、蔬菜和饮食服务业务，以及供销合作总社主管的干菜、干鲜果等业务，划交城市服务部经营。（3）为了加强水产品的经营和水产资源的开发，1956年年初，专设了水产部。原农业部主管的水产品捕捞生产业务和商业部主管的水产品供销业务，划交水产部，产供销统一经营。

整个第一个五年计划期间，商业工作注意了按经济规律办事。例如，国营商业企业核定资金，实行经济核算；按经济区域设置批发机构，按合理流向组织商品流通；以国营商业为领导，实行多种经济成分并存；政企分权分责，既加强了党和政府对商业工作的领导，又发挥了专业系统经营的积极性。尽管当时也有权限集中过多的问题，但总的体制格局与当时的经济形势基本上是相适应的，因而，这一时期商业的经营管理比较好，经济效益也比较高，商业部门许多行之有效的规章制度和管理经验，都是在这个时期形成并逐步发展起来的。这一时期的问题是：在私营商业的改造和改组过程中，许多好的经营传统和管理经验没有能够吸收和继承下来，公私合营商业完全办成国营商业，合作商店也开始按国营模式办店，越来越向集中化发展，小店并大店、专业并综合，一些经营灵活、方便群众的特点越来越少了。

第三节 "大跃进"时期商业体制的大变动

1956年，在基本完成了生产资料私有制的社会主义改造之后，全国人民的基本任务是发展生产力，进一步推进社会主义经济建设。在这种新形势下，各方面的关系需要加以调整，商业体制也需要进一步加以改革。中心问题是需要进一步下放管理权限，以便更好地发挥中央和地方、行政和企业的积极性。但在"左"的思想影响下，采取了一些不适当的措施。

一、政企合一，企业下放

为了更好地发挥地方和企业的积极性，国务院于1957年11月作出了《关于改进商业管理体制的规定》，要求中央有关部门适当放宽一些管理权限，把各级企业管理机构同行政部门合并起来，实行政企合一的组织形式。不久，1958年开始的"大跃进"，刮起了"浮夸风"、"共产风"，大量精简机构，过多地放宽管理权限，商业体制发生了很大的变化：（1）1958年2月，城市服务部与全国供销合作总社合并（保留供销社牌子并保留基层社），成立第二商业部，商业部改为第一商业部。同年7月，第一、第二两个商业部又合并为一个商业部。（2）从1958年年初开始，商业部撤销各专业公司，改组为商业部内部的专业局。随之，地方上各专业省公司也改组为省商业厅内部的专业处，县公司改为县商业局的经理部，从而取消了专业公司系统"条条"的领导关系，各级企业分别由各级商业行政部门"块块"领导，由原来的统一领导、分级管理，改变为分级管理、分工经营。（3）各级专业公司的直属企业也逐级下放。一级站和二级站虽明文规定仍然实行以商业部和省商业厅领导为主的管理体制，实际也下放了。有些大城市开始把一级站与市公司合并，许多省把二级站下放给专区，实际形成全面下放，层层下放的局面。

在农村，为了适应人民公社化后政社合一的组织形式，从1958年12月开始，对农村财贸体制作了较大的改变，将农村的基层社以及粮食、食品、工业品的经营机构、人员和资产下放给公社管理，在统一政策、统一计划、统一流动资金管理的前提下，由公社包干上缴财政任务。

二、小商小贩向国营商业过渡，自由市场关闭

从 1958 年开始，到 1960 年，单纯追求所有制的"一大二公"，把许多参加合作商店和合作小组的小商小贩过渡到国营商业，有的转到工业，也有一部分转到农业。1960 年年底，全国留在合作店、组的人员，大约还有 90 万人。这部分商业虽然保留了合作商店的形式，但大部分由归口国营商业统一核算，或者按国营办法统负盈亏，吃"大锅饭"。与此同时，自由市场也相继关闭，改变了各种经济成分并存的局面，基本上形成国营商业（在农村是供销社）一家经商，一条渠道。

"大跃进"时期商业体制的调整，是一次失败的教训。我们本来缺乏按经济办法管理经济的经验，第一个五年计划时期刚在这方面有所尝试，很多制度、办法还没有来得及进一步发展完善，"大跃进"的浪潮一来，基本上被破坏了。由于企业下放给各级行政部门（"块块"）领导，许多批发机构，特别是二级站改按行政区划设置，基本上有一级行政组织就有一套批发机构，二级站就由原来的 600 多个猛增到 800 多个；设站的城市由原来的 150 个左右扩展到 200 个左右，基本上有一个专区就设一套二级站。结果形成机构重叠、环节增多，商品按行政区划组织流通，统一的市场被分割，地区之间相互封锁，中央的集中统一领导被削弱，专业公司的业务指挥系统中断，商品调拨不灵，许多行之有效的规章制度被废弃，经营管理混乱，损失浪费严重。1963 年，原商业部系统经国家批准核销的"三清"（清资金、清财产、清账目）物资达 100 亿元，供销社系统也有几十亿元，大部分是这期间盲目购进、经营管理不善造成的。中共中央、国务院很快发现了这些问题，随即采取了一些补救措施，比如，明确各级专业局（处）仍有指导本专业系统经营管理的责任，明确一级站和二级站分别为中央和省的直属企业，一级站的利润列入中央财政，已经下放了的一、二级站要收回来由商业部和省商业厅直接领导，等等。在商品管理上，1959 年 2 月，国务院批转了商业部、粮食部、外贸部、卫生部、水产部、轻工业部《关于商品分级管理办法的报告》，将全部商品分为三类，实行不同的管理办法。一类商品有粮食、食用植物油、棉花、棉布、食糖等 38 种，这类商品的购、销、调、存、进口、出口等项指标，由国家管理；二类商品，包括黄麻、生猪、化肥、毛竹、青霉素等共 293 种，这类商品由国家计划委员会平衡，基本上实行差额调拨，其中除一部分由国家集中管理外，余均授权主管部管理；其他商品都是三类商品，主要由地方管理，有些重要品种，也可以由主管部门通过专业会议平衡安排，这种办法一直沿用到现在。尽管采取了一些措施，有些问题仍未解决，特别是政企合一的问题，20 多年来，一直没有很好解决。

第四节　国民经济调整时期商业体制的调整和改革

1958 年的体制改革，出现了许多问题。针对这种情况，中共中央于 1961 年 1 月作出了《关于调整管理体制的若干暂行规定》，明确经济管理权集中到中央、中央局和省委三级；下放的权力放得不适当的一律收回，中央各部直属企业的主要管理权统归各部管理。根据这个精神，商业体制进行了一系列的调整和改革。

一、政企分开，恢复和建立各级专业公司

为了建立指挥自如的业务指挥系统，改变行政（"块块"）领导分割市场的状况，更好地组织全国商品流通，国务院于 1962 年 5 月作出了《关于商业部系统恢复和建立各级专业公司的决定》，恢复和建立了各级专业公司。全部公司分为三种类型，实行三种不同的管理办法。第一类公司（包括五金、交电、化工三个公司）实行统一领导、分级管理，各级企业以公司系统领导为主，当地商业行政部门领导为辅，最后由总公司统一核算。第二类公司（包括百货、纺织品、医药、食品、糖烟酒、石油、煤建等七个公司）实行统一领导、分工经营，一级站以总公司领导为主，二级站和市、县公司以省公司领导为主，总公司不实行统一核算。第三类公司（包括饮食服务、民族贸易、劳保用品、蔬菜、储运、信托等公司）完全由地方管理经营。实际上，专业公司系统的许多组织制度并没有完全建立起来，仍带有政企合一的性质。但这一时期，对二级站进行了坚决的调整，撤并了按行政区划设置的二级站和

明显重叠的批发机构,基本上恢复了按经济区划组织商品流通。与此同时,1962年7月,供销合作总社与商业部分开,从上到下恢复了供销社的组织领导系统;供销社主管的主要农副产品,也按行业建立了专业公司,部分地改变了政企合一的组织形式。同年9月27日,中共中央作出了《关于商业工作问题的决定》,明确规定国内商业要有国营商业、合作社商业和集市贸易三条渠道。此后,供销合作总社的组织系统基本上没有大的变化。(见表21)

二、改进财务管理体制,划分中央和地方的管理权限

为了加强集中统一领导,改善经营管理,改变各自为政的状况,在财务管理上先后采取了以下一些措施:(1)从1961年起,将各级商业企业的财务计划和主要财权集中起来,分别由商业部和省(市、自治区)商业厅(局)集中管理。(2)从1962年起,各级企业的资金,统一由商业部管理,商业部通过各专业公司和省(市、自治区)商业厅(局)逐级核拨到基层企业;自有资金由财政部统一拨给商业部,银行贷款由商业部核定贷款指标,再按企业隶属关系逐级核定到基层企业。(3)经营利润,一类公司和二类公司的一级站列入中央财政,就地交中央金库;二类公司列入省财政;三类公司列入地方财政,实行中央财政与地方财政三七分成,就地交库。(4)建立奖励制度,根据企业各项经济指标完成情况,按工资总额提取3%到5%,用于企业和职工奖励。(5)继续保留利润留成制度,留成使用范围包括奖金、简易建筑费和四项费用等(实际上除饮食服务企业和民族贸易企业保留留成制度外,一般商业企业的留成制度并未执行)。

三、小商小贩退出国营和合作社商业,恢复合作商店

为了增加商品流通渠道,活跃市场,发挥小商小贩点小、分散、机动、灵活、方便群众的特点,1961年6月,中共中央决定有计划地将并入国营商业和合作社商业的小商小贩退出来,重新组织自负盈亏的合作商店。到1962年年底,原来过渡升级的小商小贩有相当一部分退了出来。与此同时,集市贸易也陆续恢复,供销社恢复了贸易货栈,积极开展自营业务;粮食市场再

次开放，从而，整个商品流通又活跃起来了。

中华全国供销合作总社组织系统表

表21

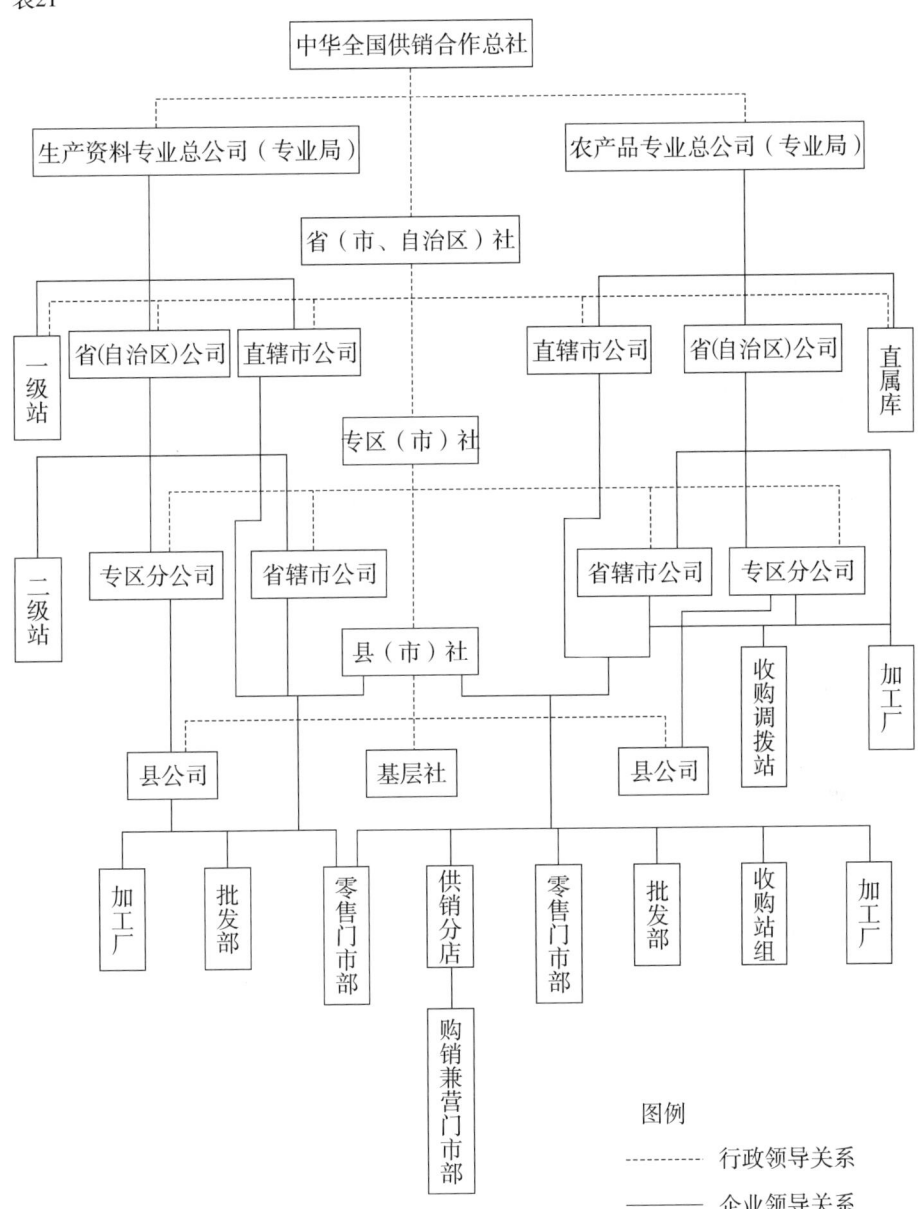

国民经济调整时期商业体制的改变，虽然带有一定的恢复性质，但其目标不仅在于恢复第一个五年计划时期一些好的做法，而且试图解决一些第一个五年计划时期已经存在，但还没有来得及解决的问题。划分三类公司，就

是为解决中央集中过多、地方机动权过小而采取的一种经营管理体制。此外，还在许多问题上采取了恢复性措施并做了一些新的尝试。如组织大规模的三类物资交流会；供销社恢复和建立贸易货栈，大力开展自营业务；开放城乡集市贸易，开放粮食市场，允许小商小贩进入集市，努力开辟更多的流通渠道，把市场搞活。在企业管理方面，制定了批发、零售管理条例；实行了十级工资标准，恢复了奖励制度，搞了理发业的提成工资和一部分具有高级技艺的厨师、理发师、摄影师等的特定工资；开展"五好企业"、"六好职工"活动等等，有力地调动了企业和职工的积极性。在贯彻按劳分配、提高经营管理水平方面，积累了一些有益的经验。但由于时间较短，有些措施还没有真正发挥作用，特别是没有认真地从根本上清算"左"的思想，如小商小贩虽然从国营商业中退出来恢复了合作商店，但对他们仍从改造的角度采取某种限制的方针，因而没有很好地发挥作用。十年动乱一爆发，许多制度又遭废弃。

第五节　十年动乱时期，商业体制受到严重破坏

"文化大革命"使刚刚恢复了的国民经济又遭到严重破坏。商业工作也受到很大冲击，商业体制又作了不适当的改变。

一、再一次实行政企合一，企业下放

1970年6月，商业部、粮食部、全国供销合作总社、中央工商行政管理局四个部门合并成商业部以后，随即实行政企合一。商业部撤销了专业总公司，地方商业部门也撤销了省的专业公司，由各级商业行政部门直接处理各项经济事务。与此同时，企业也层层下放，一级站下放给地方管理，省属二级站下放给专区管理；商业计划只搞商品收购、调拨计划，实际上取消了全面的商品流通计划；一类公司和部直属一级站的财务管理权也下放给地方，再一次形成层层下放的局面。从国内市场统一领导的角度看，几个部门合并起来由一个部门统一领导国内商业，是必要的。但这种机构合并同自上而下的政企合一和企业下放结合起来，反而使各项工作遭到了不应有的削弱。

二、大砍合作商店，取缔集市贸易，恢复单一流通渠道

"文化大革命"初期，在"左"倾思想指导下，许多地区再一次大砍合作商店，"割资本主义尾巴"，把大批合作社工作人员下放农村，保留下来的合作商店也普遍推行国营商业的一套管理制度，按国营的办法管理。集市贸易几起几落，保留下来的也处于不合法状态，到 1976 年，则全面关闭了集市。个体商业所剩无几。供销合作社越来越向国营商业转化，从 1968 年开始，不许农村社队、社员经营商业，不准个人从事商业活动，商业多条渠道变成一条渠道，市场进一步被管死。

这次体制变动与 1958 年几乎完全一样，只是时间更长，范围更广，问题更多，破坏更大，后果更严重。粉碎"四人帮"后的前两年，虽然采取了一些措施，如将一级批发站和二级批发站分别收上来由商业部和省直接领导，开始按经济区域调整二级批发站的设置等，但体制上的许多问题并未触及。

第六节 党的十一届三中全会后，商业体制开始了新的改革

党的十一届三中全会以来，商业部门贯彻"调整、改革、整顿、提高"的方针，解放思想，放宽政策，在对外开放、对内搞活经济的方针指引下，商业部门对商业体制开始进行了一系列新的调整和改革。

一、调整社会商业结构，多种经济形式、多种经营方式、多条流通渠道和少环节的流通体制开始形成

1979 年以来，集体和个体商业有了很大发展。到 1982 年，集体商业网点已达 104 万个，人员 522 万人，分别比 1978 年增加 65% 和 131.5%；个体商业网点 176 万个，人员 198 万人，分别比 1978 年增加 38 倍和 37 倍。同时，生产自销、贸易货栈、各种联营商店、小商品批发市场、农工商联合企业等多种经营形式相继出现，城乡农贸市场也有很大发展。截至 1982 年年底，工矿、林区、铁路、农场办商业和农工商联合企业、军人服务社等部门共有商

业网点 5 万个，商业服务人员 57 万人；城市机关、团体、企业、事业单位、街道以及社队办集体商业，共有网点 22.3 万个，208 万人；工业自销网点 2.2 万个，18 万人。总计城市非商业部门办的国营和集体商业网点近 30 万个，283 万人，分别占城市社会零售网点、人数的 20% 和 35.7%。城乡集市 4 万多个，1982 年成交额相当于社会零售总额的 12.76%。粮食市场也普遍开放，在完成征购任务后，粮食可以自由上市，自由运销，粮食部门也开展议购议销。随着社会商业的调整，网点大量增加。1982 年商业部系统及其对口的社会零售（饮食、服务）网点 342 万个，商业服务人员 1260 万人，分别比 1978 年增加 199.56% 和 101.27%。买东西、吃饭、住店、理发、做衣、修理难的状况有了一定程度的缓和。

二、改革工业品和农产品购销形式，搞活商品流通

从 1980 年开始，工业品购销形式由主要是统购包销，改变为统购统销（统配）、计划收购、订购、选购四种形式，计划品种也有所减少。1982 年，在收购总额中，11 种统购统销商品占 24.9%，27 种计划收购商品占 37.2%，28 种订购商品占 9.6%，选购商品占 38.3%。最近又出现了代批代销和工商联批联销的形式。农产品的购销政策也进一步放宽，三类农副产品和完成征购、派购、计划收购任务以后的一、二类农副产品（除棉花外）都可以自由运销，基层社可以出县、出省，集体商业、个体商贩和农民也可以长途贩运。一部分三类工业品实行工商协商订价。这就为多渠道流通提供了有利条件。

三、城乡之间的商品流通实行按商品分工、城乡通开的新体制

1982 年 6 月，国务院作出了《关于疏通城乡商品流通渠道，扩大工业品下乡的决定》，改变了长期以来工业品实际上按城乡分工的体制（即城市由国营商业经营，农村由供销社经营），实行按商品分工、城乡通开的新体制，国营商业可以下乡，供销社也可以进城。一些城市并做出决定，基层社可以到城市开设网点，城市网点也可以租给或卖给供销社经营。国营商业可以在农村下伸批发机构，可以单独下伸，也可以与基层社联营，或者由供销社代批。

许多地方通过行商队伍,出动大篷车下乡赶集,流动推销,或者通过基层社实行移库代销等形式,扩大工业品下乡,城乡分割的状况有所改善。此外,各地还根据中共中央 1982 年一号文件和胡耀邦同志对大竹县的批示精神,以及国务院于 1983 年 2 月发布的《关于改革农村商品流通体制若干问题的试行规定》,对供销社改革进行试点,从组织上、管理上、经营上恢复和发展供销社固有的群众性、民主性、灵活性的特点,真正把供销社办成同农业生产和农民生活结合起来的合作商业,发挥其在农村商品流通中的主渠道作用。到 1983 年年底,各地供销社已对原有的 3.6 亿元社员股金进行了全面清理,90% 的股金落实了股权,偿还了历年积欠的红利 9500 万元。全国发展新社员 4000 万户,增扩股金 2.5 亿元,全国入股社员户已达到农户总数的 80%。各地为了促进城乡商品交流而开辟的农副产品和工业品批发市场日益蓬勃发展,全国农副产品批发市场到 1983 年年底已有 100 多个。集市贸易购销两旺,城乡农民集市贸易市场到 1983 年年底已有 46000 个,其营业额比 1982 年增长了 15%,达到 377 亿元,约占全国商品零售总额的 10%。

四、开始取消基层单位进货限制

自 1981 年以来,供销渠道开始放活,基层商业单位可以自由选择进货地点和进货单位,不受原来供应区划和供应范围的限制,二级站也可以开门市部直接供应零售单位。只要经济合理,批发与批发、批发与零售企业之间都可以直接建立供销关系。批发商业原来实行的固定行政供应区域、固定供应对象、固定倒扣作价率的办法,在不少地方已基本上被否定了。从而,在商业系统内部开始出现了多渠道流通的局面,活跃了市场。

五、改革商业企业管理体制,推行经营责任制

从 1979 年开始,商业企业实行全面利润留成制度和奖励制度,各企业有了一定的财力,初步改变了多年来国家对企业实行统收统支的局面。自 1981 年以来,在扩大企业自主权的基础上,有相当数量的企业搞了经营责任制。商业部门通过实行多种形式的经营责任制,把责权利结合起来,正确处理国

家、企业、职工和消费者四方面的关系，调动职工的积极性，改善经营管理，为提高服务质量和经济效益开创了一条新的途径。与此同时，中国商业部门也进行了一些调整。从1975年到1979年，供销合作总社、国家工商行政管理局、粮食部先后从商业部分出来，恢复和建立了单独的组织系统。1982年，国家机关进行机构改革时，商业部、粮食部、全国供销合作总社又再次合并为一个商业部。

党的十一届三中全会以来的这些改革，是在总结历史经验的基础上进行的，方向是正确的，已经取得了明显的效果，也为今后商业体制的全面改革准备了必要的条件，提供了有益的经验。但这些改革还仅仅是初步的、部分的，还有大量的工作没有跟上去，需要在巩固已有改革成果的基础上，进一步总结经验，推进商业体制的全面改革。

第七节　商业体制改革的基本经验教训

回顾30多年来的商业体制改革，凡是根据中国特点，从中国的国情出发，严格按经济规律办事，改革就能取得成功，流通就活跃，市场就繁荣，商业就发展；反之，违反客观经济规律，改革就要失败，流通就呆滞，市场就紧张，商业工作就受挫折。

从以往的调整和改革中，大体可以得出以下一些经验教训：

一、必须坚持以国营商业为领导、多种经济形式并存的商品流通体制

对于社会主义统一市场，是否允许在国营商业为领导的条件下，多种经济形式并存，这不仅是个理论问题，也是个实践问题。多年来，我们在这个问题上有成功的经验，也有深刻的教训。1956年以前的市场形势，大家都公认是比较好的。好在哪里？主要是那个时期坚持了多种经济形式并存。在国营商业领导下，各种经济形式分工合作，各得其所。有了多种经济形式，必然出现多种经营方式和多条流通渠道，除主要向国营批发商业取得货源外，有产销直接挂钩，有前店后厂，有代购代销，有门市座店经营，有摊商临街叫卖，有货郎担走街串乡，有夜宵、小吃等，各种行业配套，网点星罗棋布，

市场活跃，物价稳定，人民生活方便。

1956年实行全行业公私合营以后，"左"倾思想开始抬头，网点合并过多，小并大，专业并综合，许多小店合并起来后由原来的各负盈亏变为统一经营，统负盈亏。工业、手工业中的情况也大体相同。陈云同志早在1956年中国共产党第八次全国代表大会上的发言中就讲了这些问题。他提出：合并过多的要适当分散；小商小贩在合作小组内各自经营的办法，应长期保存；若干国营批发公司，应该把所属的各行各业中许多已经改行了的原有私营批发商业人员召集回来，在国营批发公司内部，成立分行业的批发店；上级批发公司不准向下面派货，基层商店可以向全国任何批发机构自由选购，也可以向工厂直接选购。可惜，这些正确意见，在"左"倾思想影响下，没有认真贯彻执行，而且在以后的很长时间里，反而越统越死。公私合营商业在改组为国营商业的过程中，许多好的经营传统、经营方式和经营特点搞掉了。供销合作社也几经变化，逐渐丢掉原来组织上的群众性、经营上的灵活性、管理上的民主性的特点；合作商店几起几落，保留下来的也都变成了统负盈亏；个体商贩基本上取消了。到1978年，集体、个体商业只剩68万个网点，较1957年的138万个网点减少了一半还多。集市贸易也几经周折，长期处于不合法状态。国营商业为适应对私营工商业的社会主义改造而采取的工业品统购包销办法，不但没有随着改造的基本完成而相应改变，反而随着商品供应的紧张，范围越来越扩大。农产品除了统购统销商品以外，派购的范围也越来越大。多年以来，我们习惯于仅仅采用行政手段来领导商业，不习惯也不大会用经济手段，形成一个市场（计划分配市场）、一条渠道（在城市是国营商业，在农村是供销社）、一家经营的局面，市场越搞越死，产销脱节，商品紧张，网点严重不足，人民生活十分不便。

党的十一届三中全会以来，恢复和建立了"三多一少"（多种经济形式、多种经营方式、多条流通渠道和少环节）的流通体制，大力发展了各种形式的集体商业和个体商业，放宽了购销政策，改革了购销形式，出现了工业自销，队办商业，农工商联合企业，城市农贸市场，产供销统一经营，工商联营，国营商店和合作社联营，一、二、三级批发站和零售商店购销兼营、城市贸易中心、小商品批发市场等多种经济形式和经营方式，市场活跃，经济繁荣，国内市场又出现了多年来少有的好形势。

正反两方面的经验都说明，社会主义国家存在着多层次的生产力结构、多种经济成分，商品流通必须坚持多种经营形式和多条流通渠道，才能在国营商业领导下，充分发挥集体、个体商业和其他经济形式的作用，在国家计划指导下，把市场搞活，以适应社会主义经济发展的需要。

二、必须坚持政企分开，实行分权分责的经营管理体制

行政与企业是否分开，是商业体制中一个带根本性的问题。长期以来，商业部门的经营管理体制基本上是一种政企合一、政企不分或者以政代企的体制。我们有许多经验是在政企合一条件下的经验，带有一定的局限性，需要重新认识。许多问题多年来反反复复，找不到出路，都同政企不分有关。比如：

（一）商业部门的分分合合问题。多年来国家商业部门分分合合，反复过多次。根本原因在于政企不分，行政部门过多地包揽了经济事务。在这种情况下，分设几个商业部门，不便于统一领导，部门之间的分工和结合上矛盾也多；合起来，整个经营管理体制未变，原有的一些矛盾并未解决，领导机关则由于要直接处理更多的经济事务，必然削弱对若干重要工作的领导。所以，时间稍长，又要求重新分开。这是很自然的。象我们这样的社会主义国家，特别是在多种经济形式、多种经营方式、多条流通渠道并存的条件下，客观上要求有一个统一的商业部门，实行部门负责制，全面领导和协调国内商业。商业部门几次合并，都是试图解决这个问题。实践证明，只从机构上简单合并，不从领导管理体制上真正解决政企分开的问题，是解决不好的。

（二）集权与分权的问题也是如此。历史上收收放放，也有过多次反复。往往一放，"条条"就喊指挥不灵；一收，"块块"又叫管"死"了。原因就是在政企不分的情况下，大家都在围绕企业的经营管理权做文章。不论集中还是下放，都是在中央主管部门（行政"条条"）与地方党政机关（行政"块块"）之间划分企业经营管理权。对企业来讲，不论是集中由"条条"管

理，还是下放由"块块"管理，都是行政集中管理，企业都同样无权，实际上成为行政的附属物。所以，不论是集中还是下放，都没有解决对企业管得过多、统得过死的问题。因此，在政企不分的条件下，也不可能解决好集权与分权的问题。

（三）经济区域与行政区划的矛盾，也和政企不分有关。现在的二级批发站有相当一部分是按行政区划设置的，机构重叠的现象严重存在。按经济区域设置的二级站，也是就一个省的范围而言的，从全国看，也带有很大的行政区划性质。县的商品流通，绝大部分也是按行政区划组织的。所以如此，一个重要原因是政企不分。按行政区划和行政层次管理企业，必然要求按行政区划和行政层次设置批发机构。有了批发机构，就有了实际的商品分配权，就可以依靠商业扶持地方生产，"保护"地方产品；就可以多掌握一些紧俏商品，安排当地市场；特别是现行财政体制把企业利润同地方财政收入挂钩，这就更把企业牢牢地和行政拴在一起。因此，不改变政企不分的经营管理体制，很难从根本上解决经济区域与行政区划的矛盾问题。

（四）经营管理不善，也同政企不分有关。比如，粮食部门是典型的政企合一的体制，多年来由政府部门直接经营管理粮食购销业务，往往注意了粮食经营的政策性，却忽视了粮食经营的商品性，经营中不按经济规律办事，不计成本，不讲核算，政策性亏损与经营性亏损交织在一起，往往以政策性亏损掩盖了经营性亏损。其他行业像食品、蔬菜、煤炭等，也有类似问题，国家补贴越来越多，包袱越背越重。因此，不解决政企分开问题，许多经济事务由行政部门包揽起来，企业无权无责，经营积极性调动不起来，经营管理就很难搞好。

这些问题都说明，是否坚持政企分开的体制，实质上是按不按经济规律办事的问题。按经济规律办事，就必须主要由经济部门用经济办法去管理经济，而不能仅仅依靠行政部门用行政办法去管理经济。要把企业从行政部门中分离出来，真正成为经济实体；把行政部门从繁琐的具体经济事务中解放出来，真正成为国家商业的管理机关，使行政与企业各负其责，各司其事。行政部门主要负责：（1）制定方针政策、计划和重大的经济措施；（2）制定法令条例和重要管理制度；（3）组织计划平衡；（4）对社会商业进行领导、监督、检查；（5）协调各方面的关系。经营管理权应当交还企业，让各级企业在党的方针政策和国家计划指导下，按照有关制度规定，独立自主地组织购销调存活动，搞好企业管理。

三、必须坚持统一领导、分级管理的领导管理体制

统一领导、分级管理，是商业系统内部处理中央与地方、上级与下级之间相互关系的一项基本原则。第一个五年计划时期以来的商业体制，基本上是统一领导、分级管理的体制。但是，在政企不分的条件下，行政管理职能与企业经营职能混在一起，统一领导、分级管理的界限就很难划清，所以，长期以来，两者的关系处理得不那么好。行政管理与企业管理都有统一领导、分级管理的问题。由于政企不分，许多本来应当由企业自主执行的经营职能也由行政部门包揽起来，管得过多过死；有些应当集中统一的带有全局性的大事，又失于过分分散，不能统一指挥，统一调度。不论管理还是经营活动，都通过行政一个口子上报下达，发号施令，效率低，反映慢，该管的没有管住，不该管的又管了很多。因此，解决这个问题，除了从管理体制上实行政企分开，把行政与企业的权、责、利划分清楚以外，还必须在经营体制上坚持按行业建立专业公司的组织形式，把各级企业组织到一个统一的专业公司内，从上到下，建立起强有力的业务指挥系统。这样，中央与地方、上级与下级、行政与企业，在统一领导、分级管理的关系上，就比较好处理了。

根据政企分权分责的要求，中央与地方在行政管理权方面要分清职责。中央商业部门应当主要负责：（1）全国性的方针政策和重大的全局性的经济措施；（2）商业计划和重要商品（统购统销和计划商品）的管理；（3）制定全国性的法令、条例和基本制度，作为各级商业行政部门和各级商业企业的行动规范；（4）进行必要的监督检查。

上级企业与下级企业在经营管理权方面要分清职责。专业总公司应当主要负责：（1）提出并贯彻本行业的经营方针和统一的经济措施；（2）执行国家计划，负责主要商品在全国范围的平衡分配；（3）直接领导直属企业；

（4）对全系统的经营管理负有责任，并有权对下级企业进行监督检查，下级企业在经营管理上要对上级企业负责。

四、必须坚持按经济区域组织商品流通

按经济区域组织商品流通是商品流通的客观要求。经济区的形成，大体上有两种情况，一种是以生产城市为依托形成的，生产城市以自己的产品供应周围的城镇和广大农村，在产销关系上与周围城镇和农村形成密切的经济联系，从而逐渐发展为以这个生产城市为中心的经济区；另一种是以交通枢纽城市为依托形成的，这里交通方便，四通八达，工业品通过这里分拨，农产品通过这里集散，在流通关系上与周围城镇和农村形成密切的经济联系，从而逐渐发展为以这个交通枢纽城市为中心的经济区。在一般情况下两者是结合的，既是生产城市，又是交通枢纽城市。小城市、县城、集镇一般也都具有这些特点，因而也形成了以这些城市、县城、集镇为中心的经济网络。按经济区域组织商品流通，就要求把批发机构设在这些大大小小的经济中心，并按合理流向组织商品流转。这些经济中心，既是工业品的分配枢纽，又是农产品的集散市场，也是交通运输汇集之地。从而形成各行各业纵横交错的批发网络。但经济区域与行政区划总是有矛盾的。即使在实行市领导县的行政体制以后，经济区域与行政区划也不可能完全一致，特别是在商品流通方面更是如此。既然不一致，就会有矛盾。即使实行了严格的政企分权分责，也还会有行政限制。有行政限制，就很自然地要求按行政层次、行政区划组织商品流通。从历史上看，凡是领导体制比较集中的时候，批发企业机构设置得就比较合理，流通组织得也比较合理；反之，在体制过分分散的情况下，就出现行政区划、行政层次的封锁、分割等许多问题。所以，尽管不同行业的专业公司可以实行不同的管理办法，但批发体制必须相对集中，由上一级专业公司直接领导管理，以避免或减少这种行政限制。

五、必须坚持在商业企业内部推行经营责任制

在商业企业内部推行经营责任制，是商业管理体制的一项重大改革，为

解决吃"大锅饭"和平均主义问题找到了一条新的出路。多年来，商业部门在企业管理上实行的是一种"利润向上交，用钱向上要"的统收统支体制，企业吃国家的"大锅饭"，职工吃企业的"大锅饭"，企业和职工个人的积极性都不能充分发挥。过去也搞过责任制度，比如岗位责任制等，由于没有把责任和经济利益结合起来，往往不能持久。新的经营责任制，把责、权、利结合起来，把企业的经营成果同企业和个人经济利益结合起来，贯彻按劳分配原则，兼顾国家、企业、职工和消费者四方面的利益，比较好地解决了吃"大锅饭"和平均主义的问题，调动起广大职工的积极性和主人翁责任感。凡是试行了经营责任制而又领导得法的，都取得了很好的经营成果和经济效益，显示出经营责任制的巨大生命力。试行经营责任制几年来，我们的经验还很不足，尚须作认真的探索和总结，但已经使我们逐步认识到，进行体制改革，必须做到改革要坚决，步子要稳妥，工作要细致。不能只着眼于利润，要综合考核，对国家、对企业、对消费者负责。

　　商业是国民经济的一个部门。商业改革涉及许多方面的关系，可以说牵一发而动全身，许多问题不是商业部门说改就改得了的。比如财政体制、劳动人事体制、物价体制等等，必须统一行动，同步进行，至少在商业进行改革试点时，准许有所变通。商业部门在旧体制下的一些制度和办法也需要相应地改变。

第九章
物资流通体制的改革

物资流通体制，是指组织工业品生产资料流通所采取的管理形式、权限划分和相应的机构设置。在旧中国，除极少数特种物资统购统销外，基本上实行自由流通。中华人民共和国成立后，对旧的物资流通体制进行了根本的改革，建立了以计划流通为主体的社会主义物资流通体制。30多年来，在探索如何从中国的国情出发，组织好物资流通，更好地促进生产力发展的问题上，经历了曲折的道路，积累了正反两方面的丰富经验。回顾走过的道路，认真总结这些经验教训，对建立具有中国特色的物资流通体制，保证四个现代化宏伟目标的实现，具有十分重要的意义。

第一节　新中国成立初期和第一个五年计划时期物资流通体制的建立

新中国成立初期，为了克服由于旧中国的贫困落后、长期战争和国民党反动统治造成的财政经济上的困难，尽快恢复经济，党中央和政务院确定了对全国财政经济实行统一管理的方针，以尽可能集中物力财力，加以统一使用。

1950年3月，政务院成立了全国仓库物资清理调配委员会，统一领导全国各地区、各部门从国民党政府接管过来的仓库以及各企业、各部门自备的仓库物资的清理调配工作。其中军事系统的仓库物资由人民革命军事委员会后勤部具体组织清理和统一调配；非军事系统的仓库物资由政务院财政经济委员会计划局物资分配处具体组织清理和统一调配。1950年10月起，由财政经济委员会计划局物资分配处负责,对煤炭、钢材、木材、水泥、纯碱、杂铜、麻袋、机床8种关系国计民生的重要物资,在各大区之间进行计划调拨。随着全国经济恢复工作的进展,实行计划调拨的物资逐年增加,1951年为33种,1952年为55种。这些物资主要由商业部门经销,生产企业也自销一部分。由于计划调拨范围的扩大,同时为了着手研究在全国范围内建立计划流通制度,1952年年末,在原物资分配处的基础上成立了物资分配局,按物资品种设处分管。采取上述措施,对保证抗美援朝的胜利和尽快恢复经济起了重要作用,同时也为物资的自由流通体制改变为计划流通体制准备了条件。

在恢复时期,中国东北地区已建立了物资计划分配制度。1950年10月,东北人民政府经济计划委员会设立了物资分配局,在大区范围内对煤炭、钢材、生铁、木材、水泥、平板玻璃、新闻纸、硫酸、烧碱、纯碱等10种物资实行统一分配;从1952年起,对部分机电产品也实行统一分配。东北地区各省和主要工业部门都建立了供销机构,根据物资分配计划组织物资供应和产品销售。东北地区的这些做法,为以后在全国范围内建立计划流通体制提供了有益的经验。

1953年,中国开始实行第一个五年计划,原财政经济委员会的物资分配局划归国家计划委员会领导。当时在组织物资流通方面,基本上是学习苏联的做法,在全国范围内建立了以计划流通为主体的物资流通体制。

一是国家对重要物资实行统一分配。其中,关系国计民生的最重要的通用物资,由国家计划委员会平衡分配,为统配物资;重要的专用物资,由中央各主管部门分别平衡分配,为部管物资。1953年计划分配物资共227种,其中统配物资112种,部管物资115种。以后逐年有所增加,到1957年,计划分配物资共532种,其中统配物资231种,部管物资301种。当时规定,列入计划分配目录的物资,凡属中央直属企业和省以上的地方国营企业生产的产品,公私合营企业和私营企业由中央部或省、市组织统一销售或加工订货的产品,以及国家统一进口和统一收购的物资,均纳入全国计划分配资源,实行"统筹统支",生产企业、其他部门和地方均无权支配。其余部分由所在地方支配,有的由商业部门经销、代销,有的由生产企业自销。统配、部管物资以外的工业品生产资料为三类物资，国家不作计划分配，一部分由省、市、自治区安排生产和销售，大部分由生产企业自销。

二是各主管部门分别组织本部门的产品销售和所属企业事业单位的物资供应。统配、部管物资均由各生产主管部门设销售机构分别组织销售，一般采取每年召开两次全国性订货会议的形式，按照分配指标，组织供需双方签订供货合同，然后由生产企业按照合同供货。1957年，国务院的冶金工业、煤炭工业、石油工业、化学工业、建筑材料工业、电力工业、森林工业、第一机械工业、第二机械工业、纺织工业、轻工业、食品工业12个工业部都设有销售机构，除石油工业部外，这些销售机构均在各大区设有销售办事处，作为其派出机构，负责组织该地区的产品销售工作。同时，中央和地方各企事业单位的主管部门都设有供应机构，组织对所属单位的物资供应。1957年，有50个中央部门设立了供应机构，其中18个工业、交通部的供应机构在各大区设有100多个供应办事处，并设有中转仓库，直接向在该地区的直属企业事业单位供应物资。

三是实行直接计划和间接计划相结合的分配供应办法。需用统配、部管物资的企业事业单位，按其所有制性质、生产规模、物资消耗特点和储运条件等，分为"申请单位"和"非申请单位"。中央直属企业、大型的地方国营企业、实行定股定息的公私合营企业以及生产国家计划产品的公私合营企业，一般为"申请单位"。这些企业的生产全部或一部分由国家下达指令性指标，其所需统配、部管物资，实行直接计划，按隶属关系通过主管部门申请、分配、供应，实行国家调拨价。其他的企业事业单位为"非申请单位"，其所需统配、部管物资，实行间接计划，由商业部门按市场牌价门市供应。商业部门由国家分配给一个市场供应总量，同时采取加工订货等办法自筹一部分资源，除供应"非申请单位"外，有时也供应"申请单位"的部分零星需要。通过商业部门供应的钢材占全国供应总量的比例，1953年为25.9%，1954年为30%，1955年为18.2%，1956年减为8.2%。

这一时期，各省、市、自治区陆续建立了物资局，负责地方物资的分配、调度，并对地方企业事业主管部门的供销工作进行指导。（见表22、23）

表22

**第一个五年计划时期统配、
部管物资计划申请、分配渠道示意表**

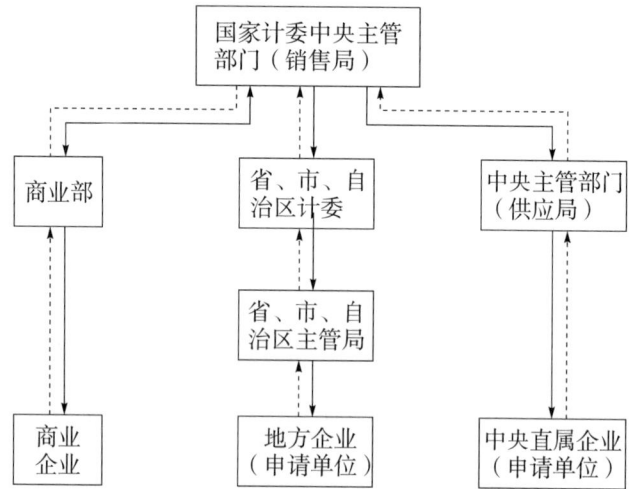

图例 ------→ 提报物资申请计划
　　　———→ 下达物资分配计划

表23

**第一个五年计划时期统配、部管物资
供销渠道示意表**

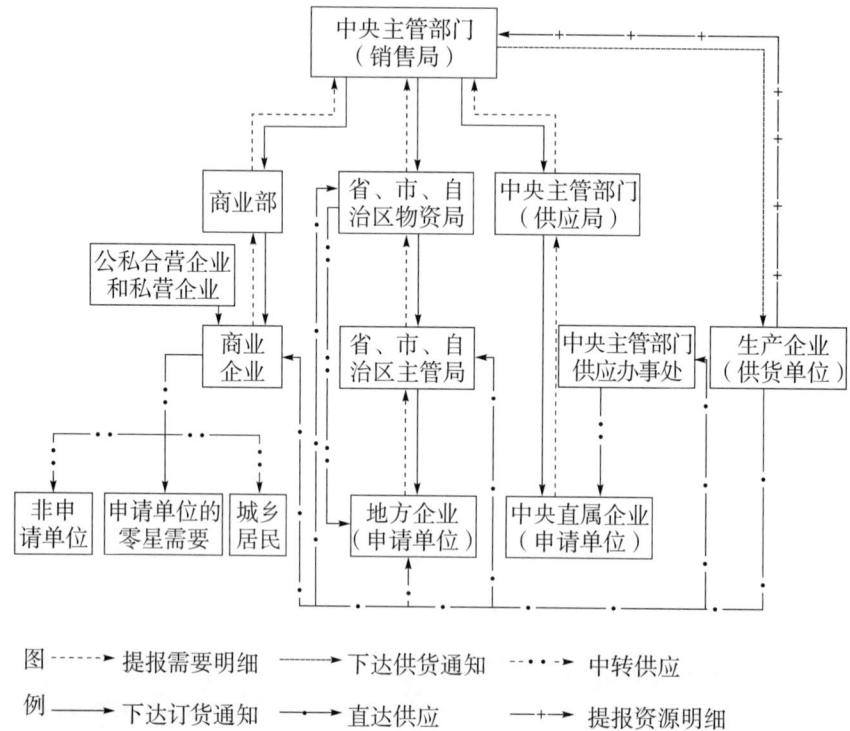

图例 ------→ 提报需要明细　　———→ 下达供货通知　　·····→ 中转供应
　　　———→ 下达订货通知　　———→ 直达供应　　　—+—→ 提报资源明细

总的看来，第一个五年计划时期建立的物资流通体制是基本上与当时的生产力发展水平和经济结构相适应的。对重要物资实行计划分配，使国家能够集中有限物资保证重点需要；实行直接计划与间接计划相结合，一部分物资通过商业门市供应，流通比较活跃。这对保证以 156 项为主的重点建设和第一个五年计划的顺利完成，促进国营经济的优先发展和对农业、手工业、资本主义工商业的社会主义改造，起了积极的作用。当时按行政隶属关系组织供应，虽存在调度不灵的问题，不过第一个五年计划时期工业企业数量还不多，生产规模还不大，经济联系还不很复杂，矛盾还不突出。

第一个五年计划后期，随着生产资料私有制的社会主义改造基本完成，中央和地方的企业事业单位所需统配、部管物资，实行单一的直接计划分配供应办法，取消了商业门市供应。这使物资流通失去了适应市场供求变化情况的灵活性，出现了物资管得过死的弊病。

第二节 "大跃进"时期和调整时期物资流通体制以下放物权为中心的变动和以集中统一管理为中心的探索性改革

第一个五年计划后期，党中央、国务院为了克服中国经济管理体制上集中过多、管得过死的缺点，在 1957 年 11 月作出了改进工业管理体制和商业管理体制的规定，主要是把一部分管理权力下放给地方。在物资流通方面，规定各省、市、自治区对在本地区的中央企业、地方企业和商业系统分配到的统配、部管物资，在保证完成国家计划的条件下，有权进行调剂；对中央企业和地方企业生产的统配、部管物资，超产部分可按规定比例分成或提成。但由于当时整个经济工作受"左"倾错误思想指导，发动了"大跃进"，不切实际地提出省、市、自治区自成独立工业体系，在实际执行中远远超越了原来所作的规定。

1958 年，大部分中央企业下放给地方管理，与此相适应，物资流通体制也进行了以下放物权为中心的变革。1959 年，统配、部管物资一度减少到 132 种，比 1957 年减少了 3/4，其余都下放给省、市、自治区管理；对保留下来的统配、部管物资，由过去的"统筹统支"，改为"地区平衡，差额调拨"，中央只管调出调入；在分配供应方面，除铁道、军工、外贸、国家储备等少数部门外，不论中央企业和地方企业所需物资，均由所在省、市、自治区申请、分配、供应。

物资流通体制的这种剧烈变动，打乱了全国的平衡，破坏了正常的经济联系，使一些重要物资的供需矛盾加剧，地区订货无法进行，各部门、各地区纷纷要求改变"地区平衡，差额调拨"的做法。因此只经过一个季度，从1959年第二季度起，许多物资不得不逐步恢复"统筹统支"或改为"统筹统支和地区平衡相结合"的办法；分配供应仍以部门为主管理；统配、部管物资增加到285种。但由于当时经济工作上高指标、瞎指挥，国民经济比例失调，以及物权下放过头的问题没有根本解决，物资流通出现了严重的散、乱现象。国家订货合同完成得不好，擅自动用的情况突出。1959年，钢材超产近100万吨，但合同却欠交30多万吨，重型机械超产15万吨，合同却欠交10万吨；1960年，钢材合同完成率仅为74.5%，水泥为82.2%。供销机构重叠，采购人员满天飞的现象严重。当时沈阳有各部门、各地区的供销办事处65个，上海有57个，驻沪采购、催货人员达15000人。这些办事处任务基本相同，但隶属系统不同，各设一套，不仅造成仓库、人员、资金的大量浪费，而且物资不能互相调剂，此处急需、彼处积压的情况十分普遍。

为了纠正"大跃进"中的错误，党中央、国务院采取了一系列重大措施。在物资流通方面，决定实行集中统一管理的方针。1960年5月和1962年5月，党中央两次批转了国家经济委员会关于改革物资流通体制的方案。刘少奇同志亲自指导了这一改革，先后八次听取物资工作情况的汇报，作了许多重要指示。刘少奇同志强调指出，物资管理已经到了必须集中统一的时候了，不掌握物资，计划经济就没有保证；物资工作必须从生产出发，为生产服务，起保证生产和促进生产的作用；必须建立健全全国统一的物资管理系统和业务经营网。他还指出，许多生产资料可以作为商品进行流通，物资部门是管理生产资料的商业部，要基本上照商业部的办法组织生产资料流通。因此，在国民经济调整时期开始后，对物资管理体制又恢复了"大跃进"前的某些集中管理的办法，并进行了一些探索性的改革。

这次改革的主要内容是：

一是增加统配、部管物资。1963年，统配、部管物资增加到516种，其中统配物资256种，部管物资260种，基本上恢复到1957年的品种数。

二是建立全国统一的物资流通部门。1960年5月，在国家经济委员会内设立了物资管理总局，负责组织物资分配计划的执行。1963年，在此基础上成立了国家物资管理总局，对地方的专业物资供应公司实行垂直领导。1964年，国家物资管理总局改为物资管理部。1965年，国家计划委员会把物资分配机构划归物资管理部领导，统配物资的平衡分配工作由物资管理部在国家计划委员会领导下进行。（见表24）

表24

调整时期统配、部管物资计划申请、分配渠道示意表

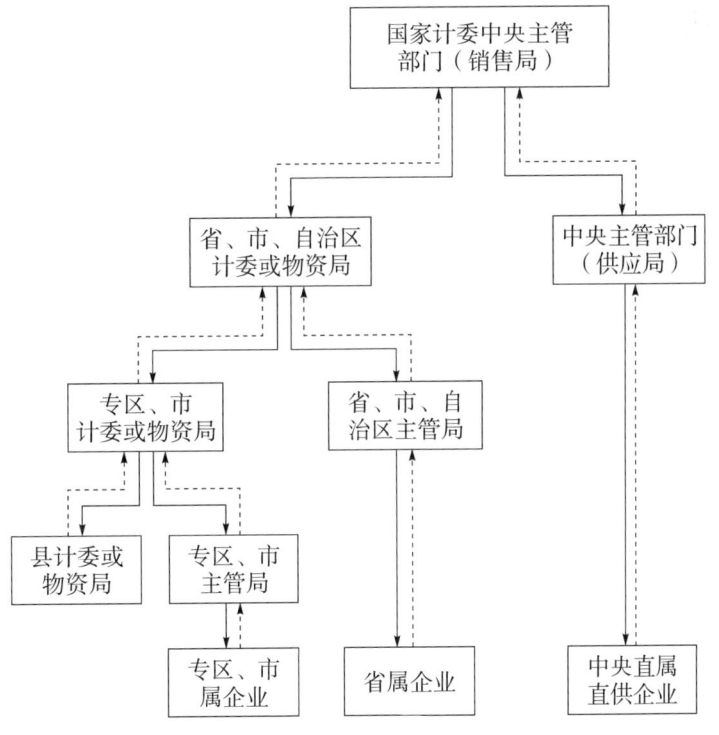

图例　┄┄▶ 提报物资申请计划
　　　──▶ 下达物资分配计划

三是统一管理统配物资的销售工作。原由各工业生产部门分管的统配物资销售业务和销售机构，大多交由国家物资管理总局统一管理，在国家物资管理总局内成立了金属材料、机电设备、化工材料、木材、建筑材料五大公司，并在各大区设立一级站，负责大区范围内的物资销售工作。省、市、自治区工业局的产品销售业务和销售机构，也有一部分集中到物资局统一管理。同时，国家经济委员会在重点煤矿、林业局委派调运专员，国家物资管理总局在重点冶金、机电、建材企业委派驻厂代表，监督国家订货合同和调运计划的执行。这对保证分配计划的执行和订货合同的完成起了重要的作用，1963年到1965年，钢材、水泥的国家订货合同全部完成。（见表25）

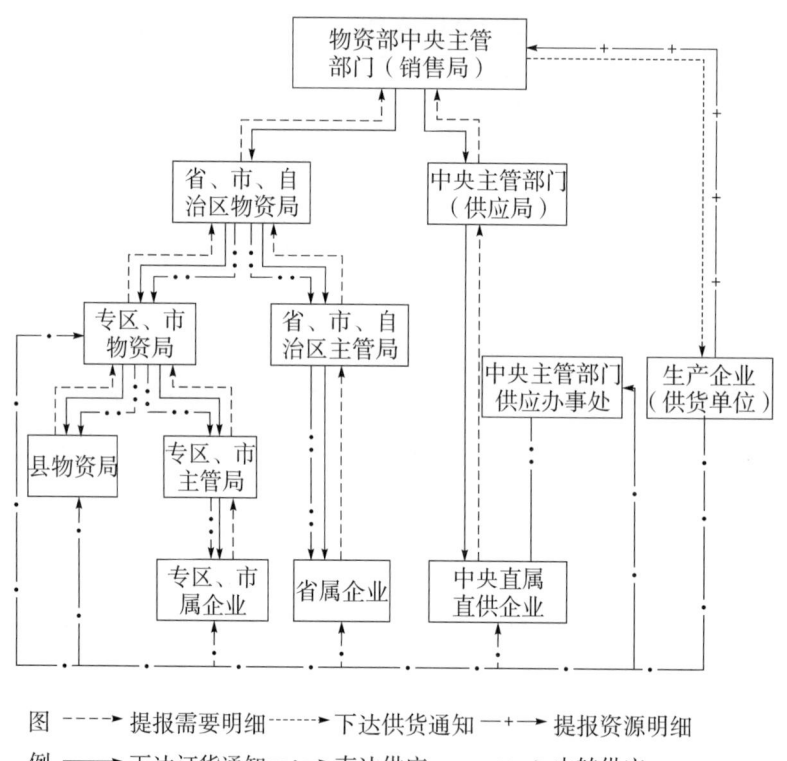

表25　　　　调整时期统配、部管物资供销渠道示意表

四是试行按经济区域统一组织物资供应。物资管理部先后在石家庄、无锡、徐州和"三线"建设地区进行试点，湖南、江苏、广西等13个省、自治区也进行试点，都取得了较好的效果。例如，1965年，四川省以城市为中心，设立了成都、重庆、渡口、自贡4个地区物资局，打破行政隶属关系和地区

的界限，就地就近组织"三线"建设和地方企业的物资供应，加快了物资流通，成都地区金属材料公司的钢材周转库存仅为1.3个月，就保证了重点建设的需要。又如，1963年，江苏省划分为12个经济区，有36个县打破了专区、市的行政区划，由经济区就地就近组织供应，仅一年时间，木材、煤炭运杂费节约了273万元。（见表26）

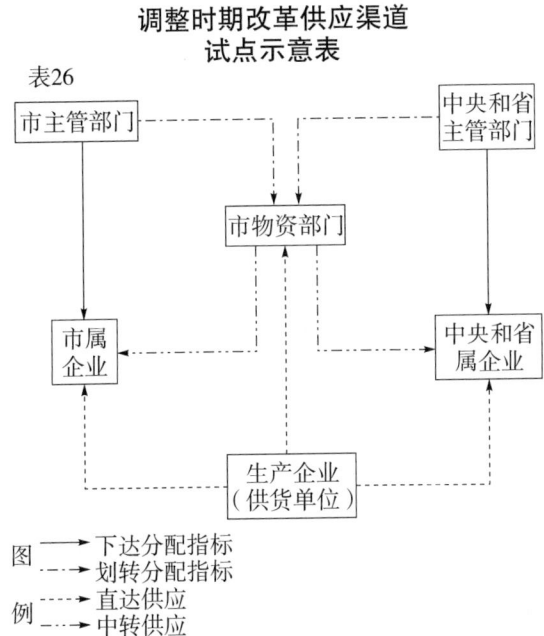

五是组织物资定点供应。从1962年开始，物资部门陆续组织了一批产品定型、生产稳定、物资消耗量大的企业，与供货企业建立定点供应关系。1965年，定点供应量占全国供应总量的比重，钢材为30%，生铁为60%，有色金属原料为54%，煤炭为21%，对密切产需关系，减少中转环节，起了积极的作用。

六是统一管理中转仓库。冶金工业、第一机械工业、石油工业、化学工业、水利电力、煤炭工业、农业机械工业、建筑工程、轻工业、交通、地质、林业等部和手工业合作总社等13个中央部门的中转仓库先后交给物资部门，连同物资管理部的金属材料、机电设备、化工材料、建筑材料公司在各大区的中转仓库，由物资管理部在天津、沈阳、上海、西安、武汉、成都、重庆、石家庄、郑州等大城市设立直属储运公司，实行"统一管理，分户记账，货属原主，随用随提"的办法。一些同城相邻的小仓库合并为大仓库，把仓库分管时各部门在同一城市分别设立的物资检验机构和驻港机构也合并起来，减少了机构、人员，库容利用率提高了20%—30%。与此同时，多数地方的物资部门也统管了地方工业部门的中转仓库。

七是建立物资经营网点。各地物资部门在城镇和工矿区建立了一批专业的和综合的供应站，学习商业办法组织物资供应。1965年，全国共有各种物资经营网点3744个。还在全国建立了152个生产资料服务公司，开展代购、代销、代加工、代托运和调剂工作。同时，建立了367个服务队，有队员4710人，深入企业，上门服务。

八是加强对三类物资的管理。各级物资部门建立了三类物资管理机构，按照"统一领导，分级管理，分工经营"的原则，制定了三类物资分工经营目录和分工经营办法（1965年，列入目录的三类物资有5929种），逐步把生产三类物资所需的统配、部管物资纳入计划安排，并通过组织定点供应，固定协作关系，建立合理流通渠道。

这一时期物资流通体制的改革，不仅在当时有效地制止了计划外动用物资冲击国家计划的现象，克服了"大跃进"时期物资流通的散、乱问题，保证了分配计划的落实和生产建设的需要，而且对如何从中国国情出发，实现流通合理化，初步摸索了一些经验。但是，由于当时经济工作指导思想上的"左"倾错误并未得到彻底纠正，在物资流通方面忽视市场调节的作用，物资管得过死，刘少奇同志提出的许多生产资料可以作为商品进行流通的设想并未真正实现；同时，按行政系统分条分级组织供应造成的行行层层设库、物资分散、周转缓慢的问题，还没有从根本上解决。

第三节 "文化大革命"时期物资流通体制受到严重破坏

"文化大革命"的十年动乱期间，林彪、江青反革命集团全面否定建国以来社会主义建设成就，正在进行的物资流通体制改革也遭到了严重的破坏，物资管理大为削弱。当时，在全国范围内对刘少奇同志进行了错误的批判和斗争，各级物资部门被当作"刘少奇修正主义路线的产物"受到错误的批判，机构被撤销，队伍被拆散，一些行之有效的做法被否定；加之整个经济工作急于求成，各地自成体系，在"左"倾错误思想指导下，仓促下放物权、财权、投资权等经济管理权力，使物资流通体制经受了一次剧烈的冲击。

一是撤销物资管理机构。1970年，撤销物资管理部，把统配物资的平衡分配工作划给国家计划委员会；统配金属材料、机电设备、化工材料、建筑材料、木材的销售管理工作和五个专业公司及其一级站划给有关工业部门。24个省、市、自治区的物资局相继被撤销。只有市、县物资管理机构和经营网点仍基本保留。

二是下放物资管理权力。1972年，统配和部管物资由1966年的579种减为217种，其中统配物资从326种减为49种，部管物资从253种减为168种。大量物资管理权的下放，削弱了物资的统筹安排和综合平衡，原有的供应渠道中断，老的协作关系被打乱，加上物资机构被撤销，使很多物资处于无人管理状态。

三是对下放企业实行"直供"。1969年以鞍山钢铁公司下放为开端，2600多个中央部属企业很快下放到省一级，甚至专区、市、县一级，因下放企业的生产建设计划仍由中央部负责安排，这些企业的物资分配供应大多仍由中央部直接安排，出现了对企业多头管理的混乱现象。

四是对部分重要物资试行"地区平衡，差额调拨"。1971年起，水泥在全国、煤炭在20个省实行地区平衡；津、沪、辽等省、市分别对钢材、纯碱、烧碱、汽车、轮胎、火工产品实行地区平衡。1972年起，又在华北协作区和江苏省对统配、部管物资全面实行地区平衡、"物资包干"试点，以地方为主组织分配和供应，但因生产建设计划仍由中央统一安排，物资由地方掌握，相互脱节，难以协调；同时，中央与地方每年协商统配产品的计划调出量，困难很多。因此，"地区平衡，差额调拨"的办法经过不同地区、不同形式的试点，均未成功，未能推广。

上述各种变动集中起来，一是撤销机构，二是下放物权。由于这些变动是在全国政治动乱期间，作为"斗批改"运动的一部分强制推行的，而且下放物权与撤销机构同时进行，造成上边无人抓，下边无人管，物资流通处于无政府和半无政府状态。

1972年，周恩来同志正确地提出要批判极左思潮，为整顿物资流通中的混乱状态指明了方向。国家计划委员会召开了全国物资工作座谈会，肯定了全国物资工作人员长期勤勤恳恳工作，为社会主义建设作出了重大贡献；要把调走过多的物资工作人员适当调回，健全机构；强调"要把主要物资的分配、调度权集中于中央和省、市、自治区两级，加强物资的集中统一管理"，等等。这些要求，对当时抵制物资流通体制变动中的"左"倾错误，起了积极作用。省、市、自治区的物资部门相继恢复，统配、部管物资陆续上收，同时在全国开展了钢材和机电设备的清仓利库工作，着手修订各项物资管理制度。1973年，统配、部管物资已由1972年的217种增加到617种，其中部管物资增加了399种，统配物资增加了1种。但随后不久，由于发动了所谓"批林批孔"运动，掀起了"反回潮"、"反复辟"的浪潮，使物资流通体制的整顿未能继续进行下去。

1975年，邓小平同志主持中央日常工作，在整顿经济工作中，物资工作也得到初步整顿。国家计划委员会经过调查提出，要在统一计划、分级管理的原则下，加强物资的集中统一管理，适当增加国家统一分配的物资，统配物资的销售工作应由物资部门为主领导和管理，认真解决物资分散、积压、浪费问题。同年11月，国务院决定，重新成立国家物资总局。在这前后，各省、市、自治区的169个物资专业公司，有134个相继恢复由物资部门领导。但是，在所谓"反击右倾翻案风"的运动中，许多正在着手解决的问题又被迫搁置下来，物资流通秩序再度陷入混乱。以统配物资的国家订货合同完成情况为例，1975年煤炭、水泥、钢材分别完成99.9%、95.4%、90.1%，而1976年只有90.9%、82.8%、87.6%。物资流通体制的整顿又一次遭受了挫折。

第四节 党的十一届三中全会以后物资流通体制改革的新发展

粉碎"四人帮"后，为了恢复国民经济，克服物资流通中的混乱状况，党中央确定恢复重要物资的集中统一管理。1978年，统配、部管物资增加到689种，其中统配物资53种，部管物资636种；原来实行"地区平衡、差额调拨"的统配煤矿、大中型水泥厂以及国家重点企业生产的重要物资，改由国家计划委员会统一平衡分配，国家物资总局统一调拨管理。1977年至1978年，统一分配的金属材料、机电设备、煤炭、木材的销售工作和销售机构先后实行由主管部和国家物资总局双重领导，以国家物资总局为主（1981年，煤炭销售工作和销售机构又改为煤炭部管理)。这些措施虽然是属于恢复性的,但对克服物资分散、管理混乱、积压浪费现象起了一定的作用。

1978年年底,党的十一届三中全会纠正了经济工作中长期存在的"左"倾错误,端正了指导思想。全会以后,国民经济进行调整,长期以来物资供应全面紧张的状况有了缓和,为搞活物资流通提供了重要条件;理论上冲破了工业品生产资料不是商品的束缚,提高了按商业办法组织流通的自觉性;党中央提出了计划经济为主、市场调节为辅的原则,开始对经济体制进行改革。在新形势下,物资流通体制改革进入了新的发展阶段。

一是减少了计划分配的品种。1979年确定统配物资为256种,1982年只对其中30种重要的短缺的燃料、原材料和汽车仍然实行计划分配,其余的不再编制和下达分配计划,采取多种方式组织流通。

二是缩小了计划分配的范围。许多地区对物资需要量大、有定额核算基础的用户,继续按隶属关系申请分配物资;其余的不再申请分配,由物资部门的经营网点组织供应。如上海市,按隶属关系申请分配物资的单位由3万户减少到1.2万户。

三是采取了方便用户的灵活供应办法。根据各种物资资源和用途的不同情况,推行了敞开供应、按需核实供应、凭票凭证供应、配套承包供应和流通部门加工供应等多种灵活办法,对方便用户、保证供应、提高效益,起了很好的作用。特别是配套承包供应,效果更为显著。如陕西省对80%的省属建设项目和部分中央建设项目所需物资实行配套承包供应,建设周期一般缩短1/5,建设单位的材料库存下降32%,采购人员减少70%。

四是增加和扩大了物资流通渠道。随着企业自主权的扩大,企业可以自销供过于求的长线物资,在保证完成国家分配调拨计划的前提下,也可以按规定自销某些重要短缺物资,成为物资流通的一条新渠道。同时,随着地方经济的发展,地方掌握的物资增多。1982年地方资源占国内生产资源的比重,煤炭为45%,钢材为26%,木材为41%,水泥为69%,这使各地区的物资协作,在原有的基础上得到进一步发展,扩大了物资流通渠道。由于企业自销的增加和地区协作的扩大,这些资源占消耗总量的比重,省、市、自治区一级一般为 20%—30%，专区、市一级为 30%—40%，县一级为 50% 以上，为解决社会多方面的需要，起了重要作用。（见表 27）

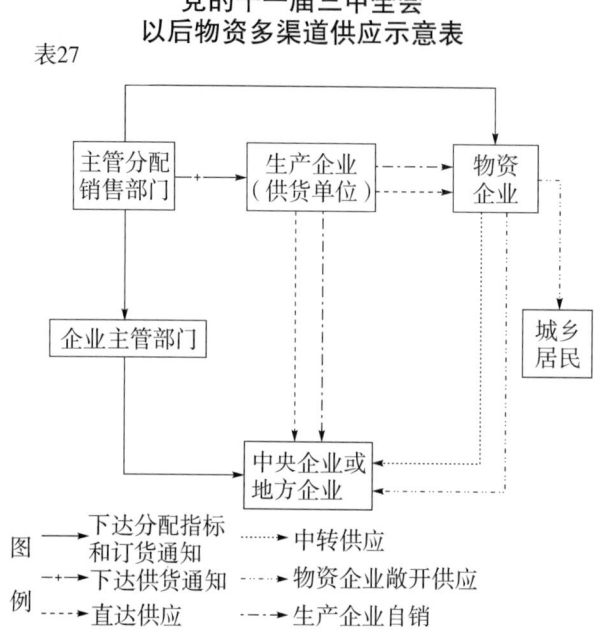

表27　党的十一届三中全会以后物资多渠道供应示意表

五是推进了按经济区域组织物资供应。在就地就近组织供应方面，不少中央部门直属单位和一些重点建设项目所需要的钢材、木材、水泥、有色金属以及轮胎等其他一些物资，先后实行了由中央主管部门把分配给企业的指标，划转给企业所在城市的物资部门，实物由所在城市的物资部门就地就近组织供应。上海、常州等不少城市对地方企业所需物资，改变了过去由企业主管局分头供应的办法，实行"分配指标到局、实物供应到厂"，由物资部门和企业两级设库，物资部门统一组织供应。这些做法都取得了一定的成效。例如，沈阳、成都、渡口、绵阳、衡阳五个轮胎供应站对中央单位维修用轮胎实行就地就近供应后，这些地区中央单位的轮胎库存，1982 年年末比 1979 年年末减少了 12815 套，下降 62%，库存资金减少了 685 万元，下降 69%。在合理调运物资方面，不少省区打破原来的行政区划，按合理流向直达调运物资，取得了良好的效果。例如，云南省经过三年来的调整改革，到 1982 年，原来迂回运输突出的 45 个县已经有 69% 的物资实现了合理调运，运距缩短了 1/4 左右。

六是发展了物资经营网点。1982 年，全国物资部门共有经营网点 29013 个，比 1979 年增加 9210 个；（见表 28）销售额为 551.4 亿元，增长 27%；许多地方物资部门还开办了生产资料商场。1982 年，全国共有这种大中型商场 70 多个，营业额达 5 亿元。商场经营的物资，不受分配指标的限制，不受行政

全国物资部门经营网点概况表

表 28

年 份	经营网点个数	其 中	
		城市网点	农村网点
1965	3744	3744	
1979	19803	8713	11090
1980	25257	12188	13069
1981	27468	17361	10107
1982	29013	16972	12041

区划和行政部门的限制，不受企业所有制性质的限制，用户可以自由选购，成为物资商业化经营的一种新形式。生产资料商业的发展，对活跃物资流通，提高经济效益，起了积极的作用。

这一时期，在搞活物资流通的同时，整顿和加强了重要物资的计划管理，确定统配、部管物资为 837 种，其中：统配物资 256 种，由中央和地方的计划、物资部门分级管理；部管物资 581 种，分别由 29 个主管部门管理。为了集中财力物力，保证重点建设，国家计划委员会、国家经济委员会、国家物资局多次采取措施，加强统配物资管理。1983 年，国务院又发出《关于整顿和加强统配物资管理的通知》，强调加强国家统配生产资料的计划管理，要求各个地方、部门和企业，都要严格执行国家计划，按计划接受订货，按需要的品种规格生产；不允许任何地方、部门、企业超过国家规定的地方分成和企业自销产品的范围和比例，堵塞截留和动用的漏洞；重点企业超产的统配产品，全部或大部要上交国家统一分配。（见表 29）

党的十一届三中全会以来，物资流通体制的新发展，促进了流通领域社会经济效益的提高。1982 年年末，钢材库存为 1775 万吨，机电产品库存为 579 亿元。同 1979 年年末相比，钢材库存减少 118 万吨，周转期从 253 天缩短为 203 天；机电产品库存减少 34 亿元，扭转了 1979 年前社会库存连续大幅度上升的局面。物资节约工作也取得新的成效，1979 年至 1982 年，全国共节约煤炭 8000 多万吨、燃料油 600 多万吨，铜、铅、锌、锡、镍等有色金属 10.6 万吨。物资流通企业的经济效益也有提高。1982 年，全国物资部门流动资金周转天数为 86 天，比 1979 年加快了 46 天；流动资金平均占用总额为

130.3 亿元，减少 28.5 亿元。（见表 30）但是，在物资流通体制方面，还有许多问题需要继续探索，主要是：如何进一步贯彻计划经济为主、市场调节为辅原则的问题，如何自觉运用经济杠杆调节供求的问题，如何以城市为中心组织物资流通的问题等等，需要认真研究解决。

主要年份统配部管物资品种数表

表 29

年 份	统配部管物资品种合计	其 中	
		统配物资品种	部管物资品种
1950	8	8	
1952	55	55	
1953	227	112	115
1957	532	231	301
1959	285	67	218
1963	516	256	260
1965	592	370	222
1972	217	49	168
1978	689	53	636
1982	837	256	581

全国物资部门主要经济指标完成情况表

表 30

年 份	销售总额（亿元）	流动资金周转天数	定额流动资金平均占用（亿元）	物资流转费用水平（%）
1979	433.6	132	158.8	8.73
1980	475.5	123	161.8	8.48
1981	448.7	117	145.9	8.93
1982	551.4	86	130.3	8.22

注：物资流转费用水平是指流通费用占销售总额的百分比。

第五节　物资流通体制改革的基本经验

30 多年来，中国的社会主义物资流通体制几经变革，在探索中寻找有利于发展生产的适当形式，这个过程尚在进行。但从过去的几次反复，特别是从党的十一届三中全会以来的新发展中，可以初步得出以下几点基本经验：

（一）必须对重要物资实行计划管理。中国在公有制基础上实行计划经济,有必要也有可能对关系国计民生的重要物资,在全社会范围内有计划地组织流通。这是国民经济按比例地协调发展的一个重要保证,也是社会主义物资流通区别于资本主义物资流通的一个重要特征。

长期以来,中国对重要物资的计划管理,是通过指令性的计划分配来实现的。这种计划管理形式的最大优点,是便于国家集中必要的物力,统筹安排重点建设和调节地区经济发展不平衡的需要。中国经济建设的实践,尤其是第一个五年计划的胜利完成和60年代调整任务的顺利实现,以及党的十一届三中全会以来经济稳步发展的经验说明,这种计划管理形式,不仅在经济调整时期,而且在正常建设时期,都是行之有效的,必要的。但是,指令性的计划分配并不是物资计划管理的唯一形式,过去的经验说明,实行单一的指令性计划分配,物资管得过死,对提高经济效益也是不利的。因此,必须把指令性的计划分配仅限于必要的范围,逐步实行指导性的计划管理,扩大生产企业和物资企业的购销自主权。这样做,可以更好地搞活流通,保证国家计划任务的实现。

实行指令性计划的分配方法,应当灵活多样,不能一刀切。根据第一个五年计划时期和目前上海等城市的经验,可以把用量大的单位划为"申请单位",把用量小的单位划为"非申请单位"。前者按企业隶属关系申请分配;后者由地区统一申请,通过物资企业门市供应。这样既可方便大多数零星用户,又能集中力量搞好少数大用户的供需衔接,提高计划管理质量。

不论实行指令性计划管理或指导性计划管理,主管部门都应当统筹全国的资源和需要,编制全社会的物资供求平衡计划。这样,国家才便于做好国民经济的综合平衡,保证重点,兼顾一般,使国民经济各部门协调地稳步发展;才便于在统筹安排的基础上,合理使用全国的物力,使有限的物资发挥最大的效益;才便于有计划地引导生产,指导经营,组织协作,促进社会平衡的实现。

(二)应当给生产企业一定的产品自销权。中国在组织重要物资流通中,在相当长的一段时期里,完全依靠计划分配调拨,企业没有什么机动余地,这是造成物资管得过死的一个重要原因。党的十一届三中全会以后,在扩大企业自主权方面进行了初步的改革。从近几年的经验来看,按照把大的方面管住、小的方面放开的原则,在保证完成国家分配调拨计划的前提下,给生产企业一定的产品自销权,对调动企业的积极性,增强生产经营活力,发展适合社会需要的品种,搞活物资流通,满足计划难以安排的多方面需要,是完全必要的。

从实践经验来看,企业自销产品的品种和比例,应该由国家根据国民经济综合平衡计划来确定。因为在实行计划经济的条件下,企业的自主权只能是与国家统一计划相联系的自主权,不能只从企业的微观效益出发来确定自销范围。自销范围一经确定,各部门、地方、企业都应当严格按照国家的规定执行。一方面要保证把自销权真正交给企业,部门和地方不得强行收购和分配;另一方面对超过国家规定自销的,应当实行经济的和行政的制裁。这样,在重要物资的流通中,才能做到统而不死,活而不乱。

(三)应当以城市为中心按经济区域组织物资供应。长期以来,中国按行政部门、行政区划分条分级分配物资,也按行政部门、行政区划分条分级组织实物供应,造成了封闭的供应体系,经营机构重叠,行行层层设库,迂回运输严重。这种供应体制,既不利于保障供应,也不利于加速周转。

为了提高经济效益,必须打破部门和地区的界限,以城市为中心,由专业物资企业按经济区域组织物资供应。在中国的行政管理体制和计划体制尚未进行改革,暂时仍然需要按行政系统分配物资的条件下,应当实行指标与实物分流的原则,即物资分配指标按行政系统分级下达,实物按经济区域就地就近组织供应,以实现实物流通的合理化。在供应方式上,对企业需要的物资,大宗的应当尽量组织定点直达供应,零星的由物资企业中转供应,也应尽量做到一次中转,力求减少环节,节省费用。

(四)应当发展生产资料的商业化经营。工业品生产资料流通的广度、深度和方式,是由生产的发展和生产结构的变动决定的。随着生产规模的扩大,生产门类的增多,企业之间的交换关系越来越复杂,需要有专业化的流通部门,在生产和消费之间发挥桥梁和纽带作用,这是社会生产发展到一定阶段所必然产生的一种社会分工。在社会主义计划经济的条件下,工业品生产资料仍然是商品,为了有计划地组织流通,发展商品生产和商品交换,更需要有专业化的生产资料商业部门,即物资部门,来统筹安排关系国计民生的重要物资的供求平衡、供销管理和商业经营工作。

各级物资部门的专业公司应当更好地发挥经营职能，运用商业办法开展物资购销活动，在多种流通渠道中发挥主渠道作用。特别应当加强物资经营网点建设，除了按照经济区域开设各种必要的供应站和门市部以外，还应当在大城市建立物资交易中心，在中小城市开办物资商场，依托200多个城市形成全国的物资流通网络，促进商品生产和商品流通。

各级物资局作为物资流通的综合管理部门，应当行使管理职能，贯彻执行党和国家有关的方针政策，根据国家计划的要求编制物资平衡分配计划，组织物资订货、供应和调度，配合有关部门对生产资料市场和价格进行管理，指导各部门、各企业的物资工作，推进物资流通合理化。

（五）搞好国民经济综合平衡是改革物资流通体制的重要条件。中国的生产建设和物资流通，是有计划有领导地进行的，国民经济综合平衡的好坏对物资流通影响极大。第一个五年计划时期和60年代的调整时期，综合平衡搞得比较好，物资流通比较顺畅。党的十一届三中全会以来物资流通开始搞活，也是与国民经济进行调整、物资供应得以缓和的情况分不开的。相反，其他一些年份，生产建设急于求成，综合平衡留有缺口，物资供应全面紧张，在这种情况下，搞活流通的措施往往难以施行。而且，从生产和销售方面来看，由于产品供不应求，"皇帝女儿不愁嫁"，容易忽视产品质量的提高和销售服务工作的改进；从需要方面来看，"供应越没有保证，越不规则，越缓慢，生产资本的潜在部分，即生产者手中等待加工的原料等等的储备就必然越大"①。这样，生产和流通的经济效益都会受到影响。正反两方面的经验说明，在实行计划经济的条件下，国民经济的综合平衡必须坚持留有余地的原则，绷得过紧，不利于搞活流通，也不利于搞好改革。

在搞好综合平衡的同时，还要自觉运用价值规律，发挥各种经济杠杆，特别是价格的调节作用，以促使生产企业关心社会需要和技术进步，促进供求平衡，提高经济效益。

---

① 马克思：《资本论》第2卷，人民出版社1975年版，第160页。

第三编
地区经济体制改革

第一章
上海市的经济体制改革

上海是中国三个中央直辖市之一,地处长江三角洲的前缘,东濒东海,北界长江,南临杭州湾,西与江苏、浙江两省接壤。上海工商业集中,交通方便,是中国最大的港口城市和经济中心,在中国社会主义现代化建设中占有重要的地位。全市辖区面积为6186平方公里(其中市区230平方公里),占全国总面积的0.06%。1982年年末总人口1180万人,占全国总人口的1.2%。1982年,全市工业总产值占全国的11.3%,国营商业收购工业品总额占全国的9%,外贸出口总值占全国的16.8%,港口货物吞吐量占全国的37.8%,国民收入占全国的6.9%。

旧上海是一个半封建、半殖民地性质的城市。鸦片战争以后,从1843年起,被殖民主义者强迫开辟为"通商"口岸。整整一个多世纪,上海成了帝国主义对中国进行政治、经济、文化侵略的据点,被称为"冒险家的乐园"。上海人民同帝国主义及其走狗进行了长期的英勇斗争。1921年7月,中国共产党在上海宣告成立。从此,上海工人阶级和广大人民在党的领导下,与全国人民一起,进行了伟大的反对帝国主义、封建主义和官僚资本主义的新民主主义革命。1949年5月27日上海解放,使这个城市获得了新生。

30多年来,上海在中央的统一领导下,在全国人民的支援下,有计划地开展社会主义改造和社会主义建设,在经济、社会和科学技术等方面都发生了深刻的变化。现在,上海已成为一个生产门类比较齐全、协作配套能力较强、科学技术水平较高的综合性的工业基地,并在国内外贸易和交通运输等方面发挥集散、枢纽的作用,对国家建设事业做出了重大的贡献。

上海的经济建设是中国国民经济的重要组成部分,上海的经济体制,许多方面与全国基本相同,由于上海的生产社会化程度较高,商品生产和商品交换比较发达,经济管理和经营管理基础较好,因此经济体制也有它自身的特点和演变规律。现在,中国正在探索走一条以中心城市为依托,形成各种不同类型、各具特点的经济网络,合理组织和管理经济活动的路子。这样,就有必要回顾总结一下 30 多年来上海经济体制改革的过程和经验。

第一节　社会主义改造时期的经济体制

解放初期的上海,产业结构畸形,经济管理紊乱,生产凋敝,市场动荡。工业中主要是轻纺工业,1949 年的产值,占全市工业总产值的 88%,重工业比重很小。全市 2 万多家工业企业,绝大部分是小厂,零星分散,设备简陋,技术落后,产品重复。由于国民党反动派的掠夺和破坏,当时上海商品物资严重缺乏,食米仅敷全市人口半月消费,煤只够用一星期,棉花库存量不足一个月的需要量。许多工厂处于停工、半停工状态,失业人数达 42 万人。外有帝国主义禁运封锁,内有投机势力兴风作浪,物价飞涨,刚解放的头 12 天内,物价就上涨了 27.5%。迅速稳定市场秩序,恢复国民经济,安定人民生活,成为共产党和人民政府接收城市、管理城市必须首先解决的政治任务和经济任务。只有完成了这个任务,才能有领导、有计划地进行社会主义改造和开展社会主义建设。

一、建立国营经济,稳定市场,恢复生产

解放前,美、英、法等国的资本控制了上海主要的动力和公用事业(电力、煤气、电话、自来水、电车、公共汽车等)的经济命脉,垄断了造船、化工、毛麻纺织等重要行业,操纵了整个金融、进出口贸易和航运事业。官僚资本勾结帝国主义,也把持了上海国民经济的不少部门和行业,在一些行业中占着较大的比重。例如棉纺工业,官僚资本就占有 19% 的纱锭、60% 的布机。上海解放后,市人民政府迅即把官僚资本占有的企业收归国家所有。在较短时间内,没收了官僚资本主义企业 103 家。对外国在上海的企业,开始时让它们暂时存在,并加以监督和管理。以后,由于美帝国主义对中国封

锁禁运，这些企业经营普遍发生困难，有的申请歇业，加上发生美国政府在发动侵略朝鲜战争后冻结中国在美国管辖区内公私财产的无理行动，就将这些企业陆续采取征用、作价收购和管制等方式收归人民共和国所有，先后共接管外国在上海的企业77家。这就使无产阶级不仅拥有人民民主专政这一强大的政治武器，而且拥有强大的经济力量，奠定了恢复和发展国民经济、开展社会主义改造的物质基础。

（一）控制金融市场，稳定市场物价。上海刚解放时，不法奸商大搞黄金、美钞、银元的投机活动。市人民政府首先组织了广大工人、学生上街宣传，开展反银元投机的斗争。1949年6月10日，市军事管制委员会查封了投机活动的大本营——证券交易大楼。同时，公布了金银和外币管理办法，禁止金银、外币在市场上自由流通，加强了对金融的管理和监督。但不久投机活动又转向米、棉纱、棉布和煤等人民生活必需品，进而遍及整个商品市场。广大市民强烈要求政府采取有效措施稳定市场秩序。人民政府接管了上海这个曾被称为"十里洋场"的大城市，能不能管好它，这是面临的一场严峻考验。1949年6月至1950年2月，在中央的直接领导下，各地组织了大批物资支援上海，市人民政府先后两次在市场上大量抛售粮食、煤炭和棉纱、棉布，物价立即全面下跌，使那些囤积居奇的投机资本家和高利贷者措手不及，受到沉重打击。人民政府在这场"两白（大米、棉布）、一黑（煤炭）"的斗争中，取得了完全的胜利，大米、棉布、煤炭等重要商品的零售价趋向平稳，同时国营商业在市场上开始确立了领导地位。上海的市场状况对全国有重要的影响，全国的经济形势又决定着上海的经济局面。政务院在1950年3月及时作出决定，统一全国财政收支，统一全国的物资管理和调度，统一全国现金管理，采取多种办法紧缩通货，财政收支很快平衡，人民币币值稳定，上海也很快扭转了解放初期通货膨胀、物价飞涨的局面，为医治战争创伤，恢复和发展经济创造了条件。

（二）扶助资本主义工商业，着手恢复生产。毛泽东同志说过："从我们接管城市的第一天起，我们的眼睛就要向着这个城市的生产事业的恢复和发展","第一是国营工业的生产,第二是私营工业的生产,第三是手工业生产。"① 在上海的国民经济中,私营工商业占了很大比重。1950 年,全市共有私营工商业 16.99 万户,其中工业 2.07 万户,商业 11.86 万户,饮食服务业 3.06 万户。充分利用资本主义工商业有利于国计民生的积极作用,不仅可以增加产品,增加财政收入,而且可以避免工人失业,团结广大人民,巩固人民政权。人民政府根据党对民族资本主义工商业的利用、限制、改造的政策,帮助它们克服困难,恢复生产经营。在上海解放后的第五天,就对私营工厂采取收购成品和加工订货的措施,进行扶植,使 300 多家工厂在几天内就恢复了生产。人民政府并在原材料的分配和贷款发放等方面给私营工业企业以适当照顾。对私营商业,采取调整批零差价、经营范围和税收负担等措施,一方面限制和打击它的投机活动,另一方面对它的正当经营给以活动余地,使其在国营商业的领导下为城乡和内外经济交流服务。在人民政府的扶助和支持下,资本主义工商业得到逐步恢复和发展,并为迅速解决解放前遗留下来的失业人员的就业问题开辟了途径。按照介绍就业和失业人员自行就业相结合、在本市就业和去外地就业相结合、在城市就业和去农村参加农业生产相结合、参加工业生产和从事社会服务工作相结合的劳动就业政策,通过介绍就业、自行就业、以工代赈、组织生产自救、回乡生产、转业训练等多种途径,帮助失业人员就业和转业。从 1950 年到 1957 年期间,先后安排了 48 万余人就业,基本上解决了失业问题。

二、对国营经济实行集中的管理体制,对私营工商业运用灵活办法加强管理

正确处理一定历史阶段上存在的各种经济形式之间的关系,建立与生产力发展水平相适应的所有制结构,是建立科学的合理的经济体制的基础。人民政府通过多种方式改造上海旧的经济,形成了以社会主义国营经济为领导,

---

① 毛泽东:《在中国共产党第七届中央委员会第二次全体会议上的报告》,《毛泽东选集》第 4 卷,人民出版社 1960 年第 1 版,第 1429 页。

社会主义集体经济、国家资本主义经济、私人资本主义经济和劳动者个体经济同时并存的所有制结构。

社会主义国营经济，即全民所有制经济。解放后不久，在上海市的经济中已建立了占领导地位的社会主义国营经济。1952年，全市共有国营工业企业228户，市区国营商业企业234户。

社会主义集体经济。上海郊区农村，经过1950年大规模的土地改革，100多万无地、少地的农民，无偿地获得了257万亩土地和其他生产资料，随后按照自愿、互利的原则，建立带有社会主义萌芽性质的农业生产互助组。到1952年，参加互助组的农户，已占郊区农村农户总数的51.3%。尔后又发展了以土地入股和统一经营为特点的半社会主义性质的初级农业生产合作社。对城镇的个体手工业，也通过合作社的形式，有区别地逐步组织起来，1952年组织了37个手工业生产合作社。

国家资本主义经济。在旧上海，某些私营企业含有一定数量的官僚资本股份和抗日战争时期遗留下来的敌伪财产。解放后，在查明情况的基础上，陆续没收转为公股，组建为公私合营企业。这是一种既有社会主义成分又有私人资本主义成分的国家资本主义企业，1952年全市共有65家。

私人资本主义经济。1952年，上海共有私营工业25548户，占全市工业总户数的98.7%，私营商业132353户，占全市商业总户数的99%。

劳动者个体经济。1952年，全市共有个体手工业者82600人，个体商贩10万余户。

1952年，上海国民经济各部门的所有制结构的基本格局是：在全市工业总产值中，国营经济占27%，集体经济占0.3%，国家资本主义经济占5.2%，私人资本主义经济占64.5%，个体经济占3%。在全市社会商品零售总额中，国营经济占11.35%，集体经济占6.32%，国家资本主义经济占0.42%，私人资本主义经济（包括个体经济）占81.9%。在全市国民收入总额中，国营经济占42.1%，集体经济占0.4%，国家资本主义经济占2.4%，私人资本主义经济占40.8%，个体经济占8.3%。

人民民主专政国家的重要职能之一是领导、组织和管理国民经济。怎样管理大城市的工商业,怎样管理多种经济成分并存的国民经济,当时缺乏现成经验,只能在实践中逐步摸索。为了适应多种经济成分并存的复杂情况,当时对不同性质、不同规模的企业,按照集中领导、分级管理的原则,实行中央和地方两级管理;对于不同经济成分,采取了不同的管理方式。

(一)国营经济的管理体制。

大型国营和老公私合营工业企业①,1954年以前,主要由华东军政委员会的工业部、纺织工业管理局,代表国家直接管理。当时华东经济管理部门管理了152个国营工厂、43个公私合营工厂,工业总产值占全市的38%。1954年华东军政委员会撤销后,改由中央有关部门直接管理。商业机构实行以中央专业系统管理为主、地方行政管理为辅的双重领导制度。

国家对国营企业主要采取行政办法进行集中管理。生产、建设计划按企业隶属关系由中央主管部门和地方分别编制,下达指令性计划,产品由商业或物资部门统一收购。日用工业品的购销计划,主要由各个专业的采购供应站(一级站)根据中央商业部的意见编制,进行调拨分配。企业利润和基本折旧基金全部上交国家财政,企业固定资产更新和技术改造、新产品试制、劳动保护和零星固定资产购置四项费用,以及经营发生的亏损,由财政统一拨款解决。企业所需流动资金,定额内由财政拨款,超定额由银行贷款。生产所需原材料由物资部门列为直接计划,直达供应,享受国家调拨价。企业的工资标准由国家统一规定,年度工资基金总额由国家按计划控制下达,在计划增长指标范围内(包括职工升级的工资、奖励、计件超额工资),企业可以自行安排部分职工升级,并按条件可能,推行计件工资和奖励制度。完成国家计划任务的企业,可从计划利润和超计划利润中按规定比例提取奖励基金,但不得超过全年工资基金总额的15%,由于当时国营企业较少,经济结构简单,这种直接管理的体制收到了较好的效果。同时,也逐渐显露出一些弊端,需要研究解决。

---

① 老公私合营企业,是指在1953年以前,人民政府将私营企业中原敌伪财产和官僚资本的股份没收后变成公股而产生的公私合营企业。

(二) 私营工商业的管理办法。

对私营工商企业,按其性质和特点,不能采用国营企业一样的管理体制。但这些企业必须服从国家的管理,接受国营经济的领导,纳入国家经济计划的轨道。这就需要创造一套适合这种复杂情况的管理体制。

对私营工业企业,在地方政府的管理之下,受国家的计划指导。为了加强国营经济对私营企业的领导和扶植,由有关部门组成了一个加工订货委员会。这个委员会最初由上海市财政经济委员会、华东工业部、华东贸易部、工商行政管理局、人民银行、劳动局、总工会等单位参加,负责对私营工业的生产经营进行指导,日常工作在工商行政管理局工业辅导处推动下,按行业成立审核小组,会同由私营工商企业组成的同业公会进行管理。1952年开展"三反"运动后,成立了市加工订货委员会,各区也分别成立相应机构,统一指导和管理私营工业的生产经营活动。生产计划方面,由加工订货委员会组织同业公会对产值、产量进行估算,编制间接计划,协调产供销平衡。在工商衔接的基础上,采用加工订货、统购包销等形式,使这些企业的生产经营活动纳入国家计划。政府运用国营经济所掌握的大量原材料,扩大对私营企业的加工订货。在原材料分配上,首先考虑接受加工订货企业的需要,对私营企业自产自销部分所需的原材料,则适当控制。

政府按不同情况对私营企业生产计划实行控制,有的对产供销全部控制起来(如棉纺行业);有的只控制原材料供应,不管其产量、品种(如食品行业);有的着重控制销售环节,下达派购和收购指标。生产品种繁杂的小商品的小型私营企业、个体手工业和少量的手工业生产合作社,主要由它们按市场供求变化自由生产,政府通过控制原材料供应和产品销售这两个环节进行适当调节。这些企业所需的原材料和零星物资,由商业部门估算需要,按商业牌价组织供应。私营企业的盈利,按照"四马分肥"(即国家所得税、企业公积金、职工福利奖金和企业股东股息红利)原则进行分配。对私营企业职工的工资福利,主要通过合理核定加工订货的工缴费间接掌握,同时在政府劳动部门指导下由企业工会和资本家举行劳资协商,签订劳资协议或集体合同。政府规定,必须保障和维护职工的应得利益,并制止资本家随意调整工资福利，把负担转嫁给国家的违法行为。

对私营商业，通过国营批发环节，控制货源，掌握社会商品的主要部分，把商品流通纳入国家计划轨道。1953年下半年，对钢铁、五金、铜料、化工原料、橡胶、棉纱、水泥、纸张等重要工业原料，全部或大部分由国营商业部门收购。继之，国家又先后对粮食、油料和棉花实行统购统销，国营商业掌握了70%左右的农副产品商品量。这样，就为指导经济、稳定市场、平抑物价提供了物质条件。批发环节掌握在国营企业手里，一方面，对于户多面广、网点分散的私营零售商店，可以采取经销代销等方式，放手让其经营，另一方面，又便于把这部分销售业务间接纳入国家商品流通计划，在一定程度上限制它们经营的盲目性。

政府对私营工商业的指导和管理，主要依靠运用价格、税收、信贷等各种经济杠杆。加工订货委员会随时听取同业公会的市场情况汇报，及时召集工商行政、商业、物资、银行、物价等部门开会，研究产供销平衡衔接，确定在信贷、价格、税收、物资等方面，对生产市场需要产品的企业给予优惠照顾，鼓励其发展。反之就限制、压缩，或促使其淘汰、转业。

价格方面：主要工农业产品的价格由国家规定，并且通过核定私营企业加工订货的工缴费和货价，缩小地区差价，调整批零差价等政策，引导私营工商业的生产和流通按照国家计划的要求进行。同时，允许私营零售商经营的手工业品可以按国家牌价浮动，允许小宗土特产品随行就市，以满足城乡人民生活多方面的需要。

税收方面：采用复税制，以货物税调节生产，以营业税调节流通，以所得税调节收益，使之供求协调，市场稳定，收入合理。对不同性质的企业，按照"区别对待、繁简不同"的政策，实行不同的征税办法。

信贷方面：不同行业、不同对象区别对待。贷款条件一般是，工业优于商业，公私合营企业优于私营企业，接受国家加工订货的企业优于自产自销的企业。在利率上，私营工业低于私营商业，公私合营企业又低于私营企业。对私营工商业的贷款利率，银行在一定幅度内根据不同情况灵活掌握，贷款期限长短也有所不同。

在主要运用经济杠杆的同时,也比较重视行政管理。工商行政管理局在企业注册登记、物价监督检查、制止抽逃资金、商标广告管理、质量衡器检定、处理违法行为等方面加强管理、辅导和监督。税收部门加强监督稽查,不准偷税漏税;劳动部门、工会也从贯彻劳动政策和改善劳动条件等方面进行监督。有关部门并重视发挥同业公会的积极作用,为发展国民经济、加强对生产资料私有制的社会主义改造服务。1954年,上海共有265个同业公会。在工商行政管理局的领导下,由同业公会出面同国营经济单位协商,统一产品质量标准、统一价格、调整工缴费等有关事项。国家对私营企业的加工订货任务,一般都由同业公会按各厂的设备、生产能力和技术专长进行分配,并估算生产所需原材料,然后由各厂同有关部门签订合同。同业公会对会员厂商履行合同情况进行检查,督促企业按时、按质、按量完成任务,如有严重违反合同的,会同有关部门批评教育。同业公会经常研究市场产品销售动向,引导同业及时翻新、改产适销产品,避免积压滞销,加速资金周转。有的还成立技术、经营管理、成本等各种专业小组,组织同业交流经验,协作攻关,促进企业改善经营管理,提高生产技术水平。

实践证明:我们对私营工商业采取的一套管理体制是成功的,不仅促进了生产的恢复和发展,把私有制经济纳入了计划经济的范围,而且对采取和平方式完成生产资料私有制的社会主义改造也起了积极的作用。这种管理办法,既坚持了马克思列宁主义、毛泽东思想的基本原理,又从上海的实际情况出发,体现了高度的原则性和灵活性的结合,应该说是一种创造。

三、社会主义改造的基本完成,国营企业管理体制方式的扩展,全市形成统一集中的管理体制

随着中国有计划的社会主义建设的全面展开,分散落后的小农经济和社会主义工业化之间的矛盾,特别是资本主义生产资料私有制和社会生产力发展之间的矛盾,日益尖锐起来。在当时的条件下,必须改变资本主义私有制经济,必须以生产资料的社会主义公有制代替生产资料的资本主义私有制。1953年起,上海在党的过渡时期总路线的指引下,逐步地开展对农业、手工

业和资本主义工商业的社会主义改造。到 1956 年年底，郊区参加农业生产合作社的农户达 74 万户，占农户总数的 97.5%，其中参加高级农业生产合作社的有 63 万户，占农户总数的 82.7%。全市手工业生产合作社达 1628 个，参加人数 11.6 万人，占全市手工业总数的 93.1%。全市 203 个行业、8.8 万户资本主义工商业实现了公私合营，其中私营工业转变为公私合营的工业企业 1.6 万余户，其产值占原私营工业总产值的 99.9%。

在农业、手工业和资本主义工商业的社会主义改造胜利完成后，上海的所有制结构发生了根本性的变化，社会主义国营经济、公私合营经济的比重迅速提高。1956 年，在全市工业总产值中，国营经济占 31.9%，公私合营经济占 64.5%，合作社经济占 3.3%，私营经济（主要是个体手工业）只占 0.2%。在全市社会商品零售总额中，国营商业占 28.5%，公私合营商业占 52.9%，合作社商业占 16.7%，私营商业（主要是个体商贩）只占 1.9%。通过对生产资料私有制的改造，社会主义经济（包括基本上是社会主义性质的公私合营经济）已在上海国民经济中占了绝对优势。社会主义改造前后，各种经济成分在上海工业总产值构成的变化情况，如下表：

单位：%

	国营工业	公私合营工业	集体工业	个体工业	私营工业
1952 年	27.0	5.2	0.3	3.1	64.4
1956 年	31.9	64.5	3.3	0.2	0.1

1956 年，资本主义工业实行全行业公私合营后，除资本家还拿定息外，这种企业，实质上同国营工业已没有多大区别。

新的所有制结构，基本上适应上海多层次的生产力水平，促进了生产力的发展。1956 年新公私合营工业企业①的生产总值为 42.8 亿元，比 1955 年私营时期的 29.97 亿元增长 42.9%，劳动生产率由 1955 年的 9919 元上升为 12625 元，增长 27.3%。

通过对资本家占有的生产资料实行赎买政策，顺利地完成了对资本主义

---

① 新公私合营企业，是指 1953 年以后在对资本主义工商业进行社会主义改造中出现的公私合营企业，以区别于老公私合营企业。

工商业的社会主义改造，把私营企业转变为公私合营企业。在1956年年底前后的一段时期里，这些公私合营企业先后分别纳入政府主管部门直接领导下的各个专业公司，并且逐步实行与国营企业基本相同的经济管理体制：国家统一安排企业的生产计划，统一供应企业所需的主要物资，统一收购企业生产的产品，统一制定企业的产品价格，企业实现的利润全部上缴国家财政，企业改善生产条件和扩大生产所需资金，也由国家财政统一拨款解决。这样，就在全市范围形成了以行政办法为主的、高度集中的经济管理体制。随着经济的发展，国家直接管理的企业增多，这种高度集中的管理体制，"统得过多、管得过死"的弊端，逐渐显露出来，既压抑了广大企业和职工的主动性，也限制了地方积极性的发挥。这样，经济管理体制改革的任务就开始提到议事日程上来了。

总起来说，社会主义改造时期，上海的经济体制的特点是：以国营经济为主导，各种经济成分同时并存；按企业不同性质、不同规模实行不同的管理办法；计划管理形式灵活多样；经济办法与行政办法配合使用。这样的经济体制，计划性和灵活性相结合，集中和分散相结合，在计划经济范围内注意发挥市场调节的作用，基本上适应上海当时的生产力水平和管理水平，从而使工业生产保持和发扬了多样性、灵活性和适应性强的特色，促进了国民经济的恢复和发展，社会经济比较活跃，人民生活不断提高。1957年全市工业总产值比1952年增长97.1%，平均每年增长14.5%；工业全员劳动生产率增长36.4%，平均每年增长6%；社会商品零售总额增长34%；全民所有制单位的职工平均月工资增长了9.8%。

第二节 1958年至1976年期间的经济体制改革

1958年到1976年期间，中国经过了三年"大跃进"和五年的经济调整，接着是长达十年的"文化大革命"。随着政治、经济形势和任务的变化，上海的经济体制也几经变革。针对"一五"后期中央集中过多、国家管得过死等弊端，从1958年起进行了经济体制改革的尝试，主要是扩大地方和企业的管理权限。由于"大跃进"的失误，上海国民经济同样遭到严重的挫折。1960

年冬，根据中央的统一部署，开始坚决而全面地调整国民经济，围绕加强集中统一管理的要求，相应地变革了某些经济体制。1966年夏，"文化大革命"开始，直到1976年10月粉碎"四人帮"，这一时期的经济体制变动，有周恩来、邓小平同志主持中央日常工作时指导下的正确措施，也有在"左"倾思想影响下盲目的变革，还有林彪、江青反革命集团对经济体制的干扰和破坏。

一、上海经济管理权限的扩大和缩小

"一五"时期中国以行政办法为主、高度集中的管理体制，随着有计划经济建设规模的逐步扩大，它的弊端渐趋突出。一是中央部门管理的企业日益增加，割断了市内隶属于不同部门的企业之间的横向经济联系。1953年中央在沪直属企业为189户，1956年增加到536户，在全市工业总产值中的比重上升到50%。中央直属企业的经济计划，由中央部门编制，地方无权根据实际情况进行调整，导致在工业生产、交通运输和城市建设等方面出现不平衡和脱节现象。有些中央企业的生产能力利用率很低，地方对这些企业的设备、厂房和技术力量也不能统筹安排，影响了生产的发展。二是财力、物力和经济管理权限中央集中过多，限制了地方的积极性。国民经济恢复时期，地方财政收入仅占全市财政收入的7.1%，"一五"时期改为"固定收入，比例分成"，地方财力依然很小。中央统配部管物资逐步增多，到1957年达到532种，地方增产的统配物资，也全部上交中央部门统一分配。地方政府管理权限过小，许多方面处于被动地位。

早在1956年，党中央和毛泽东同志就觉察到这些弊端，提出扩大地方经济管理权限的问题。毛泽东同志指出："应当在巩固中央统一领导的前提下，扩大一点地方的权力，给地方更多的独立性，让地方办更多的事情。"[①] 1958年中央各部在沪的直属企业大部分下放给上海管理，只保留了56个大型骨干企业、国防军工企业和某些跨地区的企业。在全市工业总产值中，中央企业的比重，从1956年的50%下降到2.3%。商业一级站也全部下放，实行批发

---

① 毛泽东：《论十大关系》，人民出版社1976年单行本，第11页。

站与专业公司合并，由地方领导。同时，按照"统一领导、分级管理"的原则，适当扩大地方管理权限。计划体制方面实行在中央集中领导下，以地区综合平衡为基础，部门和地区相结合的"双轨制"计划制度。上海在保证完成国家计划的前提下，可以对本市建设规模、建设项目、投资使用、资金调剂等方面进行统筹安排。在财政体制方面试行"以收定支、固定比例分成，一定五年不变"的办法，年终结余全部归地方使用，扩大了上海的财权。在物资体制方面，减少中央统配物资，上海可对本市物资调剂使用，对国家计划产品，允许上海采取措施积极增产，超产部分可以酌留部分或按一定比例分成留归上海自行处理。

把大部分中央直属企业下放上海管理，扩大地方在计划、物资、财政等方面的经济管理权限，使上海更能因地制宜、因事制宜地组织经济活动，做好综合平衡，促进国民经济的发展。在上海这样生产社会化程度和管理水平较高的中央直辖市，这一改革取得了较好的效果。中央部门在沪企业下放给上海管理后，克服了过去在编制和执行生产计划时，中央部门和地方政府各管各、地方无权平衡所引起的工业生产、交通运输、城市建设之间的不平衡和脱节现象，有利于打破部门界限，按照专业化协作原则进行改组和技术改造，迅速发展冶金、化工、机械等基础工业，从而形成了生产门类比较齐全的中国重要的工业基地，使它为国家做出更多的贡献。

"大跃进"失败以后，中国经济发展遇到了严重的困难。1960年冬开始，根据党中央、国务院的"调整、巩固、充实、提高"的方针，上海同全国一样进行了规模较大的经济调整工作。经济体制方面重新强调集中管理，原来下放给上海管理的中央直属企业，有一部分又陆续收归中央各部管理。中央在沪企业的工业产值占全市工业总产值的比重，从1958年的2.3%上升到1963年的9.2%，1965年达到19.9%。地方的经济管理权也大多先后收归中央。计划管理实行"条块结合、'条条'为主"的体制。地方企业的生产计划和供产销平衡，都由中央各部直接安排。基本建设投资按"条条"分配。财政体制实行"收支挂钩、总额分成，一定一年"的办法。物资管理又扩大统配部管的范围，1965年达到607种，超计划产品除钢材等可留给地方少量作为机动以外,全部上交中央各部。日用工业品也扩大了计划收购和调拨的范围,商业部管理的一、二类商品,1963年增至287种,地方的经济管理权限大大缩小了。

为了胜利完成经济调整任务,中央加强集中统一领导,收回管理权,上收部分企业,是必要的,适应了当时政治经济形势的需要,促进了经济的调整和发展。但是,由于经济调整时期对体制变革不可能进行全面研究,不加区别地把地方企业上收,削弱了中心城市的管理权,"集中过多、统得过死"的毛病又重新突出起来。

在"文化大革命"的十年中,中央和地方的经济管理权限又一次调整。当时在所谓"以战备为纲",以及经济建设在再一次急于求成、盲目追求高指标的思想指导下,又把上收的企业下放。1965年中央部门在沪企业有335个,1976年减为85个,工业总产值占全市的工业总产值的比重,由19.9%逐步下降为3.3%。商业一级站也下放上海管理。同时还把11个小化肥厂和几十个小农机厂的产品划归地方支配。上海经济管理权限也有所扩大。计划体制,实行"由下而上、上下结合、'块块'为主、条块结合"的计划制定办法。基本建设投资采取"四、三、三"的办法,即投资的40%由中央主管部直接安排,30%由中央各部商同地方安排,30%由地方安排。国家统一分配的物资减少到217种,同时对煤炭、水泥等12种产品试行"地区平衡、差额调拨"的办法。财政体制1970年改为总额分成,地方财政收入和支出每年由财政部核定指标,并相应计算分成比例。1971年又实行"定收定支、收支包干,保证上交,超收归地方"(即定额包干)的办法。由于财力分散,中央财政平衡发生困难,1972年后,又改为超收部分中央与地方对半分成。

地方经济管理权限的适当扩大,本应有利于发挥上海中心城市的作用,在国家计划指导下加快经济的发展。但是由于"左"倾错误的影响,特别是"四人帮"及其上海余党的干扰破坏,地方权限的扩大不但不能发挥应有的作用,而且成了他们与中央分庭抗礼的借口。"四人帮"及其上海余党,打着反对"条条专政"的幌子,拒不执行全国的统一计划,大搞独立王国,严重破坏了上海乃至全国国民经济的发展。

近20年里,中央与地方在经济管理权限的划分上几经反复。实践告诉我们:根据中国的国情,国民经济必须实行"统一领导、分级管理"的原则,在巩固中央集中领导的前提下,按照省、自治区和中央直辖市的不同情况,有区别地扩大地方管理权限。上海是一个综合性的工业基地,又是联结国内外的重要交通枢纽和沿海口岸,工业产品、财政收入绝大多数都按国家计划为全国服务,赋予它较大的经济管理权限,将对国家建设事业更为有利。

二、国家与企业关系的调整

社会主义国营企业是在国家计划指导下相对独立的经济实体,在产供销、人财物等经营管理方面应该拥有不同程度的自主权。但是,由于对企业管得过多过死,许多企业缺乏必要的经营管理自主权,压抑了企业和职工的积极性和创造性。上海老企业多,第一个五年计划期间国家建设重点放在内地,沿海工业强调充分利用原有基础,当时国家没有安排什么投资,甚至连企业的折旧基金也上交国家,使企业没有一点机动的余地。1958年,在"大跃进"的形势下,国家和企业之间的关系作了一些调整,企业经营管理权有所扩大。国营企业普遍实行了利润分成,把过去的技术措施费、新产品试制费、劳动保护费、零星购置费四项费用和按职工工资总额提取的企业奖励基金,改为从企业留成利润中支出,把企业的生产发展费用和职工福利基金,与企业经营成果挂起钩来,随盈利多少而变动。上海工业企业的平均利润留成率,1958年为10.96%,1959年为12.72%,1960年达到了14.57%。这一措施,调动了企业和职工的生产积极性,特别是对技术革新的开展,起了推动和支持的作用。

国民经济调整时期,企业权益缩小。"大跃进"时由于缺乏经验,办法不完善,企业利润留成增长过快过多,分散了国家的财力,出现了盲目扩大再生产的状况。为了克服财政困难,集中必需的资金,1961年全国取消了利润留成制度,恢复企业基金制度,上海虽仍实行了利润留成,但调整了留成率,由1960年的14.53%下降为8.7%。1962年,上海也停止实行利润留成,改为"定额留成"办法,即每年给上海工业企业2亿元,用于上述四项费用和职工福利,由市逐级分配到主管局、公司和基层企业。流动资金又恢复财政拨款、银行贷款双轨供应的办法。

上海是中国最大的工业基地,多出产品、多出资金、多出技术是应尽的历史责任。上海工业为国家积累了大量的资金。但是,上海许多老企业设备陈旧,缺少更新改造的资金。1967年国家改革固定资产折旧基金管理制度,将原来上交国家改为由企业支配,使企业增加了一些维持简单再生产的补偿基金。从1969年起,全国取消了企业基金制度,把奖励基金、福利费、医药卫生费合并,改为按照工资总额的11%提取职工福利基金,在成本中列支,企业在这方面仅有的一点财权又被缩小了。

1958年至1976年期间,上海企业与国家的关系,基本上没有什么变动,主要是给企业增加了少量的资金。但是,企业经营管理的各个方面,诸如生产计划的安排,原材料的采购,产品的销售,资金的使用,劳动力的调配,干部的任免,基层企业基本上处在无权、无责、无利的地位,企业无论是归中央部门管理,还是归地方管理,都是国家的各级行政机构的附属物。这就束缚了企业的手脚,削弱了企业的活力,妨碍了企业素质的提高。

三、企业内部分配形式的多次变更

1957年以前,上海的国营、老公私合营企业,经过两次工资改革,同全国一样,逐步建立了按产业顺序、企业规模和工种岗位分别确定不同工资标准及其等级数目的一整套工资等级制度,并以计时工资为基础,对部分工人采取了计件工资、奖励和津贴等分配形式。1956年的新公私合营企业,也参考同行业的国营企业进行了一次调整性的工资改革。总的来说,初步体现了社会主义按劳分配的原则。

1958年,在"左"倾思想指导下,许多地方出现了分配方面的平均主义倾向。在上海也掀起了一股宣传"供给制",批判"钞票挂帅",破除所谓"资产阶级法权"的潮流,导致全市许多企业取消计件工资制和各种生产奖励制度。1957年年底,上海市区工厂企业164万职工,实行计件工资的约有24万余人,到1958年,先后取消或冻结了计件工资,到1960年,全市除丝织行业少数手工操作工人实行计件工资外,其他企业全部取消。经常性升级制度也停止执行。企业内部分配方面吃"大锅饭"、平均主义开始成为普遍的现象。

在国民经济调整期间,分配形式一度有所搞活。为了寻找一种新的物质鼓励形式,在企业中开始推行按季按月定期发放"综合奖"制度。同时在极少数企业中试行了半计件工资制和恢复提成工资制。理发、沐浴等部分服务性行业将固定工资加综合奖改为固定工资加利润分成奖励制度。

"文化大革命"期间,由于林彪、江青反革命集团蓄意破坏,否定按劳分配原则和物质利益原则,综合奖被取消,改为附加工资平均发放;少数单位保留的半计件工资和提成拆账工资等形式,也被视作修正主义因素而停止实行;对新参加工作的职工,不分脑力劳动还是体力劳动,不分是技术工种还是普通工种,也不分表现好差,一律定为36元。分配上的平均主义进一步加剧,成为经济体制中又一严重缺陷。

四、所有制结构的单一化

1956年上海私营工商业的社会主义改造是成功的,取得了伟大的成就。但在改造过程中,出现了对数量众多的小企业改造步子过快、范围过宽的现象。在农业、手工业和个体商业的社会主义改造中,也有步子过急、组织规模过大的缺点。在"大跃进"中,不仅没有纠正这些缺点,反而大搞"升级过渡"。在城市,把集体所有制的工业、商业、饮食服务业随意并入国营企业,或者名曰集体,实为全民。大量手工业生产合作社也合并入国营企业。到1960年,全市手工业生产合作社只剩下139户,只及1956年手工业生产合作社总数的8.5%。菜场、饮食、服装、鞋帽、理发、废品收购、自行车修理等行业也上升为"高级合作商店",核算规模扩大,股息停发,公积金集中保管、统一使用,实行固定工资,干部由主管部门委派。这种以国营企业管理办法办集体经济的做法,使集体经济的特点几乎丧失殆尽。个体商贩也从1956年的5.2万户减至1958年的1.4万户,导致商业网点显著减少,流通渠道单一,商品流通不畅,给城乡人民生活带来很大不便。在农村人民公社化运动中,盲目追求"一大二公",违背等价交换原则,普遍搞了"一平二调",把大批生产资料和生活资料盲目集中,到处大办食堂,实行所谓"供给制"。据不完整统计,公社化运动中被平调的房屋、财产累计金额达7275万元,严重挫伤了农民群众的积极性。

60年代国民经济调整时期,为广开就业门路,适应人们零星需要,方便居民生活,恢复和发展了部分集体经济和个体经济。1961年,上海街道工厂发展到500多户,里弄生产组2000多个。把"大跃进"时期过渡到国营企业中的1.1万多名手工业者和小商贩,从国营工商企业中退出来,重新建立了一批手工业生产合作社和合作商店。对各个行业中上升为"高级合作商店"的集体经济,也划小划细核算单位,如熟水业由共负盈亏改为各负盈亏的合作小组。个体商贩从1958年的1.4万户恢复到1961年的4.4万户。郊区农村也逐步纠正公社化运动中的错误,几次调整社队规模;实行基本核算单位下放,确立了三级所有、队为基础的体制;彻底退赔了无偿平调的各种财物;取消供给制,恢复了"三包一奖"按劳分配制度。

生产资料所有制结构的这些调整,是适应生产力发展需要的,对于安排就业,搞活经济,促进经济调整,有明显效果。不足的是这一正确的方向未能坚持下去,所有制结构调整的面也很小。到十年动乱期间,"四人帮"及其上海余党鼓吹"所有制越大越公越好",大搞"穷过渡",集体经济一方面受到打击、限制,另一方面普遍地搬用了国营企业的经营管理制度和分配制度。集体工业全民化,合作商业国营化,个体经济被当作资本主义尾巴割掉。全市集市贸易市场关闭,原有四万四千多个个体工商户,到1976年减至八千多人。

近20年的时间里,除调整时期注意恢复了少量合作社经济和个体经济之外,由于指导思想上"左"的错误,不适当地强调变革生产关系,忽视了生产力的决定作用,片面追求所有制形式的公有化,急于升级过渡,结果所有制结构总的趋向是越来越单一化,导致经济生活的僵化,人民多种多样的需要不能满足,待业人员不能充分安排就业,吃饭难、做衣难、投宿难、修补难,成为群众不满的社会问题。

1958年至1976年，上海经济体制同全国一样，变动是频繁的，虽然有些改革适应了生产发展的需要，起了一定的积极作用，但总体上来说是不成功的。一是对整个经济体制缺乏全面研究，改革的方向不明确，主要在中央与地方分权的问题上兜圈子，没有抓住体制改革的根本问题。二是由于"左"的指导思想日益发展，即使有些合理的改革措施，也难以正确地实施。"大跃进"开始后，盲目追求高速度、高指标，不讲科学管理，计划层层加码，产品质量下降，基本建设规模过大，造成了经济上的严重损失和浪费，上海经济经受了一次大的波折。经过60年代的调整，经济发展速度逐步加快，全市工业总产值1963年比1962年增长12.9%，1964年比1963年增长20%,1965年又比1964年增长23.8%,上海经济已从恢复、回升到健康发展。"文化大革命"期间,上海经济建设和经济体制又经受了一次大的波折,比例关系严重失调,发展速度和经济效益连年下降。1976年的工业生产比上年只增长2%；财政收入下降2.3%,连续三年没完成国家计划。1976年每百元资金创造的税利只有66元，比1965年的90元下降了27%,流动资金周转天数86天,比1965年的43天延长了一倍。

第三节　党的十一届三中全会以来的经济体制改革

粉碎了"四人帮"，特别是党的十一届三中全会以后，拨乱反正，端正了经济工作的指导思想，党和国家的工作着重点逐步转移到社会主义现代化建设上来。上海作为中国最大的工商业城市，面临的一项光荣而艰巨的任务是：努力为实现中国农业、工业、国防和科学技术的现代化多作贡献。

广大干部和群众的社会主义积极性高涨，决心把被"四人帮"及其在上海的余党破坏所造成的损失和耽误的时间夺回来。但是，多年来形成的经济体制不适应现代化建设的要求。上海的经济体制虽经几次变革，从总体上说，仍是一种以行政管理为主、高度集中、忽视市场调节作用的经济体制。在国家和企业的关系上，国家对企业统得过死，干预过多，企业没有相对独立的经营管理自主权；在中央和地方的关系上，中央部门集权过多，上海缺乏中心城市应有的经济管理权限；在组织管理上，部门林立，地区分割，政企不分,削弱了经济活动的横向联系;在分配关系上,统收统支,共负盈亏,勤惰不分,奖罚不明,平均主义现象非常普遍。经济体制的这些缺陷非改不可,在这种形势下,从1979年年初开始,上海根据党中央、国务院的有关指示,在贯彻执行"调整、改革、整顿、提高"方针的过程中,结合实际情况,对经济体制进行了初步改革。改革的范围逐步扩大,改革的内容逐步增多,有些改革也有一定深度,虽然带有探索性质,但已经和正在逐步走上自觉、健康改革的道路。

一、扩大企业自主权,建立企业经济责任制

过去的几次改革,偏重于调整中央和地方的权限,很少触及国家与企业的关系。企业是国民经济的细胞。增强企业的活力和压力,提高企业的素质,是改革经济体制的一项基本要求。这次改革首先着重改善国家与企业的关系,扩大企业自主权,建立和完善各种形式的经济责任制。这是经济体制改革的一个重要突破。

上海扩大企业自主权是从工业部门开始的。1979年4月,选择上海柴油机厂、汽轮机厂和彭浦机器厂三个单位进行扩权试点,接着根据国务院《关于扩大企业经营管理自主权若干规定》,扩大试点范围,又增加103个企业。主要实行基数留成加增长分成的利润留成办法,留成资金按一定比例分别用于生产发展、集体福利和职工奖励。试行结果促进了企业、职工关心生产成果,改善了经营管理,推动了生产的发展。这106个试点企业,扩权后的产值、利润增长速度都明显提高,1979年工业总产值比上年增长10.8%,利润增长14.7%,超过全市产值增长8.4%、利润增长5.3%的水平。但在试点过程中,暴露出企业之间存在着明显的苦乐不均。在价格体系不合理的情况下,加上利润留成办法不完善,原来管理较好、生产上得快的企业,因增产难度大,增长慢,分成少;而原来管理较差、增产潜力大的企业,增长快,分成多。

为解决苦乐不均,广泛调动企业和职工的积极性,从1979年起,在纺织工业、冶金工业两个局试行全行业利润留成的办法。纺织工业局以局为单位,

实行全额留成，按照实现的利润，90.5%上交国家，9.5%留局分配使用；冶金工业局采取增利分成办法，以1978年的实现利润为基数，利润的基数部分全部上交国家，增收部分上交国家60%，留给行业40%。两局都是一定五年不变。1980年年初，又根据国家扩大试点范围的要求，选择了23个工业公司，实行以公司为单位的利润留成。试行结果表明，这样改革，一是有利于在行业内部进行调剂，缓和因价格不合理等外部条件带来的工厂之间苦乐不均的矛盾；二是有利于适当集中资金，有计划地进行行业的重点技术改造；三是有利于统筹安排行业性的职工集体福利事业。经过以工厂为单位、以公司为单位和以局为单位三种利润留成办法的试验比较，在经济调整时期，经济体制尚未全面改革的情况下，以局或公司为单位的利润留成还是一种可行的办法。因此，到1982年，这种办法全面推开，全市11个主要工业局（所属企业1839户）都实行了全行业的利润留成，平均留成率12%。同时，商业系统3800多户企业，从1979年开始，也实行了全行业的利润留成；物资、建筑、交通等部门，设计、科研、出版等单位，都根据各自的特点，实行了各种形式的责任制度。

国营企业实行利润留成，初步把企业对国家承担的经济责任和企业的利益联系起来，给了企业以发展生产的活力，这是一个进步，但并未改变上缴利润的制度，还没冲破统收统支、共负盈亏的框框，企业的活力有限，压力也不大。为进一步探索工业企业体制改革的方向，还在少数企业进行了以税代利的试点。1980年开始，上海轻工业机械公司、柴油机厂和彭浦机器厂三个单位共44个工厂试行"以税代利、自负盈亏"的制度，企业向国家上缴"五税两费"（工商税、调节税、所得税、房地产税、牌照税，固定资金占用费和流动资金占用费），税后利润分为生产发展基金、集体福利基金、职工奖励基金，由企业掌握使用。1981年郊县50个国营小型企业，也进行了以税代利的试验。这些试点企业，责权利结合更加紧密，增强了企业的活力，又加重了企业的压力，大大促进了生产的发展。上海轻工业机械公司实行利改税三年来，取得了增产增收的好成绩，1982年比1979年产值、利润分别增长13.76%和31.46%。上海11个地方工业局所属企业经济责任制形式的变化情况，如下表：

年 份	利润留成			以税代利		进展情况		
	以工厂为单位	以公司为单位	以局为单位	以工厂为单位	以公司为单位	实行经济责任制工厂户数	占11个工业局工厂户数的比重	占11个工业局总产值的比重
1979	72	5	2			711	36%	57.8%
1980	42	28	2	2	1	1242	65.5%	81.7%
1981	25	23	3	2	1	1389	74.5%	86.9%
1982			11	2	1	1839	100%	100%

1983年开始，按照国务院的统一部署，全面推行以税代利，第一步采取利税并存办法。上海工业部门除冶金、纺织两个工业局仍暂时实行原定的利润留成外，其余1274户国营工业企业（占国营工业企业总数的70%）都实行利改税；商业部门除粮食企业按规定不实行利改税外，其他4764户国营商业企业（占国营商业企业总数的91%）也都实行利改税。工业企业交纳55%的所得税后，对多余的利润绝大多数企业采取调节税的形式上缴国家；对43户小型企业的税后利润，按1982年核定的留成率加30%留给企业，其余以承包费形式上缴国家。大型商业企业税后利润，也以调节税形式上缴；对1546户小型零售企业，税后利润按每人每年300元留给企业，其余也以承包费上缴。同时，建筑、物资、交通、公用、电影、文教等系统的企业单位也都实行利改税。

以税代利的第一步，虽然还没有从根本上改变上缴利润制度，但在思想认识和经济关系上已有重大突破，在处理国家和企业的关系上前进了一步。企业的经济利益与经营好坏更趋密切，增强了税收的调节作用，并为全面改革税收制度，进一步完善经济责任制，逐步向独立核算、自负盈亏过渡创造了条件。

建立和完善企业经济责任制，使企业之间吃"大锅饭"的状况有所改变，还要进一步解决企业内部职工之间吃"大锅饭"的问题，才能充分调动职工的积极性，使企业的经济责任制真正落到实处。为此，近几年来从恢复奖励制度着手，不断改进奖金分配办法，初步把建立生产（工作）责任制和改进分配制度结合起来，逐步形成各种形式的企业内部经济责任制。一般采取了以下几种形式：（1）记分计奖。企业把经济指标层层分解，逐级考核，按照得分多少计发奖金。把"评"奖改为"算"奖，做到发奖有据，得奖有理，减少了评奖中的矛盾，增强了职工间的团结。这是比较普遍的一种形式。（2）小集体超额计件奖。一些个人劳动与集体成果较难分开的企业，例如纺织行业，企业按班组考核产量、质量、消耗、出勤、安全等指标，完成定额发给基本工资，超额部分按件计奖，多超多奖，完不成定额减发工资。纺织、机电等部门较多采取这种形式。（3）半计件工资制。企业把基本工资的一部分（一般为20%到30%）与规定的奖金额度合并起来，按照完成生产情况，论件计酬。服装行业部分工种的工人，港区装卸工人，实行了这一办法。（4）浮动工资制。一些企业规定职工完成定额指标，领取基本工资，超额部分职工与国家或集体分成。理发行业基本上采取保本指标、超额分成的办法。集体饮食业实行经营包干、超额分成、缺额赔补、民主管理的经营承包责任制，工资实行浮动。这些不同形式的经济责任制，在各自的适用范围内发挥积极作用，体现了社会主义按劳分配的原则，调动了广大职工的社会主义积极性，提高了生产效率和工作效率，收到了较好的效果。但是，这些探索，是在工资制度尚未全面改革的情况下进行的，仍未根本改变分配制度上相当普遍的平均主义现象。

在全国农村改革的过程中，上海郊区农村结合自身的特点，自1979年以后，经过部分生产队试点，逐步发展专业承包、联产计酬；包工到组、联产计酬；统一经营、联产到劳；两头统、中间包；小段包工、定额计酬等多种形式的联产承包责任制。1983年4月，全郊区3万多个生产队，建立生产责任制的有29000多个，占生产队总数的95%左右。农业生产责任制把统一经营与分散经营有机地结合起来，改进了生产队内部的分配形式，发挥了集体经济的优越性和社员个人的生产积极性，促进了农业生产的发展。

二、加强计划管理，发挥市场调节的辅助作用

社会主义经济是计划经济，微观要搞活，宏观要控制。在国民经济和社

会再生产过程的主要方面、大的方面，必须加强计划管理，同时注意发挥市场调节的辅助作用。

（一）加强固定资产投资管理。控制宏观经济，重要一环是安排好积累和消费的比例关系，控制固定资产投资的合理规模和使用方向。这几年，上海根据经济调整的要求，坚决按照国家下达的计划，严格控制基本建设投资规模，加强基本建设项目的管理。1980年以后，由于实行利润留成制度，银行放宽贷款政策，预算外资金急剧增加，各行各业都要加速技术改造。针对这种情况，按照国家要求，把技术改造项目纳入全市固定资产投资计划，并实行分级管理。规定限额以上的重大技术改造项目，报市计划委员会会同市经济委员会审批；限额以下的，不涉及土建的零星技术改造项目，在市计划规定给各部门的控制指标内，由各主管部门统筹安排。这样，一方面控制了固定资产投资总额规模，避免了盲目建设；另一方面又防止了管得过死，限制各部门积极性的偏向。

（二）严格控制消费基金增长。这是合理安排积累和消费之间的比例关系的又一方面。消费基金应该在生产发展、国民收入增加的基础上逐步增长，不能失去控制，盲目增加。1979年，上海部分工商企业实行利润留成，奖金发放未予控制，提取多少发放多少，有些企业出现了奖金增长过多的情况。1980年开始，对工商企业奖金的发放加强了管理。一是合理规定企业留成资金中奖励基金的比重，从源头上加以限制；二是对奖金的提取和发放实行双重考核，提取奖励基金（即利润留成的一部分）主要考核利润，发放奖金根据实际需要增加了产量、质量、成本、安全等指标；三是逐级下达最高限额，一般企业不得超过两个月的标准工资，少数对国家贡献大的企业放宽到3个月；四是发挥行业的调节作用，对因客观条件造成的苦乐不均加以调剂；五是加强财政、银行、劳动等部门的监督管理。采取了上述措施，几年来上海奖金水平没有超过国家规定的额度。但是由于奖金的提取和发放割裂开来，提取得多，发放得少，剩余部分变成了"橱窗里的蛋糕"，看得见、拿不着，影响了群众的积极性。1982年对奖金的控制办法作了改进，规定奖金水平在两个月标准工资以内的，由企业自己掌握，超过部分在奖金增长幅度不高于利润增长幅度的前提下，企业可发40%，60%留作后备基金，把完全控制绝对额改为既控制绝对额，又控制相对数。这样，既从宏观上控制了奖金的增长，又使奖金封顶的弊病有所减轻。

（三）生产领域，坚持计划安排为主，市场调节为辅。生产计划过去主要实行指令性计划，历史经验证明：关系国计民生的重要产品，实行指令性计划是必要的，而对于品种繁多的小商品需要采取灵活的计划管理形式。几年来，上海的工业生产，国家下达的指令性计划产品，大致在80到90种左右，地方增列的指令性计划产品基本上是各部下达的计划产品，约为60种，总共150种左右。适应调整和改革的要求，指令性计划指标的范围、程度都开始有所变化。1981年，指令性计划产品减少到131种，国家不下达计划的产品由企业按照市场需求自行安排。特别是重工业行业，产品虽属国家管理，由于任务严重不足，迫使它们改变服务方向，面向市场，自行承接生产任务，而后申报中央主管部门认帐，并拨给原材料，这也是计划方法的重要改进。农业生产计划指令性指标有所减少，1979年，国家和地方计划产品共22种，1980年以后减为18种，国家管理的计划产品从9种减为6至7种，地方对水果、杞柳、蘑菇等不再下达面积和产量指标。

（四）流通领域实行多种购销形式。物资部门首先打破"物资不是商品"的传统观念，在开展代销展销的基础上，于1979年创建了生产资料交易市场，并相继建立了金属材料和化工原料两个专业性的市场，开设了油漆染料、胶粘剂、不锈钢材等九个门市部。这对疏通渠道，沟通购销关系，处理积压物资、销售计划外产品，调剂余缺、补充计划不足起了良好作用。在头两年，成交额和营业额累计达8亿元。1981年后，生产资料转向紧张，国家加强了管理，交易日渐平淡。上海生产资料交易市场成交额逐年下降，1982年只及1980年的40%。物资的计划管理和供应方式也有不少改进，原来企业需用统配部管物资，都要按隶属关系层层申请编制计划，考虑到许多中小企业需求量少，产品多变，供需往往脱节，改由物资部门编制间接计划，统一供应；而对需求量大、产品稳定、有定额基础的大企业，定为直接计划户，仍按隶属关系层层申请。1979年，燃料、金属、木材、化工、机电五大类物资合计直接计划单位有 30000 户头，1981 年减少为 12000 户头。同时，根据资源情况和供求变化，采取了不同的供应方式：短线物资，计划供应；平衡物资，按需核实供应；长线物资，敞开供应。严格按照计划供应的统配部管物资有所减少，1979 年为 193 种，1980 年减为 30 种，1981 年又减为 26 种，1982 年又回到 30 种。这些措施，一方面把国家重要物资管住管好，一方面又发挥市场调节的作用，搞活了物资流通。

日用工业品的流通，通过发展多种经济形式，实行多种购销渠道，采取多种经营方式，改进了计划管理。过去由商业部统一管理的商品，全部实行统购包销，1980 年后逐步改为统购包销、计划收购、订购、选购以及工业自销等多种形式，统购包销的商品大为减少。市第一商业局系统经营的商品，原由商业部统管的一、二类商品有 146 种，现在统购包销的为 11 种，计划收购 20 种，订购 46 种，减少的 69 种改为自由选购。工业自销有了较快发展，现有工业门市部 500 多个，自销金额相当于商业收购额的 15%。商业企业改变了单一的进货渠道，批发、零售商店在计划外可自行采购。1981 年第一商业局系统批发、零售企业自行采购的货源，占进货总额的 32.9%。有些商业企业实行采购、供应、批发、零售一条鞭，减少了流通环节，加速了商品流转。这几年还逐步开辟了 15 个小商品市场，恢复了 16 个农副产品贸易货栈、7 个交易市场，在市区还设立了 74 处农贸市场，促进了城乡交流，方便了人民生活，也初步搞活了市场。

（五）开展市场调查和预测工作。为适应计划制度的变化，重视市场调节的作用，有关经济部门从流通到生产，从企业、主管部门到综合部门，开始设立专门机构和人员，从事经济预测预报工作。商业、物资系统各个公司、批发站和部分商店，普遍加强了市场需求动向和商品销售趋势预测分析；工业各局、各公司和不少工厂也加强了产销调查和市场预测，仪表工业局以经济情报研究室为中心，建立了局、公司、工厂三级情报网；中国人民银行上海市分行及各区办事处，1981 年开始建立信息机构，结合开展信贷业务，运用同工商企业经济联系密切的有利条件，对 300 多种产品进行了分析预测，并发布产需预报；统计局恢复家计调查，经常分析人民需求结构变化，预测市场趋势。长期以来，企业不关心市场、不重视信息的状况已有很大改变。虽然，市场调查、信息情报、预测预报工作还较分散，没有形成统一的经济信息网络，但已经跨出了重要的一步，对编制计划、安排生产、组织流通都起了积极作用。

三、运用多种调节手段组织和管理经济

多年来，我们管理经济偏重于行政指令、行政办法，而忽视运用经济杠杆、经济立法和经济监督。近几年来，随着对社会主义条件下价值规律作用和范围的认识深化，开始注意运用多种办法、特别是经济杠杆来调节生产和流通。

（一）发挥银行的信贷杠杆作用。1979 年 9 月，上海建设银行根据总行的部署，选择了第一纺织机械厂、新光内衣染织厂、上海自行车四厂等单位的六个建设项目，首先试行基本建设投资由财政拨款改为银行贷款的试点，改无偿使用为有偿使用。这样一改，明显地加重了企业和银行的责任，企业必须还本付息，银行也要如期收回贷款，促使企业节约使用资金，加快工程进度，保证了项目的可靠程度。1980 年扩大到 17 个行业的 66 个项目，1981 年又增加到 95 个项目，1982 年除中央在沪的建设项目外，地方企业 120 个项目全部实行贷款制度。

1981 年以后，中国人民银行上海市分行按照"区别对待、择优扶植"的原则，试行浮动利率和差别利率。规定企业超过计划销售资金率加速指标，利率向下浮动，反之向上浮动，促使企业节约使用资金。机电行业 65 个企业的试点结果，1982 年生产增长 11.8%，流动资金周转加速 17.5 天，相对节约资金 6400 多万元。同时，对部分节能产品、出口产品和新产品试行了差别利率，给予利率上优惠，支持了这些产品的发展。

中国人民银行上海市分行，为了发挥信贷的杠杆作用，搞活经济，1981 年以后，在有控制地部分开放商业信用的基础上，试办了票据承兑、贴现业务。至 1983 年 10 月底止，通过银行贴现的已有 940 笔，金额 6878 万元。其中商业承兑汇票贴现 876 笔，金额 6509 万元，异地银行承兑汇票贴现 62 笔，

金额 334 万元。这种探索，有利于加强商业信用的管理，严肃结算纪律，对融通资金、搞活流通、促进生产发挥了很好的作用。上海立信会计用品厂生产的"立信帐簿"，是畅销全国的名牌产品，但销售集中在四季度，造成年初排产不足、仓库积压、资金多占，而下半年又生产来不及、货发不出去、市场脱销的状况。1983 年年初，先后与南京、镇江、徐州、合肥、兰州等 10 个城市的批发站签订了延期付款协议，经双方银行同意后，立信厂提前申请贴现。保证了工厂均衡生产，解决了资金周转的困难。1984 年 1 至 7 月与去年同期相比，销售额增加 20.3%，实现利润增加 18.8%，流动资金加速 17.7%。

（二）运用价格杠杆，调节生产、流通。这几年在保持物价基本稳定的前提下，按照国家统一部署，提高了部分农副产品的收购价格，调整了部分原材料和工业品的出厂价格，对少数日用工业品的市场价格作了有升有降的调整，试行了浮动价、协议价、自由价等多种价格形式，下放了某些价格管理权，价格杠杆调节生产和流通的作用逐渐增强。

1979 年以来，随着经济的调整，一些重工业的产品销售呆滞。上海对机械、冶金、仪表 600 多种产品，先后试行浮动价格。第一机电工业局、仪表工业局实行浮动价格的产品，各占到该局工业总产值的 10%。这种浮动价格，体现了保优去劣的原则，有利于产品的竞销，促使企业努力提高产品质量，降低产品成本，争取更多的生产任务，减缓了重工业生产的下降幅度。商业部门在国家政策允许范围内，对一部分农副土特产品，主要是定量供应以外的食油、豆制品、干果、干菜、小水果，以及部分水产品，开展议购议销，有 140 多种商品实行了议价。采取这种价格形式，对促进城乡交流，增加市场供应，平抑集市价格起到了一定的作用。

1983 年 1 月全国统一部署，降低了化纤织物的价格，适当提高了棉布的价格，两者不合理的比价初步得到调整，大大改善了化纤大量积压的状况。上海是纺织品生产的重要基地，化纤混纺布产量约占全国的 1/7，由于价格偏高，上海纺织品采购供应站 1982 年年底库存达 1 亿米，国家不得不采取限产的办法。调价以后，销量激增，纺织品采购供应站的库存量降低到 3700 万米，1983 年的生产计划增加了 1500 万米。尽管目前受到多种条件的限制，价格杠杆的运用范围还比较小，但已经可以看出它具有行政手段所代替不了的重要作用。

（三）加强行政管理和经济立法。随着经济体制改革的逐步展开，在搞活微观经济，发展多种经济形式，采取多种经营方式的情况下，会产生一些只顾局部利益，忽视国家利益，冲击计划经济，妨害市场秩序，以至违法乱纪的现象。这就要求加强经济立法，运用法律手段，加强检查监督。1980年以来，上海除贯彻国家统一颁发的法律外，地方根据实际需要先后制定了60多项法令条例。工商行政、财政、税务、银行、统计、劳动、计量、环保、城市规划等部门，都从不同侧面加强管理和监督检查，特别是纠正了国营企业不需工商行政部门管理的片面认识，加强了工商行政管理。1981年对所有工商企业进行登记注册，重新恢复和加强了对企业的开业、歇业的管理，逐步开展了合同、商标、广告的管理。在发展个体经济的同时，加强了市场管理和市场整顿，引导个体工商户在国家政策法令范围内和国营经济的指导下健康发展。

四、巩固国营经济的主导地位，发展多种经济形式

近几年来，上海一方面在国营工商企业中逐步推行各种形式的经济责任制，增强国营经济的主导地位。另一方面，根据党和国家的有关方针政策，大力发展集体经济，适当发展个体经济，有条件地发展中外合营经济等。

（一）大力发展集体经济。1978年和1979年，上海有40万名下乡知识青年被批准回沪。为了安排就业，兴办了400多个集体所有制的企业事业单位。这些集体企业主要由国营企业腾出部分厂房、设备，让出部分简单产品和零部件，并由主管部门派出干部指导管理。这对安排就业虽然起了一定作用，但实际上仍由国家统包，经营方式和分配方式也不灵活，不能成为集体经济的发展方向。与此同时，少数知识青年在政府的扶持下，自行组织起来，自谋职业，兴办了一些合作社、合作小组，实行独立核算，自负盈亏，多劳多得，民主管理，较好地体现了集体经济的性质和特点。1979年，市政府成立了专门机构，对城市集体经济提出了"加强领导，统筹安排，大力扶植，积极发展"的方针，重点

发展合作社经济。到1982年年底，共有合作社和合作小组3000多家，安排知识青年和其他人员6万多人。这些合作社和合作小组从事商业、饮食服务、修配、建筑、装卸运输、打包托运、绿化环境、修旧利废等70多种业务，大到商场、"一条街"，小到店、棚、亭、摊，业务范围广，经营方式活，活跃了市场，方便了居民生活，发挥了拾遗补缺的重要作用。

（二）恢复和发展个体经济。1976年上海城镇个体工商户仅存八千余人，1979年以来，逐步得到恢复和发展，1983年6月底，有证个体工商户发展到34000人。他们主要从事手工业、零售商业、修理业、服务业、饮食业、房屋修缮等，对活跃经济、方便群众、安排就业都起了一定作用。绝大多数个体工商户能合法经营，但也有少数个体户违反国家政策、套购倒卖、偷税漏税，甚至欺行霸市、投机牟利，需要加强管理和正确引导，对于严重的违法行为，必须及时进行严肃处理。

（三）兴办中外合营企业。1979年7月国家颁布《中华人民共和国中外合资经营企业法》以来，上海已与外商、港商、侨商兴办了6家合营企业。主要是中国迅达电梯有限公司上海电梯厂、上海联合毛纺有限公司、上海施贵宝制药厂、上海跃华皮尔金敦玻璃有限公司等。中外合资经营企业有利于利用外资、引进技术，促进中国生产；有利于开拓国际市场，发展对外贸易；还有利于学习国外先进管理经验，提高国内企业管理水平。这种经济形式，兴办时间短，还缺乏经验，怎样管理，尚待在实践中不断摸索，总结经验，走出一条办好这类企业的路子。

五、打破部门、地区界限，建立新的经济组织形式

上海工业企业的组织结构，经过几次大的调整改组，形成了大中小型相结合、专业化分工协作比较密切的工业组织体系。随着生产规模的扩大、产品的新陈代谢和科学技术的发展，出现了不适应状况；加上按照行政系统管理经济，也存在"大而全"、"小而全"和分散重复、布点混乱等不合理现象。这几年，打破行政系统、行政区划和所有制的限制，在市内以及与兄弟省区发展了多种形式的经济联合，企业组织形式有了新的突破，在市内共组织总厂、国营与集体合营、工农联营、生产联合公司、工商联合公司、工贸联合公司、生产与科技联合等形式二百余家。

（一）生产领域内的经济联合。1979年，由于经济调整，部分企业生产任务很不平衡，有些国营企业生产任务饱满，但场地拥挤，人员紧缺，而一些街道工业或社队企业缺原料、缺任务，厂房空关，人员闲散。面对这种情况，有些行业开始走联合之路，创造了各种形式的经济联合。以手工业局系统为例，这一年试办了总厂5家，国营与集体合营企业18家，工农联营企业20家。通过这些新的经济组织形式，发挥了各自的优势，调动了双方的积极性，在挖掘增产潜力，增加紧缺产品等方面起了积极作用。1979年年初，手工业局系统有56%的企业生产任务不足，采取这些形式，调整改组，裁长补短后，生产形势很快扭转，全年工业总产值增长了7.3%。

（二）跨部门、跨行业的生产联合。上海高桥地区石油化工生产比较集中，分布着上海炼油厂、高桥化工厂、上海化纤二厂、上海染化十五厂、上海农药厂、上海洗涤剂二厂，以及为这些工厂服务的高桥热电厂和石油化学研究所。这七厂一所，互为毗邻，生产联系密切，互供原料、能源，工艺相互衔接，是一个彼此依存的化工生产体系。但是，由于这些厂、所分别隶属于石油工业部、化学工业部、电力工业部、纺织工业部、轻工业部和上海的化学工业局、纺织工业局、电力管理局、轻工业局等五部四局管理，削弱了横向的经济联系，生产经营很不协调，甚至出现了一个厂的副产品难以处理，而另一个厂却不能利用这些副产品作为自己的原料。1982年1月，为了充分利用石油资源，提高经济效益，组建了高桥石油化工总公司。联合以后，集中统一领导，合理组织生产，加强设备改造，密切协作关系，挖掘了增产潜力，提高了经济效益。1983年上半年与上年同期相比，产值增长4%，利润增长7.9%。

（三）生产和流通的联合。生产和流通是紧密联系的两个环节，生产的联合必然发展为生产和流通的联合。这种联合发展很快，形式多样，对密切产销关系，协调工商、工贸矛盾起了积极作用。（1）工业与商业合一。上海制线织带公司首先进行了试验。线带公司，主要生产线、带、绳等小商品。品种规格繁多，销售数量零星，但流通渠道也要经一级、二级、三级批发站，再到零售店，"小商品，大流转"，产销严重脱节，影响了生产的发展。1979年年初实行工商合一后，统一经营生产和销售，产销见面，销售增加，推动了生产发展，1980年与1979年相比，产值增长10%，利润增长4%，销售增长12%，创汇增长16%。（2）工业与外贸合一。玩具行业、手帕行业，从花色品种多、市场变化快、协作方面广、生产周期短、产品批量小等特点出发，相继成立了工贸合一的联合公司。由于产销见面，促进了产品升级换代，推动了生产发展。玩具公司1982年与1979年相比，工业总产值增长18.5%，内销玩具增加了3倍多，对资本主义国家出口增长了5.4%，换汇成本下降16%。（3）生产单位和外贸单位联办外贸企业。金山石化总厂和上海市外贸总公司等单位，共同投资组建金山联合对外贸易公司。这种形式也有利于解决工贸脱节、产销割裂的状况。

（四）生产和科技的联合。生产发展要依靠技术进步，但生产、技术两张皮，技术上潜在的生产力不能转化为现实的生产力。随着生产联合体的发展，开始出现生产与科技的联合。有的工厂作为科研单位的中间试验场所；有的科研单位为生产企业承包研究项目；有的转让成果，为工厂提供专利。手工业局与上海交通大学联合建设上海模具研究所，由手工业局提供资金，交通大学派出科研人员，着重研究手工业模具生产的关键问题和模具生产的现代化。生产和科技的联合，为改变上海工业技术落后状况，提高产品质量，增加产品种类，发挥了积极作用。

党的十一届三中全会以来的这些改革，虽然还是局部的、探索性的，但方向正确，成效显著，在理论上有突破，实践上有创新，对于完善社会主义生产关系，提高管理水平，增强经济活力，推动生产力的进一步发展，起了积极作用。这几年，上海工业生产同全国一样，在经济调整、部分行业生产任务严重不足的情况下，仍保持了一定的发展速度，经济效益也逐年提高。1978年至1982年，全市工业生产每年递增5.6%，社会总产值每年递增6%，国民收入每年递增4.6%。人民生活逐年有所改善，1978年至1982年，全市职工年平均工资，每年递增7.1%；居民消费水平每年递增9.3%；郊区农村每个劳动力年收入每年递增9.5%。实践证明：经济体制改革是加快"四化"建设的重要保证。但是，体制改革涉及方面很广，非常复杂，各项改革未及配套进行，加之缺乏经验，改革中也出现了一些问题。主要是在注重搞活微观经济的同时，对宏观经济的管理与控制，缺乏有力的措施；在改革中思想政治工作没跟上，部分企业和干部中滋长了本位主义，存在"一切向钱看"的不良倾向。由于这几年的改革主要是围绕经济调整的要求进行的，计划、价格、工资等体制基本未动，整个经济体制中存在的缺陷尚未解决，加快全面改革仍是一项艰巨繁重的任务。

第四节　上海经济中心作用的变化和发展

经济中心是社会生产力发展到一定阶段的产物。上海由于各种社会经济条件和历史原因，逐渐形成为全国最大的经济中心，与长江三角洲地区、华东地区，以及全国各地区之间，有着不同层次、不同程度的经济联系。解放前的上海，在内外贸易、交通运输、金融信息等方面就起着经济中心的作用。解放以后商品集散作用有所变化，金融中心作用基本消失，工业生产、科学技术和人才培训等方面的作用逐步加强。特别是党的十一届三中全会以来，上海根据党中央、国务院的有关方针政策，进一步发展和加强与兄弟地区的经济联系，经济中心的作用在原有的基础上有了新的发展。

一、工业生产中心的发展

30多年来，上海工业在全国的大力支持下迅速发展，又在发展中扩大了同全国的经济联系。按照经济合理的原则，不断进行企业结构的调整改组，组织专业化协作，开辟新的生产门类，增强物质技术基础，逐步形成为工业生产中心。

（一）四次工业改组。1956年，私营工商业的社会主义改造基本完成，新的公私合营企业，产品重复、布局混乱、技术落后、管理分散，同发展社会主义生产的要求不相适应。当时全市50人以下的公私合营企业有14443户，占公私合营企业总数的84%，其中9人以下的有8793户，占公私合营企业总数的52%。许多企业产品交叉重复,生产技术落后,管理也很混乱。企业、行业之间生产能力不平衡。某些行业盲目发展,臃肿过剩。尤其是卷烟、丝绸、火柴、肥皂、面粉等行业生产能力过大,许多工厂处于停工、半停工状态。企业规模小,数量多,给领导管理也带来了困难。在这种形势下,人民政府决定对全部工业企业进行一次裁并改组。根据产品相同、工艺相近和便于协作、服务的原则,按行业"梳辫子",分期分批、逐行逐业地进行必要的经济改组,先后把26000余户企业裁并改合为17000户,按行业、按产品成立了83个专业工业公司。通过经济改组,初步改进了工业生产布局,在企业之间适当调剂了厂房、机器设备、技术人员和工人,平衡了生产力,为专业化协作创造了条件;加强组织管理,大厂带小厂,先进带落后,增加了产量,扩大了品种,提高了质量,降低了成本。

随着中国经济建设的全面开展,上海工业企业技术装备落后与经济发展的矛盾突出起来。当时国家的建设重点是在内地,沿海工业必须充分利用原有企业基础,进行必要的改建、扩建和改造;同时,由于当时的上海工业主要是轻纺工业,以农副产品为主体的原材料供应逐渐紧张,成为生产能不能迅速发展的关键问题。根据党中央的建设方针,在中共上海市委提出的"充分利用、合理发展"的工业方针指导下,1958年进行了第二次较大范围的经济改组,把14000余户企业裁并为4200余户,专业公司也由83个调整为44个。这次工业改组,主要通过裁并改合和迁址扩建,把原来主要搞修配的一批小厂,改组和改造成为大型骨干企业。如先锋电机厂、重型机器厂、华通开关厂等骨干企业,都是这一时期在几十家小厂基础上发展起来的。同时,调整轻重工业结构和产品结构,发展新的工业门类。从轻纺工业系统划出66个工厂、70万平方米厂房、55000名职工,发展电子、仪表、化纤、塑料等新兴工业。调整部分企业的产品方向,发展新型产品,例如肥皂厂生产合成洗涤剂,灯泡厂生产电子管,卷烟厂转产手表,火柴厂转产塑料制品等等。第二次工业改组,奠定了精密合金、高温合金、汽车拖拉机、石油化工、新型塑料、精密仪器、电子元件、手表、合成洗涤剂等新工业部门的基础;发展了产品专业化、零部件专业化、工艺专业化和技术服务专业化,大大提高了上海工业的生产技术水平和组织管理水平。

第三次工业改组在1962年至1965年间进行。由于全国农业连续3年受灾，上海工业所需农副业的原料明显减少；由于全国基本建设战线缩短，上海成套设备等生产资料的需求迅速下降；同时在三年"大跃进"中，上海工业内部的加工工业和原材料工业、主机产品和配套产品、成套设备制造和维修配件生产之间都程度不同出现了新的不平衡，不少企业没有生产任务或生产任务严重不足。因此，根据"瞻前顾后、统筹兼顾"的原则，采取停关厂、适当合并、缩小规模、改变生产方向等办法，关停并转了623户生产能力过剩、设备陈旧、产品无销路、质量低、消耗高的工厂。同时在重工业中压缩了成套设备生产，加强了支农产品，轻纺工业着重发展了用金属材料和化工原料制造的日用工业品；调整部分生产能力过剩的加工工业，积极发展国家紧缺急需的原材料工业。这次工业改组，使上海初步形成专业化分工比较合理、协作配套比较齐全的工业体系，促进了上海工业的技术改造，对提高劳动生产率、改善产品质量、降低产品成本和增进经济效益都起了很大的作用。

随着生产的迅速发展，特别是设在市内的许多工厂，生产规模扩大，厂房、场地普遍拥挤，部分工厂把产品、材料堆放在马路上，工业布局出现新的混乱，带来市政建设、"三废"治理、住宅和交通等方面的各种矛盾；加上十年动乱期间"四人帮"在上海余党的破坏干扰，以及按照行政系统管理经济造成的"大而全"、"小而全"、重复布点等不合理现象。党的十一届三中全会以后，根据"调整、改革、整顿、提高"的方针，开始了新的调整改组。一是按照专业化协作和经济合理原则，打破地区、部门和所有制界限，发展各种形式的经济联合体；二是调整工业组织结构，加快消费品工业发展。把原属轻工业、手工业系统生产电子产品的18家国营工厂和75家集体企业，与仪表工业局所属同类工厂组建了电视机公司，形成了电子工业的专业化生产体系，使电视机产量从1977年的16万台，迅速增加到1982年的158万台。三是根据"军民结合、平战结合、以军为主、以民养军"原则，组织部分军工企业生产民用船舶、民用电子产品、电冰箱、电扇、民航设备、手表壳等民用产品。这次工业改组，按照企业组织结构、产品结构合理化的要求，还要继续进行,但已取得了初步的成效。在重工业健康发展的同时,轻工业特别是日用消费品有了较快的增长,工业的技术水平、管理水平和经济效益也有进一步的提高。

经过几次工业改组,上海逐步形成为大中小企业相结合、工业门类较多、协作条件较好、具有一定科学技术水平的综合性工业基地,增强了上海工业的实力,从而通过多种形式加强和扩大同兄弟地区的经济联系,发挥着工业生产中心的作用。

（二）生产协作和经济联系的形式。生产中心的作用是通过经济网络的联系形式来体现的。在不同时期不尽相同,而且具有多样性。50年代、60年代期间,主要采取把上海工厂搬迁内地,或一分为二内迁新建;提供大量生产资料,支援内地建设;配合兄弟地区,利用和开发资源等形式。如在"一五"、"二五"期间,上海陆续把467家工厂迁往福建、陕西、安徽、江西、贵州、云南等地,促进了这些地区的生产发展和市场繁荣。

近几年来,较多地采取了生产协作联合、资源开发联合、联合投资办厂、农工商联合、供产销联合等经济联合的新形式。据不完全统计,上海已与17个省、市、区建立了各种经济联合体320多个。由于注意按照各自的基础,扬长避短,充分发挥各自的优势,坚持平等自愿、互惠互利、相互学习的原则,促进了兄弟地区经济建设,也支援了上海的四化建设。上海第一印刷机械厂与无锡县印刷机械厂联合生产,就是一个生动的事例。联合后,上海厂向无锡厂扩散产品,转移技术,传授管理经验,只有一年时间,无锡厂产值增长88.7%,产量翻了一番,利润增长51.2%,成本降低11.9%,产品质量稳定在一等品水平。上海厂在转移了部分生产后,腾出了力量,大力发展新产品,产值也增长49.2%,利润增长55.4%,试制的八开平台印刷机和新型对开印刷机,填补了品种缺门,先后进入了国际市场。

事实说明,上海发挥工业生产中心作用,加强与兄弟地区互相协作与联合,共同提高,互相促进,对于加快全国经济发展,提高全社会经济效益,都有重大的意义。

二、内外贸易中心的变化

上海的对内和对外贸易比较发达，与全国各地的贸易联系，在解放前就形成了一定的基础。1948年，上海进、出口分别占全国的79%、71%，进口货物品种达1000多种，而后转销宁波、镇江和汉口3个主要商埠，扩散到内陆腹地。国内贸易方面，各省市重要商号在沪设有600多家"申庄"，上海工商企业也在各地设有大量"办庄"，上海的批发商业和从业人员约占全国批发商业总数的1/3，并有粮食、烟叶、茶叶、猪鬃、油脂、棉花、土布、药材、木材、生皮等34个主要商品的交易市场和小商品批发市场，成为各类土特产品、手工业品的集散中心。但旧上海的这种内外贸易中心作用，具有典型的殖民地、半殖民地性质。解放初期，上海作为全国特别是长江流域的一个重要物资集散地和进出口贸易的转运口岸，一段时间内仍起着集散的作用。随着社会主义改造的深入开展和基本完成，国内商品流通渠道开始按照行政区域、行政系统来组织社会商品的流通，商品的自由集散，逐渐由国营商业渠道的"层层调拨"所代替。对外贸易实行"统制"政策，主要口岸划分经营范围，上海口岸对外贸易联系也相应发生变化。尽管如此，上海始终起着中国内外贸易中心的作用。这有如下几个特点：（1）联系客户多，辐射面积广。上海口岸与160多个国家和地区有经济贸易往来，拥有各类客户共1400多家，初步形成了一批重点市场，发展了国外销售网。国内同28个省、市、自治区1070多个二级批发站、300多个大型商店或专业商店建有商品调拨供应关系。（2）地理位置优越，海陆交通方便。上海位于中国海岸线的中心，内联沿海各口岸和沿长江各省长达6300公里的大陆腹地，加上铁路、公路，上海发货至各地，能够直达运输的县（市）有825个，占全国县（市）总数的1/3以上。对外上海处于从北美西岸、经过日本到东南亚各国的世界环航线上，有23条远洋运输航线，通世界四百多个港口。（3）有综合性的工业作后盾。贸易的基础是生产，上海一年几百亿元的产值，提供了大量的生产资料和消费品。以调往各省、市的工业品为例，多年来，日用工业品调拨量占全国省市间调拨总量的40%以上。（4）经销形式多样，服务方式灵活。有一批较为固定经销点，使上海产品有较为稳定的销售市场，并在兄弟城市设立样品间，就地批零供应，或派人驻所在地签约成交，灵活供应。上海市内的商品交易市场，面向全国，互通有无，提供服务，经营批发、零售、代购、代销、代储、代运业务，努力做到"近悦远来"，与全国各地企业建立了广泛的购销关系。

近几年来，上海贸易中心的作用虽然明显增强，但由于经济体制尚未全面改革，按照行政区域、行政系统，采用行政办法为主的经济管理方式，割裂了统一的社会主义市场，同时上海城市建设欠帐较多，市政公用、服务设施等事业跟不上，又妨碍着内外贸易中心作用的发挥。

三、科学技术中心的形成

上海科学技术中心的功能，是在解放后，随着生产建设事业的发展逐步形成的。刚解放时，全市只有12个自然科学研究机构，约200名科研人员，科学技术基础十分薄弱。解放后，在国家的重点扶植下，科学技术事业发展很快。上海现有独立和非独立自然科学研究机构610个，全市共有科技人员284000人，其中中级科技人员71000余人，占24.9%，高级科技人员5000余人，占1.1%。中、高级科技人员数约占全国的1/10。全日制高等院校51所，共有教师21000余人，其中正、副教授2500余人，讲师近1万人。上海在与全国的经济贸易联系中，也与兄弟地区的科研机构和工厂企业建立了广泛的技术协作和成果交流，起着科学技术中心的作用。上海与全国的科学技术协作联系范围，由小到大，由低到高，主要有以下几种形式：（1）承担全国重点科研项目和工程设计；（2）协助兄弟地区进行工艺设计、产品设计；（3）为内地资源开发利用提供技术支援；（4）培训技术工人和科研人员。特别是党的十一届三中全会以来，贯彻沿海城市向内地转移技术的方针，又采取协作攻关、委托研制、转让成果、技术培训等各种形式，发展了与兄弟省市的技术协作，促进了各地经济建设的发展。1979年以来，上海有关部门向兄弟省市转移科研成果1600余项，开展技术咨询服务活动1800多项，承接科研、试制任务5400余项。同兄弟地区各工厂企业之间转移技术与管理经验的活动，面广量大，仅湖北省就有586个企业与上海对口单位开展了协作。1982年仅轻工、纺织、手工业三个局派往各地作技术咨询服务的，就有1500多人次。由此促进了各地资源开发和经济建设。上海微生物研究所1979年10月向蚌埠柠檬酸厂转让了黑曲霉新菌种技术，当年11月应用于生产，月产量由30吨提高到40吨，原料消耗减少36%，煤耗减少28%，电耗减少48%，成本下降35%，由1978年亏损24万元，转变为1979年盈利20万元，1980年盈利56万元。

把引进和转移结合起来，既提高上海自身的现代化水平，又带动兄弟地区共同实现科学技术进步，是新形势下上海发挥科技中心的重要途径。近几年来，上海工业部门、科研单位根据国家四化建设的要求，有计划地引进适用的先进技术，而后把经过消化、吸收的国外先进技术向国内转移，在各地推广。上海印染机械厂从国外引进的印染机械样机，经过消化、创新，先后完成了近100项新产品设计和研究试验课题，1981年研制成18种型号的新产品，向各地纺织行业推广，其中结合中国国情创新的一种防缩机，已逐步向全国21个省市推广应用，取得了明显的效果。

培训和输送技术力量，是科学技术中心的重要功能。30多年来，上海支援内地职工180万人，其中各类科技人员和技术工人20多万人。近几年，各工业部门为兄弟地区的对口单位培训各类技术人员和工人每年约1万人次。科技、教育、卫生等部门也开展讲课、教学等活动，为各地开设不同专业、不同学科的培训班和进修班。1980年以来，上海仅为云南、宁夏培训的教育、卫生、科技人员就有1100多人，还在国家计划外为云南省扩大招收大专院校学生116人。1982年以来，安徽、山东、江西等省先后在上海招聘了一批科技人员，技术力量的合理流动有了一个良好的开端。

四、新形势下金融中心的再起

解放前的上海曾是旧中国最大的金融信息中心。1935年，全国164家银行，总行设在上海的有58家，这些银行在各地设有庞大的分支机构，各地存、贷利率的高低，外汇、金银行市的升降，以及有价证券的涨落都以上海为转移。上海金融业左右着本市的经济活动，又影响着全国各地区的经济发展。上海大银行设有电台，与国内外的重要机构沟通情报，上海的联合证信所还搜集金融、企业情报，并办理咨询业务。但旧上海的金融信息活动，操纵在帝国主义集团和官僚资本集团手中，为它们的垄断经济命脉和从事投机活动服务。在社会主义条件下，必须进行彻底的改造。

上海解放后，政府通过接管官僚资本银行、改造私营银行、加强金融管理等办法，以及取缔、打击投机倒把等措施，逐步把各企业事业单位在本市、埠际和国际间的一切交易往来全部通过国家银行划拨清算，信贷也集中于国家银行。使金融的性质、内容和作用都发生了根本的变化，成为社会主义经济的有机组成部分。这些措施是正确的，成功的。但同时也割断了地区之间原来存在的金融往来，上海金融中心的功能基本上消失了。

金融是商品货币关系发展的产物，只要存在着商品货币关系，就必然会有金融活动。社会主义的统一市场，要求银行突破地区界限，成为社会主义的金融中心。近几年来，适应上海经济中心功能的需要，重新探索加强地区之间金融联系，开展资金通融的新形式，试办了地区间票据承兑贴现业务。1983年，上海同南京、镇江、徐州、合肥、兰州等地银行承兑汇票贴现62笔，对融通资金、搞活流通、促进生产发挥了很好的作用。

自1983年开始，国家为进一步加强上海中心城市的作用，允许上海在巩固中央集中统一领导的前提下，灵活运用国外的各类资金和贷款，必要时可以在国际市场上直接筹款或与国外银行联合筹款。上海金融中心的作用正在新的条件下恢复和发展。

五、经济体制改革的重大探索：上海经济区的筹建

中国是个有十亿人口的大国。全国几十万、几百万个工商企业，在中央的统一领导下，既需要部门管理，也需要地区管理，但在按照行政系统、行政区域组织和管理经济的体制下，部门管理和地区管理又产生了部门分割和地区分割的缺陷，需要探索一条管理经济的新路子。

赵紫阳同志提出："要以经济比较发达的城市为中心，带动周围农村，统

一组织生产和流通,逐步形成以城市为依托的各种规模和各种类型的经济区。"① 这是中国经济组织管理体制改革的重要试验。

以上海为中心的长江三角洲经济区(简称上海经济区),包括上海、苏州、无锡、常州、南通、杭州、嘉兴、宁波、绍兴、湖州10个市及其所属的55个县。上海经济区具有优越的自然条件和雄厚的经济基础。区内交通方便,铁路贯通、公路成网,并有上海港、宁波港、南通港、张家港等优良海港。工业生产发达,这里集中了全国冶金工业的19%左右,化工的20%左右,机械工业的24%左右,纺织工业的32%左右,造船工业的50%左右。粮棉生产水平较高,蚕茧、茶叶等经济作物在全国占有重要位置。科技、文化和经营管理水平在全国也处于领先地位。这里又是全国最大的外贸出口基地。上海经济区在整个国民经济中占有举足轻重的地位:1982年,全区工业总产值占全国的19%,农业总产值占全国的8%,人均工农业总产值超过全国平均数的2.1倍,对外贸易总额占全国的29%,财政收入占全国的20.6%。

上海和区内其他九个城市的城乡,长期以来存在着密切的经济联系,促进着这个地区经济的共同繁荣。但是,由于受到行政区划的限制和经济体制的制约,长江三角洲地区的社会经济发展没有统一规划,不仅这一地区的优势没有得到充分发挥,而且还常常发生工业生产重复建厂、商品流通相互制约、技术成果相互封锁、对外贸易互争客户等矛盾,束缚了生产力的发展。上海经济区的筹建,是为了打破部门、地区、城乡之间的人为分割,从10个市的经济状况和各自的特点出发,按照专业化协作和经济合理的原则,有效地组织生产和流通,逐步形成以上海为中心的合理的跨地区、跨部门的经济网络,把这个地区建设成为一个经济发展协调,生产技术水平较高,对外贸易增长和引进先进科技更快,对内地经济发展促进作用更大的高效率的经济区域。

---

① 赵紫阳:《关于第六个五年计划的报告》,《中华人民共和国第五届全国人民代表大会第五次会议文件》,人民出版社1983年第1版,第114页。

1983年以来,在国务院上海经济区规划办公室的指导下,正在按照"统一规划、择优发展、经济联合、建制不变"的原则,积极组织调查研究,协调经济区内部门之间、地方之间以及中央各部门与经济区各地方之间的关系,统筹安排制订经济区域的经济技术、社会发展规划,并对经济区的性质、任务、管理方式和组织形式开展热烈的讨论和认真的探索,同时着手进行以名牌产品为中心推进经济联合的试点。上海经济区的建设,将为中国探索一个条块合理分工、城乡密切结合、政企职权分明、具有中国特色的社会主义经济体制提供有益的经验。

30多年来,上海经济体制的变革过程说明,我们的经济体制改革,是在坚持社会主义基本制度的前提下,改革包括所有制形式、经济组织体系、经济调节制度、经济管理方式和分配形式等等在内的各项具体管理制度,其目的是为了完善、巩固和发展社会主义基本制度,充分发挥社会主义制度的优越性,调动部门、地方、企业和劳动者的积极性、创造性,促进生产力的迅速发展和经济效益的不断提高。上海是全国的组成部分,经济体制改革,必须服从国家的总体设计和统一部署,巩固中央的集中统一领导,坚持"全国一盘棋"的原则,把国家的整体利益放在第一位,更好地为全国的社会主义建设服务。上海是个中心城市,在工业生产、内外贸易、交通运输、科学技术、人才培训、金融信息等方面,同国内外有着多种形式的广泛的经济联系,经济体制改革要有利于进一步发挥上海经济中心的作用。上海的经济体制改革,必须按照中央的方针政策,正确处理中央部门和上海地方的关系、各个兄弟地区和上海中心城市的关系,适当扩大上海中心城市的经济管理权限。上海必须加强自身的现代化建设,改革相关的管理体制,提高企业素质,搞好城市基础设施,提供各种优良服务,增强中心城市的吸引力,进一步扩大同国内外的经济联系和技术交流,在国家现代化建设中做出更大的贡献。

第二章
四川省的经济体制改革

第一节 四川省经济体制的历史演变

四川是中国人口最多的一个省份。新中国成立前,经济以农业为主,工业比重很小。新中国成立30多年来,国家在四川进行了大规模的社会主义建设,经济有了巨大发展。1982年与1949年比较,工农业生产总值增长9.8倍,其中农业生产总值增长2.5倍,工业生产总值增长50倍,工业固定资产已居全国第二位。

新中国成立以来,四川同全国一样经历了各个时期的经济体制变革,但也有自己的特点。

新中国成立初期,四川分为川东、川西、川南、川北四个行政公署,和一个西康省,一个重庆市,分别隶属于西南行政委员会。西南行政委员会是国家的一级行政机构,设有管理经济的一系列职能部门,代表中央人民政府直接管理西南地区的经济。1954年,西南行政委员会撤销,上述6个地区合并为四川省,经济工作直接受中央人民政府领导与管理,重庆市则继续保持中央直辖市的地位。

在中国国民经济的恢复时期和第一个五年计划建设时期,国家面临恢复经济、安定人民生活、支援抗美援朝战争、进行生产资料私有制的社会主义改造和重点建设等一系列艰巨任务,经济决策权和管理权主要集中在中央和大行政区两级,高度集中的、以行政管理为主的经济体制也随之形成和建立起来。这一时期,四川省经济体制有以下几个主要特点:

农业由省(行政公署)、专区和县管理。主要任务是清匪反霸、减租退押、土地改革，并在此基础上开展农业合作化运动，逐步发展互助组和初级合作社。农业生产受市场调节，由农民自主安排。1954年开始，对主要农产品实行统购统销。这一时期，由于土地改革刚刚完成，农民个体经济和互助合作两个积极性都得到发挥，生产迅速发展。1957年全省粮食产量达到426.1亿斤，比1953年增长29.7%，每年递增5.4%，农业总产值比1952年增长41%，每年递增7.1%。农民生活明显改善。

主要工业企业和主要产品由西南大区的工业管理部门直接管理。大区撤销后，由当时政务院各部直接管理。其余企业由省（行政公署）、专区、县分别管理。据1953年统计，西南大区管的企业92个，占全省企业总数的1.2%，但职工有131279人，占职工总数的51.8%；省直接管的企业50个，职工18035人，占职工总数的7%；区县管的企业481个，职工20170人，占8%。此外，还有6859个合作社、私营（含手工业个体户）企业，职工有84100人，占职工总数的33.2%，是由政府的工商部门通过方针政策实行指导的。国家对企业实行一个头的直接领导，国营和公私合营企业的计划、财务、人事、劳动工资、物资调拨、基本建设等统由一个主管部门管理。合作社和私营企业一般由政府的工商部门或由工商部门通过工商业联合会组织管理，手工业由省、专区、县组织起来的集体经济性质的手工业联社管理。国家对国营和公私合营企业实行行政手段和经济手段并用的管理方法。对国营企业和公私合营企业中公股比重大的企业，主要采用统一计划、集中管理的行政办法，但同时也实行比较灵活的经济办法，如超计划利润提成。对于私股比重大的公私合营和私营企业，则主要实行税收调节、信贷控制等经济手段，同时辅以下达指令性计划、征用设备、派出干部直接管理等行政办法。社会主义改造基本完成后，国家对公私合营企业也逐步实行指令性计划，产品由商业、物资部门包销。手工业生产实行市场调节。国营企业开始实行党委领导下的厂长负责制和党委领导下的职工代表大会制。厂长基金制、八级工资制以及计件工资和奖励制度也同时实行起来。工会有很大权威，在恢复和发展经济、改善职工生活、保障职工民主权利、提高职工政治思想觉悟和文化技术水平等方面起了很大作用。

建立以国营商业和农民集资入股的供销合作社为主体的流通网络，是这一时期的重要任务。全省自上而下按"条条"建立了8个国营商业专业公司。专业公司由商业部所属的总公司与地方的商业行政管理部门双重领导，以总公司领导为主，统一核算盈亏。批发机构按合理的商业流向设置，从事商品的采购调拨。在商业经营上实行比较灵活的物价政策，日用小工业品基本实行工商协议定价。管理机构与企业实行政企分工。各级商业行政部门的主要职责是，贯彻执行中央的方针政策，统一领导和管理国内市场，组织和安排市场供求平衡，按照政策赋予的物价管理权限，管理商品价格，不干预商业企业的日常经营活动。供销合作社实行统一领导，统一计划，分级核算，自负盈亏的制度，在财务上实行民主管理；同时国家给予大力支持，使很快发展成为农村商业的主体。但由于急于过渡到全民所有制，没有坚持供销社的集体经济的性质和特点，到1956年就变成为国营商业企业了，这是一个失误。

物资供应开始是由大行政区主管部，以后是由中央各主管部按"条条"组织的，省（行政公署）也以"条条"供应为主。到1955年，四川省才开始建立独立的物资供应体系。但中央部属企业的直接供应体制仍然未变。

这一时期，四川开始了以铁路（成渝线、宝成线）为主的重点建设，但项目不多，在全国694个大中型项目中，四川只有16个（其中属于156项重点工程的只有4个），投资全部由中央主管部门安排。农林、水利、文教、卫生、城市公用事业等地方项目，也须由中央各部指定，投资由中央财政部拨款。基本建设施工实行甲方、乙方互相制约的制度。

财政体制方面，开始时实行完全的统收统支。1954年建立中央、省、县三级财政后，采取"划分收支，一年一变，自留预备，结余上缴"的办法，给了省一定的机动财力，但使用范围仍然须经中央财政部批准。第一个五年计划期间，四川地方财政超收结余为5.29亿元，除按规定用于设备购置费、补充预算周转金、抵作财政收入等项目外，尚余1亿多元，全部上缴了中央财政。

综上所述，这一时期国家对经济集中管理的程度是比较高的。但由于多种经济成分的存在，在指导思想上比较重视客观经济规律，国家在实行集中管理的同时，又运用经济手段进行调节，因而出现了高度集中同经济生活的活跃并行不悖的局面。这是这一时期经济体制的一个重要特点。

社会主义改造和第一个五年计划胜利完成之后，由于公有制程度不断提高，国营经济的范围不断扩大，指令性计划越来越多，经济杠杆的调节作用越来越小，经济管理体制也越来越向"条条"为主的方面发展，从而使地方和企业的积极性受到很大影响。毛泽东同志最早觉察到经济体制的这个弊端，提出了扩大地方和企业的权力，兼顾国家、集体、个人三方面利益，使地方和企业都有一个与统一性相联系的独立性等正确的改革主张。这些主张很快得到各方面的赞同，尤其是受到地方和企业的赞同，在这个指导思想下提出了改革的设想。1957年党中央、国务院做出了改革财政、工业、商业管理体制的决定。中国第一次经济体制改革的尝试就在1958年开始了。

但这次改革并未按上述的正确方向进行，而是被"大跃进"、人民公社化运动改变了方向，因而不但没有达到改革的目的，反而给经济发展带来严重后果。在四川，一个月之内农村就实现了人民公社化。经过社会主义改造组织起来的12615个手工业合作社，不到一年，就有2379个社转为国营工厂，另有一部分交给人民公社管理；在经营方式上，由自负盈亏变为统负盈亏。个体经济几乎被消灭。商业方面，撤销了各专业总公司，实行了政企合一，把供销社并入国营商业。农村的财贸基层机构和人员，除少数外，全部下放人民公社管理。90%以上的中央部属企业下放到省管理，省又将其中一部分下放到市管理；地方企业随着大办钢铁的群众运动而迅速膨胀，全省职工人数，1956年为93.4万人（其中在全民所有制企业的57.3万人，在集体所有制企业的36.1万人），到1958年猛增到283.69万人（其中在全民所有制企业的263.44万人，在集体所有制企业的下降到20.25万人），中央的统一性被严重削弱；指令性计划范围不适当地扩大，高指标与瞎指挥盛行，商品生产、商品交换和价值规律的作用被全面否定；农村实行食堂制，吃饭不要钱，工厂取消计件工资和奖励制，取消厂长基金制，否定了按劳分配原则。这样的经济体制显然是违背了社会主义经济的基本原则，也是不符合中国国情的，因此这次改革是不成功的。

1960 年到 1962 年，中国国民经济遇到严重困难，四川尤其严重。1961 年全省粮食产量下降到 231 亿斤，比 1949 年的 299 亿斤还低 23%；棉花比 1957 年下降 61.4%，油料下降 60%，糖料下降 83%，猪肉下降 50%，人民生活发生很大困难。党中央决定对国民经济实行"调整、巩固、充实、提高"的方针，纠正"大跃进"的错误，并再次改革经济体制。中央收回了下放给省、市的大部分企业和权力，农村人民公社实行三级所有、队为基础的新体制，恢复家庭副业和集市贸易，盲目升为全民所有制的企业退回到集体经营，缩小了指令性计划的范围，注意发挥价值规律的作用和贯彻按劳分配的原则。与此同时，党中央又在原大区范围内建立了党中央的派出机构——中央局。正如 50 年代初期和中期经济管理需要高度集中那样，三年经济调整时期也实行了高度集中的管理体制，所以经济的恢复和发展同样是很快的，并使中国能够集中财力、物力、人力，开始了比"一五"计划时期规模要大得多的"三线"重点建设。在四川，虽然由于纠正错误，进行调整的时间比全国大多数地区迟了一年之久，造成的创伤也比它们要深些，但恢复也是快的。在农业上，调减了征购任务，给社员划拨了占耕地面积 5%—7% 的自留地，到 1965 年，全省粮食产量就恢复到 411.1 亿斤，比 1962 年增长 30.9%，平均每年递增 9.4%。人民生活得到了改善。工业上实行了大规模的关、停、并、转，到 1963 年，全省职工人数调整为 110.4 万人（其中全民所有制企业的职工 81.65 万，集体所有制企业的职工 28.75 万），比 1958 年减少 173.29 万人，减少 61%。在管理上，贯彻执行了《国营工业企业工作条例（草案）》（即《工业七十条》），恢复和健全了基本管理制度，同时实行了一些新的管理办法，如干部参加劳动，干部、工人、技术人员三结合，班组核算，等等，使工业生产逐步得到恢复和发展。

正当中国经济需要稳定发展、"三线"建设开始进入高潮的时候，1966 年又发动了"文化大革命"。在政治动乱中，原有经济体制被扣上"修正主义"、"资本主义"、"条条专政"等帽子，再次进行了大的变动。这次变动，不但大大发展了 1958 年的企业盲目下放、所有制升级、否定价值规律和按劳分配的作用等错误，而且进一步否定了对经济的科学管理，无政府主义泛滥成灾。1970年到1972年，从中央开始，又广泛下放企业和权力。中央下放到四川省的企业有106个，省下放到市、专区的企业有246个（包括中央下放给省的一部分企业）。但在下放权力中，有的放这不放那，有的地方管不了的，如企业的生产计划和物资供应等仍由中央部来管，使企业的人财物、产供销的管理不能衔接，给企业增加了众多的上级领导。当时，四川正在进行"三线"建设，大批项目下放后，出现了部直供项目、省代管项目、部戴帽下达项目、进口配套项目、部商地方项目、地方统筹项目、自筹资金项目等名目繁多、管理混乱的现象。其他体制，如商业与供销社体制，十年中分了又合、合了又分，财政体制变革达四次之多，十分混乱。

纵观新中国成立初期到"四人帮"被粉碎前20多年四川省经济体制的演变，几次大的改革或变动基本上都是围绕调整中央和省、市管理企业的权限而展开的。1958年的改革，虽然作过扩大企业权力和利益的决策，但由于"左"倾思想的泛滥没有真正实行。至于经济形式和经营方式，计划与市场，国家、企业和劳动者之间利益分配等经济体制的重要问题，都因长期受"左"的思想的束缚，没有什么突破。

第二节　四川省"三线"建设的管理体制

在战胜三年严重经济困难后的1964年，四川省开始了大规模的"三线"建设。西南"三线"建设是党中央和毛泽东同志在60年代中所作的一项重大的战略决策。经过十几年的建设，川黔、成昆、贵昆、襄渝、湘黔等铁路干线相继通车，攀枝花钢铁基地建成投产，大批工矿企业在四川、贵州、云南三省的处女地上兴建起来。"三线"建设期间，四川省总投资规模达到393亿元，占1981年前国家对四川省工业总投资526.2亿元的74.9%。新建、扩建、内迁了以重工业为主的项目250多个，加上地方工业的发展，到1982年全省工业企业达到46339个，职工人数达到1033.09万人。使四川的工业生产能力、生产力布局、生产部类和职工队伍都发生了根本变化。"三线"建设对于处理好沿海工业和内地工业的关系，改变中国历史上遗留下来的畸形的生产力布局起了重要作用；对于加强中国各民族的团结，使长期落后的地区逐步建设起现代物质文明和社会主义精神文明起了重要作用；同时积累了依靠中国自己的物质技术力量、自力更生地进行大规模经济建设和战略基地建设的经验。从建国至"文化大革命"期间，中国进行过三次集中的大规模的经济建设。第一次是"一五"时期的156项建设。这次建设的特点是：设计和大部分装备等都是从外国来的，建设和投产都是在外国专家指导下进行的。第二次是1958年"大跃进"时期的建设。特点是"小土群"、"小洋群"，搞群众运动，损失很大，教训很多。第三次是"三线"建设。这次的特点是：建设项目是大中型的，设计都是自己搞的，设备绝大部分是自己制造的，施工、投产都是依靠从沿海调进内地的专家和工人进行的。三次相比，第三次的"三线"建设有其独特的经验，对今后中国区域性的综合开发，有重要的借鉴意义。"三线"建设的主要缺点是：受当时"左"的指导思想的影响，企业的布局过于分散，对生产能力的配套注意不够；由于建设是在林彪、江青反革命集团严重干扰破坏下进行的，造成很大浪费。这是很值得吸取的教训。

当时，党中央为了加快"三线"建设的步伐，从一开始，就对建设体制作了一些重大改革。

在"三线"建设的管理上，采取了中央、西南"三线"建设委员会和各建设项目现场指挥部三级管理的形式。三级职权的划分是：中央制定"三线"建设的方针、政策；决定"三线"建设的布局、项目和投资计划；审批"三线"建设委员会的实施计划。西南"三线"建设委员会是中央设在西南的具体领导和指挥"三线"建设的权力机构。它由中央有关部委、中共中央西南局和四川、贵州、云南三省的负责同志组成。主要是贯彻落实中央关于"三线"建设的方针政策和建设计划；审定各建设项目的设计方案、厂址选择、施工计划；组织中央各部门和各省、各地方的协作配合，协调各方面的工作；确定各建设项目现场指挥部的负责人选；对中央方针政策的执行和建设计划的实施进行督促检查。现场指挥部由建设单位、设计单位、施工单位、所在地方党委及物资、银行等有关部门的代表组成，实行党委领导下的指挥部首长负责制。一般以建设单位的负责人为"班长"。主要是具体实施中央和西南三线建设委员会批准的项目建设计划；统一指挥设计、施工、物资与资金的供应、地方支援等方面的工作，保证建设项目按质、按进度完成。

攀枝花钢铁基地的建设是四川"三线"建设的重点。为了使之尽快建成投产，形成综合生产能力，在攀枝花建设总指挥部下设立了煤炭、电力、交通、建材、林业、建筑等分指挥部，在统一规划下，各项基础设施与钢铁工业生产设施的建设同步进行。因而在钢铁企业投产之际，冶金矿山、煤炭、电力、铁路、公路、桥梁、水泥、木材、民用建筑等都基本上满足了生产的需要。这种建设方式——攀枝花方式，很值得在今后新的工业基地建设中借鉴。

与上述三级管理的体制相适应，物资、银行、劳动等部门也以加速"三线"建设为目标，进行了一系列富有成效的改革。

在物资管理方面，打破了按行政区划设置供应机构、按行政渠道调拨物资的框框，按建设布局和经济合理的物资流向设置了物资供应机构，就地就近组织物资供应。当时，物资部在西南设立了指挥部，在成都、重庆、自贡、渡口等中心城市和重点建设地区设立了物资局，划分了供应范围，统一负责所辖地区内各个建设项目所需物资的供应。其中一、二类物资，由中央各部把指标划转给物资部，由物资部统一向生产企业订货，生产企业则直接发货到建设项目所在地的物资局，然后由物资局配套供应给建设单位。机器设备由国家设备成套总局按每个项目提出的设备清单，向有关生产企业订货，组织成套供应。三类物资，由国务院财贸办公室派驻在西南的工作组（包括商业、粮食、供销社等部门的代表），会同当地财贸部门组织货源，由所在地区物资局统一供应给建设单位。通过这些改革，物资供应中长期存在的不配套、不及时、迂回运输、多头供应等严重缺陷，得到很大改善。

在建设资金管理方面，省建设银行除在各专区、市、州设立支行外，又在大中型建设项目所在地设立了直属机构。银行工作人员到施工现场，与所在单位的财会人员一起编制施工预算，经有关领导机关批准后，即按预算和工程进度，把资金直接拨到现场。这些改革，既保证了建设资金的及时、合理的供应，又有利于对资金使用的监督和检查。

在劳动管理方面，建筑施工采取了中央主管部门的专业建筑队伍、地方专业建筑队伍和农民建筑队伍三结合的形式；生产企业，则采取固定工和合同工、轮换工相结合的劳动制度。由于两种劳动制度的实施，使大批农民进入工厂，得到社会化大生产的锻炼，在政治、思想、文化技术等方面都有了提高，同时增加了经济收入；工厂由于少用了固定工，经济负担大大减轻，有些企业（如煤矿）还能使生产第一线经常保持最佳年龄的劳动力。

"三线"建设管理体制的这些改革，对于缩短建设周期、加快建设进度起了显著作用。正式开始建设的第一年——1965年，完成计划投资98%，列为重点建设的48个项目，有30个当年竣工投产，有12个完成了年度计划。1966年列为重点建设的项目102个，计划当年竣工投产32个，部分投产50个，共82个，实际全部竣工投产达41个，部分投产42个，合计83个。攀枝花钢铁基地这样大的综合建设项目，仅用两年的时间就完成了全部的准备工作，并较快地实现了部分简易投产。"三线"建设的管理体制，今天看来还有很多缺陷。如建设前期的准备工作不足，有些项目实行边勘探、边设计、边施工，影响建设项目的质量，有些布局过于分散，有的不配套，影响生产；在管理上主要采用行政手段，很少运用经济手段进行调节；在资金使用上，吃"大锅饭"的现象严重，不注重经济效益，等等。但总的看来，仍不失为改革基本建设体制的一次有益的尝试。

第三节 党的十一届三中全会以来四川省的经济体制改革

党的十一届三中全会以来，四川根据中央确定的"调整、改革、整顿、提高"的方针，在农村和城市广泛开展了富有成效的经济体制改革。目前，除巩固和发展已进行的初步改革外，正在重庆市进行发挥中心城市的作用、建立以大中城市为依托的经济区的综合改革试点。

一、农业的改革

四川农村的改革是从建立农业生产责任制入手进行的。1977年到1978年，当时的四川农村，由于受林彪、江青反革命集团的破坏和长期"左"的思想和政策的束缚，生产发展缓慢，农民生活遇到很大困难，城市人民的粮食和副食品的供应也很紧张。在这种情况下，要恢复和发展四川的经济，必须先从恢复和发展农村经济开始。为此，实行了两条重要的措施：一是"放宽政策"，二是"休养生息"。前一条措施是要打破"左"的政策对农民的束缚，把农民的自留地由占总耕地面积的7%扩大到15%左右，取消不准农民搞家庭副业和不准农民自销多余产品的禁令，恢复了家庭副业，开放了集市贸易，实行因地制宜种植农作物的方针，破除了强制农民种双季稻的错误作法，同时，尊重生产队的自主权，支持农民采取"包产到组"的形式经营土地，推广新都县创造的"四专"（专业队、专业组、专业户、专业人）形式，鼓励农民发展多种经营。这些政策的实施，极大地调动了农民生产的积极性，农副业生产恢复很快，并为后来家庭联产承包责任制和大批专业户的出现开辟了道路。后一条措施是要减轻农民，特别是减轻经济落后地区和边远山区农民的税收负担，解决农民温饱问题。由于这些政策的实施，农民的生活在生产恢复的基础上得到改善。

党的十一届三中全会制定了一系列改革农村经济、恢复和发展农业生产的政策：一是改革农村经济体制，扩大农民的生产自主权；二是较大幅度地提高农副产品的价格，增加农民收益；三是改变单一生产粮食的农业生产方针，实行农林牧副渔全面发展、农工商综合经营的方针。在此基础上，四川省委又明确提出农业发展要"一靠政策，二靠科学"的指导原则。党的这些政策在四川得到有力的贯彻，取得了明显的效果。

第一，在"包产到组"的基础上，经过"包产到户"、"包干到户"等形式的发展，全省已有99%的生产队建立了生产经营统分结合的家庭联产承包责任制。由于家庭联产承包责任制的普遍推行和公社体制的改革，以生产某种农副产品为主的专业户、重点户随之涌现出来，据不完全统计，到1983年上半年，全省的专业户、重点户已占全省总农户的11%以上。由于专业户、重点户和农工商联合企业的出现，使农村社会分工有了发展，从组织形式上为农村商品生产的发展开辟了道路。

第二，在建立家庭联产承包责任制的同时，在广汉、新都、邛崃三县进行了人民公社体制改革的试验。人民公社改为乡，按照党、政、企分工的要求，分别成立了乡党委、乡政府和作为经济组织的乡农工商联合公司。原来的生产大队按自然村改为村，由村党支部、村长、文书分别负责党和行政的工作，取消了大队一级的经济组织。生产队一般变成了独立的经济实体，有的改名为农业生产合作社。由于原公社、大队两级经济比重都不大，仅有的企业有不少也是过去平调生产队的土地、资金和劳动力搞起来的，因此，原有公社、大队企业一般都改成了生产队（合作社）联办。实行人民公社"政社分开"的体制后，党、政、企有了明确分工，企业领导干部由上级任命改为企业职工选举和招聘，并实行经理"组阁"制，由此懂经济、会管理的内行多了，强迫命令、瞎指挥和平调行不通了，干部的工作作风得到改进，经济工作向着按照经济规律的方向运转，大大调动了农民生产经营的积极性。现在全省多数公社都已推广了三县的改革经验，并有了新的创造。

第三，农业生产方针由单一生产粮食转变为农林牧副渔全面发展，农工商综合经营，经济作物大幅度增长，社队企业迅速发展，使农业生产结构和农村经济结构发生了重大变化。据统计，在全省农业总产值中，林牧渔及其他多种经营的比重，已由1978年的35.6%上升到1982年的44%，与此同时，各种形式的农工商联合企业，包括牧工商、林工商、果工商、茶工商、药工商等，也发展起来。其中著名的有重庆长江农工商联合公司、邛崃县凤凰农工商联合企业和黑虎滩农工商联合企业。这就为农村商品生产和商品交换的发展创造了条件。

第四，减少了指令性收购计划的品种，并着重运用经济杠杆对农业生产进行调节。1979年，在国家统一安排下，调高了22个农副产品的收购价格，其后，又对棉花、油料、茶叶、甘蔗、晒烟等经济作物，分别实行了价外补贴或超过基数加价收购等政策措施；1983年开始又适当调低了油菜籽的收购价格。由于自觉运用价值规律，同时在集市贸易中让价值规律自发地起调节作用，从而促进了农业生产的发展。

经过以上这些变革，四川农村出现了一个8000万农民大搞粮食和多种经营、积极发展商品生产的崭新局面，从而加速了农村由自给、半自给经济向商品化、专业化、社会化过渡的进程。据统计，全省粮食产量 1982 年比 1976 年增长 46.9%，平均每年增长 7.8%，农业生产总值增长 73.2%，平均每年增长 12.2%。重庆地区（包括永川地区）农副产品的商品率，1978 年为 31.03%，1982 年增长到 34.55%（系不完全统计）。

商品生产的发展，客观上提出了三方面的要求：一是农民生产的农副产品越来越多，就要求及时地加工、贮藏、保鲜、运输、收购、销售；但这些都是一家一户的力量解决不了的，也是国营工业、商业、运输业无法适应的，这就要求利用农民的资金和农村多余的劳动力举办这类合作事业，并有一个大的发展，否则就要影响农民发展商品生产的积极性，甚至给农民的利益带来损害。二是农业商品性生产的发展，对农副产品的质量、品种，对农副产品的加工深度提出了越来越高的要求，学会用科学的方法务农，已成为农民的强烈愿望，迫切要求农村科技事业也要有一个大的发展。三是农业实行专业化生产后，生产规模扩大，要求社会为他们提供越来越多的服务，否则专业化生产就无法进行。现在四川农村的各种加工、运输、销售等合作事业，种子公司、饲料公司、植保公司、防疫公司、农机服务公司、会计服务公司等社会化服务事业，正在适应农民的上述要求蓬勃发展起来。

这些企事业发展的结果，农村的社会分工和专业化协作水平将进一步提高，新的生产力必将由专业协作的发展而产生出来；由于农民学科学、用科学的热情很高，由科学种田转化出来的生产力必将持续增长；这些企事业用科学的、经济的力量将农民吸引和组织在自己的周围，形成一种新的凝聚力。中国社会主义农业合作经济，也将从这里找到自己进一步发展的道路。

二、工商企业的改革

在农村进行经济体制改革的同时，四川省又于 1978 年第四季度开始了城市的改革。当时四川的工业，从固定资产的总量来说，已居全国 29 个省、市、自治区中的第二位，但产值和经济效益却是很低的。这除了"四人帮"的破坏以外，长期对企业实行高度集中管理又管得过死和吃"大锅饭"的经济体制是一个重要原因。在这种体制下，企业成了行政机构的附属物和靠上级来拨动的"算盘珠",严重束缚了企业和劳动者的积极性,造成经济僵化,失去活力。因此,要恢复和发展四川工业,首先必须调动企业和劳动者的积极性,解放企业生产力。从这个认识出发,四川省从扩大企业自主权入手,进行城市经济体制的改革。

四川省扩大企业自主权的试验,开始是在6个工业企业中进行的。当时试点办法还很不完备,着重是从发动群众讨论增产节约计划入手,确定在增产增收的基础上,企业可提取一些利润留成,职工个人可得一定的奖金。这个做法调动了企业和职工的积极性,仅一个季度就收到了较好的效果。1978年年底,省委、省政府总结了6个企业的经验,经过反复的酝酿,制定了责、权、利相结合的十四条试点办法,除明确规定企业对国家应承担的责任外,还规定了企业在生产计划、原材料采购、产品销售、劳动人事、技术改造等方面的权力,在国家和企业的利益分配上,规定实行计划利润分成加增长利润分成,并决定从1979年起,把试点扩大为100个工业企业和40个商业企业,经过1979年的实践,试点企业呈现出了前所未有的活力,取得了比预料还好的效果。但是也暴露出一些问题。主要是:扩大给企业的自主权比较小,在利润分配上实行"环比"办法,即按当年实现利润比上一年的增长率大小提取企业留利。这样,先进企业的利润增长潜力相对地比后进企业要小些,提取留利的比例也要小些,发生了"鞭打快牛"等弊病。在进一步调查研究的基础上,省委、省政府又制定了十二条办法,将分成办法,改为全额利润分成,并确定将两种试点办法分别在370个企业中扩大试验。为了探索新的企业管理体制,省委、省政府又确定从1980年起,在川棉一厂等5个企业试行国家征税、企业相对自负盈亏的办法,其后又在宁江机床厂等15个企业,重庆市轻工、电子两个行业,重庆和成都9个小型企业试行了各不相同的国家征税自负盈亏办法,并决定进一步扩大这些企业的权力。这样,到1981年全面推行工业经济责任制,全省几乎所有的国营工业、商业、交通运输、建筑安装等企业都在不同程度上有了经营管理的自主权。

扩大企业自主权、实行经济责任制,实质是改革国家和企业的关系。这是涉及国营企业地位、作用、权利、义务的根本变化,同农村家庭联产承包责任制的出现具有同样重要的意义。但是由于这项改革涉及面很广，在宏观经济体制一时还不能大改的条件下，一下子是做不到的，必须有一个发展过程。因此，四川省在改革中设想要采取几个步骤：第一步，实行利润留成。使企业在计划安排、原材料供应、产品销售、技术改造、劳动人事等方面取得一定自主权的同时，还能根据企业经营状况，得到一定比例的利润留成作为企业可支配的资金，企业发生亏损仍由国家给予补贴。第二步，在普遍实行利改税和全面进行税制改革的基础上，企业由利润留成发展为一定条件下的自负盈亏。即企业纳税后的利润全部留给企业支配，用于技术改造、改善集体福利和提高职工工资。在发生亏损时，企业和职工都要承担经济责任，以至减发企业领导人和职工的部分基本工资，有的企业还可能被淘汰，职工待业。四川省在实行第一步的同时，选择 19 个企业和两个行业进行相对自负盈亏的试点，目的就是要为第二步提供实践经验。第三步，在实行中央和地方分税、企业完全按章纳税的财政体制的基础上，改革现行国家管理企业的体制，把企业进一步从部门和地区的束缚中解脱出来，使企业真正能够在国家宏观管理和计划指导下，根据不同情况具有程度不同的经营管理自主权。现在利改税的第一步已在全省推广，全面的税制改革也正在酝酿规划中，随着这项改革的实施，企业也将向一定条件下的自负盈亏过渡。正在重庆进行的以大中城市为中心建立经济区的改革试验，也是为企业改革的第三步创造条件。经过这样一系列的改革，中国企业改革的目标——企业真正成为一个相对独立的社会主义商品生产者，将在不久的将来出现在我们的面前。

经过近 5 年的改革，企业有了部分计划权，除按国家下达的计划进行生产外，还可以根据市场需要自订补充计划；对国家计划不符合市场需要的部分也可以自行调整。社会主义经济中，生产资料不是商品的理论已经打破，除少数关系国计民生的重要物资和设备仍由国家统一分配外，大部分生产资料已进入流通领域，企业可以通过直接的供货合同或在市场上采购来满足自己的需要。统购、议购、选购、自销等多种购销形式代替了工业消费品的统购包销体制，企业有了部分产品自销权。扩大企业自主权使国营企业有了自己独立的经济利益，企业可以根据经营好坏分享一定比例的利润，并能根据国家规定的范围自行支配。由于企业有了这些权利,主动性大为增强,产需脱节、产销脱节的现象也有了改变。按客观经济规律办事的思想,满足社会需要的思想,重视经营的思想,依靠科技进步的思想,加强科学管理的思想,提高经济效益的思想,当家作主的思想,等等,在一批改革搞得比较好的企业中初步确立了起来。特别是使一些勤于学习、勇于实践的企业领导干部有了用武之地,一批社会主义新型企业家正从实践中涌现出来。

由于企业的经济利益是与企业经营好坏紧密联系在一起的,一般来说,产品竞争能力大的,经济利益就大,反之,就小。这就在同行业企业之间开始出现竞争。它推动着企业千方百计提高技术,改进管理,降低成本,生产质量优异、价格低廉、品种适销的产品,提供周到的服务,以获得尽可能多的利益,从而使企业的技术水平、管理水平、经济效益不断提高。据对403个企业的统计,扩权三年,实现利润平均每年增长29.9%,上缴利润增长8.9%,上缴工商税增长23.3%。另据227个企业统计,扩权三年,产品品种由3730种增加到5580种。实践证明:社会主义条件下的竞争与资本主义条件下的竞争是不同的。社会主义的竞争是建立在公有制基础上的,是社会主义企业利益根本一致前提下的竞争。在国家计划的指导和控制下的竞争,有可能排除竞争产生的消极的一面,发扬其积极的一面,为社会主义经济的发展服务。

过去企业没有自己的财力,更新改造速度很慢,许多企业设备陈旧、技术落后,多年得不到解决。扩大自主权后,企业从利润留成中划出一定比例作为生产发展基金,同时给企业增加了折旧基金留厂的比例,为企业进行内涵扩大再生产创造了有利条件,使一些企业的落后面貌有了较大的改变。如重庆第三印制厂利用留成资金改造企业,主要设备更新率达到88%,工艺水平由30年代一跃而达到70年代的新水平;西南电工厂主要设备更新率达76%,并且采用了几项现代化的新技术,使产品质量提高,品种增加。

由于企业有了独立的经济利益,使多年积累下来的职工集体福利问题开始得到解决。据403个企业统计,扩权后三年共新建宿舍160方平方米,95%的资金都是由企业利润留成提供的。职工的奖金也有一些来自企业留利。10个实行自负盈亏的企业,有4个还用利润留成进行了自费工资改革的试验,有 6 个晋升了部分职工的工资等级。

企业的内在经济动力，促使企业开始冲破部门、地区的界限，在工业企业之间、工业企业与物资和商业企业之间、工业企业与农村社队企业之间、民用工业与军用工业之间、工业企业与科研机构之间，建立了直接的横向联系，出现了多种形式的专业协作和经济联合，企业"大而全"、"小而全"的状况开始有了改变，专业化程度有了提高。3 年多来，全省工交系统共组建联合公司和总厂 462 个，参加联合的有 1769 个企业。四川省有 90 多个生产小水电设备的工厂，但互不配套。用户要买一套小水电设备，需要到省内和全国许多地方一件件采购。在改革中，由四川省机械厅牵头，组成了小水电设备成套公司，按配套要求组织全省小水电设备的生产。用户只要向成套公司订货，就能一次得到小水电站的全套设备。在此基础上，成套公司又开展了设计和安装小水电站的业务。这些改革，不但使四川省小水电设备的生产有了很大的发展，而且极大地方便了用户，促进了省内和全国小水电的建设。重庆钟表厂建厂 12 年以来投资 2300 万元，到 1979 年年末才形成 30 万只手表的生产能力。1980 年年初，经过改组联合，组建成重庆钟表工业公司，已发展成为跨越四川、云南、贵州三省的四个市，拥有 17 家专业工厂的联合企业，到 1983 年，手表的综合生产能力已达 140 万只。成都皮革公司按专业化协作原则改组后，重革产量增长 46%，轻革产量增长 55%，皮鞋产量增长 71%，总产量增长 60.8%，利润增长 1 倍。

扩大企业自主权，必须相应地改革企业领导体制。现在企业领导制度正朝着"党委集体领导，职工民主管理，厂长行政指挥"的方向发展。个别企业如自贡铸钢厂还试行了职工代表大会领导下的厂长负责制。四川大多数企业都已成立了职工代表大会制，增强了职工当家作主的主人翁感。

三、其他方面的改革

农业、工业、商业等国民经济基本单位的体制改革和经营管理自主权的扩大，不能不触及现行经济体制的各个方面，从而推动了其他许多方面的改革。

在计划体制方面，农业上已经基本形成指导性的生产计划与指令性的收购、派购计划相结合的体制。指令性收购、派购指标随着农业生产的发展已大大减少,运用价格、税收等经济杠杆对农业生产进行指导和调节,已成为国家管理农业的重要手段。工业计划体制尚无重大变革。但从企业看,已由单一的指令性计划变成四种计划形式:第一种,仍然是指令性计划,但企业有根据市场需要调整品种花色的权力和一定比例的产品自销权。第二种,一部分是指令性计划,另一部分是企业根据市场需要自订的计划,产品由企业自行销售。第三种,国家向企业下达产值、利润计划,产量、品种等计划则由企业根据市场需要自定,上级主管部门认可。第四种,国家不下达任何指标,由企业自订计划,自销产品。这四种计划形式使计划更加符合实际,无疑是对计划体制的一大改进。四川省灌县宁江机床厂生产的仪表机床,过去是由机械工业部下达指令性生产计划、物资部门统购包销,很难满足用户的不同需要。改革后,机械工业部不再下指令性计划,物资部门也不再统购包销,而是由用户直接向工厂订货。宁江机床厂把订货合同综合编成年度计划上报主管部门,经批准,即成为国家下达给宁江机床厂的生产计划。产品生产出来后,由宁江机床厂直接通知用户到厂试车,经用户验收合格才能交货。这个改革从根本上解决了产需脱节问题,受到供需双方和宁江机床厂主管部门的欢迎。

在固定资产投资体制方面,过去只有中央、地方政府才有投资权,企业是没有投资权的。改革后,扩大了折旧基金留给企业的比例,企业从利润留成中建立了生产发展基金,允许企业利用留用资金和银行贷款进行技术改造,国家一般不再对技术改造进行投资。这项改革对加速老企业技术现代化的进程、节约改造资金有重要意义。由于制定技术改造的行业规划、加强对改造资金的管理等工作没有跟上,发生了一些问题,但改革的方向是正确的,应当进一步使它完善起来。

在流通体制方面,一是打破了物资、商业部门对产品的统购包销,使质量低、品种花色少、款式陈旧、产品不适销对路的企业,由于失掉了原体制的保护,被迫走上提高技术、改进管理,根据市场需要生产适销对路产品的新路,由生产型开始向生产经营型转变。通过改革,发挥了流通对生产的反作用，促进了生产的发展。二是打破了物资部门、商业部门的独家经营，开辟了多种流通渠道，集体商业、个体商业、企业自销取得了应有的地位，流通阻塞的现象开始有所改变。同时，作为流通主渠道的国营物资部门、商业部门和农村供销社本身也进行了重要的改革。如四川省大竹县供销社通过扩股分红、农商联营、建立县联社、恢复社员代表大会、管理委员会等项改革，使供销社恢复了群众性、民主性和灵活性，办成农民自己的合作经济组织，社员扩股户数达到农村总户数的 72.8%；供销社与生产队联合经营农副产品生产、农产品加工和农产品销售所获得的利润，1980 年到 1982 年每年返还给生产队的部分都在 30 万元以上；农民卖难买难的问题基本上得到解决。三是按行政区划、行政渠道流通的不合理现象，地区封锁现象，正受到越来越大的冲击，也在改变之中。但是，现在流通领域还有五种关系没有理顺。这五种关系是：多渠道中主渠道同辅渠道的关系，国营商业内部批发企业之间、批发与零售企业之间的关系，工商关系，城乡关系，"商流"与"物流"① 的关系。这些都需进一步进行探索。

在价格体制方面，由于国家有计划地调整了农副产品和部分工业品的价格，加上市场调节的作用，长期实行单一的计划价格体系实际上已被冲破，开始形成国家统一价、最高限价、议价、自由价等多种价格形式。党的十一届三中全会以来，四川省根据国家的规定，结合本省的实际自觉地运用价格杠杆调节油菜、生猪、烟叶等农副产品和化纤、棉布等工业品的生产，把近 600 种小商品的价格放开，给经济发展带来良好的影响。银行体制适应扩大企业自主权和市场调节的需要进行了初步改革。中短期设备贷款的开办，为企业技术改造提供了资金；浮动利率的实行，对加速企业流动资金的周转起了促进作用。

以大中城市为依托，建立工农结合、城乡结合、不同规模、不同类型的经济区和经济网络，也是当前经济改革的一个重要方面。根据赵紫阳总理在

---

① "商流"是指商品的买卖过程，表现为商品所有权的变更。"物流"是指实物的流通过程，包括商品的运输、装卸、搬倒、包装。

五届人大和六届人大两次会议上提出的任务，四川正在重庆市进行试点。试点的目的，一是要改变中国目前条块分割、城乡分割管理经济的状况，逐步走出一条以大中城市为依托的经济区来组织经济的道路；二是解放中心城市的生产力，大大提高中心城市的生产技术水平、管理水平和经济效益，搞活经济，更好地为发展国民经济服务。为了使重庆的改革试验能顺利进行，中央已确定对重庆的计划在全国计划中实行单列，决定将省属企业下放重庆市管理，永川地区与重庆合并，并赋予重庆市相当于省的经济管理权力，同时在重庆逐步进行各项城市改革的试验。除重庆外，四川省还从四个方面来发挥中小城市的作用：一是扩大现有省辖市的权力，实行市领导县的体制；二是建立新的省辖市（泸州市和德阳市）；三是发挥现有7个县级市的作用，并且再建立2个县级市（雅安市、涪陵市）；四是在"三线"工厂比较密集的农村建立3个县级工农区，逐步向城市发展。由于四川经济发展很不平衡，城市也不发达，省级厅（局）对不发达地区工业的管理和全省行业管理的作用还要积极发挥。

党的十一届三中全会以来，四川省的经济体制改革，总的来看，已突破了过去20多年中单纯在划分中央、地方管理企业的权限上兜圈子的框框，抓住了经济体制的主要弊端，因而改革的方向是正确的，改革的成效是显著的。已经进行的改革，虽然还是初步的、探索性的，但在理论上和实践上都有所突破。这些改革，无论是成功的或不尽恰当的，其经验教训都是很可贵的。当前体制的状况可以说还处在新旧体制交织的时期，各种体制之间、各种体制内部都存在许多矛盾，这就是当前体制的特点。这些矛盾的出现是改革过程中的必然现象，是不奇怪的。我们的任务就是要巩固和完善已实行的正确改革，纠正改革中的错误和缺点，并通过进一步的改革去解决这些矛盾，从而把改革不断推向前进。

第四节　从四川省的实践看经济体制改革的基本经验和教训

一、经济体制改革必须从中国社会的实际出发，抓住要害

中国是一个社会主义国家，但我们是在生产力发展水平很低、商品经济很不发达的半封建、半殖民地社会的基础上建立社会主义经济的。为了迅速发展中国的社会生产力，必须实行计划经济；同时还要依靠社会主义制度的优越性，努力使社会主义的商品生产和商品交换得到充分的发展。要达到这个目的，就必须建立与中国的社会主义经济的实际相适应的经济体制，实行与之相适应的经济政策。过去中国的经济体制和经济政策，由于受传统观念的束缚，在许多方面是排斥商品生产、商品交换和市场调节的作用的，因而就与中国社会主义经济的实际发生矛盾，使社会主义制度的优越性没有很好发挥出来。过去几次改革都没有解决这个主要矛盾，甚至加剧了这个矛盾，这是一个深刻的教训。

党的十一届三中全会以来改革的实践证明：我们的经济体制必须建立在计划经济为主、市场调节为辅的原则基础之上。我们要充分发挥社会主义计划经济的优越性，同时要发展社会主义的商品生产和商品交换。不但允许对部分小产品的生产和流通不作计划，由市场来调节，就是在实行指令性计划和指导性计划时，也都要经常研究市场供求状况的变化，自觉地利用价值规律，运用各种经济杠杆，引导企业实现国家计划的要求。在指导农业生产上，经济杠杆的运用就更为重要。为了把计划做得更合乎实际，对编制计划的程序和方法也要进行改革。如允许企业把企业之间签订的供货合同，作为编制向主管部门上报的建议计划的重要依据，做到自下而上与自上而下相结合。但是，市场调节只能处在为辅的地位，对计划经济起补充的作用；决不能因实行市场调节，而削弱和妨碍国家计划的统一领导，也不能取消必要的指令性计划和必要的行政干预。

二、经济体制改革必须立足于调动各方面的积极性，尤其要立足于调动企业和劳动者的积极性

经济体制的重要职能之一，是要处理好各方面的经济利益关系。在中国社会主义条件下，就是要处理好中央、地方、生产经营单位和劳动者（工人和农民）四个方面的经济利益关系。特别要处理好国家与生产经营单位、劳动者的经济利益关系。只有这样，中国的社会经济活动才能顺利运行。过去

往往只注意调动中央和地方两个积极性，而忽视调动生产经营单位和劳动者两个积极性；只注意强调国家利益，而忽视生产经营单位和劳动者的利益，因而企业处于无权、无利的地位，对劳动者的按劳分配原则没有很好地得到贯彻。党的十一届三中全会以来，我们在农村，从实行各种形式的生产责任制入手进行改革；在城市改革中，从扩大企业自主权入手，调动了农民和企业、职工的积极性。这是改革的一个重要突破。与此同时，也注意了调动地方的积极性。但是，在实践中要把这些关系处理好是不容易的。最近几年，有些企业出现了化大公为小公，化公为私，"一切向钱看"，损害国家利益的行为；一些地区和部门为了追求自身的经济利益，也产生了重复生产、重复建设、地区封锁等弊端。从国家和企业关系来说，利益的分配还处于不稳定状态，企业的地位、责任和权限还没有确定下来，还没有得到立法的保障。企业内部的分配，总的看还没有跳出吃"大锅饭"和平均主义的框框。这些问题，都需要在今后的改革实践中加以解决。

三、经济体制改革必须处理好"条条"与"块块"的关系

中国的宏观经济管理体制，就其对经济组织的管理而言，是一种"条条"与"块块"相结合的体制。过去，我们实行这个管理原则时，错误地把企业隶属关系、经济利益同条块关系挂起钩来，规定一切企业部必须有一个部门或地区作它的上级领导，企业的生产经营活动必须由上级领导直接指挥，企业的利润必须向直接管它的上级领导交纳。在这几年的改革中，我们又实行了地区、部门层层包干，完成和超额完成了利润包干任务的部门、地区都可分成。这样，"条"、"块"之间围绕谁管企业的问题而产生的矛盾愈演愈烈，以至成为中国经济体制中的顽症长期得不到解决。由于这个矛盾的发展，中国的完整的全民所有制实际被分割为众多的部门所有制和地区所有制，一系列的弊端随之产生出来。特别是在部门和地方利益的驱使下，把全民所有制企业分成亲疏两类。地方对地方管的企业亲而对中央部门管的企业疏；中央各部对中央部管的企业亲而对地方管的企业疏。在能源、交通、原材料等供应发生矛盾时，这种亲疏关系表现得特别明显。结果，本来是科学的管理原

则，反而成为阻碍经济顺利发展的桎梏。党的十一届三中全会以来，经过反复的理论探索，从1982年起我们开始了以大中城市为中心组织经济区和经济网络的试验，代替那种被歪曲了的"条条"与"块块"管理经济的做法。初步的实践证明，中心城市是"条条"、"块块"的天然结合点，各种隶属关系的企业基本上都集中在中心城市及其周围地区。在经济发达的地区，采取省的厅（局）基本上不直接管企业方针，而由中心城市来管理企业；同时进行以税代利的改革，削弱部门、地区与企业的直接经济利益联系，企业不分隶属关系，一律把税收交给所在地的税务部门，税务部门由中央税务机关垂直领导，不受地方（城市）政府干预；在此基础上，中央与地方又实行分税的财政体制，这样，部门、地区由于失掉了来自隶属企业的直接经济利益，隶属关系的观念也就会逐渐淡薄起来，对企业亲疏之分也就会随之消失。同时，也促使部门、地区能充分发挥国家管理机关的职能作用，把精力集中到对全行业和全地区的经济活动，搞好规划、指导、协调、服务和监督。

四、经济体制改革必须使管理方法从单纯运用行政手段，转为行政手段与经济手段相结合

　　管理方法是经济体制的重要组成部分。过去的经济体制强调行政手段，忽视和否定经济手段。党的十一届三中全会以来，我们针对现行经济体制的这一严重缺陷，在改革中注意运用价格、税收、利息、财政、工资、奖金等经济杠杆，同时，又实行必要的行政干预，有意识地把行政手段和经济手段结合起来。实践证明：这样做，既能灵活地调节经济，调动企业和劳动者的积极性，又能防止和克服微观经济活动脱离宏观管理的不良后果。在社会主义社会还存在商品生产和商品交换的条件下，把经济手段和行政手段结合起来管理经济带有客观必然性，是题中应有之义。我们必须对各种经济手段的使用范围，各种经济手段之间的内在联系，如何建立宏观经济管理的调节系统，如何发挥各种经济手段的调节作用，如何总结实践经验加快经济立法的步伐，在什么情况下使用行政手段等问题进行研究探索，使这一科学的管理方法运用得灵活熟练。

五、经济体制改革必须同中国多种经济形式并存的经济结构相适应

经济体制与经济形式具有不可分割的内在联系。过去中国的经济体制是建立在促进经济形式向单一的全民所有制过渡的基础之上的。因此经济体制改革常常伴随着所有制的升级,由此产生了"政社合一"的人民公社管理体制;产生了城乡集体经济由小集体到大集体、由集体到全民的过渡。实践证明:这种管理体制是同中国生产力水平比较低、经济发展不平衡、生产力呈多层次结构的状况很不适应的,甚至起了阻碍生产力发展的作用。党的十一届三中全会以后,我们认识了这种弊端,根据中国实际情况采取了一系列的改革步骤:如积极发展城镇集体经济,鼓励劳动者个体经济在国家规定的范围和国家的管理下适当发展,在一部分全民所有制企业中进行一定条件下的自负盈亏的试验,发展各种经济联合,举办中外合资经营企业等,从而形成了以国营经济为主导、多种经济形式并存的所有制结构。实践证明:它是符合中国现阶段社会生产力发展的要求的。为此,我们的经济体制改革必须考虑到这种状况,使新的经济体制同这种所有制结构相适应,建立起具有中国特色的社会主义所有制结构。

第三章
辽宁省的经济体制改革

解放前，中国东北曾长期处于日本帝国主义殖民统治下，辽宁省则是日本对中国进行经济掠夺的重点地区，因此开发较早，工业比较发达。加上东北解放较早，这就使得辽宁省成为中国最早建立社会主义计划经济体制的省区之一。30多年来，辽宁省的经济体制同全国一样，经历了不断变动和改革的曲折过程，有着不少的经验教训。

第一节 经济体制的初步形成阶段

这一阶段包括国民经济恢复时期和第一个五年计划时期。它具有以下鲜明特点：

一、国营经济一开始就在全省国民经济中占绝对优势，为社会主义经济体制的建立奠定了基础

解放前，日本帝国主义为了掠夺辽宁省的丰富资源，曾以鞍山、抚顺、沈阳、本溪为中心，建立了一批工厂和矿山，使辽宁成为解放前中国工业特别是重工业比较发达的地区。1943年全国钢产量仅91万吨，其中辽宁省的产量占94.5%。1949年在全国工农业总产值中，工业产值所占的比重为30%，而辽宁省的工业产值已达全省工农业总产值的53.1%。1949年，人民政府全部没收敌伪经营的工厂、矿山，组成了574个国营工矿企业，有职工23.9万人，工业总产值在全省工业总产值中占64.7%，1952年又上升到82.9%，这些全民所有制的国营经济，为社会主义经济体制的建立打下了基础。

恢复时期和"一五"计划时期的前3年，辽宁省的生产资料所有制的结构，基本上还是多种经济成分并存。经过社会主义改造高潮之后，1956年春，全省农村组织起来的农户达到98.3%，其中92%转入了高级合作社，基本上变成了单一的集体所有制经济。

私营工商业由于解放前日伪的摧残，发展极为缓慢，1949年全省仅有私营工业企业8016家，职工6.7万人，平均每家8.3人，规模极小。城乡手工业者约14万人。经过"三大改造"，到1956年6月底，全省城市私营工商业都实行了全行业公私合营，手工业者也几乎全部转入了生产合作社。1956年，全省工业总产值中，国营工业占90.1%，公私合营工业占4.7%，合作社工业占4.6%，个体手工业只占0.6%，私营工业已经消灭。在商业中，1956年全省有8468家私营商业合并组成公私合营商店，有36775户小商贩合并组成合作商店或合作小组，全省商业零售总额中，国营、合作社营商业占83%，公私合营商业和合作商店占13%，私营商业只占4%。多种经济成分向单一的公有制（全民所有制和集体所有制）转变，一方面为社会主义计划经济体制的建立创造了条件，另一方面，由于这种所有制结构在一定程度上脱离了中国生产力发展的实际水平，也引起了一些消极后果，它同后来把指令性计划范围搞得过宽，经济生活统得过死，也是有直接联系的。

二、为了充分发挥辽宁作为全国重工业基地的作用，较早地实行了计划管理制度

新中国成立初期，全国还未完全解放，东北就开始进行大规模经济建设，辽宁被列为全国的重工业基地。为了有计划地进行经济建设，在当时缺乏经验的情况下，辽宁省全面系统地学习苏联实行计划经济的经验，并请苏联专家前来指导、帮助。1950年，就开始建立国民经济计划管理体制，这一年就编制了年度经济建设计划。以后，计划的范围和内容逐年扩大。

1950年的年度计划只是纲要式的，包括工业生产、农业生产、基本建设、贸易、运输等主要部门的生产指标，还编制了10种主要物资的平衡分配计划。1951年的年度计划，建立了按季检查制度，统一平衡的主要物资扩大到

30种，多数企业开始制定实现国家计划的技术组织措施，推行生产合同与经济合同制度。1952年的年度计划，除原有范围外，还重点编制了基本建设与生产能力增长，国营农场，农业互助合作与新农具供应、推广，工业成本，利润积累与资金周转等计划。计划统计机构也进一步加强。国民经济计划管理的内容逐步充实。除了学习苏联经验，对国营工业、基本建设实行直接计划外，还根据当时辽宁的实际情况，对商业、农业、文教、卫生等部门，只实行间接的计划管理；对私营工商业和手工业则通过发放贷款、委托加工、供应原料、组织经销代销或产品收购等经济手段，把它们逐步纳入国家计划轨道。

从第一个五年计划时期起，国家集中力量在辽宁进行了重工业基地的建设。全国156项重点工程中辽宁有24项，基本建设投资绝大部分用于改建、扩建，也搞了部分新建。对解放前辽宁省工业的殖民地畸形结构，进行了根本的改造。投资的中心是鞍山、本溪的钢铁工业，抚顺、阜新的煤炭工业和沈阳的机械工业。5年当中，辽宁地区工业基本建设共投资46.4亿元，其中大中型重点项目投资45.4亿元，新增固定资产41.6亿元。到1957年年末，只用了短短5年时间，辽宁省就基本建成了以钢铁机械工业为中心的重工业基地，这充分显示了实行计划经济制度的优越性。

这一阶段工业管理体制的情况是，隶属于中央各部的大中型国营企业，实行集中程度较高的管理体制。从1949年至1952年，这类工业企业一般由东北大区直接管理，1953年至1957年由中央各部或各部派驻东北的机构，诸如铜铅锌矿务局（后改为有色金属管理局）、电业管理局、煤炭工业管理局、纺织工业管理局、盐务管理局等在行政上直接管理，党的工作由所在地党委领导，实行以中央为主的双重领导。这种体制，实际上是把企业的规划、年度计划、物资供应、产品销售、财务收支、人员工资、干部配备等工作，全部归中央部门直接管理。中央直属企业的产值占全省工业总产值的70%。

隶属省、市、县的中小型地方国营企业，多数集中在省（包括大区直辖市）管理，年度计划统一下达，原材料供应，由省（大区直辖市）计委和物资部门统一向国家申请，产品价格的变动，必须征求主管部门的意见，由大区核定。

私营工业则通过加工定货、统购包销以及税收等形式进行管理。私营工业实行公私合营后,一般都比照国营企业编报财务计划,上缴公股利息,下拨流动资金,实行"四马分肥"的盈利分配。

同行政体制和工业管理体制的变动相适应,财政实行划分收支范围和分级管理。省、市、县管的企业的收入,列为地方固定收入;中央各部在辽宁的企业收入,全部上缴中央。物资管理方面,省只管三类物资。重要物资由中央统配或专业部管理。重点基本建设项目,也都由国家统一安排,统一拨款。

三、随着社会主义改造基本完成,计划管理进一步加强,直接计划和指令性指标的范围进一步扩大

在1955年全面进行"三大改造"之前,由于多种经济成分并存,生产领域和流通领域实际上是计划经济与市场调节并存。尤其是私营工业和手工业方面,基本上是靠发挥市场调节的作用,国家通过加工定货、统购包销,以及税收等形式进行管理。经济杠杆的作用得到较好发挥,对生产发展起了有效的调节和促进作用,生产建设的经济效果和市场供应状况都是比较好的。"三大改造"基本完成,多种经济成分变为单一公有制结构后,工业中实行直接计划的产值,由1953年占80%左右,提高到1956年以后占95%以上。工业企业的指令性指标的范围也扩大了,产品品种目录增加了,劳动、物资、资金、企业财务等方面,都纳入指令性计划范围内,在农业上,对粮食、棉花、烤烟、城郊蔬菜的面积及产量和主要农产品征购,也开始下达指令性指标。总之,国民经济计划管理,形成了高度集中和几"统"的模式:财政上统收统支,物资上统一调拨,产品上统购包销,劳动力统一分配,物价工资统一规定。

四、在企业内部实行以党委领导下吸收广大职工参加民主管理为基础的厂长负责制

辽宁省绝大部分中央国营、地方国营厂矿,都是没收日伪的企业。解放

后，依靠工人阶级、特别是老工人，普遍开展了民主改革运动，废除了日伪时期压迫工人的各种不合理制度，成立了民主选举的职工代表大会，逐步形成党委领导下吸收广大职工参加民主管理的体制。与此同时，学习苏联的企业管理经验，结合当时的具体情况，建立了以厂长为首的生产指挥系统以及相应的技术责任制和财务责任制。这对于建立必要的规章制度，保证生产的正常秩序，克服混乱和无人负责现象，具有重要的意义。实行这种制度，贯彻了依靠工人阶级办好社会主义企业的原则，广大职工的主人翁觉悟不断提高，在解放初期掀起了广泛的献交器材（解放战争时期企业散失的机器设备、零部件、生产工具和原材料）运动，在恢复时期和第一个五年计划时期积极开展以增产节约为主要内容的爱国主义生产竞赛和技术革新运动，有力地推动了生产的恢复和发展，并涌现出以孟泰、赵国有、马恒昌为代表的一大批劳动模范和先进人物。

这一阶段初步形成的以集中管理为特点的社会主义经济体制，其主要优点是：便于集中财力和物力保证重点建设，对能带动整个经济发展或影响国家经济命脉的重要企业，实行指令性计划，有效地保证了社会生产和人民生活的基本需要。同时，由于当时企业不多，各企业之间和生产环节之间的经济联系不太复杂，有可能搞好各方面的综合平衡。所以这种高度集中管理的经济体制当时较好地发挥了促进生产力发展的作用，1957 年同 1952 年相比，辽宁省工农业总产值由 62.2 亿元增加到 136.1 亿元，增长 1.2 倍，年平均增长 16.9%，其中工业增长 20.9%；人均国民收入由 195.8 元增加到 303.7 元，增长 55.1%，城乡人民消费水平由 114 元提高到 157 元。

但是，这种程度较高的集中管理体制，也带来了一些弊端，主要是集中过多，管得过死，束缚了地方和企业的积极性和主动性，影响了经济效益的提高，也限制了辽宁省经济优势的更好发挥。

第二节 经济体制改革的几次反复

这一阶段包括"大跃进"、国民经济调整和十年动乱三个时期。辽宁省经济体制经历了分权、集权、再分权的几次反复。总的说来，大多是在"左"

的错误思想指导下进行的,改革取得的成效不大。但通过正反两方面经验的比较,也加深了对社会主义经济客观规律的认识,在一些专项改革上,如探索中国自己的管理社会主义大企业的道路、建立中国式的托拉斯,以及实行市领导县的体制等方面,也取得了一定的进展。

一、"大跃进"时期经济体制的变革

这一时期,辽宁省的经济体制变动,是在"左"的思想指导下,为实现"大跃进"服务的,因此,不可能坚持正确的方针、取得良好的效果。

(一)农村出现并社、公社化高潮,城市手工业合作社、合作商店和公私合营工商业合并、升级,经济形式进一步趋向单一。

在农村,到1958年5月,全省9599个高级农业社已合并成1392个大社,同年冬又进一步合并成474个人民公社,平均每社达7628户。在工业方面,全省有2400多个手工业生产合作社合并,并陆续升级、过渡为地方国营企业。1957年年底全省有269个公私合营工业企业,经过合并、升级,到1960年只剩下149个。在商业方面,合作商店和合作小组也大量合并、升级为公私合营商业或转为国营商业。经过变动,1960年全省工业产值中全民所有制和集体所有制工业合计已占95%,商业零售额中全民所有制商业占90%以上,农业全部实现了公社化。

这种盲目追求经济体制的单一化,结果使大批集体所有制工业企业和商店由自负盈亏变成了统负盈亏,由"有活就干、没活就散"变成了"干与不干、照发工资",由盈利变成了亏损,有些收上来的企业,连工资都开不出去。原来已经很少的个体劳动生产,更被当成"资本主义尾巴"砍掉了,结果把自谋职业变成了国家包下来,大家都争着端"铁饭碗",到全民所有制企业吃"大锅饭"。

(二)中央直属企业大批下放地方管理,物资、财政、劳动管理权也随着下放。

1958年4月中共中央发出《关于工业企业下放的几项决定》,规定除一些主要的特殊的企业外,其余企业原则上下放归地方管理。1958年,在辽宁

省的中央直属企业下放交省市管理的共 262 个，其中包括大连钢厂、抚顺钢厂、抚顺第一、第三、第六、第七石油厂等大型骨干企业。下放后，中央直属企业产值占全省工业总产值的比重由 70.8% 下降到 37%。省属企业由 1957 年的 66 个增加到 1959 年的 112 个，市属企业由 589 个增加到 1252 个。省市属工业企业的产值合计占工业总产值的比重由 1957 年的 20.3% 上升到 1959 年的 52%。

随着中央各部直属企业的下放，物资管理方面相应地减少了统配、部管物资品种，并对统配、部管物资一度实行"地区平衡、差额调拨"，凡在辽宁省的企业，所需物资，都由省分配、供应。从辽宁省的实践经验来看，物资实行地区平衡是一种比较好的计划分配和供应方式。多年来，国家对统配和部管物资是按企业隶属关系分配、供应的，即由各行政部门分条分级组织供应，这种办法往往造成机构重叠，物资分散，仓库林立，库存积压，不能加速物资周转。改为按经济区域组织物资就地、就近供应，对加速物资周转、降低费用、提高流通领域经济效益是有好处的。但由于时间太急，放得太快，特别是物权下放过头，为完成高指标擅自动用的情况比较突出，国家订货合同完成不好，物资供应一度发生混乱，以致 1959 年第二季度又重新改为一杆子插到底的供应办法，不仅中央直属企业物资供应仍由中央直接管理，很多地方企业的物资供应计划，也都改由中央主管部直供，基本恢复了原状。

中央各部直属企业下放后，财政管理相应地改为实行"定收定支，总额分成，一年一定"的办法。下放前辽宁省的地方固定收入只有 7.7 亿元，下放后增加到 34.9 亿元。但计划仍由中央统一安排，即财政收入由中央核定，支出以"条条"为主进行分配，地方按中央核定的收支，规定上解比例，一年一定。这次改革，只是扩大地方收支范围，地方实际的财力并没有增加。当时由于追求经济工作中的高指标，以及瞎指挥、浮夸风和共产风的盛行，财政收入出现了虚假，形成大量盘亏损失。

在"大跃进"运动中，各方面都要大上，加上大量企业下放地方管理，各行各业要求大批增人。1958 年 6 月中央决定"今后劳动力的招收、调剂工作，由各省、市、自治区党委确定后，即可执行，不必经中央批准"。这个口子一开,辽宁职工人数由 208.4 万人增加到 361.5 万人,增长了 50%。新增职工大部分来自农村,使农业第一线劳动力减少了 100 多万人,严重地影响了农业生产,加重了辽宁省经济的比例失调。1959 年中央重新收回劳动管理权。

(三)在计划管理上实行"两本账",省、市、企业层层加码,计划的严肃性削弱了,企业管理一些行之有效的合理规章制度也被破坏了。

为了让大家鼓干劲,争上游,不受国家计划指标的束缚,提出了在计划管理上实行"两本账"制度,实际上是要地方和企业对中央计划层层加码。在"全民办钢铁"和"全民办工业"的口号下,到处兴建"土高炉"、小工厂,使省内全民所有制工业企业数从 1957 年的 1643 个猛增到 1960 年的 4335 个。为了建成辽宁省独立的工业体系,在地方财权扩大的情况下,基本建设规模失去控制,全省的基本建设投资额从"一五"时期每年平均 13 亿元突增为 1958 年的 18.2 亿元,施工力量和建筑材料不足,工程质量严重下降。工业企业由于破坏了厂部、车间、工段(班组)三级行政领导责任制以及总工程师和总会计师的技术和财务责任制,正常的生产秩序也被打乱。

总之,"大跃进"时期管理权的下放,从对"一五"后期形成的过分集中的体制进行改革方面来看,有其积极的一面,对发挥地方的积极性和主动性、促进地区经济的发展,本来是有益的,但是,由于当时在"左"的错误思想指导下,盲目追求"一大二公",急于求成,犯了高指标、瞎指挥、共产风的错误,造成人力物力财力的极大浪费,企业下放不讲适度,一些不该下放的企业也下放了,加上采取群众运动的方式,一哄而起,使经济生活陷入混乱状态。

二、调整时期经济体制的改革

对"大跃进"时期经济生活中出现的混乱,和国民经济比例关系的严重失调,必须采取有效措施加以克服。中央提出了"调整、巩固、充实、提高"的方针,整个国民经济进入了以调整为主要任务的新时期。为了搞好国民经济的调整,以及纠正由于把一些大型骨干企业下放所出现的混乱现象,客观上要求加强集中统一领导。因此,辽宁省的经济体制又出现了下列一些重大的变动。

（一）逐步恢复多种经济形式。

1962年,辽宁省的农村人民公社也同全国一样,按照《农业六十条》的规定,实行了"三级所有、队为基础"的体制,取消了"大跃进"时期的公共食堂和分配上的供给制,纠正了"一平二调"的错误做法。城市全民所有制企业经过整顿,由1960年的4020个,减少到1964年年底的1830个,关停并转以及重新转为集体所有制的共2393个。集体所有制的手工业和城镇个体手工业也有所恢复。全省个体手工业户由1960年的2913个增加到1962年的5224个。集体所有制工业单位数,由1960年的2488个增加到1965年的4763个。合作商业也逐步恢复。

（二）重新上收企业,物资、财政、劳动管理权再次趋向集中。

中央各部下放到辽宁省管理的企业,陆续收回了62家,到1964年年底,中央各部管理的工业企业共417个,产值比重由1959年的37%恢复到71%,省18个专业厅（局）管理的工业企业共245个,产值占11.6%,市管的工业企业797个,产值占15.3%。物资管理方面,统配、部管物资品种,也由1959年的285种,陆续恢复到1963年的516种,由企业按隶属关系申请,由主管部门分配和组织供应。财政管理方面,继续实行中央、省、县（市）三级财政,中央逐级分配控制指标,实行总额分成、一年一定、统收统支的办法。劳动管理方面,1961年中央下决心精简职工,把从农村招来的人退回去,加强农业生产第一线。辽宁省精简了120万人。这是调整取得成功最关键的一着。

（三）整顿企业管理,试行新的企业管理制度。

为了克服企业的混乱现象,总结了阜新平安矿加强企业管理的经验（即《平安矿十二条》）,推行了中央公布试行的《国营工业企业工作条例（草案）》（即《工业七十条》）,以及辽宁省制定的《辽宁省国营商业企业工作条例（草案）》,逐步恢复了企业的正常生产秩序,建立和健全了生产行政指挥系统,加强了计划、技术、财务和劳动的管理。

企业内部新的管理制度的特点，是总结了"一五"期间和"大跃进"时期企业管理正反两方面的经验，把党委领导下的厂长负责制和党委领导下的职工代表大会制作为企业的根本制度肯定下来。既强调必须贯彻按劳分配的原则，改进工资奖励工作，又强调了加强企业的思想政治工作和职工教育的重要性。既强调了必须建立以厂长为首的生产行政指挥系统、以总工程师为首的技术管理责任制、以总会计师为首的财务责任制，又强调了企业中生产和技术上的重大问题采取领导干部、技术人员和工人群众相结合的办法解决。

这一时期实行管理权上收，加强集中统一，进行国民经济调整，在很短时间内，扭转了经济的混乱和管理上的被动局面，到1965年调整任务基本完成，工农业生产发展逐步转入正常轨道。调整时期取得的成就，主要是因为吸取了"大跃进"的经验教训，加深了对社会主义经济规律的认识，经济工作的安排，比较注意符合客观经济规律的要求，如所有制结构要与生产力发展水平相适应，国家建设规模要与国情国力相适应，"先抓吃穿用，注意农轻重"，以及上收一部分下放得不适当的企业，国家适当集中了财力、物力等等。1965年经济形势好转以后，50年代存在的地方和企业权力过小，限制了地方和企业积极性和主动性的发挥，不易在地区范围内组织综合平衡等问题，又暴露出来，经济体制上的问题，要根据新的形势发展的要求采取更加有效的办法。

三、十年动乱时期经济体制的变动

1966年，中国发生了"文化大革命"。在"左"倾错误发展到登峰造极的地步，林彪和江青反革命集团进行疯狂破坏的背景下，辽宁的经济体制又一次发生了大变动。

（一）在所有制结构方面，否定多种经济成分和多种经营方式并存。

农村中以生产队为基本核算单位的管理体制受到严重冲击，少数县、社实行了大队核算。自留地被取消或实行统一耕种，家庭副业被视为"资本主义尾巴"割掉了，农村集市贸易被关闭了。城市的公私合营工商业和手工业合作工厂、合作商店、城镇个体手工业，有的转为全民所有制，有的名为集体所有制,实际上除利润不直接上缴财政外,经营方式与全民所有制并无区别。"铁饭碗"和"大锅饭"的局面,在城乡进一步发展。

(二)再次实行企业的层层下放。

"文化大革命"中批判"条条专政",1971年各部再次下放企业。仅1971年和1972年两年中,辽宁省原由中央有关部直接管理的企业,就有110家下放,其中包括鞍山钢铁公司、本溪钢铁公司等全国性的大型骨干企业也下放到省辖市管理。省直属企业下放交市管理的共达200家之多,市属企业也部分下放交县。同时,由于原有省、市业务主管机构被完全"砸烂",原有干部全部下放农村"插队落户",企业的行政管理系统瘫痪,经济工作陷入了严重的无政府状态。

(三)计划管理严重削弱,财政、物资、劳动管理体制变动频繁。

1967年和1968年两年,省、市两级计划、统计机构全部撤销,根本未编制年度计划。1969年以后,陆续恢复计划工作。但只管产值、产量指标,直到1975年重建各级计划委员会,才开始管八项指标。但1976年又受到了批判。财政管理先实行大包干,超收归省。1973年改为核定收支、总额分成;1974年又改为核定收支、固定比例分成和超收分成;1976年在1974年的办法的基础上又加了一条"收支挂钩"。物资管理方面,对部分产品实行差额调拨,品种调剂,保证上缴的办法。1971年至1978年,对辽宁生产的水泥、煤炭、统配化工产品,都先后实行过这种方法。但中央各部直属企业下放后,物资权未全部下放,有些大型骨干企业所需物资涉及全国,省无力平衡供应,又改为中央直接供应。基本建设投资改为省、市大包干后,基本建设规模又骤然膨胀,1971年到1975年,全省基本建设投资累计为115.6亿元,比1961年到1970年的十年投资总额还多1倍,规模扩大过快,重复建设不少,设计施工力量和钢材、水泥、木材三大材料供应不足,建成投产率由1965年以前的80%左右下降到50%。

(四)废除了各项规章制度,企业管理陷于混乱。

这一时期,辽宁省很多厂矿企业大搞"政治建厂"和"军事化",车间、工段、班组一度都改为"营、连、排、班"建制。在大批"唯生产力论"和

"管、卡、压"的影响下，技术人员靠边站，生产技术无人负责，不问质量，不讲经济核算，生产陷入极大混乱，工业企业每百元固定资产实现的利润比 1965 年下降 30% 以上，亏损企业占全部企业的 30%—40%。

十年动乱时期经济体制的变动，是一次盲目性很大的、带来严重后果的折腾，它没有、也不可能解决原有经济体制存在的各种问题，反而造成了更大的混乱。

纵观从 1958 年至 1976 年这一阶段经济体制改革的反复，主要是在企业由中央管还是地方管上兜圈子，由于"左"倾错误的泛滥，没有找到一条适合中国国情的经济体制的新路子。但是，在这段时间内（主要是在国民经济调整时期），辽宁省在经济体制改革方面也作了一些有益的探索，取得了一定进展。

主要是建立了中国式的工业托拉斯。1964 年年初，中央发出试办托拉斯，用经济办法管理企业的指示。辽宁省把办好工业公司作为改革工业管理的一个重要步骤。这一年在整顿和加强原有柞蚕丝绸、造纸、无线电、硅酸盐和日用金属制品五个工业公司的同时，又新成立了农业机械、仪器仪表、皮革、煤炭、化肥、农药、橡胶和运输七个公司。全省共有十二个省级工业（交通）公司，共辖直属企业 120 个，拥有职工 88000 人，年产值为 5.5 亿元，分别占全省地方全民所有制企业总数的 10%、职工总数的 20%、总产值的 17%。

工业公司是在省各工业厅（局）领导监督之下管理同行业企业的经济组织。公司管理企业的形式基本上有两种，一种是全行业统管到底，将市、县企业全部上收由公司领导；一种是直属一部分企业，兼管一部分归口企业。公司为企业编制，公司的管理人员一般控制在本系统职工总数的百分之一以内。公司经费由企业成本提取。公司除管理企业的生产技术工作外，有几个公司还成立了党委和政治部，实行政治工作和经济工作的统一领导。

实行集中统一管理是工业公司最基本的特点。计划权、技术权、人权、物权、财权和产品销售权，都由公司统一管理。在计划权的集中方面，企业的生产方向、生产规模、生产计划等，均由公司决定，公司负责统一安排全行业企业的年度、季度生产计划，月度作业计划由企业编制，报公司备案。

计划工作普遍比省的主管厅（局）管得细致具体。在技术权集中方面，产品的技术标准、质量检验方法、主要产品工艺设计，均由公司决定，企业一般无权变动。在人、财、物的集中管理方面，企业的机构设置、定员标准、劳动力调出调入、资金定额、成本计划、利润指标、物资分配供应等，均由公司处理和决定。

这样的集中统一管理，通过一段工作实践，显示出下列优点：

一是有利于企业合理分工、发挥特长、组织专业化生产。公司对大、中、小企业实行统一管理，按照企业设备、技术条件，合理调整各厂的生产方向和产品分工，大大提高了生产的专业化程度。据不完全统计，过去重复生产同一产品的企业，由 16 个减少到 6 个。由于企业各得其所，发挥专长，生产技术水平提高很快。如造纸工业公司通过对企业的调整，基本上淘汰了"粗、黑、厚"的纸张，生产的白纸、薄纸增加了 16.3%，产品成本也大大降低。

二是便于集中力量打歼灭战，发展新技术，增加新产品。如无线电工业公司为了攻克半导体收音机的新技术，组织了 13 个企业联合攻关，搞成了 8 种规格的新型半导体收音机，绝大部分零件能够自给。还先后试制成功军用通讯机、变压水银灯等 20 多种新产品，使辽宁省的无线电工业提高到一个新的技术水平。

三是能够充分挖掘内部潜力。皮革工业公司组织企业之间互通有无，调剂余缺，共调拨大小设备 283 台，相当于挖出 53 万元投资的潜力。造纸工业公司在企业间先后调拨了打浆机、切纸机、抄纸机、蒸机、锅炉等专用设备 81 台，为 25 个企业解决了生产中的薄弱环节。

四是可以压缩非生产人员，使基层干部集中力量搞好生产。据硅酸盐、金属制品、仪器仪表等 7 个公司统计，通过把原来各自分散进行的采购、销售等业务集中起来，统一管理，大大提高了工作效率。从 1964 年年初到 9 月末减少直属企业管理干部 244 人。企业减少事务性工作后，基层干部就有更多的时间抓好生产技术工作。

五是有利于加强行业管理，集中解决行业内部的重大问题。如柞蚕丝绸公司成立后，将各地茧站统一上调由公司领导，对原料茧实行统一收购、保管、调配,制定统一收购标准和验质方法,克服了各地互相封锁大茧、企业争购、等级混杂等影响丝绸质量的现象。又如陶瓷公司过去 3/4 的原料由外省供应,品种、质量、时间不能保证,成为影响生产的老问题,公司成立后,自建原料基地,使该行业生产有了新的起色。

上述情况说明,办专业公司符合生产社会化和科学技术发展的客观要求,是一种以经济办法代替行政办法管理企业的较好的过渡形式。当然许多公司处于初办阶段,还存在一些问题,如公司机构还不健全,尚未建立科学研究中心,技术后方薄弱;公司内部的各项规章制度,大多是沿用过去行政管理的一套办法,不符合用经济办法管理经济的要求;公司集中统一领导与地方分级管理如何更好结合,还有待摸索和总结经验等等。

第三节 经济体制改革的新阶段

这一阶段主要是指从党的十一届三中全会到 1983 年的四五年期间。三中全会对中国国民经济发展是具有伟大历史意义的转折点。三中全会制定了一系列符合中国国情的社会主义现代化建设的方针政策,各方面实现了历史性转变。辽宁省的经济体制改革也进入了一个新阶段。

一、辽宁省经济体制改革新阶段的具体内容

第一,在所有制问题上,纠正了长期以来盲目追求所有制单一化的"左"的错误,从现阶段的生产力水平出发,在坚持国营经济占主导地位的前提下,积极鼓励并支持集体经济和个体经济的发展。从 1979 年到 1982 年,全省城镇恢复和发展了一大批集体所有制的工业、交通运输业、建筑业、商业、饮食服务业和公用事业。集体所有制工业企业由 1978 年的 10278 个增加到 13377 个,四年增长 30.15%。集体所有制企业的职工人数由 1978 年的 151 万人发展到 1982 年的 250 万人,占全省工业企业职工人数的比例由 32.7% 上升到 37.2%。

与此同时,辽宁城镇个体经济也有很大发展,1982 年年末,由 1976 年年末的 556 人,发展到 7.92 万人。他们从事修理、服务、商业、饮食业、手工

业等行业,既安排了社会就业,又方便了人民生活。

辽宁省同全国一样,农业的改革走在其他各项改革的前面。1979年全省农村在认真贯彻中央关于发展农业生产两个文件精神、落实各项经济政策的同时,在农村人民公社生产经营方式上开始注重和强调要尊重人民公社基本核算单位的自主权,实行生产责任制。特别是在1982年之后,辽宁省广大农村干部和群众,经过几年来的实际对比,思想进一步得到了解放,实行责任制的积极性空前高涨,农业生产责任制得到了迅速的发展。生产责任制的主要形式,也由过去的包产到组、小段包工等发展到家庭联产承包,而且已经从原来的偏远山区、经济发展比较落后的地区,发展到平原地区和经济发展比较快的近郊及水田地区。(见表31)

辽宁省农村生产责任制发展进度表

表31

	1981年	1982年	1983年上半年
建立各种生产责任制的生产队占农村生产队总数的%	53.3	75.3	99.8
其中:包干包产到户	12.3	38.7	92.1
包干包产到组			5.7
小段包工			1.9
专业户、重点户占总农户的%	7.3	14.8	22.6

随着农村生产责任制的发展,全省农村各种形式的经济联合体到1983年上半年已达到2.4万个,其中社员之间根据自愿互惠原则结合起来的有1.9万个,占联合体的80%。

第二,在生产和流通领域,认真执行了计划经济为主、市场调节为辅的原则。工业生产资料作为商品进入了市场,流通渠道由独家经营改为多家经营,促进企业围绕提高产品质量、发展品种、搞好服务,开展有益的竞争。辽宁省的工业生产,特别是占总产值70%以上的重工业生产,在国民经济调整期间,一直面临生产任务严重不足的局面。机械工业在1980年和1981年的两年间,国家下达的产值计划只有常年的10%左右,由于发挥了市场调节的辅助作用,开展多种形式的承揽生产任务和扩大产品销售的活动,并注意在改变产品结构、调整服务方向、提高产品质量上下功夫,使机械工业在调整期间仍然保持了一定的增长速度。

商业和物资体制也进行了改革。针对过去产品统购包销、经营官商化、流通的中间环节太多等弊病,开始实行了"三多一少"(即多种经济成分、多种流通渠道、多种经营方式,少流通环节)的商业体制。就多渠道而言,有国营和供销社商业、集体商业、个体商业、城乡集市贸易,以及工业自销等渠道。物资管理体制由统购统配变为统购统销、代购代销、自销等多种购销形式,还建立了生产资料交易中心,展销商品,调整物资流向,由行政分配改为商品流通。由于实行了这些改革,辽宁省出现了建国以来少有的市场繁荣、商品丰富的兴旺景象。

第三,在国家和企业的关系上,扩大了企业自主权,财政上由统收统支改为利润分成,企业内部实行了经济责任制,试行利改税,使企业成为具有一定动力和活力的经济单位。从1979年四季度开始,到1980年上半年止,辽宁先后有三批共262个企业进行了扩权试点,实行了利润分成制度。企业在生产计划、产品销售、资金使用、中层干部任免等方面,有了部分权力。有些行业和企业,因国家下达给的生产任务不足,主动开展市场调查,自找门路,根据市场需要,自定生产计划;商业和有关经济部门也为企业"开绿灯",价格管理上打破老框框,增定了13类上万种省管产品的浮动价格,企业可在规定的浮动价格范围内出售自己的产品。这些扩权措施,对于保证辽宁工业在调整时期基本保持生产稳定起了重要作用。

1980年下半年,结合财政体制"分灶吃饭"的改革,在工商企业中开始推行以盈亏包干为主要内容的经济责任制,到1982年,已在全省大多数企业中实行。实行经济责任制后,企业职工的经济利益同企业的经营成果直接挂钩,克服了分配上的平均主义,有利于解决企业中长期存在的吃"大锅饭"的问题。在推行经济责任制的过程中,很多企业普遍加强了全面质量管理、全面经济核算,建立和健全了原始记录、定额、质量、统计和岗位责任制等项基础工作,促进了技术改造。一些企业还恢复健全了民主管理制度,重新颁布或制定了《职工代表大会条例》《职工教育条例》《职工劳动纪律细则》,

推动了企业的全面整顿和科学管理。从 1983 年 6 月起，根据国务院的规定，在全省国营企业中开始实行第一步利改税。

第四，在企业组织结构方面，初步改变部门、地区分割，企业搞"大而全"、"小而全"的状况，按专业化协作原则，对企业进行改组联合。1979 年以来，辽宁省已组建各种类型的专业公司 162 个，总厂 65 个，各种形式经济联合体 329 个，生产科研联合体 31 个。这些改革，打破了地区所有制、部门所有制的界限，对调整和改善不合理的产业结构、组织结构，提高专业化水平，提高经济效益，起到了积极的作用。沈阳市机电行业经过改组，全能厂已由过去的 80% 下降到 52%；全市工交系统 175 个电镀厂点，关掉了 78 个，不但加大了生产批量，而且每天还减少排放污水 2000 吨。大连棉织厂通过改组联合，将"大而全"的企业，改组成八个专业厂，产量、产值、利润都将增加 1 倍，现已部分改建投产。

第五，在发挥城市组织生产和流通的作用方面，进一步实行了市领导县的体制。辽宁省城市比较多，全省共有城镇 106 座，其中人口在 10 万以上的城市有 16 座。这些城市分布比较均匀，城市与城市之间相距都在百公里左右。城市工业发达和人口集中是辽宁的一个特点，也是推动辽宁省经济发展的一个有利条件。充分发挥城市在经济建设中的作用，对辽宁经济的发展，有着十分重要的意义。

辽宁省早在 1959 年就开始试行市领导县的体制，党的十一届三中全会以来又有进一步的发展。到 1983 年年底为止，全省 45 个县中，除了铁岭、朝阳两个地区行署各领导 6 个县以外，其余的 33 个县分别由 10 个省辖市领导。过去市领导县的体制的优点主要表现在城市从财力物力上支援农村发展生产；农村帮助城市解决蔬菜副食品的供应问题。党的十一届三中全会以后，市领导县的内容有了进一步丰富和发展。各市创造了许多城乡经济结合的新形式：一是由城市出资金、技术、设备，农村出劳动力、厂房、原料，联合办农工商经济联合体；二是组织城乡一条龙协作，把城市一部分配套产品和协作件扩散到农村，或者把一部分农村的原料就地粗加工，然后运往城市精加工；三是扶植农村按照城市工业发展和人民生活需要组织生产，建立为城市服务的商品基地，把从事农副业生产的社队和专业户与城市加工部门挂起钩来；四是建立以市区为中心的农林牧副渔各业生产资料的生产和维修体系；五是在大城市周围发展卫星城镇；六是各市建立了物资交易中心和物资商场，县、社办的商店和供销社可以到城市批发站进货，疏通了城乡之间的流通渠道。各市还发挥城市科学、文化、教育、卫生等项事业发达的优势，为农业提供科研成果、推广新技术、举办各种技术训练班和医务人员、教师培训班等等。

实践证明：实行市领导县的体制，有利于发挥中心城市的作用，带动农村物质文明和精神文明的建设，促进城乡经济协调发展。解放前辽宁省曾长期处于日本帝国主义占领之下，具有典型的殖民地特点。城市畸形发展，农村非常落后。解放后，随着社会制度的变革和经济建设的发展，城乡关系发生了根本变化，一方面城市经济的发展离不开农村为它提供日益增多的粮食、蔬菜、副食品和工业原料，另一方面，农村也需要借助城市财力、物力、科学技术、文化教育方面的优势，来带动农村各项事业。特别是随着农村商品经济的发展，城乡之间的联系就更加紧密，需要加强大中城市和周围农村的联系，这是生产力发展的必然趋势。如大连市实行市领导县，5 个县的工业总产值在整个大连地区工业总产值中所占比重，已由 1949 年的 0.7% 上升到 1982 年的 11%。鞍山市领导海城、台安两县后，从生产到流通城乡联成一体，这个 250 万人口的区域，城市人口占 48%。由于农村经济得到城市在资金、物资、科学技术等方面的支持而迅速发展，从 1980 年起，鞍山市粮食、蔬菜、鲜蛋、水果已自给有余，猪肉自给率达 80%，鲜奶敞开供应。城里的居民高兴地说："过去是，市场紧，心发慌，啃咸菜，喝菜汤，生产发展受影响；现在是，肉蛋菜，满市场，副食足，有余粮，一心扑在四化上！"

二、经济体制改革带来的变化和效果

先从农村来看。家庭承包责任制给农业生产增添了新的活力，辽宁农村出现了 20 多年来少见的欣欣向荣景象。1981 年全省农业总产值达到 65.6 亿元，是建国以来的最高水平。1983 年全省粮食产量达到 270 亿斤以上，创历史最高纪录。农林牧渔业和多种经营都有较大发展，农业生产的内部结构发生了变化：种植业比重由 1978 年的 68.0% 降为 1981 年的 57.7%，牧业比重由 13.1% 上升为 15.8%，副业比重由 13.1% 上升为 21.0%。随着多种经营和专业户的发展，不少农民逐渐离开土地，从事种植业以外的各种专业生产，并使种植业也逐渐成为专业化生产。在技术推广、供销、加工、储运、植保、提供信息等许多方面，通过多种形式联合起来，出现了越来越多的新型的经济联合体。农业正在从自给性、半自给性生产转向专业化、社会化的商品生产，从传统农业转向现代化农业。

再从城市来看。城市的生产、分配、流通等领域，随着管理体制的变革，也出现了较显著的变化。1980 年年初中共辽宁省委向全省各级干部提出，要在国家统一计划指导下，把生产搞活，把企业搞活，把经济搞活。为此，要把扩大企业自主权作为整个经济体制改革的重要环节。城市工商企业各种形式的经济责任制得到迅速普及和发展，使企业的责、权、利在一定程度上初步地结合起来，从而调动了他们改善经营管理、生产适销对路产品的积极性。在调整时期尽管企业面临生产任务不足、产品降价、原材料涨价、开征烧油特别税等不利情况，生产水平还逐年提高。按工业总产值计算，1979 年比 1978 年增长 6.1%，1980 年比 1979 年增长 8.4%，1981 年基本保持上年水平，1982 年又比 1981 年增长 5%。特别是由于扩大了企业在资金运用方面的自主权，允许企业把折旧基金、大修理基金和利润留成中的生产发展基金"捆起来"花，这样做，促进了企业的技术改造。据有关部门统计，从 1979 年到 1981 年，辽宁省用于节能等方面的技术改造资金 4.5 亿元，节约煤炭 300 万吨、燃油近 100 万吨；用于轻纺、电子工业的技术改造资金 10 亿元，加上基本建设投资 10 亿元，共 20 亿元，使轻纺、电子工业增加了产值 54 亿元。3 年来，全省共研制新产品 8 千多种，其中有 57 种填补了国内空白。机械工业技术改造的效果也很明显。如沈阳水泵厂围绕提高产品质量和节约能源，研制出 20 多种新型水泵，产品由滞销变为供不应求。与此同时，企业利用集体福利基金，开始偿还一些生活欠帐，近几年非生产性投资比重上升到 40% 以上，特别是增加了住宅建设，使群众住房紧张的状况有所改善。

在按专业化协作原则进行企业的改组联合中，近几年出现了一批打破地区、部门界限的科研生产联合体，使科研和生产紧密联系起来，大大缩短了科研周期和成果应用周期。从1980年6月辽宁省第一个科研生产联合体——大连组合机床技术经济联合体成立以来，到1983年上半年，全省已陆续建立起31个科研生产联合体，共有50个科研院所、12个大专院校、121个工矿企业和11个公司、局共194个单位参加。这些科研生产联合体，有的是跨地区的行业性联合，有的是跨行业的地区性联合，有的是针对某个地区或行业的特点，为生产一种新产品、推广一项新技术，或对某种自然资源进行综合开发利用而形成的联合。这些联合体成立的时间虽然不长，但已初步显示出它的优越性。一是形成了综合的攻关能力和生产能力。如大连制冷设备联合体，在研制50立方米移动式冷库过程中，围绕库门密封、隔热库板、库板粘合剂等项研究，把7个有关的工厂和研究所组织起来，使机械、化工、塑料、涂冷、磁性等多学科的相关技术和生产能力配起套来，解决了一系列技术难题，仅用8个月的时间，就研制成功技术先进和适用的移动式冷库。二是加快了科研成果向生产转移的速度。如组合机床及其自动线的研制生产，技术要求高，涉及领域广，过去，由于科研、设计、生产、使用相互脱节，产品一直过不了关。成立大连组合机床技术经济联合体后，科研单位、设计部门、工厂企业统一组织，从研究、设计到生产的周期缩短了一半以上。三是大大提高了经济效益。大连纺织印染联合体研制成功的11个项目，国家和省、市共投资140万元，仅一年多时间，创产值1685.7万元，为投资的12.5倍；获利税366.9万元，为投资的2.6倍。

在流通领域，由于贯彻执行了以计划经济为主、市场调节为辅的原则，大力恢复和发展集体经济和个体经济，改变单一生产经营形式，开始把封闭式、少渠道、多环节的商品流通体系变成多渠道、少环节、开放的商品流通市场。1981年年底全省集体商业、饮食业、服务网点增加到29800个，比1978年增长1.3倍，集体商业、饮食业的零售额，比1978年增长4倍，占社会零售额的比重由5.2%上升到16.7%；1981年年底全省个体商业、饮食业、服务业网点达到7.5万个，比1978年扩大69倍，商品零售额占社会零售额的比重，由1978年的0.2%上升到1981年的19.1%。

综上所述,党的十一届三中全会以来,辽宁省坚决贯彻执行了党中央的各项方针政策,在经济体制改革方面做了不少工作。改革无论从广度上还是从深度上,都远远超过了以前任何一个时期。但改革还只是初步的、探索性的,现行经济体制中的许多弊病,尚未从根本上得到解决。而且,由于缺少总体规划、改革措施不配套、必要的管理工作没有相应跟上等多方面的原因,经济生活中又出现了一些新的问题,如重复建设、盲目生产的现象有所发展,有些单位乱涨价、滥发奖金等。这些都有待于在继续改革的过程中认真加以解决。我们要在党中央、国务院的正确领导下,进一步明确改革的方向、坚定改革的决心和信心,有步骤地把辽宁省的经济体制改革不断引向深入。

第四章
重庆市的经济体制改革

第一节 一个古老而又年轻的城市

重庆是一个有 3000 多年历史的古城，它位于四川盆地东南部，长江和嘉陵江交汇之处，是长江上游商品货物集散的贸易重镇。解放前，重庆是一个畸形发展的城市，工业十分落后，除国民党政府的一些兵工厂外，一般机器厂主要是搞装配、维修，轻工业多数是手工工场。解放前夕，国民党政府不仅卷带大量黄金、白银和重要资财外逃，还派遣爆破队破坏了各兵工厂重要机器设备，破坏了占当时重庆总发电能力 55.8% 的动力设备，纵火烧毁朝天门码头的大批仓库和附近 30 多条街巷，使重庆市的经济处于严重困境之中。1949 年重庆的工业总产值只有 19325 万元[①]。

1949 年 11 月 30 日，重庆解放了。重庆的历史从此翻开了新的一页。在中国共产党和人民政府的领导下，迅速稳定了物价，制止了通货膨胀，安定了人民生活，恢复了生产。经过 30 多年的社会主义建设，重庆的经济有了很大的发展，1982 年与 1950 年比较，重庆市的工业年总产值由 24733 万元增加到 770650 万元，增长了 30.2 倍；全民所有制工业固定资产由 12728 万元增加到 719460 万元，增长了 55.5 倍；市属预算内地方财政年收入由 7422 万元增加到 98081 万元，增长了 12.2 倍。到 1982 年，国家对重庆的生产性基本建设投资累计达 741863 万元，新建、改建和扩建了大批工商企业，重庆给国家提供的财政收入累计达 1423150 万元[②]。1982 年全市有工业企业 3794 个，工业

---

① 用人民币换算。
② 不包括中央、省属在重庆企业的上缴利润。

职工 82 万人，能生产 15000 多种工业产品，已发展成为具有冶金、机械、汽车、船舶、电力、电子、仪表、煤炭、化工、医药、纺织、造纸、印刷、食品、建筑材料、农业机械和军事工业的综合性工业城市。同时，还新建了成渝（成都至重庆）、川黔（重庆至贵阳）、襄渝（重庆至襄樊）三条铁路干线，扩建了重庆的港口码头，扩充了长江航运船队，新建了许多公路。现在，重庆已成为两条大江、三条铁路干线、六条公路干线、十三条航空线汇集的长江上游地区的交通枢纽。

但是，重庆和全国同类城市比较，经济效益还不高，经济发展的速度也不快。1982 年，在全国 18 个大城市中，重庆的工业固定资产占第五位，工业总产值占第八位，百元产值提供的利税占第十三位，全员劳动生产率居末位。1982 年全市人均国民收入只有 593 元。

为了探索城市经济体制改革的新路子，从党的十一届三中全会以来，重庆市开始在工商企业中进行扩大企业自主权的改革试点，1983 年 2 月，中央批准在重庆市进行经济体制综合改革试点，并决定将临近的永川专区（共 8 个县）合并于重庆市。现在，重庆市有 9 个区 12 个县，面积 22341 平方公里；人口 1379.9 万人（其中非农业人口 304.3 万人，农业人口 1075.6 万人），工业企业 7542 个，农村社队企业 16000 个。大、中、小学和各类职业学校 10315 所，在校学生 2660413 人。目前，重庆市的经济体制改革已经迈开步子，它对于发挥中心城市的作用，提高经济效益，已经显示出一个良好的开端。

第二节　重庆市社会主义经济制度的建立

重庆解放后，人民政府在建立社会治安秩序，稳定物价，安定人民生活，恢复生产的同时，即着手建立社会主义经济制度。

一、没收官僚资本，建立社会主义全民所有制的国营经济和公私合营经济

解放前，重庆的官僚资本数量较大，一是国民党政府官办的一批兵工厂和企业，二是蒋、宋、孔、陈"四大家族"和大官僚分子独资办的企业，三

是官僚资本和私人资本主义工商业者合资办的企业。重庆解放后，按照1949年4月25日宣布的《中国人民解放军布告》中关于"没收官僚资本"① 的规定，中国人民解放军重庆市军事管制委员会和重庆市人民政府立即没收、接管了全部官僚资本。虽然国民党政府从重庆逃跑时已把官僚资本的黄金、白银、外汇、流动资金和贵重资财几乎全部抽走，但其厂房、建筑、设备和官僚资本在合营企业中的股份却无法抽走。人民政府没收官僚资本独资企业后，立即建立起社会主义全民所有制的国营经济；对官僚资本和私人资本主义工商业者合资的企业，只没收官僚资本的股份为国有，承认并保护私人资本主义工商业者的财产所有权，把这部分企业改造成为半社会主义性质的公私合营企业。那时，人民政府共没收官僚资本工业企业48个，虽然企业数量不多，只占当时全市工业企业总数的0.7%，但其固定资产（12728万元）在全市工业企业中却占79%。通过没收官僚资本的股份建立起来的半社会主义性质的公私合营企业有79户，共有公股资金5726万元。两者合计共没收官僚资本18454万元②。没收官僚资本后建立起来的社会主义全民所有制国营企业，很快就在全市国民经济中处于领导地位。

二、对私人资本主义工商业逐步进行社会主义改造

1950年，重庆有私营工业6753户（包括小作坊）、私营商业17067户，它们绝大多数资金微薄，其中，6753户私营工业只有资金2868.4万元，平均每户只有0.42万元③。人民政府根据"公私兼顾，劳资两利，发展生产，繁荣经济"的方针，对私营工商业加以扶持，并采取积极、稳妥的步骤对它们进行社会主义改造。

第一步，是扶持、帮助它们恢复生产和经营活动。其办法是：（1）由国营商业机构收购它们的产品。如1950年1月至6月，重庆国营百货公司、土

---

① 毛泽东：《中国人民解放军布告》，《毛泽东选集》第4卷，人民出版社1960年版，第1346页。
② 均系用人民币换算。
③ 同上。

产公司、油脂公司、花纱布公司即向私营企业收购了1378万元的产品，使大批私营工业户得以恢复正常生产。(2) 贷款扶持。1950年1月至6月，中国人民银行重庆分行即向私营煤矿、丝织、航运、机器等工商业户发放贷款378万元。(3) 帮助解决原材料。对私营工业户所需的棉花、木材、中药、土产等原料，由市人民政府工商管理机关和国营商业批发企业帮助组织供应。1950年1月，重庆市工商行政管理局和花纱布公司组织各纱厂组成"重庆公私营联合购棉处"，到陕西省等产棉区设购棉办事处，对国营、公私合营、私营纱厂均按纱锭分配、供应原棉，使私营纱厂得以正常生产。(4) 调解处理劳资纠纷。重庆市人民政府劳动局负责调解处理劳资双方在工资、福利、生产管理等方面的纠纷。根据"劳资两利"的政策，使资方能正常进行生产，有利可图；同时又保障工人的基本工资福利，并通过工会参加工厂的劳动和生产管理。实践证明：这对恢复私营企业的生产起了积极的促进作用。1950年年初，有2000多家私营工业户停产，到1950年8月这些工业户的90%以上已恢复正常生产。

由于人民政府正确地执行了党的经济政策，私人资本主义工商业不仅很快恢复了生产和经营，而且得到了发展，有些原来把资金抽走、歇业的私营工商业者，又重新开业经营。1950年年初，全市登记的私营工商业户只有23820户，到1952年年初已增加到37155户，增加了56%。

第二步，在恢复生产的基础上，为了把私营工商业纳入社会主义国营经济的领导之下，除了国家从税收、市场管理等方面进行管理外，还着重用经济办法加以引导和管理。主要由国营商业批发机构对私营工业进行加工订货、统购包销；私营商业（完全是零售商业）户则经销、代销国营商业批发给它们的商品。通过这种产销衔接的办法，把私营工商业的生产和经营纳入了国营经济的领导之下，同社会主义的计划经济间接地联系起来。

第三步，对私人资本主义工商企业实行公私合营。随着国营经济对私营工商业加工订货、统购包销商品数量的增加，为了解决中、小私营工商业户资金不足、技术落后等矛盾，在自愿、互利的原则下，人民政府积极引导他们进行联合经营。1951年年初，重庆市人民政府在27个行业中组织起20个私营工商业联营体，参加联营的工商户有1370户。1954年开始对橡胶、电池两个行业的私营工业户在联营的基础上进行公私合营试点。1955年开始对私营工商业进行全行业公私合营，1956年全市共组建了874个公私合营工商企业。由国家对这些企业投入一定的资金作为公股，并派国家干部担任这些合营企业的主要领导职务，在生产、财务、价格、劳动工资、利润上缴等方面基本上是按对全民所有制国营企业的办法进行管理，把公私合营企业纳入了社会主义计划经济的统一管理范围，基本上完成了对私营工商业的社会主义改造。这时的公私合营企业除了由国家定期给私营工商业者发定息外，实际上已成为全民所有制的国营经济了。

在对生产资料私有制进行社会主义改造的过程中，对于私营工商业者（以下简称资方人员）作了妥善安排。主要采取了四种办法：（1）实行定股定息。1956年全市核定的资方人员定息户共1966户①，定股资金1948万多元，按股金5%的利率每年给资方人员发放定息。（2）对资方人员视其业务能力和健康状况，安排他们在合营企业中担任副经理、副厂长或科长、主任、工程师、会计等职务，使他们能够继续为合营企业服务。按1956年9月的统计，全市共安排资方人员6195人，其中有714人担任了各级领导职务。（3）资方人员参加合营企业工作后，在工资、福利、劳动保险（包括退休待遇）等方面同其他职工一视同仁，享受同等待遇。（4）资方人员同其他职工一样在政治上享有平等权利，有不少资方人员还被选为各级人民代表大会的代表和各级人民政治协商会议成员。由于实行了这些政策，资方人员得到了安排、照顾，他们普遍表示满意。公私合营企业的生产和经营活动没有受到破坏和干扰，继续正常发展。

三、建立社会主义的集体经济

1950年，重庆市有手工业者20586人，分布在120多个小行业，主要从

---

① 在公私合营中，对资金少、雇工少的"夫妻店"、私人个体商业户和大量手工业户未按资方人员对待，对他们不实行公私合营和定股定息，而是把他们划出来参加了合作社的集体经济，或作为个体户继续独立经营。

事于同人民生活密切相关的小商品生产和销售。为了把手工业引向合作化的集体经济轨道，1953年成立了重庆市手工业生产合作社联合社筹备管理处，对手工业者进行社会主义思想、党的方针政策和集体经济发展前途的教育，并按照中华全国合作总社确定的"积极领导，稳步前进"的方针，本着自愿、平等、互利的原则，开始组建手工业合作社的试点。1954年年初，全市已组建起手工业合作社23个，有社员1803人。这些新组建起来的手工业合作社完全按集体经济的办法进行管理，合作社的固定资金和流动资金为社员集体所有，自主经营，独立核算，自负盈亏，国家征税。除合作社每年提留一定的公积金（用于发展生产和社员集体福利）作为积累外，收益所得由社员民主决定，实行按劳分配。它们在生产的分工协作和联合经营上，比个体劳动者的效率和收益要高，对个体劳动者很有吸引力。1955年年底，全市手工业合作社已发展到284个，有社员12460人，当年完成产值1960万元，比1954年增长了1.32倍，合作社对全市手工业者的吸引力更大了。到1956年年底，全市手工业合作社又进一步发展到556个，有社员37196人，年产值达8672万元，占全市手工业总产值的91.7%，此外，还有一些零散的个体手工业劳动者2145户、4527人继续保持个体分散经营，但年产值只有785万元，人平均年产值只有1600多元。至此全市基本上实现了手工业的合作化。

在实现城市手工业合作化的同时，对城市个体商业户也进行了社会主义改造，市郊农村也实现了农业合作化。

总起来看，从1950年到1956年，重庆市的经济在所有制结构上是由五种经济成分构成，即：全民所有制的国营经济、集体所有制的合作经济、公私合营经济、私人资本主义经济、独立劳动者的个体经济。1956年实现对资本主义工商业、手工业、个体商业和农业的社会主义改造以后，在所有制结构上发生了巨大的变化。私人资本主义经济消失了；公私合营经济除了给资本家发定息外，实际上也变成全民所有制的经济了；大量的个体经济已经实现集体化了。重庆市在所有制结构上就变成了全民所有制的国营经济、集体所有制的合作经济、独立劳动者的个体经济三种经济成分了。

第三节　重庆市社会主义经济体制的形成和变化

一、重庆市的企业管理体制

重庆市的企业管理体制，是根据生产资料所有制的性质而建立的。企业的性质不同，管理体制也不同。

从1950年到1956年，重庆对工商企业有四种管理形式：（1）全民所有制的国营企业，基本上是由国家实行直接计划管理。（2）资本主义的私营工商企业，是由业主独立经营，自负盈亏，工人监督，国家征税。（3）集体企业，是在国家计划指导下由职工自主经营，自负盈亏，国家征税。（4）个体手工业和个体商业户，是由业主根据市场需要自行经营，自负盈亏，国家征税并进行市场管理。50年代初期没收官僚资本而建立起来的公私合营企业，公股多的，基本上是按国营企业进行管理；私人资本主义工商业者私股多、公股少的，基本上是按私营企业进行管理。因此，这种公私合营企业没有形成单独的管理体制。50年代初期形成的对企业的四种管理形式，除第一种管理形式在当时的历史条件下受到苏联经济管理体制的一些影响外，其他三种管理形式都是从自己的实际出发而建立起来的。

1956年全面实现对生产资料私有制的社会主义改造以后，资本主义的私营经济消失了，大量的个体经济变成集体经济了。1956年年底，在全市工业生产中，全民所有制国营工业占88.1%，集体所有制工业占9.3%，个体手工业占2.6%。批发商业全部是国营，在零售商业中，国营商业占57.3%，集体商业占42.68%，个体商业占0.02%。基于这种所有制结构，对企业的管理也就变成了三种形式，即：对国营企业的直接计划管理形式，对集体经济的间接计划和自负盈亏的管理形式，对个体经济的市场管理形式。因为个体经济数量很少，对国营经济和集体经济两种管理形式，就成为全市经济管理的基本形式。

对国营工业企业的人、财、物、产、供、销普遍实行直接计划管理，财政上实行统收统支，企业在利润的盈亏上并不承担经济责任，企业也没有自己相对独立的经济利益和经营自主权，原材料由国家按计划分配供应，产品由国营商业统购包销，企业只是按国家下达的计划完成生产任务。国营商业也是按国家计划进行购销活动，在财政上统收统支，企业对盈亏不承担经济责任。国营企业的职工普遍实行终身就业制，即使企业发生亏损或关闭转产，每一个职工的就业也都由国家包下来，工资照发。在劳动工资上，国营企业普遍实行固定工资制，不管企业盈亏以及盈亏多少，对每一个职工都按评定工资等级照发工资。

这样的经济管理体制在当时并没有使人感觉到它的弊端，恰恰相反，人民群众因为刚从半封建、半殖民地的旧中国解放出来，大家在旧社会都饱尝了阶级剥削和阶级压迫的苦难，饱尝了失业和物价飞涨的痛苦，对解放后很快就能够享有终身就业的权利，有长期可靠的工资收入，物价又很稳定，普遍感到很高兴，劳动积极性很高。重庆城乡的个体劳动者对国营企业的职工都感到很羡慕。

对集体经济，除国家适当征税外，完全是自主经营、独立核算、自负盈亏，按收入多少实行按劳分配。集体企业的职工虽然感到自己不如国营企业的职工优越，但当时集体企业的生产节节上升，盈利增加，纳税负担也不重。集体企业职工和个体劳动者只要努力从事生产和经营，增加收入也是有保证的。同旧中国对个体劳动者的苛捐杂税、横征暴敛比较起来，他们也感到自己的经济地位、政治地位明显地提高了。集体经济的职工和个体劳动者的积极性和政治热情也是很高的。

加之，在50年代初期，国家在国民经济的计划安排上注意了积累和消费的平衡、国民经济各部门之间的平衡，推行各项经济政策的措施也比较稳妥，都先经过试点，再逐步推广，在人民群众中又很注重政策宣传和思想政治工作，因此，从1950年到1957年，重庆市的经济发展速度和经济效益都是比较高的。1953年到1957年的第一个五年计划期间，重庆市工业总产值每年以25％的速度递增，1957年重庆市工业每百元产值提供的利润达到13.17元，创造了解放以来的最高水平，形成了重庆市在解放后的第一个经济发展高峰时期。

这种经济管理体制形成以后，在1958年开始的"大跃进"中，在所有制和经济管理体制上曾出现过盲目追求"一大二公"的"左"的倾向，否定个体经济，把一些集体企业升级为国营企业，否定间接计划管理，用对国营企业的管理形式来管理集体经济。在1963年到1965年的调整时期，纠正了这种"左"的错误。在1966年开始的"文化大革命"动乱期间，又再次变本加厉地否定个体经济、限制集体经济，到1978年党的十一届三中全会以后才得到纠正。

从1950年到1978年，经过28年的实践，人们逐步认识到，对国营企业的管理坚持计划经济为主的原则是正确的。但是，原有经济体制对国营企业统得太多，管得过死，不利于发挥企业在经营管理上的积极性和主动性，不利于提高经济效益。实践也证明：集体所有制企业在国家计划指导下实行自主经营、自负盈亏、国家征税的管理体制是很好的，既有利于加强国家的计划管理，又有利于发挥企业的积极性。但过去由于受"左"的思想影响，几次出现否定和限制集体经济的错误倾向，个体经济也不能得到适当的发展。

二、重庆市计划管理体制的变革

解放后，随着社会主义经济制度的建立，在重庆也建立了计划管理体制。国家对重庆市各类企业和教育、文化、卫生、城市建设等各项事业的计划管理体制，是按照部门管理和区域管理相结合的原则建立起来的。其间，对于在计划管理中如何发挥重庆中心城市的作用，在实践中经过了多次的探索。

1950年到1953年，重庆市是中央直辖市，又是西南大区军政委员会（后改为西南行政委员会）所在地，由西南大区代管。在计划体制方面实行中央、大区、市、县四级管理，以中央和大区的计划管理为主。当时重庆市的主要工业企业和国营批发商业都隶属于中央各部门（一般都由西南行政委员会工业部、贸易部代管），商业、物资部门西南地区一级供应站也设在重庆。在1953年的全市全民工业企业总产值中，中央直属企业占67.89%，市属及市属以下企业占17.1%，其他（包括私营企业和手工业）占29.9%，市管的企业很少。但是，由于西南行政委员会不是按行政区划范围，而是代表中央从国民经济的全局对重庆市的各项发展计划进行统筹安排。因此，重庆市的企业不管是西南行政委员会代管的，还是市属的，其产、供、销都较好地实现了统筹平衡。重庆市产品的流通不受行政区划的限制，而是从西南和全国范围进行计划调拨，重庆市也能直接参加全国计划会议和全国订货会议。在国家计划的统筹安排之下，这一时期重庆市的经济实现了平衡协调发展，重庆市作为中心城市的作用得到了较好的发挥。1950年到1954年的5年中，重庆市的工业生产每年以32.7%的速度递增。

1954年6月，西南行政委员会撤销，重庆市在行政隶属关系上改为四川省的省辖市，在计划管理体制方面实行中央、省、市、县四级管理，以中央和市的计划管理为主。市的计划在国家计划中单列户头，重庆市可以继续参加全国计划会议和全国订货会议。后来人们把中央对省辖大城市这种独特的计划管理体制称为"先二后一"的计划单列。即：国家在安排计划时，先分别确定四川省、重庆市的计划指标，然后再把重庆市的计划纳入四川省的计划之内。当时全市主要工业企业仍隶属于中央各部门，市管中小企业，省里基本上不直接管工业企业。在1957年的全市全民工业企业总产值中，中央直属企业占68%，省属企业占3%，市属及市属以下企业占29%。从1954年到1957年这一时期，重庆市的国民经济发展计划仍然是提到国家计划的全局上进行统筹平衡，同时也纳入四川省的计划之内，重庆作为中心城市的作用也是发挥得比较好的。1955年到1957年的3年中，重庆市的工业生产每年以19.8%的速度递增。

1958年开始的"大跃进"，对计划管理体制作了重大改变。中央下放了很多经济管理权给省，按照省的行政区划推行"以地区综合平衡为基础"的计划管理体制，大大加强了省级行政区域"块块"的经济管理权，对省属的大城市是忽视的。1958年中央下放给市管的工业企业也陆续收归省管，在1963年的全市全民工业企业总产值中，中央直属企业占30.5%，省属企业占23.4%，市属及市属以下企业占46.1%。1958年取消了对重庆市的计划单列，重庆市就不能再参加全国计划会议和全国订货会议，重庆市的国民经济计划只能在四川省的计划之内进行安排；设在重庆市的商业、物资部门西南地区一级供应站也改为省辖的地区性二级供应站。这样，重庆市的经济活动被局限在省的行政区划之内,发展受到行政区划的束缚。其突出表现之一,是重庆的产、供、销计划失去了综合平衡。如 1963 年按行政区划下达重庆市的市属工业总产值计划为 76929 万元,同时下达的产品品种计划和原材料供应计划却只有 36544 万元,只能满足总产值计划 47.4% 的需要。这种严重不平衡的计划是难以实现的计划,当年市属工业只完成工业总产值 39682 万元。在按行政区划以"块块"为主的财政体制下,留给重庆市的财政支出也越来越少。重庆市的财政收入 1958 年占全省的 29.1%,支出占全省的 13.39%;1961 年重庆财政收入占全省的 27.5%,支出只占全省的 6.2%。重庆没有财力进行工业设备的更新改造和城市建设,欠帐越来越大。1958 年到 1962 年的第二个五年计划建设时期,全市工业总产值每年只递增 0.1%。虽然这种状况主要是由于"大跃进"造成的,但重庆作为中心城市的作用被削弱,计划管理体制的改变也是一个不可忽视的原因。

1962 年、1963 年中央两次召开城市工作会议,决定从 1964 年起恢复对天津、沈阳、武汉、重庆等六个大城市的计划单列。这是国家对重庆市的第二次计划单列,与第一次计划单列有两点不同之处:(一)第一次是"先二后一"的单列,即在国家计划中先把重庆市的计划单列出来,再纳入四川省的计划之内;第二次是"先一后二"的单列,即在四川省的计划之内再把重庆市的计划单列出来。(二)第二次计划单列以后,重庆市的财政体制和商业、物资供应体制,在很大程度上还是以省的行政区划为主。但是,在计划单列之后,重庆的国民经济计划又直接纳入国家计划平衡,并可参加全国计划会议和全国订货会议,对于发挥重庆中心城市的作用是很有利的。特别是第二次计划单列明确规定:(1)重庆市市属工业的折旧基金由过去的统收统支,改为全部留给企业作为"四项费用"(指企业技术组织措施、新产品试制、企业零星固定资产购置和劳动安全保护四项费用)。(2)国家每年拨给重庆市 1398 万元的工业固定资产更新改造补助资金,用于解决老工业基地的设备欠帐问题。(3)国家每年拨给重庆 18 个非工业部门 1840 万元的固定资产投资,用于解决城市建设和文教、卫生等事业的欠帐问题。并规定这三笔资金都由重庆市自行安排使用。据 1964 年、1965 年两年的统计，重庆市就在 77 个工业企业中改造和更新关键设备 1955 台，改造工厂危房 122000 平方米，收到了较好的经济效益。如重庆川江电冶厂改造关键设备后，1965 年即增产电石 700 吨，每吨成本下降了 18 元，产品合格率提高到 99.9%，达到全国先进水平。

在此期间，贯彻执行了中央对国民经济"调整、巩固、充实、提高"的八字方针，重庆市的经济又很快恢复了活力。1964 年至 1966 年的 3 年中，重庆市的工业生产每年以 22.2% 的速度递增；财政收入每年递增 14.29%；1965 年重庆市每百元工业产值提供的利润上升到 15.61 元，超过了 1957 年的水平。生产增加，效益提高，市场繁荣，物价稳定，形成了重庆市在解放以来的第二个经济发展高峰时期。可惜这个刚刚开头的经济振兴，又被十年动乱中断了。

在"文化大革命"动乱中，1967 年又取消了重庆市的计划单列，重庆市的计划完全按省的行政区划安排。这是第二次取消重庆市的计划单列。特别是在流通体制上，对重庆市工业产品划定的批发区域只有四川东部和中部的 48 个县（只占全川 179 个县的 27%）的范围。重庆同贵州、云南等省区传统的经济联系也大为削弱。这种按行政区划来安排大城市商品生产和商品流通的体制，成为束缚中心城市生产力发展的一个突出问题。1966 年到 1970 年的第三个五年计划时期，重庆工业每年递增的速度只有 4.4%；1971 年到 1975 年的第四个五年计划时期，每年递增速度只有 5.8%，大大低于 1957 年、1965 年两次经济繁荣时期的递增速度。到 1976 年，重庆市每百元工业产值提供的利润只有 1.72 元。

第四节　党的十一届三中全会以后重庆市经济体制的改革

在党的十一届三中全会精神的指引下，近五年来，重庆市的经济体制改革经历了一个由点到面、由局部试点扩大到在全市进行综合试点的逐步发展过程。主要抓了以下几项改革：

一、扩大企业自主权

社会主义企业，是进行社会主义的商品生产和商品交换的基本单位。要提高经济效益，繁荣社会主义经济，必须在国家计划指导下把企业搞活，不能把企业管死。我们对企业管理坚持计划经济、按劳分配的原则，这是正确的。但是在国家和企业的关系上，实行了一种在财政上统收统支、在物资上统供统配、在产品上统购包销、在计划上大包大揽的管理体制，不承认社会主义企业是在国家的法令、政策、计划指导下相对独立的商品生产者和经营者。一方面企业没有什么自主权，难以在国家计划指导之下进行相对独立的自主经营；另一方面，企业对国家也不承担明确的经济责任，干多干少一个样，干好干坏一个样，功过难分，奖惩不明。企业既没有多少压力，也缺乏内在的动力来促使它积极搞好经营管理，争取最好的经济效益。在企业内部职工经济利益的分配关系上，解放初期实行级差很小的平等分配，曾经起到了调动职工积极性的作用，但是也存在着不按劳动数量和质量进行分配的平均主义的弊端。在"文化大革命"中，这种平均主义发展得更加严重了。平均主义起了"压抑勤劳、保护懒惰"的消极作用，严重地挫伤了广大职工的积极性。如何做到使企业既有相对独立的自主经营权，又对国家承担起明确而严格的经济责任，使企业在经济上内有动力，外有压力，真正具有活力；在企业内部的分配上如何做到按劳分配，奖勤罚懒。使企业在经济上外有压力，内有动力，真正具有活力，这是经济体制改革中需要解决的带有根本性的问题。

1978年10月，四川省决定对包括重庆钢铁公司在内的六个企业开始进行扩大企业自主权的试点。1979年2月，根据省经济委员会《关于扩大企业权力，加快生产建设步伐的试点意见》，对全省100个企业、其中包括重庆的长寿化工厂、重庆第二针织厂等14个企业进行了以利润留成为主要内容的企业扩权试点。1980年2月，省委、省人民政府又发出了《关于在五个工业企业中进行自负盈亏试点的通知》，决定进一步对包括重庆钟表工业公司、重庆第三印刷厂在内的5个工业企业进行以利改税和自负盈亏为主要内容的扩权试点。到1980年年底，重庆市进行扩权试点的企业已发展到120个。1981年重庆市第一轻工、仪表两个行业又开始进行全行业的利改税试点；并在4个全民所有制小型企业实行上缴两费（固定资金和流动资金占用费）后，按集体所有制企业八级超额累进所得税的办法进行试点。

企业扩权的具体内容是：（1）给企业部分生产计划权。企业在完成国家计划的前提下，根据市场需要，可自定补充计划，组织生产。（2）给企业部分产品销售权。企业可以自销商业、物资部门不收购的产品，展销自己试制的新产品，商业和物资部门收购的产品也可按工商双方达成的协议少量自销。（3）给企业利润留成权。企业在全面完成国家下达八项技术经济指标和供销合同的条件下，可以从计划利润和超计划利润中，分别按一定比例提取企业基金，大部分用于发展生产，一部分用于职工集体福利，少量用于发放职工奖金。（4）企业有利用自有资金搞小型技术改造的权力。企业的折旧基金60%留给企业使用，并可与大修理基金、企业生产发展基金捆在一起，用于本企业搞小型技术改造，扩大生产。企业用自有资金搞新技术、新工艺、新设备而增加的利润，两年内不上缴，全部留给企业作发展生产用。（5）给企业一定的进出口谈判和外汇分成权。生产出口产品的企业，经上级部门同意，可直接与外商洽谈业务。外汇收入按国家规定分成，用于进口奇缺原材料和先进设备。（6）给企业部分人事和劳动奖惩权。企业中层干部的任免可由企业决定，不再报主管部门批准；在核定的企业奖金总指标内，对职工的奖金分配办法由企业自定。

企业扩权同利润留成结合起来，给企业以压力和动力，使企业长期禁锢着的活力很快被调动起来了。如重庆钢铁公司在生产任务不足的情况下，千方百计扩大产品销路，提高质量，降低成本，收到了显著的经济效益。1978年年底到1981年的3年中，向国家上缴税利2.5亿元，比该公司1950年至1978年的29年上缴的税利（2.4亿元）还多。

扩大企业自主权，有利于把计划管理与市场调节结合起来，搞活经济。如重庆中南橡胶厂，1979年国家下达的产值计划只有4200万元，比1978年减少34%。面对这种困难，他们派人分赴四个省、两个市、五个专区的154个重点企业、单位，进行市场调查，接揽任务，很快就在国家计划之外，签订供货合同 324 万元，承接来料加工 2103 万元，使当年完成的工业总产值达到 6627 万元，比 1978 年增长 39.7%，利润增长一倍。

企业扩权，也为企业进行技术改造、提高企业技术素质打开了一条新路子。由于实行利润留成或自负盈亏，一方面企业对国家承担了明确的经济责任，必须完成上缴利润或交纳税金的任务；另一方面也给企业留有一定的利润，企业有了自有资金，可以用于技术改造；特别是明确规定企业用自有资金进行技术改造所增收的这部分利润，在 2 年内不上缴，可以由企业继续用于发展生产，大大调动了企业搞技术改造的积极性。据对重庆第二针织厂、重庆第三印刷厂等 10 个扩权企业的调查统计，在 1979 年至 1981 年的 3 年中，它们用企业自有资金改造和新增的设备，相当于 1978 年年末固定资产原值的 50%。重庆第二针织厂用自有资金 282 万元，更新改造了 30 年代、40 年代和 50 年代的陈旧设备，使全厂 40% 以上的设备达到了 70 年代的水平，扩权 3 年的税利总额达到 1800 多万元，比扩权前 3 年的税利总额增长了 66.73%。扩权企业研制新产品的积极性也提高了，据对重庆市第一轻工业系统等 62 个扩权企业的统计，在 1979 年至 1981 年的 3 年中，共研制新产品 2670 项，新花色 6136 种。

在流通领域，商业企业扩权的效果也是好的。重庆市中区群林市场（服装兼营百货），在扩权前的 20 年中，进货渠道单一，供需经常脱节，收入全部上缴，一切开支报销，遇事向上请示，没有经营自主权。它自己支配的固定资产只有一部运货卡车，销售额和经济效益老是上不去。职工们说群林市场是"固守老摊子，照走老路子，二十年一贯是老样子。"① 1979 年，群林市场开始搞小扩权（利润留成），1980 年又搞"国家征税，自主经营，自负盈亏"的大扩权，很快就把生意做活了。1979 年至 1982 年扩权四年与扩权前四年比较，这个市场的商品平均年销售总额增长 1.63 倍，年利润总额增长 1.46 倍，人均劳动效率提高 1.3 倍，成为全市的先进商业企业。

---

① 群林市场在 1956 年是私营企业，1959 年完全成为国营企业，到 1979 年扩权，相距 20 年。

二、进行企业的改组联合

为了贯彻党的十一届三中全会关于"大力精简各级经济行政机构,把它们的大部分职权转交给企业性的专业公司或联合公司"①的指示精神,改变条块分割、领导多头、各自为政、搞"大而全"、"小而全",重复布点、重复生产等不合理的状况,按照社会化大生产的要求,发展企业之间纵向和横向的经济联系,在企业的改组联合上,主要抓了以下三项工作:

(一)在市内就地就近组织各企业之间的专业化协作。重庆市聚集着23000多个全民所有制、城镇集体所有制工业企业和社队企业,分别隶属于中央和省、市的许多个部门管理。由于各自为政,自成体系,在同一个城市内重复布点、重复生产、设备和劳动力闲置的问题相当严重。据1982年调查,重庆市内的铸造、锻造、电镀和热处理厂点就有1480个,大多数厂点的设备利用率只有50%左右,有的还不到1/3,浪费很大。按照发展专业化协作的要求,撤销了150个铸造、锻造、电镀和热处理厂点,集中建立了44个专业化协作厂点。这样,不仅有利于提高产品质量,降低成本,也有利于减少环境污染。如重庆锅炉厂的铸造车间撤销后,由市里安排江北县一家铸造厂定点协作供应铸件,使每吨铸件的成本由865元降为750元,降低了13.3%,仅此一项,重庆锅炉厂一年就可降低成本额4.9万元。在市内发展这种专业化协作,基本上是按照不改变所有制、不改变企业的隶属关系、不改变企业的财务关系,双方按平等互利的原则联合生产的要求进行的。对需要同外地企业协作联合的,市里也积极支持。企业很欢迎这种办法。

(二)在企业之间开展经营联合。这种联合比专业化协作又进了一步,已从联合生产、联合销售发展到联合投资。如群林市场就同重庆市内和四川省内的自贡市、万县专区、涪陵专区,以及贵州省贵阳市等地的52个全民和集体所有制工、农、商企业发展了比较稳定的联合生产、销售或投资的关系。重庆钟表工业公司运用经营自主权,采取定点协作付加工费、利润定比分成、

---

① 《中国共产党第十一届中央委员会第三次全体会议公报》,人民出版社1978年第1版,第7页。

定点收购零件、定点互换供应零配件的办法,同市内和友邻专县的14家工厂企业,以及成都手表厂、贵阳手表厂、昆明手表厂联合经营,不仅使重庆钟表工业公司在从1980年年初成立到1983年的4年时间里把"山城牌"手表的年产能力从30万只提高到140万只,而且使原来只能生产零件的成都、贵阳、昆明3个手表厂很快生产出了"蓉城牌"、"筑城牌"、"春城牌"手表,人们说这是"一'城'联合,带出三'城'"。这种联合,不改变参加联合各方的所有制和隶属关系,不影响参加联合各企业的自主权,完全是靠平等互利,靠经济联系,靠提高经济效益搞起来的,对参加联合的各方都有吸引力,容易形成比较稳定的经营结构。

（三）从企业的组织结构上进行联合。1979年到1980年,重庆市根据市场需要调整企业,关、停、并、转了250个市属中小型工业企业,按照经济合理的原则,组建了126个经济联合体。1982年下半年,市里决定把市中区和6个近郊区的383个区属全民所有制和集体所有制工业企业全部上收市管,并对其中跨行业的32个企业的隶属关系进行了调整,按照市场需要安排了42个企业转产。在此基础上,把从区里上收的383个企业和市属的375个企业共758个企业,按行业、按产品、按工艺、按服务性质组建起63个工业公司和总厂。这些公司（总厂）成立一年来的初步实践表明,它们在提高经济效益上取得的效果是好的。1983年这63个公司（总厂）总计的工业产值和利润的增长幅度,都高于全市工业总产值和利润增长幅度。除重庆陶瓷公司尚未扭转亏损外,其他62个公司（总厂）都有盈利。如重庆工程矿山机械工业公司积极组织公司内外的专业化协作、研制开发新产品、改善经营管理。1983年这个公司所属的11个工厂个个盈利。与1982年比较,全公司的工业产值增长22.74%,实现利润增长63.12%,上缴税利增长1.46倍。

三、探索军民结合的新路子

重庆市的军工企业是发展生产上的一大优势。党的十一届三中全会以来,在中央主管部门和省党政领导机关的支持下,重庆市和有关企业为探索军民结合的新路子,做了一些尝试。并总结以往的历史经验,注意了三条:（1）军民结合一般都不变动企业的所有制和隶属关系;(2)军工企业在军民结合中不宜搞长线产品,不宜同民用企业"争饭吃";(3)军工企业不宜搞封闭,要大胆放手同民用企业搞专业化协作和经营结构上的联合。经过五年来的探索,已经取得了一些可喜的成果。

(一)军工民用企业联合开发新产品,开辟新市场。如重庆嘉陵机器厂利用军工企业的技术优势,从1979年以来,以包括这个厂在内的市内8个主要企业为龙头,组成"嘉陵牌摩托车经济联合体",同重庆市和四川省的111个企业联合,根据各企业原有技术特长和优势,分工协作制造嘉陵摩托车的1000多个零部件,很快形成了年产20万辆摩托车的生产能力,成本价格从试制时的1200多元一辆,下降到600多元,并被评为省的优质产品;1983年已生产嘉陵摩托车10万辆,占全国同类产品年销量的60%左右,在市场上供不应求。如果投资新建一座这样规模的摩托车工厂,至少要6000万元投资,费时4年左右才能建成。嘉陵机器厂与市外100多个协作厂,利用各厂原有的厂房、设备、人力,只花了企业自有资金不到1000万元的投资,3年就形成了年产20万辆摩托车的能力。

(二)利用军工优势,为民用工业企业的技术改造服务。重庆望江机器厂为民用工业的技术改造服务,取得了较显著的经济效益。如重庆茶厂使用望江机器厂制造的远红外茶叶烘干机后,提高了茶叶色、香、味的等级和品位,增加了出口率,1983年重庆茶厂生产的"重庆沱茶"获得了国际金质奖。重庆钢锉一厂使用望江机器厂制造的锉刀试验机,使锉刀质量显著提高,在1981年商业部组织的全国锉刀质量评比中,该厂的平锉获得第三名、圆锉获得第二名,当年生产的近80万把锉刀,有一半销售到美国、西班牙等国家。望江机器厂近四年来为全国20多个省、市的16个民用工业行业制造了600多台(套)专用设备和1184台运输车辆。从1979年起,望江机器厂也扭转了连续7年亏损的局面,到1982年为止4年中盈利6807.8万元,上缴利润4098.7万元。

(三)利用军工优势,研制重点产品。如重庆空气压缩机厂是技术和机器加工力量都比较强的军工企业,该厂1980年生产过铁制衣架、家用切面机等普通民用产品,既不能发挥技术设备的优势,又挤了小厂的市场。1983年该厂积极研制国家急需而一般工厂又难于生产的重点产品,如:石油部门使用的宽履带、低比压海滩淤泥作业车和海滩作业仪表车,海盐生产部门使用的宽履带、低比压挖泥车等,这个厂的产值、利润都创造了建厂以来的最高水平。

四、重庆市的经济体制综合改革试点

1983年2月,党中央、国务院批准在重庆市进行经济体制综合改革试点,决定在国家计划中对重庆市的国民经济和社会发展计划单列户头,并给予重庆市以相当于省一级的经济管理权。在重庆这样的大城市进行经济体制综合改革试点,是党中央、国务院对当前中国正在进行的各项改革工作中的一项重要决策。其目的是为了发挥大城市在组织经济方面的作用,为进一步搞活和开发中国西南的经济,搞好军工生产和民用生产的结合,并探索一条以大城市为依托组织经济区和经济网络的新路子。

1983年3月和5月,中共四川省委、省人民政府和国家经济体制改革委员会、国务院有关部委的领导同志以及省级有关部门的负责同志,两次帮助重庆市制定了20个改革实施方案。其中有些方案已经开始执行;有些方案还需要创造条件,逐步贯彻实施。1983年主要抓了以下几项改革:

(一)对国营企业全面实行利改税。全市国营大中型盈利的工业企业从1983年5月1日起实行利改税。国营小型工业企业是按重庆市拟定的"新八级"超额累进税率纳税。国营商业企业年初是搞承包,从6月份起,全部改过来实行利改税。目前,除原永川地区8个县的县属工业企业之外,全市工业、商业和非工业企业普遍推行了利改税。这一改革带来了三个明显的变化:一是企业必须按税法及时向国家纳税,不得偷税、漏税、拖欠国家的税款,严格了企业的经济责任;二是企业提高了经济效益就可以多留利;三是上缴税金后,企业的自有资金完全有权自主运用。这样,在国家和企业的经济关系上初步改变了过去那种"统收统支"的老办法,改变了过去那种经营好坏一个样、盈利亏损一个样吃"大锅饭"的状况,使企业对国家担负起明确的

经济责任，并使企业的留利多少和企业经济效益的高低紧密挂起钩来。这样，企业就有了压力和动力。不少企业根据本厂的实际情况，把利改税同完善企业内部经济责任制结合起来，把利改税同改进工资奖励制度结合起来，开展"反浪费、堵漏洞、增效益"的活动，着眼于改善经营管理，挖掘企业内部潜力，提高经济效益。

（二）改进奖励办法，进行了工资制度改革的试点。为了认真贯彻按劳分配的原则，奖勤罚懒，在现行工资制度还不可能作大的变动的情况下，主要是改进了奖励办法，使职工收入尽可能同企业经营成果和个人的劳动贡献挂起钩来。一是企业的奖金水平与企业上缴税金挂钩，在一定范围内上下浮动。企业内部的分配，与职工的劳动成果挂钩，多劳多得，少劳少得，上不拦头，下不保尾。二是从1983年下半年起，调升企业职工工资时，新增加的工资有一半要由企业用自有资金支付，两年后才把这一半摊进成本；如果企业没有足够的自有资金，就不能调升工资。在职工升级时，要经过考核才能升一级，但还不是最终的升级，要连续3年考核都合格，才能把调升的这一级工资固定下来。这种浮动升级的办法已经在重庆烟厂、重庆蓄电池厂、西南合成制药厂、市中区文化用品公司等单位进行了试点。从1983年8月份起，这些单位的大部分职工已经拿到升级增加的工资，普遍反映工资实行浮动升级的办法好，可以克服过去存在的"调资以前争表现，调资过后当懒汉"的不正常现象，促使先进更先进，后进赶先进，有利于调动职工的生产积极性。

（三）进一步搞活商品流通。在党的十一届三中全会以前，由于受到"左"的指导思想的影响，存在着"重生产，轻流通"的倾向，采取过取缔城市农贸市场、禁止城乡长途贩运、限制集体商业、取缔个体商业等错误做法，国营商业在经营管理上又统得很死，商品流通不畅，妨碍了生产和消费。在党的十一届三中全会以后，重庆市逐步放宽政策，着手搞活流通，在经济体制综合改革试点时，又进一步抓了流通体制的改革，主要有以下几个特点：

1. 改革商业批发体制，在中心城市的商品流通上搞大进大出。1983年上半年，重庆市把四川省下放给市管的百货、针织等14个商业二级批发站与市原有的市百货公司、针织公司等对口公司合并，实行批发站、公司合一，一套机构，一套核算办法，两块牌子；并把商品批发经营专业划细。如重庆百货批发站（司）按商品类别成立了钟表、小百货、缝纫机等7个专业经营部。这样，既可以做到统一经营，又便于按不同类别的商品把专业批发抓细。同时还新建立了重庆工业品贸易中心，建立了16个小商品批发市场，又在同重庆市毗邻接壤地区建立下伸的批发机构。这些措施，抓住了商品流通的大头，有力地促进了产品的批发销售。1983年重庆工业产品的销售额比上一年增长13.11%，是近十几年来增长幅度最大的一年。

2. 发展集体商业和个体商业，实行多渠道流通。据1982年年底的统计，与1978年比较，重庆市的集体商业门点由3614个增至8100个，增长了1.41倍；从业人员由32577人增至46469人，增长了42.6%；营业额由1.54亿元增至5.24亿元。增长了2.4倍；个体商业摊点由1065个增至9810个，增长了8.2倍；从业人员由1065人增至10825人，增长了9.2倍；营业额由115万元增至1951万元，增长了15.97倍。1983年市集体商业和个体商业门点已占全市商业门点总数的70%，从业人员占全市商业从业人员总数的42.8%，营业额占全市商品零售额的28%。

3. 发展多种形式的工商联营。从发挥综合经济效益出发，按照平等互利原则，建立起多种形式的工商联营，较好地解决了工商之间的产销衔接。如重庆纺织批发站（司）与重庆纺织工业局联营，实行"全年商业定购承包，工业定额补贴经理基金"的办法，推销重庆市生产的纺织品。重庆五金分公司与重庆五金工业公司采取"产销联合安排，依靠商业主渠道销售，遇事共同协商"的办法，联合推销重庆五金工业产品。重庆交电分公司与重庆电扇工业公司实行"按成本收购，联合销售，利润分成，淡季贴息"的办法联合经营重庆生产的电扇。重庆百货站与重庆铝制品厂成立铝制品联合经营部，实行"利益均沾，风险共担"的办法，工商两个"窗口"同时销售，执行一个销售价格，经营本市产品的利润按工八商二的比例分成，经营外地产品的利润按工三商七的比例分成。多种形式的工商联营调动了工商双方的积极性，收到了较好的经济效果。如1983年重庆市生产的电扇在市外地区的经销点由原来的 100 个增加到 150 个，产量比 1982 年增长 30%。

4. 在零售商业中推行多种形式的经营责任制。对销量大、利润额大，不适宜搞承包的国营百货、五金、交电等商店，实行经营责任制，着重考核营业额、利润额、费用水平、资金周转等经济指标。对一些服务性行业则继续实行经营承包责任制，承包的具体办法有毛利分成、全额利润分成、超额利润分成、定额利润包干四种形式，因商店营业条件、营业额和利润大小等不同情况而定。零售商业经营责任制的推行，对于克服企业之间、职工之间吃"大锅饭"的平均主义弊端很见效，很快提高了经济效益。如市中区饮食服务行业在 1982 年还是全行业亏损，1983 年推行经营承包责任制，即转为盈利 138.99 万元，上缴国家税金和能源集资比 1982 年增长了 66.68%，企业有了留利，职工的奖金也增加了。

5. 外贸体制的改革有了良好的开端。过去重庆市没有对外贸易权，只是完成省下达的外贸商品收购和上交任务。从 1983 年 4 月份起，重庆市有了出口商品的谈判、签约、成交、结汇、发运权；300 万美元以内的技术引进项目审批权；劳务出口的谈判、成交、签约权；进口商品签约权；重庆港外贸口岸也下放给重庆市管理。重庆市运用这些外贸权，积极开展对外贸易，从这一年的 4 月到 12 月，已同 36 个国家和地区的 700 多家客户建立了贸易往来关系，外贸成交额成倍增长。

（四）扩大城市管理企业的范围。按照中央的决定，1983 年 4 月，四川省人民政府把省属在渝的 67 个大中型企业事业单位下放给重庆市管理。其中，有工业企业 11 个，交通企业 10 个，商业、供销企业 27 个，建筑企业 4 个，中等专业学校和技工学校 6 个，研究所 2 个，文教卫生事业单位 7 个，已按商定的办法对口办理了交接手续。这些省属企业事业单位下放之后，市里即按专业化协作原则，进行改组联合，以发挥中心城市统一组织生产和流通的综合效益。如重庆市的港口码头和航运交通企业过去分属于中央、省、市几个部门分管，不能就地就近统一组织港口装卸作业，一方面有些港口作业区有富余装卸能力闲置，另一方面又经常有一些船舶不能及时进港装卸。1983 年 7 月成立了重庆港口管理局，由交通部和重庆市人民政府实行双重领导，统一管理重庆的港口，统一安排船舶装卸作业，不花投资就提高了运输效率和经济效益。重庆港1983年由原计划亏损280万元，转为盈利120多万元，一举扭转了重庆港连续19年的亏损局面。

（五）实行市带县的城乡结合的新体制。重庆市的党政领导机关在解放后就注意了城乡结合问题，当时的着眼点有两个：一是为了使城市人口有稳定的蔬菜供应，并就近解决一部分副食品供应；二是利用城市工业和财力支农。从50年代起，重庆市就有6个有农业的郊区和巴县、江北县、綦江县3个农业县，以后经过调整，到1982年重庆市有6个有农业的郊区和巴县、江北县、綦江县、长寿县四个农业县，农业人口416.59万人，非农业人口234.64万人。实践证明：重庆市依靠市郊农业解决大城市的蔬菜供应问题是成功的，做到了蔬菜自给有余。重庆历年用于支农的资金占市财政收入的16%左右，许多工厂也大力支援市郊农村搞水利建设，发展农村社队企业，收到了一定的成效。但是，在过去一段长时期内由于缺乏经验，又受到"左"的指导思想的影响，在一手夯镐支农的同时，另一手又限制农村商品生产的发展，禁令甚多。从1958年到1978年的20年中，多数年份不准农民进城出售自己生产的农副产品，更不准农民经商，甚至在农忙时不准农民赶集。规定一个农民只准养一只鸡，限制农民发展商品生产。加以在农业生产上否定责任制，搞集中劳动，在分配上搞平均主义，挫伤了农民的积极性，农村经济发展缓慢。1950年到1978年的28年中，重庆市郊农副业总产值只增长了1.03倍，平均每年仅递增2.6%。

党的十一届三中全会以后，重庆在市郊农村推行以家庭联产承包为主要形式的农业生产责任制，扩大农民的自留地，鼓励农民搞副业生产和多种经营，很快把农民的积极性调动起来了，市郊农副业生产出现了前所未有的好形势。1982年市郊的农副业总产值比1978年增长了49.7%；1979年到1982年，市郊农副业总产值每年平均递增10.69%，这样的递增速度是解放以来所少有的。

1983年2月，中央决定把邻近重庆的永川专区八个县合并于重庆市，实行市带县的新体制。这一合并工作已于同年4月份完成。合并后，重庆市的郊区农村扩大为 12 个县、6 个农业郊区，有农业人口 1075.6 万人。这样，城市和农村的优势就可以互相促进得到充分发挥。如市郊农村已拥有柑桔树 3000 万株，1983 年仅 1/3 的成树结果，即产柑桔 10 万吨，约占全国柑桔产量的 7% 左右。其他如黄花、甘蔗、油桐、蚕桑等经济作物也有相当的优势，农村区、县工业和社队企业也有一定的基础。重庆市委、市人民政府经过调查研究，于 1983 年 4 月做出了《关于搞好市带县若干问题的决定》，规划建立城乡一体化的流通体系、工业体系、交通体系、科技体系、金融体系，并开始组织实施。

重庆搞市带县，首先是从抓城乡商品流通体制改革着手的。采取扩大城市农副产品交易市场、进一步放活农村集市、扶持农村商品生产专业户、重点户等多种措施，鼓励农民发展商品生产。到 1983 年年底，已有城乡农副产品交易市场 753 个，全年商品成交额达 6.2 亿元，比 1982 年增长 12%。还建立了重庆农副土特产品贸易中心和一个农副产品贸易货栈，一个水果专业批发市场，已同全国 26 个省、市、自治区的 900 多个单位建立了贸易往来关系。农村商品生产专业户、重点户迅猛发展，已从 1982 年的 103030 户，增加到 1983 年的 206120 户，增长了一倍，占市郊农户总数的 8.3%，"两户"从事农副业生产的商品率达 65% 以上。还出现了专门从事贩运的农民流通专业户，全市有 5 万多农户从事城乡商品贩运。

其次，是依托农村场镇集市，依靠已有的供销社，把基层供销社办成农村经济综合服务中心。供销社已从过去向"两户"收购产品，发展到联合投资，同"两户"联合开发经营农、林、果、水产资源，联合开矿，联合生产建筑材料，联合开发农村小能源。既能更有力地扶持农村"两户"的发展，又能够通过遍及农村的供销社系统把"两户"网络起来，确保农副产品收购计划的实现。1983 年重庆供销社系统同"两户"联营收购的商品总值已占到全年收购计划的 55.9%。同时还依托基层供销社在市郊农村办技术服务站、农药化肥服务站、电机产品服务部、农业机具修理服务部、信贷网点、农业科技和商情信息网点、医药服务部、图书服务部等 1265 个，本着平等、互利原则，为农村经济向专业化、商品化、社会化、现代化的转变服务，受到农民的热烈欢迎，他们亲切地把这些综合服务网点称为"社员之家"。

第三，是重庆市计划、工业、商业、交通、科技、城市建设、金融等主管部门已开始实行城乡经济一起抓。如重庆市经济委员会在1983年新建立区县工业处，并正在组建区、县工业局，加强对区县工业的统一领导。1983年在区、县财政预算之外，市经委、市建委、市交通局、市财政局等部门又拨出2170万元经费，支持区县工业的技术改造和城市建设、交通建设。市级各工业局、工业公司开始采取小批量产品扩散、技术支援、转让设备、零配件加工订货、联合经营、代销产品等多种形式，支持帮助区县工业和社队企业的发展。如铜梁县氮肥厂的技术改造工程，由于缺乏资金，不能上马，1983年4月铜梁县合并于重庆市后，市化工局即拨款50万元，中国人民银行重庆分行贷款100万元，厂里又自筹50万元，使氮肥厂改造工程很快投入了施工。荣昌县肥皂厂由于技术条件差，产品质量低，销售困难，荣昌县合并于重庆市后，重庆日用化学工业公司同这个肥皂厂实行联营，从技术上加以帮助，很快提高了产品质量，打开了销路，当年就使荣昌肥皂厂的年产量比1982年提高了19倍。重庆市社队企业局和各区、县依靠重庆科技部门和大专院校的力量，1983年举办多种专业训练班，为社队企业培训技工2.4万多人次，并组织退休工程师和科研机关、大专院校、国营厂矿的科技人员，通过招聘、订合同等办法，给社队企业当顾问，或建立固定的技术指导协作联系。还从城市聘请退休工人到社队企业传授技术，使社队企业的技术水平和管理水平有了提高。1983年重庆社队企业实现的利润比1982年增长21%，上缴国家的税金增长30.23%。

重庆市在1983年还为计划单列作了大量调查研究工作，同国家计划主管部门和四川省计划主管部门核对了重庆市国民经济和社会发展的各项基数指标，在1983年第四季度召开的全国计划会议上，已确定从1984年1月起，国家对重庆市实行计划单列。重庆市还在金融、物价、交通、建筑、城市建设等方面开始了一些改革工作。在经济体制综合改革的推动下，1983年重庆市的工农业生产出现了欣欣向荣的景象，全年完成工农业总产值132.5亿元，比 1982 年增长 11%，其中，农业总产值 33.2 亿元，比 1982 年增长 7.7%；工业总产值 99.3 亿元，比 1982 年增长 12.1%。市属预算内工业总产值（不包括中央和省属在渝企业）比 1982 年增长 13.85%；销售收入增长 14.61%，实现利润增长 22.61%，上缴税利增长 18.06%，提前一个月完成了全年财政收入任务。销售收入、实现利润、上缴税利的增长幅度均大于产值的增长幅度，象这样的经济效益是重庆近十几年来所没有的。

第五章
常州市的经济体制改革

第一节 常州市概况和经济体制的沿革

常州地处中国长江中下游冲积平原，沪宁铁路中点，南濒太湖，北临长江，大运河自东向西穿城而过。在中国历史上，常州是一个手工业发达的商业城市。第一次世界大战前后，民族工商业有了一定发展。但是，由于国民党的反动统治和帝国主义、官僚资本主义的垄断倾轧，到了解放前夕，常州的民族工商业已濒临百业凋敝、气息奄奄的境地。1949年全市工业总产值仅为7200万元，财政收入42万元。解放30多年来，特别是党的十一届三中全会以来，常州市认真贯彻执行党中央制定的路线、方针、政策，在国家统一计划指导下，发扬自力更生，艰苦奋斗精神，不断促进地方工业的发展，逐步建立了纺织、轻工、机械、农机、化工、电子、医药、建材等工业门类。1982年全市共有428个工业企业，工业固定资产原值为15.58亿元，比1957年增长11倍。全市共生产500多种产品、3400多个品种，出口产品195种，1982年外贸收购额4.52亿元。常州生产的灯芯绒、S195柴油机、手扶拖拉机等3种产品获得金质奖，印花双面绒等10种产品获得银质奖，人像乱针绣获得工艺美术金杯奖，还有87种产品分别评为国家有关工业部和江苏省的优质产品。1982年全市工业总产值38.68亿元，相当于解放初期的53.7倍，平均每年递增速度为12.8%。财政收入5.3亿元，比1952年增长20.4倍。建国以来到1982年累计上交国家财政73.3亿元，为同期国家给常州预算拨款的7.8倍。1982年工业企业全员劳动生产率为23595元，全市每人平均创造国民收入2254元。

从1983年3月1日起,经国务院批准,将武进、金坛、溧阳三县划归常州市领导,现在的常州市土地面积共4211平方公里(市区面积94平方公里),人口总数为302万人。

常州市从解放到粉碎"四人帮"以前,经济体制的变动,大体经历了三个阶段。

第一个阶段,从1949年到1957年。主要是恢复生产和对生产资料私有制进行社会主义改造。1952年以前,在经济工作方面着重贯彻了"发展生产,繁荣经济,公私兼顾,劳资两利"的方针,大力恢复生产,对染织、针织、铁业和印刷四个行业实行了联营,并引导批发商转向生产。

1953年至1957年的5年间,在党的过渡时期总路线指引下,常州市主要抓了两方面的工作:一是对资本主义工商业进行社会主义改造和组织个体手工业者走合作化的道路。1956年年初,全市有个体户6380户、8834人。到年底,有905户组成60个合作商店,4567户按行业、地区组成382个合作小组,剩下个体经营的908户,占原有个体户的14.2%。二是对地方工业进行调整和改组,把全市大小470多个企业合并为300多个。

在这期间,国家对企业实行中央、省、市(县)三级管理的体制,在国营企业内部实行了党委领导下吸收广大职工参加民主管理的新体制。在一些公私合营企业则采用由公方代表主持的劳资协商会议的管理形式。这一时期,由于允许在国营经济占绝对优势的前提下,多种经济成分并存,实行直接计划、统购包销、间接计划、加工订货和市场调节等多种形式,经济搞得比较活,经济效益比较好。随着社会主义改造高潮的到来,多种经济成分并存的所有制结构向单一的公有制方向发展,逐步形成了过分集中的经济管理体制。

第二个阶段,从1958年到1965年。在对生产资料的社会主义改造基本完成以后,全市广大干部群众,在党和政府的领导下,发扬自力更生、艰苦创业精神,各行各业大办工业,使常州市的地方工业有了很大发展。但是,同全国一样,由于缺乏社会主义建设经验,对客观经济规律认识不足,受到了"左"倾错误的影响,1958年"大跃进"时期出现了高指标、瞎指挥、浮夸风，造成了一些失误，加上当时的自然灾害，给1959年到1961年的工业生产带来了很大的困难。在此期间，常州市也顺应全国的形势，对企业以及计划、财政、物资等管理权限实行了大下放，而对原来体制中存在的所有制结构过于单一、偏重行政手段、忽视经济手段等问题，不但没有进行改革，反而发展得更加严重了。

国民经济调整时期，常州市坚决贯彻执行"调整、巩固、充实、提高"的八字方针，对原有老企业和275个新企业分类排队，有些不适宜国营的，由全民所有转为集体所有；对一些合作化步子过快、条件又不成熟，并适宜于分散经营的合作社（组、店），允许其恢复个体经营。到1965年，全市个体户又恢复到3170户，为对生产资料私有制进行社会主义改造前的一半。

这一时期，常州市为了提高工业的组织程度，发展优势产品，开始组织"一条龙"专业化协作生产，部分地打破了部门、地区和不同所有制之间的界限，按产品分工协作、工艺专业化的要求，把有关企业组织起来，发展生产、增加品种、提高质量，用这种松散联合的形式来适应当时生产力发展的要求。

第三个阶段，1966年到1976年。十年"文化大革命"期间，由于林彪、江青反革命集团的干扰破坏，全面否定建国17年的经验和成就，许多行之有效的经济管理制度和措施，被当作修正主义的东西横遭批判，计划管理流于形式，企业管理混乱，经济效益下降。个体经济被当作"资本主义尾巴"割掉，只剩下353户、408人。在十年动乱中，由于常州市各级领导干部恢复工作较早，生产指挥系统基本上没有打乱，广大职工坚决抵制干扰，坚守生产岗位，调进了一批工程技术人员，主动与外地大专院校和科研单位挂钩搞技术协作，在中央主管部和省的支持下，对一些国家急需和市场紧俏的短线产品，抓紧上马，使一批企业得到了充实、提高和发展。特别是1975年邓小平同志主持中央工作时，常州市工业经过各方面的整顿，经济效益有了明显的提高。同时，常州市的领导，在经济工作中，十分注意把党的方针政策同当地的实际情况相结合，从有利于全局和生产出发，对当时实行的管理体制采取了一些灵活变通的办法。

如：筹集资金"吃拼盘"①；在"一条龙"和公司、总厂内部，为了协调总装厂和零部件厂之间的经济利益，对部分产品实行内部协作价；在计划渠道和隶属关系上，主动调整，积极归口；在流通环节上，立足疏通，着眼搞活。因此，在这动乱的十年中，经济建设仍然取得了进展。

第二节 党的十一届三中全会以来常州市经济体制的初步改革

1978年年底，在党的十一届三中全会以前，常州市的经济体制虽然进行了一些变动和改革，但是，这些改革不可能从总体上解决现行经济体制上的弊端和缺陷。这些弊端和缺陷的主要表现：一是经济形式构成不合理，经营方式过于单一，不利于生产和流通，也使群众生活很不方便；二是实行以部门为主的"条条"管理，以地方为主的"块块"控制，造成"条、块"分割、自成体系，切断了生产和流通的内在联系，不利于组织专业化、社会化生产，影响了发挥城市组织经济的作用；三是分配上吃"大锅饭"，搞平均主义；四是财政上统收统支，不能适应经济和社会发展的需要，价格、税收、信贷、工资等经济杠杆不能很好地发挥调节作用；等等。

党的十一届三中全会后，常州市认真贯彻执行国民经济"调整、改革、整顿、提高"和对外开放、对内搞活的方针，在坚持社会主义公有制和计划经济的前提下，针对上述经济体制中的弊病，积极探索改革的路子。自1982年国务院确定常州市为经济体制综合改革的试点城市以来，在发展多种经济形式和生产、科技、基本建设、流通、分配等领域里，进行了比较全面的综合改革，尽管这些改革还是初步的、探索性的，但是已经取得了一定的成效。

一、在坚持国营经济占主导地位的前提下，积极发展多种经济形式和灵活多样的经营方式

近几年，常州市在巩固发展国营经济的同时，从各方面采取支持和鼓励

---

① 所谓"吃拼盘"，就是把一部分更新改造基金，少部分大修理基金，同国家的基本建设投资，或同中央主管部或省的技术措施补助费，以及银行贷款结合起来使用的一种通俗说法。筹集起来的资金用于设备更新和技术改造项目，或用于基本建设项目。

措施，大力发展集体经济，适当发展个体经济。从1979年到1982年，在原有基础上又发展了一大批集体所有制的工业、交通运输业、建筑业、商业和饮食服务业企业。集体企业职工人数，由1978年的77491人，发展到1982年的97636人，工业总产值由5.64亿元，上升到9.49亿元。到1983年，常州市集体所有制工业企业已占工业企业总数的60%，职工人数的36%，产值的25%。过去，不论是工业还是商业的集体所有制企业，在管理形式、经营方式、利益分配、福利待遇上，都向国营经济"看齐"，因此集体所有制企业实际上办成了地方全民所有制企业。这几年，常州市在恢复集体所有制企业原有特点方面，还作了一些初步调整和改革：对于全民办集体的工业企业，经济核算两本帐混淆不清的，限期清理；有步骤地先在商业系统解决全民、集体职工混岗问题；在商业、饮食行业试行集体所有制企业职工投股分红制和民主选举基层店主任制；将集体所有制商业企业，由原来的统负盈亏改为自负盈亏，从而逐步恢复了集体所有制企业原有的特性。此外，常州市还发展了个体经济1359户。

在发展集体经济和个体经济的同时，对商业企业的经营方式进行了改革。到1983年下半年，在全市678户零售商店中，已有535户推行了不同形式的经营责任制，不同程度地扩大了企业的经营自主权，其主要内容和做法是：

（一）对29户全民所有制的大中型零售商店，从1983年6月1日起，根据国务院试行利改税的要求，将原企业上缴利润改为上缴55%所得税和一定比例的调节税。企业留利部分由主管局、公司提取一定比例的联合基金，其余留店。

（二）对68户全民所有制的小型商业和物资零售商店，实行国家所有，集体经营，国家征税，自负盈亏的办法。将企业上缴利润改为按集体企业八级超额累进税率缴所得税，税后再缴城市维护费、资金占用费等，剩余部分由主管部门提取20%左右的联合调剂基金，其余为留店利润。

（三）对12户全民所有制的饮食服务商店，实行国家所有、集体承包办法，即按上一年（或前三年中的正常经营年份）利润实绩，考虑增减因素，确定利润包干基数，向主管公司承包，基数以内的利润，全部上缴公司（包括缴财政的20%）；超过包干利润部分，上缴财政20%以后，全部由企业留用，如果利润包干数完不成，以职工工资赔补。

（四）对380户集体所有制零售商店由原来的统负盈亏改变为自主经营、自负盈亏、自行管理、自筹资金的办法。企业的税后利润原来全部上缴主管部门，现在除上缴20%—30%的联合基金外，其余全部留店。有24户饮食店还试行了职工投股，逐步推行自筹资金的办法。

（五）烟糖业、饮食服务业、水果业和煤球场有39名职工，实行离店自营，个人承包。

实行上述各种经营责任制，给零售企业和饮食服务企业增添了活力，给市场带来了新的气象。

二、在"一条龙"生产协作的基础上，进一步按专业化原则进行企业的改组联合，试办企业性公司

常州市从"一条龙"生产协作到试办企业性公司，经过了三个发展阶段："一条龙"生产协作阶段；组建一批行政性公司阶段；撤销工业局，试办企业性公司阶段。

第一阶段是从60年代初期开始的，从本市的现状和特点出发，围绕若干主要产品，以"一条龙"形式组织专业化协作生产。从1962年到1978年共组织和发展了生产灯芯绒、手扶拖拉机、卡其布、花布、化纤布、半导体收音机、塑料、玻璃钢等八条"龙"。

采取"一条龙"生产协作的形式，是适应当时生产力的状况和发展要求，总结了群众组织灯芯绒"一条龙"的实践经验提出并加以推广的。当时，常州市已初步形成生产能力的灯芯绒，质量上不去，曾被人讥为"灯芯布"。经过检查分析，除有关工厂生产条件差外，主要是因为相互分割的纺、织、割、染各工厂之间互不协调，拧不成一股劲，不能适应灯芯绒生产具有多工序、连续化、协作性强的特点。针对这一矛盾，他们把有关工厂按专业分工，组织固定的厂际协作，签订合同，明确责任，约法三章，逐步形成"一条龙"固定生产协作线。这种生产协作线，在开发新产品、新品种，提高产品质量

等方面显示了生命力。原来,常州市灯芯绒的花色品种只有10多个,产量1000多万米,出口仅50万米。到1983年,品种发展到8个大类、200多个规格、2000多种花色,质量一等品入库率稳定在90%以上,并且荣获金质奖;年产量达到4914.2万米,其中出口2102.6万米,销售66个国家和地区。灯芯绒生产"一条龙"的发展,使常州市的有关部门尝到了甜头。以后,他们除了按工艺组织生产协作外,又发展了按主机和零部件组织协作和按原材料生产和成品加工组织协作等形式。用这种办法发展生产,可以进一步利用原有基础,向生产的深度和广度进军,挖掘潜力,花钱少、见效快,适应中小企业点多、分散的特点,可以有效地提高综合生产能力。

既然"一条龙"是对行业结构和企业结构的一种变革,现行体制当然有些方面与它不相适应。常州市对这些不相适应的体制作了一些变动和改革:一是部分地打破了行业、地区和不同所有制之间的界限,坚持隶属关系、所有制和财政解缴渠道"三不变"的原则,按专业化分工协作,将企业组织到"一条龙"的生产中。二是对部分产品实行了内部协作价和一次征税办法。为了解决配套协作件重复纳税而使主机厂成本提高,造成不合理亏损的问题,经省批准,对柴油机、齿轮、弹簧、钣金件、铝铸件等6种配套件实行内部协作价,使主机厂与配套厂都能有适当的利润,有利于生产的大幅度增长和经济效益的不断提高;对自行车、照相机行业,在"一条龙"基础上,组建成总厂这种比较紧密的联合体,试行了按最终产品一次征税的办法。三是在有关政策和规定范围内,搞灵活变通,把各中央部、省多头拨给企业的技术措施费、地方小额贷款和部分更新改造基金,捆起来"吃拼盘",用于企业的挖潜、革新、改造。上述三项变革,巩固和发展了"一条龙",较大幅度地提高了社会生产力和社会经济效益。

但是,由于这些变革是一种有限度的灵活变通,不是经济体制的综合性改革,因此随着生产力的发展和专业化程度的提高,原来"一条龙"协作中存在的问题日益突出了:一是由于专业分工越来越细,协作件、零配件越来越扩散,这就需要在组织上、管理上反应更灵敏、效率更高、调度更灵活;二是现行的体制和财务制度,对正确处理和调节"龙"内企业之间的利益分配，有很大的限制作用；三是投资、原材料、流动资金等，中央部和省主管部门往往只解决"龙头"厂的问题，而其他厂如果照顾不到，就会发生矛盾，形成脱节，影响生产和积极性。这就说明，"一条龙"的发展，客观上要求有一种更为紧密的、更高一级的组织形式。

第二阶段是从1979年到1981年。党的十一届三中全会以后，在贯彻"调整、改革、整顿、提高"方针的过程中，常州市在原有"一条龙"的基础上，寻找一种更能适应生产力发展的组织形式。从先抓试点着手，组建了拖拉机公司，以后又陆续建立了塑料、玻璃、搪瓷、钟表、工艺美术、日用五金、医药、纺织机械、服装等9个专业公司和自行车、家具、服装机械、皮革、家用电器、毛纺、针织等12个总厂。

同时，常州市凭借公司的力量，发展"一条龙"的经验，在市内、省内以至省外，大力组织各种形式的经济联合，这种跨地区的联合已经发展到上海、南京、无锡等大中城市和山东、浙江、山西、广西、云南等省、自治区。

但是，这批公司、总厂除了少数正在向企业性公司探索过渡以外，大多数还是属于行政性的，有的公司、总厂在组建过程中步子快了一点，一些体制上的问题并未得到解决，使企业感到又增加了一层行政管理机构，多了个"婆婆"。

第三阶段是从1982年以来，常州市按照经济管理体制改革的要求，吸取过去的经验教训，根据经济合理和专业化协作原则，逐步实行党、政、企合理分工，把市区6个工业局改组为机械冶金、拖拉机、纺织、化工、电子、轻工、塑料、服装、建材工业公司和医药公司10个联合性、专业性公司或行业公司。这些公司试行了一级考核、两级核算、分级管理的体制，对上承担经济责任，对下实行一个头管理。为了扩大公司的经营自主权，市综合部门将机构设置、干部任免、人事调动、计划销售、财务核算等部分权力下放给公司，为公司向经济实体过渡创造了外部条件；公司对内立足于为基层服务，对外着眼于经营，重点抓好市场、产品、技术和人力开发；公司和工厂明确集权与分权的关系，试行多种形式的经济责任制和经济管理办法，搞好内部的专业化协作并积极发展外部的经济联合；注意发挥公司在城乡经济中的支柱作用，对市、县和乡镇工业分别行使经营管理和行业指导的职能。

当前，各公司正在按照各自的特点和不同情况，制订并组织实施逐步向经济实体过渡的方案。例如为了加速拖拉机公司实现企业化管理，市里帮助拖拉机公司实行内外贸一个头，供产销一条鞭管理的试点，把原属物资局农机公司经营的当地生产的农业机械产品的销售业务，划归拖拉机公司经营；同时经上级批准，成立了常州市农业机械进出口公司，对外直接经营常州拖拉机公司所属企业生产的产品，直接处理对外洽谈、报价、签约、报关、结汇等各项出口业务。

三、改革科学技术管理体制，注意人才开发

常州市在进行经济体制综合改革试点中，把科学技术管理体制的改革，作为一项重要内容。改革的着眼点是促进科技与生产的紧密结合。具体做法是：

（一）把科学技术工作放到经济全局的战略高度，实行科学技术与生产的紧密结合。

首先是计划上的结合。每年新产品研制和技术改造计划都是与年度经济计划一起，由市计划委员会、经济委员会、科学技术委员会和财政局共同会审、编制下达，每次研究确定地方机动财力和各项贷款，都有科委参加讨论。因此，有些方向对头、预期效益好的科研、新产品项目，就能及时地纳入经济计划。对于科研试制费，除由上级科委专项下拨外，在地方机动财力、上缴国家的折旧基金返还部分和银行技术措施贷款中，也都作了安排。

其次是在计划实施上的结合。在实施经济和科技计划中，重视发挥市计委、经委、科委三个综合部门的职能作用，搞好相互间的分工和协调。

（二）抓重点产品开发，组织"科研生产一条龙"。

社会化的联合协作已经成为科研和生产发展的一个重要因素。常州市在实行科研和生产的结合上，十分重视围绕全市23种重点产品和22种贮备重点产品，不断地从科研联合发展到科研、生产联合。在具体做法上，注意从科研项目的确定开始，就把不同行业和专业的力量结合起来，形成"科研生

产一条龙"。新产品研制成功后，原来参与科研试制的联合协作单位就成为新的生产协作联合的骨干企业、事业单位。例如，1980年以来，国家科学技术委员会、国家计划委员会、纺织工业部下达的静电植绒试制任务，分别由灯芯绒厂和化工研究所试制，并由化工研究所帮助化学助剂厂研制粘合剂，从研究、小规模试验、中间试验到投产，形成年产300吨的生产能力。三个研制单位已拿出静电植绒5万米，如果国产绒毛的配套供应搞好，就可投入大批量生产。灯芯绒厂、化工研究所、助剂厂就从"科研生产一条龙"协作单位，发展成为新生产协作"一条龙"的骨干单位。科研单位与工业企业实行联合，还采用技术有偿转让、技术贸易、智力服务和科研项目合同制等形式。

（三）活跃技术流通，广开新技术来源。

常州市对先进的科学技术，从"学字当头，为我所用"的原则出发，经常组织人员到大城市"登门求师"，高攀"名门闺秀"；对中央主管部、省设在常州市的研究所给予积极支持，并借用他们的力量，承担科研协作任务，为发展地方工业服务。从1981年起，为了把这种分散的科技求援协作有计划地组织起来，由市有关部门出面，每年召开一次规模较大的科技协作交流会。目前已同全国170多所大专院校、科研单位，签订了157项科技协作协议。这种一般为期三年的协议，已从科研攻关、成果转让、技术服务、学术交流、聘请顾问，发展到合作办学、培训人才等方面，从而有力地促进了企业的技术改造、产品开发和本地区的经济发展。

活跃技术流通领域，应该在广开国内新技术来源，引进和开发智力、人才的前提下，注意国外新技术的引进、移植和开发。常州市注意直接从国外引进先进实用装备、技术和管理手段，并积极地组织消化和改造，有效地发展引进的技术成果。常州市结合经济发展和技术改造的需要，通过多种渠道，审慎地有选择地利用外资，几年来引进技术设备共32项，共用外汇3666万美元，人民币贷款1.4亿多元，这批项目投产以来，已实现产值4.7亿多元，新增税利7900多万元。这些项目的上马，对提高常州市毛纺、针织、印染、塑料包装、服装、自行车行业的技术装备和工艺水平，促进常州地方工业和对外贸易的发展，提高企业的技术素质和管理水平，提高经济效益，增加财政收入,都起到了积极的作用。

(四)调整壮大科学技术队伍,注意教育结构改革与生产、科技人才需要的衔接,搞好智力开发。

常州市在经济建设的实践中逐步认识到,经济发展的速度、效率和竞争能力,在很大程度上取决于科技进步和管理经验的积累,但最终还是归结到要有一支精良的科学技术和管理干部队伍。解放初,常州市只有59名科技人员,只占职工总数的0.23%,现在有各类科技人员29000多人,占职工总数的6.56%。该市在培养和发展科技队伍方面,采取了一些改革性措施:

大力从外地招聘科技人员。早在"文化大革命"期间,正当各地科研、生产处于混乱之际,常州市大批聘进了近2000名各行各业急需的专门技术人才。从1979年到1982年,又聘进技术人才2112人。

进行教育结构改革,立足于自己培养人才。1979年以来,建立了江苏化工学院、常州工业技术学院等4所大学、7所职工大学和1所电视大学,新建和扩建中等技术学校和技工学校18所,普通高中与中专、中技、职业班在校学生数的比例,已由1982年的2.3∶1变为1983年的1.36∶1。

广开才路,破格录用自学成才者。全市通过考核自学成才的科技人员已达1000多人。

合理择优调配使用科技人才。对专业技术人员的分配和使用,实行组织分配和个人择业相结合的办法;对职工大学毕业生实行择优分配;人事部门采取市内调剂和外地聘进等办法,集中加强重点行业的技术力量,不搞"天女散花";对部分专业技术人员实行统一管理,集中使用,面对于其他技术人员市内行业间的调剂、调动权,下放给公司,由公司间协商同意后报人事部门备案。

四、改革基本建设管理体制,提高投资效益

(一)基本建设计划管理做到全市一盘棋,上下一本账,审批一支笔,指挥一个头。

过去基本建设计划管理体制的主要问题是计划不平衡,重点不突出,认识不统一，指挥不集中。现在，常州市基本建设计划下达前要经过三个环节：（1）市计划委员会、经济委员会、基本建设委员会在对建设项目的重要性、条件成熟程度以及施工力量、物资的可能性等因素进行认真分析的基础上，编制初步计划；（2）组织各部门讨论，广泛听取意见，提出送审计划；（3）市政府办公会议讨论通过。编制、审定计划的过程，是层层统一思想，确定年度总建设规模、各类项目间的比例和重点建设项目的过程。市基本建设委员会根据市政府确定的计划，印成本本，下达给各施工单位，负责实施。在实施过程中，由市政府分管建委口的领导统一指挥，由市基本建设委员会负责日常的调度工作。市政府各领导同志对分管业务范围内建设项目的意见，一般均要通过主管基本建设的领导同志"一个漏斗"下达，以避免多头领导，分散材料和施工力量。各综合部门，如财政、银行、物资、供电、邮电、城建、建材等，都将"本本"内所列项目与本部门有关的任务，列入自己的生产、工作计划，优先安排解决，确保建设速度。

（二）改革施工管理体制，组织工程总承包。

过去，建筑施工管理体制上存在分散、多头、层次多、"小而全"、效率低、内部配套能力差等弊端。常州市为了适应建筑行业搞社会化大生产的要求，将原来的三级管理改为两级管理，把"小而全"的施工单位改为相对的专业化企业，形成了科研、设计、构配件生产、施工和材料供应专业化协作的管理体制，并在1982年年底，将执行行政管理职能的建工局，改成企业性的建筑工程公司。

实行工程总承包制，是施工管理体制上的又一重要改革，它解决了承包重大项目的施工单位杂，现场管理差，建设进度慢，建筑质量好坏不一的弊病。具体做法是：凡是市政府确定了的建设项目，由市建委对所需的各种条件加以协调、平衡和衔接后，把"四个一"（一块土地、一张规划图、一笔资金、一批材料）交给建筑工程公司，由建筑工程公司实行总承包（包造价、包质量、包规模、包建成时间），并将任务再分包给下属六个单位以及各县、郊区的社队企业。公司组成指挥部，统一负责编制月度计划，平衡劳动力，供应材料构件，审定技术措施，检查工程质量。

这种工程总承包制,后来发展成为总甲方与总乙方的承包制,总甲方是新建的房屋开发公司,由它代表建设单位,总乙方是建筑工程公司。这项改革,一方面使开发公司经营的房屋向商品化迈进了一步,1982年、1983年两年内,全市建成了商品房9万平方米,已经售出8万平方米,用于向城市居民补贴出售住宅、扩大商业网点、主要街道拆迁改造等方面,为加快住宅建设和城市改造开辟了新路子;另一方面又减少了中间环节,改变了过去各用户单位分散征地、自行建设、缺少配套、损失浪费大的经营方式,为形成社会化大生产的建筑业创造了条件。

(三)加强后方建设,发展成套技术,实行"三化一改"。

为了把小生产型的建筑业改变为社会化大生产的建筑业,重要的一环是加强后方建设,发展成套技术,提高建筑材料商品化的生产能力。常州市摸索了一套"三化一改"的路子,即设计标准化、构配件生产工厂化、施工机械化、墙体材料改革。他们建立了单层和多层的厂房、大板和硅酸盐砌块的住宅等四个建筑体系,设计部门编制了一整套《通用标准设计图集》及《构件目录》;构件厂建设了十多条构配件专用生产线;施工单位按专业分工,进行机组配套,调整劳动组合,制定施工技术方案。这样做,使设计效率提高3倍,施工周期缩短1/3,施工专业队每年人均竣工面积100平方米,完成工作量1万元,达到了全国先进水平。

(四)依靠社会大协作,加快建设进度。

基本建设的前期准备、施工实施、设备安装、交付使用等,涉及面广、时间性强、衔接紧密、配套要求严,它牵涉的单位多,需要一个有权威的部门来组织实施。常州市政府授权市建委(机构改革后为城乡建设管理委员会)承担这项任务。他们除了依靠建设单位和施工单位外,还靠社会大协作,共同来完成建设任务,把各项任务分工落实到各职能部门限期完成。每年10月份由建委牵头,市长主持,召开正在建设、当年要求竣工的住宅小区建设系统工程部署会议,由城市建设、建筑材料、房产管理、园林、供电、物资、商业、粮食、文化教育、卫生、公安等部门负责人参加,明确分工,落实任务,限期完成。次年1月14日举行的竣工使用剪彩典礼,是一次全面检阅。

近 4 年投入使用的住宅小区,都做到了工程竣工与服务、管理、使用同步的要求,做到了路平、水通、灯亮,商店开张,幼托、小学开学,污水处理站启用,派出所、居委会办公,公共汽车通到新村,解除了搬进新居住户的后顾之忧。

由于实行了以上几项改革措施,常州市的基本建设,逐步扭转了建设工期长、配套设施差、投资效益低的状况。1979 年到 1982 年,共完成各类建设项目 267 万平方米,其中工业项目 94 万平方米,新建住宅 141 万平方米,学校、医院、影剧院、商业网点共 32 万平方米,使各行各业和人民生活得到协调发展。

五、以生产服务为中心,初步改革了物资供应体制

原有的物资管理体制存在不少问题:"条块"分割,物资多头分配,部门和地区的物资库存互不通气,互相不能调剂;基本上按行政区划组织供应,物资流向不合理,层层行行设库,周转缓慢,造成库存积压;物资供应服务形式不灵活,物资经营管理水平较低,等等。常州市在国家整个物资管理体制尚未大改的情况下,先作了如下探索性的改革:

(一)立足全面,以生产服务为中心,改革供应服务制度。

努力满足生产建设的需要,"千家麻烦一家担",不断提高物资部门对社会总消费量中的供应比重。从市区情况分析,物资部门主要物资供应量占社会总消费量的比重,1983 年预计煤炭近 100%,木材近 100%,水泥 90% 左右,钢材达 62%。物资部门起到了主渠道作用。由于供应稳定,钢材和机电产品的社会库存量预计均比上年下降 5% 以上。

围绕重点项目和行业,改革供应服务制度,开展配套承包供应。目前,大体试行了四种配套承包供应的形式。一是按行业实行按需核实、配套供应。根据全市经济调整的方向和发展的重点,从 1979 年起,对纺织行业的基本建设、技术措施、生产和维修方面的需要,统一由物资部门核实需要,保证供应。二是按项目配套承包供应。对市确定的建设和技术改造重点项目、居民住宅等所需的各类物资,由物资局组织有关公司联合承包、配套供应。三是

与施工单位联合承包工程用料。施工单位按其生产能力承包建设工程，物资部门按工程所需统一供应物资，变建设单位千家万户备料为施工单位一个头备料。四是配套拨料，定额供应。对承担工艺性生产协作任务的工厂实行按任务、按定额由物资部门统一计划，配套拨料，不搞千家万户带料加工。

几年来，凡是实行了配套承包供应的重点工业建设项目和住宅小区，由于物资供应比较有保证，品种、规格比较配套齐全，一般都能做到供应均衡、及时，工完料清，保证和缩短了工期。如常州国棉一厂引进一万头气流纺纱新技术的建设项目，土建面积近1万平方米，还有800万美元引进设备的安装以及锅炉等附属设施的购置任务。由于实行了配套承包，使工程在不到一年时间内即建成投产。该厂原来准备派25人采购物资，后来减少到4人。又如承包供应了建设花园、清潭两个新居民点所需的三大建筑材料，配套供应了坑管、卫生陶瓷、电表、水表、纤维板门等物资，保证了两个新村都做到当年施工、当年建成交付使用。

（二）坚持计划经济为主、市场调节为辅的原则，对计划分配物资和计划外资源实行统筹安排，灵活调度。

对国家计划内分配的物资实行"统一计划、统一订货、统一供应、统一管理，指标分配到局、物资供应到厂"的管理办法，除直达到厂的以外，基本上做到了一次中转，保留市物资部门和生产企业两级库存。这种分配供应体制，不仅减少了中转环节，加速了物资流通，使物资能及时地供应到生产单位，做到供需对路；同时，也与组织"一条龙"协作生产相适应。

对计划外物资的分配也纳入了市的计划，进行统筹安排，实行"三统一"、"三分开"。即计划内分配到的和通过协作购进的两种资源，由市物资局所属的各专业公司统一分配、统一经营、统一调度；但在指标上分开计算，经济上分开核算，价格上分别计算。把两种资源合在一起，在供货时间、品种规格上灵活调度，改变了过去工厂用料等指标、有了指标等订货、订了合同等到货、货到了才能供应的那种既费时又误事的呆板做法，使生产投料可以提前安排，临时缺料可以及时解决，品种规格可以灵活调度，保证了建设项目能够按时开工。1982年，在国家订货前市物资部门预供垫供的钢材，占订货的18.2%，全年组织计划外资源纳入计划统筹安排的，相当于年度国家分配的计划数。

（三）初步突破了条块分割，推进纵横向联合，改进物资流通体制。

在国家物资分配体制和企业隶属关系不变的情况下，由市物资部门牵头，把行政区域范围内的地方企业和中央部及省的直属、直供企业组织起来，形成物资调度、调剂网，部分地打破条块之间的界限，开展品种规格和"时间差"的余缺调剂。如铁道部戚墅堰机车车辆厂每年向常州市金属公司存入一定数量的金属材料指标。1982年公司同该厂调度调剂使用的钢材达3400多吨，其中：公司从该厂调出的有1300吨，由公司调给该厂解决急需的有2100多吨。这项措施既可使该厂少占用流动资金30至40万元，又可通过金属材料公司的调度、调剂网，及时地就地就近购进适用的钢材。如1981年，该厂急用8毫米钢板200吨，给公司打了一个电话，第二天即有数十吨钢板送到厂里，其余部分不到一个星期全部得到了解决。到目前为止，参加这种"条块"结合的调度、调剂网的中央直属和省属企业有16个。同时，还建立了苏州、无锡、常州三市物资定期调剂会和日常临时应急调度关系。1980年以来的3年半时间内，常州市从这个调度网中调度、调剂的金属材料达25879吨，相当于市金属公司同期调度、调剂总量的51.2%。1983年，又在此基础上，成立了三市物资经济协作区，联合区内市、县物资部门，并通过这些物资部门带动各工厂企业，打破地区、部门界限，按照经济合理流向，有计划地开展物资余缺调剂，并组织经验交流和学术探讨，进行商情分析和市场预测，以及调整物资供应区域，实行联合开发智力等活动，为改革物资流通体制探索新路子。

此外，还建立供应网点，开展市场供应。除国家计划分配的物资和紧俏物资外，对其他物资改变了单纯按行政管理分配调拨的做法，设置了供应网点，用商业办法组织物资供应。目前全市已有各种零售门市部、综合商场等网点70个，采取出样选购、联营联销、代购代销、拆零供应和配套供应等灵活办法，方便用户，增加营业。1982年的门市营业额相当于市物资局销售总额的18.2%，1983年上半年的门市营业额又比上年同期增长16%以上，使一些生产资料直接面向工业、农业生产和人民生活的需要，更好地为用户服务。

六、试行多渠道、少环节、开放式、合理流向的商品流通体制

在充分发挥国营商业的主导作用的前提下，积极发展集体商业，同时发挥个体商业的辅助作用，开放和增设各种集市贸易市场。1979年以来，常州市共增加集体商业网点1000多个，开放各种大、小集市贸易市场44处。

过去，在商业流通方面，国营批发和零售商业基本上"一统天下"，沿袭了社会主义改造前对私营工业企业的一套购销制度，造成产销脱节，生产企业不了解市场的需求。为了改变这种状况，打破了对工业品单一统购包销的体制，常州市商业部门开始形成统购统配、计划收购、订购、选购、代购、联营等6种购销形式。同时，允许生产企业在保证完成国家计划和订货合同的前提下，设立门市部，自销一部分试制的新产品和超产产品，以及物资、商业部门计划外不收购的产品。到1982年年底，全市建立了行业性供销经理部12个，工业企业自销门市部67个，工商联销门市部2个。1982年全市工业企业自销商品总额为6.3亿多元，占市区工业企业销售收入总额的18.73%左右。企业通过自销，广泛听取消费者的意见，促进了生产的改进，使产品不适销对路的情况有所改善。

在批发机构改革方面，市区三家较大的零售商店实行了批零兼营，还开设了常州市批发市场。这个批发市场是常州市商业部门利用一座6000平方米的中转仓库，于1983年8月份建立起来的。它一方面提供场地为召开各种供货会议服务，为各地供货单位提供出样展销方便，同时本身也开展各种购销活动，与全国各地的供货或采购单位进行交易。开业两个多月来，在批发市场内已召开三次供货会，成交总额达1.5亿元，参加的单位既有各省、市的商业二级、三级批发站和基层供销社，还有生产单位。它们既可看样选购，还可期货成交，经营比较灵活。

常州市批发市场是一个兼有服务性和经营性的经济实体。批发市场本身经营的范围主要是完成国家统购计划以后的一、二类工业品，工厂试销的新产品，以及多级商业批发站、专业公司订购、选购剩余的商品，由工业部门

自销的商品，等等。经营方式上既搞自营，也搞经销、代销和代储、代运，作价也比较灵活。批发市场不分地区、对象，只要是合法的商品经营者都能入场进行经营活动，这就为工业自销提供了窗口，深受工业部门特别是社队工业的欢迎。在第一次供货会期间，常州市所属郊区和三县社队工业的成交额即达700多万元，占这次供货会议成交总额的20%左右。

批发市场是一个全新的经营机构，它冲破了商业批发站和专业公司受行政条块阻隔的限制，为流通体制的改革、为搞活经济探索了一条路子。常州市准备在商业批发市场的基础上，把从事工业品经营的商业批发部门、工业批发机构、外贸产品销售部门集中起来，办成综合性的工业品贸易中心。

此外，还初步完成了全市138个基层供销社恢复群众性、民主性、灵活性的改革，相继成立了三个县一个郊区和市供销合作联社。为积极发展信托贸易和货栈业，1979年成立了综合性信托贸易公司，下设三个专业性货栈和一个牲畜交易市场。3年多来，总购进5100多万元，总销售5300多万元。这对沟通产销，支持生产，方便生活起了促进作用。

七、在处理国家、地方、企业、职工的分配关系上作了改革

过去，地方财政由国家实行统收统支，全民所有制工业企业的基本建设资金由国家拨款，固定资产折旧费一半上交国家，由国家以技术措施补助费形式随项目下拨；流动资金部分由国家拨给，不足部分由银行提供定额低息贷款，超定额贷款加息。地方城市建设与维护、文教、卫生等事业所需的经费也都要逐项上报经批准后下拨，而赖以维持城市道路、桥梁维修的城市三项附加费又极少。这样，使地方经济建设和各项事业的发展受到很大限制。1979年至1980年，常州市的财政收入逐年增长，财政支出逐年减少，体现不出地区之间的区别政策，干好干坏一个样，职工福利和奖金也不能随着对国家的贡献大小而有控制地浮动，这种财政体制严重地影响了地方、企业和职工的社会主义积极性。

在中央财政和省财政实行分级包干、"分灶吃饭"的情况下，从1982年起，地方财政体制由原来的收支两条线，改为工业交通商业事业费、城市维

护费、支农费、文教卫生经费、抚恤救济费、行政经费及其他等 7 项支出和财政收入挂钩。由于采取这一措施，7 项支出的总额为财政收入的 8%，从而实现了同步增减。同时，从 1979 年起，实行从工商企业应交利润中提取 5% 的城市建设维护费，用于城市建设，再加上城市 3 项收入和省专项补贴，每年用于城市维护的资金，有所增加，推进了老城市的改造。

在改进国家和企业的分配关系上，实行了企业基金、基数留成加增长分成的办法，并进行了纺织行业全额利润留成和小型工业企业利改税的试点。同时，对折旧基金的分配使用，也作了一些改革。

自 1980 年起，经省批准，扩权企业折旧基金的 20% 不再上缴省。自 1983 年起，经国家批准，又将原上交国家的 30% 折旧费如数返还，由市统一安排使用。这项改革对缓和常州市设备更新和技术改造所需资金的紧张状况，对增强经济发展的后续力量，将发挥积极的作用。

在初步改革的基础上，根据改革试点的要求，经国务院批准，自 1983 年起，国家对常州市实行财政递增包干的财政体制，即："核定包干基数，逐年递增上交，收支比例挂钩，超包地方留成，短包相应赔补，一定三年不变"。同时，把这种财政体制同全国统一推行的利改税进一步结合起来，形成了各级各类经济责任制。

常州市各级领导亲自动手，广泛发动群众，立足全局保重点，以完成包干任务、提高经济效益为中心，从市到公司、工厂，层层落实包保指标，建立了纵横交错、责任明确、利益挂钩的各级经济责任制。并对主要经济技术指标按月考核公布，使企业内有动力，外有压力，增强了活力，调动了各方面的积极性。在化纤布降价影响市财政收入占当年收入 12.6% 的情况下，1983 年财政收入比国家核定的包干基数增长 6.87%，比上年实际增长 1.52%。在包干的 8 个工业公司中，有 6 个工业公司提前两个月完成和超额完成了年度上交任务，实现了产值和经济效益的同步增长。这在历史上是从来未有过的。在超包利润保证国家得大头的前提下，同时兼顾了企业和职工的利益。去年市区全民所有制企业归还贷款和留成都比上年有一定的增长，同时也解决了市区部分工厂职工工资调整的资金来源问题。

递增包干和利改税相结合的办法之所以能受到地方、企业和职工的欢迎并收到好的效果，关键是这个办法明确了国家与企业、中央与地方的分配关系，做到了责任明确，利益直接，办法多样，政策稳定。

八、改革信贷、价格、工资制度，发挥经济杠杆的调节作用

对信贷资金试行了"统一计划、分级管理、存贷挂钩、差额包干"的办法，改变了过去信贷资金统收统支、存贷分离，对资金实行供给制的状况，有利于调动地方集资和管好用好资金的积极性。

（一）改革信贷管理办法，提高资金的使用效益。常州市根据"以销定贷"的原则，改革企业流动资金贷款的管理，对机械工业系统 19 个全民所有制工业企业试行以销售资金率①为基础的管理办法；同时，对流动资金贷款试行浮动利率，以进一步运用信贷、利率的经济杠杆功能，促进企业改善经营管理，加强经济核算，加速资金周转，提高经济效益。试行结果，19 个试点企业 1983 年 1 至 9 月完成总产值 3.96 亿元，比上年同期增 16.6%；实现销售收入 3.3 亿元，比上年同期增 19.48%；季末占用成品资金 1408 万元，比年初减少 333 万元，降 19.14%，比上年同期减少 359 万元，降 20.31%；百元销售额占用流动资金 30.97 元，比指标少 4.77 元，减 13.35%，比上年同期少 5.58 元，减 15.27%；相对节约流动资金 2455 万元，企业可少付利息 132.57 万元；流动资金 111.5 天周转一次，比上年同期快 20.8 天。有 18 家企业销售资金率低于指标，银行减收利息 14.39 万元，有一家超过指标，加收利息 0.46 万元。据推算银行每减收利息 1 元，企业可节约资金占用 235 元。

（二）改革结算制度，加速资金周转。武进县湖圹桥镇与常州市区的经济往来频繁，交通方便，但由于该区不是人民银行常州市支行辖区而采用异地结算方式办理，每天有大量资金停留在途中。1983 年 2 月份起，凡湖圹桥人民银行的票据，每天两次直接到市行办理票据交换，改革了多环节流转，简

---

① 销售资金率，就是以销售额为分母、流动资金额为分子，即每百元销售额占用流动资金的百分比，用以考核企业流动资金周转的情况（百分比越小，流动资金周转越快）。

化了手续，由原来平均在途时间 3.5 天，缩短为 0.75 天，现在上午的票据，下午即可抵用，平均每天节约在途资金 166 万元，大大加速了企业资金周转，减少了费用支出。这种不花一分钱的改革，普遍受到企业的欢迎。

（三）改革价格管理。对 410 种小商品不再规定计划价格，实行工商协商定价和随行就市。对少数优质产品实行优质优价。为了鼓励专业化协作，对有些产品实行内部协作价和计划价格。

（四）改革工资制度。在常州柴油机厂、拖拉机厂、齿轮厂进行了工资制度改革的试点，将企业的经济利益与经济效益挂钩，职工的劳动报酬和劳动成果挂钩，简化了工资标准，调整了工资级差，试行了行政和技术干部"一条龙"工资制；部分商业企业还进行了浮动工资的试点。

九、实行市领导县的新体制，以中心城市为依托，逐步形成经济网络

1983 年 3 月，国务院批准常州市实行市领导县的新体制，决定将武进、金坛、溧阳三县划归常州。实行市领导县的体制，不是行政区划的简单调整，而是经济管理体制的一项重大改革，目的是要打破条块分割，发挥中心城市在统一组织生产和流通中的作用。常州市除从指导思想上统一市县各级干部的认识外，还在管理办法和工作方法方面，积极探索，稳步改革。

在管理办法上，确定用组建经济网络的办法促进城乡经济的协调发展。经过调查研究，初步制定了工业经济、商品流通、科学技术、交通邮电、金融信贷等五个网络规划，并按照先易后难、分级负责的原则，抓住重点，组织实施。在工业经济方面，通过多种形式，首先将 256 个县属工业企业和市的工业公司对口挂钩；其次是对 4000 多个社队企业进行梳辫子、网起来，公司对这些企业逐步行使类似行业协会的指导职能；再次是围绕优势产品、优势行业、优势资源，发展多种形式的市、县、乡企业之间的联合，组建了拖拉机、玻璃钢、色织布三个联合体。通过这种多层次的网络结构，促进城乡经济、各项事业协调发展，并逐步成为上海经济区的有机组成部分。

在工作方法上，以抓好服务为主，坚持对县、乡企业实行扶持引导、促进发展的方针，组织市综合部门和工业公司帮助这些企业解决计划、物资、技术、管理等方面的问题。市、县工厂之间普遍开展了"结对子"的互帮互学活动，现在已结成对子的有220多个工厂。1983年常州市各工业公司下放给县、乡工业企业生产的产品产值达2亿元左右。

回顾常州市近几年来的经济体制改革，在党中央正确方针政策的指引下，进展是比较快的，效果也是明显的。这表现在：已初步改变了过去所有制结构和经营方式过于单一的状况；生产经营单位缺乏应有的责任、权力和活力的问题正在逐步解决；摸索了一些有利于货畅其流、产需结合的办法；对税收、信贷等经济杠杆，在地方权限范围内，有领导地采取了某些变通措施，发挥了它们对经济的调节作用；在市领导县的新体制下，正在探索在一定范围内冲破条块分割、城乡分割，以逐步走出一条按经济内在联系、合理组织经济活动的新路子。这些改革在一定程度上克服了吃"大锅饭"、搞平均主义和不负经济责任的弊病。所有这些初步改革，有利于企业和劳动者主动精神和首创精神的发挥，有利于国家对经济实行合理的组织和有效的管理，从而推动了生产力的提高和经济的发展（以下所引的全市统计数字均限于常州市市区范围以内）。1982年全市工业总产值达38.68亿元（按1980年不变价格计算），比1978年增长50.1%，平均每年增长10.7%（1983年全市工业总产值43.25亿元，比上年增长11.58%）；1979年至1982年的4年中，全市独立核算的工业企业实现利、税（包括两费）26.4亿元，超过固定资产原值的69.3%；1982年全民所有制企业全员劳动生产率23595元，比1978年增长11.5%，平均每年增长2.8%。全市1982年财政收入5.3亿多元，比1978年增加2044万元（1983年财政收入5.41亿元，比上年增长1.52%，比国家核定的包干基数增长6.87%）；1979年至1982年4年的财政收入达21.74亿元，超过1949年至1970年的22年财政收入的总和。

常州市的经济体制改革，虽然成绩显著，但还只是刚刚起步，改革任务还很重，特别是各项改革措施如何同步配套的问题比较突出，在实施中及时协调衔接不够，影响了改革工作的深入发展，这些问题都有待于在实践中探索解决。

第六章
沙市市的经济体制改革

第一节 发展中的新兴工业城市

沙市市位于长江中游荆江河段北岸，面积128平方公里，人口24.3万人，其中市区面积16.5平方公里，人口20.8万人，是湖北省的一座新兴的轻纺工业城市。

沙市地处以"鱼米之乡"著称的江汉平原，农产品资源丰富，水陆交通便利。早在春秋时期，就是楚都城郢的外港。从南北朝开始到唐朝，长江中下游往来的船只多在这里汇集，沙市商业经济已有了相当的发展。到了宋朝和明朝，沙市沿江一带有居民3000多家，市内10里长街，列巷99条，每一行业各占一巷，商业和手工业十分活跃。宋朝诗人陆游曾写过"沙头巷陌三千家，烟雨溟溟开桔花"。宋朝诗人王启茂也留下了"沙津无物不繁华，楼阁春藏十里花"的诗句。由于沙市交通便利，资源丰富，商业比较繁荣。1895年中日战争以后，被日本帝国主义辟为五口通商口岸之一。帝国主义列强在这里辟租界，开洋行，设海关，大量倾销洋货，使沙市民族经济遭到了巨大摧残，加上国民党反动派的破坏，1949年解放时，沙市已变成一座衰微破败的城市。全市仅有一个8000锭的小纱厂，一个小打包厂，一个100瓩的小发电厂，以及十几家手工作坊。商业主要是倾销洋货和转手批发江汉平原粮棉资源。全市工业总产值1345万元，财政收入37万元。

解放以后，经过30多年的建设，沙市经济结构发生了根本的变化，工业生产有了很大的发展。目前已初步形成以轻纺工业为主，兼有机械、化工、电子、建材、电力等门类的工业布局。1982年有工业企业281个，工业职工

9.65 万人，共生产 570 多种工业产品，其中纺织工业企业拥有 29 万纱锭，占全省的 16.7%，1982 年全市工业总产值比 1949 年增长了 108 倍，平均每年增长 15.3%；财政收入增长了 424 倍，平均每年增长 19.6%。国民收入增长 44 倍，平均每年增长 12.2%。1982 年全市人均国民收入已达 1137 美元。1979 年至 1982 年，累计上缴国家利税 7.54 亿元，为同期全市固定资产投资总额 4.51 亿元的 1.67 倍，占 34 年累计上缴利税总额的 38.2%。4 年工业实现利税总额 8.72 亿元，为同期工业生产性建设投资的 3.46 倍。

30 多年来，沙市经济体制的变化大体经历了三个时期。新中国成立初到第一个五年计划时期结束，随着社会主义改造的完成和经济建设的发展，建立了集中统一的管理体制；1958 年"大跃进"到 1978 年党的十一届三中全会召开以前，经济体制经历了几次反复；三中全会以后，沙市进行了经济体制改革的综合试点，为建立新的经济管理体制进行了初步探索。

第二节　探索城市经济发展的路子

从 1949 年至 1978 年的 30 年间，沙市在经济管理体制上采取了下述作法：

一、新中国成立初期结合对资本主义工商业的社会主义改造，促使一部分民族资本主义的商业资本转办工业企业

沙市解放初期经济的一个突出特点，是洋行林立，私营商业畸形发展。1950 年全市商业资本与工业资本比重为 1.64∶1；私营资本与国营资本的比重为 3.75∶1。1953 年年初，在当时只有 9 万多人口的沙市，从事私营商业活动的就有 8177 户，从业人员 10954 人，拥有资金 429 万元。这些私营商业者，在经营活动中以转手批发为主，占市场批发营业总额的 50.64%。

"三反"、"五反"以后，国家颁布了过渡时期的总路线，随后又实行了粮食统购统销的政策和对油脂油料、棉花棉布的计划收购和供应。这给以经营粮棉为主的沙市商业市场带来急剧的变化。1953 年上半年，市场销售额大幅度下降，私营商业纷纷歇业，不少私营大批发商逃遁资金，城市失业人口达 6 千多人。在这种情况下，如何推动经济的发展，并把它引向正确的轨道？

沙市根据过渡时期总路线的精神，从组织、改造私营大批发商入手，在加强说服动员和政策教育的基础上，针对资金雄厚的批发商"不挤不转，不引不走"的特点，采取了"挤"、"引"、"扶"等项措施，鼓励和引导他们把资本转向工业生产。

"挤"：即缩小地区差价。1953年三季度将棉布的申纱差①由7%—9%调小为6%—8%；百货、纸张的地区差也缩小5%，使私营批发商无利可图；同时取消了对私营批发不纳税的规定和采取由国家控制货源、限制赊销等办法，使私营批发商进销两难，感到不转不行。

"引"：在市有关部门的领导下，抽派转业的资方和劳方代表组成参观团，到外埠工厂参观学习，筹备设施，雇请技师。同时对转业企业确定生产方向，合理定点布局。在步骤上则采取转一步，巩固一步，先小后大，充分利用原有房屋、资产，就地发展生产。

"扶"：为了消除和减少资本家的顾虑，对当时确定转建的13个工厂，采取了资方投资独办和公私合营两种办法。对公私合营的7个厂共投资40.48万元，并选派得力干部帮助、领导其转业工作，解决有关问题，迅速投入生产。1953年，相继组织了绸布、百货、土产、颜料、文具、纸张、西药、茶叶等13个行业共85户较大的私营商业，转办了染整、被单、内衣、织布、胶布、车木等一批工厂。同时还组织了400多户小商店和摊贩转入手工业生产，并将1400多户手工业作坊和个体手工业者，共5000多人组织起来，成立了83个手工业合作社。接着，又利用国家发的失业救济金把失业工人组织起来办了一批服装、铁木、织袜等工厂。将几家手工机器修理店合并为机器厂。利用国家的少量投资，扩建了原有纱厂、电厂。这样，沙市就有了自己的第一批工业企业。到1957年止，全市已有工厂企业133个。全市工业总产值达到7406万元，比1952年增长2.2倍，比1949年增长4.6倍。

沙市把商业资本引导到办工业方面来，是把一个消费城市转为生产城市的重要转变。不仅为建设城市、巩固人民政权奠定了基础，而且从根本上改

---

① 申纱差：指上海棉纺到沙市的价格差价。

变了城市的经济结构,使全民所有制经济占了主导地位。1953 年年末与年初比较,沙市商业 7 个主要行业的批发比重,国营批发量由 47.02% 上升为 82.57%,私营批发量由 50.64% 下降为 12.97%。沙市工业按总产值计算,国营企业比重由 1952 年的 37.17% 上升为 1954 年的 78.16%,私营企业比重由同期的 59.56% 下降为 14.32%。

二、充分利用地方的力量,采取灵活变通的政策措施大力发展工业

经过三年恢复和"一五"时期的发展,沙市工业有了初步的基础。为了解决发展资金短缺的困难,沙市坚决把生产建设的方针放在依靠自己力量的基点上,充分利用地方的力量,采取多种办法,包括一些灵活变通的政策措施,推动工业的发展。

沙市发展工业的一条办法是依靠老企业"母鸡下蛋",一厂变多厂。即在一部分老企业里,发展适销对路的产品,依靠老厂的资金力量,根据社会需要,攻缺门,上短线,产品发展到一定程度,从老厂里分出新厂。沙市许多企业就是靠这种办法发展起来的。例如,在 50 年代,沙市机械行业只有一家公私合营的利民机器厂和一家手工业的小五金合作社。当时,两个厂共有 200 多职工,15 台手摇皮带车床,只能搞一点修理活。后来,这两个厂自力更生,艰苦奋斗,先后试制投产了多种机械产品。为了扩大生产批量,两个厂逐步按产品分工,先后分出和演变成了机床一厂、机床二厂、内燃机配件厂、阀门厂、汽车电机厂、标准件厂、轧钢厂、铸造厂、造纸机械配件厂、南湖机械总厂等 11 个工厂。这 11 个厂目前共有职工 7300 人,金属切削机床 1200 台,固定资产原值 6200 万元,能生产钻床、磨床等通用机床和搪缸机、汽车电机、内燃机配件、轻工机械配件、雷达等多种机电产品,形成了机械和电子行业的主体。从 50 年代至 1978 年,通过"母鸡下蛋"的办法,共发展了 61 个地方企业,其中地方国营工业企业 31 个,占现有地方国营工业企业的 62%。这些企业的发展,为形成目前的多种工业门类打下了基础。

沙市发展工业的另一条办法是大力发展集体企业。1949 年,全市只有 46 个手工业自然行业,年产值 310 万元。到 1978 年,已有集体企业 191 个,占

该年全市工业企业总数的70%。全部集体工业企业职工2.82万人，占该年全市工业职工总数的34.3%。1978年，集体工业总产值达20473万元，占市属工业总产值的35.7%，上交税金2653万元，固定资产原值达7090万元。

沙市根据集体经济生产灵活的特点，因地制宜，采取了多种形式发展集体企业：一是全民带集体。即由全民企业扩散一部分技术不太复杂、又有利可图的产品给集体企业，或者拨一部分旧厂房、旧设备给街道办工厂，由全民企业从生产、技术、销售各方面带集体企业。所拨的集体企业厂房、设备，在生产发展盈利后折价偿还。二是围绕大工厂配套的需要发展集体企业。集体企业围绕全民企业扩大生产批量的需要，承担零配件生产和包装、加工任务。沙市把这种作法叫"一厂带多厂"，或者叫"龙头在国营，龙尾在集体"。三是层层办集体企业。各工业主管局办大集体企业。城市和郊区公社办各种小型集体工厂。城市居民委员会和郊区生产大队办各种集体生产合作社或生产小组。

沙市采取上述两种方式发展工业，在尽量不违背当时全国集中统一管理的前提下，采取了若干灵活变通的措施：

在计划管理体制上，按照国家"统一计划，分级管理"的原则，利用地方计划综合平衡、统筹规划的职能，将集体企业中生产稳定、达到一定技术标准水平的产品纳入国家计划，积极发挥地方物资、商业部门的作用，为其生产发展提供原材料和销售产品。同时，采取自下而上的计划方法，把发展社会需要的缺门短线产品纳入全市发展规划，及时定点布局，组织试制，产品批量投产后，积极争取国家在计划上承认，并纳入计划发展范围。

在生产发展资金上，采取了充分利用地方财政资金和挖掘各行各业自筹资金相结合的办法，调动一切积极因素办工业。1953年至1978年，地方自筹的工业建设资金1.13亿元，其中，市财政自筹资金3344万元，占29.1%。其余7948万元，都是各个系统筹措的。除工业部门外，市交通、民政、商业、粮食、城建、街道等部门从1953年至1978年也筹集了1220万元，办了82个工厂，共安排职工近万人。1978年工业总产值9000多万元，占全市工业总产值的9%左右。

在对集体企业的经营管理上，规定企业可自找生产门路，自设门市部、组织来料加工，自产自销。在分配政策上，集体企业可根据其生产经营水平，酌情采取计时、计件、分成、死分活值等分配形式，以鼓励生产者办好集体企业的积极性。

三、改变按所有制分别管理企业办法，实行按行业归口管理

沙市在50年代和60年代初，由于生产水平低，一直实行按所有制性质分类管理企业。由手工业局管理集体企业，由地方工业局管理国营企业。这种管理方式在五十年代是基本适应的。60年代初国民经济调整以后，沙市工业有了很大发展，这种管理方式的不适应性很快就暴露出来。由于按企业所有制性质划分管理，行业混杂，无法合理布局。同时由于产品繁杂，无法组织社会化协作。针对这种情况，沙市改变按所有制分别管理企业的办法，实行按行业归口管理。

沙市有市属工业企业126个，其中，手工业局管辖99个，地方工业局管辖27个。1964年，成立了4个专业局，即机电工业局、纺织工业局、轻化工业局、手工业局。同年进行第一次按行业归口管理。手工业局划出了16个企业归口机电、纺织、轻化工业局。1970年进行第二次归口管理，手工业局（后来改为第二轻工业局）划出了35个企业归口机电、纺织、轻化工业局。1971年，从机电工业局分出电子工业局。1974年，轻化工业局分开组成了第一轻工业局和化学工业局。1979年，进行了第三次按行业归口管理，将23个大的街道企业划归纺织、化工、机械、二轻等工业局管理。

沙市在行业归口管理中，从三个方面改变了管理方式：

（一）调整生产布局。对全市19个重点企业，重新调整了产品发展方向，确定了25个重点生产产品，并按专业化协作的原则，相继建立了一批专业厂，如电镀厂、铸造厂、模具厂、标准件厂、轻纺工业修配厂等。后来，在此基础上，发展成为6个纺织机械器材厂、2个轻工机械厂、5个化工原料厂、1个专业电镀厂、3个专业铸造厂。

（二）实行原材料定点供应，采取了下列方式：1. 中间产品产需双方定

点供应；2. 生产"一条龙"定点协作供应；3. 组织企业对原材料的综合利用；4. 商业、物资部门与工业见面，对主要产品、原材料实行定点计划供应。1964 年，商业、物资部门对工业生产所需的 252 种主要原材料、燃料采取了定点（66 种）和定供需合同（186 种）组织供应的办法，予以落实。此后，这种办法一直保留下来，对发展工业起了很大的推动作用。

（三）组织生产协作。其形式主要有：1. 产品配套协作；2. 工艺加工协作；3. 技术攻关协作；4. 设备、工模具制造协作；5. 包装、装潢、运输协作。对全市重点产品，如荆江牌暖水瓶就组织了 13 个厂分别生产木底板、提环、耳把、铝把、底螺丝、包装盒，使其产量大幅度上升。从 1964 年 7 月到次年 10 月，对全市 35 个主要产品组织了 130 项协作，70 年代又组织了灯芯绒、天鹅绒、的确良生产"一条龙"协作，以及树脂设备、化纤抽丝设备、涤棉后处理设备、印染设备等多项重点技术改造项目协作，有效地提高了生产力。

从以上做法中可以看出，依靠城市组织工业生产等经济活动，所取得的成果比较好。但是过去主要靠行政方式的集中统一管理体制，从建立伊始，就包含着不重视经济规律、对微观经济统得较死、在所有制问题上盲目升级过渡等因素。经过后来多年的演变，这种管理体制对沙市经济的进一步发展越来越起着阻碍作用，主要表现在：

（一）强调以行政办法管理经济，忽视经济规律。长期以来，由地方行政部门管理企业，把企业作为行政管理的一个单位，由行政部门下达产值产量计划，往往造成了经济建设上的注重发展速度，忽视提高效益；提倡"母鸡下蛋"，一厂变多厂，但在分厂时，基本上采取了平调方式，损害了企业的经济利益，影响了其扩大再生产的积极性。通过分厂及实行行业归口管理，发展了地方的协作生产，但又阻碍了跨部门跨地区生产协作。特别是当全国出现了政治上和经济上大折腾的时候，在经济建设上往往只讲主观需要，忽视客观规律，造成一哄而起，一拥而下，出现较大的盲目性。1958 年，沙市由于不顾客观条件"大办钢铁"造成了 2000 多万元的经济损失。

（二）强调高度集中统一管理，对企业统得过死，企业缺乏必要的自主权。国营企业利润全部上缴，基本建设投资、固定资产更新和技措费、新产品试制费、固定资产零星购置费等一律由上级拨款。1956年开始实行计划用工制度，对劳动力就业由市实行统包统配，并把固定工作为基本的用工形式。"文化大革命"中，又将合同工全部转为正式工，进一步使劳动力管理统得过死。这种财政体制上的统收统支，劳动工资体制上的"铁饭碗"、"大锅饭"，使企业缺乏外部的压力和内在的动力，不重视经济效益，不注重市场。不少企业管理工作薄弱，劳动生产率低，经济效益差。1978年，全市产值利税率只有16.5%，远远没有达到"一五"期间平均每年23.5%的水平。

（三）行业归口后出现部门分割，企业生产重复分散，厂小力薄。全市小企业占90%以上。这些企业不仅技术工艺落后，管理水平低，而且"小而全"的问题比较突出。以热处理、铸造、电镀、锻造等工艺为例，全市6个主要工业系统145个企业，就有热处理厂点24个，铸造厂点19个，电镀厂点15个，锻造厂点29个。如全市有热处理高、中频电炉13台套，专机容量1180瓩，为实际生产需要量的3倍。这些厂点不仅能源浪费严重，而且噪音、烟尘、污水等大多未作处理，造成了严重的环境污染。

（四）所有制结构趋向单一。由于长期以来"左"的思想影响，在生产资料所有制的问题上强调发展单一的公有制，到1978年止，全民所有制工业与集体所有制工业按总产值计算，比重为77.3:22.7。全民所有制商业和集体所有制商业按零售额计算，比重为85.9:14.1，个体经济基本上没有了。同时，由于从50年代后期开始过高地强调工业积累，服务行业基本建设投资比重不断下降。从1957年的43.6%下降到1978年的20%。1978年与解放初期相比，百货商店由72个减少到14个，饮食店由533个减少到216个，副食商店由145个减少到19个，其他缝纫、理发、洗澡等店点也大量减少，人民生活深感不便。

（五）长期的地（即专区）属市的行政体制，束缚了沙市流通功能的发挥，削弱了与周围地区的自然经济联系。1956年沙市由省辖市改为地辖市后，二级批发收归地区管理（其间，1965年湖北省在沙市进行商业体制改革试点，二级站一度划归沙市），沙市三级批发不能出省，零售不能出市。周围县也都在沙市设有三级批发机构，形成地区、市、县三套批发机构同时并存，削弱了沙市作为中心城市在流通方面的作用。以上这些问题，为沙市在新的历史时期进行经济体制改革提出了课题。

第三节　从工业企业的改组联合入手进行改革

党的十一届三中全会以后，为了正确地解决上述矛盾，沙市对下述问题进行了广泛、深入的探索：1. 如何打破部门和地区的分割封锁，实行各种经济组织的联合，并进行有效的改组，发展专业化协作和社会化大生产；2. 如何破除吃"大锅饭"、平均主义的分配制度，自上而下实行责、权、利统一的原则，正确处理国家、地方、企业和劳动者的利益关系，充分调动各方面的积极性；3. 如何改革经济管理机构，实行党、政、企合理分工，逐步建立起适应现代化建设的管理体系；4. 如何在坚持国营经济为主导的前提下，发展集体经济和一定范围的个体经济，发展有利于搞活经济的经营方式；5. 如何在坚持计划经济为主的前提下，发挥市场调节的辅助作用；6. 如何加强城乡联系，发挥中心城市组织和带动农村经济发展的作用，逐步形成一个工农结合，城乡互助，经济、文化、科技和社会服务协调发展的经济网络。

这些新的课题，涉及经济领域的各个方面，内容复杂，范围很广。改革从何入手？根据党中央提出的"调整、改革、整顿、提高"的八字方针，选择了一个重要的"突破口"，就是把为数众多、力量分散的工业企业，按专业化协作的原则，实行改组联合，试办企业性的公司（总厂）。并且和企业扩权同步进行，即在联合的基础上扩权，用扩权来发展和巩固联合，使公司（总厂）逐步成为责权利统一，既管人财物，又管产供销的经济实体，以增强企业的内在动力，提高企业的竞争力。

1979 年年初开始搞工业改组联合时，正处于国民经济调整的时候，一部分企业"吃不了"，另一部分企业"吃不饱"，一部分产品供不应求，也有不少产品滞销积压，矛盾比较突出。沙市认真分析了形势，认为要搞好工业改组联合，必须紧密结合调整，以发展优质名牌产品为重点，发挥联合起来的优势，扬长避短，使全市工业在调整中前进，在改革中发展。根据这个指导思想，市工业部门通过调查研究，制定了《关于建立专业公司（总厂）若干问题的暂行办法》和工业改组联合发展规划。联合的具体作法，是按照生产过程中企业之间的内在联系，实行专业化协作，以生产长线产品的能力弥补生产短线产品能力的不足，以生产优质产品的企业带动与改造产品质量差的企业，把"吃不了"的企业与"吃不饱"的企业组织起来，共同发展适销对路的产品。这样首批组建的有机床工业公司等6个公司（总厂）。这些公司（总厂）成立初期，虽然在统一制订发展规划，组织内部协作等方面做了一些工作，但由于还不是经济实体，因而在调整工业产品结构，进行专业化改组，集中资金重点进行技术改造等许多重要环节上很难迈开步子，处于调不动、改不了的被动地位。这些问题表明：如果不把公司（总厂）办成在国家计划指导下，对国家承担经济责任，对所属企业进行统一管理，有经营管理自主权的独立核算的经济组织，就很难发挥组织起来的作用，反而会增加一个行政管理层次，多一个上级领导，达不到改组联合的目的。针对这个问题，在1979年下半年开始进行扩权试点时，就下决心把已组建的公司（总厂）定为扩权单位，实行利润留成。由集体企业组建的公司（总厂）则参照国营企业扩权的办法，将税后利润建立公积金、公益金和奖金。同时，还扩大了公司（总厂）部分生产计划权、部分产品销售权、内部价格制定权、留成资金使用权、中层干部任免权、机构设置和人事管理权。这样，就使公司（总厂）有条件对内实行企业化管理，有经济实力和经济手段来搞好改组联合。

1980年以后，沙市在总结工业改组联合经验的基础上，坚持办企业性公司的正确方向，又分期分批组建了阀门、仪器仪表、服装、食品、日用化工、自行车、床单、毛巾等公司（总厂）。到1982年上半年9个省属企业下放后，撤销了几个行政性的工业局，组建了纺织、化工、电子3个行业性公司。截至1982年年底，全市已组建15个公司（总厂），组织到公司（总厂）内的企业占全市纺织、轻工、机械、化工、电子等6个工业系统企业的66%，占职工总数的78%，占产值的92%，占税利的95%。

公司（总厂）组建以后，随着各方面责权利的重新调整，对原有的管理制度和方法，区别不同的情况，进行了一些改革：

一是处理好全民与集体两种所有制企业的关系。对两种所有制企业的联合，在现行政策许可范围内，采用"合资经营、两次分成"的办法，即在进行清产核资、分户记账的基础上，将各厂的固定资产、流动资金向公司（总厂）入股，实行统一管理、合资经营，所得利润实行两次分成，并按各自的财政渠道分别提留和上缴。如沙市阀门总厂对实现的利润，第一次按各厂上年利润基数的比例分成；增长部分，20%按人员、30%按资金、50%按利润实行第二次分成。此外，有的公司还采取了内部价格结算的办法。这些办法的实行，既能够使国营和集体两种所有制企业的财产、资金分别立账，财税上缴和劳动工资均按原规定执行，又能够挖掘现有企业的潜力，提高人财物等生产要素的使用效益，促进生产的发展。

二是搞好分级核算，完善经济责任制。沙市组建的公司（总厂）除少数实行一级核算外，大多数采取了不同形式的分级核算。有的实行以公司（总厂）为基本核算单位的两级核算；有的实行以工厂为基本核算单位的两级核算；有的公司（总厂）则只对部分骨干厂统一核算，另一些协作厂单独核算、自负盈亏。这些灵活多样的核算办法，都在一定程度上为公司（总厂）制定所属工厂的经济考核指标并明确其职责提供了依据，也为公司（总厂）合理分配内部的经济利益打下了基础，从而避免了吃"大锅饭"，较好地落实了经济责任制。

三是处理好集权与分权的关系。沙市在推进改组联合中，还十分注意公司（总厂）的管理范围，以"管得了、管得好"为原则，改进和完善联合体内部的经营管理办法，做到该集中的集中，该分散的分散。一般说来，企业性的公司（总厂）在产供销、人财物方面要实行统一管理，负责制定长远规划和经营决策，进行产品和技术开发，实行专业化改组和技术改造，组织主要原材料的供应和主要产品的销售，协调利益分配，以及兴办较大的职工福利事业等。所属工厂在完成公司（总厂）下达的生产、技术、财务等各项计划和承担各项义务外，也有相应的机动余地，如自主使用福利基金、奖励基金和生产资金，自主补充生产计划，自销部分产品，按需采购生产辅料、零星物资等。至于企业化程度还不太高的工业公司，所属工厂则有更大的自主权。

四是市计划、财政、银行、物资、统计等部门以及工业主管部门,针对工业改组联合中出现的新情况,积极对原有管理制度和方法进行改革,创造外部条件,促进了公司(总厂)的巩固和发展。通过以上一系列改革,使企业性公司(总厂)在组织生产经营活动中,显示了许多优越性。

首先是有利于扬长避短,发展适销对路的"拳头"产品。如沙市仪器仪表工业公司在组建前,4家工厂各有长处,各有短处。原街道办的电表厂有个好产品(民用电表),但技术力量弱,设备差,生产批量上不去;仪表厂有支好技术队伍,但生产任务严重不足,靠贷款过日子;第三光学仪器厂、复印机厂有一些好设备、好厂房,但当时产品未定型,生产能力有富余。1979年电表厂与仪表厂实行并厂联合,使电表年产量由500只迅速增加到3万只。1980年上述4个厂联合组成仪器仪表工业公司后,联合促进了发展,当年生产电表20万只,到1982年电表产量超过了50万只,产品质量不断提高,可比产品成本比1979年下降32.5%,劳动生产率提高2倍,全年上缴税利200万元,相当于联合前4个厂12年上缴税利的总和。该公司生产的各种电表已行销全国各地,并已进入国际市场。近几年,沙市走扬长避短、联合挖潜的路子,不仅发展了一批适销对路的轻纺、出口产品和优质名牌产品,也带活了一些产销困难的企业。

其次是有利于打破"大而全"、"小而全",使企业的组织结构逐步趋向合理。沙市在公司(总厂)组建后,按照专业化协作和经济合理的原则,并考虑到各个行业的特点和企业生产经营管理水平等条件,对那些产品相同、工艺相近的企业,实行专业分工,合理调整生产布局。这样,不仅促进了生产的发展和效益的提高,而且大大加强了联合体内部的协作关系,使公司(总厂)所属各厂成为相互依赖的经济实体。例如沙市机床工业公司,联合前三个全能厂都有一套较全的工艺、设备,重复浪费比较严重。公司成立以后,积极按工艺、零部件进行改组,先后建立了齿轮、热处理两个专业厂,并将各厂的小铸造生产点集中到铸造专业厂。现在,这些专业厂不仅满足了本公司生产发展的需要,使沙市机床一厂荣获金质奖的产品摇臂钻床提早五年实现年产千台的能力,还为本市和附近县镇的几十个协作单位服务,正在逐步形成本市、本地区大件铸造和热处理工艺专业化的协作中心。公司在改组中也越办越好,联合后3年(1979年至1981年),工业总产值、主要产品产量、利润(剔除产品降价影响)平均每年分别递增17.2%、20.9%和21.1%,而联合前3年(1976年至1978年)仅分别递增4.2%、2%和13.1%。1982年与上一年比较,产值又增长12.9%,利润增长25.5%,可比产品成本下降4.23%,每万元产值能耗下降15.3%。截至1982年年底,沙市在调整、改组中已撤销铸造、热处理、锻造、电镀厂点33个。两年间,除降低了煤、焦炭的耗量外,节电85.6万度,节水39.6万吨,不仅节约了能源,还减轻了对环境的污染。

第三是有利于集中技术力量,加快新产品开发,提高企业的竞争能力。沙市阀门总厂联合前由于生产的品种规格不多,用户需要的大口径阀门上不去,小口径阀门上不齐,仅1979年就退掉35万元的产品合同,占年销售额的16.4%。1980年年初组建总厂后,他们把分散在4个小厂的技术力量集中起来,成立技术开发部,瞄准市场,开发新产品。仅3年时间就设计、生产出新产品156个,品种由单一的闸阀发展到蝶阀、球阀,以及手动、气动、液动、电动、手气联动等多种阀门。产品质量也不断提高,主产品被评为中央部和省的优质产品。从而使企业的竞争力大大增强,用户由原来的150家发展到国内22个省区的789家,还出口东南亚等国家。3年间,工业总产值和产品产量均增长1.7倍,创造积累393万元,等于赚回一个多阀门总厂。

第四是有利于合理地进行企业的技术改造,促进技术进步,做到花钱少、见效快、收益大。沙市铸造厂,过去在重冷加工轻热加工、重主机轻配套的思想影响下,无力进行技术改造,企业长期处于落后状态。经过改组联合,公司把部分生产发展基金和大修、折旧基金以及少量拨款、贷款捆在一起,先后集中77万元重点帮助该厂搞技术改造,完成了型砂处理、水力清砂等大型改造项目,两年内就使铸件年产能力由1750吨增加到4200吨,铸件质量也明显提高,较好地发挥了专业化和协作生产的优越性。

第四节　经济体制综合改革的新探索

随着工业改组联合与企业扩权的深入发展，对经济体制的各方面进行同步改革的要求越来越迫切。经国务院批准，沙市从 1981 年 10 月开始进行经济体制综合改革试点。在认真总结党的十一届三中全会以来改革经验的基础上，采用上下结合的方法，制定了经济体制综合改革方案和若干单项改革方案。已经实施的主要有以下几项：

一、改革行政管理机构

改革前，市级直属机关的各种机构 83 个，其中政府机构 66 个，比"文化大革命"前增加 60%。机构臃肿、层次重叠、职责不清、人浮于事、互相扯皮、工作效率低的现象比较普遍，企业要求改变上级领导多头、办事难的呼声十分强烈。精简机构不仅是克服官僚主义，提高工作效率的迫切需要，也是经济体制综合改革的一项不可缺少的内容。在统一思想认识的基础上，经过一个多月的调查研究，从中小城市的特点出发，制定了一个比较合理的机构改革方案，确定了四条改革原则：（1）撤销重叠的机构，合并业务相近的机构；（2）把能独立进行经济活动的行政机构，改为经济组织；（3）加强综合管理部门，扩大这些部门的权限；（4）精简机关工作人员，改善干部队伍结构。经过准备，从 1982 年 5 月开始进行机构改革。改革后，市政府各委、办、局由原来的 66 个精简、裁并为 35 个，全市副局长以上干部由 216 人减为 103 人，市直机关干部由 1744 人减为 1337 人，分别减少 46.9%、52.3% 和 23.3%。各机关进行了制定职责范围、建立责任制和各项规章制度的工作。还结合企业整顿，采取"一竿子插到底"的办法，对部分企业的管理机构进行了改革。截至 1983 年 9 月，全市已调整了 81 个企业的领导班子，厂级干部由 443 人精简为 345 人，减少 22%，平均年龄由 47 岁下降到 42.1 岁，高中以上文化程度的比重由 23.7% 提高到 45.5%，专业干部的比重由 8.1% 提高到 21.4%。

二、发挥经济调节手段的作用

运用经济杠杆的调节作用，是经济体制改革的一个新课题。沙市主要进行了以下几项探索性的改革：

（一）以税代利的改革。

根据国务院的规定，全市国营企业第一步利改税已于1983年5月开始。

改革后，税收的强制性、及时性和稳定性的作用得以发挥，企业增产增收，效果明显。1983年，由于棉花提价，化纤产品降价，企业减少利润2392.9万元。在此情况下，全市国营工业、交通、商业企业实现利润7434万元，比上年的6812万元增长9.13%。企业留利也比上年有了增加。事实证明：实行利改税，对保证国家财政收入，处理好国家与企业的关系，确是一种好办法。但是，已经进行的利改税，是在不合理的价格体系没有全面调整改革的情况下进行的，基本上还是全额利润分成的性质，因此，还不能促进企业在同等条件下开展竞争，需要积极为第二步利改税创造条件，为进一步完善税制做好准备工作。

（二）银行信贷和结算方法的一些改革。

1. 对流动资金贷款实行浮动利率。其具体办法：一是生产新创的优质、名牌产品所需的贷款，经国家授予证书的，利率向下浮动20%，优惠一年；经中央部和省政府授予证书的，利率向下浮动10%，优惠一年。二是经有关部门和银行审定的市场短线产品和有实际经济效益的新产品的开发，贷款利率向下浮动5%—20%。三是按销售资金率掌握浮动利率，上下浮动幅度在5%—20%，相应取消原来规定的超总额加息的办法。浮动利率多收或少收的利息按照一定限额与企业的基金挂钩，即在规定的限额内，因资金周转慢而增加的利息由企业基金列支，不准纳入成本；因资金周转加快减少的利息，则可作为企业基金的收入。四是对生产小商品为主的企业（按照国务院、省、市政府列出的小商品目录），给予贷款利率下浮20%的优惠；交通设备贷款也按下浮20%的优惠；节能专项贷款利率按2.1%的优惠。上述办法在一些企业单位试行后，很受欢迎。

2. 实行"择优扶植、以销定贷"。过去银行对工厂流动资金的管理，是采取按产值多少发放贷款的办法。这样，就使滞销产品的流动资金没有限制，出现产品滞销不减产、资金周转不灵的现象。而适销对路的产品，又由于得不到流动资金而不能大量生产。为了解决生产与流通受阻的状况，促进产品适销对路，加快流动资金周转，1983年，沙市银行在自行车总厂和日用化工总厂试行了"择优扶植、以销定贷"的新制度，效果很好。1至7月，自行车总厂由于产品适销对路，从银行获得的流动资金贷款比上一年同期增加了45.6万元。这笔贷款用于扩大生产后，销售收入增加了513.6万元。日用化工总厂停止滞销产品透明皂的生产，转产适销对路的鱼牌肥皂，结果银行贷款比上一年同期减少149万元，企业销售收入却增加了335万元。截至7月底，这两家工厂每百元销售占用的定额流动资金，比上年同期分别减少35%和32%，实现利税分别增加1.19倍和62%。

3. 打破行政区划界限，变异地结算为同城结算。沙市与江陵县城相距仅十华里，在历史上属于同一个经济区域，江陵县城各个企业单位一直到沙市市内购货、销货。但因江陵属于荆州专区管辖，市县每结算一笔收支，都要办理繁杂的异地结算手续，花五六天时间。1983年2月改为同城结算后，当天转帐，当天收付，大大简化了手续，资金在途时间由原来的五六天，缩短到0.74天。2至7月，共办理业务近万笔，合计金额8100万元，平均每天节省在途资金262万元。人们称赞银行"搞了一项不花钱的改革，为企业单位办了一件大好事"。

（三）小商品价格管理体制的改革。

对小商品价格实行随行就市或工商协商定价。1982年，沙市取消了500多种小商品的国家计划价格，同时开放了小商品批零市场。这样做，对生产者和消费者都有利，不仅起到了鼓励生产、满足供应、方便生活的作用，而且仍然保持了物价的基本稳定。

三、改革科学技术管理体制

沙市原有的科学技术管理体制，存在许多不适应经济建设的问题，如科研经费怎样管理，才能发挥更大的效益；怎样扩大科研单位自主权，使其更紧密地围绕发展生产服务；如何促进科研、设计、生产联合，加快新产品、新技术的开发；如何发挥现有科技干部的作用等。正确解决这些问题，是沙市经济发展的客观需要。另外，加快人才开发，也是提高经济建设效益的一条有效途径，但过去沙市中等教育结构不尽合理，每年约有80%和40%的高、初中毕业生，未经任何专业培训，就直接输送到工厂企业就业，因而降低了职工的技术素质，与四化建设的要求很不适应。

针对上述问题，沙市在科技管理体制方面，主要作了以下改革试验：

（一）建立市科学技术发展基金。将原来市一级掌握使用的科技三项费用（科学研究、中间试验、新产品试制费），作为资金来源。经费由原来财政部门管理改为科技部门管理，由一次性拨款改为按计划、按进度分期拨款，由无偿支付改为部分对项目实行有偿回收，周转使用，使科技发展基金逐步积累增多，用以支持更多的有发展前途的项目。如沙市制药厂生产的获得国家银质奖的产品肾炎四味片，光学仪器厂研制的激光平车仪，树脂厂与清华大学联合进行的塔型立构件苯酐氧化炉的首次放大试验等产品和项目，就是靠这一办法支持搞上去的。

（二）选择沙市自动化应用技术研究所进行体制改革试点。主要改革内容有：1. 实行所长负责制。机构设置、干部配备由所长确定，定员定岗；2. 课题实行计划安排与自选相结合，并可招标承包；3. 加强课题核算，实行严格考核；4. 允许人员流动，所内科研人员经过批准，可以应聘兼职或承包任务，非国家分配的新进所的职工实行合同工制；5. 建立干部培训制度，促进知识更新，鼓励自学成才，提高科技队伍的素质；6. 将对外承接任务的业务收入和节余的经费捆在一起，建立本所的科技发展基金、集体福利基金和奖励基金；7. 实行个人收入与工作成果挂钩的办法，改革奖励制度；8. 建立职工代表会和技术委员会。

（三）聘请市科技咨询委员，作为市委、市政府对重大经济、科技问题决策的智囊团。现已聘请42人，对全市发展战略、重点开发等项目进行了多次咨询。

（四）设立企业性质的市科技咨询服务公司。服务公司具体组织市内和周围各县及外地大专院校、科研单位之间的技术转让。目前，沙市已与中国科学院和华中工学院、市纺织工业公司已与华东纺织工学院，分别签订了长期技术经济联合协议，内容包括科技攻关、成果转让、人才培训等方面。

（五）在改组联合后的经济实体中建立技术开发部。近年来，沙市在部分公司（总厂）中建立技术开发部已取得较好效果。为推进这一改革，市属纺织、电子、塑料三个研究所将分别调整为纺织、电子、塑料三个工业公司的技术开发部。

（六）为了使用好现有科技人员和有利于引进科技人员，沙市还制定了《关于科技人员合理流动的试行办法》。目前，沙市的科学技术管理体制改革正在深入，它对于促进工业生产、发展城市经济所起到的作用，将会愈来愈明显。

四、改革教育体制

为了改变中等教育结构单一化的状况，沙市坚持"两条腿走路"，在办好普通教育的同时，还采取教育部门与业务部门联合办、各行各业单独办等多种形式办学，大力发展职业教育。与此相配合，沙市还改革劳动制度，在市内实行"先招生，后招工；先培训，后就业"的政策，从而促进了全市职业技术教育的迅速发展。职业班由原来的4个增加到现在的31个，在校学生由180多人增加到1200多人，各类职业学校的招生数与普通高中招生数的比例已由原来的1:3上升到1:1。实践证明，改革中等教育结构，是培养大量的初、中级技术、管理人才和大批有觉悟有文化有技术的劳动后备军的一条有效途径。这样做，既可减少新职工的培训时间，又可提高职工的文化技术素质，促进生产发展。

五、其他方面的改革

沙市在搞好上述改革的同时，还进行了其他一些方面的改革。如零售商业和服务业中实行了经营责任制，并已取得初步经验。目前，有110个国营零售网点实行了经营承包责任制，占国营零售网点的78%。离店承包经营的职工有71人。通过承包，调动了职工的社会主义积极性，不仅提高了经营效果，还注意保护了消费者利益。在发展多种经营方式的同时，沙市还发展了一定范围内的个体经济，改变了长期以来经济形式过于单一的状况。短短几年，就增加个体工商业近800户，使多年不见的个体小商店、小饮食和服务、修理等行业又开始活跃起来。在劳动工资改革方面，沙市推行了"合同工"、"预备工"制度和社会保险制度；在市热水瓶厂等3个单位进行了工资改革试点。为使沙市形成以水运为主，水陆运输协调发展的交通运输枢纽，交通运输体制的改革正在进行。此外，沙市还开展了国家补贴向个人出售住宅的试点工作。

综上所述，4年来，针对原有体制中的各种弊病，在生产、流通、分配、税收、金融、物价、科技、劳动工资、管理机构等各个领域作了不同程度的改革试验，突破了一些老框框，探索和建立了一些新的体制、新的管理办法。当然，也出现了一些问题，如：在搞活经济的同时，还缺乏相应的管理、监督和控制；涉及经济权益重新调整的改革，在实际中很难推进；改革不够配套，使已经取得的成果难以巩固，经济效益也还不够理想。

党的十一届三中全会以来，沙市作为经济体制综合改革的试点城市，进行了大量的工作，取得了不少成绩。其中有些经验具有普遍意义。但是，为了实现四个现代化，在经济体制改革方面还有许多根本性的工作要做，诸如：计划体制的改革、外贸体制的改革、流通体制的改革、税收制度的改革、劳动工资制度的改革、价格体系的改革以及如何提高企业素质等等。目前，沙市的各级领导正在总结经验，继续前进。

结 束 语

新中国成立 34 年来,为了建立适合中国国情的社会主义经济体制,我们在探索中走过了曲折的道路,付出了重大的代价,也获得了一些成功的经验。特别是党的十一届三中全会以来的五年,我们注意吸取过去多次反复的经验教训,经济体制改革进入到一个新的发展阶段。通过回顾新中国成立以来五个时期经济体制改革的历史,以及对有代表性的六个省市、九个部门的经济体制改革进行典型剖析,就有可能对如何建立具有中国特色的经济体制,如何积极而又稳妥地进行经济体制改革工作,提出可供借鉴的历史经验。

34 年来经济体制改革的实践经验,集中到一点,就是要把马克思主义的普遍真理同中国的具体实际结合起来,建立具有中国特色的社会主义经济体制。中国是一个人口众多,幅员辽阔,多种经济形式并存,商品生产、商品流通和交通运输还不发达,经济发展很不平衡的发展中的社会主义国家。我们进行经济体制改革,要借鉴外国的有益经验,但不能照抄照搬,必须从自己的国情出发,走自己的道路。经济体制改革涉及的范围虽然很广泛,内容很多,但历史的经验告诉我们,其基本的方面就是要在坚持社会主义公有制和计划经济的前提下,按照客观经济规律正确处理各种经济关系,特别是责、权、利的关系,调动中央部门、地方、企业和劳动者的积极性和主动性,并按照商品经济和社会化大生产不断发展的要求,科学地组织和管理经济,使国民经济在党和国家政策以及国家计划的轨道上健康运行,以达到迅速发展生产力,促进科学技术进步,提高经济效益,满足社会和人民生活需要的目的。具体来说,主要处理好五个方面的关系:多种经济形式之间的关系,计划经济与市场调节的关系,中央与地方、"条条"与"块块"的关系,国家与国营企业的关系,企业与劳动者的关系。

一、坚持以国营经济为主导，发展多种经济形式

根据生产关系必须适合生产力发展水平的客观规律和中国生产发展不平衡的状况，正确处理各种经济形式之间的关系，建立起适合中国国情的多层次的生产资料所有制结构，是建立科学的合理的经济体制的基础。

中国从基本完成对生产资料私有制的社会主义改造以来，在"左"的错误思想干扰下，在所有制结构方面，出现过这样的趋势：只注意发展全民所有制经济，轻视和削弱集体所有制经济，排斥和取消个体所有制经济。特别是在"大跃进"和"文化大革命"时期，盲目地追求"大"和"公"，实行"穷过渡"，割"资本主义尾巴"，使国民经济遭到严重损失，市场商品匮乏，城镇就业困难，人民生活不便。直到党的十一届三中全会以后，才纠正了片面地认为公有化程度越高，经营规模越大越优越的错误观念，突破了各种所有制经济只能采取一种经营方式进行管理的老框框，开始把单一的公有制形式改变为公有制占绝对优势下的多种所有制形式并存，把单一的经营方式改变为多种经营方式。这样就开始搞活了经济，发展了生产，扩大了就业门路，方便了群众生活。

历史经验反复证明，像中国这样的社会主义国家，搞单一的公有制经济，甚至搞单一的全民所有制经济，是行不通的。一是中国生产力总的发展水平不高，国民经济的各个部门、各个行业以及各个地区之间发展很不平衡，既有现代化的大生产，也有落后的小生产，既有机械化、自动化操作，也有大量的手工劳动。这种不同层次的生产力，加上管理水平的不同，需要有与之相适应的多种所有制形式和多种经营方式。二是中国国家大，人口多，就业的压力大，生产建设和人民生活的需要多种多样，由国营经济包揽一切，是不可能满足各方面不同需要的，必须同时发展集体经济和个体经济，发挥它们灵活多样的特点，为社会提供丰富多彩的产品和各种劳务，并广开就业门路。三是中国现在还不富裕，国家必须集中资金保证重点建设，许多为社会和人民生活所需要的事业，还要动员集体和个人集资来办。因此，我们必须实行以国营经济为主导、集体经济为重要组成部分、个体经济和其他经济为

补充的多种经济形式长期并存的所有制结构。这几种经济形式各在一定范围内发挥其优越性，不能互相取代，也不能并列，更不能主次颠倒。

国营经济是社会主义全民所有制经济，是中国社会主义公有制的主要形式。国营经济掌握着国民经济命脉，在全国工业固定资产、工业总产值、社会商品销售额、国家财政收入来源中，国营经济都占了绝大部分；它是保证劳动群众集体所有制经济沿着社会主义方向前进，保证个体经济为社会主义服务，保证整个国民经济发展符合于劳动人民的整体利益和长远利益的物质基础。如果没有在国民经济中起主导作用的国营经济，集体经济和个体经济的发展就会迷失方向。因此，能否正确认识和充分发挥国营经济的主导作用，对巩固中国社会主义经济制度和发展国民经济关系重大。

要更好地发挥国营经济的主导作用，首先就要发挥它属于全民所有、装备比较先进、技术力量比较强、管理水平比较高的优越性，做到发展快，效益好，积累多。但长时期以来，由于国营企业经营方式单一，端"铁饭碗"、吃"大锅饭"，不利于发挥企业和广大职工的积极性和主动性，造成许多国营企业经营管理落后，经济效益不高，甚至发生亏损。党的十一届三中全会以来，许多国营企业扩大经营管理自主权，推行经济责任制，进行企业整顿和改组联合，以及实行多种经营方式，为国营经济发挥主导作用创造了有利条件。

发挥国营经济的主导作用，还要支持、扶植集体经济和个体经济，并引导它们沿着有利于国计民生的方向发展。国营经济要在业务上技术上对它们进行指导，在货源、原材料、场地、交通运输、信贷、保险等方面给予支持和扶植，并在自愿互利的基础上发展同集体经济、个体经济各种形式的经济联合和产供销联系，把它们引导到有计划、按比例发展的轨道上来。过去，在"左"的错误思想指导下，把主导作用错误地当成由国营经济包揽一切，排挤和削弱了其他经济形式，这不仅削弱了国营经济的主导作用，也不利于国民经济和国营经济本身的健康发展。直到现在我们还经受着集体经济和个体经济发展不足所造成的困难。国营经济应该扶植和引导集体经济、个体经济健康发展；集体经济、个体经济的健康发展，也有利于国营经济的发展，两者是互相促进，而不是互相排斥的。

劳动群众集体所有制是社会主义公有制的重要形式。在农村，集体经济占整个农业总产值的80%左右，它包括从事农林牧渔生产的社队，以及社队举办的企业和部分社员联营的合作企业，是中国农村的主要经济形式。城镇的集体经济和农村的集体经济一样，具有对中国现有生产力水平较强的适应性。它所需投资少，设备比较简单，能按照不同的要求提供各种产品和劳务，能容纳众多的劳动者就业；它实行独立经营，自负盈亏，经营成果与劳动者利益密切相关，有利于调动人们的积极性；它有较大的经营自主权和灵活性，可以根据市场和社会需要，随时改变自己的经营项目、范围和方式方法；它还有勤俭办事业的好传统，这些都是国营经济难以代替的。现在，一些小型国营企业一经试行集体经营后，就收到明显的经济效果，也从另一方面证明了这点。因此，过去由于"左"的错误，认为全民所有制"先进"，集体所有制"落后"，轻视集体，搞"升级"，闹"过渡"，想搞清一色的全民所有制，以及用管理全民所有制经济的办法来管理集体所有制经济的想法，都是不符合中国国情，不利于国民经济发展的。

在发挥国营经济主导作用的同时，大力发展集体经济，是繁荣城乡经济，方便人民生活，扩大劳动就业的必由之路，是中国发展经济的长远方针。主要应大力发展零售商业、饮食业、服务修理业、手工业、短途运输业、建筑业、房屋修缮业等等。因此，要端正对集体经济的认识，提高集体企业职工的政治地位和社会地位，迅速地改变那些歧视、限制的政策措施，代之以引导、扶植的政策措施，发扬集体经济"自愿组合，自负盈亏，按劳分配，民主管理"的优点，逐渐把统负盈亏的大集体企业恢复成独立核算、自负盈亏、在按章纳税后可自行分配劳动成果的真正的集体企业，并及时解决发展中的政策问题和实际问题。

城乡劳动者个体经济，是中国社会主义公有制经济的必要的补充。城镇个体经济多数从事手工劳动，只需简单的工具，凭着传统的技艺，为人民提供多种多样的产品和劳务，又有经营灵活，品种细小，适应性强，走街串巷，方便群众等特点。农村中的家庭副业，可以把家庭辅助劳动力和剩余劳动力充分利用起来，可以把集体经济不能利用的零星资源合理利用起来，可以把集体经济不便经营的项目经营起来,具有投资少、见效快等优点。这些都是公有制经济现在较难代替的。还要看到,在社会主义制度下,个体经济是依附于公有制经济的。没有强有力的公有制经济的支持,个体经济不可能得到健康发展;当然没有个体经济的补充配合作用,公有制经济的发展也会遇到困难,人民生活会感到不便。随着个体经济向专业化、社会化方向发展,就越要依附于公有制经济,成为社会主义经济的有益补充。过去那种把个体经济当成"资本主义尾巴",怕个体经济发展了会出现"资本主义复辟",是没有根据的。要提高对发展个体经济所起积极作用的认识,提高个体劳动者的社会地位,适当发展个体经济。在城镇,要大力发展个体手工业、修理业、饮食业、服务业等;在农村,要积极鼓励和支持社员个人或合伙经营服务业、手工业、养殖业、运销业和植树造林等开发性行业,大力发展多种经营,向农业生产的深度和广度进军。与此同时,也要看到,个体经济也有一定的盲目性,因此,要加强行政管理。既要保护个体经济和家庭经营的合法权利和利益,在原材料、货源供应、场地、种子、饲料、技术等方面予以扶持,又要制定严密的管理办法,加强监督,取缔非法活动,以充分发挥个体经济有益的补充作用。

二、正确贯彻计划经济为主、市场调节为辅的原则

在生产资料公有制基础上实行计划经济,是中国社会主义经济的基本制度。正确处理计划经济与市场调节的关系,是经济体制改革中的一个根本性问题。

"一五"时期计划管理采取了直接计划与间接计划相结合的形式,并在一定的范围内实行了市场调节,较好地处理了这个问题。在生产资料私有制的社会主义改造基本完成以后,直接计划的范围越来越宽,计划管理的形式也趋向单一,下达的指令性指标越来越多,市场调节受到排斥。但这样做并没有很好地实现社会生产与需要的平衡和衔接,相反带来某些计划与实际、生产和供销的脱节现象。党的十一届三中全会以来,随着多种经济形式的发展和企业自主权的扩大,计划管理开始采取灵活的形式,市场调节开始发挥作

用，取得了一定成效。党的十二大提出"计划经济为主、市场调节为辅"的原则，正是中国这些历史经验的总结。

实践证明，从中国现阶段社会经济的特点出发，对经济活动的管理应该分为两个部分：对主要部分、主体部分实行计划管理，对次要部分、从属部分实行市场调节。在国营经济占主导、多种经济形式并存的情况下，我们有必要、也有可能对经济活动中的主要部分、主体部分实行计划管理，同时也有必要和可能对次要部分、从属部分实行市场调节，以活跃经济生活，保持国民经济按比例发展。由于中国现阶段生产力发展很不平衡，社会需要又极其复杂多样，只有把品种规格繁杂的小商品划入市场调节的范围，由价值规律自发地调节供求，才能使国家集中主要精力，搞好计划管理。同时，也只有对经济活动的主要部分、主体部分实行计划管理，才能把次要部分、从属部分放开而不致发生混乱，并使市场调节成为计划经济的有益补充。计划经济与市场调节这两个部分，既不能相互取代，也不能颠倒主辅关系。

根据历史经验，正确贯彻计划经济为主、市场调节为辅的原则，首先必须在国民经济综合平衡的基础上，加强国家对宏观经济的计划指导与计划控制。要建立和健全以五年计划为主，中期、长期、短期计划相结合，经济、科技、社会发展计划相结合的计划体系。国家计划工作的重点，应是对一定时期经济发展的战略目标、战略重点、规模、速度、地区布局、重大比例关系等做出正确的决策；对固定资产投资方向和规模、重大建设项目、工资总额、工资水平、价格水平等进行有效的严格的控制；对财政、信贷、外汇、物资、市场、劳动力等搞好综合平衡。这些都是整个国民经济按比例发展的基本保证。在这前提下，划出一定的范围实行市场调节，有利于搞活经济，补充计划的不足，更好地满足社会需要，而又不会影响整个经济的有计划发展。

能否保持计划决策的科学性，是计划经济制度成败的关键。经济体制的建立和改革，应有利于计划决策的正确制订和贯彻。为此，必须合理划分权限，使计划部门集中力量研究国民经济重大决策；规定合理的计划程序，保证计划决策过程的民主化和决策的科学性；建立严格的计划责任制，做到责权一致，奖惩分明；建立灵敏的信息系统，为计划的制订和修正及时提供准确的信息；给予计划执行单位一定的权力,能对错误的决策进行必要的抵制等。

正确贯彻计划经济为主、市场调节为辅的原则,必须采取多种计划管理形式,明确划分指令性计划、指导性计划和市场调节的范围,并使三者有机地结合起来。指令性计划是中国计划管理的主要形式,是中国社会主义全民所有制在生产的组织和管理上的重要体现。建国以来,在经济建设上发生的几次重大挫折,都是同盲目扩大基本建设规模分不开的。指令性计划,首先要对固定资产投资总规模和基本建设项目做出严格的控制。在这同时,为了保证国民经济的扩大再生产和重点项目建设的需要,对关系国计民生的重要产品、重要任务,对关系经济全局的骨干企业的重要生产活动,要实行指令性计划,以保证国家计划及时、准确地完成。指令性计划在中国计划管理的多种形式中起主导作用,国家直接控制一部分财力和物力,才能稳定国民经济全局,并使指导性计划有效地发挥作用,使市场调节成为计划生产和流通的有益补充。但实行指令性计划不能单纯依靠行政命令,要注意到企业的经济利益,运用价格、税收、信贷等经济杠杆来保证计划的实现。生产和流通方面的指令性计划的范围也不宜过宽,过宽了既不易于保证国家计划的科学性,又妨碍企业的积极性和主动性的发挥,也不利于商品生产和商品交换的发展。对于下达指令性计划的生产任务,国家应负责解决主要物资的供应和产品的销路,以确保指令性计划的有效性。

指导性计划是计划管理的一种重要形式,它类似于中国第一个五年计划时期曾经比较成功地实行过的间接计划。实行指导性计划虽也下达计划指标,但指标不具有强制性,允许企业根据自身条件和市场情况,较灵活地安排生产经营活动。国家主要通过运用经济杠杆和及时发布产需通报等保证其实现。对于许多品种规格复杂,使用面广,要求多变,又比较重要的产品的生产和流通,都可以实行指导性计划。指导性计划既不同于具有强制性的指令性计划,又不同于自发的市场调节,实行指导性计划可以避免经济发展的盲目性,使计划有一定的灵活性;可以避免指令性计划范围过宽,把经济管死;可以避免市场调节范围过大,将经济搞乱。搞好这一中间形式,需要搞好价格、税收、信贷等方面的改革,进一步发挥经济杠杆的作用,这对于闯出一条中国计划管理的新路子具有重要的意义。

对于大量小商品的生产和流通，国家可以不下达计划指标，而由各生产经营单位根据市场供求情况的变化灵活地自行安排。实行市场调节的范围虽然只能是工农业生产和流通的一小部分，它只是有计划的生产和流通的补充，但是，这种补充作用是不可缺少的。允许一定范围内的市场调节，有利于促进不同经济形式、不同经营方式的发展，有利于为数众多的中小企业主动地改善生产经营，适应市场需求，更好地满足社会生产和人民生活多种多样的需要，同时，也可以避免由于国家计划无所不包所引起的失误和损失。为使市场调节发挥有益的补充作用，需要正确地划定市场调节的范围，通过政策法令和工商行政工作进行引导和加强管理，并在国家进行重要物资的平衡时给市场调节留出一个必不可少的部分，以解决某些主要原材料的供应。

在中国，指令性计划、指导性计划和市场调节都有其存在的必要性和必然性。具体范围既可以按产品的重要程度、企业的性质和规模来划分，也可以按任务的重要性来划分，要根据不同情况，把三者结合起来。实际经济生活中，对企业来说，往往不能限于一种形式。我们可以根据各种形式运用的不同程度，把企业分为三种类型。第一类是国营大型企业，以指令性计划为主，但对其少量产品的生产和销售，采取指导性计划，也允许有少量产品的自销。这就是说，对这类企业要管住，但又不管死，并适当运用市场调节，使之关心市场需要、关心技术进步和注重产品质量的提高。第二类是中小国营企业和较大的集体企业，以实行指导性计划为主，只对少量的生产和销售活动，实行指令性计划，一小部分采取市场调节。第三类是大量分散的城乡集体企业和个体经营者，以市场调节为主，但国家也进行政策指导和行政干预，也不排除由国家下达少数指令性指标，如对粮食和其他重要农副产品的征购派购。把企业划分为这样三类，有利于合理运用各种形式，使全部经济活动管而不死，活而不乱。

正确贯彻计划经济为主、市场调节为辅的原则，还必须运用经济的、行政的、法律的多种手段，特别是要充分发挥各种经济杠杆的作用。实行指令性计划和指导性计划，都必须自觉地利用价值规律，都必须有各种经济杠杆的运用相配合,否则指令性计划难以贯彻实现,指导性计划更有落空的危险。价格是最主要的经济杠杆,价格不合理,利润就不可能真正反映企业的经营成果,国家和企业在收入分配上也不可能合理,进行税制、信贷等方面改革时就没有科学的基础。要在保证物价基本稳定的前提下,作有升有降的调整,有步骤地改变价格严重背离价值的状况,实行固定价格、幅度价格、自由价格等多种价格形式,使之能较为灵活地反映生产成本和市场供求的变化,合理分配利润,调节某些产品的产销数量。要有计划地进行税制改革。以产品税为主开征一些必要的新税种,并在税率上作适时、适度调整,通过税收引导和控制消费和积累,调整行业和企业的发展方向。在信贷上,要做到区别对待、择优扶植,实行资金有偿使用和差别利率、浮动利率制度。为了有效地综合地运用各种经济杠杆,还需要在组织管理上将计划的制定、执行和价格、税收、信贷等经济杠杆的运用适当统一起来。在制定计划的同时,要相应确定运用各种经济调节手段的方案,重大的经济调节手段要集中管理,要落实执行的机构,使经济杠杆的运用和计划任务的要求密切配合,真正成为实现国家计划的有力工具。

强调运用经济办法管理经济,并不是说可以忽视必要的行政手段,要使经济办法与行政办法有机地结合起来。要坚持指令性计划的严肃性,建立健全经济法规和经济监督制度,加强工商行政管理,必要时还可以通过发布行政命令,对经济活动的某些方面进行直接的、强制性的干预。中国社会主义条件下的市场调节,不同于资本主义的市场经济,国家有必要也有可能运用经济的、法律的、行政的多种办法加以引导和制约,使之纳入国民经济有计划按比例发展的轨道。

三、正确处理中央与地方、"条条"与"块块"的关系

中国有 29 个省、市、自治区(不包括台湾省),几百座大、中、小城市,几十个管理经济的中央部门。如何在计划经济为主、市场调节为辅的原则下,实行大权集中、小权分散,正确处理中央与地方、"条条"(中央各部门)与"块块"(地区)之间的关系问题,按照经济的内在联系组织经济活动,真正

形成统一的社会主义市场,是中国经济体制改革中最复杂、难度最大、反复最多的问题之一。新中国成立以来的几次经济体制改革,主要是围绕着中央集权为主还是地方分权为主、"条条"管理为主还是"块块"管理为主进行的,但至今还没有很好地解决这个问题。根据30多年来的经验教训,正确处理中央与地方、"条条"与"块块"的关系,必须注意以下几点:

(一)适度地划分中央与地方的职责权限。30多年来,在中央与地方的关系上,虽经多次变化,但往往不是失之集中过多,影响地方的积极性,就是分散过头,削弱社会主义经济必要的集中统一。而且每个时期都几乎同时存在该集中的没有集中,该分散的没有分散的问题。需要通过总结,研究中央与地方分权的原则和适度点。

中国是实行计划经济的国家,计划经济的优越性,就是能够适当集中人力物力财力,进行有计划的建设。关系国民经济全局的经济决策大权必须集中于中央。国民经济发展的战略,全国的经济、科技和社会发展计划,全国性的经济立法和方针政策,必须由中央统一制定;国家预算收支、信贷收支、货币发行、国际收支、固定资产投资方向及其规模和大中型建设项目、主要生产资料和消费品的分配、主要产品的价格、工资总额增长幅度等,必须由中央统筹安排,综合平衡。为了建设社会主义强国,全国要集中力量支援重点建设。必须实行局部服从全局,地方服从中央,不能各自为政。中国又是一个有10亿人口的大国,各地经济发展很不平衡,各项经济活动不应该也不可能都集中到中央管理,必须实行"统一领导、分级管理"和"大权集中、小权分散"的原则,给地方一定的因地制宜权限,同时,又要逐级协调,防止盲目生产、重复建设。地方对本地区的生产和建设,要在中央统一计划下,搞好规划、指导、协调和监督;对人民生活和社会服务设施等,要进行全面规划,统筹安排。

中央与地方之间的财力、物力的分配,也要贯彻"大集中、小分散"的原则,即财政收入、外汇收入和重要物资的大部分应集中于中央,地方可以掌握一部分。根据历史经验,中央掌握的财力应占国家财政收入的70%左右,中央财政直接支出的比重占全部财政支出的50%左右。中央掌握必要的机动财力，有利于保证国家重点建设和对落后地区的扶植。

（二）条块结合，搞好企业改组联合。30多年来的经验告诉我们，对"条条"管理和"块块"管理都要一分为二。"条条"管理，好处是便于在全行业范围统一规划，搞好合理布局和分工协作，统一技术政策和技术标准，集中力量解决重点建设和专业范围内的科学技术问题；缺点是容易造成部门壁垒，割断在一个地区内不同工业部门之间和企业之间的经济联系，妨碍地区内广泛的专业化协作，使各个企业的生产能力不能充分合理地利用。"块块"管理，好处是便于就近管理企业、及时解决问题，便于搞好公用设施和社会服务，便于在地区内打破行业界限，组织工艺协作和综合利用；缺点是不能在全国范围进行供产销的综合平衡，容易发生盲目生产，重复建设，形成地区封锁，自成体系，妨碍在更大范围内的专业化和协作，削弱地区之间经济活动的联系。因此，不能简单地否定"条条"或"块块"的管理。既不能片面强调"条条"管理，也不能片面强调"块块"管理，应该趋利避害，使"条条"与"块块"更好地结合起来。就是说，要经过中央综合经济部门的协调，在行业指导下，以中心城市为依托组织经济活动，通过扩大企业产供销的权力，密切企业之间的经济联系，发展商品生产和商品交换。

要根据企业的不同情况，分层次地进行企业的改组联合。可以考虑，一些关系经济全局而在全国只有为数不多的同类大型骨干工厂，由国务院或中央有关部在全国范围内组织联合体；在一个省、区内，几个城市都有同类工厂，而且每个城市同类工厂为数又不多的，由省、区组织跨部门的联合体；在一个城市内各部门的同类工厂比较多，而且在一个省、区只有一两个城市有同类工厂的，由骨干企业所在的城市组织跨部门的联合体，并通过发展企业的横向联系，形成跨地区的联合和协作。不管哪一种经济组织形式，都要加强行业的指导。行业主管部门都要从全局出发，也就是不局限于自己原来管理的直属企业和归口企业，既要打破地区的界限，也要打破部门的界限，负责抓好发展规划、经济政策、技术政策、技术标准、新技术的推广、新产品的开发，以及组织跨省市的企业改组联合等工作。要在国家计划委员会的统一组织下从规划做起，由行业主管部门，必要时设立超部门的行业规划小组，组织有关部门和地区各方面的专家参加行业调查，在摸清行业情况的基础上，制定行业规划，提出合理调整企业结构、产品结构和技术改造的方案。这种行业规划，为省、区和中心城市制订综合规划和组织企业的改组联合，提供必要的依据，有利于减少或避免地区和部门之间的重复建设和重复生产，也有利于组织专业化大生产，促进科学技术进步。

（三）充分发挥城市的作用，特别是要发挥大中城市在组织经济方面的作用。中国大中型的工业企业集中在城市。据统计，全国工业固定资产原值、职工人数的2/3左右，工业总产值和利润的3/4左右，集中在245个城市。这些城市在一定地区内进行社会经济活动，不仅包括工业，而且是商业、交通运输、邮电、信息、金融、信贷以及科学技术、文化教育等事业比较集中的场所。因而抓住城市这一块，就抓住了经济活动的主要部分。城市生产的发展，不仅是为了本市的需要，而主要是为了外销。从城市抓起，发挥城市的作用，容易调整条块矛盾。但是，我们现行管理体制的主要问题是条块分割，城乡分割，削弱了城市的作用。当前要适当扩大大中城市的权力，使之能够在工业生产、科学技术、内外贸易、物资流通、金融信息、人才培训以及组织市政建设和各种服务行业等方面，都发挥应有的作用。

中心城市是在一定条件下逐步形成的，是商品生产和商品交换发展的结果。它的作用不局限在一个城市内，而更重要的是与周围地区建立起经济联系，形成经济活动中心，从而冲破地区、部门的界限。要以中心城市为依托，逐步形成条块结合、城乡结合，农业、工业、商业、交通运输、科学技术、教育和服务等行业综合发展的不同类型、不同规模、各有特点的经济区。现在，初步可以看出有以下几种发展趋势：一种是以大城市为中心，通过生产技术协作、商品流通、对外贸易、金融往来、咨询服务等经济活动，将周围地区联系起来，形成经济区。一种是以工业基地为依托，围绕大型能源、交通和重化工等项目的建设和生产，打破部门和地区界限，把"条条"、"块块"协调起来，加速资源开发和综合利用，形成经济区。一种是通过中等城市带动周围县，统一组织生产和流通，逐步使城乡结合起来。一种是以农村集镇为中心，通过物资集散，城乡商品交流，农工商运综合经营，逐步发展起成千上万个城乡结合、综合经营的农村区域性的经济中心。一种是以沿海港口、水系流域为中心,把有关部门和地区联合起来,统一指挥,既能调动各方面的积极性,又能充分发挥港口和流域的作用,有的实行对外开放的特殊政策,成为经济特区。

要按照专业化和联合的原则,采取鼓励政策,有步骤地组织各种形式的经济联合,逐步改变企业组织结构的"大而全"、"小而全"和地区分割、部门分割的状况。在同一个城市内,不同行业的企业所属的热处理、铸锻、电镀、机修等部分,都要分别情况适当集中,组织专业化生产的工艺中心,独立经营,独立核算。在同一个城市内,包括跨部门的同类企业、同类产品,要根据不同情况,由所在城市按零部件组织起来,分工协作,实行社会化大生产。在同一个城市内,生产连续性较强,原材料需要综合利用的,如有些石油、化工、轻纺等企业,要打破部门界限,由所在城市组织起来,成立联合公司或松散的经济联合体,以充分合理利用资源、能源,发挥企业潜力,提高经济效益。城市还应该组织企业、科研单位、大专院校的联合,加速发展新产品,攻克技术难关;还要逐步组织生活服务的社会化,减轻企业在这方面的负担。社会化大生产应不受地区、部门的限制,应该是跨省市跨部门的。根据经济发展的需要,组织一批跨地区的经济联合体。根据历史的经验,要以各种产品为中心,作为组织经济联合体的突破口和着手点,由生产名牌产品的骨干企业牵头,向外埠延伸,形成以大中城市为中心的分工协作网络。联合要坚持自愿、互利原则,要维护企业必要的自主权。联合的形式和规模要根据具体情况确定,允许多种形式并存,大中小并存,可以是松散的联合,也可以是紧密的联合。组织跨部门、跨地区的经济联合,要以提高经济效益为目标,有重点有步骤地进行。

(四)打破部门、地区和城乡间的分割,联合对外,发展社会主义统一的、开放的流通市场。多年来,中国的商品流通基本上是按行政系统、行政区划组织的,使统一的国内市场人为地割裂成许多相对封闭的"条条"、"块块"。割裂的市场向生产者提供的反馈信息往往是不全面的、不及时的,这就不能不影响到计划的综合平衡。市场的封闭和割裂,使有益的竞争难以正常开展，价值规律所具有的淘汰落后、鼓励先进、调节供求、促进生产的积极作用不能得到很好发挥。党的十一届三中全会以来，工业生产资料开始作为商品进入流通市场，在国家计划指导下的多种经济成分、多种经营形式、多条流通渠道和少环节的"三多一少"的商品流通体制开始形成，然而，还需要继续对现有按行政系统、行政区划设置的物资机构和商业批发机构进行调整和改革，使大中城市真正成为流通枢纽，按照经济区域组织商品流通。

在首先抓好国内市场的同时，还要注意开拓国际市场。社会化大生产的一个根本特点是交换的扩大，从国内的交换扩展到国际交换。中国是10亿人口的大国，我们一定要艰苦奋斗，自力更生，独立自主地进行社会主义现代化建设，这是绝对不能有丝毫动摇的。但是自力更生不是闭关自守、自给自足，我们不但要放手调动国内一切可以调动的积极因素，而且要放手利用国外一切可以利用的因素。发展对外贸易，引进先进技术，利用外国资金，以及发展各种形式的国际经济技术合作，以我们自己的长处，通过国际间平等互利的交换，补自己的短处，这不但不会妨碍而且只会增强我们自力更生的能力。新中国成立以来，由于多种原因，我们在对外经济关系方面走过曲折的道路。直到粉碎"四人帮"，党的十一届三中全会才明确地提出了对外开放的政策。5年多来，为适应对外开放和发展对外贸易的要求，试行了外贸体制的改革，调动了各部门和地方、企业发展对外贸易的积极性，但在改革中也出现了多头对外、肥水外流的问题。历史经验告诉我们，在外贸体制改革中要处理好两个矛盾：一是统一对外与调动各方面积极性的矛盾；一是既要适应国内计划经济制度的要求，又要适应国外资本主义市场多变的矛盾。这就要遵循统一管理、联合经营的原则，在国家统筹安排下充分调动地方、部门和企业的积极性，并且在责、权、利统一的基础上，使企业拥有业务经营的自主权，在生产技术和经营管理方面，能够比较灵活地适应国际市场的变化。

(五)改革经济组织管理体制,实行政企合理分工。要结合企业的改组联合,合理调整企业的隶属关系。工业发达的、城市条件较好的省,要逐步做到政府机构少管以至不直接管理企业,大量的企业应逐步改由所在城市的经济组织统一管理。在有条件的省和自治区,可实行市领导县的体制。市管县的数量,要根据经济的内在联系,并认真考虑城市支援农村的经济力量来确定。

中央财经各部根据目前情况,大体上可以分为三类:一类不直接管理企业;一类只管极少数骨干企业;一类直接管理企业,如铁道、航空、邮电等。中央的多数部门是前两类,不直接管理企业,以利于把主要精力集中到搞好行业规划、研究和提出指导方针、政策上去。

大量企业改由大中城市管理后,如果还是沿用老的一套行政管理办法,很可能出现二百多个新的"块块",条块矛盾仍然得不到解决,甚至分割的状况会更加严重。解决这个问题,关键在于政企分开,减少各级政府对企业不必要的行政干预,国家(包括中央部门、省、大中城市)在主要依靠经济组织和采用经济办法进行有效的管理下,充分发挥企业的自主经营权力。

四、正确处理国家与国营企业之间的关系

在贯彻计划经济为主、市场调节为辅的原则,合理解决经济管理中条块结合的同时,还要正确处理国家和国营企业之间的关系,以增强企业的活力,提高企业的素质,这是发展社会生产、提高社会经济效益的基础。

社会主义企业应该是在国家统一政策、统一计划指导下,拥有生产经营所必需的责、权、利的相对独立的经济实体。长期以来,由于忽视或否认企业特别是国营企业这种相对独立性,实行任务靠上面下达,材料靠上面调拨,产品靠上面分配,盈利往上面交,亏损由上面补的"统收统支"、吃"大锅饭"的管理办法,形成国家对企业既统得过多,管得过死,又没有严格要求,优劣不分。在这种外无压力,内无动力的情况下,大多数企业的素质很差。过去历次经济体制改革多局限于调整中央和地方的管理权限,很少涉及国家与企业之间的关系。党的十一届三中全会以来,从农村实行多种形式的生产责任制,工业实行经济责任制,商业实行经营责任制,到工商企业实行利改税制度,才初步改变了企业在实质上无责、无权、无利的状况,使国家与企业的关系发生了新的变化。

在国家与企业的责、权、利关系中,责是主导方面。因为,整个国家计划的完成,是建立在各个企业履行它向国家承担的经济责任的基础上的。同

时，国家向企业承担的责任，也是企业履行它向国家承担的责任的必要保证。权和利在一定意义上讲，都是企业履行其经济责任的必要手段。扩大企业经营自主权和实行利润留成，实际上是加重了企业对国家承担的责任，即从过去自主权过小，没有经济利益推动，缺少经济力量保证的行政性责任，变成了有权、有利，保证确实能够履行的经济责任。

责、权、利，必须责字当头。在国家与企业的关系中，必须首先明确双方各自承担的责任。企业应负责全面完成国家下达的指令性任务和重要的技术经济指标，负责合理地使用各项资金，为国家提供尽可能多的纯收入和适销对路的产品。企业应将履行这种责任放在首位，并把对国家负责与对消费者负责统一起来。各级主管部门应负责帮助企业解决完成国家计划所必需的、企业无力解决的外部条件，包括企业间的协作，供、产、销、运的衔接，能源的供应等问题，而且要对由于自己的决策失误给企业造成的损失承担责任。目前，有些企业只热衷于向国家要权、要利，而不积极履行向国家承担的经济责任；有的主管部门只顾向企业下计划、压任务，而不重视履行向企业承担的责任。这两种倾向，都不应继续下去。

为了使企业更好地履行向国家承担的经济责任，必须给予一定的生产经营自主权。五年来企业扩权的实践表明，应视不同情况，使企业拥有部分或全部的产供销、人财物的决策权。关系经济全局的大型骨干企业，以及生产关系国计民生的或紧缺产品的国营企业，由于它们在国民经济中的重要地位，国家必须对它们生产的主要部分下达指令性计划。而生产一般产品或小商品的国营企业，由于它们生产的品种繁多，与市场联系密切，国家主要实行指导性计划或允许市场调节，因而企业的生产经营权要相应地大一些。国家与企业之间的权限划分，也应视不同情况而有所区别，例如：在基本建设、增加生产能力方面国家应严格控制，在企业原有资金范围内的生产自主权可以大一些；在外贸经营方面国家要控制得严一些，在内销经营方面企业的自主权可以适当大一些；对于主要商品和标准产品的价格，对于工资基金和工资标准，国家要从严控制，而在一般商品、特殊的或专用的商品和小商品的价格及具体工资形式等方面，企业的机动权可以大一些，等等。从试点企业的经验看，目前国营企业一般可以有一定范围的产品生产计划权，一定比例的产品自销权，以及提取利润留成权、物资选购权、自有资金使用权、奖金分配权、中层干部任免权、招收职工的选择权等。实践证明，在一些经营管理较好、领导班子较强的企业，扩大自主权的效果是显著的，应该赋予它们比管理较乱、领导班子较弱的企业大一些的权力。从今后的趋势看，随着调整、整顿任务的完成和经济体制改革的全面开展，企业的自主权还将进一步扩大。但是，这种自主权的扩大要有利于提高社会经济效益，有利于促进国民经济的协调发展，要有区别地逐步地进行。

为了使企业在履行其经济责任方面既有内在的动力，又有外在的压力，并且有必需的经济力量保证，还需要正确处理国家与企业之间的经济利益关系。国家与企业之间的经济利益要划分得合理，结合得适当。必须首先保证国家掌握一定的财力用于重点建设及其他各项必不可少的开支。因此，在企业新增利润中，国家与企业经济利益的划分应该是，国家得"大头"，企业得"小头"，企业利润留成的增长幅度不能超过生产和利润增长的幅度。那种不经努力，只试图轻轻松松地从国家财政上挖一块，以增加企业经济收益的做法是错误的。当然，国家得的"大头"也并非越大越好，如果大得不适当，挫伤了企业的积极性，则国家也不可能得到"大头"。总之，"大头"和"小头"虽有矛盾，又能统一，即统一于不断挖掘企业内部潜力，提高经济效益，增产增收上。各企业间经济利益的分配，也应破除平均主义，体现奖勤罚懒的原则，那种不论经营好坏，都要从改革中得到好处的状况必须改变。要使由于客观因素造成的企业间的"苦乐不均"得到合理的调剂。企业由于外部条件的变化，如由于资源的优越和价格、税收变动而得到的超额利润，原则上应归国家；反之，由此带来的经济损失，除由国家合理补贴外，一部分应由企业通过改善经营、挖掘内部潜力加以解决。那种凡好处都归企业，凡损失都由国家承担的状况也必须改变。只有这样，才能起到鼓励先进、鞭策落后的作用，成为企业发展生产、改善经营、改进技术的内在动力。

要在利润分配形式上，使国家与企业的经济利益紧密结合起来。近四年来四百多个工业企业进行利改税的试点经验证明，实行利改税比利润留成办法具有更多的优越性。利润留成的办法,把企业劳动者创造的剩余产品的一部分直接留给企业,使企业和职工的利益同经营成果挂起钩来,比起过去"统收统支"、吃"大锅饭",有明显的进步。但由于利润分成基数和分成比例很难定得合理;往往出现包而不干、只包盈不包亏的现象,不仅国家收入没有保证,企业也难以做到心中有数,无法进行长远安排;实行定基数的办法,也会产生"鞭打快牛"的问题。采取利改税的办法,就可以避免上述缺点。用法律形式把国家和企业的分配关系固定下来,税种和税率一经国家批准即成为法律,比利润分成办法严肃稳定得多。企业在经济上向国家依法纳税,国家能够保证得到"大头",财政收入稳定地增长;税后利润归企业自行支配,企业有依法规定的稳定的收入来源。利改税办法使企业真正成为相对独立的经济实体,给企业以压力和动力,迫使企业眼睛向内,在不断革新技术、挖掘内部潜力、改善经营管理、提高经济效益上下功夫,推动企业内部经济责任制的完善和发展。

由上缴利润制度改为缴纳税金制度,不仅可以正确处理国家与企业的关系,还有助于正确处理中央和地方的关系。进行税制改革以后,不管企业隶属于哪个部门、哪个地区,都按照法律规定的税种和税率向国家交纳税金,在财政关系上摆脱了对部门和地方的直接依附关系,有利于逐步打破部门、地区界限的束缚,根据提高经济和技术效益的要求,调整企业结构,合理布局。同时,可以按税种划分中央税收、地方税收,以及中央和地方共享的税收,进一步合理解决中央和地方的财政分配关系。因此,完善利改税和实行税制改革,有利于正确处理国家和企业关系、中央和地方关系,有利于发挥税收的经济杠杆作用,有利于解决条块分割问题,是今后改革的方向。

五、正确处理企业和劳动者之间的关系

在正确处理国家与企业关系的同时,还必须正确处理企业和劳动者之间的关系。中国的劳动人民是勤劳智慧的,但是,长期以来,经济单位内部管得过死,使劳动者处于被动的地位,收入同劳动成果不挂钩,因而使得劳动者的积极性和创造性不能得到发挥,造成经营管理落后,技术进步缓慢,生

产效率低，经济效益差的严重状况。党的十一届三中全会以来，不仅重视了国家对经济单位管理体制的改革，而且深入到抓经济单位内部管理体制的改革，在农业、工业、商业各个领域内相继推行了经济责任制，使农工商各业的发展不同程度地获得了强大的内在动力。可以说，实行经济责任制在不同程度上将劳动报酬同生产经营成果联系起来，是生产关系的一次重要调整，也是对经济单位内部管理制度、经营方式和经营思想作风的改革。经济责任制的推行，不仅正确地划分了国家与企业的责、权、利，将三者有机地结合起来，而且也正确地划分了企业与劳动者的责、权、利，并使三者有机地结合起来，为我们正确处理国家、企业同劳动者的关系，调动广大劳动者当家作主的积极性，办好社会主义企业和集体经济单位，找到了一种行之有效的形式。

农业生产责任制的推行，为正确处理国家、集体和劳动者的关系提供了成功的经验。全国绝大多数农村社队已经实行了包产到户、包干到户等多种形式的生产责任制。农业生产责任制具有多方面的优越性，但最主要的还在于它从体制上解决了长期存在于农业生产上的强迫命令、瞎指挥，分配上的平均主义、吃"大锅饭"等弊病。实行农业生产责任制，首先通过生产承包合同和农商合同，将农民向国家和集体承担的生产任务，农产品征购、派购任务和集体提留任务，以及国营商业部门向社员提供的生产资料保证等，用合同的形式确定下来，使国家计划的完成有了切实的保证。生产责任制不仅使生产队有了自主权，而且，由于绝大部分实行了"包产到户"、"包干到户"这种集体所有、分户经营的形式，每一个承包的社员家庭，在国家计划指导下，在完成合同规定任务的前提下，也有了因地种植和经营的权力，支配完成交售任务后的产品的权力，对农业生产投资的权力及抵制瞎指挥的权力等。如果说，承包部分更多地体现了国家和集体的利益，则超产部分就更多地体现了社员个人的利益。社员为了得到超产利益，就必须首先完成包产任务，"交了国家的，留出集体的，剩下全是自己的"。增产才能增收，超产越多，收入越高。这样把社员个人利益同国家和集体的利益完全融合在一起。有统有分，统分结合，这就大大激发了农民的生产积极性，而又发挥了集体经济的优越性，带来了生产力的解放和商品生产的发展，推动农村多种经营和社员家庭副业的发展，使整个农业生产向商品化、专业化和社会化的方向发展。农村各类专业户的大量涌现，以及围绕产前产后服务而组织起来的各种经济联合体，促进了农民收入水平的提高和农村科学、技术、文化教育的繁荣。

在农业生产责任制的启示和推动下，中国大部分国营工业企业和商业企业，在调整和加强领导班子的同时，推行了经济责任制。其中的一部分企业，在明确了国家与企业责、权、利的基础上，将企业向国家承担的经济责任，如产品的产量、质量、品种、成本、利润等各项计划任务层层分解，逐项落实到科室、车间、班组和个人，用厂内经济合同的形式确定下来。有些企业还明确规定各级各类人员的责任，包括每一个职工和管理人员的责任，形成一套纵横配套、上下结合的岗位责任制，使完成国家计划，提高经济效益的观念深入人心，使国家计划的完成有了可靠的保证。经济责任制的推行，把扩大企业自主权与扩大工人当家作主的民主权利结合起来，恢复和建立了职工代表大会等一套民主制度，广大职工参加决策，参加管理。部分企业还开始试行工厂、车间、班组民主管理，使职工代表经常、直接地参加生产管理工作，行使职权，把社会主义民主扩大到企业生产经营的各个方面，大大激发了职工的主人翁责任感，对提高经济效益起了积极的推动作用，从而提高了企业素质。经济责任制还把劳动者的劳动收入同他们的劳动成果及企业的经营成果联系起来，根据职工完成产量、质量、成本、利润等计划任务的情况，分配奖金或实行计件、超额计件工资，较好地贯彻了按劳分配的原则。少数企业还在利润留成的范围内进行了厂内升级、实行浮动工资、营业收入提成等形式的工资改革试点，有力地打破了干好干坏一个样的平均主义，使劳动者的积极性、主动性得到了发挥。但是，也要看到城市工商业比农村要复杂，在所有制、生产社会化程度、分配形式等方面都不同于农村。因此，城市工商企业的改革，不能照搬农村承包办法，必须根据自己的特点，在实行利改税的基础上，进一步探索一套正确的处理国家、企业和劳动者关系的具体办法。

综上所述，通过吸取建国以来经济体制改革的经验教训，正确处理上述五个方面的关系，就可以建立起具有中国特色的社会主义经济体制。通过积极而稳妥的改革，我们要逐步完善以国营经济为主导、多种经济形式合理配置、采取多种经营方式的所有制结构；实行计划经济为主、市场调节为辅和宏观管好，微观放活的计划经济体制；建立大权集中，小权分散和政、企合理分工的决策体系；形成行业指导、城市为主组织经济的条块结合的管理系统；实行责、权、利统一，经济办法与行政办法相结合的管理制度等等，从而使中国经济体制合理化，最大限度地调动各方面的积极性和主动性，促进社会主义经济的全面高涨。

六、积极稳妥地进行经济体制改革

明确了建立具有中国特色的经济体制的方向以后，还要解决进行改革的工作方法问题。中国经济体制变革的历史，也为我们积极稳妥地加快进行经济体制改革工作提供了十分有益的启示。

（一）坚持实事求是的思想路线。改革经济体制是一项具有很大创造性、探索性的工作。由于客观情况复杂和主观认识的限制，改革中难免会犯错误、走弯路。坚持实事求是、从实际出发这一马克思主义的思想路线和工作方法，就能使我们保持清醒的头脑和谨慎的态度，努力按照客观经济规律的要求和实际情况进行改革，就能使我们少犯错误、不犯大错误或避免重犯错误。在"一五"时期，我们基本完成了生产资料私有制的社会主义改造，实现了对国民经济的计划管理，尽管当时缺乏经验，但由于全党按照实事求是的思想路线办事，在这场伟大的社会变革中取得了卓越的成效。在"文化大革命"的动乱中，由于"左"的思想泛滥，背离了这条正确的思想路线，不作认真的调查，不加全面的分析，就匆忙变动经济体制，追求提高公有化的程度，否定按劳分配原则，盲目下放企业和扩大地方权限，使经济体制遭到了严重的破坏。党的十一届三中全会以来，纠正了"左"的思想，恢复了实事求是的传统，按照经济规律和中国国情，从实际出发，改革经济体制，取得了很大成效，开拓了中国经济体制改革的新道路。

根据历史经验，坚持实事求是的思想路线，就应该在改革工作中做到：第一，在坚持马克思主义基本原则的前提下，解放思想、打破框框、尊重群众的首创精神，凡是经过实践检验，能够推动生产发展，促进经济良性循环，提高社会经济效益，兼顾国家、集体、劳动者三者利益的改革措施，就应加以肯定、支持和推广。第二，充分发扬民主，允许和鼓励发表不同意见。对重大的改革措施，一定要进行周密的调查，反复的论证，精心的设计，经过试点，逐步推开。第三，认真总结自己的经验，对过去改革中的利弊得失要作全面分析，充分肯定成绩，不要回避问题，着重研究改进措施。结合国内的情况，有针对性地加强对国外经济体制的研究，学习和借鉴外国的有益经验，不照抄照搬别国的模式。这样做，我们就能克服前进道路上的困难和挫折，使经济体制改革健康发展。

（二）全面深入地进行经济体制改革的理论研究。党的十一届三中全会以前的几次经济体制改革和变动，没有取得应有的进展和成效，其中的一个重要原因，是对经济体制的理论缺乏研究，在若干重大问题上未能突破旧框框的束缚，而且由于对马列主义经典作家的某些论点和设想的误解和教条化，提出了一些错误的论断，因而没有找到改革的正确道路。近5年来，在商品生产、价值规律、按劳分配、计划经济与市场调节、所有制形式和经营方式等问题上开展了广泛的理论讨论，突破了一些旧的传统观念，批判了一些错误观点，澄清了许多模糊认识，有力地推动了经济体制改革的进程。实践证明，正确的理论指导，是坚持正确改革方向的保证，理论上的重要突破，是改革取得重大进展的必要条件。总起来看，我们的理论准备还不够，为了进一步改革经济体制，特别是进行全面的改革，还需要深入研究一系列重大的理论问题，包括坚持社会主义道路和发展多种经济形式问题，社会主义的商品生产、商品流通和价值规律的作用问题，发挥社会主义国家管理经济的职能与按照社会化大生产的要求组织经济活动的问题，国民经济的统一性、计划性与地方、企业活动的独立性、灵活性结合的问题，社会主义条件下生产部门与流通部门的分工和结合问题，加强国民经济的计划管理和正确利用经济杠杆作用问题，党、政府和经济组织在经济管理中的合理分工问题，职工的劳动权利与打破"铁饭碗"问题等。我们应该更加紧密地联系中国的实际进行理论研究。根据改革的实际需要选择理论研究的课题,把探讨基本原理和理论概念与研究改革的方案、政策、措施、步骤和方法结合起来,鼓励理论工作者对改革做出贡献,鼓励实际工作者进行理论研究,对在这方面做出成绩的应予奖励。在理论探讨中允许和鼓励不同观点的争论与交锋。要从中国社会经济的基本情况和基本特点出发,听取多方面的意见,加以比较鉴别,进行综合分析和全面概括,在这个基础上形成中国经济体制改革的正确的系统的理论。

(三)经济决策和计划安排要为经济体制改革创造条件。经济决策正确,计划按比例、留余地,这是经济体制改革的必要前提。近五年来经济体制改革取得的进展,与正确的经济决策是分不开的。1979年以来为了克服国民经济比例严重失调的状况,把调整工作放在第一位,大规模压缩基本建设规模,使生产资料供应长期紧张的局面得以缓和。压缩重工业,发展消费品生产,丰富了消费品市场,这就为搞活经济,改革生产、流通体制提供了可能。相反,经济决策失误,基本建设规模超过国力,农轻重比例关系失调,造成商品短缺、市场紧张、财政困难,必然要扩大计划直接控制的范围,加剧中央、地方和部门对企业的行政干预,使企业难于摆脱行政区划与行政系统的束缚。这样,搞活生产流通、改进计划管理、发挥中心城市作用、建立经济区域等各项改革措施都难以进行。离开国民经济的综合平衡搞改革,会事与愿违。过去,经济形势一好就大上基本建设,造成全面紧张,比例失调,结果被迫再进行调整,这个教训十分深刻。总结历史经验,在国民经济比例严重失调的情况下,应首先抓好经济的调整,有利于比例关系协调的改革可配合进行,不利于比例关系协调的改革应暂缓进行。在重大比例关系基本协调以后,可以加快改革的步伐。同时,要保持头脑清醒,在计划安排上留有余地,保持财力、物力的一定储备。这样,价格、工资、流通、计划体制等项改革才具备条件,全面改革才能逐步展开。

(四)在加强宏观经济管理的前提下搞活微观经济活动,是改革必须坚持的一条重要原则。长期以来,中国经济体制存在的一个主要弊端是对微观经济活动管得过死，企业缺乏应有的活力。经济体制改革要把搞活微观经济，调动生产经营单位的积极性，作为重要内容。但是，搞活微观经济一定要符合宏观经济的要求，这是改革必须坚持的一条原则，也是衡量改革成功与失败的重要标志。这是因为，只有当微观经济活动符合宏观经济的要求，实现社会经济有计划按比例地发展，才能提高全社会的经济效果，符合全体人民的根本利益。如果微观经济活动所实现的局部利益有损于全局利益，那就违背了改革的目的、原则和要求。因此，对改革的一切措施，都要在计算微观经济效果的同时，计算宏观经济的效果，即是否有利于整个国民经济有计划、按比例协调发展，是否有利于实现经济的良性循环，是否有利于社会经济效益的提高。搞活微观经济时，要考虑宏观经济管理措施能否跟得上，微观经济改革步子过快，会由于缺乏指导、管理和监督而发生混乱，达不到改革的预期成效。在社会主义国家中，微观经济活动的后果主要的不是由私人、而是由国家承担的，宏观经济要求的比例，主要是靠国家的计划管理来实现的。加强和改进宏观经济管理是经济体制改革的重要内容。从一定意义上说，宏观经济管理的水平决定了微观经济能搞活到什么程度。但加强和改进宏观经济管理，应有利于搞活微观经济，有利于调动生产经营单位的积极性。离开搞活微观经济，强调宏观经济管理，就会把经济生活管死，这是同样必须防止的。宏观经济与微观经济相结合的关键，是按客观经济规律办事，特别是国家计划要符合客观经济规律，并利用客观经济规律来保证它的实现。

（五）加强对体制改革工作的领导。中国经济体制变革的历史证明，经济体制改革是一项十分艰巨复杂的工作，要使改革取得应有的成效，必须加强对体制改革工作的领导。一是要做好改革的思想准备和干部准备，使干部特别是主要领导干部明确改革的方向、目标和步骤，对干部和群众作广泛的宣传教育，树立勇于创新、照顾全局、着眼长远的思想，克服因循守旧，囿于局部和眼前利益的狭隘观点，以统一思想、统一行动。在改革过程中，要注意加强社会主义精神文明的建设，保证改革的正确方向。要制订培训干部的规划，提拔在改革实践中成长起来的中青年干部，以造就一大批适应新的经济体制需要的人才。二是改革要有一个不断完善的总体设计，步子要积极稳妥。中国国家大，人口多，情况复杂，加上积累的问题多，基础条件差，从总体上考虑，改革的时间要放得长一些，不能急于求成。另一方面，中国新的经济体制改革已经起步，国民经济重大比例关系趋于协调，经济发展客观上要求进一步改革不合理的经济体制，因而在具体改革工作上，对看准了的改革，步子要加快，为全面改革创造条件的准备工作应当抓紧进行。三是要抓好试点工作。试点是为了解决全局的问题而选择有代表性的局部进行试验，以便积累经验、发现问题、完善办法。因此，每项试点应先制订准备在全局范围内进行改革的方案或轮廓的设想，然后有计划地试点。特别要抓好综合性的改革试点。要为试点单位创造必要的条件，但不能"吃偏饭"，造成在面上推广时的困难，失去试点的意义。试点单位的数量要适宜，不顾领导精力盲目扩大试点的范围，容易放任自流。要处理好破旧与创新的关系。在破除旧制度、旧办法时，要及时制订新制度、新办法。试点中，由于缺乏经验，可以边破边立，破中有立。面上推广时，一定要做到先立后破，有章可循。四是各项改革要瞻前顾后，全面协调。经济体制改革涉及面很广，既有生产、流通、分配等领域的改革，还有科技、人事、劳动、教育等体制的改革。各个方面的改革，应该根据需要和条件有先有后地进行，但要防止各行其是，也不搞"一刀切"。涉及国民经济重大比例关系的改革措施，要符合总体规划和经过批准后才能试行。属于局部性的改革，则在符合改革总方向的前提下允许广泛试验。总之，经济体制改革要有领导、有计划、有步骤地进行，真正做到方向准、决心大、步子稳、效果好。

附 录

中国经济体制改革大事年表
(1949年10月至1983年6月)

一、社会主义经济体制建立时期
(1949年10月至1957年)

1949年

10月1日 中华人民共和国和中央人民政府宣告成立。中央人民政府委员会举行第一次会议，一致决议接受同年9月中国人民政治协商会议通过的《共同纲领》为政府施政方针。规定中华人民共和国实行以工人阶级为领导的、以工农联盟为基础的、团结各民主阶级和国内各民族的人民民主专政。

11月24日至12月10日 政务院召开第一次全国税务会议，决定简化税制、税种和税目。

1950年

1月13日 政务院通过并颁发关于处理老解放区市郊农业土地问题的指示。

2月13日 政务院召开全国财经会议，决定财政收支工作统一到中央；税收统一，关税、货物税、盐税、工商税统一到中央；编制统一；贸易统一；银行统一。

2月28日 政务院财政经济委员会（简称"中财委"）发出《关于国营、公营工厂建立工厂管理委员会的指示》，要求建立工厂管理委员会与职工代表会议，实行民主管理。

3月3日　政务院公布《关于统一国家财政经济工作的决定》。

5月14日　中财委召开七大城市工商局长会议，确定调整工商业公私关系的原则是：五种经济成分统筹兼顾，各得其所，分工合作，一视同仁。

5月30日　政务院发出1950年新解放区夏粮征收的决定，把农业税率由上年的17%降为13%，并缩小了征税范围。

6月6日至6月9日　中国共产党召开七届三中全会，一致同意毛泽东同志作的《为争取国家财政经济状况的基本好转而斗争》的报告、刘少奇同志作的关于土地改革问题的报告、陈云同志作的关于财政经济工作的报告。

6月14日　全国政协会议原则通过《土地改革法（草案）》，要求在两年半到三年的时间内，基本上完成全国的土地改革。

6月28日　中央人民政府开会通过并颁布《中华人民共和国土地改革法》，宣布废除地主阶级的土地所有制，实行农民的土地所有制。

7月　成立中华全国合作社联合总社。

12月1日　政务院开会通过《关于决算制度、预算审核、投资的施工计划和货币管理的决定》。

12月9日　政务院公布《对外贸易管理暂行条例》。

12月19日　政务院公布《工商税暂行条例》《货物税暂行条例》《印花税暂行条例》《屠宰税暂行条例》《利息所得税暂行条例》。

12月28日　政务院发布命令，根据对等的原则，管制中国境内美国财产并冻结美方公私存款。

12月29日　政务院开会通过并公布《私营企业暂行条例》。

1951年

1月4日　中财委发布《关于统购统销棉纱的决定》。

1月15日　全国第二次金融会议确定，逐步实行货币管理，进一步统一全国货币。

2月4日　政务院发布《关于没收战犯、汉奸、官僚资本家及反革命分子财产的指示》。

2月12日 中财委召开全国工业会议,决定逐步改革企业管理制度,实行计划管理、经济核算制度、厂长负责制、八级工资制和计件工资制。

3月29日 政务院公布财政收支划分的决定,规定将财政分为中央、大行政区和省(市)三级管理,并把税收按三级划分。

5月4日 政务院开会通过《关于划分中央与地方在财政经济工作上管理职权的决定》,把一部分国营企业和财经业务工作划给地方管理。

6月6日至6月26日 召开全国合作社第一次手工业生产工作会议,决定了发展手工业生产合作社的方针,草拟了手工业生产合作社章程准则草案。

7月26日 中财委决定从8月1日起,棉纱价格上调7%—10%,棉布上调5%—8%,大米、面粉、汽油、煤油、柴油、烟煤和部分工业器材调低1%—20%。

11月 中财委召开全国计划工作会议,决定对29种主要工业产品的生产进行计划安排。

12月15日 中共中央发布《关于农业生产互助合作的决议(草案)》。

1952年

1月13日 中财委公布《基本建设工作暂行办法》,规定基本建设实行集中统一的计划管理。

1月15日 中财委公布《国营企业提用企业奖励基金暂行办法》。

1月 中财委公布《国民经济计划编制暂行办法》,计划按中央主管部和大行政区两个系统编制,由中财委汇集编制全国国民经济计划草案。确定工厂、企业为计划的基层单位。

6月 中国人民银行总行决定将存、放款利率降低25%—50%。

7月25日 政务院批转关于劳动就业问题的决定,要求各地方设立劳动就业委员会,统一办理失业人员的登记、训练、改造和有计划安排就业。

8月7日 中央人民政府决定撤销贸易部,成立对外贸易部、商业部、粮食部,并成立第一机械工业部、第二机械工业部、建筑工程部、地质部。

8月31日 农业部农政司公布:上半年全国共有互助组600余万个;农

业生产合作社 3000 余个；全国组织起来的农户有 3500 余万户，约占全国总农户 40% 左右。

9月15日至10月4日 商业部召开百货专业会议，决定根据采购与分配、供应与批发相结合，批发与零售分开的原则，设置管理与经营机构，实行统一领导、分级负责的原则；各级百货公司和批发站除受上级领导外，并受同级商业业务部门领导。

9月24日 根据政务院《关于改革学制的决定》，对全国高等学校进行了院系调整。

11月12日 中共中央发出关于调整商业的指示，决定适当扩大批零差价，提高批发起点，调整地区差价和季节差价，规定农副产品的比价；划分公私商业的经营范围，加强市场管理。

12月26日 政务院批准财政部《关于税制的若干修正问题的报告》、《商品流通税试行办法》。

1953 年

1月1日 中国开始执行发展国民经济的第一个五年计划。

3月26日 中共中央公布《关于农业生产互助合作的决议》。

4月1日 中财委发布 1953 年粮棉比价的指示，决定适当提高粮食价格，降低棉花、棉纱、棉布的价格。

4月19日 中共中央批转中财委关于国营工矿企业管理问题的报告，提出各个企业都必须做计划，根据计划管理企业生产经营活动，贯彻生产改革和经济核算制度。

4月25日 中共中央、政务院批准下达 1953 年国民经济计划提要。提出加强计划统计机构，健全计划、统计系统；建立健全安全生产、产品质量、设计、原材料和设备供应、施工等项责任制。

6月15日 毛泽东同志在中共中央政治局会议上，提出过渡时期的总路线和总任务，在 10 年到 15 年或者更多一些时间内，基本上完成国家工业化和对农业、手工业、资本主义工商业的社会主义改造。

11月23日　政务院发布《关于实行粮食的计划收购和计划供应的命令》。

12月20日　商业部、全国合作总社发出《关于划分国营商业与合作社对工业品、手工业品经营范围的共同决定》。

1954 年

3月3日　中财委发布《关于一九五四年粮棉比价的指示》，决定提高棉花对粮食的比价。

3月4日　中共中央批转中财委《关于一九五四年扩展公私合营工业计划会议的报告》和《关于有步骤地将十个工人以上的资本主义工业基本上改造为公私合营企业的意见》。

9月5日　政务院公布《公私合营工业企业暂行条例》。

9月14日　政务院发布《关于实行棉布计划收购和计划供应的命令》、《关于实行棉花计划收购的命令》。

9月20日　第一届全国人民代表大会（简称人大）第一次会议通过并公布了中华人民共和国宪法，确认五种经济成分并存，国营经济是领导力量。并决定将政务院改为国务院。

1955 年

4月12日　中共中央批转第二次全国计划会议文件，要求加强计划工作，各经济部门、各地区、各种经济成分之间及需要和可能之间要衔接、平衡地发展。

7月31日　毛泽东同志在各省市区党委书记会议上作了《关于农业合作化问题》的报告。

8月31日　国务院发布《国家机关工作人员全部实行工资制和改行货币工资制的命令》。

10月4日至11日　中共中央召开七届六次扩大会议，通过了《关于农业合作化问题的决议》，基本通过《农业生产合作社示范章程（草案）》。

10月29日　毛泽东同志邀集中华全国工商业联合会委员座谈私营工商业

的社会主义改造问题。周恩来、陈云同志参加并讲了话。会后，全国工商业联合会发出《告全国工商界书》，号召工商界接受社会主义改造。

11月1日　财政部公布《手工业合作社交纳工商业税暂行办法》。

11月10日　国务院公布《农业生产合作社示范章程（草案）》。

11月16日　中共中央召集各省、市、自治区党委代表开会，讨论并通过《关于资本主义工商业改造问题的决议（草案）》。

1956年

1月2日　新华社报道，到1955年年底，全国已经有190多万个农业生产合作社，入社农户7000多万户，占全国农户总数的60%左右。

1月10日　北京市资本主义工商业首先实现全行业公私合营。到1月底，上海、天津、广州等资本主义工商业集中的大城市和50多个中等城市也相继实现全市的全行业公私合营。

2月8日　国务院公布《关于目前私营工商业和手工业的社会主义改造中若干事项的决定》、《关于在公私合营企业推行定息办法的规定》。

4月25日　毛泽东同志在中共中央政治局扩大会议上发表《论十大关系》的讲话。

5月至8月　国务院召开全国体制会议，提出了改进工业、商业、财政体制的三个决议草案。

6月30日　经第一届全国人民代表大会第三次会议通过，毛泽东同志命令公布《高级农业生产合作社示范章程》。

7月4日　国务院发布《关于工资改革的决定》。

9月15日至27日　中国共产党第八次全国代表大会召开，通过了关于发展国民经济第二个五年计划的建议。周恩来同志就改进管理体制、陈云同志就社会主义改造基本完成后的新问题讲了话。

10月16日　国务院发布《关于新公私合营企业工资改革中若干问题的规定》。

10月24日　国务院发布关于放宽农村市场管理问题的指示。

12月15日　国务院批转财政部《关于农业工商税收的暂行规定》,决定开征农业社在城镇出售产品和开办手工业工场或服务业的工商税收。

1957年

1月1日　新华社报道,中国农村基本上实现了高级形式的农业合作化,提前一年达到全国农业发展纲要(草案)的要求。

8月9日　国务院公布关于由国家计划收购和统一收购的农产品不准进入自由市场的规定。

9月20日至10月9日　中国共产党八届三中全会(扩大)在北京举行。周恩来同志作关于劳动工资和劳保福利的报告,陈云同志作关于改进国家行政管理体制问题和关于农业增产问题的报告。全会基本通过《一九五六——一九六七年全国农业发展纲要(修正草案)》,关于改进工业、商业、财政体制(草案)等规定。

10月15日　经全国人民代表大会常务委员会批准,国务院公布《关于改进工业管理体制的规定(草案)》《关于改进财政管理体制的规定(草案)》《关于改进商业管理体制的规定(草案)》。

11月21日　国务院发布《关于正确对待个体农户的指示》。

二、"大跃进"时期的经济体制改革
(1958年至1960年)

1958年

3月上旬至26日　中共中央召开成都会议,讨论了计划、工业、基本建设、物资、财政、物价、商业、教育等方面的管理体制改革问题,重点是实行地方分权,把若干管理权限下放给地方。

3月22日　中共中央同意财政部的报告,决定把商品流通税、货物税、营业税、印花税4种税合并为工商统一税。

4月2日　中共中央发出《关于继续加强对残存的私营工业、个体手工业和对小商小贩进行社会主义改造的指示》，决定采取进一步限制和改造措施。

4月5日　中共中央做出关于协作和平衡的几项规定，决定逐步实行"双轨"的计划体制，并放松基本建设管理。

4月11日　国务院讨论通过《关于工业企业下放的几项规定》、《关于地方财政收支范围、收入项目和分成比例改为基本上固定五年不变的通知》，关于物价管理权限和有关商业、粮食、税收管理体制等规定。

5月5日至23日　中国共产党第八次全国代表大会第二次全体会议，提出了"鼓足干劲、力争上游、多快好省地建设社会主义"的总路线。

6月2日　中共中央做出《关于企业、事业单位和技术力量下放的规定》，决定把工、交、商、农垦各部门所管辖的企业，全部或绝大部分下放地方管理，并要求在6月15日前交接完毕。

6月3日　全国人民代表大会常务委员会讨论通过《中华人民共和国农业税务例》，规定废除累进税制和免税办法，实行全国统一的比例税制，税率为常年产量的15.5%，比1957年降低1%。

6月9日　国务院发出《关于改进税收管理体制的规定》，把7种税收交地方掌握，归中央掌握的工商统一税，地方也可以减免或机动处理。

6月29日　中共中央同意劳动部的报告，1958年的招工计划，由地方自行决定。

7月5日　国务院发布《关于改进基本建设财务制度的几项规定》，实行投资包干制度，在包干范围内，由地方自行安排。

7月20日　中共中央批准教育部关于下放60所高等院校、143所中等专业学校的意见，并要求在8月15日交接完毕。

8月17日至30日　中共中央政治局在北戴河召开扩大会议，讨论通过了《中共中央关于在农村建立人民公社问题的决议》。

9月5日　国务院讨论通过《中华人民共和国工商统一税条例（草案）》。

9月24日　国务院讨论通过《关于市场物价分级管理的规定》、《关于改进计划管理体制的规定》、《关于改进物资分配制度的几项规定》、《关于进一步改进财政管理体制和改进银行信贷管理体制的几项规定（草案）》。

9月30日　新华社报道，全国农村基本实现人民公社化。

10月15日　中共中央批转北京市委关于取消计件工资的意见。

11月28日至12月10日　中国共产党第八届中央委员会第六次全体会议在武昌举行，会议通过《关于人民公社若干问题的决议》《关于改进农村财政贸易管理体制的决定》。

11月2日至10日　毛泽东同志召集郑州会议，讨论社会主义、共产主义有关理论和人民公社问题。毛泽东同志就社会主义与共产主义、集体所有制与全民所有制以及商品生产、价值法则等区别和作用，作了重要发言。

1959 年

2月27日至3月5日　中共中央政治局在郑州召开第二次扩大会议，确定进一步整顿人民公社的方针，起草了《关于人民公社管理体制的若干规定（草案）》，对公社、管理区、生产大队（也称生产队）三级的职权范围作了具体划分，认为生产大队是人民公社的基本核算单位。

4月2日至5日　中国共产党第八届中央委员会第七次全体会议在上海举行。会议通过《关于人民公社的十八个问题》，规定以生产大队为基本核算单位，大队下边的生产队（也称生产小队）是包产单位，应有部分所有制，公社内实行供给制与工资制相结合的分配制度，举办公共食堂。

6月29日　毛泽东同志在庐山同一些领导同志谈经济工作，他指出，"四权"（指人权、财权、商权和工权）过去下放多了一些，快了一些，造成混乱。应当强调一下统一领导，中央集权。下放的权力，要适当收回。

7月2日至8月16日　中共中央在庐山连续举行政治局扩大会议和八届八中全会。会议初期定的议题是总结经验，纠正"左"的错误；会议后期转向批判所谓"右倾机会主义"错误。

8月5日　中共中央发出《关于迅速恢复和进一步发展手工业生产的指示》，要求凡不恰当地把手工业合作社转为全民所有制的要退回去，规模过大的要适当划小。

9月20日　中共中央决定将原下放的航线和民用航空事业，实行以中央为主的双重领导。

9月23日　中共中央、国务院发出《关于组织农村集市贸易的指示》，要求各地积极组织和指导集市贸易，活跃农村经济。

10月10日　国务院决定从即日起，提高大豆、花生、甘蔗、甜菜、菜牛的收购价格。

10月15日　中共中央、国务院决定，从1960年元旦起，煤矿企业实行以部为主的双重领导。

12月18日　国务院决定将部分地方石油普查队改为地质部领导。

1960年

3月22日　毛泽东同志在中共鞍山市委《关于工业战线上的技术革新和技术革命运动开展情况的报告》上批示，在工业战线上要推广"鞍钢宪法"。

11月3日　中共中央发出《关于农村人民公社当前政策问题的紧急指示信》，肯定生产队要有小部分所有制，纠正"一平二调"的错误，凡平调的全部退赔。

12月24日　中共中央在北京召开工作会议，总结近两个月农村整风整社的经验。并决定提高农副产品的收购价格和退赔平调帐，把农民的自留地由人均占耕地的5%提高到7%，发展家庭副业和手工业。

三、调整时期的经济体制改革

（1961年至1965年）

1961年

1月14日至18日　中国共产党第八届中央委员会第九次全体会议提出对国民经济实行"调整、巩固、充实、提高"的方针，同时决定成立华北、东北、华东、中南、西南、西北6个党的中央局。

1月15日 中共中央、国务院批转财政部关于改进财政体制的意见，提出财权集中在中央、大区和省市区三级，中央与地方实行"总额分成、一年一变"的办法，企业留成比例缩减一半，基建投资包干改由建设银行拨款监督，税收的调整要经中央批准。

1月15日 中共中央决定粮食收购价格提高20%，生猪提高26%，家禽和蛋类提高37%，油料提高13%。

1月20日 中共中央作出《关于调整管理体制的若干暂行规定》，提出1958年以来下放企业不适当的一律收回，国防工业、铁路企事业一律由中央部统一管理，所有生产、基本建设等任务执行国家一盘棋、上下一本账的方针，不得层层加码。

1月20日 中共中央同意财政部提出的把国营企业利润留成比例占实现利润的13.2%降为6.9%。

6月19日 中共中央下发《关于改进商业工作的若干规定（试行草案）》（即商业四十条）和《教育部直属高等学校暂行工作条例（草案）》（即高教六十条）。

7月 中共中央发出《关于自然科学研究机构当前工作的十四条意见（草案）》（即科研十四条）。

9月15日 中共中央发出《关于当前工业问题的指示》，要求在近两三年内把工业管理权更多地集中在中央（包括中央局）一级，对全国的人、财、物进行统一安排。

9月16日 中共中央下发《国营工业企业工作条例（草案）》（简称《工业七十条》）。

1962年

1月11日至2月7日 中共中央在北京召开了扩大的工作会议，又称7000人大会。会上，刘少奇同志代表党中央作书面报告，毛泽东、周恩来、邓小平、朱德同志作了重要讲话。

2月13日 中共中央发出《关于改变农村人民公社基本核算单位问题的

指示》，确定以生产队为基本核算单位。

3月10日　中共中央作出《关于切实加强银行工作的集中统一，严格控制货币发行的决定》（即银行六条）。

4月21日　中共中央发出《关于严格控制财政管理的决定》（即财政六条）。

5月1日　中共中央批转国家经济委员会党组《关于物资工作实行集中统一、全面管理的意见》。

5月31日　中共中央批转国家计划委员会关于加强基本建设管理问题的报告，提出各部门、各地方的大中型建设项目必须经国家计划委员会审核，报国务院批准，一切基本建设项目必须按审批权限报请批准，按基本建设程序办事。

9月24日至27日　中国共产党八届十中全会在北京举行。会议通过《农村人民公社工作条例（修正草案）》（简称《农业六十条》）。

9月27日　中共中央作出《关于商业工作问题的决定》，提出工业品大部分由国营商业收购，新产品允许工厂试销，发挥合作商业的作用，开放集市贸易，按经济区域组织商品流通，稳定市场和物价。

11月22日　中共中央发出《关于发展农村副业生产的决定》，要求积极鼓励和帮助社员发展家庭副业，采取贷款、税收等措施给以支持。

1963 年

3月3日　中共中央发出《关于严格管理大中城市集市贸易和坚决打击投机倒把的指示》。

3月16日　中共中央决定成立中国烟草总公司，统管原料收购、生产和产品销售工作。

3月19日　中共中央决定提高粮食的销售价格和棉花的收购价格。

1964 年

4月13日　中共中央发出《关于进一步开展代替私商工作的指示》。

8月17日　中共中央同意国家经济委员会的报告，决定在工业、交通行业试办十二个托拉斯。

9月21日至10月19日　全国计划会议提出，将19个非工业部门的基本建设投资计划交地方安排，即国家每年切块一部分交地方统筹安排。并把"五小"企业的产品基本归地方掌握分配。

1965 年

1月19日　中共中央发出《关于调整当前市场物价的决定》，把城镇粮食统销价格提高到同统购价格相平；提高煤炭的市场销价；提高低档布价格，降低部分高档布和农业生产资料价格。

4月14日　中共中央原则批准《一九六五年工业交通工作要点》。要点提出大型厂矿合并厂部科室，撤销车间职能机构，由厂部各科室直接服务到班组；中小型厂矿取消车间，改三级管理为两级管理，取消厂部科室，改设职能人员。改革物资供应办法，除少数主要物资层层分配外，其余物资按计划就地就近供应。

5月25日　中共中央批转《全国专业化和协作工作会议纪要》，提出一切加工工业，特别是机械工业，必须广泛地组织专业化和协作。

10月27日至11月20日　全国物价会议确定从1966年起将6种主要粮食提价13.6%，停止超额加价办法；降低生产资料、西药、卷烟等价格；调整部分地区的工业品地区差价。

四、十年动乱时期的经济体制变动

（1966年至1976年）

1966 年

7月24日　中共中央发出《关于改革高等学校招生工作的通知》，决定从当年起高校招生取消考试，采取推荐与选拔相结合的办法，并且贯彻阶级路线。

8月8日　《人民日报》发表《批孙冶方的"理论"》一文。接着许多报刊发表文章，批判孙冶方的理论观点和主张。

9月23日　中共中央批转《关于财政贸易和手工业方面若干政策问题的报告》，提出公私合营企业改为国营企业，取消资本家定息；大型合作商店逐步转为国营商店；把大量的小商小贩转入国营商店的代购代销店；把个体劳动者凡有条件的组成合作小组、合作社。

1967 年

5月9日　国务院决定取消各种非贸易外汇地方分成办法。

6月5日　《解放日报》首先发表文章公开批判《国营工业企业工作条例》，把《工业七十条》说成"瓦解社会主义经济、复辟资本主义的黑纲领"。

11月23日　《人民日报》《红旗》《解放军报》编辑部共同发表《中国农村两条道路斗争》一文，批判刘少奇同志的所谓"三自一包"（即自由贸易、自留地、自负盈亏和包产到户），是"妄图瓦解社会主义集体经济，复辟资本主义"。

1968 年

6月20日　中共中央发出《关于一九六七年大专院校毕业生分配问题的通知》，提出大学毕业生一般都必须先当普通农民、工人。

7月21日　毛泽东同志批示：要从有实践经验的工人农民中选拔学生（指大学生）。于是各地普遍办起了"七二一大学"。

1969 年

2月16日至3月24日　召开全国计划座谈会，批判了"托拉斯""短线平衡"等观点和做法；提出条块关系以"块块"为主；中央直属企业可以分为地方管理、中央管理和双重领导三类；生产短线产品的大集体手工业可以改为全民所有制。

5月10日 国务院批准鞍山钢铁公司实行政企合一，由原归冶金部领导，改为下放鞍山市委领导。

10月26日 中共中央决定把教育部所属的高等院校，包括北京大学、清华大学在内，全部下放地方领导。部分院校被撤销、合并或搬迁。

11月5日 国务院、中央军委发出关于改革邮电体制的意见，提出将电信部分归军队领导，邮电部分与铁道、交通部门合并。

1970年

2月10日 国务院决定将水利电力部所属的东北电网，改由沈阳军区领导，后来又将徐州电网改由江苏省领导，华东电网改由上海市领导。

2月15日至3月21日 召开全国计划会议，大批所谓"专家路线"、"条条专政"，并拟定了第四个五年计划纲要（草案），提出建立10个不同水平、各有特点、大力协同的经济协作区。《纲要》要求：①各部门所属企事业单位，大多数下放地方管理，少数实行双重领导；②试行基本建设投资大包干；③试行物资分配大包干；④实行财政收支大包干；⑤计划制度实行由下而上，"块块"为主、条块结合的办法。

4月13日 冶金部提出在各协作区建立比较完整的、不同水平、各有特点的钢铁工业体系。

4月 中共中央决定将大庆油田、长春汽车厂、开滦煤矿、吉林化学工业公司等2600多个中央直属企事业和建设单位，下放地方管理。

6月20日 轻工部召开座谈会，提出"实现省区商品自给"，决定将由部直接管理的72个企事业单位，在年底前全部下放。

6月25日至8月20日 财政部召开全国财政银行工作座谈会，提出从1971年起，实行财政收支包干、基本建设投资包干和农村信贷包干，一年一定等措施。

9月26日 外贸部确定从1971年起，把在各地的企业下放给地方，实行双重领导,以地方为主。

12月18日　毛泽东同志接见美国友好人士斯诺,说要充分发挥中央和地方两个积极性,让他们(指地方)自己去搞,中央不要包办。

1971年

3月1日　财政部发出《关于实行财政收支包干的通知》,决定实行"定收定支、收支包干,保证上缴(或差额补贴)、结余留用,一年一定"的体制。

3月3日至30日　国务院召开经济作物生产会议,确定提高部分经济作物的收购价格。

4月15日至7月30日　全国教育工作会议确定工宣队要长期领导学校,大多数教员要到工农兵中接受再教育。学生要以社会为课堂,学制要缩短。

8月11日　国务院批准调整银行利率,其中贷款利率降低30%左右,存款利率降低20%左右。

8月14日　国务院决定提高部分农副产品收购价,降低部分支农产品、机械产品的出厂价和销售价。

11月30日　国务院决定对1957年以前的三级工、1960年以前的二级工、1966年年底以前的一级工,升一级工资。这次调资面为28%。

1972年

9月6日　财政部决定将财政收支包干办法改为"收入按固定比例留成,超收另定分成比例,支出按指标包干"的办法。

1973年

3月6日　中共中央决定邮政和电信合并,恢复邮电部。

7月24日　国务院决定提高大麻、淡水鱼、海味等商品的收购价格,调整部分工业品的销售价格。

1975 年

1月13日至17日　第四届全国人民代表大会第一次会议在北京举行，通过了中华人民共和国宪法。周恩来总理在政府工作报告中重申，要在20世纪内，全面实现农业、工业、国防和科学技术的现代化。

2月20日　《人民日报》《红旗》杂志发表毛泽东同志关于理论问题的指示。

2月25日至3月8日　中共中央召开解决铁路问题的全国工业书记会议。决定全国铁路由铁道部统一管理，集中指挥，职工由部统一调配，建立各种制度，确保安全正点，并于3月5日发出《中共中央关于加强铁路工作的决定》。

4月5日至26日　全国基本建设会议决定实行基本建设"大包干"办法。

5月8日至10日　中共中央召开钢铁工业座谈会，提出整顿钢铁工业，要求从部到厂建立强有力的领导班子；建立必要的规章制度，大钢厂要有强有力的生产指挥系统。

6月18日至8月11日　国务院召开计划工作会议，提出计划不得层层加码或随便减少，对跨省市的铁路、邮电、电网、航运以及大油田等关键企业、关键建设项目，要由中央各部为主管理；通用物资由物资部门管理，专业物资由专业部门管理，设备以地区成套为主；大中型企业的折旧基金由中央集中20%—30%。

7月25日　国务院决定跨省电网实行以水利电力部为主的领导体制；不跨省区电网，由省区统一管理，不能层层下放。

10月26日至1976年1月23日　召开全国计划会议，决定对固定资产折旧费实行企业留40%，地方和部门调剂使用30%，国家财政集中30%的办法。

1976 年

1月至8月　"四人帮"在全国掀起"批邓反击右倾翻案风"运动的

浪潮。

8月23日 《人民日报》发表社论，批判邓小平同志主持下拟定的《关于加快工业发展的若干问题》（即工业二十条）、《科学院工作汇报提纲》（即汇报提纲）和《论全党全国各项工作的总纲》，（简称《论总纲》），把这三个文件诬为"三株反党、反马克思主义的大毒草"。

10月6日 中共中央政治局执行党和人民的意志，毅然粉碎江青反革命集团，结束了"文化大革命"这场灾难。

11月11日 国务院决定江苏省的财政体制，试行按比例包干办法，即上交58%，留成42%；物资实行地区平衡、调出调入的办法；对各类商品确定留成或调出调入的比例，完不成的下一年补上。

五、经济体制改革的新阶段

（1977年至1983年6月）

1977年

2月2日至15日 国务院召开全国铁路工作会议，重申铁路运输由铁道部集中统一指挥。

9月 经国务院批准，教育部决定对高校招生实行"自愿报名、统一考试、地市初选、学校录取、省市区批准"的办法。

10月1日 中共中央决定自即日起，全国60%多的职工增加工资。

11月13日 国务院批转财政部《关于税收管理体制的规定》，提出税收政策的改变，税法的颁布和实施，税种的开征和停征，税目的增减和税率的调整，都属于中央管理权限，一律由国务院统一规定。

1978年

2月26日至3月5日 第五届全国人民代表大会第一次会议在北京举行，通过中华人民共和国宪法。

3月6日至8日　国务院召开第三次全国城市工作会议，决定除京、津、沪外，全国47个大中城市，试行每年从上年工商利润中提成5%，作为城市维护和建设资金。

4月20日　中共中央将《关于加快工业发展若干问题的决定（草案）》（简称《工业二十条》），发到各地试行。

4月22日　国家计划委员会、国家基本建设委员会、财政部下发《关于加强基本建设管理的几项规定》《关于加强自筹基本建设管理的决定》《关于基本建设程序的若干规定》《关于基本建设项目和大中型划分标准的规定》《关于基本建设投资和各项费用划分的规定》。

6月2日　国务院下发《关于工人退职的暂行办法》，规定工人退休、退职后，可以招收一名符合条件的子女参加工作。

7月6日至9月9日　国务院召开会议，提出要摆脱墨守行政方式的老框框，放手发挥经济手段和经济组织的作用；改变手工业式、小农经济式甚至封建衙门式的管理方法，实行专业化，发展合同制，贯彻按劳分配原则，保障工农企业必要的独立地位，适当扩大它们的经营自主权。

10月6日　《人民日报》发表胡乔木同志的文章《按经济规律办事，加快实现四个现代化》。

11月25日　国务院决定国营企业试行企业基金制度，恢复奖金制度。

12月18日至22日　中国共产党十一届中央委员会第三次全体会议在北京召开，重新确立了党的马克思主义的思想、政治、组织路线，做出了把工作重点转移到社会主义现代化建设上来的战略决策。全会认为中国经济管理体制必须改革，从而使中国经济体制改革进入了新的阶段。

1979 年

1月11日　中共中央将《关于加快农业发展若干问题的决定（草案）》发给各地方农村试行。草案规定，人民公社、生产大队和生产队的所有权和自主权必须受到保护，不允许无偿调用和占有；指出社员自留地、家庭副业和集市贸易是社会主义经济的必要补充，不得当作"资本主义尾巴"加以取缔。

2月5日至28日　中国人民银行召开分行行长会议，确定银行贷款实行区别对待、择优扶植的政策和试行差别利率、浮动利率的办法。

2月23日　国务院决定对国营农垦企业试行财务包干办法。

3月1日　国务院决定提高粮食、棉花、油料、生猪等18种主要农副产品的收购价格。

3月10日　国务院同意人民银行的报告，决定从4月1日起提高城乡居民储蓄存款利率。

3月30日　邓小平同志在党的理论务虚会上作了题为《坚持四项基本原则》的重要讲话。

4月5日至28日　中共中央工作会议召开。会议正式提出对国民经济实行"调整、改革、整顿、提高"的方针。

6月　中财委决定成立经济体制改革研究组，由张劲夫同志任组长。

7月4日　国务院将《关于发展社队企业若干问题的规定（草案）》下发试行。规定新办社队企业可以免税2至3年。

7月8日　公布第五届全国人民代表大会第二次会议通过的《中外合资经营企业法》。

7月13日　国务院将《关于扩大国营工业企业经营管理自主权的若干规定》《关于国营企业实行利润留成的规定》《关于开征国营工业企业固定资产税的暂行规定》《关于提高国营工业企业固定资产折旧率和改进折旧费使用办法的规定》《关于国营工业企业实行流动资金全额信贷暂行规定》等5个文件发给各地方、各部门，组织扩大企业自主权试点。

7月15日　中共中央同意广东省、福建省的两个报告，决定对两省的对外经济活动实行"特殊政策和灵活措施"。

7月26日至28日　国务院召开全国物价、工资会议。会议确定提高猪肉、牛羊肉、禽、蛋、蔬菜、水产品、牛奶等8种副食品和以这些副食品为主要原料的消费品的销售价格，同时给职工每人每月以价格补贴；决定给40%的职工提升工资级别。

8月13日　国务院颁布《关于大力发展对外贸易增加外汇收入若干问题

的规定》，扩大地方、企业外贸权限，实行外汇留成，对以进养出的商品实行优惠税利。

8月28日　国务院转发《关于基本建设试行贷款办法》和《基本建设贷款试行条例》，决定试行基本建设投资由财政拨款改为银行贷款。

12月31日　财政部决定从1980年起对文教、科学、卫生事业单位和行政机关的财务试行预算包干的办法。

1980 年

1月22日　国务院将《国营工业企业利润留成试行办法》下发在扩权试点企业中试行，把原定全额利润留成办法改为基数利润留成加增长利润留成办法。

2月1日　国务院下达《实行"划分收支，分级包干"财政管理体制的暂行规定》，规定除京、津、沪3市仍实行统收统支外，广东、福建实行特殊政策办法，江苏按原定办法实行，广西、云南、内蒙、新疆、宁夏、青海、西藏、贵州8个省区实行民族自治地方财政体制，其余15个省实行"划分收支、分级包干"的办法。

2月8日　中国农业银行决定从当年起对农村信贷试行"存贷挂钩、差额包干"的办法。

2月12日　第五届全国人民代表大会常务委员会第十三次会议决定，设立国务院机械工业委员会，统一领导和归口管理机械工业。

4月1日　国务院决定从即日起，再次提高城乡个人储蓄存款利率。

4月1日　国家计划委员会、经济委员会、劳动总局将《国营企业计件工资暂行办法（草案）》发给各地方、各部门试行，决定有条件地推广计件工资制。

5月4日　财政部决定，对安置待业知识青年的集体企业进一步减免税收。

5月8日　国务院决定成立国务院体制改革办公室，负责制定改革的总体规划，协调各方面的改革。办公室由杜星垣同志任主任。

7月21日 新华社报道,目前进行扩大自主权试点的工业企业已达6600多个。这些企业占全国国营工业企业总数的16%左右,产值和利润分别占60%和70%左右。

8月26日 第五届全国人民代表大会常委会第十五次会议决定:在广东省深圳、珠海、汕头和福建省厦门设置经济特区,并通过了《广东省经济特区条例》。还决定设立国家能源委员会。

8月30日至9月10日 第五届全国人民代表大会第三次会议在北京举行,通过了《中华人民共和国中外合资经营企业所得税法》和《中华人民共和国个人所得税法》,并于9月15日公布施行。

9月1日 中国人民银行决定对企业专户存款和企业主管部门存款恢复计息,并对个体经济户给予适量贷款。

9月2日 国务院批转国家经济委员会《关于扩大企业自主权试点工作情况和今后意见的报告》。报告指出:对扩权企业可以实行多种利润留成办法。报告提出下年扩权工作在国营企业中全面推开,使企业在人财物、产供销等方面拥有更大的自主权。

10月17日 国务院常务会议通过《关于开展和保护社会主义竞争的暂行规定》,允许和提倡各种经济成分之间、各个企业之间开展竞争;一部分商品价格,允许在规定的幅度内上下浮动;生产资料价格,允许在不影响财政上缴任务的条件下自行调低;各地区和部门不准封锁市场。对重要技术成果实行有偿转让。这个规定于10月29日公布。

11月21日 国家经济委员会、财政部、中国人民建设银行联合发出通知,决定自1981年起,将国家经济委员会、财政部安排的部分挖潜、革新、改造资金由国家拨款改为银行贷款。

11月25日 国务院决定从1981年起,凡是实行独立核算、有还款能力的企业,都实行基本建设拨款改贷款的制度。

12月7日 国务院发出《关于严格控制物价、整顿议价的通知》,规定凡是国家规定牌价的工农业商品,零售价不得提高,各种议价商品,一律按12月7日的价格出售,只能降低,不许提高。

12 月 16 日至 25 日　中共中央在北京召开工作会议。会议决定在经济上实行进一步调整。

12 月 18 日　国务院发布《中华人民共和国外汇管理暂行条例》。

1981 年

1 月 7 日　国务院发布《关于加强市场管理,打击投机倒把和走私活动的指示》。

1 月 16 日　国务院发出《关于正确实行奖励制度,坚决制止滥发奖金的几项规定》。

1 月 26 日　国务院发出《关于平衡财政收支,严格财政管理的决定》。

1 月 29 日　国务院发出《关于切实加强信贷管理,严格控制货币发行的决定》。

1 月 30 日　国务院发出《关于调整农村社队企业工商税收负担的若干规定》。

3 月 3 日　国务院发出《关于加强基本建设计划管理,控制基本建设规模的若干决定》,提出凡属基本建设,都要经各级计划委员会平衡后纳入基本建设计划;全国建设总规模由国务院确定;大中型建设项目,由国家计划委员会同基本建设委员会统一安排。

3 月 4 日　国务院批转国家机械工业委员会《关于机械工业调整的几个问题的汇报提纲》。

3 月 6 日　国家经济委员会颁发《工矿产品合同试行条例》,规定产品合同具有法律效力。

3 月 12 日至 29 日　召开全国商业厅局长座谈会。会议提出:适当增设批发商店和专业批发部,降低批发起点;积极发展集体商业和个体商业;工业品实行统购统销、计划收购、订购、选购等四种购销形式;撤并按行政区划设置的批发机构,调整不合理的进货渠道;小企业可以实行以税代利,亏损企业可以包干,企业核算单位要适当划小,建立健全各个环节的责任制度。

3 月 30 日　中共中央转发国家农业委员会《关于积极发展农村多种经营

的报告》。中央提出，大力推行专业承包、联产计酬的生产责任制，组织各种形式的专业队、专业组、专业户、专业工。积极鼓励和支持社员个人或合伙经营服务业、手工业、养殖业、运销业等。不搞包产到户的地方，自留地和饲料地可以扩大到占生产队耕地面积的15%，允许"自留人"专门从事家庭副业。组织各种形式的经济联合，调整农业内部的生产结构，建立农工商综合经营的体制。

4月1日　国务院批转国家经济委员会、国务院体制改革办公室关于工业管理体制改革座谈会汇报提纲。提纲提出：巩固扩大企业自主权的试点工作，试点面暂不再扩大；大力推进工交企业改组和联合，重点是从全国着眼，从中心城市着手，围绕名牌优质产品，组织改组和联合，城市要首先把热处理、电镀、铸锻等工艺性厂、点组织起来；推广清远县经验，撤销工业局，由县经济委员会统一管理工交企业。

5月4日　国务院发出《关于社队企业贯彻国民经济调整方针的若干规定》，提出社队企业要因地制宜地组织和参加多种形式的联合，统一安排供产销；社队企业的发展，要和小城镇的建设结合起来，统一规划，合理布局，适当集中；要改社办、队办为生产队联办的集体企业，使社队分享经济成果。

5月18日　国务院批转轻工业部关于烟草专营的报告，决定对烟草行业实行国家专营，成立中国烟草总公司。

5月20日　国家经济委员会、国务院体制改革办公室等10个综合部门联合发出《贯彻落实国务院有关扩权文件，巩固提高扩权工作的具体实施暂行办法》。

5月20日至6月3日　召开全国物资局长会议。会议提出，重要的、短缺的生产资料坚持由国家计划分配和调拨，一般生产资料实行自由购销。

5月27日至6月14日　国务院召开广东、福建两省和经济特区工作会议。会议提出：两省的计划实行条块结合、以省为主的体制；财政上实行大包干办法；两省银行起地方银行作用；对外经济贸易要有较大的自主权；以1980年实际生产、调出为基数，实行生产增长部分省留七成、上调三成的办法。

5月31日　国务院发出关于奖金问题的补充规定，提出以主管局或公司为单位，奖金水平控制在1至2个月标准工资之内，最高奖金不得超过3个月的水平。

6月3日　国务院批转国家进出口委员会关于当前对外经济贸易为国民经济调整服务的报告。报告提出，外贸改革要坚持统一对外，进一步推动工（农）贸结合，抓紧按行业建立出口联营、出口协会，适当扩大外贸企业自主权。

6月22日　工商行政管理局、商业部等单位共同发出《关于对城镇个体工商业户货源供应等问题的通知》。通知提出：对个体工商户要同全民与集体单位一视同仁；对有证个体工商户所需原材料和货源，享受批发价格；各行政管理部门要加强管理，保护合法经营，取缔非法活动。

7月7日　国务院发出《关于城镇非农业个体经济若干政策性规定》，提出国家鼓励和支持待业青年从事个体经营；有计划地将部分小手工业、修理、服务和商业，租给或包给个人经营。

7月13日　中共中央转发《国营工业企业职工代表大会暂行条例》，具体规定了职工代表大会的权限。

7月30日　国家物价总局等八个部门联合发出《农副产品议购议销价格暂行管理办法》，规定议购议销商品限于三类农副产品和完成收购任务以后允许上市的一、二类农副产品；议购价格一般不超过牌价30%。

8月8日　国务院转发关于工业品生产资料市场管理暂行规定，提出属于企业自销和多余部分，不属于计划分配的物资、企业试制的新产品，敞开供应的物资，可以进入市场自由购销，超储积压或闲置多余的工业品生产资料，按有关规定自行处理。

10月12日　国务院决定降低涤棉布价格和提高烟酒的销售价格。

10月17日　中共中央发出《关于广开门路，搞活经济，解决城镇就业问题的若干决定》，提出集体企业的原则是"自愿组合，自负盈亏，按劳分配，民主管理"。实行合同工、临时工、固定工等多种用工制度。

10月29日　国务院转发国家经济委员会、国务院体制改革办公室《关于实行工业生产经济责任制若干问题意见》，提出在企业内部采取指标分解，计分计奖、计件工资、超产奖、定包奖、浮动工资等。对第二轻工业集体企业，由统负盈亏改为自负盈亏，增长部分按一定比例减征所得税，税后利润大部分留给企业。

10月 经国务院批准，在湖北省沙市市进行经济体制改革综合试点。

11月11日 国务院批转《关于实行工业生产经济责任制若干问题的暂行规定》，提出实行经济责任制的企业，必须保证全面完成国家计划，保证财政上交任务。包干超收或减亏分成比例，上交国家部分一般不低于60%，留给企业部分一般不高于40%。

11月30日至12月1日 第五届全国人民代表大会第四次会议的政府工作报告提出了中国经济建设的十条方针。其中提出要积极稳妥地改革经济体制。中国改革的基本方向是：在坚持计划经济前提下，发挥市场调节的辅助作用；对于带全局性的、关系国计民生的经济活动，加强国家集中统一领导；实行政企分工，使企业成为相对独立的经济单位，不同企业给予不同程度的自主权；按照专业化协作原则，把企业合理组织起来；把经济手段和行政手段结合起来；建立多渠道、少环节、开放的商品流通市场；以大中城市为依托，形成各类经济中心，组织合理的经济网络。

12月22日 陈云同志在省、市、区党委书记座谈会上提出：农业经济也必须以计划经济为主，市场调节为辅。

12月28日 国务院批准有关部委关于石油、煤炭、钢材、生铁、有色金属、木材、粮食等11类物资计划外出口实行许可证制度。

12月31日 国务院批准成立中国汽车工业公司。

1982年

1月1日 中共中央批转《全国农村工作会议纪要》，认为目前农村存在的小段包工、定额计酬、专业承包、联产计酬、联产到劳、包产到户、到组，包干到户、到组等，都是社会主义集体经济的生产责任制。

1月2日 中共中央颁发《国营工厂厂长工作暂行条例》，提出企业管理的根本原则是：党委集体领导，职工民主管理，厂长行政指挥。

1月7日　国务院批准外贸部《关于外贸出口商品实行分类经营的规定》，具体把出口商品划分为三类：有的统一经营、统一成交；有的交叉经营；有的完全由地方自营。

1月8日　国务院发出坚决稳定市场物价的通知，规定凡由国家规定牌价的工农业商品的零售价格，一律执行国家的规定，不得提价；各种议价商品的零售价格，只能降低，不许提高；一、二类日用工业品不准搞议价，三类协商定价的品种范围，要严格控制；农产品收购价要贯彻基本稳定的方针。

1月13日　国务院决定对各省、市、自治区实行粮食征购、销售、调拨包干一定三年不变的办法。

1月15日　中共中央批转《沿海九省市区对外经济贸易工作座谈会纪要》，提出沿海九省市区外贸经营业务实行中央与地方双重领导，以地方为主。除国家统一经营的商品外，其他商品由地方经营。以上一年出口的盈亏为基数，盈利的纳入地方预算，亏损的按谁用汇谁负担亏损的原则分别纳入各级预算，贸易外汇实行全额留成。

1月25日　陈云同志在同国家计划委员会负责同志谈话时，再次强调要坚持以计划经济为主，市场调节为辅；必须执行"一要吃饭，二要建设"的根本方针；经济特区现在第一位的任务是认真总结经验。

3月4日　国务院总理在全国工业交通工作会议上指出，经济体制改革，必须坚持大计划、小自由，大集中、小分散，摆正全国一盘棋和发挥地方积极性的关系。

3月5日　国务院批准《出口商品外汇留成试行办法》，将以上年收购为基数、增长部分按比例留成办法，改为以出口收汇全额计算留成办法。

3月8日　国务院总理建议，经五届人大常委会批准，决定撤销国家农业委员会、国家机械工业委员会、国家能源委员会和国务院财贸小组，重新组建国家经济委员会并扩大其职权和业务范围。

3月16日　国务院颁布《关于全国性专业公司管理体制的暂行规定》，提出所有全国性专业公司均不列入国务院行政机构序列，分别由有关部门领导；按其作用、经营范围确定其地位；公司在经营管理上有自主权，成为经济实体。

3月　经国务院批准，在江苏省常州市进行经济体制改革综合试点。

4月10日　国务院发出关于工业品购销中禁止封锁的通知；发布《企业职工奖惩条例》。

5月4日　国务院提议，经人大常委会批准，决定成立国家经济体制改革委员会，由国务院总理兼任主任。经济体制改革委员会负责制订改革的总体规划，加强对全国经济体制改革的指导和协调工作。

5月11日　国务院批转水利电力部《关于按省市区实行计划用电包干的暂行管理办法》，提出按照国家计划发电、分配电；各省市区实行计划用电包干。

5月12日　国务院批准成立中国船舶工业总公司。

6月11日　国务院发出关于健全各部委责任制的通知。

6月17日　国务院作出《关于疏通城乡商品流通渠道，扩大工业品下乡的决定》，将过去工业品流通按城乡分工的体制改为按商品分工、城乡通开的新体制。

8月6日　国务院发布《物价管理暂行条例》。

9月1日　中国共产党第十二次全国代表大会召开。邓小平同志在开幕词中强调，经济体制改革是进行四个现代化建设的一项重要保证。胡耀邦同志在《全面开创社会主义现代化建设的新局面》的报告中，提出了经济体制改革的基本原则：集中资金进行重点建设；坚持国营经济主导地位的多种经济形式并存；计划经济为主，市场调节为辅；坚持自力更生和扩大对外经济技术交流。

9月16日　国务院决定将160种三类小商品价格放开，实行市场调节。

10月下旬　国家经济体制改革委员会、国家经济委员会联合召开总结完善经济责任制的会议。会议拟订出《关于当前完善工业经济责任制的几个问题》，于11月8日经国务院批转下发。

11月30日　国务院总理在第五届全国人民代表大会第四次会议上作报告。报告指出第六个五年计划后3年改革的重点是：对国营企业逐步推行以税代利，改进国家和企业的关系；发挥中心城市的作用，解决条块矛盾；改革商业流通体制，促进商品生产和商品交换。

12月4日 第五届全国人民代表大会第五次会议通过中华人民共和国宪法。宪法规定：中华人民共和国的社会主义经济制度的基础是生产资料的社会主义公有制。国营经济是国民经济中的主导力量；各种形式的合作经济，是社会主义劳动群众集体所有制；在法律规定范围内的城乡劳动者个体经济，是社会主义公有制经济的补充；允许外国的企业和其他经济组织或者个人依照中国法律的规定在中国投资，同中国的企业或者其他经济组织进行各种形式的经济合作。

12月7日 中共中央发出关于《地方党政机关机构改革若干问题的通知》。通知提出，改革地区体制，经济发达地区地市合并，实行市管县、管企业，省一般不直接管理工业企业，发挥城市经济中心的作用；经济不发达地区，地区一级作为省区派出机构。

12月24日 国务院发出《关于严格控制固定资产投资规模的补充规定》，规定自筹投资突破国家计划的，加收30%的能源交通重点建设基金。

1983 年

1月1日 中共中央发出《当前农村经济政策的若干问题》，进一步肯定了以农户或小组为承包单位的联产计酬责任制。

1月20日 国务院决定从即日起降低化学纤维织品价格和提高棉纺织品价格。

1月22日 国家计划委员会提出《关于改进和加强计划管理的意见》。

2月5日 国务院发布《城乡集市贸易管理办法》。

2月8日 中共中央和国务院批准在重庆市进行经济体制综合改革试点。

2月11日 国务院批转国家经济体制改革委员会、商业部《关于改革农村商业流通体制若干问题的试行规定》，提出供销合作社恢复民主性、群众性、灵活性，一方面承当国家计划产品的购销任务，一方面为农民推销产品，供应生产和生活资料。恢复基层供销社的合作商业性质。县供销社改成县联社，作为基层社的经济联合体。

2月17日　国务院决定大力发展农垦、农工商联合企业。

2月19日　中共中央和国务院批准成立中国石油化工总公司。

3月3日　国家计划委员会、国家经济委员会、劳动人事部、中国人民建设银行联合发出《基本建设项目包干经济责任制试行办法》。

3月25日　国务院批准关于长江航运体制改革方案。

4月1日　国务院颁布《国营工业企业暂行条例》。

4月1日　国务院批准成立中国有色金属工业总公司。

4月14日　国务院颁布《关于城镇集体所有制经济若干政策问题的暂行规定》。

4月29日　财政部发出《关于对国营企业征收所得税的暂行规定》，规定从当年开始对国营企业按实现利润55％征收所得税。

5月20日　国务院发出关于加强市场和物价管理的通知，要求狠煞生产资料乱涨价的歪风。